REVISTA TRIMESTRAL DE

DIREITO PÚBLICO

26/1999

MALHEIROS EDITORES

Revista Trimestral de Direito Público

Órgão do

INSTITUTO GERALDO ATALIBA
IDEPE — INSTITUTO INTERNACIONAL
DE DIREITO PÚBLICO E EMPRESARIAL

INSTITUTO DE DIREITO ADMINISTRATIVO PAULISTA
IDAP

RTDP
Publicação trimestral de
MALHEIROS EDITORES LTDA.
Rua Paes de Araújo, 29, cj 171
CEP 04531-940 - São Paulo, SP - Brasil
Tel.: (011) 3842-9205 - FAX.: (011) 3849-2495

Diretor responsável: Álvaro Malheiros
Diretora: Suzana Fleury Malheiros

Assinaturas e comercialização:
CATAVENTO DISTRIBUIDORA DE LIVROS S.A.
Rua Conselheiro Ramalho, 928
CEP 01325-000 - São Paulo, SP - Brasil
Tel.: (011) 289-0811 - FAX (011) 251-3756

Supervisão Gráfica: Vânia Lúcia Amato
Editoração Eletrônica: Ciça's Studio

SUMÁRIO

DOUTRINA

DIREITOS HUMANOS DA CRIANÇA
— *José Afonso da Silva* ... 5

ALGUNS ASPECTOS JURÍDICOS DA BIODIVERSIDADE
— *Newton De Lucca* ... 14

PROCESSO ADMINISTRATIVO: PRAZOS; PRECLUSÕES
— *Sérgio Ferraz* ... 45

DEMOCRACIA, CONSTITUIÇÃO E ADMINISTRAÇÃO PÚBLICA
— *Cármen Lúcia Antunes Rocha* ... 60

OBRIGATORIEDADE DE REALIZAÇÃO DE INQUÉRITO CIVIL
— *Adílson Abreu Dallari* ... 68

ANAMNESE DA MEDIDA PROVISÓRIA
— *Sérgio Sérvulo da Cunha* ... 77

CONCEITO DE INTERESSE PÚBLICO E A "PERSONALIZAÇÃO" DO DIREITO ADMINISTRATIVO
— *Marçal Justen Filho* ... 115

REEDIÇÃO DE MEDIDA PROVISÓRIA (VISÃO COMPARATIVA DAS JURISPRUDÊNCIAS DA CORTE CONSTITUCIONAL ITALIANA E DO STF)
— *Edilson Pereira Nobre Júnior* ... 137

PARECERES

PORTO — ARRENDAMENTO — CESSÃO E PRORROGAÇÃO DO CONTRATO
— *Tércio Sampaio Ferraz Júnior* ... 144

AÇÕES DE IMPROBIDADE ADMINISTRATIVA
— *Fábio Konder Comparato* ... 153

COMERCIALIZAÇÃO DE CIGARROS. INCONSTITUCIONALIDADE DA RESTRIÇÃO AO NÚMERO DE UNIDADES — INTERPRETAÇÃO DA CONSTITUIÇÃO, LIVRE INICIATIVA E PRINCÍPIO DA PROPORCIONALIDADE
— *Eros Roberto Grau* ... 160

PREVIDÊNCIA SOCIAL DO SERVIDOR PÚBLICO ESTADUAL
— *Maria Sylvia Zanella Di Pietro* ... 168

UTILIZAÇÃO DE SUBSOLO PARA PASSAGEM DE EQUIPAMENTOS PÚBLICOS — ASPECTOS GERAIS E DESAFIOS DO USO COMPARTILHADO — RESENHA DOUTRINÁRIA E JURISPRUDENCIAL
— *Marcelo Figueiredo* 186

ESTUDOS E COMENTÁRIOS

RESPONSABILIDADE DA ADMINISTRAÇÃO PÚBLICA POR DÉBITOS PREVIDENCIÁRIOS DOS SEUS CONTRATADOS
— *Eduardo Rocha Dias* 195

A DISTINÇÃO ENTRE COGNIÇÃO E INTERPRETAÇÃO NA TEORIA DA INTERPRETAÇÃO KELSENIANA
— *Maurício Moura Portugal Ribeiro* 208

CONCESSÃO DE SERVIÇOS DE LIMPEZA URBANA: PONTOS POLÊMICOS
— *Cesar A. Guimarães Pereira* 217

DA RESOLUÇÃO SUSPENSIVA DE LEIS DECLARADAS INCONSTITUCIONAIS PELO SENADO FEDERAL
— *Luiz Alberto G. S. Rocha* 233

PRINCÍPIO DA PROPORCIONALIDADE CONSTITUCIONAL: NOTAS A RESPEITO DA TIPIFICAÇÃO MATERIAL E DO SANCIONAMENTO AOS ATOS DE IMPROBIDADE ADMINISTRATIVA REPRIMIDOS NA LEI 8.429/92
— *Fábio Medina Osório* 258

LICITAÇÃO PÚBLICA: (IN)EXEQÜIBILIDADE DAS PROPOSTAS E GARANTIA ADICIONAL
— *Joel de Menezes Niebuhr* 273

INDEPENDÊNCIA E AUTONOMIA DA AGÊNCIA NACIONAL DE TELECOMUNICAÇÕES: IMPERATIVO LEGAL E CONSTITUCIONAL
— *Floriano de Azevedo Marques Neto* 287

TRANSPORTE COLETIVO ALTERNATIVO — ASPECTOS JURÍDICOS
— *Clóvis Beznos* 295

JURISPRUDÊNCIA 301

DOUTRINA

DIREITOS HUMANOS DA CRIANÇA

José Afonso da Silva

Professor Titular Aposentado da Faculdade de Direito da Universidade de São Paulo

1. Questão de ordem. 2. A Convenção e a Constituição. 3. Direitos fundamentais da criança. 4. Direito à liberdade. 5. Conclusão: reconhecimento de direitos e realidade.

1. Questão de ordem

1. Este texto tem por objetivo a discussão de uma dimensão dos direitos humanos — *os direitos humanos da criança, em especial o direito de liberdade da criança* — nem sempre lembrada nas exposições e textos sobre os direitos fundamentais da pessoa humana. A discussão terá como pano de fundo a Convenção da ONU sobre os direitos da criança e sua repercussão no direito constitucional brasileiro e no Estatuto da Criança e do Adolescente, instituído pela Lei 8.069, de 13.7.1990.

2. Criança, segundo essa Convenção, é todo ser humano menor de 18 anos de idade, salvo se, em conformidade com a lei aplicável à criança, a maioridade seja alcançada antes (art. 1º). Como, no Brasil, aos dezesseis anos a pessoa adquire relativa capacidade jurídica, o Estatuto considera criança a pessoa até doze anos incompletos, e adolescente aquela entre doze e dezoito anos de idade. Isso quer dizer que o conceito de criança, nos termos da Convenção, abrange, no sistema brasileiro, a criança e o adolescente. Vamos, no entanto, nos referir aqui fazendo essa distinção.

2. A Convenção e a Constituição

3. A Convenção sobre os Direitos da Criança, adotada pela Assembléia-Geral das Nações Unidas em 20.12.1989, foi ratificada pelo Brasil em 24.9.1990. Essa conversão lhe dá força de norma jurídica interna. Precedente de mais de ano à adoção daquela Convenção, já estava em vigor a Constituição de 1988 que consagra à criança e ao adolescente um dos mais expressivos textos consagradores de direitos fundamentais da pessoa humana, cujo conteúdo foi explicitado pelo Estatuto da Criança e do Adolescente, instituído pela já referida Lei 8.069/90.

4. O art. 227 da Constituição de 1988 é, por si só, uma carta de direitos fundamentais da criança e do adolescente. Por isso é importante transcrevê-lo aqui: "Art. 227. É dever da família, da sociedade e do Estado assegurar à criança e ao adolescente, como absoluta prioridade, o direito à vida, à saúde, à alimentação, à educação, ao lazer, à profissionalização, à cultura, à dignidade, ao respeito, à liberdade e à convivência familiar e comunitária, além de colocá-los a salvo de toda forma de negligência, discriminação, exploração, violência, crueldade e opressão".

Seguem-se nos parágrafos desse artigo providências visando a conferir eficácia aos direitos ali prometidos, como direito de proteção especial nas relações de trabalho e previdenciário, respeito à condição de pessoa em desenvolvimento, quando da aplicação de qualquer medida privativa da liberdade, incentivos ao recolhimento, sob a forma de guarda, de criança ou adolescente órfãos ou abandonados, programas de prevenção e atendimento especializado à criança e ao adolescente dependente de entorpecentes e drogas afins, severa punição ao abuso, violência e exploração sexual da criança e do adolescente e a solene declaração de que os filhos, havidos ou não da relação do casamento, ou por adoção, terão os mesmos direitos e qualificações, proibidas quaisquer designações discriminatórias relativas à filiação.

3. Direitos fundamentais da criança

5. Esses direitos fundamentais da criança especificados no art. 227 da Constituição não significa que as demais previsões constitucionais desses direitos não se lhes apliquem. Ao contrário, os direitos da pessoa humana referidos na Constituição lhes são também inerentes. Mais do que isso até, já que os direitos e garantias expressos na Constituição não excluem outros decorrentes do regime e dos princípios por ela adotados, ou dos tratados internacionais em que a República Federativa do Brasil seja parte.

6. Isso está traduzido no art. 3º do Estatuto da Criança e do Adolescente (Lei 8.069/90), segundo o qual a criança e o adolescente gozam de todos os direitos fundamentais inerentes à pessoa humana, sem prejuízo da proteção integral de que trata essa lei, assegurando-se-lhes, por lei ou por outros meios, todas as oportunidades e facilidades, a fim de lhes facultar o desenvolvimento físico, mental, moral, espiritual e social, em condições de liberdade. Paolo Vercelone, Presidente da Associação Internacional de Juízes de Menores e de Família, comentando esse artigo, observa que o elenco de direitos nele assegurados aparece como uma solene declaração de princípios, análoga a outras, contidas em Cartas Constitucionais e convenções internacionais.

"Trata-se (conclui) de técnica legislativa usual quando se faz uma revolução, quando se reconhece que uma parte substancial da população tem sido até o momento excluída da sociedade e coloca-se agora em primeiro plano na ordem de prioridade dos fins a que o Estado se propõe. Desta vez não se trata de uma classe social ou de uma etnia, mas de uma categoria de cidadãos identificada a partir da idade. Mas trata-se, contudo, de uma revolução, e o que mais impressiona é o fato de que se trata de uma revolução feita por pessoas estranhas àquela categoria, isto é, os adultos em favor dos imaturos".[1]

7. Esses direitos fundamentais são especificados no Título II do Estatuto, em capítulos sobre o direito: (1) à vida e à saúde, (2) o direito à liberdade, ao respeito e à dignidade, (3) o direito à convivência familiar e comunitária, (4) o direito à educação, à cultura e ao esporte e ao lazer, e (5) o direito à profissionalização e à proteção no trabalho.

8. Não cabe, no espaço desta exposição, descer aos pormenores desses direitos. Cumpre, no entanto, observar com Deoda-

1. Cf. Munir Cury (coord.), *Estatuto da Criança e do Adolescente Comentado*, São Paulo, Malheiros Editores, 1992, p. 17.

to Rivera, que, na hierarquia dos direitos que regulamenta, o Estatuto situa o direito à liberdade, ao respeito e à dignidade imediatamente após o direito à vida e à saúde e antes dos direitos à convivência familiar e comunitária, à educação, cultura, esporte e lazer, à profissionalização e à proteção no trabalho, e que essa ordem nada tem de acidental, pois visa a colocar os dois primeiros direitos fundamentais como *direitos-fins*, para os quais os mais são *direitos-meios*.

"De fato (conclui o autor citado), a trilogia liberdade-respeito-dignidade é o cerne da doutrina da proteção integral, espírito e meta do Estatuto, e nesses três elementos cabe à *dignidade* a primazia, por ser o coroamento da construção ética estatutária."[2]

9. Com efeito, o art. 7º estatui que a criança e o adolescente têm o direito à proteção à vida e à saúde, mediante a efetivação de políticas sociais que permitam o nascimento e o desenvolvimento sadio e harmonioso, em condições dignas de existência, e os arts. 8º a 14 delineiam as bases sociais destinadas a tornar eficazes os direitos ali reconhecidos. O art. 15 enuncia a trilogia básica dos direitos fundamentais da criança e do adolescente ao declarar que estes têm direito à liberdade, ao respeito e à dignidade como pessoas humanas em processo de desenvolvimento e como sujeitos de direitos civis, humanos e sociais garantidos na Constituição e nas leis. O *direito ao respeito* consiste na inviolabilidade da integridade física, psíquica e moral da criança ou do adolescente, declara o art. 18 que é dever de todos velar por ela, pondo-os a salvo de qualquer tratamento desumano, violento, aterrorizante, vexatório ou constrangedor.

4. Direito à liberdade

10. Fundamentos normativos — O direito da criança à liberdade é especialmente reconhecido na Convenção sobre o Direito da Criança, em suas várias manifestações: liberdade de opinião, de expressão, de informação, de pensamento, de consciência e de crença, de professar uma religião, de associação e de reunião. Esses direitos também são reconhecidos à criança na Constituição brasileira, em termos genéricos em seu art. 227, onde se estabelece que é dever da família, da sociedade e do Estado assegurar à criança e ao adolescente, entre outros, o direito à liberdade, o que remete a todos os dispositivos constitucionais que especificam os diversos aspectos da liberdade.

Esses aspectos são enunciados no art. 16 do Estatuto da Criança e do Adolescente, nos termos seguintes: "Art. 16. O direito à liberdade compreende os seguintes aspectos: I — ir, vir e estar nos logradouros públicos e espaços comunitários, ressalvadas as restrições legais; II — opinião e de expressão; III — crença e culto religioso; IV — brincar, praticar esportes e divertir-se; V — participar da vida familiar e comunitária, sem discriminações; VI — participar da vida política; na forma da lei; VII — buscar refúgio, auxílio e orientação".

Pode-se perguntar se essa enumeração do conteúdo da liberdade reconhecida à criança e ao adolescente não é limitativa, e até mesmo se pode indagar se é adequado a uma lei disciplinar essa matéria que é essencialmente de natureza constitucional e, na Constituição, ela já é amplamente assegurada. De fato, a rigor, não era necessário que a lei ordinária cuidasse desse assunto. Ao fazê-lo, porém, não se pode ter a sua disciplina como limitadora, de sorte que o enunciado do artigo é puramente exemplificativo, conforme se perceberá nos comentários que seguem.

11. Fundamentos constitucionais — A Constituição garante aos brasileiros e aos estrangeiros residentes no País a inviolabilidade do *direito à liberdade* em todas as suas manifestações (art. 5º). Entre os brasileiros e estrangeiros residentes no País achamse as crianças e os adolescentes de ambos os sexos. A contrapartida do direito à liberdade a estes reconhecido no art. 5º se encontra

2. Cf. Munir Cury (coord.), ob. cit., p. 81.

no art. 227 que impõe à família, à sociedade e ao Estado o dever de assegurá-lo.

12. Sistematização — O *direito à liberdade* é uma das formas expressivas dos direitos fundamentais da pessoa humana, que o Estatuto menciona em vários dispositivos em favor da criança e do adolescente, como no arts. 3º, 4º, 5º, 15, 106 e 230. Mas é o art. 15 que contém a norma atributiva do direito à liberdade à criança e ao adolescente, de acordo com os arts. 5º e 227, *caput*, da Constituição de 1988, deixando, no entanto, a explicitação do seu conteúdo para o art. 16.

13. Conteúdo — A liberdade no seu sentido externo, chamada *liberdade objetiva* (liberdade de fazer, liberdade de atuar), tem um conteúdo que se manifesta sob vários aspectos em função da multiplicidade de objetos da atividade humana. À vista desses modos particulares de expressão da liberdade é que os autores falam em: a) *liberdade da pessoa física* (liberdade de locomoção, de circulação, ou liberdade de ir, vir e de estar); b) *liberdade de pensamento*, que inclui as "liberdades" de opinião, de religião, crença, informação, artística, comunicação do conhecimento); c) *liberdade de expressão coletiva* em suas várias formas (de reunião, de associação); d) *liberdade de ação profissional* (livre escolha e de exercício de trabalho, ofício e profissão); e) *liberdade de conteúdo econômico e social* (liberdade econômica, livre iniciativa, liberdade de comércio, liberdade ou autonomia contratual, liberdade de ensino e liberdade de trabalho).[3]

Algumas delas não se aplicam à criança como as liberdades de iniciativa econômica, de comércio e de contrato, nem a de escolha de trabalho, ofício e profissão, porque seu exercício requer condições de capacidade que ela não possui, dado que lhe falta o discernimento adequado para determinar-se convenientemente em face do objeto da escolha. O adolescente, depois dos dezesseis anos de idade, adquire relativa capacidade para o exercício dessas liberdades (CC, art. 6º, I), assistidos pelos pais ou tutores (CC, arts. 384, V, e 406). É certo ainda que se reconhece ao adolescente maior de quatorze anos a possibilidade de acesso ao trabalho, do que decorre também a liberdade de escolha de trabalho, ofício e profissão, sob orientação familiar, atendidas as condições do art. 5º, XIII, da Constituição Federal.

Essas considerações mostram que os aspectos do direito à liberdade discriminados no artigo em comentário não abrangem todo o seu conteúdo. Ali se explicitaram apenas os aspectos que o legislador teve como de mais direta pertinência à criança e ao adolescente. Quer isso dizer que a enumeração não é exaustiva, mas simplesmente exemplificativa. Nem poderia ser exaustiva, pois nem as explicitações da Constituição sobre o assunto o são, consoante o disposto no art. 5º, § 2º, segundo o qual os direitos e garantias nela expressos não excluem outros decorrentes do regime e dos princípios por ela adotados, ou dos tratados internacionais em que a República Federativa do Brasil seja parte. É claro, por tudo isso, que os comentários que se seguem às *formas de liberdade* arroladas nos incisos do artigo sob nosso exame também não o serão.

14. Liberdade de ação — Não está explicitada no art. 16, em comentário, mas merece referência de início por ser a liberdade base. Seu fundamento se acha no art. 5º, II, da Constituição, quando diz que ninguém será obrigado a fazer ou deixar de fazer alguma coisa senão em virtude de lei, que revela duas dimensões: uma explícita, que é o princípio da legalidade, e outra subentendida, que é a *liberdade de ação,* ou seja, liberdade de fazer, liberdade de atuar, liberdade de agir. Vale dizer que *todos* (incluindo evidentemente crianças e adolescentes) *têm a liberdade de fazer e de não fazer o que bem entender*, salvo quando a lei determine em

3. Cf. José Afonso da Silva, *Curso de Direito Constitucional Positivo*, 7ª ed., São Paulo, Ed. RT, 1991, p. 208.

contrário. A Constituição mesma impõe restrições à liberdade de ação da criança e do adolescente, quando, por exemplo, proíbe o trabalho aos menores de 14 anos, salvo na condição de aprendiz, e o trabalho noturno, perigoso ou insalubre aos menores de dezoito anos (arts. 7º, XXXIII, e 227, § 3º, I), mas o Estatuto é que é a lei disciplinadora da situação jurídica deles, onde, pois, se inscrevem as bases de seu atuar, com as proibições e limitações decorrentes de sua idade e de sua submissão ao pátrio poder.

15. Liberdade de ir, vir e estar — Ir, vir e *estar* são expressões da *liberdade de locomoção*, que a Constituição prevê no art. 5º, XV, em sentido mais amplo do que o disposto no art. 16, I, do Estatuto. De fato, o dispositivo constitucional declara *livre a locomoção no território nacional em tempo de paz, podendo qualquer pessoa, nos termos da lei, nele entrar, permanecer ou dele sair com seus bens.* É a liberdade de ir e vir (viajar e migrar) e de ficar e de permanecer, porque nela se contém o direito de não ir, de não vir, de quietar-se. Significa que "podem todos locomover-se livremente nas ruas, nas praças, nos lugares públicos, sem temor de serem privados de sua liberdade de locomoção".[4] Inclui-se a *liberdade de entrar no território nacional, nele permanecer e dele sair*, nos termos da lei.

Claro que a criança e o adolescente não gozam da liberdade de locomoção em termos assim tão amplos, porque sua condição jurídica impõe limitações à sua liberdade de locomoção. Por isso é que o dispositivo sob comentário menciona "ir, vir e estar nos logradouros públicos e espaços comunitários, ressalvadas as restrições legais".

Logradouros públicos é denominação genérica de qualquer via, rua, avenida, alameda, praça, largo, travessa, beco, jardim, ladeira, parque, viaduto, ponte, galeria, rodovia, estrada ou caminhos de uso comum ou especial do povo. *Espaços comunitários* são, na linguagem das leis urbanísticas, os de usos institucionais: educação, cultura, culto, lazer, promoção social, ou seja, escola, igreja, clubes etc. É preciso entender o sentido e a razão de ser dessa limitação estatutária. O enunciado do texto do art. 16, I, pode levar a pensar que a liberdade de ir, vir e estar da criança e do adolescente só é reconhecida nesses lugares, como se ela não vigorasse também em espaços que não fossem logradouros públicos ou comunitários. O Estatuto não menciona espaços privados, porque nestes a liberdade de ir, vir e especialmente de estar depende do titular do bem. Era, porém, desnecessário acrescentar a circunstância de lugar, como o fez, deixando amplo o enunciado que encontraria sua compreensão no confronto com os direitos de outrem.

É necessário ter em conta ainda que a liberdade aí reconhecida não significa que a criança e o adolescente podem locomover-se nos logradouros públicos a seu simples alvedrio, pois estão sujeitas a autorização dos pais ou responsáveis, segundo seus critérios de conveniência e de educação. É liberdade que se volta especialmente contra constrangimentos de autoridades públicas e de terceiros, mas também contra os pais e responsáveis que, porventura, imponham à criança ou ao adolescente um constrangimento abusivo que possa ser caracterizado como uma situação cruel, opressiva ou de violência ou mesmo de cárcere privado, o que pode até dar margem ao exercício do direito de buscar refúgio e auxílio, previsto no inc. VII (*infra*). A criança não pode ser privada de sua liberdade em hipótese alguma e o adolescente só o pode na forma prevista no Estatuto (art. 106).

Restrições. A liberdade de ir, vir e estar é, ademais, reconhecida com *ressalva das restrições legais*, tais como a de que a criança e o adolescente só terão acesso às diversões públicas e espetáculos classificados como adequados à sua faixa etária, e a criança só poderá ingressar e permanecer

4. Cf. Sampaio Dória, *Direito Constitucional*, v. 4º, *Comentários à Constituição de 1946*, São Paulo, Max Limonad, 1960, p. 651.

nos locais de apresentação e exibição quando acompanhados dos pais ou responsáveis (art. 75); não podem entrar nem permanecer em locais que explorem jogos e apostas (art. 80); a criança não pode viajar para fora da comarca, onde reside, desacompanhada dos pais ou responsável, sem autorização judicial (art. 83); a criança e o adolescente não podem viajar para o exterior desacompanhados dos pais ou responsável, sem autorização especial (arts. 84 e 85). O adolescente pode ainda ser privado de sua liberdade quando em flagrante de ato infracional ou por ordem escrita e fundamentada da autoridade judiciária (art. 106). A leitura desses dispositivos restritivos da liberdade da criança e dos adolescentes darão a medida correta e condições das restrições.

A propósito ainda da entrada de criança e adolescente no território nacional, sua saída dele e permanência nele há que se considerar, além dos textos dos arts. 84 e 85 do Estatuto, o que prescreve o art. 10 da Convenção da ONU sobre os Direitos da Criança, referendada pelo Decreto Legislativo 28, de 14.9.1990, *in verbis*: "Art. 10.1. De acordo com a obrigação dos Estados Partes estipulada no § 1º do art. 9º, toda solicitação apresentada por uma criança, ou seus pais, para ingressar ou sair de um Estado Parte com vistas à reunião da família, deverá ser atendida pelos Estados Partes de forma positiva, humanitária e rápida. Os Estados Partes assegurarão, ainda, que a apresentação de tal solicitação não acarretará conseqüências adversas para os solicitantes ou para seus familiares. 2. A criança cujos pais residam em Estados diferentes terá o direito de manter, periodicamente, relações pessoais e contato direto com ambos, exceto em circunstâncias especiais. Para tanto, e de acordo com a obrigação assumida pelos Estados Partes em virtude do § 2º do art. 9º, os Estados Partes respeitarão o direito da criança e de seus pais de sair de qualquer país, inclusive do próprio, e de ingressar no seu próprio país. O direito de sair de qualquer país estará sujeito, apenas, às restrições determinadas pela lei que sejam necessárias para proteger a segurança nacional, a ordem pública, a saúde ou a moral públicas ou os direitos e as liberdades de outras pessoas e que estejam acordes com os demais direitos reconhecidos pela presente Convenção".

Proteção. A liberdade de ir, vir e estar é protegida pelo *habeas corpus*, concedido sempre que alguém (adulto, criança e adolescente de ambos os sexos) sofrer ou se achar ameaçado de sofrer violência ou coação em sua liberdade de locomoção, por ilegalidade ou abuso de poder (CF, art. 5º, LXVIII).

16. Liberdade de opinião e de expressão — A *liberdade de opinião* resume a liberdade de pensamento e de manifestação do pensamento, prevista no art. 5º, IV, da Constituição Federal, não explicitamente referido no art. 16, ora em exame. Trata-se da liberdade de o indivíduo adotar a atitude intelectual, artística e a crença de sua escolha, quer seja um pensamento íntimo, quer seja a tomada de posição pública. Liberdade de pensar e liberdade de dizer o que se creia verdadeiro. A *liberdade de expressão* é o aspecto externo da liberdade de opinião.

A criança e o adolescente devem sempre ser ouvidos, quando queiram ou devam emitir sua opinião, mormente nos assuntos que lhes dizem respeito (arts. 28, § 1º; 45, § 2º; 111, V; 124, I-III e VIII; 161, § 2º; e 168).

A *liberdade de expressão* está consagrada no art. 5º, IX, da Constituição, onde se declara que *é livre a expressão da atividade intelectual, artística, científica e de comunicação, independentemente de censura ou licença.* A criança e o jovem deveriam ser sempre estimulados ao exercício dessas atividades sem limites. A liberdade de expressão constitui um fator de formação da personalidade da mais alta relevância.

Segundo o art. 13 da Convenção sobre os Direitos da Criança, o direito à liberdade de expressão compreende também a liberdade de buscar, receber e transmitir informações e idéias de todos os tipos, independentemente de fronteiras, de forma oral ou escrita ou impressa, por meio das artes ou por qualquer outro meio da escolha da criança, mas esse mesmo dispositivo convencional prevê que o exercício desse direito poderá sujeitar-se a certas restrições, que serão somente as previstas em lei e consideradas necessárias ao respeito dos direitos e da reputação de outrem e à proteção da segurança nacional ou da ordem pública, ou da saúde e moral públicas.

A convicção filosófica e política também constituem formas de liberdade de opinião e de expressão. Pode-se argumentar que a criança pode até ter convicção religiosa, por sua formação em determinada crença, mas não terá, por certo ainda, convicção filosófica e política. Não importa, mas tem a liberdade de tê-la, e a propósito dela não cabe sanção alguma por eximir-se de obrigação legal a todos imposta. Dir-se-á que também isso não ocorrerá. Certa vez, no entanto, alguns alunos de uma escola de primeiro grau, por formação religiosa, recusaram-se a prestar preito à bandeira nacional. A professora indagou se elas não estariam sujeitas à perda dos direitos políticos nos termos do art. 149, § 1º, *b*, da Constituição de 1969, por decreto do Presidente da República. A resposta foi negativa, primeiro porque não gozavam ainda dos direitos políticos no sentido daquele dispositivo; segundo porque, na sua idade, não poderiam sofrer penalidade alguma por seu gesto, se é que o gesto estava ofendendo alguma lei. Mas o adolescente já pode estar sujeito à sanção prevista no art. 15, IV, da Constituição de 1988, perda de direitos políticos (se já os tiver, nos termos do art. 14, II, *c*), no caso de escusa de consciência.

17. Liberdade de crença e culto religioso — São ambas formas de expressão da *liberdade religiosa*, cuja exteriorização é um modo de manifestação do pensamento.

A *liberdade de crença* compreende o direito de escolha livre da religião, o de aderir a qualquer seita religiosa, o de mudar de religião, mas também o direito de não aderir a religião alguma, assim como a liberdade de descrença, a liberdade de ser ateu e de exprimir o agnosticismo. Mas não compreende a liberdade embaraçar o livre exercício de qualquer religião, de qualquer crença, de qualquer culto. Pois aqui também a liberdade de alguém vai até onde não prejudique a liberdade dos outros.[5]

A *crença* tem dimensão íntima, interna. Pode ficar no simples sentimento do sagrado puro, na simples contemplação muda do ente sagrado, na simples adoração de Deus, sem exteriorizações. Mas não é isso que ocorre com freqüência. Ao contrário, o religioso sente a necessidade de exprimir sua crença, de fazer pregações, que é o lado externo da liberdade de crer — o *culto*. A liberdade de crença, como a de consciência, é inviolável (CF, art. 5º, VI).

A *liberdade de culto* consiste na exteriorização da crença religiosa na prática dos ritos, com suas cerimônias, manifestações, reuniões, fidelidades aos hábitos, às tradições, na forma indicada pelas normas da religião escolhida. "Compreendem-se na liberdade de culto a de orar e a de praticar os atos próprios das manifestações exteriores *em casa* ou *em público*".[6]

A Constituição assegura o livre exercício dos cultos religiosos e garante, na forma da lei, a proteção aos locais de culto e as suas liturgias. Não precisamos entrar em pormenores sobre esta última parte, porque diz respeito à liberdade de organização religiosa que não concerne à criança nem ao adolescente.

Uma observação que comporta fazer é a de que a liberdade de crença e de culto da criança e do adolescente é estreitamente conexa com a de sua família. Terceiros, autoridades, entidades e instituições não podem impor crenças e cultos às crianças e adolescentes, mas não se pode recusar aos pais o direito de orientar seus filhos religiosamen-

5. Cf. José Afonso da Silva, ob. cit., p. 221.

6. Cf. Pontes de Miranda, *Comentários à Constituição de 1967 com a Emenda n. 1, de 1969*, t. V/119, 2ª ed., São Paulo, Ed. RT, 1970.

te, quer para uma crença quer para o agnosticismo. É um direito que lhes cabe, como uma faculdade do pátrio poder, mas especialmente em razão do dever que se lhes impõe de educar os filhos menores. No dever que incumbe à sociedade e ao Estado de assegurar, com a família, à criança e ao adolescente o direito à educação, nos termos do art. 227 da Constituição, não entra a educação religiosa, a menos que o próprio interessado o requeira, como pode fazê-lo exigindo aulas de sua religião nos horários normais das escolas públicas de ensino fundamental (CF, art. 210, § 1º), assim como também têm o direito à assistência religiosa na entidade civil de internação coletiva, onde porventura esteja internado (arts. 94, XII, e 124, XIV; CF, art. 5º, VII). É evidente também que o direito dos pais ou de outros familiares na matéria não inclui o constrangimento ao filho que optou por outra crença que não a deles.

***18.** Liberdade de brincar, praticar esportes e divertir-se* — Aqui estamos no reino da criança. Crianças vivem uma existência de fantasias e levam essa fantasia para a ação. São quadrilheiros, pássaros voadores, justiceiros...[7] "Infância é época de brinquedos. E qualquer sistema de comunidade que ignore essa verdade, está educando erradamente".[8]

Os adultos esquecem essa evidência e tolhem a liberdade das crianças e adolescentes ao brinquedo. Marcam-lhes horário para tudo, mas nem sempre reservam período para a diversão. O "temor pelo futuro da criança leva os adultos a privarem os filhos do direito de brincar",[9] sem atinar que a atividade lúdica da criança e do adolescente é imprescindível à sadia formação da personalidade do homem de amanhã.

À criança que não se dá a oportunidade de brincar, de praticar esportes, de divertir-se se torna triste e pode transformar-se num adulto amargo e tendente a extravasar de modo inadequado seu interesse lúdico sufocado, pois, como ainda lembra Neill, "é muito difícil avaliar o prejuízo causado a uma criança que não teve permissão para brincar tanto quanto quis".[10]

Diversões, como teatro, dança, música, esportes, segundo as opções de cada um, estimulam o espírito criador e as fantasias criativas da criança e do adolescente, e dão vazão à sua inquietude dinâmica, com o que empregam sua atenção em algo sadio, antes que em situações prejudiciais ao seu desenvolvimento.

Não basta, claro está, reconhecer a liberdade de brincar, de praticar esportes e de divertir-se. É necessário oferecer meios que propiciem a toda criança e aos adolescentes em geral o pleno exercício dessa liberdade, a fim de que se torne efetivo o direito à cultura, lazer, esportes, diversões, espetáculos, previstos no art. 71.

***19.** Liberdade de participar da vida familiar e comunitária, sem discriminações* — Essa liberdade se harmoniza com o direito de a criança e o adolescente serem criados e educados no seio da família natural e, excepcionalmente, em família substituta, assegurada a convivência familiar e comunitária em ambiente livre da presença de pessoas dependentes de substâncias entorpecentes (art. 19). Participar da vida familiar e comunitária é, assim, mais do que uma possibilidade que se reconhece à determinação livre da criança e do adolescente, porque é um direito subjetivo que requer prestações positivas e condições favoráveis e efetivas para o seu auferimento, sem distinção de qualquer natureza, sem preconceitos de origem, raça, sexo, cor, idade e quaisquer outras formas de discriminações (CF, arts. 3º, IV; 5º, *caput*; e 227).

***20.** Liberdade de participar da vida política, na forma da lei* — Em sentido típi-

7. Cf. A. S. Neill, *Liberdade sem Medo*, 29ª ed., São Paulo, Ibrasa, 1991, p. 57.

8. Idem ibidem, p. 60.

9. Idem ibidem, p. 59.

10. Ob. cit., p. 60.

co, essa liberdade se realiza pelo exercício de atividades políticas, pela prática dos atos do processo político, como filiação eleitoral e partidária, direito de votar e ser votado. São atos e atividades que estão condicionados a requisitos de capacidade de que a criança não dispõe. O adolescente mesmo só adquire condições de capacidade para o exercício dessa liberdade aos dezesseis anos de idade, quando se lhe reconhece a faculdade de alistamento eleitoral e de voto, e também de filiação partidária (CF, art. 14, § 1º, II, *c*; Lei Orgânica dos Partidos Políticos — Lei 5.682/71, art. 64, § 3º).

Contudo, a criança e o adolescente têm o direito de exercer outras atividades participativas que, num sentido mais amplo, podem configurar-se como políticas. Assim é o direito de organização e participação em entidades estudantis.

21. Liberdade de buscar refúgio, auxílio e orientação — Esta liberdade se caracteriza no direito que se reconhece à criança e ao adolescente de escapar a situações agressivas, opressivas, abusivas ou cruéis, buscando amparo fora do próprio meio familiar, onde tais situações intoleráveis e danosas se manifestem, consoante estatuem os arts. 87, III, 130 e 142. Ao Poder Público incumbe criar as condições necessárias para que a criança e o adolescente convivam em um meio familiar democrático e livre de violências e opressões. Assim prevê o art. 226, § 8º, da Constituição Federal: "O Estado assegurará a assistência à família na pessoa de cada um dos que a integram, criando mecanismos para coibir a violência no âmbito de suas relações".

22. Considerações finais — A questão da liberdade da criança e do adolescente envolve uma problemática muito complexa, dada a sua posição jurídica no seio da família e da escola e a sua condição peculiar de pessoa em desenvolvimento. Lembra Neill[11] que a "liberdade é necessária para a criança porque apenas sob liberdade ela pode crescer de maneira natural — a boa maneira". Lembra também que liberdade não é licença, e que esta começa nos limites em que a conduta interfere com a liberdade dos demais.[12] Mas aí surge um campo de grande dificuldade, porque as manifestações infantis e juvenis são, por natureza, ruidosas, suas atividades são barulhentas, alegres, dinâmicas, e não raro incômodas aos espíritos mais sisudos e envelhecidos, sem que isso implique licença, como possivelmente se configurasse se tais manifestações viessem de adultos. Nem sempre se pode medir a liberdade da criança e do adolescente pelos mesmos gabaritos com que se mede a dos adultos. A tolerância se amplia em favor dos primeiros.

5. Conclusão: reconhecimento de direitos e realidade

23. Tudo isso mostra que os direitos humanos da criança e do adolescente estão formalmente muito bem assegurados. Tem ela nessas normas uma Carta de Direitos Fundamentais incomparável, onde se lhes garante tudo, mas a realidade não é tão pródiga para com eles como é a retórica jurídica, pois se olharmos em torno de nós veremos, sem qualquer dificuldade, um quadro negro e triste, onde por volta de 24 milhões de crianças vivem na miséria, 23 milhões na pobreza, 33% das famílias ganham menos do que um salário mínimo, e este fica no nível irrisório de cerca de 120 dólares mensais. Garante-se-lhes a vida e a saúde, mas a mortalidade infantil aumenta na razão direta do desemprego em massa e da queda dos salários, e a cada minuto morre uma criança de inanição. Os textos normativos colocam a criança e o adolescente a salvo da violência, da crueldade e da opressão, mas, para sentir o contraste, nem é necessário referir-se à violência de grupos de extermínio, basta essa *violência silenciosa* da miséria que destrói milhões.

11. Ob. cit., p. 104.

12. Cf. *Liberdade, Escola, Amor e Juventude*, 3ª ed., São Paulo, Ibrasa, 1978, pp. 160 e 165.

ALGUNS ASPECTOS JURÍDICOS DA BIODIVERSIDADE*

NEWTON DE LUCCA

Mestre, Doutor, Livre-Docente e Adjunto pela Faculdade de Direito da Universidade de São Paulo — Desembargador Federal do TRF da 3ª Região

I — Considerações introdutórias. II — Conceito de biodiversidade e o desequilíbrio ecológico da Terra. III — A biodiversidade e o Direito. IV — A propriedade intelectual da biodiversidade: Parâmetros de natureza constitucional. V — Breve exame da legislação brasileira sobre a matéria: a Lei 8.974, sobre a Biossegurança, de 5.1.1995; a atual Lei 9.279, sobre a Propriedade Industrial, de 14.5.1996 e a Lei 9.456, sobre a Proteção dos Cultivares, de 25.4.1997. VI — A Convenção sobre Diversidade Biológica. VII — Possíveis conclusões. VIII — Bibliografia consultada.

I — Considerações introdutórias

Orgulho, alegria e preocupação foram os sentimentos em mim presentes, tão logo soube que estaria aqui na tarde de hoje, participando de um painel proposto a enfrentar temas da mais alta complexidade, nos quais passaram a descortinar-se alguns dilemas até então jamais excogitados pelo saber humano acumulado por tantos séculos de investigação científica e de perquirição filosófica.

Orgulho e alegria decorrem, como não poderia deixar de ser, de constituir um verdadeiro *privilégio* — permitam-me usar tal expressão posto que vamos aludir a um ramo do Direito que lida com privilégios de invenção e patentes de exploração[1] — estar aqui ao lado de tão proeminentes autores e renomados cultores do Direito. Já a preocupação — que poderia muito bem inexistir, não fossem as limitações deste que lhes fala — deriva da pouca ou inexpressiva contribuição que poderei dar em confronto com o calibre intelectual desta douta mesa.

Os sentimentos agradáveis ficarão por conta, uma vez mais, da querida figura do

* Texto básico da palestra proferida no dia 12.5.1999, em Brasília, no Auditório do Superior Tribunal de Justiça, no Seminário Internacional sobre Direito da Biodiversidade, organizado pelo Centro de Estudos Judiciários daquela Corte de Justiça.

1. Como se sabe, as patentes de invenção, os modelos de utilidade, os desenhos e os modelos industriais, as marcas, expressões ou sinais de propaganda, além da disciplina jurídica da concorrência, constituem um subsistema de normas a que se convencionou chamar de *propriedade industrial* ou *direito industrial*. Tal subsistema, somado àquele que cuida da propriedade literária, científica ou artística, forma o sistema de normas denominado de *propriedade imaterial*, na terminologia adotada por Gama Cerqueira, ou de *propriedade intelectual*, na dicção preferida por Pontes de Miranda.

Ministro Fontes de Alencar que, com tanto vigor e dedicação, comanda esse nosso meritório Centro de Estudos e que, com tanta benevolência, permite — e até exige carinhosamente — que eu participe de suas inolvidáveis realizações.

O sentimento de preocupação, contudo — por certo incômodo e desagradável —, é fruto de minha exclusiva responsabilidade. Estamos, com toda certeza, diante de uma problemática que não é apenas jurídica ou científica, mas necessariamente envolvida por aspectos éticos, econômicos, sociais e políticos, diante dos quais, é claro, sinto-me *preocupantemente* pequeno.

Não gostaria, na verdade, que esta manifestação introdutória soasse excessivamente *acaciana*, pois o lugar-comum — talvez comuníssimo — indisfarçavelmente apresentado, é substituído pelo real desejo de uma reflexão serena, isenta, humildemente franca e, mais do que tudo, inteiramente aberta às mudanças e às correções de rumo que os ensinamentos obtidos no decorrer deste nosso Seminário muito provavelmente irão determinar.

Principio, pois, com uma espécie de confissão sincera: não quero incidir naquela impropriedade cometida pelo personagem de uma antiga história, contada por Plínio, o Velho, segundo a qual o famoso pintor Apeles, desejoso da perfeição para os seus quadros, resolveu consultar um sapateiro para que este opinasse sobre os sapatos constantes de suas telas. Orgulhoso com a honraria, o incauto e entusiasmado sapateiro, depois de apontar um defeito na pintura de um dos sapatos, sentiu-se empolgado para opinar sobre outros aspectos dos quadros que lhe foram apresentados, sendo prontamente interrompido, porém, pelo cioso artista com a seguinte advertência feita em latim: *Ne sutor supra crepidam*, correspondente, em vernáculo, a "Não vás além dos sapatos".

De forma que, como simples comercialista e *consumerista* que sou, tentarei aterme apenas aos aspectos do tema que se interpenetram substancialmente, quer com o direito comercial, quer com o direito do consumidor, sob pena de cometer o mesmo deslize do sapateiro da história, se é que me seja lícito, ainda, em meio ao torvelinho dos problemas jurídicos que se acumulam na vida hodierna de um magistrado, ostentar o título de comercialista ou de *consumerista*...

Se eu tivesse a ventura de ser um filósofo do Direito, a minha situação estaria, com certeza, bem mais confortável. Como disse Bobbio,[2] o filósofo do Direito é um especialista em nada, estando autorizado, com muita freqüência, ao contrário do que sucede com os seus colegas juristas, a se ocupar de tudo. Mais uma razão, portanto, para que me atenha, com todo o cuidado, aos acanhados limites de minha modesta arena.

Concentrar-me-ei, então, fundamentalmente, na questão da propriedade intelectual sobre a biodiversidade, posto que os demais aspectos do painel, relativos ao comércio internacional, já foram tratados com profundidade e brilho invulgares pelo Ministro e Professor Celso Lafer e pelo eminente Professor Carlos Correa, da Argentina.

II — Conceito de biodiversidade e o desequilíbrio ecológico da Terra

Embora possa parecer despiciendo, a esta altura deste Seminário, falar-se sobre o conceito de biodiversidade, nunca será demais recordar que estamos diante de um neologismo.

Não se acha o verbete, até o momento, registrado no *Dicionário* de Aurélio Buarque de Holanda Ferreira;[3] nem no Michaelis;[4] tampouco no *Diccionario de la Real*

2. *De Senectute e Altri Scritti Autobiografici*, pp. 169 e 170.

3. *Novo Dicionário da Língua Portuguesa*, Nova Fronteira, 1975. Edições mais recentes também não o contemplaram.

4. *Moderno Dicionário da Língua Portuguesa*, 1998, Melhoramentos. Registre-se, no entanto,

Academia Española,[5] ou no *Dictionnaire de l'Académie Française*, sendo o mesmo encontrado, porém, nas mais modernas edições nos dicionários de língua inglesa.[6]

A par das mais variadas conceituações existentes, todas elas destacando, em última análise, a universalidade dos seres vivos do nosso planeta e de todas as suas variações genéticas,[7] cumpre anotar que a definição adotada pela Convenção sobre Diversidade Biológica, assinada durante a Conferência das Nações Unidas sobre Meio Ambiente e Desenvolvimento, realizada na cidade do Rio de Janeiro, no período de 5 a 14.6.1992 — igualmente conhecida como Convenção da Biodiversidade —, da qual é signatário o nosso país, considera a biodiversidade como "a variabilidade dos organismos vivos de toda origem, compreendendo, dentre outros, os ecossistemas terrestres, marinhos e outros ecossistemas aquáticos e os complexos ecológicos de que fazem parte; compreendendo ainda a diversidade dentro de espécies, entre espécies e de ecossistemas".[8]

Todos os danos ambientais, assim, de que a sociedade tecnológica atual é absolutamente pródiga em dar exemplos, são agressões à biodiversidade. Prepondera nessa mesma sociedade — que se revela axiologicamente míope relativamente aos perigos que ela engendra para o bem-estar da Humanidade — a chamada *lógica do mercado*, que poderia ser resumida, *grosso modo*, na insaciável vontade de privatizar, tanto quanto possível, os lucros e de socializar ao máximo os prejuízos...

Com efeito, não parece necessário um grande esforço de análise crítica para perce-

que no *Minidicionário da Língua Portuguesa*, do Prof. Antonio Soares Amora, encontra-se o verbete registrando: "variedade de espécies animais ou vegetais existente na Terra ou em determinada região".

5. 21ª ed., Madri, 1992.

6. Exemplificativamente, o *Oxford Dictionnary of New Words*, de 1992, ao cuidar das palavras derivadas da combinação da partícula *bio* com outros vocábulos, dispõe: "Biodiversity, the richness of variety of the biosphere". Em Collins, ano 1992, vamos encontrar: "Biodiversity: the existence of a wide variety of plant and animal species in their natural environments, which is the aim of conservationists concerned about the indiscriminate destruction of rain forests and other habitats".

Na publicação "Environnement et développement", *Dossiers* 7, La Biodiversité, Unesco, p. 14, consta a seguinte definição: "Biodiversité: terme général désignant la variabilité des organismes vivants de toute provenance — échosystèmes terestres, marins —, et autres échosystèmes aquatiques et les ensembles écologiques dont ils font partie. La biodiversité englobe la diversité interspécifique, interspécifique et écosystémique. Elle est fonction à la fois du temps (évolution) et de l'espace (distribution biogéographique)".

7. A palavra abarca, igualmente, a idéia da variedade dos ecossistemas e dos ambientes naturais da Terra, compreendendo a biodiversidade, dessarte, o conjunto daquelas atividades necessárias para garantir a presença de todas as espécies de plantas, animais e demais organismos em toda a variedade dos ecossistemas.

8. Cfr. art. 2º do texto da Convenção, que esclarece a "Utilização de Termos", sendo a reprodução literal do que aí se estabeleceu para o conceito de "diversidade biológica". Para uma definição formulada com maior rigor técnico, cfr. Van der Spoel S. que assim se exprimiu ("A biosystematic basis for pelagic biodiversity", in *Bijdragen tot de Diekunde* 64 (I), 3, 1994): "A biodiversidade é a soma da diversidade taxonômica, ecológica, genética, histórica e filogenética". Antonio Silveira R. dos Santos, em artigo intitulado "Biodiversidade. Desenvolvimento sustentável", publicado na *Revista de Direito Ambiental* 7, pp. 94 a 101, tece as seguintes considerações sobre o conceito: "A biodiversidade também pode ser considerada como o complexo resultante das variações das espécies e dos ecossistemas existentes em determinada região, e seu estudo tem importância direta para a preservação ou conservação das espécies, pois entendendo a vida como um todo teremos mais condições de preservá-la, bem como é de suma importância para o nosso desenvolvimento, resultando o aproveitamento dos recursos biológicos para que sejam explorados de maneira menos prejudicial à natureza, conservando-a o mais possível, permitindo a harmonia entre o desenvolvimento das atividades humanas e a preservação, chamando-se isso modernamente de desenvolvimento sustentável".

ber que o homem, quase sempre escravo de uma sociedade arrogante e argentária, tem devastado a própria casa onde mora, não obstante tenha dado isoladas contribuições positivas para a mudança da face da Terra.[9] Mas estas últimas foram a exceção e não a regra, como seria desejável...

Na maioria das vezes, infelizmente, ele fez de seu próprio *habitat* uma festa espandongada...[10] Nos primórdios, a sua ação predatória dava-se para facilitar a caçada dos cervos, sendo útil, para tal fim, que se queimasse a vegetação rasteira, aumentando-se a visibilidade... Posteriormente, no início da atividade agrícola,[11] o corte e a queima de florestas ocorria por causa da necessidade de novos espaços para plantar-se o alimento... Já durante os séculos XVI, XVII e XVIII, as florestas eram vorazmente dizimadas para que alguns países, como a França, a Espanha e a Inglaterra, por exemplo, construíssem os seus navios...

Irrecusável, pois, a constatação de que o homem, fosse movido por necessidades de sobrevivência, fosse motivado por objetivos gananciosos, fosse, enfim, guiado por interesses diversos, não pudesse cuidar adequadamente sequer de seu próprio lar dentro do qual ele vive e escreve a sua mágica aventura sobre a Terra...[12]

Também não me parece necessária uma análise muito acurada para perceber, no contexto da civilização atual, que os países detentores de tecnologia não estão dispostos a abdicar de sua supremacia social e econômica, sacramentada por um regime jurídico de transferência empresarial de tecnologia que outra coisa não faz senão perpetuar a desigualdade de fato existente.

Mostrou-o há tempos o eminente Prof. Fábio Konder Comparato, em luminosa conferência pronunciada no II Seminário Nacional de Propriedade Industrial, realizada no Rio de Janeiro, nos idos de 1982, na qual esse jurista evidenciava a insuficiência do chamado direito industrial para que se operasse a necessária transformação radical, quer no âmbito da organização interna dos países pobres, quer no da estrutura das relações internacionais, pelas quais perpassa toda a problemática da transferência de tecnologia.[13]

9. Parece-me que a maioria dos ecologistas concorda que as pastagens tropicais — e, talvez, mesmo as temperadas — teriam sido criadas pelo homem e por ele conservadas em vastos campos abertos por algumas centenas de milênios. Além disso, plantas e animais foram utilmente transportados pelo homem de um canto a outro do planeta, propiciando a multiplicação das espécies e o fornecimento de alimentos que não teriam sido possíveis a grandes camadas da população terrestre, de que os ovos da conhecida galinha doméstica, oriunda da Índia, são um dos mais sintomáticos exemplos, sendo até estranho pensar, como salienta Huxley, que no começo do período clássico as pessoas não dispusessem de ovos para comer...

10. Diz-nos Huxley a respeito (*A Situação Humana*, p. 25): "O homem tem vivido demasiadamente no Planeta à moda de um parasita que se sustenta daquele a quem infesta. Se muitos parasitas são bastante ajuizados para não destruírem seu hospedeiro porque destruiriam a si mesmos, o homem *não* é um desses parasitas ajuizados. Ao contrário, muitas vezes viveu em seu hospedeiro fazendo tudo para arruiná-lo totalmente".

11. Não há cronologia segura sobre tal época, variando de 5.000 a 10.000 anos antes de Cristo as estimativas a respeito.

12. A natureza destrutiva do ser humano já fora posta em realce por Spengler, em seu inolvidável *O Homem e a Técnica*, p. 49, da seguinte forma: "O homem é um animal predador. Eis aquilo que pensadores argutos como Montaigne e Nietzsche sempre souberam. Eis o que nunca foi contestado ou simplesmente dissimulado pela sabedoria tradicional dos contos e provérbios de povos sedentários ou nômades, nem pelo sorriso velado e penetrante dos conhecedores dos homens (o estadista, o general, o comerciante ou o magistrado), que uma vida agitada e fértil, amadureceu, nem pelo desespero dos reformadores falhados, nem pelas reprimendas de padres encolerizados. Somente os idealistas, filósofos e teólogos, com a cabeça escondida na sua grave solenidade, têm hesitado em proclamar o que todos intimamente já sabem. O ideal apenas é uma covardia".

13. "A transferência empresarial de tecnologia para países subdesenvolvidos: um caso típico

Já nas linhas conclusivas dessa penetrante investigação, ensinara o citado professor:[14] "É preciso, afinal, reconhecer e proclamar a evidência: em regime de livre concorrência entre unidades econômicas que obedecem à lei do lucro máximo, a desigualdade é sempre mais reforçada e acaba anulando a liberdade econômica, em nome da qual se erigiu o sistema. As relações empresariais, no mercado mundial, são relações de poder, com fins egoístas; e o poder econômico existe, hoje, sempre mais em função da acumulação tecnológica. Ora, na lógica do poder, ninguém se despoja de sua supremacia voluntariamente. Por outro lado, as nações subdesenvolvidas já não podem ser mantidas na ilusão de que, um dia, chegarão a igualar o nível de vida dos países opulentos. Seria isto repetir, de forma tragicamente coletiva, a velha fábula da rã e do boi".

Alguns insucessos da Convenção da Biodiversidade, realizada em 1992, na cidade do Rio de Janeiro, viriam demonstrar o acerto daquelas considerações tecidas tantos anos antes pelo Prof. Comparato. Bastaria lembrar, a esse propósito, os resultados a que lá se chegou em matéria de acesso e compartilhamento dos benefícios oriundos dos recursos genéticos vegetais para alimentação e para a agricultura.

Sabe-se, em princípio, que a recusa dos Estados Unidos da América no sentido de aderirem àquela Convenção não derivava do questionamento da necessidade de meios aptos à preservação da biodiversidade — de resto já proclamada pelos países desenvolvidos desde 1982[15] —, mas sim da posição assumida pelos meios empresariais privados dos países tecnologicamente desenvolvidos...[16]

Assinale-se, também, ter sido a Europa o primeiro continente a preocupar-se com a devastação planetária. O Tratado da Comunidade Econômica Européia, hoje União Européia, estabelecera alguns princípios tendentes à proteção do meio ambiente. E o *Jornal Oficial das Comunidades Européias*, de 30.6.1998, publicou a Diretiva 98/44/CE do Parlamento Europeu e do Conselho da União Européia, importante documento sobre a proteção jurídica das invenções biotecnológicas, após uma série de 56 *consideranda*.[17]

de inadequação dos meios aos fins", in *Direito Empresarial*, pp. 38 a 53.

14. Ob. cit., p. 53.

15. A Resolução 37/7, da Assembléia-Geral da Organização das Nações Unidas, adotada em 28.10.1982, que aprovara a Carta Mundial sobre a Natureza, reconhecia que toda forma de vida é única e deve ser respeitada qualquer que seja a sua utilização pelo homem.

16. O art. 19 da Convenção, relativo à gestão da biotecnologia e à distribuição de seus benefícios, ensejou clara oposição do governo norte-americano. Voltar-se-á ao tema mais adiante, quando da análise dos principais dispositivos dessa Convenção.

17. O último considerando levou em conta que "a terceira conferência das partes contratantes da Convenção sobre a Diversidade Biológica, realizada em novembro de 1996, reconheceu, na sua Decisão III/17, 'ser necessário prosseguir os trabalhos tendentes ao desenvolvimento de uma concepção comum da correlação existente entre os direitos de propriedade intelectual e as disposições relevantes do Acordo sobre os Aspectos Comerciais dos Direitos de Propriedade Intelectual e da Convenção sobre a Diversidade Biológica, nomeadamente no que respeita às questões relativas às transferências de tecnologia, à conservação e utilização sustentável da biodiversidade e à repartição eqüitativa dos benefícios gerados pela utilização de recursos genéticos, incluindo a preservação dos conhecimentos, inovações e práticas das comunidades autóctones e locais que consubstanciem modos de vida tradicionais importantes para a conservação e a utilização sustentável da biodiversidade'". O art. 1º dessa Diretiva estabelece que "Os Estados-membros devem proteger as invenções biotecnológicas através do direito nacional de patentes. Se necessário, os Estados-membros adotarão o seu direito nacional de patentes de modo a ter em conta o disposto na presente diretiva" (1) e que "A presente Diretiva não prejudica as obrigações que decorrem, para os Estados-membros, das convenções internacionais, nomeadamente do Acordo TRIP e da Convenção sobre a Diversidade Biológica (2)".

Bem sei que os meus miúdos trinta minutos poderiam facilmente ser consumidos apenas com uma investigação um pouco mais aprofundada sobre o próprio conceito de biodiversidade e sobre as agressões ao equilíbrio ecológico do planeta. À míngua do tempo necessário para uma tal empresa, tomo a liberdade de remeter os interessados à leitura dos trabalhos especializados sobre a matéria.[18]

Não posso me furtar, porém, a fazer mais duas considerações a respeito do problema relacionado ao desequilíbrio ecológico da Terra. A primeira delas, extraio-a de duas citações da própria Bíblia: uma do Quarto Livro dos Salmos e outra de o Cântico dos Cânticos. Diz a primeira: "Saciam-se as árvores do Senhor, os cedros do Líbano que ele plantou".[19] Na segunda, em que Salomão descreve a mulher amada: "As suas pernas são como colunas de mármore, fundadas sobre bases de ouro puro. O seu parecer é como o Líbano, excelente como os cedros".[20]

Essas místicas árvores, contudo, que compuseram uma gigantesca floresta para a qual viajávamos, por vezes, nas ilimitadas imaginações de nossa infância — e que teriam servido ao rei Salomão para a construção da grandeza de seu templo[21] — praticamente não existem mais, com imensas montanhas expostas à erosão[22] e sem qualquer possibilidade de reflorestamento...[23]

A segunda consideração, de meu desejo fazer, e à qual aludi linhas atrás, não nos vem da Bíblia, por certo, mas de um autor já citado de quem os escritos — mercê de sua correção e profundidade — servem como uma espécie de *bíblia* a quem se proponha a raciocinar cientificamente...

18. Cfr., exemplificativamente, Antonio Silveira R. dos Santos, art. cit., pp. 94 a 101; Francisco Eugênio M. Arcanjo, "Convenção sobre Diversidade Biológica e Projeto de Lei do Senado 306/95: soberania, propriedade e acesso aos recursos genéticos", *Revista de Direito Ambiental* 7, pp. 137 a 157; além dos vários livros, estudos e teses que serão referidos ao longo da presente exposição.

19. Sl. 104, 16.

20. Cânt. 5, 15.

21. Consta que Salomão celebrou um contrato com Heiram, rei de Tiro, pelo qual este concordara em que as vigas de madeira deveriam ser trazidas até a costa, transportadas de balsa para qualquer porto indicado por Salomão e posteriormente conduzidas a Jerusalém. Com esse acordo, ficou garantido o fornecimento de madeira ao Egito — que só possuía palmeiras — por séculos seguidos.

22. O fenômeno da erosão, conquanto muito mais presente em nossos dias, já era comum cinco séculos antes de Cristo, como se percebe por uma impressionante descrição de Platão, "*o Crítias*", de sua terra natal, a Ática. Embora ignaro de que ela se deveu aos agricultores de então, a quem ele atribuía qualidades quase divinas, e não às inundações da época, como erroneamente parece ter suposto, nem por isso o relato deixa de ter grande serventia. Ei-lo: "Em comparação com o que existia então, restam apenas os ossos de um corpo devastado, como no caso das pequenas ilhas, tendo desaparecido todas as partes mais ricas e macias do solo, sobrando o mero esqueleto da terra. Mas no estado primitivo desse país, suas montanhas eram altas colinas cobertas de solo, e as pradarias de Peleu cheias de rica terra, e havia abundância de florestas nas montanhas. Ainda há traços das florestas, pois embora algumas das montanhas agora apenas ofereçam sustentação para ervas, há não muito tempo ainda se viam telhados de madeira cortada de árvores que ali eram bastante para cobrir a maior parte das casas; e havia muitas grandes árvores cultivadas pelo homem, fornecendo abundância de alimento para o gado. Mais ainda, a terra gozava do benefício das chuvas anuais, não perdendo, como agora, as águas que correm da terra nua diretamente para o mar, mas tendo abundante suprimento em toda parte e recebendo a água em si e guardando-a no solo de argila, deixava cair nas cavidades as torrentes que absorvia das alturas, fazendo aparecer por toda parte fontes e rios abundantes, dos quais ainda se podem observar monumentos sagrados nos lugares em que outrora existiam as fontes; e isso prova a verdade do que afirmo.

"Esse era o estado natural do país, que era cultivado por verdadeiros agricultores, como bem podemos acreditar, que faziam da agricultura seu ofício e eram amantes da honra".

23. Aldous Huxley descreve (ob. cit., pp. 22-23) o seu desapontamento quando, subindo de carro a cordilheira que se estende por uma faixa de

Refiro-me a um estudo do Prof. Comparato, ainda no prelo,[24] no qual esse jurista, em síntese admirável, depois de recordar o desequilíbrio ecológico do planeta e de salientar que esse desequilíbrio prejudica muito mais intensamente as massas miseráveis dos países subdesenvolvidos, assinala corajosamente:[25] "Efetivamente, a grande injustiça nessa matéria reside no fato de que, embora os grandes poluidores do mundo sejam os países desenvolvidos, são as nações proletárias que sofrem mais intensamente os efeitos da degradação do meio ambiente. As emissões anuais de dióxido de carbono (CO_2) quadruplicaram ao longo dos últimos 50 anos. Assim, o quinto da população mundial nos países de mais altos rendimentos contribui com 53% para as emissões desse gás, mas o quinto mais pobre é responsável por apenas 3% das emissões. Ora, a esmagadora maioria dos que morrem todos os anos, como conseqüência da poluição do ar e da água, são os pobres dos países subdesenvolvidos do planeta".

O que se poderia acrescentar a essas judiciosas considerações é que a poluição causada pelos países desenvolvidos é de tal ordem que já chegam a causar preocupação nos próprios países do bloco a que pertencem. Refiro-me, exemplificativamente, às contaminações apresentadas na água para o consumo humano, ocorridas em países do Reino Unido, devidas ao teor de chumbo, quando transitadas por canalização feita com tal material.

O Tribunal de Justiça das Comunidades Européias, no caso, não hesitou em decidir que o Reino Unido não cumpriu as obrigações que lhe incumbiam, por força do Tratado CEE, condenando-o nas despesas. Entendeu essa Corte de Justiça que, ao não transpor para a regulamentação aplicável na Escócia e na Irlanda do Norte e, quanto à água utilizada na indústria alimentar, também na Inglaterra e no País de Gales, as normas da Diretiva 80/778 CEE do Conselho, de 15.7.1980, não restaram obedecidas as concentrações máximas de chumbo admissíveis na água para consumo humano.[26]

100 a 150 milhas, com 25 a 30 milhas de largura, imaginava encontrar os cedros do Líbano em profusão: "Rodamos e rodamos horas a fio subindo imensas colinas e, finalmente, depois de muitas milhas de terra absolutamente estéril, chegamos a um lugar no qual havia aproximadamente 400 cedros. Sobrevoando essa região mais tarde, vi dois ou três desses bosques e creio que restam cerca de 1.500 ou 2.000 cedros".

24. Trata-se de livro a ser ainda publicado pela Saraiva, ao qual tive acesso por deferência especial daquele ilustre professor, cuidando o Capítulo 23º da "Convenção sobre a Diversidade Biológica".

25. Calcado em *Relatório do Desenvolvimento Humano* do PNUD — Programa das Nações Unidas para o Desenvolvimento, 1998, edição portuguesa, p. 4 e capítulo 4.

26. A ementa desse acórdão, de 25.11.1992, tem o seguinte teor: "Resulta do n. 6 do art. 7º da Diretiva 80/778, relativa à qualidade das águas destinadas ao consumo humano, que os Estados-membros devem tomar as disposições necessárias para que as águas destinadas ao consumo humano satisfaçam pelo menos as exigências especificadas no Anexo I da referida Diretiva. Este dever só encontra derrogações nos art. 9º, 10 e 20. A Diretiva impõe, assim, aos Estados-membros que atuem de forma a alcançar certos resultados, sem que possam invocar, fora as derrogações previstas, circunstâncias particulares para justificar o desrespeito daquele dever. Assim, o fato de serem sido tomadas todas as medidas razoavelmente possíveis não pode justificar o descumprimento do dever em questão. 1) Só dentro do prazo de execução da Diretiva 80/778, fixado no respectivo art. 19, pode ser exercida a faculdade concedida aos Estados-membros pelo art. 20 da Diretiva de apresentar à Comissão o pedido de obtenção de um prazo suplementar para assegurar o respeito das exigências qualitativas que as águas destinadas ao consumo humano devem satisfazer, especificadas no Anexo I da Diretiva. 2) Nos termos do n. 5 do art. 7º da Diretiva 80/778, relativa à qualidade das águas destinadas ao consumo humano, a interpretação dos valores a respeitar deve ser feita tomando em conta as observações constantes do Anexo I, que fixa os referidos valores. Aquelas observações prevêem um regime especial quanto ao teor de chumbo, no caso de as águas transitarem por canalizações de chumbo. É face a este regime

Desponta, diante de tais fatos, como salientado pelo retrocitado Professor, a inadiável tarefa de colocar-se em prática, com a maior celeridade possível, uma política do chamado desenvolvimento sustentável, sobre o qual se falará mais adiante.[27]

III — A biodiversidade e o Direito

A partir do pressuposto de que a biodiversidade passou a ser considerada, contemporaneamente, um bem jurídico relevante[28] e da conscientização do meio social para o sentimento de repulsa ética às ações humanas que se constituem em verdadeiras agressões a esse bem jurídico, ao Direito coube ocupar-se de um dos mais destacados papéis — senão o mais importante de todos eles — no sentido da interdição das condutas lesivas a esse considerável e, desconhecido em grande parte ainda,[29] *patrimônio da humanidade.*[30]

A primeira reflexão que se impõe, assim, diz respeito não mais ao cabimento da incidência de normas jurídicas sobre as ações humanas capazes de afetar a biodiversidade — de resto indubitável, na quadra em que vivemos[31] —, mas ao adequado

que deve ser apreciado o respeito pelos Estados-membros da obrigação de executar a diretiva".

27. Bobbio (*A Era dos Direitos*, p. 6) entende o direito ambiental como um direito de *terceira geração.* São suas palavras: "Ao lado dos direitos sociais, que foram chamados direitos de segunda geração, emergiram hoje os chamados direitos de terceira geração, que constituem uma categoria, para dizer a verdade, ainda excessivamente heterogênea e vaga, o que nos impede de compreender do que efetivamente se trata. O mais importante deles é o reivindicado pelos movimentos ecológicos: o direito de viver num ambiente não poluído".

28. Não se trata de afirmar, é claro, que a preocupação do homem com o sistema ecológico seja algo mais recente e que antes não existisse. Tanto assim que Diderot, um dos grandes intelectuais do século XVIII, que efetivamente se interessaram pelos problemas tecnológicos de seu tempo, em sua famosa *Encyclopaedia*, descrevendo a forma pela qual se fornecia madeira para a cidade de Paris — que vinha de muito longe, flutuando em grandes balsas pelo Rio Sena, posto que já se achavam exauridas as florestas então existentes em torno da Cidade Luz — afirmava que tal situação não poderia continuar e que seria imprescindível a utilização do carvão para aquecimento. O que se quer dizer, com efeito, é que nunca teria havido, com a mesma clareza de agora, a percepção do perigo iminente da ruptura do necessário equilíbrio ecológico a fim de preservar-se a permanência da vida no planeta. Cfr., a propósito, Héctor Gros Espiell, "Biodiversidad, Ética y Derecho" (*Jal. Intern. Bioéth./Intern. Jal. of Bioeth.*, pp. 33 a 42).

29. Falava-se que o mundo vivo estaria representado hoje, aproximadamente, a partir dos trabalhos de sistematização dos grandes naturalistas do século XVIII, por 1 milhão e 400 mil espécies, mas é certo que esse número é muito maior, podendo atingir a cifra de 5 a 10 milhões, circunstância essa que, só por si, revela a flagrante fragilidade de nosso conhecimento científico sobre a matéria. Cfr., a propósito, Wilson E. O., *La Diversité de la Vie*, édition Odile Jacob, Paris, 1993, p. 162. Ver, igualmente, artigo de Jean-Pierre Beurier, Prof. da Faculdade de Direito de Nantes, intitulado "Le droit de la biodiversité", in *Revue Juridique de L'Environnement* 1-2/5-28.

30. Utilizei-me da expressão *patrimônio da humanidade*, no caso, de forma metafórica e não em seu rigoroso sentido jurídico, de vez que, pela Convenção sobre Diversidade Biológica, a biodiversidade passou a ser propriedade dos países nos quais ela se faz presente, deixando de ser, portanto, *patrimônio da humanidade*, designação muito atraente mas que, na prática, como salientou a senadora Marina Silva ("Biodiversidade e sabedoria dos pajés", in *O Globo*, ed. de 11.11.1998, p. 7), "equivalia a dizer 'quem chegar primeiro leva'"...

31. Como tive a ocasião de salientar, certa vez, num livrinho de crônicas (*Diluições (U)tópicas*, p. 142), a preocupação ecológica contemporânea encontra as suas raízes na própria busca essencial do ser humano, permanentemente encetada pelo homem desde o seu aparecimento sobre a face da Terra. O gênio de Rousseau, com certeza, em sua apologia do "retorno à Natureza", terá tido uma espécie de dom profético no sentido de perceber que a civilização técnica iria sepultar, com a sua geometria triunfante, os espaços vitais do homem e as características principais da natureza humana. Nessa linha de pensamento apregoei, então, que a atitude de proteger uma árvore, uma planta ou uma

âmbito de tal incidência, isto é, quais ações humanas devem ser legitimadas ou proibidas e em que medida tal legitimação ou interdição deve operar-se.

Passamos da revolução industrial à revolução tecnológica. Assim como os avanços daquela trouxeram sérios problemas também para o homem, mal podemos perceber a extensão dos riscos inerentes ao advento desta última.

Ulrich Beck, em sugestiva frase, afirmou que "a velha sociedade industrial baseada na distribuição de bens, foi sendo substituída por uma nova sociedade de risco estruturada na distribuição de males".[32] Genericamente falando, poderíamos dizer que o problema engendrado pela biodiversidade para o Direito diz respeito à forma pela qual deve este normatizar tanto o acesso como a exploração e a preservação dos recursos genéticos existentes no planeta.

Como devem ser fixados os princípios de conservação e o uso sustentável da biodiversidade, de um lado, e, de outro, como devem ser regulados os direitos relativos ao acesso, à propriedade e à exploração das várias espécies — animais, microorganismos e plantas — de tal sorte que os benefícios decorrentes dessa utilização sejam eqüanimemente repartidos entre países industrializados e aqueles ainda em fase de desenvolvimento?

É razoável, p. ex., que uma indústria transnacional fabricante de medicamentos, com laboratórios *high-tech*, obtenha patente de exploração e produza certo remédio feito com plantas recolhidas em alguns de nossos ecossistemas como a Floresta Amazônica brasileira ou o Pantanal do Mato Grosso?[33] Onde o ponto de equilíbrio, afinal, entre o incentivo à exploração de novas descobertas e a utilização e a preservação dessas próprias espécies existentes? Como conciliar, enfim, a preservação da biodiversidade com o chamado desenvolvimento sustentável?

A questão é fundamentalmente esta, mas não *apenas* esta. Resta saber — e é preciso interrogar-se hoje mais do que nunca — até que ponto a biodiversidade poderá desempenhar um papel no reequilíbrio da riqueza existente no mundo, fazendo com que as diferenças na qualidade de vida entre nações ricas e nações pobres sejam progressivamente eliminadas da dolorosa face do planeta ou, ao revés, se as trocas existentes entre os detentores da tecnologia e os possuidores da biodiversidade[34] seguirão o mesmo rumo da iniqüidade econômica que tem marcado a História da Humanidade...

Em outras palavras ainda, torna-se imperioso formular, ao jurista que se queira digno de tal nome, essa indagação crucial, à qual ele precisará, com toda a coragem,

relva, não significaria uma volta ao passado, ao estilo romântico, mas a consciência emblemática de que a sacralização do meio ambiente é um processo de resgate de nossa própria dignidade ontológica. Assim, a preservação de nosso *habitat* natural poderia ser considerada, até certo ponto, uma tentativa de refazer a aliança original que sempre existiu, até o advento da civilização contemporânea, entre o homem e a Natureza.

32. "Risk society and the provident state", in *Risk, Environment and Modernity — Towards a New Ecology*, Ed. Scott Lash, Branislaw Szersynsky and Brian Wynne, Sage Publications, London, 1996, *apud Boletim dos Procuradores da República*, Ano 1, 4, ago. 1998, citado em Parecer por Aurélio Veiga Rios, "Produtos transgênicos — Ação civil pública — *Greenpeace*", p. 11.

33. Embora a Constituição Nacional seja freqüentemente desrespeitada em nosso país, para a tristeza deste pobre magistrado e humilde professor, nunca será demais repisar que a Floresta Amazônica brasileira, a Mata Atlântica, a Serra do Mar, o Pantanal Mato-Grossense e a Zona Costeira constituem patrimônio nacional e sua utilização só será possível, nos termos da lei, e sempre "dentro de condições que assegurem a preservação do meio ambiente, inclusive quanto ao uso dos recursos naturais", de conformidade com o preceito do § 4º do art. 225.

34. Calcula-se que cerca de 70% da diversidade biológica do mundo estejam concentrados em 12 países, localizados na zona inter-tropical, principalmente no hemisfério sul, sendo quase todos con-

responder: de que lado deverá postar-se o Direito na distribuição da riqueza futura das nações, quando se considera essa riqueza consubstanciada no indispensável conúbio entre a tecnologia predominante nas mãos dos países ricos e a biodiversidade espalhada sob os pés dos países pobres?

Como reprimir adequadamente, nesse contexto, os atos da exploração irregular da imensa diversidade biológica brasileira — também chamada de *biopiratarla* — e mesmo a exploração simplesmente irracional dessa considerável riqueza, ainda que regular?

Tais são algumas das questões — das numerosas outras mais específicas que poderiam ser colocadas no âmbito de reflexões do jurista contemporâneo, plenamente sintonizado com os problemas de sua época — que, de forma singela e panorâmica, nos propusemos perlustrar...

IV — A propriedade intelectual da biodiversidade

Poder-se-ia dizer, em certo sentido, que as questões atinentes ao acesso à biodiversidade, de um lado, e as relativas à proteção da propriedade industrial, de outro, constituem-se nos dois lados de uma mesma moeda, o direito e o avesso de um mesmo tecido, projetando-se numa ampla dialética de implicação e polaridade.

Do problema retromencionado, concernente ao acesso aos recursos genéticos e à tecnologia que deles se utiliza, decorrem as grandes polêmicas atualmente existentes. Devem ou não ser patenteados os vegetais, os animais e os processos essencialmente biológicos? Como se posiciona o Brasil diante desse interminável debate?

Parecem-me necessárias duas investigações preliminares. A primeira delas diz respeito aos parâmetros de natureza constitucional a respeito da matéria, já que a nossa Constituição de 1988 estabeleceu, no art. 225, uma espécie de princípio-programa, mediante o qual consagrou expressamente a necessidade de zelar pela proteção ao meio ambiente como instrumento de realização de um interesse público. A segunda refere-se ao exame da legislação infraconstitucional, da coerência interna desta e, ainda, da harmonização dessa legislação, seja com o princípio-programa retro aludido, constitucionalmente consagrado, seja com a Convenção da Diversidade Biológica, a cujos princípios e normas o Brasil obrigou-se no plano internacional.

Parâmetros de natureza constitucional

"Todos têm direito ao meio ambiente ecologicamente equilibrado, bem de uso comum do povo e essencial à sadia qualidade de vida, impondo-se ao Poder Público e à coletividade o dever de defendê-lo e preservá-lo para as presentes e futuras gerações", diz o *caput* do art. 225, em disposição que precisa ser entendida em toda a sua extensão e alcance.

Dissemos, com efeito, que se trata de um verdadeiro princípio-programa. Ao analisar o preceito constante do art. 5, XXXII, com o magistério impecável de sempre, disse-nos o tantas vezes citado Prof. Fábio Konder Comparato:[35] "Por outro lado, a defesa do consumidor é, indubitavelmente, um

siderados, com exceção da Austrália, países em desenvolvimento, tais como: Brasil, China, Colômbia, Equador, Índia, Indonésia, Madagascar, Malásia, México, Peru e Zaire. Cfr. UNEP, "Guidelines ...", p. 6. Acrescente-se que, segundo algumas estimativas existentes, mais de 20% de todas as espécies vegetais e animais do nosso planeta estariam situadas no Brasil. Outras pesquisas estimam que esse número estaria entre 10 e 15%. De toda sorte, essa nossa diversidade biológica deve ser mesmo a mais rica do planeta, principalmente se se considera que o verdadeiro potencial da Floresta Amazônica brasileira, ao que parece, ainda não está devidamente cifrado pela comunidade científica...

35. *RDM* 80/66-75, no artigo intitulado "A proteção ao consumidor na Constituição Brasileira de 1988".

tipo de princípio-programa, tendo por objeto uma ampla política pública (*public policy*). A expressão designa um programa de ação de interesse público. Como todo programa de ação, a política pública desenvolve uma atividade, i.e., uma série organizada de ações, para a consecução de uma finalidade, imposta na lei ou na Constituição. A imposição constitucional ou legal de políticas é feita, portanto, por meio das chamadas 'normas-objetivo', cujo conteúdo, como já se disse, é um *Zweckprogramm* ou *Finalprogramm* (cf. Koch-Rüssmann, *Juristische Begründungslehre*, Munique, 1982, pp. 85 e ss.). Quer isto dizer que os Poderes Públicos detêm um certo grau de liberdade para montar os meios adequados à consecução desse objetivo obrigatório. É claro que a implementação desses meios exige a edição de normas — tanto leis, quanto regulamentos de Administração Pública; mas essa atividade normativa não exaure, em absoluto, o conteúdo da *policy*, ou programa de ação pública. É preciso não esquecer que esta só se realiza mediante a organização de recursos materiais e humanos, ambos previstos e dimensionados no orçamento-programa".

Nos parágrafos e incisos do retrotranscrito art. 225, torna-se ainda mais clara a consagração dessa política pública em favor do meio ambiente, estabelecendo-se — exatamente para que se assegure a *efetividade* do direito previsto no *caput* — um amplo conjunto de medidas de finalidade nitidamente preservacionista, como a de "preservar e restaurar os processos ecológicos essenciais e prover o manejo ecológico das espécies e ecossistemas" (inc. I do § 1º) e a de "preservar a diversidade e a integridade do patrimônio genético do País e fiscalizar as entidades dedicadas à pesquisa e manipulação de material genético" (inc. II do § 2º).

Desnecessário, talvez, frisar-se que a legislação de natureza infraconstitucional, sobre a qual se fará alusão a seguir, deveria ter sido editada em plena consonância com os princípios e mandamentos preservacionistas contemplados nessa política pública.

Antes de passarmos ao exame dessas leis que se referem ao tema da biodiversidade, caberia lembrar, ainda, que outros preceitos constitucionais acham-se direta ou indiretamente relacionados com a propriedade intelectual da biodiversidade como, p. ex.: o inc. III, do art. 1º, que destaca a dignidade da pessoa humana como um dos fundamentos do Estado Democrático de Direito; os incs. IX e X, do art. 5º, inserido no Capítulo I (Dos Direitos e Deveres Individuais e Coletivos), do Título II (Dos Direitos e Garantias Fundamentais);[36] os arts. 218 e 219, constantes do Capítulo IV (Da Ciência e Tecnologia), do Título VIII (Da Ordem Social);[37] e, por fim, o § 4º do art. 199, encartado na Seção II (Da Saúde), do Capítulo II

36. Diz o inc. IX: "É livre a expressão da atividade intelectual, artística, científica e de comunicação, independentemente de censura ou licença", ao passo que o inc. X dispõe serem "invioláveis a intimidade, a vida privada, a honra e a imagem das pessoas...".

37. Dizem tais arts.: "Art. 218. O Estado promoverá e incentivará o desenvolvimento científico, a pesquisa e a capacitação tecnológicas. § 1º. A pesquisa científica básica receberá tratamento prioritário do Estado, tendo em vista o bem público e o progresso das ciências. § 2º. A pesquisa tecnológica voltar-se-á preponderantemente para a solução dos problemas brasileiros e para o desenvolvimento do sistema produtivo nacional e regional. § 3º. O Estado apoiará a formação de recursos humanos nas áreas de ciência, pesquisa e tecnologia, e concederá aos que delas se ocupem meios e condições especiais de trabalho. § 4º. A lei apoiará e estimulará as empresas que invistam em pesquisa, criação de tecnologia adequada ao País, formação e aperfeiçoamento de seus recursos humanos e que pratiquem sistemas de remuneração que assegurem ao empregado, desvinculada do salário, participação nos ganhos econômicos resultantes da produtividade de seu trabalho. § 5º. É facultado aos Estados e ao Distrito Federal vincular parcela de sua receita orçamentária a entidades públicas de fomento ao ensino e à pesquisa científica e tecnológica.

"Art. 219. O mercado interno integra o patrimônio nacional e será incentivado de modo a viabilizar o desenvolvimento cultural e sócio-econômico, o bem-estar da população e a autonomia tecnológica do País, nos termos de lei federal".

(Da Seguridade Social), igualmente do Título VIII (Da Ordem Social).[38]

Discorrendo com proficiência acerca da proteção constitucional da liberdade de pesquisa em confronto com a proteção da dignidade humana, Simone Henriqueta Cossetin Scholze tece as seguintes considerações:[39] "No ordenamento jurídico brasileiro, a Constituição Federal configura o instrumento fundamental onde são traduzidos os valores aceitos socialmente. Nesse sentido é lícito depreender que a Constituição contem, freqüentemente, não uma única solução, mas um referencial de respostas, algumas explícitas, outras indeterminadas. Do instrumental valorativo ético e jurídico contido na Constituição Federal, destacam-se os valores superiores do ordenamento jurídico: a liberdade, a justiça, a igualdade, a cidadania, o pluralismo político; em seguida, a dignidade da pessoa, os direitos que lhe são inerentes, o livre desenvolvimento da personalidade, o respeito à lei. No entanto, destaca-se a dignidade da pessoa humana como valor supremo, proclamado no art. 1º entre os fundamentos do Estado Democrático de Direito, 'que atrai o conteúdo de todos os direitos fundamentais do homem, desde o direito à vida'".

Há que se meditar, com extremo cuidado, na existência de uma inafastável hierarquia de certas normas constitucionais. Pense-se, p. ex., na difícil questão da genética humana. Poder-se-ia considerar absoluto o princípio da liberdade de pesquisa relativamente aos experimentos da engenharia genética?

Discorrendo sobre as novas exigências que se caracterizariam como os direitos de *quarta geração*, relativos aos *efeitos traumáticos da pesquisa biológica*, possibilitando a manipulação do patrimônio genético das pessoas, interroga Bobbio:[40] "Quais são os limites dessa possível (e cada vez mais certa no futuro) manipulação? Mais uma prova, se isso ainda fosse necessário, de que os direitos não nascem todos de uma vez. Nascem quando devem ou podem nascer. Nascem quando o aumento do poder do homem sobre o homem — que acompanha inevitavelmente o progresso técnico, isto é, o progresso da capacidade do homem de dominar a natureza e os outros homens — ou cria novas ameaças à liberdade do indivíduo, ou permite novos remédios para as suas indigências: ameaças que são enfrentadas através de demandas de limitações do poder; remédios que são providenciados através da exigência de que o mesmo poder intervenha de modo protetor. Às primeiras, correspondem os direitos de liberdade, ou um não-agir do Estado; aos segundos, os direitos sociais, ou uma ação positiva do Estado".

A par do inteiro acerto dessas considerações do grande jurista peninsular, vislumbro um grave perigo que pode subsistir, nessa matéria. Refiro-me à pretensão de querer fazer-se com que um princípio prevaleça inteiramente sobre outro, vale dizer, que a liberdade de pesquisa tenha o caminho inteiramente livre pela frente ou que, ao revés, todas as atividades biomédicas devam ser radicalmente coibidas.[41]

38. Diz esse parágrafo: "A lei disporá sobre as condições e os requisitos que facilitem a remoção de órgãos, tecidos e substâncias humanas para fins de transplante, pesquisa e tratamento, bem como a coleta, processamento e transfusão de sangue e seus derivados, sendo vedado todo tipo de comercialização".

39. *Os Direitos de Propriedade Intelectual e a Biotecnologia: Implicações Jurídicas e Éticas do Controle Técnico da Vida*, Dissertação de Mestrado apresentada à Faculdade de Direito da UnB e orientada pelo Prof. Dr. Marcus Faro de Castro, p. 45.

40. *A Era dos Direitos*, ob. cit., p. 6.

41. Alberto Silva Franco, em cuidadoso estudo intitulado "Genética humana e Direito" (*Bioética*, revista publicada pelo Conselho Federal de Medicina, pp. 17 e ss.), assim se manifesta: "A norma constitucional consagrou a liberdade de criação científica como um dos direitos fundamentais, tornando-a, assim, a regra que deve comandar toda atuação na área das ciências. Se tal interpretação guarda pertinência, não menos correta é a conclu-

Servem tais considerações para repropor a questão da imprescindível reflexão dos juízes, em seu esforço de interpretação da ordenação jurídica sistematicamente considerada, sobre a necessária harmonização entre os diferentes valores consagrados nas normas constitucionais — de que o direito à liberdade da pesquisa científica, de um lado, e a atribuição aos poderes públicos da responsabilidade de promover e incentivar essa mesma pesquisa científica, tendo em vista o bem público e o progresso da ciência, o desenvolvimento e a capacitação tecnológicas, dirigida preponderantemente à solução dos problemas brasileiros e o desenvolvimento do sistema produtivo nacional e regional, de outro lado, podem servir de exemplo —, bem como entre esses mesmos valores e a legislação infraconstitucional.

Passemos, pois, ainda que de forma perfunctória, à análise dessa legislação.

V — Breve exame da legislação brasileira sobre a matéria

Atrevo-me a externar aqui, inicialmente, uma opinião de caráter estritamente pessoal, posto me faltarem informações de uma *communis opinio doctorum* porventura existente sobre o tema.

Observo, então, que o regime jurídico das patentes para a biodiversidade, de maneira geral, e para a biotecnologia, em especial, está disciplinado por diversos feixes de normas, nem sempre congruamente ordenados num mesmo sentido. Existem, com efeito, leis, tratados e decretos que nem sempre primam pela necessária coerência entre si.

Dificilmente, p. ex., poder-se-ia sustentar que algumas de nossas leis editadas posteriormente à Convenção da Biodiversidade sejam com ela plenamente compatíveis, como seria de se esperar.

Assim, não parece exato falar-se num regime jurídico propriamente dito, dotado de absoluta coerência interna, mas sim num conjunto de normas esparsas entre as quais ora reina uma apenas razoável congruência, ora predomina um conflito inevitável entre as suas disposições.

Não se fará, evidentemente, seja pela exigüidade de tempo, seja pelas limitações deste expositor, uma análise crítica de toda essa legislação existente, como seria desejável. Apenas se mencionará, com breves comentários, o elenco das principais disposições a respeito da matéria, procurando não descurar de sublinhar as eventuais contradições entre umas e outras ou entre elas e a Constituição da República.

Merecem alusão, nessa linha simplificada de pensamento, os seguintes diplomas:

1) a Lei 8.974, de 5.1.1995,[42] conhecida no meio especializado como *Lei da Bios-*

são de que o texto constitucional reconheceu implicitamente o direito à liberdade de pesquisa, posto que a atividade científica é, na generalidade dos casos, antecedida por um tempo, mais ou menos largo, de trabalho investigatório. A liberdade de pesquisa é, na realidade, um pressuposto inafastável, um antecedente lógico da atividade científica. Não há como cogitar de atividade científica se a pesquisa sofre um controle rígido, submetendo-se a toda sorte de proibições ou de restrições intoleráveis. Isto não significa, contudo, que a liberdade de pesquisa seja de índole absoluta, isto é, que corra às soltas ao talante de cada pesquisador e que não contenha nenhum tipo de limitação. Há, sem dúvida, outros interesses, valores e bens jurídicos, reconhecidos também em nível constitucional, que poderiam ser objeto de ofensas de extrema gravidade, se a liberdade de investigação científica fosse considerada ilimitada. A vida, a integridade física e moral, a privacidade, a família, o casamento etc., poderiam ser afetados, sem dúvida, pelo mau uso da liberdade de pesquisa. Destarte, faz-se necessário encontrar um ponto de concordância prática entre direitos constitucionais de igual nível, evitando-se conflitos que possam surgir entre a liberdade de pesquisa e outros direitos fundamentais da pessoa humana. O ponto de equilíbrio deve ser buscado num dos princípios estruturantes do Estado Democrático de Direito, isto é, na dignidade da pessoa humana".

42. Publicada no *DOU*, de 6.1.1995.

segurança, que regulamentou os incs. II e V do § 1º do art. 225 da CF, estabelecendo normas para uso de técnicas de engenharia genética e liberação no meio ambiente de Organismos Geneticamente Modificados (OGMs) e autorizando o Poder Executivo a criar, no âmbito da Presidência da República, a Comissão Técnica de Biossegurança,[43] tendo sido regulamentada pelo Decreto 1.752, de 20.12.1995;

2) a atual Lei sobre a Propriedade Industrial, de n. 9.279, de 14.5.1996;[44]

3) a Lei 9.456, de 25.4.1997,[45] que instituiu a chamada Proteção dos Cultivares.[46]

Após o exame desses diplomas legais, passar-se-á à análise — em capítulo à parte, dada a sua importância — da já tantas vezes citada Convenção sobre Diversidade Biológica, seguramente o mais importante documento jurídico do mundo existente sobre a matéria.[47]

Quanto à primeira dessas leis, a de n. 8.974, é de concluir-se no sentido de que a pesquisa biotecnológica já pode ser plenamente desenvolvida em nosso país, com todos os riscos que lhe são inerentes. Esclarece Patrícia Aurélia Del Nero,[48] que "a única pendência que pode ser detectada, a partir dessa regulamentação, diz respeito ao *locus* para depósito desses materiais biológicos, pois, na medida em que existe a possibilidade legal para realização da pesquisa de campo da biotecnologia, que envolve especificamente OGMs, esses elementos biológicos, uma vez utilizados ou desenvolvidos por meio de pesquisa, necessitam ser depositados em instituições próprias, como já registrado".[49]

No que respeita à Lei sobre a Propriedade Industrial, de n. 9.279/96, deve ser salientado — a contragosto embora — que ela deriva, em grande parte, da ameaça, por parte dos Estados Unidos da América ao Brasil, da aplicação prática e efetiva de sanções econômicas sob a alegação de que a propriedade intelectual existente em nosso país não era considerada suficiente pelo Governo norte-americano, revelando-se *fraca*, diante da ausência de previsão de patenteamento de determinados produtos e processos, especialmente no que se refere aos farmacêuticos, alimentícios e biotecnológicos.

Não se pode perder de vista, pois, na análise crítica desse diploma legal, essa inafastável circunstância que se revelou absolutamente clara entre os estudiosos da matéria.[50]

43. Esse mesmo diploma legal regulamentou, igualmente, outras categorias biológicas, além dos OGMs, como o "ADN", as "moléculas de ADN" e "ARN" e "organismo".

44. Publicada no *DOU*, de 15.5.1996.

45. Publicada no *DOU*, de 28.4.1997.

46. A proteção dos cultivares é igualmente conhecida como "direito de melhorista". Parece mais técnico dizer-se que a "cultivar" seria o objeto da proteção tutelado pelo "direito de melhorista", conforme se pode observar na excelente obra de Patrícia Aurélia Del Nero, *Propriedade Intelectual. A Tutela Jurídica da Biotecnologia*, p. 218. Para uma análise pormenorizada e cuidadosa dessa lei, veja-se essa mesma autora, ob. cit., pp. 211 e ss.

47. O magistrado Antonio Silveira R. dos Santos, no já citado artigo "Biodiversidade. Desenvolvimento sustentável", p. 94, destacou a importância do documento sobre a temática preservacionista, acrescentando que: "A referida Convenção teve a finalidade, entre outras, de chamar a atenção dos países signatários e também do mundo em geral, da importância da biodiversidade, dos valores ecológicos, social, econômico, científico e cultural, bem como reafirmou que os Estados são responsáveis pela sua conservação para a obtenção de um desenvolvimento sustentável. Considerou também que é de importância vital a conservação da biodiversidade para atender as necessidades da população mundial".

48. Ob. cit., p. 249.

49. Sobre os riscos próprios dessa atividade de pesquisa relativa às inovações tecnológicas com organismos geneticamente modificados, cfr. o oportuno quadro elaborado por Mário Luiz Possas, *O Processo de Regulamentação da Biotecnologia: Implicações para as Inovações na Agricultura e na Produção Agroalimentar*, Brasília, IPEA, 1994.

50. Cfr., a propósito, Patrícia Aurélia Del Nero, ob. cit., p. 297.

A vitória do substitutivo do Relator da Comissão de Assuntos Econômicos, Senador Fernando Bezerra, sobre o substitutivo da Comissão de Constituição e Justiça do Senado — elaborado a partir das alterações feitas pelo Senador Ney Suassuna — significou a prevalência da norma impeditiva da concessão de patentes para seres vivos[51] e que representava, na verdade, o cumprimento dos compromissos assumidos pelo Presidente Fernando Henrique Cardoso com o Governo dos Estados Unidos, conforme pronunciamento transmitido pelo Ministro das Relações Exteriores, Luiz Felipe Lampreia na ocasião.[52]

A par de tal circunstância, cumpre relembrar, igualmente, a rejeição das emendas propostas pela Senadora Marina Silva relativas ao patenteamento na área da biotecnologia. A primeira dessas emendas acrescentava um artigo no capítulo sobre os titulares de patentes visando à disciplina jurídica do acesso aos nossos recursos genéticos, estabelecendo que: "Às comunidades locais e populações indígenas com estilos de vida tradicionais relevantes para a conservação e a utilização sustentável da diversidade biológica será assegurada a partilha eqüitativa dos direitos de patente relativos ao uso de seus conhecimentos, inovações e práticas aplicados aos recursos biológicos locais".

A outra emenda impunha uma condição adicional para a obtenção da patente se o seu pedido tivesse a ver com os conhecimentos das comunidades indígenas e locais, com a adição do seguinte parágrafo ao art. 24 do então projeto de lei: "§ 2º. No caso de pedido de patente relacionado aos conhecimentos, inovações e práticas de comunidades locais e povos indígenas aplicados aos recursos biológicos locais, o relatório será suplementado por documentação indicando precisamente a origem geográfica e etnológica do material biológico e/ou processo biotecnológico e certificando a contratação junto às comunidades locais e populações indígenas a partilha eqüitativa dos direitos de patente respectivos".

A rejeição dessas emendas já revelava, por si só, a índole entreguista da lei aprovada.

Vejamos os dispositivos da Lei sobre a Propriedade Industrial relativos à matéria. Merece referência inicial, no âmbito restrito de nossa exposição, o inc. IX do art. 10 do referido diploma legal no sentido de não serem consideradas invenção nem modelo de utilidade "o todo ou parte de seres vivos naturais e materiais biológicos encontrados na natureza, ou ainda que dela isolados, inclusive o genoma ou germoplasma de qualquer ser vivo natural e os processos biológicos naturais".

Também o art. 18 do mesmo diploma legal estabelece não ser patenteável, entre outros, "o todo ou parte dos seres vivos, exceto os microorganismos transgênicos que atendam aos três requisitos de patenteabilidade — novidade, atividade inventiva e aplicação industrial — previstos no art. 8º e que não sejam mera descoberta" (inc. III).[53]

Parece indubitável, portanto, que a Lei sobre a Propriedade Industrial, proibiu, de um lado, a patenteabilidade do *todo ou parte de seres vivos*, compreendendo-se nessa expressão, quer a criação oriunda do reino vegetal (p. ex., a nova variedade de plantas), quer proveniente do reino animal (p. ex., novas formas da raça animal obtidas seja por

51. A exceção à regra ficou sendo a possibilidade de patenteamento para microorganismos *engenheirados*, isto é, aqueles que foram objeto do trabalho intelectual de intervenção humana na estrutura genética de seus elementos.

52. Cfr. jornal *Folha de S. Paulo*, edição de 25.6.1995, matéria sobre "Propriedade industrial — Governo quer aprovar nova lei até outubro".

53. Esclarece o parágrafo único desse art. 18 o que vem a ser considerado microorganismo transgênico: "Para os fins desta lei, microorganismos transgênicos são organismos, exceto o todo ou parte de plantas ou de animais, que expressem, mediante intervenção humana direta em sua composição genética, uma característica normalmente não alcançável pela espécie em condições naturais".

um novo tipo de cruzamento, seja por um novo animal concebido por genitores com características especiais); permitiu, de outro lado, a possibilidade de patenteamento dos microorganismos transgênicos, desde que cumpridas as condições que especifica: *novidade, atividade inventiva e aplicação industrial*, além de não serem *mera descoberta*.

Afirma-se, pois, que, relativamente aos microorganismos, a Lei sobre a Propriedade Industrial preveria expressamente a sua patenteabilidade.[54] Mas é preciso atentar para o fato de que não é *todo* microorganismo que pode ser objeto de patente. Além de não serem patenteáveis os microorganismos e os outros seres vivos existentes na natureza, tais como plantas e animais, independentemente de sua alteração pela biotecnologia, também não o são os materiais biológicos encontrados na natureza, aí incluídos os genes e o genoma de organismos vivos.[55]

As questões polêmicas que marcaram a tramitação no Congresso Nacional — patenteabilidade de plantas e animais; de processos e produtos farmacêuticos, alimentícios e químicos; de microorganismos modificados por intervenção humana; o *pipeline* etc. — terminaram praticamente da mesma forma como haviam começado, isto é, sem que se chegasse a consenso sobre elas...

Não foi, portanto, com a edição da nova Lei sobre a Propriedade Industrial que as controvérsias haveriam de cessar. Principalmente sobre a biotecnologia vegetal, continuavam acalorados os debates, tendo vindo a lume, em decorrência da polêmica existente, a retromencionada Lei 9.456, de 25.4.1997.

Dispõe o art. 3º, IV, dessa lei, considerar-se "cultivar a variedade de qualquer gênero ou espécie vegetal superior que seja claramente distinguível de outras cultivares conhecidas por margem mínima de descritores, por sua denominação própria, que seja homogênea e estável quanto aos descritores através de gerações sucessivas e seja de espécie passível de uso pelo complexo agroflorestal, descrita em publicação especializada disponível e acessível ao público, bem como a linhagem componente de híbridos".

Vários desses conceitos e das categorias biológicas mencionadas por esse dispositivo, tais como: "margem mínima", "descritor", "cultivar homogênea", "cultivar estável", "complexo agroflorestal", "linhagens" e "híbrido", são definidos no âmbito da própria Lei 9.456 sem que essa minudência positivista tenha logrado evitar que se remetesse, ao órgão administrativo competente, a tarefa de regulamentação de outros conceitos pela via administrativa.

Cultivares, isto é, variedades cultivadas, não seria um termo propriamente botânico, tendo sido criado com o propósito de designar determinadas variedades de plantas com caracteres específicos e que passaram, desde fins do século XIX, a exigir alguma forma de proteção a seu *melhorista*, vale dizer, a seu criador,[56] que passa a investir financeira-

54. Cfr. Luiz Guilherme de A. Vieira Loureiro, "Biotecnologia e patente: as disposições da nova Lei da Propriedade Industrial", *RT* 739/106.

55. Cfr., a propósito, a feliz síntese de Patrícia Aurélia Del Nero (ob. cit., p. 144) a respeito da matéria: "Portanto, em face da nova lei aprovada recentemente pelo Congresso Nacional, todo e qualquer processo ou produto que envolva os microorganismos transgênicos, desde que, cumpridos os requisitos da invenção e a partir da construção do trabalho intelectual humano, confiram-lhe características artificiais, são passíveis de concessão por parte do Estado do privilégio de patente ao seu titular. Nesse sentido, resta excluída a possibilidade de patenteamento de microorganismos encontrados na natureza e de outros seres vivos, como plantas e animais, modificados ou não por engenharia genética. É inadmissível o patenteamento de produtos naturais, materiais biológicos encontrados na natureza, inclusive genes e o genoma de organismos vivos. Os processos biotecnológicos, a exemplo de outros processos químicos ou físicos, são passíveis de patenteamento".

56. O inc. I do art. 3º da Lei 9.456/97 diz considerar-se *melhorista* "a pessoa física que obti-

mente em tal atividade se sabe que terá retorno para o seu capital investido, consoante ensinamento de especialista na matéria.[57]

Com efeito, a partir do findar-se da centúria passada, os avanços tecnológicos propiciaram o cultivo de variedades e a produção de sementes com propriedades melhoradas, obtendo-se plantas imunes às doenças ou que apresentam resistência aos produtos agrotóxicos.

É sabido que as companhias transnacionais têm investido verdadeiras fortunas na área da biotecnologia, procurando melhoramentos nas propriedades nutritivas de frutas, verduras e cereais, com a utilização de plantas geneticamente modificadas. Consta que a venda de tais plantas já movimenta cerca de 20 bilhões de dólares por ano, podendo chegar a 500 bilhões, segundo estimativas dessa indústria especializada.[58]

ver cultivar e estabelecer descritores que a diferenciem das demais".

57. Cfr. Maria Thereza Wolff, "Cultivares", *Revista da ABPI* 23/42.

58. A revista *Veja*, de 8.7.1998, em artigo denominado "Sementes que valem milhões", dá notícia de que as grandes empresas do setor químico estariam abandonando os negócios tradicionais, como o petróleo e seus derivados, para adquirir as companhias dedicadas à biotecnologia, exemplificando com dois casos bastante sintomáticos: o primeiro, da empresa norte-americana DuPont, que colocou à venda uma de suas subsidiárias do setor petrolífero e adquiriu 20% da Pioneer Hi-Bred, uma das gigantes do mundo na área de desenvolvimento de plantas; o segundo, da Monsanto, concorrente direta da DuPont, anunciando a compra da área de sementes da Cargill, por 1,4 bilhão de dólares, a fim de nelas aplicar as suas descobertas genéticas. Por outro lado, muitos estudos estão aparecendo dando conta de que os riscos de ocorrer a chamada transferência lateral de genes, com características nocivas a outras espécies, não seriam tão remotos como, a princípio, se supunha. A existência dessa incerteza científica é uma circunstância que deverá ser levada em consideração pelo juiz na apreciação de um caso concreto. A inexistência dos riscos é que deve estar cientificamente comprovada e não, evidentemente, o contrário...

VI — A Convenção sobre Diversidade Biológica

Resta tratar, agora, do mais importante, isto é, da Convenção sobre Diversidade Biológica, tantas vezes já referida no decorrer desta exposição. Como já destacado, foi ela assinada durante a Conferência das Nações Unidas sobre Meio Ambiente e Desenvolvimento, realizada na cidade do Rio de Janeiro, no período de 5 a 14.6.1992.

O texto dessa Convenção foi aprovado pelo Decreto Legislativo 2, de 3.2.1994 e publicado no *DOU* de 4.2.1994. Já a promulgação da referida Convenção deu-se com o Decreto Federal 2.519, publicado no dia 17.3.1998.[59]

59. Escusava dizer que não se pretendeu, no texto principal, fornecer o elenco completo das normas a respeito da matéria, limitando-nos àquelas que, a par de sua maior importância, seriam objeto de algum comentário de nossa parte, ainda que sucinto. Não se fez referência, p. ex. — tendo em vista o acanhado tempo dentro do qual se desenvolve a presente exposição — aos princípios fixados pelo TRIPS, que é o Tratado Referente aos Aspectos da Propriedade Intelectual da Rodada Uruguai de negociações do GATT. Sabe-se que, em abril de 1994, na reunião ministerial de Marrakesh, deliberou-se criar uma Comissão sobre Comércio e Meio Ambiente na primeira reunião do Conselho Geral da Organização Mundial do Comércio (OMC). Recorde-se que o Acordo TRIPS é o documento básico utilizado pela retro referida Comissão para examinar os vínculos entre o comércio internacional e o meio ambiente, tendo sido muitas vezes invocado pelos senadores de nossa República durante a tramitação do Projeto de Lei que se converteria, mais tarde, na atual Lei da Propriedade Industrial. Também não se aludirá, pelas mesmas razões já assinaladas, às disposições da Lei 6.938, de 31.8.1981, que instituiu a Política Nacional do Meio Ambiente, nem às leis de preservação florestal e animal, dentre as quais destacam-se, principalmente, a Lei 4.771/65 e a Lei 5.197/67. Nada se falará, por derradeiro, sobre a lei que regulou o mandamento constitucional, linhas atrás mencionado (§ 4º do art. 199), de n. 9.434/97, que dispôs sobre o transplante de órgãos, nem sobre a Lei 9.610/98, relativa ao direito autoral.

Se é verdade que, para os analistas dos países desenvolvidos, a Convenção terá apresentado resultado enganoso ou falacioso,[60] o mesmo não se poderá dizer em relação às perspectivas por ela abertas para os países pobres...

A par do que sobre ela já se disse, em linhas anteriores, sobreleva notar, ainda, que essa Convenção estabeleceu, antes de mais nada, entre seus objetivos a serem cumpridos, a conservação da diversidade biológica, a utilização sustentável de seus componentes e a repartição justa e eqüitativa dos benefícios derivados da utilização dos recursos genéticos, consoante o texto do art. 1º, que igualmente alude ao *acesso adequado* aos recursos genéticos e à *transferência adequada* de tecnologias pertinentes.[61]

Repartição *justa* e *eqüitativa*, pois, outra coisa não pode significar senão uma nova perspectiva aberta para os países pobres, econômica e tecnologicamente falando, mas ricos em biodiversidade.

É assim, positivamente, que interpreto o sentido e o alcance do art. 3º da Convenção, segundo o qual "os Estados, em conformidade com a Carta das Nações Unidas e com os princípios de Direito internacional, têm o direito soberano de explorar seus próprios recursos segundo suas políticas ambientais, e a responsabilidade de assegurar que atividades sob sua jurisdição ou controle não causem dano ao meio ambiente de outros Estados ou de áreas além dos limites da jurisdição nacional", constituindo-se esse texto, portanto, no primeiro documento de caráter internacional a reconhecer a soberania nacional de um país sobre os recursos genéticos localizados em seu próprio território.

Assinalo, no entanto, ser outra a interpretação que o Prof. Fábio Konder Comparato faz desse artigo, no retromencionado estudo que se encontra ainda no prelo.

Tomo a liberdade, pois, de transcrever suas conclusões sobre a matéria: "Logicamente, portanto, a Convenção deveria organizar os mecanismos de preservação da biodiversidade no plano supra-estatal, tal como fez a Convenção sobre o Direito do Mar no tocante aos fundos marinhos e oceânicos, considerados patrimônio da humanidade. Pagando, porém, tributo ao momento histórico em que foi votada, quando predominava de modo incontrastável a ideologia neoliberal, a Convenção de 1992 acabou fazendo concessões indevidas aos mecanismos do mercado, abrindo espaço ao livre jogo dos egoísmos empresariais e nacionais. Assim é que o art. 3º estabelece como princípio a soberania dos Estados para a exploração dos recursos biológicos existentes em seus territórios, segundo suas próprias políticas ambientais. Sabemos todos o que isto significa de submissão dos Estados subdesenvolvidos ao poder das empresas transnacionais, sempre apoiadas pelos Estados desenvolvidos em cujo território têm sede. O compromisso de cooperação técnica e científica, e de apoio financeiro, estabelecido nos arts. 18 e 20, respectivamente, bem como a instituição da Conferência das Partes, no art. 23, não serão certamente capa-

60. "Bien décevante", é a conclusão de Jean-Pierre Beurier, em seu artigo já citado, onde esse professor arrola, em nota de rodapé, as seguintes análises da Convenção: Hermite M. A., *La Convention sur la Diversité Biologique*, AFDI, p. 844; Untermaier J., "La convention de Rio sur la conservation et l'utilization durable de la diversité biologique", in *Droit de l'Environnement et Développement Durable*, Presse Universitaire de Limoges, 1994, p. 103; Noiville C., *Les Régimes Juridiques des Ressources Génétiques Marines, Contribution à la Notion d'Intégration des Objectifs Écologiques aux Objectifs Économiques*, Tese de Doutoramento em Direito, Universidade de Bourgogne, 1996, pp. 279 e ss.

61. Fica clara, pelo texto da Convenção, a distinção entre *recursos genéticos*, de um lado, que designam todo o material genético de valor real ou potencial, e *recursos biológicos*, de caráter mais amplo, que englobam os recursos genéticos, ou organismos ou parte destes, populações ou, ainda, qualquer outro componente biótico de ecossistemas, de efetivo ou potencial utilidade ou valor para a humanidade. Cfr. Simone H. C. Scholzo, ob. cit., p. 109.

zes de superar a tendência a uma crescente desigualdade entre o mundo desenvolvido e o subdesenvolvido".

Tenho para mim, ao revés, que a fórmula — patrimônio comum da humanidade, para a Convenção das Nações Unidas sobre o Direito do Mar, de um lado, e soberania dos Estados para a exploração dos recursos biológicos existentes em seus territórios, segundo suas próprias políticas ambientais, para a Convenção sobre Diversidade Biológica, de outro — terá sido a grande responsável pelo fato de os Estados Unidos se recusarem a assinar, a princípio, ambos os textos...

No primeiro caso, segundo constam,[62] aquele país desejava que se mantivesse a categoria de *res nullius* — em oposição ao *status de res communes* — para os fundos marinhos, isto é, coisa que a ninguém pertence ou que pertencerá a quem primeiro a encontrar, permanecendo o leito do alto-mar sem um regime jurídico internacional para a sua utilização, amplamante favorável, pois, a seus interesses de país com potencial muito maior do que os demais para a exploração do alto-mar...

No segundo caso, isto é, na Convenção sobre Diversidade Biológica, a situação era diametralmente oposta, pois os Estados Unidos não são ricos em biodiversidade. Não poderia ser de seu interesse, portanto, a soberania dos países ricos em biodiversidade, mas pobres no domínio tecnológico, para a exploração dos recursos biológicos existentes em seus territórios...[63]

Entendo, assim, que a Convenção sobre Diversidade Biológica — ao contrário do que, sob certo ângulo de análise, pode parecer[64] — não terá cedido aos interesses dos países desenvolvidos, mas preocupada com o valor intrínseco da diversidade biológica como algo transcendente ao mero interesse circunstancial dos países, singularmente considerados, não adotou a fórmula de ser a diversidade biológica *patrimônio comum da humanidade* e sim, de acordo com o terceiro considerando, *preocupação comum à humanidade*, sintetizando com felicidade, a meu ver, a idéia indispensável da preservação da biodiversidade com a sua justa e adequada utilização.

Não se trata, rigorosamente falando, da noção de *titularidade* e muito menos de *propriedade* sobre tais recursos genéticos e sim de *soberania* para sobre eles legislar, nos limites previstos na própria Convenção.[65]

Outro artigo desse texto que precisa ser destacado é o 15. Dispõe ele sobre o acesso a recursos genéticos e a utilização dos mesmos. Se o n. 1 estabelece a soberania dos Estados sobre seus recursos naturais e a autoridade dos governos nacionais para determinar o acesso aos recursos genéticos, determina o n. 2 que "cada Parte Contratante deve

62. Cfr. Francisco Eugênio M. Arcanjo, art. cit., pp. 146-147.

63. Muitos dos textos que tive a oportunidade de ler sobre a Convenção da Biodiversidade davam conta de que os Estados Unidos, no mandato de Bush, não a assinaram. Consulta via Internet apresentou como resultado a informação de que esse país, já na administração de Bill Clinton, em 4.6.1993, assinou a Convenção, não a tendo, porém, até o momento, ratificado.

64. Sob o ponto de vista da coerência de posições, bem sei que poderá parecer contraditório que, no caso da Convenção das Nações Unidas sobre o Direito do Mar, tenha se adotado o conceito de *patrimônio comum da humanidade*, para os fundos marinhos enquanto que, para a Convenção sobre Diversidade Biológica, ao revés, tenha se optado por solução oposta, isto é, a da *soberania dos Estados para a exploração dos recursos* biológicos existentes em seus territórios. Entendo, porém, que a contradição seja apenas aparente, pois o que é comum a todos os povos — e o alto-mar há de ser assim concebido — deve mesmo ser considerado *patrimônio comum da humanidade*, enquanto a diversidade biológica existente num território de um país deve, em princípio, a ele pertencer... Acresce argumentar, ainda, que a expressão *patrimônio comum da humanidade*, embora de grande efeito retórico, parece oferecer pouca consistência efetiva na realidade prática...

65. Cfr., no mesmo sentido, Eugênio da Costa e Silva, "Ciência, direitos intelectuais e biodiversidade", *Revista da ABPI* 21/4.

procurar criar condições para permitir o acesso a recursos genéticos para utilização ambientalmente saudável por outras Partes Contratantes", deixando de impor restrições contrárias aos objetivos da própria Convenção.

Repetindo a idéia de justiça e equanimidade, referida no art. 1º, o n. 7 desse art. 15 dispõe caber às Partes Contratantes a adoção de medidas legislativas, administrativas ou políticas em conformidade com os arts. 16 e 19 da Convenção, além de, quando for o caso, fazê-lo mediante o mecanismo financeiro previsto nos arts. 20 e 21, "para compartilhar de forma justa e eqüitativa os resultados da pesquisa e do desenvolvimento de recursos genéticos e os benefícios derivados de sua utilização comercial e de outra natureza com a Parte Contratante provedora desses recursos", devendo essa partilha ser feita de comum acordo.

Aludiu-se, linhas atrás, à distinção entre recursos *genéticos* e recursos *biológicos*. Também Eugênio da Costa e Silva entende que os primeiros "devem ser compreendidos como recursos biológicos necessários ou utilizados por seu material genético e não por outras funções que os mesmos possuam" concluindo, destarte, que a extração de madeiras ou a caça não estariam albergadas pelo comando desse art. 15.

Além dessa diferenciação, há que se distinguir, igualmente, na regulação do acesso a ser feita pelos países fornecedores de material, com base nesse mesmo n. 7 do art. 15, as duas modalidades de pesquisa existentes no tocante aos recursos genéticos: uma primeira, em que esses recursos são utilizados exclusivamente para fins acadêmicos e de pesquisa; uma segunda, na qual esses mesmos recursos são destinados preponderantemente para fins de natureza mercantil.

Sobreleva notar a dificuldade naturalmente existente nessa matéria. Já existe, no País, um documento[66] regulando a autorização de expedições científicas ao Brasil, não se compadecendo ele, no entanto, com a filosofia da Convenção da Biodiversidade relativamente ao acesso a recursos genéticos e biológicos em nosso território.

Reside a controvérsia, basicamente, no seguinte aspecto: até que ponto, na disciplina do acesso a recursos genéticos e biológicos, deve ser garantido às comunidades locais o direito sobre o conhecimento existente sobre eles, criando-se mecanismos para o compartilhamento justo e eqüitativo dos benefícios deles decorrentes; ou, segundo outra visão, seria inviável o reconhecimento de tal direito, à mingua dos requisitos necessários à caracterização dos direitos de propriedade intelectual.[67]

Talvez se trate, na verdade, de um falso dilema. Se as normas da propriedade inte-

66. Trata-se do Decreto 98.830, de 15.1.1990, regulamentado pela Portaria 55, de 14 de março do mesmo ano, do Ministério da Ciência e Tecnologia, bastante rigoroso quanto às atividades de coleta por pessoas físicas ou jurídicas estrangeiras.

67. Para Simone H. C. Scholzo (ob. cit., p. 111), "a abrangência do Projeto de Lei de Acesso a Recursos Genéticos justificou a inclusão de capítulo específico (Capítulo IV), sobre proteção intelectual, ou outros mecanismos, ao conhecimento acumulado pelas comunidades locais, como forma de compensá-las pela conservação dos recursos biológicos e genéticos. É evidente que a proteção intelectual é direito inerente a todos, inclusive comunidades locais caracterizadas juridicamente, que realizem atividade inventiva que atenda aos princípios requeridos". Salienta essa mesma autora, contudo, que vários especialistas nacionais dedicados ao estudo da matéria, dos quais cita os nomes de Mittelbach, M.M.R., Eugênio da Costa e Silva, Cunha, E.A.B.B., Maria Thereza Wolff e Castro, L.A.B., entendem que os direitos de propriedade intelectual tradicionais não poderiam ser aplicados à atividade de conservação de recursos genéticos pela razão de que o material conservado, mesmo podendo ser suscetível de utilização industrial, não está apto a satisfazer, normalmente, a outros requisitos caracterizadores desses instrumentos típicos de proteção, tais como: a novidade, a *atividade inventiva e aplicação industrial*, os três requisitos da patenteabilidade, segundo o art. 8º da Lei da Propriedade Industrial *e que não sejam mera descoberta*" (inc. III).

lectual não dão suporte adequado para uma definição clara dos direitos das comunidades locais e das populações indígenas, de um lado, mas se se reconhece, de outro, que o conhecimento por elas acumulado e a preservação do material genético ou biológico, ao longo de séculos de existência, representa efetivamente um *valor* a ser levado em consideração, há que se buscar uma outra forma de proteção para a conservação de tais recursos, ainda que *a latere* da disciplina normativa hoje existente no sistema da propriedade intelectual.[68]

Francisco Eugênio M. Arcanjo, em seu fundamental artigo, já citado[69] — discorrendo sobre o Projeto de Lei 305/95, da senadora Marina Silva, do qual se falará, logo mais adiante —, depois de prever, com a experiência de quem conhece o debate existente sobre a matéria, que as controvérsias deverão girar, basicamente, sobre o alcance do texto do projeto[70] e sobre a forma de proteção dos direitos intelectuais das comunidades locais e indígenas, diz, pouco mais adiante: "No segundo ponto, concordam todos que não se pode usar os conceitos de propriedade intelectual, em sentido estrito, para a definição dos direitos ditos comunitários, comunais ou coletivos. Porém, a divergência se instaura quando alguns setores do Governo e associações civis ligadas ao capital justificam esta opção em nome de uma proteção fraca para os direitos das comunidades, ao passo que as organizações não-governamentais e as instituições de pesquisa nacionais, majoritariamente, concordam em excluir a patente do universo do direito intelectual comunal, mas em nome de uma proteção específica forte para o conjunto cultural da comunidade". E conclui o autor, com esta lúcida consideração: "Estes focos de eventuais dissensos, analisados aqui e em outros documentos, são, todavia, elementos fundamentais para a construção de uma legislação conseqüente".[71]

V — Possíveis conclusões

Se nas linhas introdutórias desta breve explanação cuidei de delimitar o acanhado âmbito dentro do qual a mesma se desenvolveria, sublinhando as limitações transparen-

68. Cfr. Simone H. C. Scholzo (ob. cit., p. 112) discorre, com efeito, sobre uma proteção *sui generis* para a conservação dos recursos genéticos, asseverando: "As formas convencionais de proteção da propriedade intelectual não se compatibilizam com a conservação de recursos genéticos, o que já havia sido constatado pelo *International Development Research Center* (IDRC), com sede no Canadá, que no entanto não ofereceu nenhuma estratégia alternativa. William Lesser também aponta as dificuldades da aplicação dos tradicionais direitos de propriedade intelectual a essa matéria e sugere, como mecanismos alternativos, o estabelecimento de contratos de comercialização de material genético, *farmer's rights*, códigos de conduta ou tratamento similar ao conferido a folclore". Prossegue a autora asseverando: "A concepção de um novo mecanismo de proteção vem desafiando os que se dedicam a essa reflexão — uma forma *sui generis* de direito que assegure a utilização sustentável da biodiversidade, mediante a conservação *in situ* de recursos genéticos, e que outorgue àqueles que se dedicam a essa atividade meios de auferir compensação financeira. Artigo de Barreto de Castro propõe as bases desta nova forma de proteção, dirigida à conservação *in situ* de recursos genéticos, justificando-a como sendo forma mais adequada de proteção do que os tradicionais mecanismos de propriedade intelectual, além de compatível com a legislação proposta pela Senadora Marina Silva".

69. Ob. cit., pp. 137 a 157.

70. Quanto ao problema específico do alcance do texto, entende o autor que o Governo de nossa República parece estar interessado em uma lei ordinária, de caráter mais genérico, outorgando-se ao decreto regulamentador a pormenorização da matéria, enquanto alguns setores da sociedade civil consideram necessária a especificação do *modus operandi* da regulação do acesso, desde a sua tramitação pelo Parlamento Nacional, para evitar-se o risco de uma disciplina normativa sobre bioprospecção excessivamente liberal. "*Dos males o menor*", como diz o velho rifão popular: preferível, pois, a segunda hipótese...

71. Artigo citado, p. 145.

tes do expositor, adstrito ao direito comercial e ao direito do consumidor, poderá parecer, talvez, excessivamente pretensiosa a apresentação de *conclusões* a respeito da matéria.

Entenda-se, pois, o verdadeiro sentido e alcance destas linhas derradeiras. Não se cuida aqui de tentar exibir pensamentos com o aparato do definitivo, insuscetíveis de novos questionamentos por parte de todos e mesmo por parte do seu autor. Trata-se, simplesmente, de um esforço de síntese das reflexões anteriormente feitas com o propósito de tentar oferecer alguma contribuição sobre o tema, ainda que mínima.

Há problemas de relevo que já se encontram às portas da Justiça Federal. Bem ou mal é preciso resolvê-los... E será necessário fazê-lo, é claro, com a aplicação dos princípios e regras existentes em nossa ordenação jurídica.

Poder-se-ia, então, nessa linha de raciocínio — e num resumo evidentemente grosseiro do que até aqui se expôs —, a partir do material legislativo já referido no capítulo anterior, apresentar as seguintes considerações finais.

Há numerosos pontos polêmicos relativos à biodiversidade que podem e devem ser solucionados com a disciplina normativa hoje existente. Tal disciplina, é claro, extrapola o âmbito da que foi aqui ligeiramente referida. Pode estar a solução, às vezes, no Código de Defesa do Consumidor (Lei 8.078, de 11.9.1990).

Tomemos, p. ex., o delicado e polêmico problema da produção e/ou importação da soja transgênica. Admitida a sua legalidade, a discussão sobre a necessidade ou não de constar da embalagem do produto a informação de que se trata de grão geneticamente modificado passa a ser um problema próprio do direito do consumidor.

E quer me parecer, no caso, que ela é facilmente resolúvel, até certo ponto, diante do incontroverso direito do consumidor de ter a mais ampla informação sobre os produtos ou serviços que adquire.[72]

Sob outro aspecto, é preciso não se esquecer de que a eventual ausência de comprovação científica de efeitos danosos pela utilização da soja transgênica não autoriza, de modo nenhum, a comercialização do produto como se o mesmo fosse inofensivo para a saúde do ser humano. Ora, é exatamente o contrário que deve ser observado, isto é, a certeza científica deve existir no sentido de que não haja nenhuma possibilidade de dano

72. Cfr. arts. 8º e 9º do CDC que assim rezam: "Art. 8º. *Os produtos e serviços colocados no mercado de consumo não acarretarão riscos à saúde e segurança dos consumidores, exceto os considerados normais e previsíveis em decorrência de sua natureza e fruição, obrigando-se os fornecedores, em qualquer hipótese, a dar as informações necessárias e adequadas a seu respeito.* Parágrafo único. *Em se tratando de produto industrial, ao fabricante cabe prestar as informações a que se refere este artigo, através de impressos apropriados que devam acompanhar o produto.* Art. 9º. *O fornecedor de produtos e serviços potencialmente nocivos ou perigosos à saúde e segurança deverá informar, de maneira ostensiva e adequada, a respeito da sua nocividade ou periculosidade, sem prejuízo da adoção de outras medidas cabíveis em cada caso concreto"*. Correto parece estar, portanto — falando-se em princípio, é claro, pois desconheço o que dos autos do processo consta —, o entendimento da juíza federal Raquel Fernandez Perrini, da 11ª Vara da Justiça Federal em São Paulo, ao concluir, em medida liminar requerida pelo Instituto Brasileiro de Defesa do Consumidor — IDEC: "Recomenda a prudência que, pairando qualquer possibilidade de prejuízo social de difícil reparação, deve o juiz preservar a garantia do direito à saudável qualidade de vida". Tendo constatado a existência de outra demanda, em trâmite pela 3ª Vara da Justiça Federal do Distrito Federal, essa MM. Juíza considerou-se absolutamente incompetente para conhecer, processar e julgar a demanda, determinando a remessa dos autos à 3ª Vara da Justiça Federal do Distrito Federal, onde a manutenção ou não da liminar seria apreciada. Dessa decisão, houve a interposição de agravo de instrumento, com pedido de efeito suspensivo, indeferido este pela MM. Juíza Marisa Santos. Abstenho-me, no entanto, de manifestar-me sobre o caso concreto

ao meio ambiente, de conformidade com o chamado princípio da precaução, hoje erigido em regra do direito internacional.[73]

Acresce, no caso, que são muito freqüentes as notícias de estudos dando conta dos riscos existentes com a utilização da soja transgênica,[74] posto que essa planta, resistente a insetos e a herbicidas, poderia desencadear a transferência dessa característica a outras plantas silvestres, provocando a polinização de ervas daninhas, ou *superervas daninhas*, pelo fenômeno designado de transferência lateral. Ora, tal consideração, por si só, já seria mais do que suficiente para que se adotasse, no caso, o princípio da precaução retro aludido.[75]

tendo em vista a possibilidade — ainda que remota — de vir a votar no referido feito.

73. No âmbito da União Européia, o texto do art. 130-R do Tratado de Maastricht, assinado em 7.2.1992, é absolutamente claro na adoção desse princípio, entre outros, como se percebe, especialmente no n. 2: "La politique de la Communauté dans le domaine de l'environnement vise un niveau de protection éléve, en tenant compte de la diversité des situations dans les différentes régions de la Communauté. Elle est fondée sur les principes de précaution et d'action préventive, sur le principe de la correction, par priorité à la source, des atteintes à l'environnement et sur le principe du pollueur-payeur. Les exigences en matière de protection de l'environnement doivent être intégrées dans la définition et la mise en oeuvre des autres politiques de la Communauté". Na Declaração do Rio, decorrente da Conferência das Nações Unidas sobre Meio Ambiente e Desenvolvimento, um dos princípios dispõe: "Com a finalidade de proteger o meio ambiente, os Estados devem aplicar amplamente o critério da precaução conforme às suas capacidades. Quando houver perigo de dano grave ou irreversível, a falta de uma certeza absoluta não deverá ser utilizada para postergar-se a adoção de medidas eficazes para prevenir a degradação ambiental". A adoção do princípio da precaução no âmbito dos novos produtos gerados pela biotecnologia é também sustentada por Eliana Gouveia Fontes, integrante da Comissão Técnica Nacional de Biossegurança — CTNBio, conforme se pode verificar em "Biossegurança de biotecnologias — Breve histórico", *Boletim Informativo* 1/13 da CTNBio.

74. Cfr., exemplificativamente, "Estudo vê risco em plantas transgênicas", reportagem de Marcelo Leite, no jornal *Folha de S.Paulo*, Folha *mundo*, 1º caderno, p. 17, edição de 24.11.1998 e, mais recentemente, "Especialista faz alerta sobre uso de semente transgênica", reportagem de Priscilla Murphy sobre o economista norte-americano Jeremy Rifkin, que acaba de lançar no Brasil livro sobre biotecnologia recomendando a rejeição da semente transgênica, no jornal *O Estado de S.Paulo*, edição de 25.4.1999, p. A14.

75. Um caso internacional, extremamente rumoroso, em que se verificou a aplicação desse princípio da precaução foi o relativo às medidas de emergência tomadas, no âmbito da União Européia, relativamente à encefalopatia espongiforme bovina, conhecida como "doença das vacas loucas". Tal enfermidade faz parte de um grupo de doenças degenerativas do cérebro, caracterizadas pelo aparecimento de alterações dos tecidos cerebrais, que apresentam aspecto esponjoso no exame feito ao microscópio, e pela presença, nesses tecidos e, por vezes, noutros tecidos, de uma forma anormal de uma proteína, a saber, a proteína do prião. Trata-se de doenças que atacam inúmeras espécies animais, designadamente os ovinos (*tremos epizoótico dos ovinos*), bovinos, gatos domésticos, mas também os seres humanos (pense-se, p. ex., na doença de Kuru, na Nova-Guiné, ou ainda na doença de *Creutzfeldt-Jakob*, que se manifesta particularmente nas pessoas idosas. A natureza exata dos agentes infecciosos que estão na origem da encefalopatia espongiforme bovina transmissível permanece ainda desconhecida. As informações atualmente disponíveis permitem relacionar essa doença com a utilização, na alimentação dos bovinos, de farinhas de carne e de ossos de ovinos ou bovinos contendo o agente infeccioso, que não foram sujeitas a adequado tratamento. A questão de saber se existem outras vias de transmissão da doença é objeto de discussão. Aos 20.3.1996, o "*Spongiforme Encephalopathy Advisory Committee*", ou Comitê Consultivo sobre a Encefalopatia Espongiforme, órgão científico independente, exercendo funções consultivas junto ao Governo do Reino Unido, constatava que a unidade de fiscalização da doença de *Creutzfeldt-Jakob* de Edimburgo identificara dez casos de uma variante da doença de *Creutzfeldt-Jakob* em pessoas com a idade máxima de 42 anos, que apresentavam sintomas clínicos e neurológicos atípicos. Pronunciou-se aquele órgão no sentido de que "apesar de não haver qualquer prova direta da existência de um nexo, no estado atual dos dados disponíveis e na ausência de qualquer alternativa credível, a

Controverte-se, porém, sobre a matéria. Foi noticiado, recentemente, que o *Comitê do Codex Alimentarius do Brasil* — CCAB ter-se-ia reunido, extraordinariamente, no dia 19.4.1999, em Brasília, no INMETRO, com o propósito de deliberar acerca da posição brasileira sobre a rotulagem dos alimentos obtidos por engenharia genética. Tal posicionamento foi levado à recentíssima 27ª Reunião do *Comitê do Codex Alimentarius*, de 27 a 30 de abril, em Otawa, no Canadá.[76]

Consta que duas propostas estavam em discussão: a primeira que, na linha defendida principalmente pelos Estados Unidos, dispensa a rotulagem dos alimentos transgênicos; e a segunda, que entende necessária a rotulagem de todos esses produtos, exceto quando não for possível demonstrar a sua presença no produto final.

Claro está, na linha do que já se expôs, que essa segunda proposta está mais próxima do interesse e da reivindicação dos consumidores, favoráveis, como não poderia deixar de ser, a uma rotulagem plena.

Consta, igualmente, que houve muita discussão a respeito da matéria com os participantes manifestando sua posição, tanto num sentido como no outro, tendo sido predominante a tendência no sentido da rotulagem obrigatória.[77]

Mas, não obstante tal tendência — que espelha, como se viu, não apenas a obediência à legislação existente sobre os direitos do consumidores no Brasil, como, também, à norma constitucional que estabelece uma política pública em favor dos consumidores —, buscou-se uma tentativa de consenso: aprovou-se uma proposta de manifestação a ser levada ao Canadá, em que se afirma a necessidade de atendimento ao Código de Defesa do Consumidor do Brasil, especialmente em relação aos direitos dos consumidores à informação e à escolha, mediante a adequada rotulagem. Também seria informada a continuidade interna do debate no País.[78]

Pouco resta a acrescentar ao que já ficou dito.[79] Como era de se esperar, a maté-

explicação atualmente mais provável é a de que tais casos estão relacionados com a exposição à encefalopatia espongiforme bovina antes da adoção da proibição relativa aos abates especificados de bovinos de 1989. Isto é profundamente preocupante". Para uma análise do problema em Portugal, veja-se, com proveito, o artigo de Mário Frota, "Os consumidores face à encefalopatia espongiforme bovina", *Revista Portuguesa de Direito do Consumo* 14/36-41.

76. Da reunião referida no texto principal, participaram representantes dos Ministérios da Agricultura, da Ciência e Tecnologia, da Justiça, das Relações Exteriores e da Saúde; da ABIA — Associação Brasileira das Indústrias de Alimentos, do IDEC — Instituto Brasileiro de Defesa do Consumidor, além de outras entidades de consumidores (ADOC-PR, Movimento das Donas de Casa de Minas Gerais, Bahia e Tubarão — Santa Catarina, Confederação das Donas de Casa e Consumidores), na qualidade de observadoras.

77. Os Ministérios da Saúde e Justiça manifestaram-se favoráveis à rotulagem obrigatória. O Instituto de Defesa do Consumidor — IDEC, como é curial, também. Os outros ministérios afirmaram não ter, ainda, uma posição firmada de seus ministros. Já o Ministério da Agricultura e a Associação Brasileira das Indústrias de Alimentos — ABIA afirmaram a sua posição favorável à proposta americana, isto é, contra a rotulagem dos produtos geneticamente modificados.

78. O texto aprovado foi o seguinte: "A delegação brasileira agradece a oportunidade de se manifestar sobre este tema relevante. O Brasil tem um Código de Defesa do Consumidor, desde 1991, embasado no princípio de sempre garantir ao consumidor a informação adequada, precisa e clara sobre aspectos de seu interesse, tais como: composição, origem, natureza e características dos produtos ofertados e apresentados para consumo, resguardando também a sua saúde, segurança e liberdade de escolha. Neste momento ocorre no Brasil uma ampla discussão de qual seria a melhor forma de prover, através de rotulagem apropriada, esta informação em relação aos alimentos produzidos por biotecnologia, sem que tenha se esgotado o assunto".

79. No dia 29 de abril último, o jornal *O Estado de S.Paulo* (p. A-16) deu notícia, por intermédio de seu correspondente em Londres, que a

ria começa a ganhar uma vertente superficial e sensacionalista,[80] com pouca objetividade crítica e muito estardalhaço na mídia. Não é isso, evidentemente, o que interessa ao País. São muitas as questões relativas aos produtos transgênicos e é preciso, antes de mais nada, saber delimitar-se o âmbito de cada qual. Se se controverte, p. ex., acerca dos riscos que eles podem representar para a saúde humana e para a degradação da biodiversidade, caberá à Comissão Técnica Nacional de Biossegurança — CTNBio avaliar, com seu prudente arbítrio, a real existência deles ou não.

Mas se se cuida do problema da obrigatoriedade ou não da rotulagem desses mesmos produtos, trata-se de matéria inteiramente jurídica e, especificamente, de direito do consumidor.

Parece-me lamentável, assim, que ainda seja objeto de intensas discussões aquilo que, além de ser preceito constitucional, já é texto de lei expresso — desde 1990 e, em vigor, desde 11.3.1991 — em nosso país sobre o tema...

Relativamente às considerações de caráter genérico sobre a nossa legislação existente, parece-me irrecusável, em primeiro lugar, a conclusão de que algumas das leis mencionadas não estariam de todo afinadas com os princípios enformadores da Convenção da Biodiversidade. Enquanto nesta terá prevalecido, fundamentalmente, a defesa do interesse público, naquelas se verifica a preocupação com certos interesses nitidamente privados.[81]

Em segundo lugar, parece-me igualmente claro que essa legislação mencionada, rigorosamente falando, não logrou estabelecer, até o momento, um modelo ideal de acesso aos nossos recursos genéticos e biológicos.

Decorre daí, portanto, que muitos dos compromissos assumidos pelo Brasil na Convenção da Biodiversidade ainda não puderam ser oficialmente cumpridos.[82] Tanto

empresa Nestlé — uma das maiores indústrias alimentícias do Reino Unido e do mundo — se comprometeu, na medida do possível, a eliminar de seus produtos os ingredientes alterados geneticamente, mediante a edição de um comunicado no qual afirmou que a "Nestlé do Reino Unido reconhece que existe uma preocupação entre os consumidores deste país sobre os diferentes aspectos da aplicação da tecnologia genética na alimentação". Essa mesma empresa informou, igualmente, continuar acreditando que a "utilização responsável da biotecnologia pode produzir benefícios notáveis para agricultores, indústria e consumidores". Tal procedimento, evidentemente, só pode ser recebido com alívio por parte da comunidade consumidora.

80. É o que afirma Marcos Sawaya Jank, Prof. da ESALQ-USP e pesquisador-sênior do Programa de Agribusiness da USP, em artigo publicado no jornal *O Estado de S.Paulo*, edição do dia 5.5.1999, p. B2, onde o autor chama a atenção para tal aspecto do problema. Assevera ele que muitos países europeus teriam adotado um discurso contundente em favor dos produtos não transgênicos por causa do atraso tecnológico de suas indústrias e da costumeira conduta de erguer as barreiras protecionistas no interesse dos agricultores. Diz ele, textualmente, ser "preciso muito cuidado com certas falsas posições pró-cunsumidores: em grande parte está em cena um blefe em favor de setores a montante das suas cadeias agro-industriais", sugerindo que uma posição interessante para o nosso país "seria forçar os governos europeus a definir claramente os segmentos reais de produtos não transgênicos que as suas empresas estariam dispostas a valorizar". Na questão da rotulagem dos alimentos transgênicos, o referido professor é enfático: "É direito do consumidor ser informado sobre todas as características intrínsecas dos produtos que está consumindo. Neste aspecto, é fundamental estabelecer regras e mecanismos que garantam a certificação e a rastreabilidade de cadeias de produtos não transgênicos". Está certo.

81. Basta efetuar-se, com efeito, uma leitura comparativa entre o texto da Convenção da Biodiversidade e algumas das disposições constantes da Lei sobre a Propriedade Industrial para que se chegue à conclusão — irrecusável, sob todos os títulos — de que a nossa legislação não terá incorporado até o momento a filosofia básica daquela Convenção.

82. Antonio Silveira R. dos Santos, em seu citado artigo, p. 99, afirma peremptoriamente: "Por outro lado, muitos países, entre eles o Brasil, não cumpriram oficialmente os compromissos assumi-

assim que essa questão, de natureza político-jurídica, de acesso ideal aos nossos recursos genéticos e biológicos permanece ainda indefinida.

Esclareça-se, contudo, que tais observações críticas não guardam nenhuma relação com a imagem — a meu ver, injusta e falsa — que se tentou fazer do Brasil, por ocasião das discussões sobre a Lei da Propriedade Industrial, de que se trataria de um *país pirata*.

Mais do que nunca oportuna, a esse propósito, a interrogação formulada por Patrícia Aurélia Del Nero:[83] Afinal de contas, a designação de *pirata* cabe ao nosso país ou, mais propriamente, às agências transnacionais que vêm aqui realizar as suas pesquisas e explorar o patrimônio ambiental brasileiro, sem maiores conseqüências práticas?

Expressivas, a propósito, as considerações de César Banjamin:[84] "Se você lê jornais e revistas, sabe que o Brasil nunca primou por respeitar as regras internacionais; que apoia a pirataria, causando prejuízos a empresas que investem muito dinheiro em pesquisa; e que, por tudo isto, está sob ameaça de represália de países honestos, sobretudo os Estados Unidos. Sabe também que — enfrentando a incompreensão de nacionalistas xenófobos — nosso governo se esforça para mudar esta realidade e esta imagem, facilitando a integração nacional ao mundo civilizado. Tudo mentira. O Brasil sempre respeitou a legislação sobre patentes. É um dos doze signatários originais da Convenção de Paris, de 1883, que regulamentou pela primeira vez o tema em âmbito internacional; desde então, subscreveu e cumpriu as oito modificações que o tratado sofreu. Também é co-autor da Convenção de Berna, de 1886, sobre propriedade intelectual, direito autoral e *copyright*. Estes foram os principais acordos internacionais sobre o tema (...). Uma surpresa: quase sempre os Estados Unidos estiveram fora da lei, e assim continuam. No fim do século XVIII, quando os EUA estavam prestes a iniciar seu esforço industrializador decidiram não reconhecer nenhuma patente estrangeira, sua lei passou a admitir a concessão de patentes apenas para seus próprios cidadãos. Todas as invenções do mundo eram apropriadas livremente por cidadãos americanos. No século XIX, veio uma flexibilização: o Estado americano passou a reconhecer o direito à patente para estrangeiros, desde que residentes há mais de dois anos em seu território. Como esses dispositivos conflitavam com a Convenção de Paris, os EUA se mantiveram fora dela por considerá-la muito restrita ao seu próprio desenvolvimento. Os EUA também preferiram ignorar a Convenção de Berna. Sua primeira regulamentação sobre o assunto veio em 1891, de forma unilateral, pois definia que só seria reconhecido o *copyright* para obras manufaturadas em território americano. Este dispositivo permaneceu em vigor até 1988".

Além disso, é preciso deixar claro que o Brasil não prejudicou nem prejudica ninguém. Se é certo, como se aludiu linhas atrás, que muitos dos compromissos por ele assumidos na Convenção da Biodiversidade ainda não puderam ser oficialmente cumpridos pelo País, é igualmente certo que é o próprio Brasil o grande prejudicado com a atual situação...

Saliente-se, porém, com certa dose de otimismo, que essa questão da definição do acesso ideal aos nossos recursos genéticos e biológicos vem sendo objeto de progressi-

dos na referida Convenção Mundial, principalmente no que tange a sua Agenda 21, pois nem ao menos criou a sua Agenda 21 e nem o conselho nacional de desenvolvimento sustentável", embora ressalve que alguns municípios como os de São Paulo, Porto Alegre, Santos e Angra dos Reis já tenham editado a sua Agenda 21, sendo esse número de municípios, todavia, muito pouco significativo se se leva em conta a existência de cerca de 5.000 municípios no País, segundo o *Anuário Estatístico do Brasil* — IBGE, 1994.

83. Ob. cit., p. 281.

84. "Lei de Patentes: está entregue", revista *Atenção* 4/6, São Paulo, 1996, *apud* Patrícia Aurélia Del Nero, ob. cit., p. 282.

va preocupação por parte de muitos e ganhou especial relevo com a tramitação, no Senado Federal, do Projeto de Lei 305/95, da senadora Marina Silva,[85] ora em curso pela Câmara dos Deputados, após três anos de discussão, dispondo sobre *o acesso a recursos genéticos e seus produtos derivados.*

Imprescindível, sob todos os títulos, a existência desse texto projetado. Só ele poderá dar, com efeito, a devida concreção aos princípios a que o Brasil aderiu na Convenção da Biodiversidade. Ele resulta, afinal, de uma série de contribuições importantes de toda a sociedade,[86] tanto do Poder Executivo, como das organizações não-governamentais, dos institutos de pesquisa, das entidades de classe e demais instituições interessadas.[87]

Os pontos verdadeiramente fundamentais desse texto referem-se à proteção dos conhecimentos das comunidades locais e populações indígenas,[88] à definição do regime de acesso para recursos genéticos alimentares, à diferenciação entre o acesso para fins científicos e para fins comerciais, à repartição de benefícios com o País e transferência de tecnologia e à caracterização do sistema de sanções administrativas, penais e civis, para ficar apenas nas questões principais por ele enfrentadas.

Dentre as várias disposições de relevo para a preservação da diversidade biológica existente no Brasil e para a busca do chamado desenvolvimento sustentável,[89] cabe destacar a do art. 5º, *in verbis*:[90]

85. No artigo do jornal *O Globo*, de 11.11.1998, já citado, depois de lembrar que o projeto em tela foi uma das suas primeiras proposições apresentadas ao Senado, descreve a senadora a sua experiência pessoal sobre o problema: "Ainda criança, no seringal onde fui criada, acompanhava curiosa as coletas de sementes de seringueira para enriquecer os bancos de germoplasma da Malásia. Hoje, uma das principais causas da crise da borracha no país é justamente a concorrência desleal com os seringais de cultivo do Sudeste da Ásia". De minha parte — que não possuo nenhuma experiência assinalável sobre o problema — cabe-me acrescentar que, recentemente, numa viagem que fiz à Tailândia, pude constatar pessoalmente o orgulho dos seringueiros locais com a exibição de seu látex a todos os turistas que se aproximavam. Perguntei-lhes, com minha face curiosamente ignara, como haviam conseguido aquele fabuloso material objeto de passagem obrigatória dos visitantes. Respondiam-me, então, que era fruto de sementes vindas de um país distante chamado Brasil...

86. A exceção diz respeito às nossas comunidades indígenas que, infelizmente, carecem de mecanismos de participação eficazes, ficando os seus interesses sem a necessária defesa. Numa sociedade em que, por força de seu pauperismo intelectual, ainda cultiva ranços preconceituosos e discriminatórios contra tudo o que não se enquadra nos seus padrões de cultura e civilização, como ocorre com a nossa, essa ausência da representatividade indígena não deixa de ser confrangedora.

87. Cfr. Francisco Eugênio M. Arcanjo, art. cit., p. 143.

88. Tudo indica ser essa a matéria mais controvertida de todas. Francisco Eugênio M. Arcanjo (art. cit., p. 156) tece as seguintes considerações a respeito, com as quais me coloco irrestritamente de acordo: "Este talvez seja o capítulo da lei de maior dificuldade técnica e política para sua elaboração. Cuida-se de construir um sistema inovador de salvaguarda de direitos intelectuais comunais. Nenhum dos institutos existentes de propriedade intelectual pode ser adotado com plena adequação para essa nova categoria de direitos. O caminho parece ser buscar em cada um deles — patentes, direitos autorais, certificado de inventor, Lei Modelo da Unesco sobre folclore, cultivares, entre outros — alguma característica aplicável ao novo sistema. Um princípio que deve prevalecer é o de que esta proteção deverá ultrapassar a condição meramente monetária para alcançar uma característica de totalidade, inerente ao conhecimento utilizado. A proteção visa a salvaguardar práticas comunais de utilização de biodiversidade e, portanto, os institutos previstos devem proporcionar a valorização integral das comunidades".

89. Na Convenção da Diversidade Biológica, a expressão empregada é "utilização sustentável" e designa, de acordo com o art. 2º, "a utilização de componentes da diversidade biológica de modo e em ritmo tais que não levem, no longo prazo, à diminuição da diversidade biológica, mantendo assim seu potencial para atender às necessidades e aspirações das gerações presentes e futuras". Essa mesma idéia de atendimento das necessidades do presente sem o comprometimento da

"Incumbe a todas as pessoas físicas e jurídicas e ao Poder Público, em particular, preservar o patrimônio genético e a diversidade biológica do País, promover seu estudo e uso sustentável e controlar as atividades de acesso a recursos genéticos, assim como fiscalizar as entidades dedicadas à prospecção, coleta, pesquisa, conservação, manipulação, comercialização, dentre outras atividades relativas a estes recursos, na forma desta Lei, atendidos os seguintes princípios:

"I — integridade do patrimônio genético e da atividade biológica do País;

"II — soberania nacional sobre os recursos genéticos e seus produtos derivados, existentes no território nacional;

"III — necessidade de consentimento prévio e fundamentado das comunidades locais e populações indígenas para as atividades de acesso aos recursos genéticos situados nas áreas que ocupam,[91] aos seus cultivos agrícolas domesticados e semi-domesticados e aos conhecimentos tradicionais que detêm;

"IV — integridade intelectual do conhecimento tradicional detido pela comunidade local ou população indígena, garantindo-se-lhe o reconhecimento, a proteção, a compensação justa e eqüitativa pelo seu uso

possibilidade de as gerações porvindouras poderem atender às suas próprias e futuras necessidades já constava de um considerando da própria Convenção, que aludia à consciência de que a conservação e a utilização sustentável da diversidade biológica era de importância absoluta para atender às necessidades de alimentação, de saúde e de outra natureza da crescente população mundial, para o que haveriam de ser considerados essenciais, tanto o acesso aos recursos genéticos, quanto a repartição da tecnologia. Essa mesma idéia, ainda, viera expressa, anteriormente, no relatório da Comissão Mundial sobre o Desenvolvimento Econômico das Nações Unidas, de 1987, definindo como desenvolvimento sustentável: "o desenvolvimento que satisfaz as necessidades do presente, sem comprometer a aptidão das futuras gerações a satisfazer suas próprias necessidades. Ele compreende em si mesmo dois conceitos-chaves:

— o conceito de 'necessidades', notadamente as necessidades essenciais dos pobres do mundo, às quais deve ser dada prioridade absoluta; e

— a idéia de limitações impostas pelo estado da tecnologia e pela organização social à aptidão do meio ambiente a satisfazer as necessidades presentes e futuras".

A respeito desse novo conceito de desenvolvimento, diz o Prof. Fábio Comparato (estudo inédito retromencionado) que "o Relatório das Nações Unidas sobre o Desenvolvimento Humano de 1994 assinalou, com razão, que toda dívida social cujo adimplemento é adiado, seja ela de que natureza for, prejudica a sustentabilidade do processo de desenvolvimento".

90. Embora longo, optou-se pela transcrição integral desse dispositivo a fim de que se possa constatar a sua efetiva adequação tanto aos preceitos de natureza constitucional, a que se fez referência expressa linhas atrás, especialmente ao art. 225, como aos princípios firmados pela Convenção da Diversidade Biológica, também contemplada anteriormente.

91. Tal dispositivo poderá contribuir para que certos abusos, sabidamente cometidos, sejam evitados relativamente às nossas populações indígenas. Sabe-se que médicos e cientistas, oriundos de laboratórios de ponta dos Estados Unidos, visitam-nas para oferecer-lhes consulta médica e alguns poucos exames em troca de amostragens sangüíneas desses índios, possuidores de uma condição genética peculiar, dada a pouca ou nenhuma miscigenação com outras tribos. Obtido o sangue, esses médicos desaparecem "como fantasmas na aurora"... Não precisam mesmo mais voltar. Colhidas as amostras, podem elas ser reproduzidas *ad infinitum* e nenhuma diferença fará se a tribo eventualmente vier a desaparecer: seu patrimônio genético já foi devidamente *preservado*. Como facilmente se percebe, os autores dessa verdadeira *pirataria genética*, por assim dizer — grandes laboratórios farmacológicos — requererão as patentes para os seus produtos que lhes renderão autênticas fortunas. Algumas doenças poderão ser erradicadas, é verdade, mas somente daqueles que puderem pagar os preços cobrados pela indústria farmacêutica... Onde está, portanto, a *compensação justa e eqüitativa* pelo uso desse código genético? Consta, a propósito, que uma líder indígena teria se manifestado a respeito do problema por essa forma verdadeiramente confrangedora: "Já nos tiraram a terra, a religião e o modo de vida... Faltava levar, ainda, o nosso sangue...".

e a liberdade de intercâmbio entre seus membros e com outras comunidades ou populações análogas;

"V — inalienabilidade impenhorabilidade e imprescritibilidade dos direitos relativos ao conhecimento tradicional detido pela comunidade local ou população indígena e aos seus cultivos agrícolas domesticados e semi-domesticados, possibilitando-se, entretanto, o seu uso, após o consentimento prévio e fundamentado da respectiva comunidade local ou população indígena e mediante justa e eqüitativa compensação, na forma desta Lei;

"VI — participação nacional nos benefícios econômicos e sociais decorrentes das atividades de acesso, especialmente em proveito do desenvolvimento sustentável das áreas onde se realiza o acesso a recursos genéticos e das comunidades locais e populações indígenas provedoras do conhecimento tradicional;

"VII — realização, prioritariamente no território nacional, das atividades de beneficiamento, pesquisa e desenvolvimento relacionadas aos recursos genéticos aos quais o acesso for concedido;

"VIII — promoção e apoio às distintas formas de geração, em benefício do País, de conhecimentos e tecnologias relacionados a recursos genéticos e produtos derivados;

"IX — proteção e incentivo à diversidade cultural, valorizando-se os conhecimentos, inovações e práticas das comunidades locais e populações indígenas sobre a conservação, melhoramento, uso, manejo e aproveitamento dos recursos genéticos e seus produtos derivados;

"X — compatibilização com as políticas, princípios e normas relativos à biossegurança;

"XI — compatibilização com as políticas, princípios e normas relativos à segurança alimentar do País;

"XII - compatibilização com as políticas, princípios e normas relativos às políticas nacionais de proteção ambiental;

"XIII — cumprimento e fortalecimento da Convenção sobre Diversidade Biológica e demais atos internacionais relacionados à conservação e ao uso sustentável da diversidade biológica."

Verifica-se, portanto, sem grande esforço, que o *caput* desse art. 5º e os seus treze incisos adotam, fundamentalmente, as idéias mestras existentes em nossa Constituição Federal e na Convenção da Biodiversidade. Todos eles, com efeito — sem uma única exceção sequer —, estão integrados na filosofia irrecusável de que a política de desenvolvimento sustentável para todo o mundo não prescinda da ligação inafastável entre o necessário desenvolvimento econômico, de um lado, e a política de preservação do meio ambiente, de outro.

Chamo a especial atenção, porém, para o último desses incisos, o de XIII, que preconiza o "cumprimento e fortalecimento da Convenção sobre Diversidade Biológica e demais atos internacionais relacionados à conservação e ao uso sustentável da diversidade biológica".

Não se poderá deixar exclusivamente nas mãos do Estado nacional, com efeito, a ciclópica tarefa de administrar os interesses e os direitos das gerações porvindouras.[92] Muito menos, é claro, a uma suposta "mão invisível"[93] que nem mesmo Adam

92. Bobbio, no capítulo introdutório de seu *A Era dos Direitos* (ob. cit., p. 1), depois de salientar que o reconhecimento e a proteção dos direitos do homem estão na base das Constituições democráticas modernas e que a paz é o pressuposto necessário para o reconhecimento e a efetiva proteção dos direitos do homem em cada Estado e, também, no plano internacional, assinala : "Ao mesmo tempo, o processo de democratização do sistema internacional, que é o caminho obrigatório para a busca do ideal da 'paz perpétua', no sentido kantiano da expressão, não pode avançar sem uma gradativa ampliação do reconhecimento e da proteção dos direitos do homem, acima de cada Estado".

93. Posto-me irrestritamente de acordo, pois, com as seguintes considerações do prof. Fábio Comparato, no citado estudo que ainda se acha no

Smith, se vivo fosse, ousaria sustentar existente nos dias que correm... Torna-se necessária, portanto, a conjugação de esforços das várias nações subdesenvolvidas — e, sobretudo, a compreensão e o espírito de solidariedade dos países do chamado Primeiro Mundo — para que o homem não apenas salve o planeta, preservando-o sadio para as gerações futuras, mas também para que a erradicação da miséria[94] e o desenvolvimento harmônico dos povos possam contribuir, efetivamente, para o bem estar global da humanidade.

A aprovação desse Projeto será uma grande contribuição que o Poder Legislativo poderá dar ao nosso país. Teria ela, positivamente, muito maior grandeza ética e dignidade científica do que a criação de uma CPI claramente inconstitucional, exclusivamente destinada a promover, sob o beneplácito comprometido da mídia, os restos de um caciquismo político que, desgraçadamente, ainda teima em sobreviver entre nós.

Mas não desejo encerrar essas palavras com o sabor amargo do fel que escorre de nossas mazelas íntimas. Foi-se o tempo, graças a Deus, em que eu me considerava uma espécie de *pessimista por fatalidade congênita*, como diria Octávio Paz. E não nos é lícito abdicar da idéia de construção de uma sociedade livre, justa e solidária, como dispõe a nossa Constituição Federal.[95]

Trata-se, como não poderia deixar de ser, de uma idéia absolutamente irrenunciável. Mas, em meu espírito, ela é bem menos do que uma certeza, embora seja mais do que uma simples esperança. Cuida-se, com efeito, de uma crença...

E já que me desloquei para o terreno inexpugnável da fé, seja-me permitido finalizar com mais uma passagem da Bíblia que tão sábias lições haveria de me dar. Está na Carta de São Paulo apóstolo aos romanos:[96] "Se o teu inimigo tiver fome, dá-lhe de comer; se tiver sede, dá-lhe de beber. Procedendo assim, amontoarás carvões em brasa sobre a sua cabeça. Não te deixes vencer pelo mal, mas triunfa do mal com o bem".

Muito obrigado a todos pela paciência com que me ouviram.

VIII — Bibliografia consultada

AMORA, Antonio Soares. *Minidicionário da Língua Portuguesa*, 3ª ed., Saraiva, 1998.

ARCANJO, Francisco Eugênio M. "Convenção sobre Diversidade Biológica e Projeto de Lei do Senado 306/95: soberania, propriedade e acesso aos recursos genéticos", *Revista de Direito Ambiental* 7.

BEURIER, Jean-Pierre. "Le droit de la biodiversité", *Revue Juridique de l'Environnement* 1-2, 1996.

BOBBIO, Norberto. *De Senectute e Altri Scritti Autobiografici*, Einaudi, Turim, 1996.

_____ *A Era dos Direitos*, trad. de Carlos Nelson Coutinho, Campus, 1992.

BECK, Ulrich. "Risk Society and the Provident State", in *Risk, Environment and Modernity — Towards a New Ecology*, Ed. Scott Lash, Branislaw Szersynsky and Brian Wynne, Sage Publications, Londres, 1996, *apud Boletim dos Pro-*

prelo: "Por outro lado, como foi pertinentemente observado, o cumprimento do dever universal de desenvolvimento sustentado não pode ser deixado por conta do livre funcionamento dos mercados. É o Estado que deve atuar precipuamente como o administrador responsável dos interesses das futuras gerações. Na verdade, tratando-se de um direito da humanidade, não é apenas ao Estado nacional que incumbe essa tarefa, mas sim ao concerto universal das nações".

94. Um dos considerando constantes do Preâmbulo da Convenção sobre a Diversidade Biológica diz, textualmente: "Reconhecendo que o desenvolvimento econômico e social e a erradicação da pobreza são as prioridades primordiais absolutas dos países em desenvolvimento". Aldo Ferrer, por seu turno ("Desarrollo humano, ambiente y el orden internacional: perspectiva latinoamericana", *Comercio Exterior* 42/612), igualmente destacou: "Se não se progredir na erradicação da pobreza, no saneamento urbano e demais áreas que influem na qualidade de vida, não será possível avançar, como é necessário, sequer as metas estritamente ambientais".

95. Cfr. art. 3º, inc. I.

96. Rom. 12, 20-21.

curadores da República, Ano 1, 4, ago. 1998, citado em Parecer por Aurélio Veiga Rios, "Produtos transgênicos — Ação civil pública — *Greenpeace*".

COMPARATO, Fábio Konder. "A transferência empresarial de tecnologia para países subdesenvolvidos: um caso típico de inadequação dos meios aos fins", in *Direito Empresarial*, Saraiva, 1990.

_____ *RDM* 80.

_____ Capítulo 23, a respeito da *Convenção sobre a Diversidade Biológica*, em livro a ser ainda publicado pela Saraiva.

DEL NERO, Patrícia Aurélia. *Propriedade Intelectual. A Tutela Jurídica da Biotecnologia*, Ed. RT, São Paulo, 1998.

DE LUCCA, Newton. *Diluições (U)tópicas*, Ed. Blocos, Rio de Janeiro, 1995.

DIDEROT. *Encyclopaedia*.

FERREIRA, *Aurélio Buarque de Holanda. Novo Dicionário da Língua Portuguesa*, Nova Fronteira, 1975.

FERRER, Aldo. "Desarrollo humano, ambiente y el orden internacional: perspectiva latinoamericana", in *Comercio Exterior*, v. 42, 7, jul. 1992.

FROTA, Mário. "Os consumidores face à encefalopatia espongiforme bovina", *Revista Portuguesa de Direito do Consumo* 14.

FONTES, Eliana Gouveia. "Biossegurança de biotecnologias — Breve histórico", *Boletim Informativo* 1/CTNBio.

GROS ESPIELL, Héctor. "Biodiversidad, Ética y Derecho", *Jal. Intern. Bioéth./Intern. Jal. of Bioeth.*, 1996, v. 7, 1.

HUXLEY, Aldous. *A Situação Humana*, Ed. Globo, 1982.

LOUREIRO, Luiz Guilherme de A. Vieira. "Biotecnologia e patente: as disposições da nova Lei da propriedade Industrial", *RT* 739, mai. 1997.

MICHAELIS. *Moderno Dicionário da Língua Portuguesa*, Melhoramentos, 1995.

POSSAS, Mário Luiz. *O Processo de Regulamentação da Biotecnologia: Implicações para as Inovações na Agricultura e na Produção Agroalimentar*, Brasília, IPEA, 1994.

SANTOS, Antonio Silveira R. dos. "Biodiversidade. Desenvolvimento sustentável", *Revista de Direito Ambiental* 7.

SCHOLZE, Simone Henriqueta Cossetin. *Os Direitos de Propriedade Intelectual e a Biotecnologia: Implicações Jurídicas e Éticas do Controle Técnico da Vida*, Dissertação de Mestrado apresentada à Faculdade de Direito da UnB e orientada pelo Prof. Dr. Marcus Faro de Castro, Brasília, jul. 1997.

SILVA, Alberto Franco. "Genética Humana e Direito", *Bioética*, revista publicada pelo Conselho Federal de Medicina, v. 4, 1, 1996.

SILVA, Eugênio da Costa e. "Ciência, direitos intelectuais e biodiversidade", *Revista da ABPI* 21, mar.-abr. 1996.

SILVA, Marina. "Biodiversidade e sabedoria dos pajés", in *O Globo*, ed. de 11.11.1998, Opinião.

SPENGLER, Oswald. *O Homem e a Técnica*, trad. de João Botelho, Guimarães Editores, 2ª ed., Lisboa, 1993.

UNEP. "Guidelines for the preparation of country studies on costs and benefits generated from, and the unmet needs of biological diversity conservation within the framework of the planned international legal instrument on biological diversity", 1990.

UNESCO. "Environnement et développement", *Dossiers* 7, La Biodiversité, 1994.

VAN DER SPOEL, S. "A biosystematic basis for pelagic biodiversity", *Bijdragen tot de Diekunde*, 64, I, 3, 1994.

WOLFF, Maria Thereza. "Cultivares", *Revista da ABPI* 23, jul.-ago. 1996.

DOUTRINA

PROCESSO ADMINISTRATIVO: PRAZOS; PRECLUSÕES

SÉRGIO FERRAZ

Advogado

1. Introdução. 2. Processo administrativo ou procedimento administrativo?: 2.1 O Direito e as palavras; 2.2 O linguajar comum e o jurídico; 2.3 A textura aberta da palavra e sua funcionalidade; 2.4 Autoritarismo e Direito Administrativo; 2.5 Conclusão: a opção e suas razões. 3. Princípios de Direito: 3.1 Os princípios do processo administrativo; 3.2 A lei federal de processo administrativo e os princípios; 3.3 A lei paulista de processo administrativo e os princípios. 4. Lei federal e lei paulista: comparações. O âmbito da lei federal: 4.1 Lei paulista. Âmbito temático: o processo administrativo; 4.2 Continuação: o ato administrativo; 4.3 Relações conceituais entre processo administrativo e procedimento administrativo; 4.4 A querela nominal e seus pólos; 4.5 A preferência por "procedimento administrativo": seus fundamentos; 4.6 "Processo administrativo": única escolha adequada. Os seus fundamentos; 4.7 A escolha sob o prisma etimológico; 4.8 A escolha sob o prisma normativo; 4.9 A escolha sob o prisma ideológico. 5. O prazo: apresentação do tema: 5.1 O tempo como dimensão do processo. Prazo: conceito; 5.2 O prazo razoável; 5.3 O prazo razoável na lei federal. A falta de decisão e suas conseqüências; 5.4 O prazo razoável na lei estadual. 6. Preclusão no processo administrativo: apresentação do tema: 6.1 A preclusão e as leis em confronto; 6.2 Preclusão e coisa julgada; 6.3 A coisa julgada administrativa: apresentação do tema; 6.4 A validade científica da expressão. Revogação e invalidação; 6.5 A preclusão administrativa na lei federal: um enfoque concreto; 6.6 Preclusão administrativa e revisão de ofício do ato ilegal. As súmulas 346 e 473 do STF.

1. O objetivo central, das considerações que se seguirão, assenta-se no exame do sistema jurídico referente aos prazos, no processo administrativo, tal como tratada a matéria na Lei Federal 9.784 (de 29.1.1999) e na Lei Estadual (de São Paulo) 10.177 (de 31.12.1998).

A apresentação coerente dos conceitos a serem filtrados, dos aludidos diplomas, bem como a tentativa de elaboração de uma comparação útil entre eles, comandam inexoravelmente o interessado a que extravase um tanto os confinados limites a que se impôs no título, exatamente para buscar atribuir, a seu intento, um cunho científico, útil, inclusive, para derramar luzes sobre as demais províncias do processo administrativo.

2. Nesse desiderato, impõe-se, como primeiro passo, tomar — e justificar — uma posição, que está longe de configurar simples querela dicotômica vocabular: *processo* ou procedimento administrativo?

2.1 As palavras, e as expressões com elas formadas, constituem simplesmente rótulos, com que designamos as coisas e as idéias. Não há, em verdade, palavra alguma, em que língua seja lançada a indagação perquiridora (ressalvadas, e parcialmente apenas, as expressões onomatopaicas, também suscetíveis, por vezes, de avaliações e formulações subjetivamente variáveis), que pudesse ser encarada como dotada da *mesma* dose de significação ostentada pela coisa, ou idéia, que ela designa.

Esse tipo de consideração avulta particularmente de importância quando lidamos com a ciência jurídica. A ciência do Direito, ao contrário das ciências exatas, não trata com fenômenos que se ordenem independentemente da atividade do cientista. Bem ao contrário, o homem do Direito manipula especulativamente a realidade da vida social. É dizer, por sobre a própria mutabilidade, típica dos fenômenos sociais, faz incidir sua subjetiva (e por isso também mutável) especulação, interpretação e sistematização. E deve transmitir ao grupo social o fruto da sua atividade, quer com o fim de explicá-la, quer com o propósito de ditar padrões, dotados de coercitividade sancionável. Com um agravamento: as palavras da lei, contrariamente ao registrável com a maior parte das demais ciências, não se dirigem apenas aos iniciados: necessariamente, sob pena de inefetividade (e por vezes de invalidez, até), têm de atingir toda a comunidade, indiferentes os graus de conhecimento específico de suas partes individuais componentes.

2.2 Dessa sorte, a *palavra* assume, na ciência jurídica, importância idêntica (ou quase) à do pensamento. Como ciência essencialmente relacional, ela fatalmente *tem de ser transmitida,* e transmitida à coletividade, de iniciados e incientes. Por isso a utilização da linguagem comum é inevitável ao jurista. E os experimentos que entre nós se fazem, por amor à exatidão científica, com a lógica simbólica (veja-se, por mero exemplo, Oto Weinberger, *Rechtslogic*, 1970, Nova York, pp. 189 e ss.) estão destinados ao trânsito restrito da jusfilosofia e de seus cultores.

Assumindo a linguagem comum, não obstante por vezes o Direito empresta a determinado vocábulo, quando implicado no contexto da ciência jurídica, um sentido a esta confinado. Quando, por exemplo, o Código Civil, em seu art. 44, aponta certos direitos (e, pois, idéias) como *bens móveis,* está outorgando a uma expressão, que tem certa dose de precisão no senso comum, conteúdo diverso do que aquele habitualmente identificável. É neste sentido que se afirma ser *estipulativa* a linguagem jurídica (Alf Ross, *Sobre el Derecho y la Justicia*, Buenos Aires, 1963, pp. 109 e ss.). É por força dessa característica que se registra fenômeno marcante no mundo do Direito: mesmo expressões de uso exclusiva ou predominantemente jurídico não têm sentido unívoco, no tempo e no espaço. Como simples exemplo: "autarquia" não exprime idéia igual no direito público brasileiro e no direito público italiano; "adultério", no Brasil, não encerra os mesmos conteúdos ideativos no direito penal dos tempos monárquicos e no atual direito penal.

Contudo, quando o Direito não redefine a palavra, por evidente abriga-a com o sentido comum que tinha seu uso (Genaro Carrió, *Los Límites del Lenguaje Normativo*, Buenos Aires, 1973, pp. 37 e ss.). E como tal uso é evidentemente convencional, igualmente cambiável no tempo e no espaço, daí segue a nota de que o principal instrumento do jurismo — a palavra — está marcado de indiscutível imprecisão, habitualmente apodada, não com certa dose de angústia, "textura aberta", pelos filósofos do Direito (Hart, *Derecho y Moral*, Buenos Aires, 1962, pp. 24 e ss.). Longe entretanto de se ter aqui um obstáculo, a ciência jurídica assim garante sua perene revitalização. É exatamente porque, nos diferentes tempos e sítios, a linguagem comum, adaptando-se às vertentes ideológicas determinantes, exprime fenômenos diversos, que a lei, por utilizar tais expressões, também pode sobreviver às crises, na medida, particularmente, em que a doutrina e a jurisprudência saibam captar os novos informadores a serem reverenciados. No mundo do Direito, paradoxo rico e criador, esse aspecto é tanto mais sensível quanto mais bela, rica e profunda é a expressão lingüística que se utiliza. "Interesse público", "bons costumes", "moralidade", "notório saber" são exemplos sugestivos do que se disse.

2.3 Doutra parte, essa mesma "textura aberta" funciona, com freqüência tristemente indesejável, para manipular aspirações e conceitos, enclausurando-os na acepção que dogmaticamente a ciência do Direito e seus cientistas considerem oportuna e conveniente para barrar o anseio de transformação. Quantas vezes não teve, cada um de nós, ensejo de ler reputado autor afastar um conceito inovador, uma abertura de perspectivas, com o simples (mas quase teologal!) argumento de que, independentemente e para além do que alguém pense, o Direito (do qual ele se arvora intérprete privilegiado!) conferiu ao vocábulo expressão própria e diversa. A História, a propósito, registra uma infinidade de aberrações que, no entanto, reputados juristas, nacionais e alienígenas, não hesitaram em aportar a palavras e expressões como *democracia*, *representatividade*, estado de *direito* etc.

2.4 Em particular, muito elucidativa a evolução da postura do Direito Público brasileiro. Não obstante a textura aberta do linguajar legal sempre permita o esforço criativo, que transponha, para um mesmo corpo formal, diferentes conteúdos ideológicos, a jurisprudência (na maior parte das vezes conservadora, o que até é, em certa medida, razoável) e o silêncio da doutrina (a que sempre deve caber o desbravar dos caminhos) têm, em considerável parte, optado pelas visões mais enraizadas, até porque mais confortáveis.

É evidente que tal atitude não é um fenômeno gratuito, ou espontâneo, ou isolado, no contexto de nosso Direito Público, particularmente do Administrativo. Em realidade, deflui ela do próprio conceito de Direito Administrativo, acolhido por alguns de nossos autores. Com pequenas variantes de um para outro, acaba ele por aparecer como ramo do Direito Público dedicado aos princípios e/ou normas que regem a atividade estatal, adotando cada jurista, para tanto, uma perspectiva que se diria anátomo-fisiológica: a estrutura (anatomia) do aparato administrativo e sua dinâmica (fisiologia) são os pólos da atenção.

Ora, esta visão apertada, na qual o indivíduo não tem lugar, a não ser que o próprio Estado o permita (daí as delegações em geral, as licenças, as nomeações etc.), quando não traduz uma crença autocrática na exclusividade da direção estatal no exercício da atividade administrativa, indiscutivelmente favorece-a sobremodo. Mas há que se dar conta da advertência de A. Gordillo, *Tratado de Derecho Administrativo*, Buenos Aires, t. I, cap. 3, p. 1: "El derecho administrativo es por excelencia la parte de la ciencia del derecho que más agudamente plantea el conflicto permanente entre la autoridad y la libertad". E, por isso, trazer para o *interior do conceito* de Direito Administrativo o indivíduo como tal, isto é, como administrado.

É daí que surgem escolhos de monta (que a nós compete remover!) à obtenção do equilíbrio razoável entre o indivíduo e o Estado.

Nomearemos alguns deles:

a) as atitudes da Administração Pública, de regra arredia a ouvir sugestões, encastelada que está numa tão messiânica, quanto infundada, crença de infalibilidade;

b) a omissão, a leviandade mesmo, de ponderável parcela da população, pronta a opinar e sugerir apenas no que diga respeito a seu egoístico interesse;

c) certas construções teóricas do Direito Administrativo, bolorentas e enleadas em teias de aranha, mas ainda prevalecentes entre nós. Exemplo? A desobrigação de motivação para o chamado ato discricionário (noção essa por si só também senil e adversa ao administrado). Se não somos informados dos fundamentos do agir administrativo, como poderemos, válida e utilmente, colaborar em sua realização? Como vêm a propósito as palavras de Fábio Konder Comparato: "A primeira delas (o autor refere-se às principais distorções formais da função de controle da ação governamental) diz respeito ao fato de o Poder Executivo haver organizado, em proveito próprio e exclusivo, o monopólio da informação estatística, em razão do qual se permite, cinicamente, tachar toda crítica às suas decisões como fruto da desinformação (...) Nunca, talvez, como nessa matéria, poder-se-ia verificar a justeza da afirmação de Norbert Wiener, o criador da cibernética, de que (ser informado é ser livre)" ("Segurança e Democracia", in *Direito, Cidadania e Participação*, São Paulo, 1981, p. 220);

d) a resistência do administrador em delegar funções e competências, nisso divisando redução de *status.*

2.5 A reflexão, até aqui desenvolvida, guarda inteira pertinência com a temática do processo administrativo.

Tudo isso compõe, enfim, um cenário difícil de aceitar, mas que tem levado, freqüentemente, o jurista a aderir a posturas científicas favorecedoras do autoritarismo estatal – a pretensa neutralidade do conhecimento científico. Ora, pelo menos, desde Karl Mannheim (*Ideologia e Utopia*, pp. 110 e ss.) que se sabe, à saciedade, não só que todo conhecimento científico é ideológico, mas também que qualquer pretensa neutralidade é sempre um argumento em favor do mais forte.

É quase um escândalo (com vênias pela utilização da palavra, de sabor bem pouco jurídico) que date de *1999* a primeira lei federal geral de processo administrativo!

Entretanto, inteiramente inaceitável, doutrinária ou mesmo legalmente, esse triste panorama. De um lado, caberia lembrar que o próprio texto constitucional brasileiro tem, tradicionalmente, consagrado, no patamar das garantias individuais fundamentais, o direito de petição e o direito de representação — a serem exercitados, é óbvio, de maneira precípua, pela via do processo administrativo. Doutra parte, a inexistência da disciplina representou expressivo vetor de reforço da autocracia burocrática, quando em face dos reclamos da coletividade. Sintomático, sugestivo e explicativo, portanto, que os autores derramem páginas e tintas numerosas para o exame do *ato administrativo*, pouco se aplicando, contudo, senão recentemente, na problemática do processo administrativo... E note-se: desde a promulgação de nossa Constituição — 1988 — que o processo administrativo recebera consagração e reconhecimento expresso, no maior dos patamares normativos!

A conseqüência dessa idiossincrasia do Direito Administrativo brasileiro é por todos conhecida: a Administração se julgou senhora e dona do processo administrativo, decidindo, a seu talante, quando e como instaurá-lo, seu *iter*, a dimensão da atividade dos administrados em seu bojo, sua publicidade ou reserva etc. ... Daí também algumas patologias que os advogados brasileiros por vezes enfrentaram, tais como:

a) a resistência da Administração em conceder vista de autos de processo administrativo, apesar da existência de expressas determinações legais a respeito;

b) a freqüência com que as repartições simplesmente se recusam ao recebimento de petições, obrigando o interessado a recurso ao Judiciário, com invocação de garantias constitucionais.

Ora, somente se pode pensar em efetiva realização do princípio democrático quando (e onde) possa o administrado participar da feitura do querer administrativo, ou da sua concretização efetiva. Para tanto, imprescindível é que se assegure ao cidadão o postular junto à Administração, com a mesma coorte de garantias que lhe são deferidas no processo jurisdicional (particularmente, as certezas do contraditório, da prova, do recurso e da publicidade).

Por sem dúvida, a participação democrática no processo administrativo representa verdadeira contraface do autorismo. É dizer, o tema radica-se, fundamentalmente, na dramática e emocionante tensão dialética autoridade *x* liberdade. Em suma, o caminho de democratização não se perfaz somente com o regramento isonômico do processo administrativo, mas dele não prescinde.

É curial que não basta, contudo, simples "arranjo" formal, que simule um processo administrativo com equilíbrio de faculdades entre seus participantes: imperioso é que em seu próprio cerne material se reflitam tais propósitos éticos, tudo de molde a tornar o processo em verdadeiro bastião potencial de defesa do cidadão contra o Estado.

Nem se diga, sob pretextos vários (como a falaciosa invocação de fuga à burocracia), que sempre cabe ao cidadão, violado em suas prerrogativas no bojo de um processo administrativo, recorrer ao Poder Judiciário. Como anota Satta (*Introduzione ad un Corso di Diritto Ammistrativo*, CEDAM, Padova, 1980, p. 52, rodapé), "a revisão jurisdicional de más decisões administrativas é um pobre correspectivo para as boas decisões administrativas, em primeira instância". O acerto da ponderação é inequívoco: em síntese, é imperioso que, ao lado do processo corretivo, repressivo, da atividade administrativa, de índole judicial, se consagre um processo administrativo que, sobre poder ser também de saneamento dos erros, canalize a participação e a contribuição numa senda de criação. Para essa obra estão, é claro, convocados todos os administrativistas brasileiros. Porém aptos a dela participar, só mesmo aqueles que se conscientizem de que, ainda nas palavras de Satta, "o problema do Direito Administrativo é tanto moral, quanto jurídico" (ob. cit., Prefácio, p. XII).

3. Insta, então, perseguir o balizamento estimativo (i.e., valorativo) mais nobre, para se dar resposta adequada às indagações implicadas na idéia de processo administrativo.

Como sempre pontuou Ruy Cirne Lima, administração é a "atividade de quem não é senhor absoluto" (*Princípios de Direito Administrativo*, p. 21). Dessa consideração fundamental decorre que todo agir administrativo — dentre eles, o processo administrativo — há de estar previamente demarcado por um arcabouço principiológico mais elevado, último, no qual vá abeberar inspirações e confrontar suas decisões.

Ao referirmos a existência de princípios condicionantes do agir da Administração não temos em mira simples diretivas morais. Bem antes, o que estamos é sustentando uma visão sistemática do ordenamento jurídico, que por certo não se exaure na norma positiva, mas bem se completa com a apreensão das linhas de conexão, detectáveis das normas positivas e que, em fenômeno de causação circular, conformam a própria inteligência destas, envolvendo-as, ainda, com um manto de organicidade, essencial para a caracterização de um sistema jurídico. Dessa forma, o exame dos princípios jurídicos assume especial relevância, sempre que se deseje surpreender a intimidade e a razão de ser de determinado instituto.

Bem sabemos como, em doutrina, surge intrincada a matéria. Já sublinhara Garcia Maynez:[1] "determinar que debe entenderse por principios generales de derecho es una de las cuestiones más controvertidas de la literatura jurídica". A fim de não alongarmos excessivamente o ponto, e de não nos perdermos em discussões mais semânticas que jurídicas, convencionaremos que, por princípios gerais do Direito, entendemos aquelas formulações que constituem verdadeira pressuposição de todo um ordenamento jurídico, informando-o na sua inteireza, ainda quando eventualmente não traduzidos em normas expressas.

Também desbordaremos a controvérsia sobre se os princípios gerais de Direito

1. *Introducción al Estudio del Derecho*, México, t. I, p. 212.

constituem, ou não, fonte de Direito Administrativo, conquanto nossa resposta, à indagação, seja afirmativa.[2] Mais relevante será cuidarmos dos princípios gerais do Direito Administrativo, ou, mais adequadamente, daqueles, dentre estes, que apresentam particular significação, no estudo do processo administrativo.

Ainda aqui, para prevenir equívocos, vamos estabelecer, ao menos por convenção, um conceito para a locução "princípios gerais de um determinado ramo do Direito". E vamos assentá-lo em quatro propostas, que nos parecem de igual valor científico e rendimento de resultado.

Para Ramón Real, "en todo sistema jurídico hay cantidad de reglas de gran generalidad, verdaderamente fundamentales, en el sentido de que a ellas vincularse, de um modo directo o indirecto, una serie de soluciones expresas del derecho positivo, a la vez que pueden resolverse, mediante sua aplicación, casos no previstos, que dichas normas regulan implícitamente".[3]

Para Couture, tendo em mente o direito processual (mas com inteira aplicação a qualquer outra disciplina), princípio seria um "enunciado lógico extraido de la ordenación sistemática y coherente de diversas normas de procedimiento, en forma de dar a la solución constante de éstas el carácter de una regla de validez general".[4]

Para Américo Pla Rodriguez, extraordinário juslaborista uruguaio, princípios seriam as "lineas directivas que informan algunas normas y inspiran directa o indirectamente una serie de soluciones por lo que pueden servir para promover y encauzar la aprobación de nuevas normas, orientar la interpretación de las existentes y resolver los casos no previstos".[5]

Finalmente, para Celso Antônio Bandeira de Mello, princípio é "a disposição expressa ou implícita, de natureza categorial em um sistema, pelo que conforma o sentido das normas implantadas em uma ordenação jurídica positiva".[6]

3.1 Cumpre recordar, com apoio na autoridade de Seabra Fagundes, que administrar é atuar a lei de ofício. Daí ser o princípio da legalidade um vetor de indiscutível princípio geral de Direito Administrativo.

Constituindo a legalidade o reduto básico da atividade administrativa, de fundamental relevo será buscar na lei das leis, na Constituição, os princípios expressos e implícitos, que determinariam e informariam a interpretação das normas, referentes ao processo administrativo.

No plano dos princípios constitucionais textuais, consideramos a existência de oito: o da igualdade, o da moralidade, o da impessoalidade, o da publicidade, o da motivação, o da eficiência, o do contraditório e o da ampla defesa.

3.2 A Lei federal 9.784, conquanto não contenha *capítulo* formal, a propósito dos princípios do processo administrativo, deles cuida *conceitualmente* (sobretudo em seu art. 2º), em inúmeros de seus preceptivos (curiosamente, até, às vezes, apontados como *critérios, direitos* ou *deveres*), de que oferecemos simples *exemplos*.

Assim, deparamos com os princípios expressos da *legalidade* (art. 2º, parágrafo único, inc. I), da *eficiência* (id., ib., incs. IX e XII), da *moralidade* (id., ib., inc. IV), da *igualdade* (art. 3º, inc. I), da *impessoalidade* (art. 18), da *publicidade* (art. 2º, parágrafo único, inc. V), da *motivação* (art. 50), do *contraditório* e da *ampla defesa* (art. 2º, parágrafo único, inc. X). Repita-se: estão sen-

2. Um levantamento das opiniões sobre o tema pode ser consultado em *Los Principios Generales del Derecho como Fuente del Derecho Administrativo*, Julio Altamiro Gigena, pp. 52 e ss.

3. "Los principios generales de Derecho en nuestra Constitución", *Estado de Derecho y Humanismo Personalista*, p. 8.

4. *Vocabulário Jurídico*, p. 489.

5. *Los Principios del Derecho del Trabajo*, p. 17.

6. Parecer in *RDP* 15/284.

do apontados, apenas, um ou outro exemplo de incidência dos princípios invocados, princípios esses que comparecem, reiteradamente, ao longo de todo o diploma.

São também indicados, no *caput* do art. 2º do mesmo diploma, alguns outros princípios que, conquanto não nominadamente referidos na Lei das Leis, indiscutivelmente nela estão presentes. É o que se dá com os princípios da *finalidade* (conceituado, p. ex., no art. 2º, parágrafo único, inc. II), da *razoabilidade* (id., ib., inc. IX), da *proporcionalidade* (id., ib., inc. VI), da *segurança jurídica* (id., ib., inc. IX) e do *interesse público* (id., ib., inc. XIII). Dependendo da preferência do estudioso, poderão ser eles tidos como princípios constitucionais implícitos ou infraconstitucionais (ou, ainda, legais, em senso estrito), do processo administrativo.

3.3 A excelente Lei paulista 10.177 reservou Título (o II) próprio, para a matéria dos princípios, no que, indiscutivelmente, bem agiu, conteudística e formalmente, à luz da importância nuclear desse tema. E ali, no art. 4º, consigna-se praticamente a mesma gama dos princípios expressamente referidos na lei federal, antes citados. Ocorre, aqui também, a disseminação topográfica dos princípios. Assim, e como simples exemplos; ausente embora do elenco do art. 4º, os princípios do contraditório e da ampla defesa aparecem no art. 22; o da eficiência, no art. 25; o da segurança jurídica, no art. 29; o da proporcionalidade, no art. 90.

Pode-se, sem receio, dizer que a lei federal e a lei paulista, ora em comparação, observam uma mesma pauta estimativa, a qual, de resto, não poderia mesmo ser diversa (e não seria diversa, ainda que eventualmente silentes a respeito de um ou outro dos referidos princípios), por isso que aqui se tem uma coleção de vetores ideológicos diretamente emanados da Constituição, como referenciais inafastáveis de toda e qualquer atuação administrativa, de qualquer órbita ou setor do Poder Público: em suma, no dizer sapiente do saudoso Geraldo Ataliba, um comando normativo *nacional*.

4. Os âmbitos temáticos das leis comparadas não são idênticos. A federal, epigrafada como reguladora "do processo administrativo no âmbito da Administração Pública Federal", disciplina, estritamente, o conjunto sistêmico e sistematizado de atos, vocacionados à solução de uma controvérsia administrativa (i.e., centrada numa relação — predominante, mas não necessariamente conflituosa ou litigiosa — entre Administração e Administrado). Já a lei paulista, conquanto com epígrafe análoga (evidentemente, transposta para o plano estadual), abrange não só esse aspecto da temática, como também todo e qualquer conjunto (desde que não disciplinado em diploma próprio, autônomo ou apartado) de medidas preparatórias à produção de um *ato administrativo*; e reserva à primeira categoria de realidade a expressão *procedimento administrativo*; confia-se à segunda o rótulo *ato administrativo*, o qual, por sua própria essência, decorre não só da contraposição administração-administrado, mas também de toda uma constelação de dados, que podem envolver relações intra-administrativas e, até mesmo, o agir de um só segmento (relações internas ou intestinas).

4.1 As duas realidades, contempladas na lei paulista, envolvem — e isso é incontroverso — noções e fenômenos bem distintos. Aquele, especificamente (e unicamente) regrado na lei federal, sob o título *processo administrativo*, claramente debruça-se sobre um *in fieri*, como é próprio de qualquer configuração processualista. Até etimologicamente, *processo* é *movimento em frente*, mediante atos que se concatenam, ordenados à produção de um fim — a decisão que, basicamente, componha um litígio, defina a titularidade de um direito, o atribua a alguém, reconheça (ou libere) seu exercício. Todavia, na produção desse fim, que só pode ser lícito, há uma grande dose de aleatoriedade, de eventualidade: o conteúdo da decisão, que coroa o encadeamento sucessivo dos atos, estará, em parte maior ou menor, na dependência da *qualidade* jurídica da atuação do que a lei federal (art. 9º) nomina *interessados* (expressão que não só rotula os administrados que "provocam" o *processo administrativo*, em defesa de direitos ou de interesses, mas a própria Administração, no que tem seus próprios direitos e interesses suscetíveis de serem afetados pela decisão a ser adotada). *Isso é conseqüência inevitável dos princípios constitucionais (do inc. LV, art. 5º) do contraditório e da ampla defesa*. À toda evidência, tais princípios seriam um dado *meramente retórico*, se o seu exercício não envolvesse a potencialidade de influir no conteúdo, mesmo, da decisão a ser tomada.

Pode-se afirmar, sob esse ângulo, que, no processo administrativo, na acepção que confere à expressão em tela a lei federal, a atuação da Administração, como "juiz", sempre lícita e vincada aos princípios antes examinados, é "imprevisível" no que diz com o conteúdo de seu resultado último, por isso que necessariamente a ser extraída, repita-se, da *qualidade* dos elementos de convicção filtrados e decantados do exercício da contraditoriedade.

Nem se diga que a colocação supra se esmaece ou invalida se, pragmaticamente, não houver contraditório ou não se exercitar a ampla defesa — o que, de resto, também pode ocorrer na província da jurisdição (em senso estrito) contenciosa e praticamente existe sempre na jurisdição (ainda em senso estrito) graciosa. O que conota a realidade categórica, em estudo, é 1) a *possibilidade* do contraditório (e da ampla defesa) e 2) a *potencialidade* de seu exercício influir no conteúdo do ato final (a decisão).

4.2 Diversamente se dá com o fenômeno do ato administrativo (em senso estrito e próprio) — ainda que de estrutura relacional, i.e., envolvendo, em seu desenrolar, vários entes ou órgãos administrativos —, também disciplinado na lei paulista, mas não contemplado na lei federal.

Aqui, ao contrário do *núcleo dinâmico concatenado* que é a própria essência do conceito de *processo*, o que sobreleva é a consideração do que já foi realizado ou produzido; ou, ainda, do que se vai produzir ou está para ser produzido, sem que se tenha foco, contudo, no *iter*. No seu cotidiano, a Administração pratica uma série maior ou menor de atos; e o resultado, ao final de cada uma dessas jornadas, de comum se apresenta como um somatório de atos administrativos, de *per si* considerados, às vezes das mais diferentes e desconectadas feições, naturezas, finalidades. Em suma, na perspectiva do ato administrativo prepondera a operação final e finalizada; no viés do processo administrativo, o que se tem é uma sucessão de atos necessariamente encadeados, em que um prepara e (em certo limite) determina o subseqüente, nenhum deles desligado da carga genética (o DNA, do processo administrativo) que a todos marca e em todos está presente: a coerência interna, a um passo sistêmica e sistemática, que não volta ou retorna e que, por fim, necessária e objetivamente partejará um resultado (a decisão), cuja "impressão digital" sempre conterá um pouco de cada etapa anterior e cujo conteúdo será ditado pela *qualidade* do elemento informativo que cada um desses passos precedentes propiciou.

4.3 Ao que se viu, o conceito de *processo* contempla a idéia de um caminho e a factualidade de diversos atos, lógica e juridicamente encadeados. Isto é, há, no plano conceitual, duas realidades abarcadas na palavra *processo*, em seu contexto jurídico (mas não só, registre-se), uma realidade maior, o todo, panoramicamente identificado num conjunto, teleologicamente concebido, que parte de uma provocação ou requerimento e, por conseqüência inelutável, caminha, mediante a prática de atos instrumentais, para a produção do resultado inevitável (a decisão); uma realidade atomizada, concretizada no *caminho* que vai do início ao fim do processo, isto é, exatamente na série de atos, encadeados lógica e juridicamente. A realidade maior se aplica, por tradição na teoria geral do Direito — mas não só, consoante se vai ver —, o nome *processo*; à realidade atomizada, que o compõe e, sobretudo, o viabiliza, a teoria geral do Direito apôs o nome *procedimento* (é claro que estamos a cuidar do tema em face do Direito brasileiro, tão apenas).

4.4 A querela nominal processo/procedimento é, em nosso Direito Administrativo, antiquíssima. Passemos por cima do corte histórico e fixemo-nos na atualidade.

É inequívoco que, em nossos dias, avulta na doutrina o rol dos autores que vêm prestando sua prestigiosa adesão à expressão *processo administrativo*, para indicar o *conjunto maior*, a que antes nos referimos. Tais doutos reservam a palavra *procedimento* para identificar o complexo dos atos que compõem o processo, ou seja, o *iter* que vai do requerimento à decisão.

Acentue-se que o problema é de velho conhecimento dos processualistas, aqui e alhures. Mas também nessa frondosa galharia do jurismo, acabou por se afirmar cediça a dicotomia processo/procedimento, com os contornos traçados no parágrafo anterior.

4.5 Sobrevive contudo, embora minoritária, valiosa corrente (que a lei paulista abraçou) que opta conscientemente pela denominação *procedimento administrativo* tanto para a realidade maior, antes descrita, quanto para a menor (*procedimento*, em senso estrito). Aí afirmam os arautos que o fazem exatamente para apartar os dois fenômenos análogos, segundo o estrato estatal perante o qual deflagrado: em suma, usam *processo* para o *processo* (perdão pela redundância) *judicial* ou *jurisdicional*; usam *procedimento*, para o processo administrativo.

Poder-se-ia até identificar uma subcorrente aqui: Celso Antônio Bandeira de Mello, em seu *Curso*, adotou a palavra *procedimento*, mas corajosamente alertou que estava a fazê-lo tão apenas por ser essa a tradição do nosso Direito Administrativo, não negando, entretanto, o acerto do título *processo administrativo*, para a categoria de que estamos a cogitar.

4.6 Perdoem-nos o radicalismo, que se vai agora expor.

Mas não sem uma pitada prévia de concessão. Concessão só aparente...

No vestíbulo deste trabalho lançamos algumas proclamações que agora bem poderiam ser brandidas contra nós. Magnanimamente relembremo-las, no que aqui importa:

• o Direito, como ciência eminentemente estipulativa, cujo instrumento básico é a *palavra*, tem liberdade para manejar seu conteúdo, redefinindo-a;

• por isso mesmo, uma de suas características marcantes (a um tempo anátema e bênção, dependendo do ângulo do observador) é a textura aberta dos vocábulos que utiliza.

À luz de tais referências, por que rejeitar a opção da lei paulista, pelo nome *procedimento administrativo*, para regular o que somente aceitamos como *processo administrativo*?

4.7 Verdade é que enunciamos aqueles juízos, mais acima relembrados, que poderiam ser agora trazidos em prol da corrente que rejeitamos. Mas não nos parecem *aqui*, *agora*, cabíveis aquelas formulações, realmente propedêuticas, mas que hão de ceder espaço aos processos eidéticos de definição jurídica, que nesta etapa do trabalho estão a ser alcançados.

O Direito não é fruto de geração espontânea; tampouco é unicamente simples emanação misteriosa de etéreas inteligências ou de imposições autoritárias de quem tem poder. Mesmo para os jusnaturalistas ou para os comunistas, para Aristóteles ou Ihering, fenômeno de superestrutura ou defluente da realidade do cotidiano, o Direito é sempre uma *realidade social*. Por isso, na medida do possível, deve preferir o jurista (bem como o legislador) conservar, na medida do possível e do útil, o sentido das palavras, que lhes dá o linguajar comum.

Não se negue ao Direito — e logo ao início explicitamos nosso juízo — a possibilidade de, assumindo o linguajar comum, atribuir ao vocábulo, no contexto da ciência jurídica, um sentido diferente, a ela confinado.

Mas a ele — Direito — se negue a possibilidade da contradição, da incerteza, da autofagia, enfim!

Dessa sorte, se algum dos ramos do Direito conceitua e baliza determinada idéia, não há como cientificamente defender que outro ramo da mesma ciência, mais tarde, resolva batizar realidade análoga com outra expressão! Ou, o que é pior, com mudança do conteúdo semântico amplamente aceito!

Por esse primeiro imperativo, *de lógica formal*, permitimo-nos ter por equivocado usar o título *procedimento administrativo* para nominar, a um só tempo, o processo e o procedimento (em senso estrito) administrativo.

4.8 Há, doutra parte, um argumento maior, de ordem excelsamente *imperativa*, porque *normativa*: nossa Constituição, em seu art. 5º, inc. LV, exatamente para batizar a realidade categórica regulada na lei federal comentada (ali denominada *processo administrativo*), *ditou*: *processo administrativo*. Que uma lei estadual, dez anos depois, continue insistindo em chamar *procedimento*, não só o que é *procedimento administrativo*, mas também o que é *processo administrativo*, constitui motivo de supina perplexidade.

Por esse segundo imperativo, *de natureza sistemática*, reiteremos nossa irresignação.

4.9 E há um terceiro vetor, de *índole ideológica*.

A partir das notáveis contribuições, elaboradas desde a última década do século passado, por Adolf Wach, Degenkolb e Plóz, que se irradiaram como rastilho de pólvora da processualística civil germânica para o sentimento jurídico do mundo ocidental, *processo* é *relação jurídica*, entre Estado e cidadão, para viabilizar e instrumentalizar o direito público subjetivo à dirimência *imparcial* dos litígios pelo Estado (heterocomposição dos litígios), mesmo quando o Estado seja parte. Trata-se de um direito emanado da própria idéia de *cidadania*, um dado integrante do *status civitatis*, como tal há muitas décadas consagrado na Declaração Universal dos Direitos do Homem (da ONU).

O de que sempre nós, administrativistas, nos queixamos, no Brasil, era a ausência de um processo administrativo com as configurações, inspirações, principiologia e segurança do processo jurisdicional. O constituinte de 1988 teve ouvidos sensíveis a esses reclamos e os acolheu, outorgando ao *processo administrativo* (expressão escolhida pela Lei das Leis) a mesma índole e alcance do *processo judicial*, no que diz respeito às garantias da cidadania. Como amesquinhar essa notável redefinição, de *índole substantiva* (*processo* como direito público subjetivo), na apertada síntese de uma expressão de índole estritamente instrumental e adjetiva, como é próprio da expressão *procedimento administrativo*?

Assim, também por tais *imperativos axiológicos* se impõe a inaceitação ao alvitre esposado pela lei paulista.

5. Conquanto as longas considerações, até aqui expendidas, possam parecer supérfluas, para o enfoque da disciplina, nas duas leis confrontadas, do tema dos *prazos* e das *preclusões processuais*, pedimos vênia para dissentir.

A identificação dos princípios constitucionais invocados, o paralelismo entre o processo administrativo e o judicial, a resistência ao rótulo *procedimento administrativo*, tudo isso está a indicar que advogamos, para a compreensão dos segmentos temáticos a serem agora enfrentados, a mesma grandeza valorativa, sistemática e lógica, que impregna todo o arcabouço a que denominamos *processo administrativo*. Ou seja, da mesma sorte que no todo se unem, finalisticamente, todas as partes, doutro modo em cada uma delas se faz presente a grandeza do todo.

5.1 O tempo é uma dimensão inseparável do processo. Há mesmo certa tensão dialética entre os dois termos (vocábulos): o tempo razoável possibilita a plena realização de todos os princípios processuais; o exíguo a dificulta; o excessivo a frustra e frustra o próprio processo. Celeridade e precipitação se espreitam, reciprocamente. No reverso da moeda, a morosidade esfacela a respeitabilidade do processo, quando não o próprio direito ou interesse nele em jogo.

O processo, instrumento (meio técnico) estatal de composição de interesses ou direitos intersubjetivos, compõe-se (procedimento) de um conjunto de atos sucessivamente ordenados, teleologicamente predeterminados: a entrega de um direito (ou interesse) a quem dele for (ou puder ser) titular (do domínio ou do exercício). Por isso mesmo, o processo está subdividido em fases, cada qual com seus prazos (tempo) de produção, sempre impelindo a relação jurídica para a frente (pro-curso = processo), impedindo o retorno do procedimento a etapas já ultrapassadas (preclusão).

Já dizia Carnelutti: cada ato tem seu tempo. No procedimento se contempla não só o tempo de realização do ato, mas também o tempo que deve ir de uma etapa à subseqüente.

A esse lapso de tempo, traçado para a prática dos atos processuais, se apõe o nome *prazo*.

5.2 Uma das idéias fixas do jurista de nossos tempos é a da consagração, e, na medida do possível, a delimitação, do chamado *prazo razoável*. Registre-se, no particular, que tanto a Corte Européia quanto a Corte Interamericana de Justiça, com base nos respectivos pactos fundamentais de direitos humanos, têm responsabilizado os Estados signatários, que não garantam, efetivamente, a solução dos conflitos de interesse, em prazo razoável (entre nós, americanos, a garantia em questão está expressamente consagrada no art. 8º, n. 2, do Pacto de São José da Costa Rica). Permanece contudo problemática, até aqui, a adoção de critérios que possibilitem a fixação apriorística do que seja um prazo razoável.

Até mesmo teoricamente o tema é inçado de dificuldades. É evidente, p. ex., que há um ideal generalizado de se obter a dirimência dos litígios com a maior rapidez; doutra parte, o propósito em tela, justo por todos os títulos, não pode acarretar prejuízos à defesa ou ao oferecimento de recurso. Isso sem falar que, em casos concretos, a complexidade das questões em confronto é tão angustiante que a demora na solução se torna inevitável. Essa contraposição "rapidez na solução *x* atenção aos interesses da defesa" reflete-se, inclusive, nos grandes princípios do processo administrativo, já antes por nós identificados.

Dessa sorte, se é possível invocar os da finalidade, do interesse público, da finalidade e da eficiência, em prol de uma solução pronta, na outra banda também caberia o apelo aos princípios da motivação, da ampla defesa e da segurança jurídica, para aconselhar uma certa delonga na atividade decisória. O dado de se contraporem os próprios princípios, comparecendo num e noutro pólo da controvérsia, evidencia, à saciedade, a dificuldade do tema.

5.3 A Lei federal 9.784/99 andou muito perto de enfrentar, sem erros, a matéria dos prazos, no processo administrativo.

Assim é que tendo optado — e bem o fez, saliente-se — por um prazo genérico curto (art. 24), ao mesmo tempo previu ser razoável que tal lapso pudesse ser elastecido, à luz de circunstâncias concretas, mediante comprovada justificação (parágrafo único, art. 24).

Mais adiante, ao cuidar da instrução processual, visualizou a hipótese de se tornar imprescindível ouvir um órgão consultivo: e assinalou, para a emissão do parecer, um prazo máximo de quinze dias, admitindo porém seu elastecimento pelo tempo necessário, em caso de comprovada necessidade (art. 42, *caput*).

Ainda reverentes à idéia de duração razoável do processo as fixações da mesma lei de dez dias para alegações finais (art. 44) e recurso (art. 59), bem como a de cinco dias para o juízo de retratação (§ 1º do art. 56). Mas padece de acerto a consignação de prazo pela metade (apenas cinco dias), para contra-arrazoar recurso (art. 62).

De se lastimar, contudo, tenham sido até criados alguns mecanismos de frontal contrariedade à realização do propósito de duração razoável do processo. Nesse sentido, para exemplificar:

a) nada se prevê, em termos de prosseguimento do processo, quando um parecer obrigatório e vinculante, requerido a um órgão consultivo, não seja emitido (art. 42, § 1º);

b) o mesmo praticamente ocorrerá se, reiterada e sucessivamente, diversos órgãos administrativo se esquivarem à produção de laudo técnico, requerido pela autoridade processante (art. 43);

c) tampouco ousou o legislador enfrentar aberta e frontalmente a questão da conseqüência processual, na hipótese de omissão do dever de decidir, dentro dos prazos consignados no diploma (arts. 49 e 59).

Em todas essas hipóteses, só seria respeitado o princípio se a lei tivesse consagrado o prosseguimento do processo sem a prova ou o parecer requeridos, bem como explicitado o efeito, por implicitude, do requerimento, quando ultrapassado o prazo para o exercício do *dever de decidir*. Melhor seria, aliás, que a lei tivesse enfrentado expressamente o problema do silêncio administrativo, a ele conectando a conseqüência de se ter por *procedente* o pleito. Mas, como não o fez, princípios vários (dentre eles, o do formalismo, o da finalidade, o da indisponibilidade do interesse público) impedem que se dê ao silêncio essa conseqüência. As advertências de Couture (tempo é justiça) e de Sentis Melendo (tempo é liberdade), projetadas embora à luz da processualística cível, imporiam, no processo administrativo, a solução ora sustentada. É claro que, em todos esses casos, configurar-se-ia uma *omissão* administrativa, atacável por vias judiciais bem conhecidas. Mas não é disso que se trata! O que se quer — ao menos é o que se supõe, não só a lume do inc. LV do art. 5º da Lei das Leis, mas também em vista do trabalho ingente que requer a produção de uma lei como a ora examinada — é, a toda evidência, outorgar ao processo administrativo um relevo e uma consistência análogos a tais atributos, no processo jurisdicional. Para isso, omissões desse porte não deveriam acontecer. E, se não acontecessem, por certo que cresceriam, dia a dia, os números dos que se limitassem à litigância perante a Administração, desafogando um pouco, quem sabe, nosso Judiciário.

5.4 A Lei paulista 10.177/98 foi bem mais minuciosa, na disciplina dos prazos. Sinceramente, não sabemos se esteve certa, ou não, no particular. De toda sorte, pode-se admitir, sem maiores percalços, que o tema há de ter sido enfrentado em vista das peculiaridades estaduais, o que, em princípio, legitimaria e explicaria a opção abraçada.

No diploma em tela, particularmente em seu art. 32, o legislador adotou a técnica dos prazos diferenciados, segundo a natureza do ato processual (ao passo em que o legislador federal preferiu maior uniformização temporal). De toda sorte, dignas de aplauso não só a cláusula de prorrogações limitadas e motivadas dos prazos (*v.g.*, § 2º do art. 32), como a que estabeleceu a rejeição implícita do pedido por superação do prazo para decisão (*v.g.*, arts. 33 e 50).

6. A contraface do prazo processual é a *preclusão processual*, como tal se entendendo a perda de uma faculdade processual, pela inércia ou intempestividade de seu exercício, por parte de quem a podia fazer atuar.

A toda evidência, a preclusão (qualquer que seja sua feição; na lição de Chiovenda, a *consumativa* e a *lógica*) é uma decorrência inevitável da própria idéia de processo: curso em frente, mediante o cumprimento de etapas seqüenciadas e concatenadas — por isso mesmo, estanques e sem retorno.

Parece-nos hoje inadmissível qualquer tentativa de rejeição à idéia de preclusão — e incidente para *todos* os personagens envolvidos — no processo administrativo, em razão da consagração constitucional da existência desse (e, pois, de seu conceito), no mesmo tope do processo judicial como instrumento de defesa de direitos e interesses. Em suma, a "processualização" da atividade administrativa implica um tratamento sério, de boa-fé, responsável e equânime, o que não se perfaz sem a aceitação da idéia uniforme de preclusão.

6.1 Não obstante isso, pouco trato tem nossa doutrina administrativa dedicado à matéria. E isso se reflete, com nitidez, nos dois diplomas legislativos que aqui estão sendo abordados.

Assim é que a Lei paulista 10.177/98, além de não disciplinar a temática da preclusão, sequer a referiu. A Lei federal 9.784/99, em realidade, também do regramento cuidadoso da preclusão não tratou, mas não ignorou o assunto eis que (embora em passagem única) a ele fez referência, no § 2º do art. 63, quando dispôs que o não-conhecimento do recurso administrativo não impediria a Administração de rever de ofício o ato ilegal, "desde que não ocorrida preclusão administrativa". A passagem em questão, a nosso ver, e pelas razões que mais adiante serão aduzidas, muito mais obscura que aclara o ponto aqui abordado.

Bom é que se diga que nem mesmo o Código de Processo Civil, sede natural originária do conceito, dele teve a necessária coragem de desincumbir-se sistematizadamente. Bem antes, optou por cuidar de *pontos* em que incidiriam os conceitos e efeitos da preclusão (*verbi gratia*, arts. 183 e 245, ambos no *caput*). Orientação aliás seguida pela Lei federal de licitações (Lei 8.666/93), consoante se colhe, p. ex., de seus arts. 41 (§§ 2º a 4º) e 43 (inc. III e § 5º).

6.2 É notório o estreito parentesco entre *preclusão* e *coisa julgada* (esta última até mesmo denominada, com freqüência, *preclusão máxima* ou *consumativa*). E isso é natural, tendo em vista o *efeito prático aparente*, que de uma e de outra deflui: a impossibilidade de reapreciação de certa matéria. No caso da preclusão, por força de ser ter deixado exaurir o prazo próprio ou assinado, para a prática de certo ato, influente na dirimência do litígio; no caso da coisa julgada, porque examinada e decidida irrecorrivelmente a controvérsia. E conquanto, de regra, a área de amplitude da impossibilidade de reapreciação seja muito mais ampla, quando se fala de coisa julgada, verdade também é que, muito freqüentemente, a preclusão acaba por acarretar conseqüências práticas amplas, muito além da consideração do simples percalço de natureza processual.

6.3 A transposição de tais considerações, para o âmbito do processo administrativo, deflagra nuances das mais interessantes.

Anote-se, em primeiro lugar, que a própria idéia de *coisa julgada administrativa* sempre foi um *punctum dolens*. E não só porque a *final enforcing power* da decisão última da Administração sempre fosse meramente relativa, eis que, em nosso sistema jurídico, invariavelmente se apresenta possível promover seu reexame em *sede jurisdicional*. Além dessa consideração, invariavelmente se proclamou uma possibilidade ampla (mas com limites) de auto-revisão do ato administrativo, como ainda um dever (irrestrito) de sua anulação (permanecendo em aberto o debate quanto aos limites da convalidação e saneamento do ato administrativo).

Claro está que, num panorama de tal dimensão, não só descabe falar em coisa julgada administrativa, como até mesmo de pouca utilidade se revela o conceito de preclusão (que, quando muito, só incidiria contra o requerente do processo administrativo).

6.4 Com profunda vênia de eventuais visões divergentes, parecem-nos totalmente equivocadas as posições acima referidas.

Pode-se (e deve-se) falar, sim, em *coisa julgada administrativa*. Não infirma sua existência a possibilidade de reexame jurisdicional do ato. O que a expressão traduz é a impossibilidade de se rever, de ofício ou por provocação, o ato (*in casu*, a decisão no processo administrativo) em sede administrativa, após o percurso traçado no ordenamento jurídico. Trata-se de um imperativo dos princípios administrativos em geral, do da boa-fé, da moralidade e da segurança jurídica (dentre outros) em particular.

Também não a infirmam as verdades abstratas, genéricas, em tese, da revogação e da anulação do ato administrativo, por iniciativa até da própria Administração. Quanto à revogação, é pacífico que não deve ela se dar, quando de sua prática possam decorrer lesões (ou ameaças) a direitos de terceiros, direitos esses que inquestionavelmente emergem de uma decisão, em processo administrativo, em benefício do administrado. Quanto à anulação propomos a mesma sorte de considerações.

A Administração não pode ser volúvel, errática em suas opiniões. *La donna è mobile*, canta a ópera; à Administração não se confere, porém, o atributo da leviandade. A *estabilidade* da decisão administrativa é uma qualidade do agir administrativo, que os princípios da Administração Pública, mais acima referidos, impõem. Ao julgar o processo administrativo, a Administração manifesta um entendimento sobre o padrão de legalidade que baliza o interesse em disputa. E seria inadmissível que a mudança unilateral de opinião pudesse desconstituir o que definido sob o crivo do contraditório e a observância do devido processo legal. A consideração superveniente, da ocorrência de ilegalidade, na decisão processual, só poderá autorizar a busca de seu desfazimento pela via, *também processual*, *também balizada pelo contraditório e pela ampla defesa*, da revisão do processo administrativo. Ou seja, o que no processo administrativo se afirmou, só em outro poderá ser desfeito. A processualização incontestável da Administração imposta pela Constituição de 1988, dita inexoravelmente a submissão da matéria aos parâmetros aqui enunciados.

6.5 É dentro dessa moldura que se tem de entender o § 2º do art. 63 (Lei federal 9.784/99), antes referido, que ora se transcreve: "O não-conhecimento do recurso não impede a Administração de rever de ofício o ato ilegal, desde que não ocorrida preclusão administrativa".

Amarra-se, no preceptivo em tela, o tema do *conhecimento* do recurso, afirmando-se que não será ele conhecido quando interposto fora do prazo, perante órgão incompetente, por quem não legitimado ou após exaurida a esfera administrativa. Note-se, de passagem, certa impropriedade técnica do preceito, eis que, após brandir com o não-conhecimento no caso de interposição perante autoridade incompetente, abre — com felicidade, aliás — a possibilidade de envio do recurso, para a autoridade competente.

A rigor, há temas diferentes, tratados de cambulhada, num mesmo dispositivo, conforme se há de ver.

O poder de revisão de ofício do ato, alvo de considerações mais acima expendidas, assenta-se em verdadeiros imperativos, axiológicos e constitucionais, da atividade administrativa (notadamente, os princípios da legalidade, da boa-fé, da indisponibilidade do interesse público e da finalidade). Por isso, cuida-se muito mais de um poder-dever, do que de um simples poder.

De toda sorte, não tem sentido, tecnicamente, falar-se em revisão de ofício do ato ilegal, "desde que não ocorrida preclusão administrativa", no caso de recurso intempestivo (inc. I do art. 63) ou de exaustão da esfera administrativa (inc. IV do art. 63): nessas duas hipóteses, *sempre* terá ocorrido, até mesmo como efeito inelutável das duas figuras nela tratadas, preclusão administrativa, *máxima* até (coisa julgada administrativa). Tem-se assim que o § 2º, em exame, nenhuma pertinência apresenta com a matéria dos aludidos incisos, eis que o pressuposto fático de sua incidência (não-ocorrência de preclusão administrativa) é de absolutamente impossível configuração (eis que, em tais casos, sempre terá ocorrido a preclusão).

No que diz respeito às duas outras hipóteses, do focalizado art. 63, somente não ocorrerá preclusão administrativa se a parte, atingida pela decisão de não-conhecimento, insurgir-se contra tal. Fora daí, a preclusão é efeito inevitável da própria dinâmica processual.

6.6 As críticas, ora formuladas, decorrem exatamente da impropriedade técnica, cuja existência já fora antes anunciada, conquanto somente agora vá ser explicitada.

O legislador empacotou, num mesmo embrulho, dois temas diferentes, apenas eventualmente relacionáveis e de abrangências especiais diversas. Um deles, o do não-conhecimento do recurso administrativo; o outro, o da revisão unilateral, de ofício, pelo próprio autor do ato ilegal, temática em realidade muito mais ampla do que o precedente e que, só parcial e acidentalmente, com esse interfere.

O poder-dever de revisão do ato ilegal, tratado inclusive nas célebres Súmulas 346 e 473 do Supremo Tribunal Federal, há de ser, atualmente, meditado à luz da processualização da atividade administrativa, com seu escudo de garantias, tudo como fundado nos incs. LIV e LV do art. 5º, da Constituição Federal.

Em nossa visão, o tema hoje comporta a fixação de novas balizas, cujo assentamento será proposto de forma sumária, à vista dos limites específicos do presente ensaio, que necessariamente condicionam, aqui, a profundidade e a extensão da expressão.

De regra, deve-se evitar, até em homenagem ao valor da segurança jurídica, a invalidação de ofício do ato administrativo viciado ou irregular. E, mesmo quando haja impugnação do interessado, a convalidação deve ser perseguida, desde que a ela não se contraponham o princípio finalístico e o interesse público (dentre outros valores). Por óbvio, assim não se há de dar, com atos cujas máculas se revelam de tal gravidade e monta, que se apresentam absolutamente inadmissíveis pelo ordenamento jurídico.

Mas tais considerações ganham outra roupagem, quando em face de decisão administrativa, emitida em razão de um processo administrativo. Em primeiro lugar, porque tal decisão, como qualquer ato administrativo, goza de presunção de legalidade; em segundo lugar porque, tendo sido ela produzida no bojo de um contraditório, a boa-fé e a estabilidade das relações sociais estariam irremediavelmente vulneradas, se admitida a revisão *unilateral*, de ofício (independentemente, aliás, de ter havido, ou não, preclusão administrativa); em terceiro lugar, porque à decisão administrativa há de ser atribuída uma sólida consideração de segurança e consistência, sob pena de se tornar inútil a própria idéia de processo administrativo. E não só: quem garante que a superveniente (à decisão no processo administrativo) suposição *unilateral*, de ilegalidade do ato, é mais acertada que a precedentemente obtida, por sua validade, após o embate do contraditório?

Do contraste de todos esses argumentos, a ilação a se extrair, em nosso entendimento, é que, sustentada a validade de ato administrativo, em decisão proferida em processo administrativo, sua revisão, em sede administrativa, por impulso de ofício, somente se afeiçoará aos enfoques constitucionais, aqui trazidos à colação, se a propósito instaurado novo processo administrativo (verdadeira ação rescisória administrativa, fundada na infração à lei, como até previsto no Código de Processo Civil), com a participação de todos os interessados antes envolvidos. E é à luz de tais linhas que nos parece devam ser lidos não só o art. 63, § 2º, da Lei federal 9.784/96, como também, atualmente, as Súmulas 346 e 473 do STF.

DEMOCRACIA, CONSTITUIÇÃO E ADMINISTRAÇÃO PÚBLICA

CÁRMEN LÚCIA ANTUNES ROCHA

Advogada

Introdução. I — Democracia e Administração Pública. II — A Constituição e a Administração Pública Republicana Democrática. III — Administração Pública e Federação na Constituição brasileira. Conclusão.

Introdução

Já não se cogita mais de democracia, mas de *democracias,* tantos e tão diversos são os modos de se levar a efeito a experiência de concretização dos princípios que informam tal opção de vida. Também não se atém mais a democracia ao regime político. Como bem afirmava Burdeaux, "chacun sait qu'aujourd'hui la démocratie n'est plus qu'accessoirement une forme de gouvernement. C'est une philosophie, une religion, une manière de vivre, un style des relations humaines, de telle sorte qu'elle est devenue un principe de référence grâce auquel sont qualifiées une extrême variété de phénoménes".[1] A inserção do princípio democrático nos mais diversos setores da vida — desde o ensino até a moda, desde a política até a religião — demonstra que o elemento liberdade e a forma de experimentá-la no espaço comum da vida social é uma expressão instintiva do ser humano.[2]

A forma de se pensar e se estratificar o projeto político segundo os princípios democráticos marcou, singularmente, o direito constitucional moderno e o contemporâneo.

O Estado foi repensado em sua estrutura e organização para atender ao quanto posto como próprio e afinado à concretização daqueles princípios e a sua dinâmica teve de ser rebalizada para adequar-se aos novos contornos e fins buscados.

Com a democracia busca-se manter-se a condição instrumental do Estado, a sua

1. Georges Burdeau, *Traité de Science Politique*, Paris, LGDJ, t. V. p. 569.

2. É ainda aquele constitucionalista francês que enfatiza que a democracia corresponde a um "instituto vital" e que, por conseqüência, "en s'affirmant démocratique un régime croit pouvoir s'assurer le concours des forces de la vie. Ce ne sont pas les juristes qui ont découvert cette parenté entre la démocratie et l'instinct. C'est nu poète doublé d'un humoriste... 'voici le premier principe de la démocratie, écrit Chesterton, les choses essentielles chez les hommes sont les choses qu'ils possèdent en commun, et non les choses qu'ils possèdent séparément. Et le second prince est simplement le suivant: l'instinct ou le désir polique est l'une de ces choses qu'ils possèdent en commun'. La démocratie est la satisfaction donnée à cet instinct qui porte l'homme à s'occuper de la chose publique quand bien même il le ferait mal" (idem).

natureza de meio a serviço do único fim que o justifica e que é o homem. Não apenas o homem abstratamente cogitado, mas o homem livre para buscar a sua realização no processo de uma vida digna, o homem da rua, o homem que trabalha, que chora, sofre, ri, ama e desama, o homem que acorda e se deita sob o signo da angústia e do maravilhamento da mágica de uma existência tão difícil de entender quanto fácil de se entregar. Este homem é o fim do Estado, o que o move e remove, o que há de ditar o espaço no qual se quer dar a viver, a fim de que a entidade política arrume, arranje e humanize as praças para o grande encontro do desejo político do cidadão.

Por isso é que a democracia que se fizera retórica constitucional nos primeiros momentos do Estado moderno encontrou novos caminhos com as conquistas de direitos políticos que se afirmaram sob uma nova ótica democrática, determinante da reformulação do modelo de Estado.

Essa reformulação é que pôs em foco a necessidade de se democratizar cada rincão da pessoa estatal, cada qual de seus contornos, atividades, órgãos e práticas. Não basta um modelo jurídico-normativo democrático quando a aplicação do Direito não se efetiva ou quando essa aplicação não se dá a ser de igual natureza à da formulação da norma.

Democracia de palavra é mentira. Democracia sem palavra é ditadura. Democracia contra a palavra feita Direito é embuste.

Como o Estado faz da palavra a sua prática pelo desempenho de sua atuação, a Administração Pública ganhou novas luzes sob o influxo destas novas concepções. A cidadania cruzou os umbrais do Estado em sua experiência diária. O cidadão fez-se mostrar no guichê da repartição pública, os direitos políticos deram-se a ser nos processos administrativos, o quadro negro desenhou a letra da cidadania cotidiana, sem rebuscamentos, mas sem fantasias.

Mais fervilhante de gentes em seus corredores, a Administração mostrou-se o caminho mais percorrido pelo cidadão em sua contingência diária. A democracia bateu à porta do Estado.

Mostrou-se então o Direito inadequado em sua concepção, porque, conquanto formalmente bem posto quanto aos princípios e preceitos, persistia muito afastado em sua possibilidade de fazer-se eficaz, jurídica e socialmente, para a segurança de uma prática democrática libertária e libertadora, a deixar o homem exercer a sua condição mais digna com o instrumental que o Estado lhe garantisse.

Democratizara-se o aparato estatal na concepção do Direito burguês, mas não assim a sua atividade. Estática a entidade dotava-se de condições formais democráticas, contudo ao movimentar-se desempenhando as funções que lhes são afetas o Estado já não dispunha de igual adequação aos princípios informadores daquela opção política.

Mais ainda: mesmo em sua conformação interna (relação da pessoa estatal com os seus agentes, especialmente os servidores, a liberdade de participação do cidadão nas diferentes fases do processo de prestação de serviço público, inclusive naquela de controle das finalidades etc.) a Administração Pública mostrava-se pouco afeita aos princípios que deveriam reger o Estado Democrático.

Percebeu-se que não bastava garantir-se a democracia da estrutura dos órgãos e das entidades estatais, mas que se fazia imperioso permear-se com aqueles princípios todos os momentos, funções e fins da entidade estatal.

Daí a constitucionalização da Administração Pública, que passou a ser cuidada como subsistema fundamental, de tal modo que se explicitem os princípios e as regras que conduzem o processo de gerir a coisa pública e de se garantir ao cidadão o serviço que lhe seja necessário ou útil, a fim de que os fins do Estado sejam plenamente realizados.

I — Democracia e Administração Pública

O Estado é um corpo vivo, mas que respira, para dar-se a ser a vida política melhor do seu povo. Não vive para si. Cuida de administrar o que não é de sua propriedade, mas o que é coisa do homem que o compõe. Monta-se e remonta-se ao homem, àquele que constitui o seu fim e a sua única justificativa.

Logo, a Administração Pública há de ter feição e condução coerentes com o quanto aspirado pela sociedade de que se faz instrumento para tornar factíveis os objetivos fixados como próprios no sistema jurídico.

Como o desempenho de suas funções exige um aparato burocrático, o Estado dele se dota, pautando-o, contudo, pelos mesmos princípios que dele são exigidos para a consecução de sua tarefa de apronțar o espaço público para os homens nele bem viverem.

Caiu por terra, no Estado contemporâneo, a idéia de que a burocracia administrativa (e a própria Administração Pública) é neutra e apolítica. E porque assim não é, deixou-se de crer que ela desimporta para a consecução de um espaço estatal democrático no próprio seio da pessoa administrativa. Ao contrário, tem-se por certo que se o Estado não é democrático em sua formulação normativa quanto à matéria administrativa e quanto às práticas administrativas, jamais se terá a sua organização e experiência democráticas em sua relação com os administrados. Pensar que a democracia pode ser concebida e ensaiada apenas "das portas" do Estado para fora, mesmo que internamente seja e adote ele práticas autoritárias, seria o mesmo que supor que, porque uma pessoa não se mostra doente em sua confrontação social, não se admite possa ele estar com as vísceras dilaceradas por grave moléstia que lhe comprometa a própria vida.

Tanto em seu aparato burocrático quanto em sua prática administrativa a entidade estatal continua, freqüentemente, a mostrar-se autoritária, senhora da coisa de que não é proprietária, menos ainda gestora absoluta, pois não detém ela a *res publica* senão para garantir os fins que são erigidos pelo sistema jurídico como aqueles que devem ser concretizados.

Ademais, de se observar que a burocracia estatal é como uma peça de teatro encenada diante do que antes foi súdito-espectador e que agora se mostra o "público ativo", mas que permanece, todavia, inocente dos arranjos da coxia...

A Administração Pública ganhou cores e formas de democracia no palco, mas quando se cuida do que se passa "por trás das cortinas" continua a cometer antidemocracias mil...

O ponto de repouso das condutas remanescentes do Estado autoritário (e, algumas vezes, parente próximo do Estado absolutista burguês) é, exatamente, o da estrutura e da prática administrativas. Quer em sua relação com o seu próprio agente (reciprocamente pouco democrática em boa parte das vezes), quer em sua relação com o administrado, o Estado mostra-se mais democrático no discurso que na experiência. Estados como o brasileiro, no qual a democracia é mais uma esperança quase sonho que uma possibilidade jurídica imediata, a Administração Pública continua pouco transparente aos olhares do cidadão, à sua ação controladora, pouco moral em sua direção mais freqüente e quase nada pública em sua oferta de serviços, especialmente para os mais pobres e carentes.

A constitucionalização dos princípios da Administração Pública, a informar o subsistema que cura o tema no direito brasileiro (art. 37), buscou reestruturá-la para atender aos elementos democráticos que caracterizam a República Federativa do Brasil, posta com tais contornos, expressamente, no art. 1º da Lei Fundamental.

Todavia, transformou-se a Constituição em 1988, mas não se alterou a prática administrativa brasileira com o mesmo vigor e atualidade com que se houve no escrito das normas fundamentais.

Ademais, a Administração Pública comparece como elemento estatal juntamente com outras funções e instituições estatais. Pelo que, quando todas as demais — governativas, legislativas, judiciais etc. — não tenham a mesma base democrática, não se há cogitar de se ter uma experiência apenas administrativa fundada naquele princípio.

Ao contrário. Ou bem se pratica a democracia estatal e este modelo e prática espraiam-se em toda a dimensão do sistema e de sua aplicação, ou bem não se tem uma experiência que possa ser assim considerada.

O Estado brasileiro vive, agora, um momento de grave ameaça contra os princípios democráticos. O exercício do Poder — em cujo desempenho se tem, dentre outras funções, a administrativa — passa-se ao largo dos princípios democráticos postos na Constituição brasileira.

As mudanças constitucionais levadas a efeito nas chamadas "reformas constitucionais" têm conduzido à perda de direitos conquistados pelos cidadãos brasileiros, e, o que é mais grave, vêm desnacionalizando o país, desumanizando a Administração, desrepublicanizando a pátria, deixam a democracia esperançada pelos cidadãos que tanto por ela lutaram a virar poeira de utopia no planeta sonho. E, no entanto, não fora pela força de se saber que não se cuida de mero ou distante sonho e não se teria muito motivo para continuar lutando...

É que a Constituição entrega ao cidadão não apenas o direito de buscar uma pátria mais gentil, talvez mesmo um dia tornada "mãe gentil", mas o dever de ser parte da "brava gente" a lutar por que aqueles ideais tornados princípios de direito convertam-se numa realidade mais suave para todos.

Enquanto não houver merenda para o menino que vai à escola em busca de um taco de pão, porque a palavra não lhe tem sabor por conta de sua fome que engole o interesse e a curiosidade; enquanto não houver remédio a curar a dor que faz sucumbir o velho em rumo e sem abrigo; enquanto não houver segurança para que a rua não tenha assentado o medo em seus bancos e a ameaça nos calcanhares dos passos apressados; enquanto não houver perspectiva de se pensar o futuro de uma semana para que o presente tenha a calma pelo menos do final do dia, o Estado falha e a cidadania não tem o regaço democrático de sua concepção verdadeira.

Mas a Administração Pública faz-se com o público, com o administrado e para ele. Por isso, enquanto ele for o espectador teatral desantento ao quanto se passa nas coxias, ela será sempre uma ação de poucos para o interesse de grupos. Não é apenas o Poder que pode "parar" o Poder, segundo a fórmula de Montesquieu. O Poder não pára o Poder, porque o Direito não traz em sua essência a força que se dá a fazer valer por si mesmo. O que torna o Direito uma garantia eficaz é a presença ativa, permanente e incontrolável da força dos cidadãos reunidos, organizados e direcionados em suas tendências e em suas aspirações a determinar o que quer seja realizado pelo Estado. O que "pára" o Poder é a cidadania ativa, é a atuação conjunta da parcela do povo que atua de forma determinada e determinante para que o processo político não se restrinja ao quanto se passa ausente dos olhares cidadãos.

A Administração Pública somente é democrática (ou será, no caso brasileiro) quando contar com administrados tão democraticamente atuantes quanto sejam os interesses por eles buscados para o benefício de todos e não apenas de uns poucos e eternamente beneficiários privilegiados da coisa pública, que se vem particularizando e sendo tratada tão ineficientemente em detrimento dos que dela mais precisam desde os primeiros momentos da colonização, ainda hoje não superada.

II — A Constituição e a Administração Pública Republicana Democrática

A Constituição brasileira de 1988 esboçou um subsistema administrativo democrático e republicano em sua concepção principiológica. Todavia, a Administração Pública brasileira, mesmo após aquela promulgação, conquanto tenha melhorado e muito — bem de se dizer — em relação ao quanto já vivenciamos de horrores e terrores administrativos no país, continua balda tanto de república quanto de democracia. Mas agora não mais por carência de normas ou de previsão normativa, mas de prática constitucional determinada e não acatada pelos dirigentes e pouco cobrada pelos cidadãos.

A Constituição brasileira acolhe, na parte relativa aos princípios e preceitos relativos à Administração Pública, os mesmos princípios fundamentais que embasam a organização política do Estado, como, de resto, de outra forma não poderia ser. Assim, os princípios elencados no Título I, da Constituição da República, ali estão transmudados em sua configuração especificamente voltada à Administração Pública.

Concebe-se, então, constitucionalmente, uma Administração Pública que tem de ser republicana, federal e democrática. Concurso público ou sorteio e licitação (únicas formas pensadas de permitir-se a igual e pública participação de todos na gestão da coisa pública), formas de transformação social para melhor adaptação dos excluídos ou mal incluídos no desempenho das funções públicas (adoção do princípio da ação afirmativa), critério da verdade remuneratória como elemento de definição dos gastos com o pessoal que compõe os quadros da Administração Pública são alguns dos pontos cuidados no capítulo constitucional especificamente dedicado a ela.

A concepção da Administração Pública no sistema constitucional brasileiro pôs-se em inteiro acordo com os princípios fundamentais do Estado brasileiro. No entanto, é de se observar que não se tem uma prática republicana administrativa: em primeiro lugar, porque o excesso de cargos de provimento comissionado, para os quais os critérios que continuam a sopesar não são os de merecimento segundo as exigências das funções, mas as ligações, pessoais e políticas, havidas com as autoridades competentes para as nomeações, deixa ao desabrigo milhares de cidadãos que não têm "parentes e amigos" bem posicionados politicamente. Em segundo lugar, porque a coisa pública ainda é gerida considerando interesses particulares que se sobrepõem a interesses da coletividade. Nenhum ponto é mais destacado, atualmente, que aquele que se patenteia pelo processo de privatização levado a efeito pelos governantes brasileiros (esses, aliás, tão pouco brasileiros em sua maioria, invejosos visionários do denominado "primeiro mundo"). A coisa pública é entregue qual benesse ofertada pelos pobres e pobres poderes dos colonizados de sempre aos *novos nobres*, que são os ricos do "primeiro mundo", sedentos de terem os bens nacionais a troco de nada mais que um lugar ofertado em seus mundanos jantares a governantes mal contidos em seus *smokings* de terceiro-mundistas deslumbrados: são os "sem terra" escondidos pelo *black-tie* a trajar o palácio que lhes é cedido num empréstimo de momento.

República tem mais que igualdade jurídica de cidadãos em sua concepção e experiência: tem nela a dura coerência da realidade entre o Estado posto na Lei Fundamental e o Estado real, experimentado no dia-a-dia mais humano e dividido entre a miséria e o sublime de cada passo dado rumo a um mundo mais confortável para nele se viver. Para que o Estado seja República haverá de ter uma Administração Pública que faça de seu desempenho uma contingência permanente do lidar do povo com a sua coisa, aquela que é de todos e empregada para a melhoria permanente da vida de todos. É que a República não se inicia ou se acaba na dicção constitucional de opção formal por esta forma de governo, ou, como melhor dito por Ruy Barbosa, "aprendi a não ter preferências abstratas em matéria de formas de Governo, a ver que as Monarquias nominais podem ser de fato as melhores Repúblicas, e que, na realidade, as Repúblicas parentes são muitas vezes as piores tiranias. (...) Das idolatrias conhecidas na história da cegueira popular, nenhuma é menos sensata que a das formas de Governo. Acima destas está a felicidade da pátria. Mas acima da pátria inda há outra coisa: a liberdade; porque a liberdade é a condição da pátria, é a consciência, é o homem, é o princípio divino do nosso existir, é o único bem, cujo sacrifício a pátria não nos pode reclamar, senão deliberada ao suicídio, com que o amor da pátria não nos permitiria condescender" (*Comentários à Constituição Federal Brasileira*, São Paulo, Saraiva, 1932, v. I, p. 51).

Administração Pública sem observância dos princípios republicanos não condiz com o modelo institucional de governo constitucionalmente adotado para o Estado brasileiro. Como se cogitar de uma Administração Pública com corte e cortesãos num Estado Republicano? Por isso se há de condicionar a organização e prática administrativas pelo princípio mencionado, o que determina uma condução dos negócios públicos segundo as características daquela forma de governo acolhida. Mas as alegações do "sabe com quem você está falando?" ou as posturas (ou poses) monárquicas de governantes ou de administradores públicos, inclusive pequenas autoridades acostadas em pomposas mesas atrás das quais se esconde a sua igual condição de servidor público, são demonstrações de que o rescaldo de um Império morto há mais de um século não se foi ainda de todo. Por isso ainda é atual a observação de Ruy Barbosa no sentido de que "luta contra o regime monárquico inspirou-nos sentimentos, hábitos e fórmulas, que presentemente já não correspondem à realidade, e, por uma educação nova, devemos empenharmo-nos em varrer do espírito. Estamos continuando a falar no Governo central, como se ele fosse o velho monstro de centralização cesárea, contra o qual nos debatíamos sob o Império; como se o Governo exprimisse ainda uma criação distinta dos Estados, alheia a eles, indiferente à sua sorte, representação de um princípio antagônico aos interesses provinciais. Reajamos contra esta confusão e este anacronismo. Já não temos uma família soberana, uma dinastia, um interesse perpetuamente vinculado às instituições, contrapondo-se aos da nação, e reclamando para a sua mantença a concentração das forças do país em torno do trono, a subordinação da vida local à expansão da Corte" (idem).

Se a denominada Velha República cunhou traços de uma Administração Pública autoritária, pouco republicana e corrupta, não se pode garantir que ela seja apenas uma página não mais lida e aprendida nos tempos que correm. A República põe-se à construção no Brasil ainda hoje, até porque a Administração Pública ainda guarda traços não apenas do período monárquico, mas, o que é ainda mais grave, retraça momentos anteriores à própria existência do Estado brasileiro soberano. As novas formas de colonização, nestes tempos de imperialismo de rede, impõem um acompanhamento próximo e contínuo do cidadão quanto à gestão da coisa pública, pois a sua perda, pela desnacionalização ou pela cessão da própria soberania, é virtual, mas não menos grave e perversa do que foi desde sempre.

III — Administração Pública e Federação na Constituição brasileira

A opção federativa brasileira não se atém aos esquadros da organização dos poderes políticos, mas atinge todos os elementos de estrutura do Estado. Não se tendo adotado o modelo unitário para o Estado brasileiro, é indisputável que se tem o princípio federativo a permear todas as manifestações do Poder Público.

As entidades federadas, todas autônomas nos termos do art. 18 da Constituição da República, dispõem (e caracterizam-se por dispor) de auto-organização e de autoadministração. Mesmo considerando-se o federalismo simétrico adotado no Brasil, não se há desconhecer a condição de autonomia que está no coração da escolha pela descentralização política feita há mais de um século pelo Brasil.

Assim, não se há considerar razoável a imposição de políticas públicas e comportamentos administrativos que importem em centralização, porque tanto significaria agressão inequívoca e inaceitável ao princípio federativo, o qual, por constituir cerne super-rígido do sistema fundamental, fez-se inexpugnável até mesmo ao toque do constituinte reformador quando se cuide de tolher (ou tender a abolir, na fórmula normativa empregada no art. 60, § 4º, da Constituição da República) a sua configuração constitucional.

Pela centralização administrativa tolhe-se, embaraça-se, diminui-se a federação, compromete-se a autonomia das entidades que a compõem, enrijece-se o Governo central que passa a modelar as pessoas políticas, que passam apenas a secundá-lo.

A Federação é imperativo que decorre não apenas das condições naturais do território nacional, mas, principalmente, das condições políticas da sociedade brasileira. Pela federação tem-se o contraponto ao Governo central, que insiste, historicamente, em impor comportamentos aos entes estaduais e municipais, independente das peculiaridades de cada qual. Mais ainda: os cidadãos manifestam-se mais livre e aferradamente os seus pontos de vista e expõem os seus modelos institucionais desejados nos planos municipais e estaduais. Sujeitos a tais manifestações não são poucas as vezes em que se tem uma contrastação ao governo central, pelo que a federação é um necessário contraponto ao centralismo político que os governos autoritários tentam cercear. A Federação brasileira é um elemento necessário para a concretização da democracia, para a garantia dos fundamentos que a devem alicerçar, como o pluralismo político, a cidadania participante etc. Daí porque as ditaduras sempre começam por minguar as competências estaduais e municipais e, deste modo, tentam impor fórmulas administrativas e financeiras idênticas para o acatamento de todos os entes da federação. O tolhimento do espaço de competência autonômica exclusiva de cada uma destas pessoas é o primeiro passo para o posterior e conseqüente tolhimento de todas as formas de exercício de autonomia e de liberdade, inclusive das pessoas.

Daí porque o acatamento do princípio federativo impõe uma vigília cidadã permanente, pois de sua afronta nascem as condutas que submetem, depois, todas as formas de manifestação livre do cidadão quanto às instituições segundo as quais pretende ele viver.

Conclusão

A democratização da Administração Pública é uma garantia da democracia do Estado e no Estado. Afinal, é a Administração que o cidadão encontra, usa e com ela é que depara no curso de sua vida para buscar os serviços que lhe são necessários.

Por isso proponho, dentre os vários instrumentos de que já dispõe o cidadão brasileiro para a defesa da coisa pública, e da democracia das instituições republicanas:

a) a criação da ação popular constitucional, para a defesa das instituições, moldada à maneira daquela que já se tem no nosso ordenamento, mas tendo como objeto a defesa do patrimônio democrático previsto constitucionalmente;

b) o repensamento das formas de controle da Administração Pública, possibilitando-se que houvesse uma participação de representantes da sociedade civil nos órgãos controladores, tais como nos Tribunais de Contas;

c) a submissão a *referendum* popular de decisões políticas e administrativas que envolvessem comprometimento do patrimônio ou da soberania nacional.

Grandes têm sido os avanços havidos no direito brasileiro quanto à criação de garantias para os cidadãos. Todavia, parcos têm sido os seus resultados em termos de sua implantação, divulgação e uso pelos administrados, como se vê da própria ação popular.

Daí porque, mais que qualquer nova instituição ou instituto, o de que mais precisa a Administração Pública brasileira para o seu esmero em termos de democratização é da presença ativa do cidadão, a fim de que não continuemos a ter de nos colocar questões tão melancólicas a cada passo do caminho, como a de quem somos nós, este país rico a mendigar ao mundo que nos inclua em sua agenda, tão distante ou inútil para o nosso povo, ou como a de que moral é a nossa, que jogamos fora restos de caviar, enquanto nossos meninos roem restos de pão velho retirados de gordos lixos; ou aquela que mais gravemente põe Affonso Romano Sant'Ana: "o que somos afinal? Um país-pererê? Folclórico? Tropical? Misturando morte e carnaval? Um povo de degradados? Filhos de degredados largados no litoral? Um povo-macunaíma sem caráter nacional?" Não podemos ser um povo de democratas que se constrói para dar-se a ser melhor no filho que vier? Não podemos ser um povo de republicanos que se forja para merecer ser melhor filho do pai que já foi?

Belo Horizonte, 10 de junho de 1999

OBRIGATORIEDADE DE REALIZAÇÃO DE INQUÉRITO CIVIL

ADÍLSON ABREU DALLARI

Professor Titular de Direito Administrativo da Faculdade de Direito
da Pontifícia Universidade Católica de São Paulo

I — Colocação do problema

O Ministério Público, assim como, por exemplo, o Tribunal de Contas, é uma instituição de nível constitucional. Suas relevantíssimas finalidades estão expressas no art. 127 da Constituição Federal, de cujo texto nada consta a indicar que ele possa ser havido ou como um Poder acima de todos os poderes ou como um substituto perfeito do cidadão: "Art. 127. O Ministério Público é instituição permanente, essencial à função jurisdicional do Estado, incumbindo-lhe a defesa da ordem jurídica do regime democrático e dos interesses sociais e individuais indisponíveis".

Ou seja, o Ministério Público é uma instituição legal, no sentido de que está inserido na ordem jurídica nacional, sendo dotada de poderes e responsabilidades. Como toda e qualquer entidade ou instituição pública, tem um caráter eminentemente instrumental, destinando-se, no campo de suas atribuições, a atuar no sentido da realização do interesse público.

Os interesses próprios e específicos da instituição Ministério Público e de seus integrantes são interesses secundários em relação ao interesse público, entendido como o interesse comum de toda a coletividade.

Por exemplo: não pode o Ministério Público valer-se de provas obtidas por meios ilícitos nem para defender a ordem jurídica, pois isso seria até mesmo uma contradição. Enfim, o Ministério Público é dotado de poderes jurídicos necessariamente limitados, como é elementar à ordem jurídica, pois direito é sempre limitação; todo direito é limitado.

Voltando ao texto constitucional, cabe destacar o disposto no § 1º desse mesmo artigo acima transcrito, onde estão enumerados os princípios fundamentais do Ministério Público: "§ 1º. São princípios institucionais do Ministério Público a unidade, a indivisibilidade a independência funcional".

Esta independência funcional deve ser entendida como liberdade de atuação dentro dos quadrantes da ordem jurídica, dentro dos limites estabelecidos pela Constituição e pelas leis em geral. Independência não significa liberdade absoluta.

Para que o Ministério Público, único, indivisível e independente, possa atingir suas finalidades de defesa da ordem jurídica, do regime democrático e dos interesses sociais e individuais indisponíveis, com independência, o próprio texto constitucional já lhe define as funções: "Art. 129. São funções institucionais do Ministério Público:

(...) III — promover o inquérito civil e a ação civil pública, para a proteção do patrimônio público e social, do meio ambiente e de outros interesses difusos e coletivos".

Cabe, portanto, ao Ministério Público promover a ação civil pública e instaurar o inquérito civil, figura esta que representa uma novidade, algo que não tem tradição no ambiente jurídico nacional, mas que, pelo que indica a denominação, deve ter uma natureza e uma finalidade análogas às do inquérito policial, já tradicional no Direito brasileiro.

O problema está em que, enquanto a ação civil pública é suficientemente disciplinada na legislação específica, complementada pela legislação processual civil, o inquérito civil não tem disciplina legal.

O art. 8º da Lei 7.347, de 24.7.85 (Lei da Ação Civil Pública), apenas afirma, em seu § 1º, que "O Ministério Público poderá instaurar, sob sua presidência, inquérito civil (...)", sem indicar qualquer parâmetro a respeito de quando essa providência é necessária ou de quando ela é dispensável.

Alguns, menos avisados, menos afeitos à interpretação sistemática das normas jurídicas, atendo-se exclusivamente à literalidade do texto isolado, vislumbram nessa falta de parâmetros expressos uma total liberdade, uma discricionariedade absoluta, para instaurar ou não o inquérito civil, ao puro arbítrio da autoridade ministerial competente, no exercício de sua independência funcional.

Não é isso, entretanto, o que emana de uma análise do assunto, quando feita no contexto da ordem jurídica, segundo os mais prestigiados métodos interpretativos.

II — Interpretação das normas jurídicas

Interpretar um texto normativo é algo mais do que ler a seqüência de palavras que o integram. Por certo, qualquer pessoa alfabetizada é capaz de ler um texto normativo, mas somente alguém dotado de conhecimentos técnicos científicos em Direito é capaz de apreender todo o seu conteúdo, retirando daí ilações de ordem prática.

Antes de se aplicar qualquer disposição normativa a um caso concreto é preciso interpretá-la, até para se saber se ela se aplica efetivamente ao específico caso em pauta.

O que é interpretar um dispositivo legal? Quem responde com excepcional clareza a essa pergunta é Eros Roberto Grau, na parte inicial de seu *Licitação e Contrato Administrativo* (Malheiros Editores, 1995, pp. 5 e 6): "A interpretação do direito é atividade voltada ao discernimento de enunciados semânticos veiculados por preceitos (disposições, textos) — o intérprete desvencilha a norma do seu invólucro (o texto); neste sentido, o intérprete 'produz a norma'. Atividade que se presta a transformar disposições (textos, enunciados) em normas, a interpretação é meio de expressão dos conteúdos normativos das disposições, meio através do qual o juiz desvenda as normas contidas nas disposições. Por isso, as normas resultam da interpretação, e podemos dizer que elas, enquanto disposições, não dizem nada — elas dizem o que os intérpretes dizem que elas dizem. A interpretação é um processo intelectivo através do qual, partindo-se de fórmulas lingüísticas contidas nos atos normativos (os textos, enunciados, preceitos, disposições), alcançamos a determinação do seu conteúdo normativo".

Mas nenhuma disposição normativa tem vida fora do contexto em que está necessariamente inserida. O universo normativo não é um amontoado caótico de prescrições, mas, sim, um sistema, organizado, articulado e hierarquizado, no qual as contradições são apenas aparentes.

Nunca se pode apreender a totalidade do conteúdo normativo de um dispositivo legal isolado, sem relacioná-lo com outros dispositivos e, muito especialmente, com princípios contidos no ordenamento jurídico do qual ele é apenas uma parte. A correta elaboração desse relacionamento exige conhecimentos científicos específicos. A ciência que cuida da interpretação das normas jurídicas é a hermenêutica.

Entre os cultores dessa ciência destaca-se a figura exponencial de Carlos Maximiliano, de cuja obra *Hermenêutica e Aplicação do Direito* (Forense, Rio, 1984, pp. 128 e 129), foi extraída a seguinte passagem:

"O Direito objetivo não é um conglomerado caótico de preceitos; constitui vasta unidade, organismo regular, sistema, conjunto harmônico de normas coordenadas, em interdependência metódica, embora fixada cada uma no seu lugar próprio. De princípios jurídicos mais ou menos gerais deduzem corolários; uns e outros se condicionam e restringem reciprocamente, embora se desenvolvam de modo que constituem elementos autônomos operando em campos diversos.

"Cada preceito, portanto, é membro de um grande todo; por isso do exame em conjunto resulta bastante luz para o caso em apreço.

"Confronta-se a prescrição positiva com outra de que proveio, ou que da mesma dimanaram; verifica-se que o nexo entre a regra e a exceção, entre o geral e o particular, e deste modo se obtém esclarecimentos preciosos. O preceito, assim submetido a exame, longe de perder a própria individualidade, adquire realce maior, talvez inesperado. Com esse trabalho de síntese é melhor compreendido.

"O hermeneuta eleva o olhar, dos casos especiais para os princípios dirigentes a que eles se acham submetidos; indaga se, obedecendo a uma, não viola outra; inquire das conseqüências possíveis de cada exegese isolada. Assim, contemplados do alto os fenômenos jurídicos, melhor se verifica o sentido de cada vocábulo, bem como se um dispositivo deve ser tomado na acepção ampla, ou na estrita, como preceito comum, ou especial.

"Já se não admitia em Roma que o juiz decidisse tendo em mira apenas uma parte da lei; cumpria examinar a norma em conjunto: *Incivile est, nisi tota lege perspecta, una aliqua particula ejus proposita, judicare, vel respondere* — 'é contra Direito julgar ou emitir parecer, tendo diante dos olhos, ao invés da lei em conjunto, só uma parte da mesma'".

A hermenêutica cuida do estudo dos diversos métodos interpretativos, tais como o literal, o lógico-gramatical, o histórico, o teleológico etc. Não é o caso de se proceder aqui a um estudo de cada um desses métodos, destacando suas respectivas características. Basta assinalar a opção feita pelo uso do método sistemático, cujas características e virtudes são salientadas por Juarez Freitas (*A Interpretação Sistemática do Direito*, Malheiros Editores, 1995, p. 54) nos seguintes termos: "Destarte, assumindo uma ótica ampliativa e mais bem equipada, a interpretação sistemática deve ser definida como uma operação que consiste em atribuir a melhor significação, dentre várias possíveis, aos princípios, às normas e aos valores jurídicos, hierarquizando-os num todo aberto, fixando-lhes o alcance e superando antinomias, a partir da conformação teleológica, tendo em vista solucionar os casos concretos".

Além da opção pelo método sistemático, cabe também destacar uma segunda opção metodológica, qual seja aquela que dá maior relevância aos princípios jurídicos em relação às simples regras específicas de conduta.

Porém, no contexto da Constituição Federal, são, afirmados vários princípios jurídicos, de maior ou menor amplitude e hierarquia, sendo que alguns deles recebem do próprio texto constitucional a qualificação de fundamentais, enquanto outros, ainda que sejam apenas implícitos, têm sua importância decorrente do fato de se relacionarem a pontos estruturais da conformação do Estado Brasileiro.

Tudo isso deve ser sopesado, conforme ensina Roque Carrazza, na parte introdutória de seu *Curso de Direito Constitucional Tributário* (Malheiros Editores, São Paulo, 6ª ed., 1994, p. 30):

"Resulta do exposto que um princípio jurídico é inconcebível em estado de isolamento. Ele — até por exigência do Direito (que forma um todo pleno, unitário e harmônico) — se apresenta sempre relacionado com outros princípios e normas, que lhe dão equilíbrio e proporção e lhe reafirmam a importância.

"O jurista, ao examinar o Direito, deve considerar as idéias que mais se aproximam da universalidade dos princípios maiores; com isto, formará proposições e terá verdades menos gerais. Em seguida, tomará as idéias que mais se aproximem, por sua universalidade, das descobertas que acabou de fazer, concebendo novas proposições e continuando, desta maneira, sempre sem deixar de aplicar os primeiros princípios a cada proposição que descobrir. Descerá, então, pouco a pouco, dos princípios gerais às normas jurídicas mais particulares, caminhando, na medida do possível, do conhecido para o desconhecido.

"Realmente, mesmo sem detenças maiores, nota-se que o Direito, longe de ser um mero conglomerado de normas, é um conjunto bem estruturado de disposições que, interligando-se por coordenação e subordinação, ocupam, cada qual, um lugar próprio no ordenamento jurídico (Ferrara). É precisamente sob este imenso arcabouço, onde sobrelevam os princípios, que as normas jurídicas devem ser consideradas".

O princípio, por sua importância, serve exatamente para orientar a interpretação e a aplicação de toda e qualquer norma. Na ausência de norma específica, o princípio condiciona ou determina, diretamente, a atuação do agente da administração.

Seja permitido transcrever aqui alguns apontamentos feitos por Geraldo Ataliba, em sua notável monografia sobre *República e Constituição* (Ed. RT, São Paulo, 1985, pp. 5 e ss.) a respeito do valor da noção de princípio:

"Os princípios são as linhas mestras, os grandes nortes, as diretrizes magnas do sistema jurídico. Apontam os rumos a serem seguidos por toda a sociedade e obrigatoriamente perseguidos pelos órgãos do governo (poderes constituídos).

"Eles expressam a substância última do querer popular, seus objetivos e desígnios, as linhas mestras da legislação, da administração e da jurisdição. Por estas não podem ser contrariados; têm que ser prestigiados até as últimas conseqüências.

"A relevância dos princípios constitucionais e sua supremacia, sobre as normas ordinárias ou até mesmo constitucionais foi admiravelmente apreendida e exposta por Agustín Gordillo, com as seguintes luminares palavras: 'Diremos entonces que los principios de derecho público contenidos en la Constitución son normas jurídicas, pero no sólo eso; mientras que la norma es un marco dentro del cual existe una cierta libertad, el principio tiene sustancia integral. La simples norma constitucional regula el procedimiento por el que son producidas las demás normas inferiores (ley, reglamento, sentencia) y eventualmente su contenido: pero esa determinación nunca es completa, ya que la norma superior no puede ligar en todo sentido y en toda dirección el acto por el cual es ejecutada; el principio, en cambio, determina en forma integral cual ha de ser la sustancia del acto por el cual se lo ejecuta. La norma es límite, el principio es límite y contenido. La norma da a la ley facultad de interpretarla o aplicarla em más de un sentido, y el acto administrativo la facultad de interpretar la ley en más de un sentido: pero el principio establece una dirección estimativa, un sentido axiológico, de valoración, de espíritu. El principio, exige que tanto la ley como el acto administrativo respeten sus límites y además tengan su mismo contenido, sigan su misma dirección, realicen su mismo espíritu. Pero aún mas, esos contenidos básicos de la Constitución rigen toda la vida comunitaria y no sólo actos a que más directamente se refieren o a las situaciones que más expresamente contemplan' (*Introducción al Derecho Admi-*

nistrativo, 2ª ed., Abeledo Perrot, 1966, pp. 176 e 177).

"Daí o sublinhar Celso Antônio (*RDP* 15/283) que 'qualquer disposição, qualquer regra jurídica (...) para ser constitucional, necessita estar afinada com o princípio (...) realizar seu espírito, atender à sua direção estimativa, coincidir com seu sentido axiológico, expressar seu conteúdo. Não se pode entender corretamente uma norma constitucional sem atenção aos princípios consagrados na Constituição e não se pode tolerar uma lei que fira um princípio adotado na Carta Magna. Violar um princípio é muito mais grave que transgredir uma norma. A desatenção ao princípio implica ofensa não apenas a um específico mandamento obrigatório, mas a todo o sistema de comandos. É a mais grave forma de ilegalidade ou inconstitucionalidade, conforme o escalão do princípio violado, porque representa insurgência contra todo o sistema, subversão de seus valores fundamentais, contumélia irremissível a seu arcabouço lógico e corrosão de sua estrutura mestra'."

Nem mesmo o legislador pode criar, extinguir ou modificar direitos (por lei) contrariando um princípio. Com muito maior razão os agentes públicos, no momento da aplicação da lei, mediante a produção de específicos atos administrativos, devem estar atentos para os valores contidos e, especialmente, para as finalidades apontadas nos princípios.

Isto também se aplica, obviamente, ao Ministério Público, no tocante à prerrogativa de instaurar o inquérito civil.

III — Deveres e limites inerentes à competência

Toda regra de competência estabelece poderes/deveres, mas, ao mesmo tempo, fixa limites. O inc. III, do art. 129 da Constituição Federal, supra transcrito, deixa claro que o Ministério Público tem o poder/dever de defender interesses difusos e coletivos, significando, também, que não lhe compete substituir-se ao cidadão defendendo interesses individuais disponíveis.

Igualmente, por força do princípio federativo e da imanente autonomia administrativa das pessoas jurídicas de capacidade política, não compete ao Ministério Público defender interesses patrimoniais da União, da Fazenda Nacional, dos Estados, do Distrito Federal e dos Municípios, pois, para isso existe a advocacia pública, que também tem *status* constitucional.

A defesa dos interesses patrimoniais da Administração Pública pelo Ministério Público, entretanto, pode e deve ser feita exatamente junto aos Tribunais de Contas, dentro dos quais a instituição (una e indivisível) tem seus representantes, cuja presença é assegurada pela própria Constituição Federal: "Art. 130. Aos membros do Ministério Público junto aos Tribunais de Contas aplicam-se as disposições desta seção pertinentes a direitos, vedações e forma de investidura".

O conjunto dos dispositivos constitucionais acima transcritos circunscrevem as atribuições do Ministério Público no tocante aos interesses patrimoniais da Administração Pública e às contas públicas. Nenhuma ampliação a esse extenso universo pode ser feito por lei ordinária, pois isso acarretaria invasão do espaço constitucionalmente reservado a outros órgãos ou entidades, quebrando a harmonia institucional.

Todavia, interpretações *data venia* indigentemente literais de fragmentos da legislação ordinária têm levado a conclusões inaceitáveis, no tocante à competência do Ministério Público com relação às atribuições mencionadas no acima transcrito inc. III do art. 129 da Constituição Federal.

O primeiro desses deslizes interpretativos diz respeito a uma suposta liberdade absoluta para a instauração, ou não, de inquérito civil, ao puro e insindicável arbítrio de qualquer membro do Ministério Público.

Conforme o magistério de Celso Antônio Bandeira de Mello, (*Curso de Direito*

Administrativo, Malheiros Editores, 11ª ed., 1999, pp. 31 a 39), por força do princípio da obrigatoriedade do desempenho da atividade pública, toda competência conferida à Administração Pública acarreta sempre, necessariamente, o dever de exercê-la. Para isso, para exercitar suas competências em favor da coletividade, para satisfazer um interesse qualificado como público é que a Administração desfruta de prerrogativas:

"Quem exerce 'função administrativa' está adscrito a satisfazer interesses públicos, ou seja, interesses de outrem: a coletividade. Por isso, o uso das prerrogativas da Administração é legítimo se, quando e na medida indispensável ao atendimento dos interesses públicos; vale dizer, do povo, porquanto nos Estados democráticos o poder emana do povo e em seu proveito terá de ser exercido.

"Tendo em vista este caráter de assujeitamento do poder a uma finalidade instituída no interesse de todos — e não da pessoa exercente do poder —, as prerrogativas da Administração não devem ser vistas ou denominadas como 'poderes' ou como 'poderes-deveres'. Antes se qualificam e melhor se designam como 'deveres-poderes', pois nisto se ressalta sua índole própria e se atrai atenção para o aspecto subordinado do poder em relação ao dever, sobressaindo, então, o aspecto finalístico que as informa, do que decorrerão suas inerentes limitações.

"Em suma, o necessário — parece-nos — é encarecer que na administração os bens e os interesses não se acham entregues à livre disposição da vontade do administrador. Antes, para este, coloca-se a obrigação, o dever de curá-los nos termos da finalidade a que estão adstritos. É a ordem legal que dispõe sobre ela.

"O princípio da obrigatoriedade do desempenho da atividade pública traduz a situação de 'dever' em que se encontra a Administração — direta ou indireta — em face da lei.

"O interesse público, fixado por via legal, não está à disposição da vontade do administrador, sujeito à vontade deste; pelo contrário, apresenta-se para ele sob a forma de um comando. Por isso mesmo a prossecução das finalidades assinaladas, longe de ser um 'problema pessoal' da Administração, impõe-se como obrigação indiscutível."

Em síntese, dado o caráter instrumental da Administração Pública, em seu sentido mais amplo (excluídas apenas as atividades de natureza política; de formação da vontade do Poder Público), pode-se dizer que no exercício da função pública não existem prerrogativas puras.

Ressalvadas as decisões tipicamente políticas, toda e qualquer decisão de agente público deve ser devidamente motivada. Obviamente, o motivo não se confunde com a pura vontade do agente. O motivo sempre haverá de ser algo de ordem pública, algo ditado pelo dever atender ao interesse público, algo concreto, sindicável, aferível, controlável.

IV — O dever de instaurar inquérito civil

Aplicando-se tais ensinamentos à competência para a instauração de inquérito civil, fica espantosamente claro que isso não pode ser tomado como uma prerrogativa pura, como mera faculdade, como questão de foro íntimo, como matéria totalmente submetida ao puro arbítrio do membro do Ministério Público.

Felizmente, já existem insuspeitas e respeitáveis opiniões doutrinárias mais lúcidas a esse respeito:

"O inquérito civil não é em si uma função, e sim um instrumento, que legitima, implicitamente, o exercício da função investigatória.

"Note-se que quando prevê o inquérito civil, para, em seguida, tratar de valores essenciais para a sociedade, ligando aquele à proteção desses valores, a Constituição Federal deixa claro que o inquérito civil é um instrumento para aquele fim, mesmo porque quem quer os fins quer, explícita ou implicitamente, os meios.

"Então, claro está que a Carta Federal confere ao Ministério Público um poder investigatório voltado para a apuração de lesões ou ameaças de lesões àqueles valores.

"Esse poder investigatório constitui função exclusiva do Ministério Público, pois a Constituição Federal ressalvou a legitimação concorrente apenas para a ação civil pública (art. 129, § 1º), não o fazendo relativamente ao inquérito civil. Além disso, a própria Lei 7.347/85, estabelece, como visto inicialmente, a exclusividade do inquérito civil para o Ministério Público, reafirmando a impossibilidade da competência concorrente para a função investigatória na matéria, por meio do inquérito civil.

"Como todo poder, é um poder-dever e assim não pode deixar de ser exercido. Todavia, como é óbvio, em nome e na defesa desses mesmos valores, esse poder não deve transformar-se em instrumento de devassa, porém em instrumento para a investigação e a apuração de elementos e fatos necessários para a promoção de ação pública, civil ou penal, para a proteção do patrimônio público e social e de interesses difusos e coletivos" (José Emmanuel Burle Filho, "Principais aspectos do inquérito civil, como função institucional do Ministério Público", in *Ação Civil Pública*, coord. Édis Milaré, Ed. RT, 1995, pp. 321 e 322).

Hely Lopes Meirelles, ao discorrer sobre a prioritária legitimação do Ministério Público para a propositura da Ação Civil, faz uma importantíssima ressalva: "Mas esses poderes atribuídos ao Ministério Público para, a propositura da ação civil publica não justificam o ajuizamento de lide temerária ou sem base legal, nem autorizam a concessão de liminar suspensiva de obras e serviços públicos ou particulares regularmente aprovados pelos órgãos técnicos e administrativos competentes, sob a simples alegação de dano ao meio ambiente" (Hely Lopes Meirelles, *Mandado de Segurança, Ação Popular, Ação Civil Pública, Mandado de Injunção e "Habeas Data"*, 16ª ed., Ed. RT, p. 126).

Em abono de sua posição Hely Lopes Meirelles reproduz esta expressiva manifestação do hoje Ministro do Supremo Tribunal Federal, José Celso de Mello Filho emitida quando no exercício do cargo de Assessor do Gabinete Civil da Presidência da República: "O inquérito civil, em suma, configura um procedimento preparatório, destinado a viabilizar o exercício responsável da ação civil pública. Com ele, frustra-se a possibilidade, sempre eventual, de instauração de lides temerárias" (*apud*, Hely Lopes Meirelles, *Mandado de Segurança, Ação Popular, Ação Civil Pública, Mandado de Injunção e "Habeas Data"*, 16ª ed., Ed. RT, p. 125, nota 3).

Não se pretende sustentar que a realização do inquérito civil seja condição indispensável para a propositura de toda e qualquer ação civil pública. O bom-senso não briga com o direito. Quando houver informações firmes e seguras no sentido da provável ocorrência de determinado dano a interesse supra-individual (coletivo ou difuso), é de admitir-se a propositura direta da ação judicial.

Quando, porém, as informações forem insuficientes para indicar a ocorrência de determinado dano ou de sua autoria, é de rigor a instauração do inquérito civil.

Fazendo-se uma comparação, no campo do direito administrativo, pode-se dizer que o inquérito civil está para a ação civil pública, assim como a sindicância está para o processo administrativo. Não é possível instaurar-se um processo administrativo disciplinar genérico, para que, no seu curso se apure se, eventualmente, alguém cometeu alguma falta funcional.

Não é dado à Administração Pública, nem ao Ministério Público, simplesmente molestar gratuitamente e imotivadamente qualquer cidadão, por alguma suposta eventual infração da qual ele, talvez, tenha participado.

Vale também aqui o princípio da proporcionalidade inerente ao poder de polícia, segundo o qual só é legítimo o constrangimento absolutamente necessário e na medida do necessário.

Repugna a consciência jurídica aceitar que alguém possa ser constrangido a figurar como réu numa ação civil pública perfeitamente evitável. Configura abuso de poder a propositura de ação civil temerária, despropositada, não precedida de cuidados mínimos quanto à sua viabilidade.

Não há razão alguma para que se deixe de aplicar, em relação ao Ministério Público, o preceito contido no art. 37, § 6º, da Constituição Federal, que estabelece a responsabilidade patrimonial da Administração Pública por danos causados por seus agentes. Da mesma forma, conforme já tem reconhecido (timidamente) a jurisprudência, o Ministério Público enquanto atuar como parte na relação processual civil, deve suportar os ônus da sucumbência, pois o sistema republicano (conforme a magnífica lição de Geraldo Ataliba) é incompatível com a irresponsabilidade de quem exerce prerrogativas públicas.

A realização ou não do inquérito civil, como providência preliminar à promoção da ação civil pública, pode ser um importantíssimo indicador do nível de correção da conduta do agente do Ministério Público, da sua maior ou menor diligência no exercício de suas funções.

A experiência prática tem revelado a ocorrência desagradavelmente freqüente de ações civis públicas totalmente despropositadas, que poderiam ter sido perfeitamente evitadas se o promotor público tivesse tido a mais mínima e elementar das cautelas, que é simplesmente ouvir o suposto infrator.

Por outro lado, é fora de qualquer dúvida que um inquérito civil pode fornecer elementos concretos e sólidos, levando à propositura de uma ação civil pública cuidadosamente estruturada e rigorosamente fundamentada, assegurando a efetiva punição dos causadores de danos a interesses difusos e coletivos.

V — Fundamentos constitucionais

A interpretação constitucional não pode ser avarenta. Não é correto extrair-se, especialmente das garantias constitucionais, apenas aquilo que aflora à superfície.

Por exemplo, quando a Constituição assegura o direito de petição, isso não pode ser entendido apenas como o direito de protocolar um pedido em uma repartição pública. Evidentemente, o direito de petição abrange, também, necessariamente, o direito a uma resposta conclusiva emitida em tempo razoável, devidamente fundamentada e motivada.

Da mesma forma, a garantia do devido processo legal deve ser entendida como protetora da liberdade em seu sentido mais amplo e dos bens não apenas materiais, mas também do patrimônio jurídico e do patrimônio moral das pessoas, que inclui o seu bem estar, sua tranqüilidade. Constranger alguém a figurar como réu em uma ação civil pública, sem um mínimo de plausibilidade, sem a menor preocupação em verificar se existe ou não motivo para tanto, sem se valer de cautela constitucionalmente prevista para evitar que isso ocorra, ofende, sim, a garantia do devido processo legal.

De maneira alguma se pode entender que qualquer pessoa pode ser acusada sem qualquer motivo ou propósito, desde que se lhe assegure o direito à ampla defesa. Ter que invocar, em juízo, essa garantia, imotivadamente, como resultado de uma acusação gratuita e desprovida de plausibilidade já é um constrangimento ilícito.

São coisas totalmente distintas uma acusação plausível, com relação à qual o acusado se revele, ao final, inocente, e uma acusação despropositada, fruto do puro descuido, da simples negligência no exercício de função pública, para não falar até mesmo de dolo.

O simples fato de figurar como réu em uma ação civil pública já produz efeitos deletérios para o acusado, podendo até mesmo corroer e destruir uma boa reputação, ofendendo seu direito à inviolabilidade da honra e da imagem, prescrita pelo inc. X, do art. 5º da Constituição Federal.

Desgraçadamente, é um dado da realidade o desvirtuamento da Ação Popular, que tem servido, acima de tudo, para alimentar desavenças políticas. O mesmo pode acontecer com a ação civil pública, se não se estabelecer uma diferença entre seu uso e seu abuso.

Não está expresso, mas está implícito no preceito contido no referido art. 129, III, da Constituição Federal, ao mencionar o inquérito civil e a ação civil pública, que o Ministério Público deve valer-se do meio menos gravoso para atingir seu objetivo de proteger o patrimônio da coletividade.

Convém não esquecer que o § 2º do art. 5º da Constituição Federal afirma que a enumeração de determinados direitos e garantias não significa a exclusão de outros decorrentes do regime e dos princípios por ela adotados.

Entre esses princípios, figuram, com o qualificativo de fundamentais, o da cidadania e o da dignidade da pessoa humana. Tais princípios não podem ser espezinhados, para sustentar a existência de uma prerrogativa absurda, incompatível com o próprio conceito de direito e com características elementares do exercício da função pública.

Pode-se, portanto, afirmar, com segurança, que, em princípio, é obrigatória a realização de inquérito civil como procedimento preliminar à propositura de ação civil pública de responsabilidade. A instauração do inquérito civil pode ser dispensada se e quando da existência de elementos probatórios que indiquem, com segurança, a efetiva ocorrência de atos deletérios a interesses difusos ou coletivos, assim como de sua autoria, permitindo o exercício responsável do poder/dever de promover a ação civil pública.

São Paulo, fevereiro de 1999

DOUTRINA

ANAMNESE DA MEDIDA PROVISÓRIA

SÉRGIO SÉRVULO DA CUNHA

Advogado

1. Medida provisória. 2. Medida provisória e lei ordinária. 3. Medida provisória e decreto-lei. 4. Pressupostos da medida provisória. 5. Requisitos da medida provisória. 6. Objeto da medida provisória. 7. Medida provisória e processo legislativo. 8. Medida provisória e vigência. 9. Um estudo de caso: medidas provisórias no processo de privatização. 10. Poder Executivo e medidas provisórias. 11. Poder Legislativo e medidas provisórias. 12. Poder Judiciário e medidas provisórias. 13. Medida provisória e Estado de Direito. 14. Conclusão.

1. Medida provisória

1.1 A Constituição brasileira, de outubro de 1988, diz em seu art. 62: "Em caso de relevância e urgência, o Presidente da República poderá adotar medidas provisórias, com força de lei, devendo submetê-las de imediato ao Congresso Nacional, que, estando em recesso, será convocado extraordinariamente para se reunir no prazo de cinco dias. Parágrafo único. As medidas provisórias perderão eficácia, desde a edição, se não forem convertidas em lei no prazo de trinta dias, a partir de sua publicação, devendo o Congresso Nacional disciplinar as relações jurídicas delas decorrentes".[1]

Essa norma desdobra-se em várias proposições:

a) o Presidente da República pode adotar medidas provisórias, com força de lei;

b) essas medidas podem ser adotadas em caso de relevância e urgência;

c) elas têm força de lei a partir da publicação;

d) elas devem ser submetidas de imediato ao Congresso Nacional;

e) estando o Congresso em recesso no momento da edição de medida provisória, deverá ser convocado extraordinariamente para se reunir no prazo de cinco dias, a fim de apreciá-la;

f) a medida provisória perde a eficácia, desde a edição, se não for transformada

1. Diz o art. 77 da Constituição italiana: "O governo não pode, sem delegação das Câmaras, editar decretos que tenham valor de lei ordinária. Quando, em casos extraordinários de necessidade e urgência, o governo adota sob sua responsabilidade medidas provisórias com força de lei, deve no mesmo dia apresentá-las para conversão às Câmaras que, mesmo em recesso, são imediatamente convocadas e reúnem-se dentro de cinco dias. Os decretos perdem eficácia desde o início, se não forem convertidos em lei dentro de sessenta dias da sua publicação. As Câmaras podem, todavia, regular com lei as relações jurídicas formadas sobre a base dos decretos-leis não convertidos".

em lei no prazo de trinta dias, a partir de sua publicação;

g) nesse caso, o Congresso Nacional deve disciplinar as relações jurídicas dela decorrentes.

Toda medida provisória é um híbrido, que contém em parte as características da lei, e em parte as características de um projeto de lei. Da lei possui as características formais e materiais, menos as decorrentes de sua provisoriedade e de sua fonte. Como projeto de lei, de iniciativa do Executivo, tem tramitação própria, que deve estar finda no prazo de trinta dias, sob pena de caducidade. Define-se pois, sinteticamente, como um projeto de lei especial, com eficácia adiantada e resolúvel: sendo transformado em lei dentro de trinta dias, passa a vigorar como lei; não sendo transformado em lei nesse prazo, perde a eficácia desde a edição (caducidade *ex tunc*), desconstituindo-se todos os seus efeitos.

Observem-se os pontos de contato entre a medida provisória e o *estado de defesa* (art. 136 da Constituição): a) o Presidente da República pode decretar estado de defesa para preservar ou prontamente restabelecer a ordem pública ou a paz social ameaçadas por grave e iminente instabilidade institucional ou atingidas por calamidade natural de grandes proporções; b) o decreto e sua justificação serão submetidos ao Congresso Nacional, dentro de vinte e quatro horas; c) se o Congresso estiver em recesso será convocado extraordinariamente, no prazo de cinco dias, para apreciá-lo; d) o estado de defesa dura no máximo trinta dias, podendo ser prorrogado uma vez, por igual período, se persistirem as razões que justificaram sua decretação; e) rejeitado o decreto, cessa imediatamente o estado de defesa.

1.2 No ano de 1988 (de outubro em diante) foram editadas 15 medidas provisórias, e, a partir daí, 103 em 1989, 163 em 1990, 11 em 1991, 10 em 1992, 96 em 1993, 405 em 1994, 437 em 1995, 647 em 1996, 707 em 1997 e 817 em 1998, ano imediatamente anterior à elaboração desta resenha, o que perfaz, até esse momento, ***3.411*** medidas provisórias; dessas, ***376*** (11%) foram transformadas em lei, sendo que 183 (5,3%) transformadas em lei dentro do prazo constitucional de trinta dias, e as outras 193 (5,6%) aprovadas na forma de reedições; essas 193, somadas às suas respectivas reedições, totalizam 1.798 medidas provisórias (52,7%). Sobram, portanto, 1.430 (41,9%) medidas provisórias, que entram em uma dessas categorias, ou, às vezes, em mais de uma delas: a) foram rejeitadas expressamente pelo Congresso (18 = 0,05%); b) caducaram (rejeição tácita); c) foram repelidas pelo Judiciário; d) foram revogadas; e) foram retiradas do Congresso pelo Executivo, no decurso do prazo de trinta dias; f) foram fundidas com outra medida provisória; g) integram o estoque rolante das medidas provisórias, que são reeditadas mês a mês.[2]

As Medidas Provisórias de 1 a 9 são Decretos-leis, transformados em medidas provisórias por força do disposto no art. 25, § 2º, do Ato das Disposições Constitucionais Transitórias, de outubro de 1988. Mas as Medidas Provisórias de 11 a 19 já foram reedições das Medidas 1 a 9. Dessas nove primeiras medidas provisórias, seis foram transformadas em lei, após sua primeira reedição.

A última medida provisória editada no ano de 1998 é a de n. 1.793, mas desde 1988, como já se assinalou acima, foram editadas, até 31.12.98, 3.411 medidas provisórias, das quais apenas 504 (14,7%) são originais, e as restantes 2.907 (85,2%) reedições. Considerando que dessas 504 MPo 183 (5,3% do total) se transformaram em lei, as restantes 321 MPo (9,4% do total) ou foram transformadas em lei na forma de reedição ou caíram numa das categorias indicadas acima nas alíneas *a* até *g*, isto é, foram rejeitadas, ou caducaram etc.

2. O Senado Federal (Secretaria de Informações e Documentação) publicou um volume sobre o levantamento das medidas provisórias, com dados atualizados em 28.2.99. Esse levantamento in-

Em resumo:

total das medidas provisórias	3.411	
MP originais (MPo)	504	(14,7%)
reedições	2.907	(85,2%)
reedições simples	2.392	(70,0%)
reedições com alteração de texto	519	(15,0%)
MP transformadas em lei	376	(11,0%)
transformadas em lei dentro de trinta dias	183	(5,3%)
aprovadas na forma de reedição	193	(5,6%)
MP descartadas	1.430	(41,9%)
reedições não descartadas	1.789	(52,7%)[3]

Até junho de 1996 as medidas provisórias eram identificadas de acordo com a série numérica simples; a partir daí porém, em conseqüência do Decreto 1.937, de 21.6.96, ao respectivo número acrescentam-se dígitos, correspondentes à reedição (assim, p. ex., a primeira reedição da MP 1.463 passou a ser designada como MP 1.463-2; e a MP 1.763-63, de 12.2.99, corresponde à sexagésima terceira reedição da MP 470, de 12.4.94).[4] A partir de então a série numérica fica desemparelhada com relação à série cronológica; assim, p. ex., a MP 1.510 é anterior à MP 1.466-2.[5]

clui as seguintes relações: a) das medidas provisórias, por ordem cronológica; b) das medidas provisórias reeditadas com alteração de texto; c) das medidas provisórias que resultaram em lei; e mais os gráficos das medidas provisórias por ano e por período de governo. As tabelas numéricas sobre medida provisória constantes deste artigo foram elaboradas a partir desse levantamento; essas informações contudo não são perfeitas, devido a um certo desencontro de informações, diferenças de interpretação, ou as próprias dificuldades implicadas na complicada teia de medidas provisórias. P. ex.: a Medida Provisória 111, de 27.11.89, versando sobre prisão temporária, é aí apontada como tendo se convertido na Lei 7.960/89; isso confere com os registros do Congresso, segundo os quais o respectivo projeto de lei de conversão foi aprovado em 14.12.89, e sancionado no dia 21.12.89. Acontece que, argüida a inconstitucionalidade dessa MP pela OAB, a respectiva ação (ADIn 162, j. 2.8.93) foi tida como prejudicada, nos termos do voto do relator, Min. Moreira Alves, porque, segundo as informações prestadas pelo Presidente da República, a MP 111 não foi convertida em lei no prazo de trinta dias, como também porque a matéria (prisão temporária) "foi disciplinada na Lei 7.960, de 21.12.89, com as alterações devidas" (*RTJ* 152/339).

3. São relativos os critérios em que se baseia essa tabulação, visto que muitas das reedições são feitas com alteração de texto.

4. O Decreto 1.937, de 21.6.96, diz em seu art. 12: "Na reedição de medidas provisórias, serão mantidos os números originários a elas atribuídos, acrescidos do número correspondente à reedição, separado por hífen. Parágrafo único. Somente será atribuído número novo ao primeiro texto da medida provisória em edição". Essa disposição veio a ser modificada pelo Decreto 2.124, de 29.1.99, ficando, afinal, com a redação que lhe foi dada pelo Decreto 2.954, de 29.1.99, em seu art. 17: "As medidas provisórias terão numeração seqüencial em continuidade às séries iniciadas em 1988. § 1º. Na reedição de medidas provisórias, serão mantidos os números originários a elas atribuídos, acrescidos do número correspondente à reedição, separado por hífen. § 2º. Em se tratando de revogação, com reprodução parcial ou integral de texto de medida provisória anterior, atribuir-se-á novo número ao ato normativo, acrescido do número correspondente de reiterações. § 3º. Será atribuído número novo ao primeiro texto de medida provisória em edição".

5. Esse tipo de numeração induz-nos a acreditar que se trata de uma série de medidas provisórias, todas do mesmo teor, ou ao menos versando a mesma matéria. Isso entretanto não acontece: pri-

2. Medida provisória e lei ordinária

Medida provisória é norma jurídica infraconstitucional, situada, sob o ponto de vista hierárquico, no mesmo patamar da lei ordinária.[6]

Dir-se-ia, à primeira vista, que a distinção entre lei ordinária e medida provisória, no ordenamento jurídico brasileiro, é apenas de ordem formal, conforme o respectivo emissor: a lei nasce do processo legislativo regular, com atuação dos poderes legislativo e executivo, e a medida provisória provém, excepcionalmente, do Poder Executivo. Haveria pois uma semelhança substantiva — quase uma identidade — entre a lei e a medida provisória.

A medida provisória participa sem dúvida, sob muitos aspectos, da natureza da lei ordinária. Sendo da essência da medida provisória sua provável transformação em lei, ela é uma espécie de espelho da lei ordinária, em que se reproduzem as características desta. A lei ordinária é a figura regular, e a medida provisória é a figura excepcional, carente dos traços definitivos e duradouros da lei ordinária. Assim sendo, parece útil termos presentes as características substantivas da lei ordinária.

Em primeiro lugar, para que obrigue, a lei ordinária deve implicar o pressuposto fundamental de toda norma jurídica, que lhe justifica a existência, o vigor e a eficácia: a convicção de sua necessidade; regra arbitrária não pertence ao mundo jurídico. Mesmo que seja difícil definir o Direito ou a Justiça, é fácil visualizar, no arbítrio, a sua antítese. Em segundo lugar, o objeto da lei ordinária é matéria de reserva legal. Por último, a lei é geral, abstrata e prévia. Todas essas, assim como as respectivas exceções, são características partilhadas pela medida provisória.

3. Medida provisória e decreto-lei

3.1 A palavra *decreto* vem do latim *decretum*, particípio passado do verbo *decernere*, que significa julgar, determinar, decidir, resolver.

O termo *decreto* costumava ser utilizado, ao invés de *lei*, para designar a norma jurídica primária. A forma *lex* (de *legere*) associou-se, com o tempo, à república; nesta, reservou-se o termo *decreto* para designar a norma primária editada por governo provisório (foi o que aconteceu entre nós ao instaurar-se a República, e após a revolução de 1930, até a reconstitucionalização de 1934), e posteriormente, para designar a norma editada pelo Executivo, de natureza regulamentar.

Após a revolução constitucional, e a fixação do termo *lei* como única designação juridicamente aceitável para a norma primária, já não se podia designar simplesmente como decreto a norma primária editada pelo Poder Executivo. Esta, correspondente a um regime de exceção, ou a uma atribuição excepcional do Executivo dentro do Estado de Direito, passou a designar-se então como *decreto-lei*. Decreto-lei é norma editada pelo Poder Executivo, com força de lei.

Foi Getúlio Vargas, copiando o que havia na Itália mesmo antes do fascismo, o introdutor do decreto-lei em nossa história, com a Ordenação de 10.1.37. Essa Carta previa quatro tipos diferentes de decreto-lei, dos quais os três primeiros, segundo or-

meiro porque o governo acostumou-se a reeditar medidas provisórias com alteração de texto, ou acréscimo de matéria distinta, ou com fusão de outras; depois porque, como a MP não aprovada ou convertida em lei perde a eficácia *ex tunc* dentro de trinta dias, mesmo que se edite nova medida, idêntica, não se estabelece entre elas continuidade normativa.

6. O poder de editar lei complementar é poder de conformação da Constituição, cabente, por definição, ao poder constituinte derivado. Note-se que a matéria reservada a lei complementar não pode ser objeto de delegação ao Poder Executivo (Constituição, art. 68, § 1º).

dem decrescente de arbítrio, eram os contemplados nos arts. 14, 13 e 12, a saber: "Art. 14. O Presidente da República, observadas as disposições constitucionais e nos limites das respectivas dotações orçamentárias, poderá expedir livremente decretos-leis sobre a organização do Governo e da administração federal, o comando supremo e a organização das forças armadas"; "Art. 13. O Presidente da República, nos períodos de recesso do Parlamento ou de dissolução da Câmara dos Deputados, poderá, se o exigirem as necessidades do Estado, expedir decretos-leis sobre as matérias de competência legislativa da União excetuadas as seguintes: a) modificações à Constituição; b) legislação eleitoral; c) orçamento; d) impostos; e) instituição de monopólios; f) moeda; g) empréstimos públicos; h) alienação e oneração de bens imóveis da União. Parágrafo único. Os decretos-leis para serem expedidos dependem de parecer do Conselho da Economia Nacional, nas matérias da sua competência consultiva"; "Art. 12. O Presidente da República pode ser autorizado pelo Parlamento a expedir decretos-leis, mediante as condições e nos limites fixados pelo ato de autorização".

Essa enumeração serve como curiosidade histórica ou taxinômica, visto como a Carta de 1937 jamais foi posta em vigor, vivendo a nação, a partir de novembro desse ano, em pleno regime de arbítrio. O art. 180 previa que "Enquanto não se reunir o Parlamento Nacional, o Presidente da República terá o poder de expedir decretos-leis sobre todas as matérias da competência legislativa da União"; esse o quarto tipo de decreto-lei, e o mais arbitrário de todos; como o Parlamento jamais se reuniu, o ditador exerceu plena competência legislativa até ser apeado do poder, em outubro de 1945.

Em 1964 tivemos novo golpe de Estado, e em conseqüência a restauração do decreto-lei. O Ato Institucional 2, de 2.10.65, assim dispunha, em seu art. 30: "O Presidente da República poderá baixar atos complementares do presente, bem como decretos-leis sobre matéria de segurança nacional".

A Ordenação de 1967 tratou do tema em seu art. 58: "O Presidente da República, em casos de urgência ou de interesse público relevante, e desde que não resulte aumento de despesa, poderá expedir decretos com força de lei sobre as seguintes matérias: I — segurança nacional, II — finanças públicas. Parágrafo único. Publicado o texto, que terá vigência imediata, o Congresso Nacional o aprovará ou rejeitará, dentro de sessenta dias, não podendo emendá-lo; se, nesse prazo, não houver deliberação, o texto será tido como aprovado".

Assim, o Congresso sofreu, em favor do Executivo, um corte na sua competência normativa, porque: a) a rejeição do decreto-lei correspondia a uma revogação (desconstituição *ex nunc*) e não à sua ineficacização *ex tunc*; b) não podia emendar o decreto-lei; c) era posto em situação de inferioridade face ao que se passou a designar como "decurso de prazo"; com esse expediente, invertia-se contra ele o ônus da aprovação do decreto-lei, dando-se ao Executivo a primazia do processo legislativo.

A Ordenação de 1969, por sua vez, previu em seu art. 55: "O Presidente da República, em casos de urgência ou de interesse público relevante, e desde que não haja aumento de despesa, poderá expedir decretos-leis sobre as seguintes matérias: I — segurança nacional; II — finanças públicas, inclusive normas tributárias; e III — criação de cargos públicos e fixação de vencimentos. § 1º. Publicado o texto, que terá vigência imediata, o Congresso Nacional o aprovará ou rejeitará, dentro de sessenta dias, não podendo emendá-lo; se, nesse prazo, não houver deliberação, o texto será tido por aprovado. § 2º. A rejeição do decreto-lei não implicará a nulidade dos atos praticados durante a sua vigência".

A "Emenda Constitucional" 11, de 13.10.78 — que revogou os atos institucionais e complementares, constituindo portanto ato terminal do regime excepcional —

alterou o § 1º da Ordenação de 67/69, para fazer a apreciação do decreto-lei dependente de mensagem do Presidente da República, sendo o prazo de sessenta dias contado a partir do recebimento dessa mensagem; finalmente, a "Emenda Constitucional" 22, de 1982, alterou novamente o § 1º, estabelecendo que, na falta de deliberação em quarenta e cinco dias, a matéria seria incluída automaticamente na ordem do dia, em regime de urgência, nas dez sessões subseqüentes, considerando-se aprovado se ao final dessas não tivesse sido apreciado.

A partir do Ato Institucional 2/65, até a "Emenda" 11/78 (aproximadamente treze anos) além de atos institucionais e atos complementares, foram editados 1.638 decretos-leis, o que equivale aproximadamente a 0,34 por dia, incluídos os fins de semana e feriados.

3.2 Celso Antônio Bandeira de Mello, com sua peculiar argúcia, mostrou que uma coisa é a matéria, o objeto sobre o qual pode versar o decreto-lei (no caso, a segurança nacional); e outra, a razão inspiradora do decreto-lei: "Disciplinar certo assunto animado por inspirações de segurança nacional ou por objetivos financeiros, é coisa muito diversa de regular o próprio assunto segurança nacional, o próprio assunto financeiro ou cargos públicos. (...) Por isso é inconstitucional a esmagadora maioria de decretos-leis expedidos pós-1967".[7]

Sem estabelecer essa distinção, e entendendo que tudo podia ser matéria de segurança nacional, o ditador legislava a respeito de tudo, com a complacência do Judiciário. Essa prática continuou durante a chamada "transição democrática" e durante a "nova República", instaurada com a eleição de Tancredo Neves e o governo de José Sarney, Vice-Presidente que, com a morte daquele, assumiu a Presidência a partir de 15.3.85.[8]

Aresto da 8ª Câmara do 2º TACivSP, proferido em 21.4.87 (portanto, quando já se instalara o Congresso Constituinte), após longas elucubrações sobre o conceito de segurança nacional, considerava "ledo engano" supor que matéria de locação predial não poderia ser disciplinada por decreto-lei (*RT* 622/134). Isso não obstante decisão do STF, em 23.8.67: "Repugna à Constituição que, nesse conceito de segurança nacional, seja incluído assunto miúdo de Direito Privado, que apenas joga com interesses também miúdos e privados de particulares, como a purgação da mora nas locações contratadas com negociantes e locatários" (RE 62.739-SP, *RTJ* 44/54).

Embora o texto desse último acórdão não entre na análise do tema, a respectiva ementa consignou o que se transformaria em paradigma quanto aos pressupostos do decreto-lei: "A apreciação dos casos de 'urgência' ou de 'interesse público relevante', a que se refere o art. 58 da Constituição de 1967, assume caráter político e está entregue ao discricionarismo dos juízos de oportunidade ou de valor do Presidente da República, ressalvada apreciação contrária e também discricionária do Congresso".[9]

7. Celso Antônio Bandeira de Mello, "O decreto-lei no Direito brasileiro", *RDP* 72/30.

8. No período de 1.299 dias (de 15.3.85 a 4.10.88) foram editados 206 decretos-leis (desde o Decreto-lei 2.276, de 15.3.85, até o Decreto-lei 2.481, de 4.10.88), o equivalente a um decreto-lei a cada seis dias. Pareceres governamentais em defesa de decretos-leis faziam a apologia do autoritário instituto; veja-se, p. ex., o parecer PGFN-PG 515/88, a respeito da constitucionalidade de decreto-lei sobre reajuste a servidores públicos, que após enumerar seu uso em vários países concluía: "Afiguram-se despiciendas outras considerações sobre a figura do decreto-lei, eis que, entre nós, a Assembléia Nacional Constituinte deliberou, em primeiro turno de votação, conservá-lo, embora com outra denominação (medidas provisórias com força de lei), maior esfera de aplicação (casos de relevância e urgência), qualquer que seja a matéria, e submetido a normas mais rígidas para a respectiva aprovação pelo Congresso Nacional (perda da eficácia se não se transforma em lei, no prazo de 30 dias)" (*RDA* 172/198).

9. Esse entendimento foi reiterado no julgamento do recurso extraordinário 74.096, em 13.6.72,

3.3 Durante a ditadura de 1964, foi generalizada a aversão provocada pelo decreto-lei. Elaborado sem as garantias do processo legislativo ordinário, ele ensejava o arbítrio normativo, pela prática do casuísmo; e considerado como peça básica do assim chamado "entulho autoritário", estava previamente condenado ao inaugurar-se o Congresso Constituinte, em fevereiro de 1987. Havia porém interesses governamentais na sua permanência, e o decreto-lei acabaria instilado na carta democrática (arts. 59-V e 62), com a diferença de que o prazo para sua aprovação corria contra o Poder Executivo: não aprovado dentro de trinta dias, o provimento perderia a eficácia, *ex tunc*.

Uma das conclusões aprovadas no Congresso Nacional de Advogados Pró-Constituinte, realizado em São Paulo de 1 a 4.8.83, propunha: "O legislador constituinte brasileiro, que assuma a tarefa de dar ao país uma Constituição democrática, deverá recompor o equilíbrio entre os Poderes, tomando, entre outras, as seguintes decisões: a) eliminar o decreto-lei, por ser incompatível com o regime de normalidade democrática, quando o Executivo deverá dispor de outros instrumentos para fazer face às situações de urgência; b) eliminar o instituto do decurso de prazo na tramitação dos projetos de lei do Executivo" (painel sobre "Sistema de governo e partidos políticos", expositora Bernadette Pedrosa; *Anais*, p. 113).

Na sua proposta de Constituição, a Comissão Afonso Arinos não contemplou o decreto-lei.

Abertos os trabalhos constituintes, e dividida por várias comissões e subcomissões a tarefa de redigir seu texto original, a Subcomissão do Poder Legislativo, ao concluir seus trabalhos em maio de 1987, grafou no respectivo relatório: "Aboliram-se dois instrumentos arbitrários de produção de leis, constituídos pelo decurso de prazo e pelo decreto-lei. Optou-se pela extinção do decreto-lei, atendendo a inúmeras sugestões de constituintes, de funcionários do Congresso, de cidadãos e de entidades da sociedade civil, e levando em conta o desgaste que esse recurso do Executivo vem provocando no Poder Legislativo. Ademais, é importante ressaltar que o decreto-lei é na realidade uma gigantesca porta aberta por onde têm transitado, lado a lado, tanto leis urgentes e inadiáveis, portanto necessárias ao país, quanto verdadeiros abusos jurídicos, aos quais o Congresso se vê levado a sancionar".

Contudo, ao anunciar seu parecer em 6.6.87, o constituinte Egídio Ferreira Lima, relator da Comissão da Organização dos Poderes, registrava: "O Decreto-lei, sempre abastardado pelos regimes autoritários, reconquista a sua roupagem democrática e os seus fundamentos históricos, como fator de modernização e rapidez na ação administrativa, nos casos de importância e urgência, tão presentes no mundo moderno". Em seguida, assim apresentava o art. 20 do seu substitutivo: "o Executivo não poderá, sem delegação do Congresso Nacional, editar decreto que tenha valor de lei. § 1º. Em caso de relevância e urgência, o Presidente da República, por solicitação do Primeiro-Ministro, poderá adotar medidas provisórias, com força de lei, devendo submetê-las, de imediato, ao Congresso Nacional, para a conversão, o qual, estando em recesso, será convocado extraordinariamente, para se reunir no prazo de cinco dias. § 2º. Os decretos perderão eficácia, desde a sua edição, se não forem convertidos em lei, no prazo de trinta dias, a partir da sua publicação, devendo o Congresso Nacional disciplinar as relações jurídicas dele decorrentes".[10]

A Comissão de Sistematização incorporou esse texto ao art. 122 do seu anteprojeto, e em seguida assim redigiu o art. 76 do seu Projeto "A" (novembro de 1987): "Em

sendo relator o Min. Oswaldo Trigueiro: "Os pressupostos de urgência e relevante interesse público escapam ao controle do Poder Judiciário" (*RTJ* 62/819).

10. Compare-se com o art. 77 da Constituição italiana, transcrito na nota de rodapé n. 1.

caso de relevância e urgência, o Presidente da República, por solicitação do Primeiro-Ministro, poderá adotar medidas provisórias, com força de lei, devendo submetê-las de imediato, para conversão, ao Congresso Nacional, que, estando em recesso, será convocado extraordinariamente para se reunir no prazo de cinco dias. Parágrafo único. As medidas provisórias perderão eficácia, desde a edição, se não forem convertidas em lei no prazo de trinta dias, a partir de sua publicação, devendo o Congresso Nacional disciplinar as relações jurídicas delas decorrentes". No Projeto "B" (agosto de 1988) suprimiu-se a referência ao Primeiro-Ministro, chegando-se em seguida à redação que passou para o art. 62 da Constituição. Contudo, a redação final foi aprovada sem que se visse referência a medidas provisórias no art. 59, que em seus vários incisos arrola, em *numerus clausus*, as proposições incluídas no processo legislativo. Em algum momento, entre sua aprovação e a publicação, o texto constitucional foi clandestinamente alterado. Sua reprodução na *Folha de S. Paulo*, no dia 5.10.88, é mais autêntica do que a versão do *Diário Oficial*.

Durante o Congresso Constituinte, poucos se aperceberam do perigo ou protestaram, tal como o senador Josaphat Marinho, que em artigo publicado na imprensa e posteriormente inserto em coletânea denominada *À margem da Constituinte* (Brasília Jurídica, 1992, p. 31) considerava a medida provisória um "decreto-lei dissimulado": "Uma Constituição restauradora ou instauradora da ordem livre não há de refletir ou consagrar práticas notoriamente adversas a natureza ou ao êxito do sistema democrático. Ainda menos deve fazê-lo por meio de linguagem que disfarce a índole ou a configuração da medida ou do instituto. (...) Deliberadamente ou por lapso, o primeiro Projeto do Relator da Comissão de Sistematização contém dispositivo dessa espécie. (...) O nome ou rótulo não altera a substância do ato. Se a Constituinte quer manter o decreto-lei, tão justamente condenado até bem pouco, que o faça lisamente, sem caricatura, como convém ao texto magno. Avulta a impropriedade do preceito porque não há noção clara ou assentada do que sejam medidas provisórias. (...) Como não há delineamento claro de tais medidas, serão elas as que o Presidente da República e o Primeiro-Ministro assim decidirem, até que o Congresso Nacional diga, porventura, o contrário. Não há ofensa, porém, em reconhecer que as contingências influem na atividade parlamentar, dificultando as decisões de resistência democrática".

Em Plenário, propuseram a supressão da medida provisória, por sua semelhança com o decreto-lei, os constituintes Adylson Motta, Lídice da Matta e Michel Temer. Defenderam-na o constituinte Egídio Ferreira Lima, e, em encaminhamento de votação, o constituinte Nelson Jobim, ambos sustentando sua diferença com relação ao decreto-lei. Michel Temer afirmava: "a chamada medida provisória é um nome novo que se deu a uma coisa velha" ... "é tal qual o decreto-lei". E pedia "encarecidamente a atenção dos membros do Poder Legislativo brasileiro, porque o que está em pauta é a possibilidade de o Legislativo retomar a sua função da Constituição de 1946 e legislar amplamente. Ao contrário, se mantivermos as chamadas medidas provisórias, a incapacitação de o Legislativo brasileiro legislar na sua plenitude". Nelson Jobim retrucou: "(...) não estamos tratando de decreto-lei, estamos tratando de algo moderno, algo absolutamente moderno, que corresponde àquilo que a sociedade conhece, a necessidade da intervenção expedita e rápida do Estado em situações emergenciais e de gravidade absoluta. E esta Casa vigiará de forma absoluta, e com toda a sua força legislativa, qualquer excesso que venha a ser praticado. A vigília desta Casa será ou positiva para uma conversão, ou negativa pelo silêncio em 30 dias. E a medida cairá desde a sua edição". Posta em votação a proposta de supressão da medida provisória, foi rejeitada por 275 votos contra 78, tendo-se manifestado em seu favor as lideranças do PDS (Amaral Netto), do PTB (Dirce Tutu Quadros), do PCdoB (Lídice da Matta) e do PT (Paulo Delgado), e, em contrário, as lideranças do PFL (Inocêncio de Oliveira), PCB (Roberto Freire), PMDB (Mário Covas), PDT (Vivaldo Barbosa) e PSB (Ademir de Andrade).[11]

4. Pressupostos da medida provisória[12]

4.1 Como vimos acima, o Ato Institucional 2 permitia a edição de decreto-lei apenas em matéria de segurança nacional. Que o decreto-lei versasse sobre segurança nacional era requisito material de sua validade. Esse âmbito material foi sendo sucessivamente ampliado nas posteriores normas de hierarquia constitucional. Em 1967, à segurança nacional foram acrescentadas as finanças públicas. Em 1969, acrescentaram-se normas tributárias, criação de cargos públicos e fixação de vencimentos. Por fim, a Constituição de 1988 instituiu a medida provisória sem nenhuma limitação expressa de âmbito material.

4.2 Como também já se viu, o ***objeto*** da medida provisória não se confunde com os seus pressupostos. Nos diplomas autoritários de 1967 e 1969, pressupostos da edição de decreto-lei eram a urgência e o interesse público relevante.

A fórmula daqueles diplomas autoritários era mais explícita do que a fórmula que, depois, se inseriu na Constituição de 1988. Esta fala apenas em relevância e urgência, enquanto aquela apontava para o referido da relevância, que é o interesse público. A ***relevância***, tanto sob as Ordenações de 1967 e de 1969 quanto sob a Constituição de 1988, é a relevância do interesse público; não é, p. ex., a relevância do interesse do governo, de algum dos poderes, de alguma entidade federativa, do funcionalismo público, desta ou daquela política de governo. Ainda que o governo, os poderes públicos, as entidades federativas, o funcionalismo público e as políticas públicas se entendam instituídos no interesse público, na prática seu interesse não se confunde com o interesse público.[13]

Relevante é mais do que o simplesmente necessário. Na Argentina e na Itália fala-se em decretos ou em medidas de necessidade e urgência. Mas todas as normas presumem-se e devem ser necessárias, embora umas possam ser menos, e outras possam ser mais necessárias. Assim, é preciso distinguir entre a simples necessidade, que justifica a existência de toda lei, e a excepcional necessidade, que justifica a edição de um decreto de necessidade e urgência. *Relevante*, aquilo que se eleva acima do plano comum do necessário, é o termo encontrado para designar essa necessidade excepcional.

Mede-se a necessidade pela natureza e extensão das conseqüências, quando se deixa de praticar o ato reputado como necessário. Útil é o que produz ganho. Necessário, aquilo cuja falta traz privação ou prejuízo, seja este reparável ou irreparável. O conceito de ***irreparabilidade*** — largamente manejado em Direito processual para a concessão de liminares ou cautelares — é invocável para avaliar-se a dimensão da necessidade.

Urgência, do verbo *urgere* (impelir, empurrar, espetar, cravar), significa *grande aperto ou necessidade* (*Dicionário Latino-*

11. *Diário da Assembléia Nacional Constituinte*, 19.3.88, pp. 8.654/8.658.

12. Sobre os pressupostos da medida provisória, veja-se Cármen Lúcia Antunes Rocha ("Conceito de urgência no Direito Público brasileiro", *RTDP* 1/233), Celso Antônio Bandeira de Mello ("Perfil constitucional das medidas provisórias", *RDP* 95/28), Clèmerson M. Clève (*Atividade Legislativa do Poder Executivo no Estado Contemporâneo e na Constituição de 1988*, Ed. RT, 1993, p. 162), Eros Roberto Grau ("Medidas provisórias na Constituição de 1988", *Anais da XIII Conferência Nacional da OAB*, p. 265; *RT* 658/240); Geraldo Ataliba ("O decreto-lei na Constituição de 1967", *RT*, 1967).

13. "Interesse público é o interesse geral da sociedade, concernente a todos e não só ao Estado" (STJ, 1ª T., REsp 197.586, j. 23.2.99).

Português, de L. Quicherat); não é a simples necessidade, mas a necessidade urgente. Só é verdadeiramente urgente o que não pode ser deixado para depois. A urgência que justifica a medida provisória é formal, pois diz respeito à impossibilidade de normatização posterior: a norma será inócua se não se fizer prontamente, como é o caso, p. ex., daquela para cuja edição há termo fatal. A definição da urgência não se baseia no princípio da economia, como acontece com a definição de necessidade; o conceito de ***irreversibilidade*** — largamente manejado em Direito processual para a antecipação da tutela jurisdicional — é invocável para ajuizar-se sobre a urgência: a) porque a medida provisória só pode ser editada para evitar a consumação de situações irreversíveis; b) porque, sendo resolúvel *ex tunc*, toda medida provisória é por definição reversível, seja quanto a si mesma, seja quanto a seus efeitos. Caso contrário, o Executivo poderia criar fatos consumados, independentemente de aprovação do Legislativo.[14]

Na urgência existe algo que urge e alguém que é urgido. O aguilhão da urgência é o fato novo — que não se confunde com o fato crônico, com a percepção nova, ou com o juízo novo a respeito de relação preexistente — e que exige pronta disciplina jurídica. A emergência não é elemento integrante, mas elemento prévio da urgência: o que urge é o fato emergente, que pode ser também a ulceração do crônico, como a perspectiva do inadimplemento legislativo ou a mora legislativa perfeitamente caracterizada.[15] A medida provisória justifica-se quando há risco de consumar-se a situação nova de fato, sem ter, a regê-la, a correspondente disciplina jurídica.[16]

4.3 Para justificar a edição de medida provisória não basta que ocorra necessidade excepcional, nem basta que ocorra urgência: *é preciso haver necessidade excepcional de interesse público cuja satisfação exija imediato provimento normativo*. Lê-se portanto no art. 62 da Constituição brasileira: o Presidente da República poderá editar medida provisória, com força de lei, em caso de excepcional necessidade de interesse pú-

14. Exemplo de situação irreversível é o da MP 312, de 12.2.93 — a qual foi sendo reeditada até a MP 325, de 15.6.93 — que suspendia prazos judiciais em favor da União. A MP 1.561, de 20.12.96, dispunha sobre atribuições processuais da Advocacia-Geral da União; aliás, sua reedição sob o n. 1.561-3 foi julgada inconstitucional pela 12ª C. do 2º TACivSP, em 7.1.98 (cf. AASP 2.042). Outro exemplo é o dado por Wilson Alves de Souza ao examinar a MP 285, de 14.12.90, que criava hipótese de arquivamento de autos judiciais (v. *RP* 65/124).

15. No julgamento da ADIn 526 o autor argüiu que, estando em tramitação no Congresso projeto de lei tratando da mesma matéria, "o Executivo calculou mal o grau de urgência da questão". O Tribunal afastou a alegação: "A existência de projeto de lei sobre a matéria, antes de provar a falta de urgência, pode evidenciá-la, se o processo legislativo não se ultima no tempo que o Poder competente razoavelmente reputa necessário à vigência da inovação proposta, que, de qualquer modo, ficará sujeita à decisão final, *ex tunc*, do Congresso" (voto do relator Mini. Sepúlveda Pertence, 12.12.91, *RTJ* 145/109). Ficou vencido o Ministro Carlos Velloso: "(...) se o Presidente da República propõe projeto de lei ao Congresso Nacional, em regime de urgência, faz S. Exa. uma opção constitucional. Não pode, ao que penso, em andamento o projeto, editar medida provisória a respeito do mesmo tema. Isto somente seria possível diante da ocorrência de fato novo, fato superveniente, a indicar, claramente, a ocorrência dos pressupostos da relevância e da urgência (CF, art. 62). Não ocorrente o fato novo, superveniente, não me parece possível a edição da medida provisória. No caso, não há falar em fato novo, superveniente, nem esse fato foi alegado".

16. Para Américo M. Lacombe, a urgência está materialmente demarcada pelos prazos previstos, no regimento interno do Congresso, para apreciação do pedido de delegação legislativa. Não é urgente a ponto de justificar a utilização das medidas provisórias aquilo que puder aguardar o tempo necessário a essa apreciação ("Medidas provisórias", in *Estudos em Homenagem a Geraldo Ataliba*, p. 118, org. Celso Antônio Bandeira de Mello, Malheiros Editores, São Paulo, 1997). Vejam-se a propósito os arts. 116 e ss. do Regimento Interno do Congresso.

blico que só se satisfaça com imediato provimento normativo.

No Estado Democrático de Direito, apenas quem o representa pode criar obrigação para o povo. Por isso, pertence ao Legislativo a competência para ajuizar sobre as necessidades normativas, sejam habituais, sejam excepcionais. O Executivo pode suprir, provisoriamente, a impossibilidade do Legislativo quanto à necessidade excepcional e urgente, mas não pode arrogar-se duradouramente aquela competência, nem arrogar-se maior capacidade do que o Legislativo para efetuar esse escrutínio. Se o Executivo tivesse aquela competência, e a faculdade de exercê-la discricionariamente, o Legislativo não poderia rejeitar a medida provisória, tornando-a ineficaz *ex tunc*. Normas excepcionais interpretam-se restritivamente, assim como estritamente se exercitam faculdades excepcionais. Inexistem na lei palavras vazias, e a permissão de editar medida provisória em caso de relevância e urgência implica a vedação de editá-la se não houver relevância e urgência. Admitir essa discricionariedade seria o mesmo que apagar da norma constitucional as palavras que instituem tais pressupostos, e obrar contra a presunção *facti* de abuso de poder por parte do Executivo.

4.4 Aquilo a que falta pressuposto não chega a existir. A falta de pressuposto da medida provisória resulta em sua insubsistência, que é mais do que ineficácia, pois lhe alcança a existência. Nesse caso não cabe ao Congresso editar decreto legislativo para os fins previstos no parágrafo único do art. 62 da Constituição, em sua parte final.[17] Aí se determina que o Congresso discipline as relações jurídicas decorrentes da medida provisória em caso de perda da sua eficácia, mas o que não subsiste não chegou a produzir qualquer efeito. Uma é a rejeição que desaprova a medida provisória em seu mérito, levando ao seu arquivamento e à necessidade de disciplina das relações dela decorrentes; outra a rejeição que inadmite a medida provisória, julgando-a insubsistente por falta de pressuposto (ou a rejeição que a julga inválida). Por isso, a Resolução CN 1/89 estabelece duas fases distintas no procedimento de exame da medida provisória: a primeira, disciplinada em seu art. 5º, quanto à admissibilidade da medida, "lendo em vista os pressupostos de urgência e relevância a que se refere o art. 62 da Constituição", e a segunda disciplinada em seus arts. 7º e ss., "quanto aos aspectos constitucional e de mérito" (confundiu-se entretanto no parágrafo único do art. 6º, que reuniu no mesmo dispositivo as hipóteses de inadmissibilidade e de rejeição pelo mérito).

5. Requisitos da medida provisória

5.1 Requisitos são elementos extrínsecos ou intrínsecos de existência, eficácia e validade do ato jurídico. Dada sua contigüidade com a lei, a medida provisória deve conter todos os requisitos formais e materiais da lei, que não sejam incompatíveis com sua proveniência e precariedade. Como projeto de lei que é — não obstante resolúvel por decurso de prazo — a medida provisória deve conter todos os requisitos do projeto de lei que não sejam incompatíveis com sua especialidade.

Por isso, a medida provisória deve ser publicada, embora não se lhe apliquem as disposições constantes da cabeça dos arts. 1º e 2º da Lei de Introdução ao Código Civil.[18] A falta de requisito pertinente à lei pode resultar na inexistência, ineficácia ou invalidade da medida provisória.

17. Em 7.10.92 o Congresso editou o Ato Declaratório 1, declarando insubsistente a MP 305, de 4.9.92 — que criava a Secretaria de Projetos Especiais da Presidência da República e dava outras providências — rejeitada em sessão de 6.10.92.

18. "Art. 1º. Salvo disposição contrária, a lei começa a vigorar em todo o país quarenta e cinco dias depois de oficialmente publicada". "Art. 2º. Não se destinando à vigência temporária, a lei terá vigor até que outra a modifique ou revogue".

Sendo projeto de lei, a *medida provisória deve ser encaminhada pelo Presidente da República ao Congresso*, de imediato, com a respectiva *exposição de motivos* (v. adiante item 7.6). Não há como fazê-lo, porém, se o projeto de lei escapa à sua iniciativa (*v.g.*, Constituição da República, art. 93). A falta de requisito pertinente a projeto de lei em alguns casos pode ser suprida pelo Congresso; mas, conforme o caso, pode resultar na sua insubsistência.

5.2 O art. 62 da Constituição diz ainda que, estando o Congresso em ***recesso***, será convocado extraordinariamente para apreciar a medida provisória. Assim, é requisito extrínseco de validade da medida provisória que, estando o Congresso em recesso, seja convocado extraordinariamente pelo Presidente da República, no momento de editá-la.

A falta de convocação induz invalidade da medida provisória. Contudo, sendo a convocação extraordinária do Congresso, em tal caso, para se reunir "no prazo de cinco dias", conclui-se que pode ser editada MP nos últimos quatro dias do recesso congressual sem necessidade de convocação extraordinária, embora, com isso, se encurte o prazo de trinta dias para sua apreciação.

Por sua vez, a Resolução CN 1/89, em seu art. 2º, manda à Presidência do Congresso Nacional que, nas quarenta e oito horas que se seguirem à publicação de medida provisória, designe comissão mista para seu estudo e parecer. Isso não elide a disposição constitucional que manda, ao Presidente da República, submeter a medida provisória, *de imediato*, ao Congresso Nacional.

O § 6º desse mesmo art. 2º diz que "O Congresso Nacional estará automaticamente convocado se estiver em recesso quando da edição de Medida Provisória, cabendo ao seu Presidente marcar sessão a realizar-se no prazo de cinco dias, contado da publicação da mesma no *Diário Oficial da União*". Isso não suprime o ônus que tem, o Presidente da República, de convocar extraordinariamente o Congresso, segundo o disposto no art. 57, § 6º, II, da Constituição, se aquele estiver em recesso no momento de lhe ser submetida medida provisória. De qualquer modo, sendo a convocação extraordinária ato formal específico, é ineficaz a disposição do art. 2º, § 6º, da Resolução 1/89, salvo se entendida como determinação, ao Presidente do Congresso, de efetuar imediatamente a convocação extraordinária, ao ter conhecimento da edição de medida provisória durante o recesso.

Face ao disposto no art. 57 da Constituição, que estabelece taxativamente os períodos do recesso congressual, não se pode dizer que fica sustado seu início se, nesse momento, houver medida provisória pendente de apreciação. Dado que o Congresso pode apreciar a MP antes de se esgotar o prazo constitucional de trinta dias, também não se pode dizer que, ao editar MP nos trinta dias anteriores ao recesso, o Presidente da República deve convocar o Congresso extraordinariamente. Mas é certo que: a) a existência de MP pendente de apreciação nas vésperas de início do recesso exige a automática convocação extraordinária, incidindo em tal hipótese o art. 2º, § 6º, da Resolução 1/89, nos termos acima referidos; e b) ao editar MP nas vésperas do recesso, sem tempo suficiente para sua apreciação, o Presidente da República deve convocá-lo extraordinariamente, sob pena de nulidade da medida provisória.

É grave a questão do recesso. O Congresso Nacional reúne-se anualmente de 15 de fevereiro a 30 de junho, e de 1º de agosto a 15 de dezembro (Constituição, art. 57). Na vigência da nova Constituição, e até dezembro de 1998, suspendeu-se o recesso nos períodos de 7 a 31 de janeiro de 1991, 8 de janeiro a 14 de fevereiro de 1996, 1º a 31 de julho de 1996, 6 de janeiro a 6 de fevereiro de 1997, 1º a 25 de julho de 1997, 6 de janeiro a 13 de fevereiro de 1998. Não obstante, inúmeras medidas provisórias foram editadas durante períodos de recesso sem que houvesse a necessária convocação do

Parlamento.[19] A par dessa omissão, o governo passou a adotar a prática de editar carradas de medidas provisórias às vésperas do recesso. Veja-se, p. ex., o *Diário Oficial da União do dia 30.6.99. Foram publicadas nele 87 reedições de medida provisória.* De quebra, foi publicada uma edição extra, com a MPo 1.915.

5.3 Além desses, há o requisito negativo referido no item 7.2-e: medida provisória não representa nova oportunidade para exercício do poder de veto pelo Executivo.

6. Objeto da medida provisória

6.1 Ao contrário do regime militar de 1964 — que fixou limites contenutísticos à edição de decreto-lei — a Constituição brasileira de 1988 deixou de indicar, expressamente, a matéria que não pode ser disciplinada por medida provisória. O constituinte foi ingênuo ao imaginar que, fixados os pressupostos de relevância e urgência, haveria uma natural contenção do Executivo.

Posteriormente, vieram as limitações expressas, e casuísticas, insertas nas seguintes emendas constitucionais: Emenda Constitucional de Revisão 1, de 1994; EC 5, de 1995; EC 6, de 1995; EC. 6 e 7, de 1995; EC 8, de 1995; EC 9, de 1995. Em razão delas, é vedado editar medida provisória para regulamentar: a) o Fundo Social de Emergência (EC de Revisão 1, de 1994); b) a exploração de serviços locais de gás canalizado (EC 5, de 1995); c) a exploração dos serviços de telecomunicações (EC 8, de 1995); d) a matéria prevista nos incs. I a IV e nos §§ 1º e 2º do art. 177 da Constituição, que tratam do petróleo, gás natural e outros hidrocarbonetos fluidos (EC 9, de 1995). Entre tais vedações, são de maior extensão as constantes das Emendas 6 e 7, de 1995, ambas incluindo no texto constitucional o seguinte: "Art. 246. *É vedada a adoção de medida provisória na regulamentação de artigo da Constituição cuja redação tenha sido alterada por meio de emenda promulgada a partir de 1995*".[20]

6.2 A par dessa casuística, e embora a Constituição não o diga expressamente, há todavia outras matérias que, independentemente de consideração sobre sua relevân-

19. São elas as Medidas Provisórias 25 a 38 (janeiro de 1989); 194 a 197 e 288 a 290 (julho de 1990); 294 e 295 (fevereiro de 1991); 333 e 334 (julho de 1993); 388 a 426 (dezembro de 1993 a fevereiro de 1994); 543 a 556 (julho de 1994); 764 a 889 (dezembro de 1994 a fevereiro de 1995); 1.532 a 1.558, 1.463-8, 1.464-16, 1.465-10, 1.466-8, 1.469-13, 1.470-14, 1.473-26, 1.475-22, 1.477-31, 1.478-19, 1.479-23, 1.480-25, 1.481-44, 1.482-31, 1.512-5, 1.520-3, 1.530-1, 1.559 a 1.562 (dezembro de 1996); 1.692-25, 1.693-37, 1.694-17, 1.695-37, 1.696-23, 1.697-55, 1.698-46, 1.699-37, 1.700-15, 1.701-11, 1.702-26, 1.703-14, 1.704 a 1.708 (julho de 1998); 1.785 a 1.790, 1.710-5, 1.711-5, 1.718-3, 1.791 a 1.793 (dezembro de 1998).

20. Isso alcança todas as emendas a partir da EC 9, de novembro de 1995, e por via de conseqüência o inscrito nos seguintes dispositivos da Constituição: os incs. XII e XXXIII do art. 7º; o § 5º do art. 14; o § 4º do art. 18; os incs. XIV e XXII do art. 21; o inc. XXVII do art. 22; o § 2º do art. 27; o art. 28; os incs. II, V e VI do art. 29; a alínea *e* do inc. VII do art. 34; o *caput* e os incs. I, II, V, VII, X, XI, XIII, XIV, XV, XVI, XVII, XIX e os §§ 3º, 7º, 8º, 9º e 10 do art. 37; o *caput* do art. 38; os arts. 39, 40, 41, e 42; o inc. XV do art. 48; os incs. VII e VIII do art. 49; o inc. IV do art. 51; o inc. XIII do art. 52; o § 7º do art. 57; a alínea *c* do inc. II do § 1º do art. 61; o parágrafo único do art. 70; o § 3º do art. 73; o *caput* do art. 77; o art. 82; o inc. V do art. 93; o inc. III do art. 95; a alínea *b* do inc. II do art. 96; o § 3º do art. 100; a alínea *i* do inc. I do art. 102; a alínea *c* do inc. I do art. 105; o § 3º do art. 114; o § 2º do art. 127; a alínea *c* do inc; I do § 5º do art. 128; os arts. 132 e 135; o § 3º do art. 142; o § 1º e seu inc. III e os §§ 2º, e 3º do art. 144; os incs. X e XI do art. 167; o art. 169; o § 1º do art. 173; o inc. II do art. 192; o inc. VII do parágrafo único do art. 194; os incs. I e II e os §§ 8º, 9º, 10 e 11 do art. 195; os arts. 201 e 202; o inc. V do art. 206; os §§ do art. 207; os incs. I e II do art. 208; os parágrafos do art. 211; o § 5º do art. 212; os arts. 241, 247, 248, 249 e 250, além dos seguintes dispositivos do ADCT: arts. 60, 71, incs. II a V do art. 72; arts. 74 e 75.

cia e urgência, não podem ser objeto de medida provisória.

Para identificar o objeto virtual de medida provisória, porém, não basta percorrer o rol das competências normativas da União, constante dos arts. 22 e 24 da Constituição da República. Isso por três razões:

a) sendo um projeto de lei, a medida provisória corresponde àquilo que o Executivo possa enviar, ao Legislativo, como projeto de lei. Essa a primeira limitação ao poder de editar medida provisória, que não pode dispor sobre matéria de iniciativa conjunta ou de iniciativa exclusiva de outro poder;[21]

b) o conteúdo da norma jurídica vai além da sua pertinência temática (tratar-se, p. ex., de matéria de Direito Civil ou de Direito Penal); determina-se também por outros elementos, como, p. ex., o destinatário da norma.

Tomemos, em primeiro lugar, norma cujo destinatário seja o Presidente da República; visualizemos norma geral, aplicável por isso a todo e qualquer Presidente da República, como a que discipline sua reelegibilidade, a que disponha quanto a sua obrigação de prestar contas ou declarar seus bens, ou a que institua o processo de sua responsabilização. O próprio Presidente da República pode alterá-la? Ao fazê-lo, estaria legislando para a espécie, e estabelecendo privilégio para si mesmo?

Vejamos agora as leis ordinárias cujo destinatário não é o Presidente da República pessoalmente considerado, mas o Poder Executivo. Muitas dessas leis contêm normas de proibição, de autorização ou de controle.[22] Eis nova interrogação: o Executivo pode revogar norma que lhe proíbe fazer algo? Pode outorgar-se a faculdade de fazer o que depende de autorização do Poder Legislativo? Pode afastar controles postos legitimamente, à sua atividade, pelo Poder Legislativo?

Ditadores militares, ao baixar atos institucionais, gostavam de outorgar-se autorização para editar decretos-leis; depois, ao editar um decreto-lei, não fugiam ao ridículo de invocar como seu fundamento aquele ato institucional, ou seja, sua própria vontade. É próprio dos regimes autoritários, quando buscam mínima ou razoável legitimidade, editar normas autolimitativas, embora sua lógica interna costume levá-los, adiante, à transgressão dessas mesmas normas. Mas à parte normas de natureza infralegal, é incompatível com o Estado Democrático de Direito que o Executivo emita comando para si mesmo. É para evitar isso que, entre outras finalidades, existe a divisão de poderes. Falo de toda norma primária *de si para si mesmo*, e não apenas daquela que extingue, para a Administração, obrigação de natureza legal ou convencional.

Normas cujo destinatário é o Executivo são muitas das normas de Direito Administrativo, e quase todas as de Direito Financeiro, como a lei de diretrizes orçamentárias,[23] orçamento, a lei que abre crédito su-

21. Assim a fixação do subsídio dos juízes (arts. 48, XV e 96, II, *b*), o estatuto da magistratura (art. 93), a criação de novas varas judiciárias (art. 96, I, *d*), a alteração do número de membros dos tribunais inferiores, a criação e extinção de cargos e a remuneração dos serviços Judiciários, a criação ou extinção dos tribunais inferiores, a alteração da organização e da divisão judiciária (art. 96, II, *a* a *d*). Também falta poder de iniciativa, ao Executivo, com relação a matéria rejeitada na mesma sessão legislativa (Constituição, art. 67). Note-se, por fim, que matéria normativa de iniciativa exclusiva do Poder Legislativo se exerce mediante decreto legislativo ou resolução, e não mediante lei ordinária.

22. A respeito de matérias que, por incorporar elemento de controle parlamentar sobre a ação do Executivo, não podem ser objeto de decreto-lei, veja-se Ana M. Carmona Contreras, *La Configuración Constitucional del Decreto-ley*, Centro de Estudios Políticos y Constitucionales, Madri, 1997, p. 211.

23. Róbison Gonçalves de Castro assinala a impossibilidade lógico-temporal de alteração da lei de diretrizes orçamentárias após o término da elaboração da proposta orçamentária anual pelo Executi-

plementar;[24] *autorização de si para si mesmo*, passada pelo Executivo em tais casos, é desbordante do Direito.

6.3 Medida provisória pode ter como objeto matéria que já está disciplinada em lei?

À primeira vista não, pois seu objetivo é preencher o vácuo normativo pertinente a situação criada por fato novo. Entretanto, a resposta é afirmativa, porque ou a) a MP constitui norma especial com relação à norma geral preexistente, ou b) o fato novo que justifica a MP recontextualizou a lei preexistente, gerando situação danosa e irreversível que só se corrige com a urgente edição de norma nova.

Embora esta última seja hipótese de difícil ocorrência, não pode ser descartada *a priori*. Alguns autores afirmam que havendo antinomia entre MP e lei preexistente, esta não é *revogada*, mas tem sua vigência suspensa. A questão é meramente nominal. O que interessa é se essa vigência se restaura, ao ser rejeitada a MP.

Contudo, *é inadmissível a revogação total ou parcial, por medida provisória, de uma lei promulgada recentemente, ou durante a mesma sessão legislativa*. Se isso fosse possível, passariam a existir dois poderes legislativos, simultâneos e concorrentes (v. abaixo o item 7.2). O veto inscreve-se no processo legislativo ordinário, mas não a medida provisória, que não é instrumento para sua correção.

Quanto à derrogação da lei por medida provisória, vejam-se adiante os itens 8.2 e 7.2 "b" e "c".

6.4 São também restrições materiais à faculdade de editar medida provisória as referidas nos itens 7.2.a, c e d, 7.2.fim, 7.3 e 7.5.[25] Inclui-se ainda nesse rol a norma de natureza processual, por criar situações irreversíveis, conforme se mencionou acima no item 4.2 e nota de rodapé n. 9.

7. Medida provisória e processo legislativo

7.1 Lei é produto procedimentado da representação popular. O *processo legisla-*

vo, e observa, a propósito de medidas provisórias com esse objeto: "Admitir-se alteração na LDO após elaborado o orçamento seria destituir de sentido aquela lei e permitir que o Executivo inverta a lógica da hierarquia legislativa, executando o orçamento como melhor lhe aprouver, e depois tentando adequar as diretrizes às suas ações ilegais" ("Considerações acerca da constitucionalidade na expedição de medidas provisórias versando matéria orçamentária pública", *RIL* 126/103).

24. O art. 68, § 1º, da Constituição, bem por isso, nega a possibilidade de delegação, ao Presidente da República, para legislar sobre planos plurianuais, diretrizes orçamentárias e orçamentos. Há exceção expressa no tocante a crédito extraordinário, segundo o disposto no art. 167, § 3º, da Constituição: "A abertura de crédito extraordinário somente será admitida para atender a despesas imprevisíveis e urgentes, como as decorrentes de guerra, comoção interna ou calamidade pública, observado o disposto no art. 62".

25. Em março de 1990, o Procurador-Geral da República argüiu a inconstitucionalidade das MPs 153 e 156, ambas do dia 15 daquele mês, que criavam figuras penais; sustentou não ser possível permitir que o Chefe do Executivo se substitua ao Poder Legislativo em tema de definição de crime e cominação de pena, uma vez que o termo "lei", posto no art. 5º, XXXIX, da Constituição, deve ser interpretado restritivamente, em seu sentido exclusivamente formal: norma criada pelo Poder Legislativo, assim como inadmissível que alguém possa ser constrangido a se submeter a processo penal e a eventual condenação, antes que a medida provisória se transforme em lei. Antes que a respectiva ação direta de inconstitucionalidade, com pedido de liminar (ADIn 221) fosse apreciada, o Executivo, no dia 28 daquele mesmo mês, editou a MP 175, julgando nulas as indigitadas medidas provisórias. O TRF da 3ª R., ao julgar em 25.4.91 o mandado de segurança 37.658, externou entendimento de achar-se fora do âmbito da medida provisória matéria penal e a que cria ou aumenta tributos. Parte da doutrina tem o mesmo entendimento. Quanto ao problema da anterioridade tributária, veja-se, p. ex., José Souto Maior Borges ("Limitações temporais da medida provisória", *RDT* 64/192).

tivo não é apenas o roteiro técnico-procedimental da elaboração legislativa, mas a garantia decorrente, para a sociedade, da existência desse roteiro. Submete-se, portanto, à garantia inserta no art. 5º, LIV, da Constituição; o devido processo legal obriga tanto ao aplicador da lei quanto ao legislador.[26] Também se estendem, ao processo legislativo, os princípios referidos no art. 37 da Constituição, que presidem a toda atividade pública: legalidade, impessoalidade, moralidade, publicidade e eficiência.

A publificação do processo legislativo não o torna, de *per si*, um processo aberto, mas é condição do seu conhecimento pela sociedade, e da influência que, sobre ele, a sociedade queira ou possa exercer. A celeridade não é — nem deve ser — característica do processo legislativo. A tramitação dos projetos em duas casas, pelas respectivas comissões antes de irem ao plenário, e às vezes em dois turnos de discussão e votação, não se presta apenas à mais aprimorada reflexão possível sobre a nova norma a ser editada, mas ao seu acompanhamento pela opinião pública.

Além do que a esse respeito se contenha na Constituição, em leis complementares (*v.g.*, a LC 95, de 26.2.98) e em leis ordinárias, o processo legislativo é disciplinado em normas internas das casas legislativas; basicamente, no Regimento Interno da Câmara dos Deputados, no Regimento Interno do Senado, e no regimento interno do Congresso.

7.2 O poder de editar medida provisória não é substitutivo da atividade legislativa regular. Entregando essa faculdade ao Executivo, *a Constituição não estabeleceu dois poderes legislativos paralelos e concorrentes*.[27] Sendo mais ágil do que o Legislativo, o Executivo pode acorrer com mais presteza a uma situação nova e relevante, dependente de urgente disciplina. Esse o espaço em que, face ao princípio de independência e harmonia dos poderes (Constituição, art. 2º), se exerce tal competência: a do temporário vácuo normativo em caso de relevância e urgência.

Daí algumas características dessa competência excepcional: a) ela objetiva regular situações novas e imprevistas; nela não se inscreve o que corresponde ao curso normal ou esperado dos acontecimentos; para esse caso, havendo pressa, incidem os §§ 1º e 2º do art. 64 da Constituição;[28] b) seu objetivo é preencher o vácuo normativo pertinente a situação nova e imprevista criada por fato novo; assim, se essa situação nova é espécie de situação já regulada *in genere*, a medida provisória está para a lei respectiva tal como a lei especial está para a lei geral; c) ela não contém poder de emenda de disposições legislativas: se a matéria já está normatizada, não há vácuo normativo que reclame medida provisória, ressalvada a ocorrência de fato novo que tenha recontextualizado a lei; d) ela cessa, com relação a determinada matéria, tão logo exercida; desde a publicação da medida provisória a disciplina da situação nova e relevante man-

26. "No cenário das instituições jurídicas do país, o procedimento tem o valor de penhor da legalidade no exercício do poder. A lei traça o modelo dos atos do processo, sua seqüência, seu encadeamento, disciplinando com isso o exercício do poder e oferecendo a todos a garantia de que cada procedimento a ser realizado em concreto terá conformidade com o modelo preestabelecido: desvios ou omissões quanto a esse plano de trabalho e participação constituem violações à garantia constitucional do devido processo legal" (Cândido Rangel Dinamarco, *A Instrumentalidade do Processo*, Malheiros Editores, São Paulo, 1996, 5ª ed., p. 127).

27. Caso grave de concorrência legislativa é a reedição de medida provisória já rejeitada pelo Congresso. V. adiante o item 8.4.

28. "§ 1º. O Presidente da República poderá solicitar urgência para apreciação de projetos de sua iniciativa. § 2º. Se, no caso do parágrafo anterior, a Câmara dos Deputados e o Senado Federal não se manifestarem, cada qual, sucessivamente, em até quarenta e cinco dias, sobre a proposição, será esta incluída na ordem do dia, sobrestando-se a deliberação quanto aos demais assuntos, para que se ultime a votação".

tém-se exclusivamente na órbita do Poder Legislativo;[29] e) ela não substitui o poder de veto: tendo participado do processo de elaboração da norma, com a faculdade de vetá-la, o Executivo não pode prevalecer-se em seguida, para modificá-la, de medida provisória.

Inexiste norma expressa determinando que a lei (por via de conseqüência também decreto-lei ou medida provisória) seja prévia, genérica e abstrata: essas características obrigatórias da lei não decorrem de qualquer norma positiva, mas dos princípios conformadores do Estado de Direito. A vedação da lei *ad hoc* não existe apenas como proteção contra o privilégio, mas principalmente como proteção contra o arbítrio: o comportamento de homens livres e o da Administração pública não se pauta por ordens do governante, manifestações individuais de vontade para o caso concreto, mas por leis — previsões genéricas, abstratas, e por isso isonômicas — que limitam o exercício da autoridade. Como faltam, ao processo de elaboração do decreto-lei ou da medida provisória, as garantias do processo legislativo regular, sua tendência é lançar-se ao arbítrio, passando a dispor sobre situações individuais, concretas.

A prática da medida provisória, por isso, também tende ao ***casuísmo*** que despertou tanta aversão contra o decreto-lei. A urgência, pressuposto de existência da medida provisória, na prática governamental acabou confundida com as necessidades associadas ao caso concreto.

7.3 O art. 67 da Constituição *cerceia a reapreciação de matéria rejeitada na mesma sessão legislativa.*[30]

Sabia o constituinte que situações novas, emergentes, podem aconselhar ou ensejar o reexame de uma determinada matéria. Entretanto, negou ao Legislativo a possibilidade de fazê-lo salvo com a adesão prévia de no mínimo a metade dos seus membros (Constituição, art. 67). Vê-se aqui ponto de contato da decisão legislativa com a decisão judicial: criou-se em favor da estabilidade e confiabilidade do ordenamento, bem como em respeito a decisão de maiorias circunstanciais, uma certa coisa julgada legislativa *pro tempore*. Somente a maioria absoluta dos membros de qualquer das casas do Congresso pode ter a iniciativa legislativa sobre a matéria rejeitada.

Essa é, portanto, vedação à iniciativa do Executivo, que se acrescenta às examinadas acima. Como vimos no item anterior, não pode haver medida provisória sobre matéria que ao Executivo não caiba encaminhar, como projeto de lei, ao Poder Legislativo.[31]

O art. 67 interpreta-se: a) a proibição é quanto à reapresentação de projeto sobre a mesma matéria, e não quanto à reapresentação de projeto idêntico; caso contrário, frustrar-se-ia facilmente a proibição, com a menor alteração na proposição anterior; b)

29. "Com a sua publicação no órgão oficial, as medidas provisórias subtraem-se ao poder de disposição do Chefe do Executivo e ganham autonomia jurídica absoluta, desvinculando-se, no plano formal, da autoridade que as instituiu. O Presidente da República exaure a sua extraordinária competência constitucional no instante mesmo em que dá existência jurídica independente, no âmbito do ordenamento positivo do Estado, às medidas provisórias por ele editadas" (José Celso de Mello Filho, "Considerações sobre as medidas provisórias", *Revista da Procuradoria-Geral do Estado de S. Paulo* 33/203).

30. O art. 67 da Constituição estabelece: "A matéria constante de projeto de lei rejeitado somente poderá constituir objeto de novo projeto, na mesma sessão legislativa, mediante proposta da maioria absoluta dos membros de qualquer das Casas do Congresso Nacional".

31. Diz o voto do Ministro Sepúlveda Pertence na ADIn 293: "(...) se se vedou expressamente, sem a prévia manifestação de apoio da maioria absoluta de uma das Casas do Congresso, o simples reexame do projeto rejeitado, na mesma sessão, com mais razão não se pode facultar, à decisão unilateral do Poder Executivo, emprestar a esse projeto rejeitado, ou à sua substância normativa, a eficácia imediata de lei, seja embora, essa eficácia, de novo, provisória e resolúvel" (*RTJ* 146/727).

ao falar em "matéria constante de projeto de lei *rejeitado*", o que ele veda, *contrario sensu*, é o reexame de toda matéria vencida. Assim, também decorre dessa norma que a matéria constante de projeto de lei *aprovado* na mesma sessão legislativa não poderá ser nela reapreciada, caso implique o reexame do que ficou explícita ou implicitamente rejeitado.[32]

7.4 A edição de medida provisória interfere com o processo legislativo ordinário, pois a) o art. 66, § 6º (*in fine*) da Constituição estabelece preferência para a apreciação de MP; e b) o art. 67 também impede que, editada medida provisória, se venha logo em seguida a promulgar, sobre a mesma matéria, lei que não corresponda à sua conversão ou aprovação.

Assim, proferido pelo Congresso o juízo de admissibilidade da medida provisória, ou nela se absorvem os projetos versando sobre a mesma matéria, saltando-se etapas do processo legislativo ordinário, ou fica suspensa sua tramitação. Ao juízo de admissibilidade, portanto, cabe evitar que a medida provisória se transforme em instrumento ilegítimo de interferência no processo legislativo ordinário, obstando ou acelerando a apreciação de matérias segundo o interesse do Executivo.

7.5 Ao permitir a edição de medida provisória, a Constituição não entregou, ao Executivo, competência normativa. Por isso, são inexatas as aproximações entre medida provisória e delegação legislativa. A medida provisória não produz qualquer efeito se não for aprovada expressamente pelo Congresso, que mantém durante todo o tempo, em suas mãos, a faculdade de editar a norma primária.

Também é inexata, por isso, a equiparação entre medida provisória e lei: não é semelhante a da lei a "força de lei" da medida provisória: a lei pode ser revogada, mas não pode ser desconstituída *ex tunc* pelo Congresso. A possibilidade de ineficacização *ex tunc* da medida provisória significa que ela não gera direito adquirido ou ato jurídico perfeito. A força de lei da medida provisória é força de lei nos limites da sua precariedade.

O que se entregou, ao Executivo, foi uma faculdade antecipatória, sujeita ao referendo parlamentar; qualquer poder além desse, por consistir corte na competência normativa do Congresso, precisaria estar expresso na Constituição. Como se viu acima (item 7.2.b), essa competência antecipatória do Executivo cessa tão logo exercida; desde a publicação da medida provisória a disciplina da situação nova e relevante mantém-se exclusivamente na órbita do Poder Legislativo, seja para aprovar, seja para rejeitar, seja para alterar a medida provisória, seja ainda para disciplinar as relações dela decorrentes. Veja-se, a propósito, o item 8.4.

Por essa razão, o STF entendeu inadmissível a *retirada*, pelo Executivo, de MP que haja encaminhado ao Congresso. A retirada, porém, não é ato unilateral, e só se perfaz com autorização do Legislativo. Assim, o mero pedido de retirada de medida provisória não frustra sua apreciação pelo Legislativo, que poderá anuir desde que dentro do prazo de trinta dias, editando em seguida decreto legislativo sobre as relações dela decorrentes.[33]

32. O art. 163-1 do Regimento Interno da Câmara dos Deputados considera prejudicada "a discussão ou a votação de qualquer projeto idêntico a outro que já tenha sido aprovado ou rejeitado na mesma sessão legislativa, ou transformado em diploma legal".

33. "Por ser a medida provisória ato normativo com força de lei, não é admissível seja retirada do Congresso Nacional a que foi remetida para o efeito de ser, ou não, convertida em lei" (STF, medida liminar, Pleno, ADIn 221, 29.3.90, relator Min. Moreira Alves). Diz o voto do relator: "(...) admitida essa retirada, nada impediria que o Governo sucessivamente editasse e retirasse posteriormente medidas provisórias com força de lei, de tempos em tempos, sob a alegação de que a urgência e a necessidade teriam ressurgido, o que traria total

7.6 Ao prever a possibilidade de elaboração de leis pelo Poder Executivo, mediante prévia ***delegação*** do Congresso (art. 68), a Constituição vedou expressamente a delegação quanto a: "I — organização do Poder Judiciário e do Ministério Público, a carreira e a garantia de seus membros; II — nacionalidade, cidadania, direitos individuais, políticos e eleitorais; III — planos plurianuais, diretrizes orçamentárias e orçamentos". São fundadas e evidentes as razões dessa vedação, pertinente a direitos fundamentais, direitos políticos e ao equilíbrio entre os poderes.

É razoável indagar se a vedação é absoluta ou se é relativa, concernente, neste caso, apenas à edição de lei delegada, mas não à de medida provisória. Mas se o Executivo não pode legislar sobre essa matéria sequer com autorização prévia do Congresso, parece que também não pode fazê-lo sem essa autorização prévia, mesmo em caso de urgência. E se ao Legislativo é vedado conceder essa autorização prévia, não tem poder de aprovar aquilo que foi feito sem ela. Lembremo-nos de que é excepcional a faculdade antecipatória do Executivo, interpretando-se estritamente. Portanto, é nula e de nenhum efeito a medida provisória sobre qualquer das matérias indicadas no art. 68 da Constituição; e discutível a validade da lei em que se tenha transformado a medida provisória com vício do processo legislativo.

7.7 Ao contrário do que acontece com a lei ordinária, o processo de elaboração de medida provisória não é necessariamente público, nem procedimentado. Sob o ponto de vista administrativo, esses são atos pessoais do Presidente, ainda que, em sua elaboração, seja ajudado por outrem. O Decreto 1.937, de 21.6.96, à parte seu aspecto técnico, é interessante sob vários pontos de vista; primeiro porque veio estabelecer uma incipiente procedimentação na elaboração desses atos, vinculando a Administração e o próprio Presidente da República; segundo porque deu alguma visibilidade às influências a que está sujeito tal processo.[34]

Esse decreto criou, p. ex., a figura do "projeto de medida provisória", de autoria de ministério, de secretaria da Presidência da República ou outro qualquer órgão da estrutura da Presidência da República (art. 2º), que é encaminhado à Casa Civil da Presidência da República, com exposição de motivos e parecer conclusivo da respectiva consultoria jurídica (art. 16). Seu art. 22 — praticamente uma tentativa de determinação dos conceitos de relevância e urgência — está assim redigido: "Somente serão apreciados pela Presidência da República projetos de medida provisória se caracterizado estado de necessidade legislativo decorrente de circunstância fática ou situação jurídica de difícil previsão. § 1º. O estado de necessidade legislativo caracteriza-se pela exigência

insegurança jurídica, inerme que ficaria o Congresso, e com a possibilidade de o Governo alcançar materialmente os seus propósitos (...)" (*RTJ* 151/331). Esse mesmo acórdão que inadmitiu a *retirada* de medida provisória, porque frustraria sua apreciação pelo Legislativo, admite sua *revogação*, por entender que aí não se frustra essa apreciação. Contudo, na verdade, a retirada é menos gravosa do que a revogação: não sendo, como esta, ato unilateral do Executivo, só se faz com autorização do Legislativo (veja-se, a propósito, o art. 104 do Regimento Interno da Câmara dos Deputados).

34. Este o teor, p. ex., do seu art. 30 e respectivo § 1º: "A constituição de delegações, comissões, comitês ou grupos de trabalho, que dependa de autorização ou aprovação do Presidente da República, far-se-á mediante exposição de motivos, exceto nos casos em que a constituição tenha sido determinada por lei ou por despacho do Presidente da República. § 1º. A exposição de motivos, devidamente fundamentada e instruída com os anexos, indicará a autoridade encarregada de presidir ou de coordenar os trabalhos do colegiado, a sua composição e, quando for o caso, os membros, o órgão encarregado de prestar apoio administrativo dos serviços, a autoridade encarregada de estabelecer o regimento interno ou as normas de funcionamento, bem como o custeio das despesas, se for o caso, e o prazo de duração dos trabalhos". Essa redação foi mantida no art. 52 do Decreto 2.954, de 29.1.99, que modificou o Decreto 1.937/96.

ou indispensabilidade de tomada de providência de índole legislativa com efeito imediato sob pena de se verificarem prejuízos de ordem administrativa, econômica, social ou de segurança pública. § 2º. Não serão disciplinadas por medidas provisórias matérias que possam ser aprovadas dentro dos prazos estabelecidos pelo procedimento legislativo de urgência previsto na Constituição". Essas normas foram mantidas no Decreto 2.954, de 29.1.99, que revogou o Decreto 1.937/96.

7.8 Embora não o digam os Decretos 1.937/96 e 2.954/99, é curial que ou a publicação da medida provisória, ou a mensagem que a submete ao Congresso, se acompanhe da respectiva *exposição de motivos*. Ela é tão necessária ao Presidente da República antes de assinar a medida provisória, quanto ao Congresso antes de apreciá-la. E é absolutamente indispensável quando a medida provisória pretende que se ab-rogue norma legislativa: porque é preciso ao Executivo demonstrar que a incidência da lei causa dano irreparável ao interesse público, gerando situação irreversível que só é dado corrigir por essa via excepcional.

Face ao que acima se deduziu, a exposição de motivos deve demonstrar que: a) há situação nova, decorrente de fato novo ou mora legislativa, exigindo normatização; b) está caracterizada na hipótese a relevância (a excepcional necessidade) do interesse público; c) essa necessidade só pode ser satisfeita com a imediata edição de medida provisória, sendo impossível atendê-la dentro dos prazos estabelecidos pelo procedimento legislativo de urgência previsto no art. 64, §§ 1º e 2º da Constituição.

7.9 São três as hipóteses de ***rejeição*** de medida provisória: a) a rejeição pela ausência de pressuposto (Resolução CN 1/89, art. 5º) ou de requisito que a torna insubsistente, devendo o Congresso devolvê-la ao Presidente da República; b) a rejeição tácita, por decurso de prazo, que a torna ineficaz *ex tunc*, devendo o Congresso imediatamente arquivá-la e disciplinar as relações jurídicas dela decorrentes, mediante decreto legislativo cujo projeto será elaborado pela respectiva comissão mista, e cuja tramitação terá início na Câmara dos Deputados (Resolução 1/89, art. 17); e) a rejeição expressa, quanto à ausência de outros requisitos ou quanto à sua constitucionalidade e mérito, devendo o Congresso Nacional arquivá-la, baixar ato declarando sua ineficácia, fazer a devida comunicação ao Presidente da República e disciplinar as relações jurídicas dela decorrentes, mediante decreto legislativo cujo projeto será elaborado pela respectiva comissão mista (Resolução 1/89, art. 6º, parágrafo único).

A rejeição da medida provisória nas hipóteses *a* e *b* torna-a ineficaz *ex tunc*, desconstituindo-lhe os efeitos. Todavia, durante sua vigência criaram-se fatos do mundo jurídico, relações decorrentes de sua incidência, para cuja disciplina faz-se necessária a edição de decreto legislativo.[35]

7.10 No exame dos pressupostos da medida provisória, a Resolução 1/89 (art. 5º, § 5º) ressuscitou o decurso de prazo *in peius*: sendo a questão submetida por via de recurso ao Plenário, se este não a decidir em duas sessões conjuntas, realizadas em até dois dias imediatamente subseqüentes, "considerar-se-ão como atendidos pela Medida Provisória os pressupostos de admissibilidade do art. 62 da Constituição Federal".

É claramente inconstitucional essa disposição, que encobre delegação legislativa

35. Em inúmeros julgados, o STF estabeleceu que, com a perda de eficácia da MP, fica prejudicada a ação em que se argúi sua inconstitucionalidade (v. *RTJ* 146/704, 151/10, 152/339, 153/13, 155/103, 156/29 e 164/907). Há que distinguir-se porém entre atos negociais e atos regulamentares correspondentes à medida provisória rejeitada, que não subsistem autonomamente (STF, ADIn 365, *RDA* 183/126), e fatos ou atos-fatos decorrentes da medida provisória. Diverso é o caso de declaração de inconstitucionalidade da MP, dada a diferença entre ineficácia e invalidade, pois o que entrou nulamente no mundo jurídico é como se aí não tivesse entrado.

por omissão, e corte na competência normativa do Congresso. A aprovação de medida provisória deve ser expressa, e o Legislativo não pode abdicar de sua prerrogativa constitucional de examinar-lhe os pressupostos.

7.11 Qualquer alteração (emenda) no texto da medida provisória será efetuada mediante projeto de lei de conversão que, aprovado, será enviado à sanção do Presidente da República (Resolução 1/89, art. 7º, § 1º); sendo a medida provisória aprovada sem alteração de mérito, seu texto será encaminhado em autógrafo ao Presidente da República, para publicação como lei (Resolução 1/89, art. 18). É vedado ao Congresso incluir na medida provisória matéria distinta da que nela se contemplava, porque em tal caso estaria vulnerando o processo legislativo regular (v. Resolução 1/89, art. 4º).

8. Medida provisória e vigência

8.1 À diferença da lei, que existe a partir da promulgação, a medida provisória passa a existir apenas com sua publicação.[36] E, ao contrário do que pode acontecer com a lei, o início de sua vigência é necessariamente coincidente com o início de sua existência.

A ***data*** correspondente a cada medida provisória é a da sua publicação. As fontes governamentais, e na sua esteira as oficiosas, costumam mencionar como data da medida provisória a da sua assinatura — que é referida inclusive em sua epígrafe — como se ela, à semelhança do que acontece com a lei, fosse promulgada antes de publicada. Tal prática pode induzir a erros, pois a medida provisória existe e tem vigor com a publicação, quando se inicia o prazo fatal de sua vigência; esse prazo, note-se, é de trinta dias e não de um mês, incluindo-se na respectiva contagem o termo inicial, que é o dia da publicação.

Normalmente, a lei ordinária não tem previsão de duração; continua a existir e a viger até ser revogada. Isso já não acontece com a medida provisória, que só existe e vige no máximo por trinta dias, venha ou não a ser aprovada pelo Congresso. Em caso de aprovação ela é transformada em lei ordinária, devendo como tal ser promulgada e publicada; não sendo aprovada perde eficácia "desde sua edição" (caducidade *ex tunc*), segundo o disposto no parágrafo único do art. 62 da Constituição.

8.2 Não são poucos os problemas que nascem com a ***caducidade*** da medida provisória, decorrentes de sua rejeição expressa ou tácita. São tantos, e de tão difícil solução, que só a absoluta e urgente necessidade pode justificar a adoção desse instituto, gerador de alto grau de incerteza e instabilização do ordenamento.

São duas as principais hipóteses que se apresentam: a) a medida provisória limitara-se a preencher o vácuo legislativo, disciplinando estritamente a situação nova; b) a medida provisória suspendera a vigência de lei preexistente, havendo portanto conflito intertemporal de normas.

À parte o que se discutiu no item 6.3 (revogação de uma lei por medida provisória), são mais complicados os problemas que se apresentam na hipótese *b*.

O principal deles é saber, com a caducidade da medida provisória, qual a norma incidente sobre as relações que ela deixou de disciplinar. A Lei de Introdução ao Código Civil diz: "Salvo disposição em contrário, a lei revogada não se restaura por ter a lei revogadora perdido a vigência" (art. 2º, § 3º). Isso acontece tanto com a revogação total (ab-rogação) quanto com a revogação

36. A epígrafe da lei costuma indicar seu número e a data da promulgação, mas a epígrafe da medida provisória deve conter apenas seu número. É viciosa a prática do Executivo, de incluir na epígrafe da medida provisória, além do seu número, a data em que foi assinada. Essa data é irrelevante, e pode levar o aplicador a erro, confundindo-a com o termo inicial de sua vigência. A MP 425, p. ex., foi assinada no dia 4.2.94, mas foi publicada apenas no dia 7.

parcial (derrogação). Não me parece fácil imaginar a hipótese de fato novo que possa provocar validamente a total reformulação do conteúdo de uma lei — mesmo que se trate de lei especial — por medida provisória (v. acima os itens 6.3 e 7.2.b e c). De qualquer modo, se a medida provisória revogou validamente uma lei ordinária, total ou parcialmente, foi provisória essa revogação ("sob condição resolutiva", como diz o Ministro Márcio Moreira Alves);[37] assim, não obstante a falta de expressa disposição em contrário, tem-se como certo que se restaura, *ex tunc*, a vigência da norma revogada; de modo que aos fatos sobre que incidiu a norma "x" (a norma da medida provisória), deve-se aplicar agora a norma "y" (a norma da lei cuja vigência se restaura), como se não tivesse ocorrido solução de continuidade.

A rejeição de medida provisória (expressa ou tácita) torna-a ineficaz *ex tunc*, desconstituindo-lhe os efeitos. Não é semelhante à da lei a "força de lei" da medida provisória: a lei pode ser revogada, mas não pode ser desconstituída *ex tunc* pelo Congresso. A possibilidade de ineficacização *ex tunc* da medida provisória significa que ela não gera direito adquirido ou ato jurídico perfeito: sua "força de lei" contém-se nos limites da sua precariedade.

Desconstituíveis pelo Direito são os atos jurídicos (atos definidos pelo seu elemento de vontade), mas não os fatos físicos. Sob esse aspecto as medidas provisórias não oferecem dificuldade porque, sendo resolúveis, de direito não podem gerar fatos consumados ou irreversíveis. As "relações jurídicas delas decorrentes", a serem disciplinadas mediante decreto legislativo, correspondem às pretensões, inclusive reparatórias ou responsabilizatórias, resultantes de sua caducidade.

Principalmente a medida provisória que tenciona revogar lei cria uma insuportável incerteza para seus destinatários, colocados sob sua imposição atual e a imposição virtual da norma anterior. Esse é caso único e aberrante de antinomia, que não pode ser ignorado pelo intérprete: ao aplicar a norma incidente, qualquer que seja, há de ter em conta as expectativas e a situação gerada pela precariedade da medida provisória. Assim, também não é pequena a dificuldade com que se defronta o legislador, ao formular um decreto legislativo que, inclusive, deve retroagir.

Propostas de reformulação do art. 62 da Constituição, na tentativa de evitar a reedição de medidas provisórias, vêm estendendo o prazo de sua provisoriedade para sessenta, e às vezes para noventa dias ou mais, sem atentar para os graves problemas decorrentes dessa precariedade.

8.3 Normas que criam faculdades excepcionais interpretam-se estritamente. É impossível prorrogar medida provisória; se o fosse, a Constituição tê-lo-ia dito, como fez, p. ex., com relação ao estado de defesa. O mesmo intérprete que admite uma e apenas uma *prorrogação*, ali onde a Constituição permitiu expressamente apenas uma prorrogação, não pode admitir número ilimitado de prorrogações onde a Constituição, além de não prever nenhuma, aludiu expressamente à perda de eficácia do ato ao fim do prazo de trinta dias. Admitir-se a prorrogação de medida provisória implicaria considerar-se como não escrita a cláusula constitucional que fixou esse prazo. Editada a medida provisória, exaure-se a faculdade antecipatória do Executivo com relação ao seu objeto, reconcentrando-se no Legislativo o juízo sobre a relevância e urgência da norma.

A ***reedição*** de medida provisória é contrafação da prorrogação. E, como não lhe é possível retroagir, só tem eficácia durante trinta dias, após o que também expira *ex*

37. Dizia Pontes de Miranda a propósito do decreto-lei: "Não se trata propriamente de decreto-lei, mas de lei sob condição resolutiva (rejeitável dentro do prazo) ou de decreto com eficácia adiantada com relação à deliberação do Congresso Nacional" (*Comentários à Constituição de 1967*, Ed. RT, São Paulo, 1967, pp. 3-68).

tunc. Toda MP, mesmo que consistindo na simples repetição de outra, anterior, é MP nova, autônoma, sem laço de continuidade normativa com aquela. Assim, a série representada, p. ex., pela Medida Provisória 1.763-63, só aparentemente esteve em vigor durante sessenta e cinco meses: na verdade, *o que há são sessenta e quatro medidas provisórias singulares*, cada uma tendo vigorado por trinta dias e perecido ao fim desse prazo, fazendo-se pois absolutamente inexigível seu comando, salvo o da última, enquanto ela própria não venha a expirar.[38] Esse fato ressalta quando se trata de reedição com alteração de texto (v. o item seguinte).

8.4 A reedição provoca outros problemas conforme ocorra: a) durante o prazo de vigência da medida reeditada; b) no dia imediato ao término dessa vigência; c) posteriormente a essa data; d) com alteração de texto.

Ao início dessa experiência malsã,[39] o Executivo costumava reeditar a Medida Provisória após o termo de sua vigência, reproduzindo integralmente o texto da medida reeditada; o STF, entretanto, entendeu aceitável a reedição apenas quando ocorrente durante o prazo de vigência da medida provisória reeditada.[40] É estranho e inexplicado esse entendimento, porque, desde que se admita a reedição, é indiferente saber se ela se faz no dia imediato ao do termo final da medida provisória (hipótese *b*) ou após esse dia (hipótese *c*); a única hipótese absolutamente inaceitável, nesse caso, é exatamente a hipótese *a*, porque esse tipo de reedição, além de constituir espécie singular de superposição de normas, subtrai a primeira medida provisória à apreciação do Legislativo, instituindo corte na sua competência. Portanto, não se deve considerar esse expediente com base em sua aparência, mas no seu real objetivo, que é prorrogar medida provisória. Assim sendo, bastaria à nova medida provisória dizer: "prorroga a MP *x*", ou "reedita a MP *x*", sem o artifício de reproduzir, na íntegra, a medida reeditada.

38. Esse fato é reconhecido pelo próprio governo, nas informações prestadas em ações declaratórias de inconstitucionalidade, e pelo STF nos inúmeros casos em que, na linha dessas informações, julgou prejudicada a ADIn, tendo em vista a perda de eficácia da MP, por decurso de prazo. Veja-se por exemplo o julgamento da ADIn 292, cujo acórdão proclama em sua ementa: "Ação que argúi de inconstitucional medida provisória que perdeu a sua eficácia jurídica pelo transcurso do prazo estabelecido para a sua conversão ou quando, por não ter sido apreciada a tempo, outra foi reeditada no mesmo sentido. Perda de objeto" (*RTJ* 146/704. V. também *RTJ* 151/10, 152/339, 153/13, 153/103, 156/29, 164/907, 168/790).

39. No tratamento que o Executivo e o Judiciário deram à medida provisória, exerceu grande influência parecer do Consultor-Geral da República, em 21.6.89. Dizia esse parecer: "Inspirado no art. 77 da Constituição italiana, o texto constitucional brasileiro terá necessariamente de buscar exegese no direito, na doutrina e na experiência parlamentar da Itália"; relembrava a jurisprudência do STF quanto à impossibilidade de apreciação judicial dos pressupostos do decreto-lei, e no que diz respeito à reedição da medida provisória sustentava: "A rejeição da proposição que objetiva a conversão do ato cautelar em lei, não inibe o Presidente da República — único órgão constitucionalmente legitimado a agir — de editar sobre o mesmo tema nova medida provisória, desde que presentes os pressupostos constitucionais de emanação dessa espécie normativa. Entendimento diverso fraudaria a *mens* contida na regra constitucional, que pretendeu atender com a medida provisória — ainda que em caráter de excepcionalidade — situações emergenciais incompatíveis com o procedimento ordinário de formação das leis. A deliberação congressual negativa não opera, por si só, a descaracterização de um possível estado de urgência perdurante, a juízo, inicial, do Presidente da República. (...) Com maior razão, quando se tratar de medida provisória cujo projeto de conversão em lei, não tendo sido objeto de expressa recusa parlamentar, houver deixado de merecer apreciação no prazo constitucional" (*RDA* 176/97).

40. "Terminado o prazo de 30 dias sem que seja convertida em lei a medida provisória, não pode o Presidente da República editar outra com o mesmo teor. Se o fizer, estará violando duplamente a Constituição" (voto do relator Min. Celso de Mello, 11.3.93, *RTJ* 146/719). E: "O tribunal tem admiti-

Mais aberrante ainda é a *reedição de* medida provisória *rejeitada expressamente pelo Congresso.*[41]

A *reedição de* medida provisória *com alteração de texto* é emenda de medida provisória, faculdade de que não dispõe o Presidente da República (v. adiante, item 8.6), e consiste em derrogação ou acréscimo. O acréscimo ou diz respeito à mesma matéria, podendo envolver derrogação, ou diz respeito a matéria distinta. À medida provisória é vedado acrescentar, a outra, matéria distinta, visto que o próprio Poder Legislativo está impedido de fazê-lo (v. acima item 7.11). Assim, matéria distinta só pode ser objeto de medida provisória distinta, e desde que presentes os pressupostos de necessidade e de urgência.

Entretanto, de 5.10.88 a 31.12.98 foram reeditadas ***519 medidas provisórias com alteração de texto***. Essas alterações se fizeram: a) com derrogação da MP alterada; b) com "maquiagem" da MP alterada;[42] c) mediante "fusão de medidas provisórias"; d) com inserção de matéria nova e distinta, tal como ocorria, antigamente, com as chamadas "caudas orçamentárias"; e) com ocultação do seu objeto ao empregar, na respectiva ementa, a locução "e dá outras providências". As duas últimas dessas práticas, condenáveis sob os pontos de vista ético, político e técnico, também são proscritas pela Lei Complementar 95, de 26.2.98 (v. arts. 1º, parágrafo único, 3º, 5º e 7º) e pelo Decreto 1.937, de 21.6.96 (v. art. 9º).

Em favor da reedição simples durante o prazo de vigência seria possível dizer que, embora o Congresso disponha de trinta dias para a apreciação da medida provisória, com boa vontade poderia apreciar em bloco as duas medidas idênticas, no tempo que lhe restasse dentro dos trinta dias. Mas sequer isso é possível alegar em favor da MP com alteração de texto.

A "fusão de medidas provisórias" é inaceitável porque a) é inconcebível urgên-

do como válidas e eficazes as reedições de medidas provisórias, ainda que não votadas pelo Congresso Nacional, quando tais edições hajam ocorrido dentro do prazo de trinta dias de sua vigência" (Ministro Sydney Sanches, ADIn 1.610-DF); o Tribunal tem ainda admitido reedições sucessivas, "até porque o poder de editar MP subsiste, enquanto não rejeitada" (voto do relator Min. Carlos Velloso, na ADIn 1.786, *RTJ* 167/86); e entendido também que "compete exclusivamente ao Congresso Nacional regular as situações jurídicas surgidas na vigência de medidas provisórias, caso a última medida reeditada não seja convertida em lei" (id., ib.). Ficou vencido nesse julgamento o Ministro Marco Aurélio, por entender que "com o texto do art. 62, o fenômeno da reedição é incompatível". Esse acórdão é extremamente curioso: o TRT da 16ª R., entendendo que, não convertida em lei, a MP 560 e as que lhe sucederam haviam perdido eficácia desde a edição, assim voltando a vigorar o regime anterior — que disciplinava a contribuição dos servidores para a Seguridade Social na alíquota de 6% — baixou resolução nesse sentido; contra ela foi ajuizada ADIn pelo Procurador-Geral da República, com pedido cautelar, dada a drástica redução nos recursos arrecadados para a Seguridade Social, com diferenças de alíquotas recolhidas desde julho de 1994. A cautelar foi deferida, e a ementa do acórdão grafou: "não convertida em lei a Medida Provisória 560, e as que lhe sucederam, perderam elas sua eficácia, desde a edição, voltando a ter vigência plena o regime anterior que disciplinava a contribuição dos servidores para a Seguridade Social".

41. Rejeitada pelo Congresso a MP 185, de 4.5.90, no dia seguinte foi editada pelo governo a MP n.190, que a reproduzia, o que foi expressamente repelido pelo STF no julgamento da ADIn 293 (*RTJ* 146/707). Por sua vez, a MP 292, de 3.1.91, reproduziu a MP 273, convertida pelo Congresso em texto vetado pelo Executivo (v. ADIn 427, *RTJ* 136/883). Veja-se também a MP 299, de 1.10.91, que a pretexto de interpretá-lo modificou texto de lei de conversão de medida provisória anterior (*RTJ* 145/463).

42. No julgamento da ADIn 293, apreciou-se a "reedição com alteração maquiadora": "Modificações secundárias do texto, que em nada afetam os aspectos essenciais e intrínsecos da medida provisória expressamente repudiada pelo Congresso Nacional, constituem expedientes incapazes de descaracterizar a identidade temática que existe entre o ato não convertido em lei e a nova medida provisória editada" (*RTJ* 146/707).

cia que a justifique, e b) interfere com os processos e os prazos da respectiva apreciação pelo Congresso.

Note-se, por fim, que a inserção de matéria nova em reedição de MP produz incerteza adicional, pois o número de série da MP deixa de instruir adequadamente sobre seu real conteúdo.

8.5 Ratificação é menos do que ***convalidação***: esta é a ratificação com a sanação do inválido. Quem pode convalidar medida provisória é o Poder Legislativo, dentro do prazo de trinta dias e observados os limites constitucionais previstos para sua edição.[43] A "convalidação", por reedição de medida provisória, de atos praticados sob a égide da medida provisória reeditada, é o roto remendando o esfarrapado; ofende-se simultaneamente, aí, aos arts. 62 e 5º, XXXVI, da Constituição.[44] Se a Constituição diz que a medida provisória perde eficácia se não aprovada em trinta dias, como pode, outra medida provisória, restaurar-lhe a eficácia? Pontes de Miranda, com seu gosto pelas explicações psicanalíticas, estabeleceria a imediata associação entre essa prática e a sensação de poder absoluto desfrutada pelos ditadores: a ditadura militar freqüentemente editava ato institucional, ato complementar ou decreto-lei "convalidando" o anterior e seus efeitos, e subtraindo expressamente à apreciação judicial as violências que perpetrava.[45]

8.6 É inconcebível a ***revogação de medida provisória***; ela foge à sua natureza, porque: a) ao Legislativo cabe apreciá-la dentro do prazo de trinta dias;[46] b) sua eficácia apenas cessa com a rejeição, caducidade, ou transformação em lei; c) a Constituição não prevê tal hipótese, diferentemente do que acontece com a revogação de uma lei por outra, prevista na Lei de Introdução ao

43. São inconstitucionais leis que convalidam atos praticados com base em medidas provisórias, como, por exemplo, a Lei 9.528/97 — que alterou dispositivos das Leis 8.212 e 8.213, ambas de 24.7.91, cujo art. 13 pretendeu convalidar atos praticados com base nas MPs 1.523, de 11.10.96, até 1.523-13 e 1.596-14, de 10.11.97 — e a Lei 9.649/98, dispondo sobre organização da Presidência da República e dos Ministérios, cujo art. 64 pretendeu convalidar atos praticados com base em ***44*** medidas provisórias, desde a MP 752, de 6.12.94, até a MP 1.651-42, de 7.4.98.

44. No acórdão correspondente ao julgamento da ADIn 365 (agravo regimental, relator o Min. Celso de Mello), grafou-se: "A convalidação, por deliberação executiva, de atos praticados com fundamento em medidas provisórias não convertidas afronta o preceito consubstanciado no art. 62, parágrafo único, da Constituição, que prevê a sua desconstituição, integral e radical, com eficácia *ex tunc*. A preservação, no tempo, dos efeitos de medidas provisórias não apreciadas pelo Congresso Nacional revela-se em manifesta colidência não só com o que expressa e literalmente dispõe o texto constitucional, mas, também, com a própria *mens constitutionis*, que quis suprimir a possibilidade de sua subsistência no mundo jurídico (*RDA* 183/126).

45. Discutindo a constitucionalidade do Decreto-lei 201/67, o Ministro Celso de Mello reconheceu que, ao editá-lo, "o Chefe do Poder Executivo da União a) efetivamente agiu *ultra vires*; b) claramente usurpou o domínio normativo da lei; e c) inquestionavelmente vulnerou, com esse ilegítimo comportamento, o princípio constitucional da separação dos poderes". Mas acrescentou: "Ocorre, no entanto, Sr. Presidente, que a Lei Fundamental de 1967 (art. 173) e a Carta Federal de 1969 (art. 181) aprovaram e excluíram de apreciação judicial 'os atos praticados pelo Comando Supremo da Revolução de 31 de março de 1964', inclusive aqueles atos normativos — como o Decreto-lei 201/67 — editados com fundamento no Ato Institucional 4/66" (*RTJ* 159/164-165).

46. Na verdade, aplica-se à revogação de medida provisória o argumento com que o STF nega a possibilidade de *retirada* de medida provisória (v. item 7.5). Entretanto, o STF admite a revogação de medida provisória, como decidiu no julgamento da ADIn 1.204: "O Presidente da República pode expedir medida provisória revogando outra medida provisória, ainda em curso no Congresso Nacional. A medida provisória revogada fica, entretanto, com sua eficácia suspensa, até que haja pronunciamento do Poder Legislativo sobre a medida provisória ab-rogante. Se for acolhida pelo Congresso Nacional a medida provisória ab-rogante, e transformada em lei, a revogação da medida anterior torna-se definitiva" (*RTJ* 157/856).

Código Civil; d) a derrogação (revogação parcial) de medida provisória por outra corresponde à sua emenda; sob a Ordenação de 67/69 o Executivo tinha o poder de emendar decreto-lei, mas a Constituição de 1988 entregou ao Legislativo o poder de emendar medida provisória, no processo de sua conversão em lei; assim, em hipótese alguma cabe ao Presidente da República derrogar medida provisória, seja no curso dos trinta dias, seja após os trinta dias, mediante reedição com alteração de texto; e) quem não pode fazer o menos (derrogar), não pode fazer o mais, como seria ab-rogar.

A outorga dessa faculdade ao Executivo seria um *plus* que a Constituição não lhe concedeu, ao instituir a medida provisória em norma de interpretação estrita; e, caso existisse, só seria possível se presentes os *pressupostos de relevância e urgência da* medida provisória *revogadora.*

Mesmo que a revogação da medida provisória se fizesse *ex tunc*, só seria possível com anuência do Congresso, tal como acontece com a retirada de um projeto de lei. Não só porque o Congresso dispõe de trinta dias para apreciá-la,[47] mas também porque lhe caberia, em tal caso, disciplinar as relações dela decorrentes. A partir da publicação exaure-se a faculdade antecipatória do Executivo quanto à respectiva matéria, e a medida provisória passa a tramitar na Câmara dos Deputados como projeto de lei especial; sua sorte passa a depender do Poder Legislativo, não sendo possível ao Executivo retirá-la unilateralmente, alterá-la, revogá-la, ou subtraí-la de qualquer outro modo ao escrutínio parlamentar. Isso equivaleria a reconhecer, no Presidente da República, o poder de editar a lei, frustrando a participação do Congresso no processo legislativo. É impossível revogar medida provisória sem usurpação de competência legislativa e ofensa ao princípio da divisão dos poderes.[48]

Examine-se melhor a questão da revogação, sob o ponto de vista da instabilidade e incerteza do ordenamento: a MP*2* revoga a MP*1*, que vigorou durante dez dias, e que revogara a Lei *y*; restaura-se em conseqüência a Lei *y*, *ex nunc*; sobre os atos praticados no período de dez dias incidiu a MP revogada, visto que a MP revogadora não retroage; o Legislativo precisa, imediatamente: a) editar decreto legislativo disciplinando as relações decorrentes da MP*1*, durante o período de dez dias em que esteve em vigor; b) apreciar a MP*2*, o que precisa fazer em prazo inferior a vinte dias, sob pena de que se exaura o prazo de trinta dias para a eventual apreciação da MP*1*, caso seja rejeitada a MP2. Aí pode acontecer o seguinte: o Congresso aprova a MP*2*, confirmando-se a revogação da MP*1*, o que implica não ter como rejeitar a incidência da MP*1* no período de dez dias em que esteve em vigor; confirma-se definitivamente a restauração da Lei *y* a partir do fim do prazo de dez dias, e o Congresso precisa editar decreto legislativo confirmando o decreto legislativo com que disciplinara as relações decorrentes da MP*1*, cuja constitucionalidade e legalidade ficou impedido de apreciar; ou então o Congresso rejeita a MP*2*, em prazo inferior a vinte dias, revigorando-se a MP*1*, que revogara a Lei *y*, e cuja vigência fora restaurada *ex nunc* pela MP2, sendo necessário decreto legislativo que desfaça o anterior, que disciplinara as relações decorrentes da MP*1* durante os dez dias em que estivera em vigor, embora não seja possível editar decreto legislativo disciplinando as relações decorrentes da Lei *y* durante o tempo em que, em razão de sua restauração, esteve em vigor; e deve editar novo decreto le-

47. "(...) se não for assim, ter-se-á que o Presidente da República poderá dar efeitos definitivos a uma medida provisória desde a sua edição até a sua ab-rogação por outra medida provisória que venha a converter-se em lei, impedindo, pois, o Congresso de rejeitar, por decurso de tempo ou expressamente, a medida provisória ab-rogada (...)" (voto do Min. Moreira Alves no julgamento da ADIn 221 — medida liminar — *RTJ* 151/344).

48. Veja-se, na nota 39, referência a casos de revogação embutida na reedição de medida provisória rejeitada ou emendada pelo Congresso.

gislativo disciplinando as relações decorrentes da MP*1* durante o período, superior a dez dias, ao qual se estendeu sua vigência. Em seguida, porém, a MP*1* é rejeitada; restaura-se de novo a Lei *y*, desta vez *ex tunc*, e o Congresso precisa fazer decreto legislativo desfazendo os anteriores e disciplinando as relações decorrentes da MP*1* no período em que esteve em vigor. Porém se o Congresso rejeita a MP2 por decisão tomada dentro do prazo de trinta dias, mas posteriormente ao término do prazo de vinte dias, não pode mais apreciar a MP*1*, que caducou, restaurando-se a Lei *y ex tunc*, e tornando-se necessária a edição de decreto legislativo para disciplinar as relações decorrentes da MP*1*, enquanto esteve em vigor. Caso se considere que a eficácia da MP*1* apenas ficou suspensa ao ser revogada pela MP2, os efeitos podem ser diversos. Tudo no período de trinta dias, a contar da publicação da MP*1*. Kafka não conseguiria imaginar pesadelo mais alucinante.

8.7 ***Provisoriedade*** não se confunde com temporariedade. O provisório é o precário, o que é impossível de se manter, por *deficit* de existência ou de eficácia. Suprido esse *deficit*, o precário transforma-se em definitivo. Norma temporária, por outro lado, é aquela que, dispondo sobre relações temporárias, subsiste apenas durante o tempo dessas relações.

Na medida provisória, provisória é sua eficácia, e não a relação que disciplina. Não há como regular-se, com ela, o que se consuma na sua vigência, porque seria impossível transformar essa medida provisória em lei. A medida provisória não pode pôr o Congresso perante um fato consumado sem, com isso, suprimir sua competência constitucional.

9. Um estudo de caso: medidas provisórias no processo de privatização

A peça fundamental do aparato normativo das privatizações é aparentemente a Lei 8.031, de 12.4.90, que veio a ser substituída, em 9.9.97, pela Lei 9.491. Ambos esses diplomas, entretanto, são permeados por medidas provisórias, que foram a espinha dorsal das privatizações. Com relação à Lei 8.031/90, são elas: 327 (de 25.6.93), 334 (de 26.7.93),* 345 (de 26.8.93),* 353 (de 24.9.93), 362 (de 25.10.93),*# 376 (de 25.11.93),* 392 (de 24.12.93),+ 415 (de 24.1.94),*+ 432 (de 24.2.94),* 455 (de 26.3.94),* 479 (de 25.4.94),*# 506 (de 25.5.94),* 533 (de 24.6.94), republicada em 27.6.94,* 557 (de 27.7.94),* 588 (de 26.8.94),* 630 (de 24.9.94),# 670 (de 22.10.94), 718 (de 21.11.94),* 772 (de 21.12.94),*+ 841 (de 20.1.95),*+# 901 (de 17.2.95),# 945 (de 17.3.95), 970 (de 13.4.95), 995 (de 12.5.95), 1.021 (de 9.6.95), 1.044 (de 30.6.95),*+ 1.070 (de 29.7.95), 1.097 (de 28.8.95),*# 1.129, de 27.9.95, republicada em 28.9.95,*# 1.162 (de 27.10.95), 1.197 (de 25.11.95), 1.233 (de 15.12.95),+ 1.270 (de 13.11.96), 1.309 (de 12.2.96),* 1.349 (de 13.3.96),* 1.391 (de 12.4.96),* 1.433 (de 10.5.96), 1.481 (de 7.6.96), 1.481-38 (de 5.7.96), 1.481-39 (de 2.8.96), 1.481-40 (de 30.8.96), 1.481-41 (de 27.9.96), 1.481-42 (de 25.10.96),# 1.481-43 (de 23.11.96),# 1.481-44 (de 20.12.96),+ 1.481-45 (de 18.1.97), 1.481-46 (de 15.2.97), 1.481-47 (de 17.3.97),*# 1.481-48 (de 16.4.97),*# 1.481-49 (de 16.5.97),*# 1.481-50 (de 13.6.97), 1.481-51 (de 12.7.97), 1.481-52 (de 11.8.97),* que é a medida provisória de cuja conversão decorreu a Lei 9.491, de 9.9.97.

Como vimos acima, o STF tem aceitado a reedição de medidas provisórias, desde que efetuada no curso do prazo de trinta dias da medida provisória reeditada. Na relação acima, as medidas provisórias assinaladas por um ***asterisco*** foram editadas fora desse prazo sendo portanto indubitavelmente inválidas; as assinaladas por um + foram editadas durante o ***recesso do Congresso***, sem que este fosse convocado, como determina o art. 62 da Constituição. Independentemente de outros critérios (inadmissibilidade de reedição, ausência dos pressupostos de relevância e urgência), são inválidas, por conta desses vícios, 28 dessas 53 medidas provisórias.[49] Terá sido por isso que, a cada uma dessas medidas provisórias, o Presidente da República pretendeu "convalidar" os atos que praticou com base na anterior? E que a Lei 9.491/97, em seu art. 6º, pretendeu "convalidar" os atos praticados com base na MP 1.481-52?

Na relação de medidas provisórias acima, o sinal # indica as editadas com ***alteração de texto***, que são as MPs 362, 479, 630, 841, 901, 1.097, 1.129, 1.481-42, 1.481-43, 1.481-47, 1.481-48, 1.481-49. Eliminando-se, dentre essas, as anteriormente apontadas como inválidas, sobram as de ns. 630, 901, 1.481-42 e 1.481-43. Considerando-se também estas como inválidas, pelas razões anteriormente expostas, parece que devemos considerar como alteradoras, em seu lugar, as MPs 670, 970, 1.481-45 e 1.481-50, ou seja, as MPs válidas vindas imediatamente em seguida.

Face a esses critérios, e independentemente de qualquer consideração sobre existência ou não dos pressupostos de relevância e urgência, eliminemos da relação das medidas provisórias, acima, aquelas cuja invalidade ficou demonstrada. Após essa eliminação, acabam restando vinte e uma, a saber: MP 327 (de 24.6.93); 353 (de 24.9.93); 670 (de 22.10.94); 945 (de 17.3.95); 970 (de 13.4.95); 995 (de 12.5.95); 1.021 (de 9.6.95); 1.070 (de 29.7.95); 1.162 (de 27.10.95); 1.197 (de 25.11.95); 1.270 (de 13.11.96); 1.433 (de 17.5.96); 1.481 (de 7.6.96); 1.481-38 (de 5.7.96); 1.481-39 (de 2.8.96); 1.481-40 (de 30.8.96); 1.481-41 (de 27.9.96); 1.481-45 (de 18.1.97); 1.481-46 (de 15.2.97); 1.481-50 (de 13.6.97) e 1.481-51 (de 12.7.97).

49. Consideramos em fraude da norma constitucional que manda convocar o Parlamento as MPs 1.044, de 30.6.95, e 1.233, de 15.12.95, porque editadas às vésperas da abertura do seu recesso.

Isso significa que a) a norma vigente em matéria de privatização, até a Lei 9.491, de 9.9.97, teria sido a Lei 8.031, de 12.4.90, exceto nos períodos de trinta dias em que ela tenha vigorado, na forma da MP 327 (de 24.6.93), com as alterações provocadas por essas medidas provisórias; b) com a caducidade *ex tunc* de cada uma dessas medidas provisórias, ao término do prazo de trinta dias restaurou-se em sua integridade a vigência da Lei 8.301/90.

Aqui, entretanto, surge um problema adicional: se, de acordo com o decidido pelo STF, é inválida a lei de conversão editada pelo Congresso após o prazo de trinta dias, podemos considerar como válida a MP com alteração editada pelo Executivo após o prazo de trinta dias? A resposta afirmativa implicaria dizer que a competência do Executivo, nesse passo, excede a do Legislativo. Como isso não acontece, a resposta é negativa.

Incide portanto, em tal caso, esta outra orientação da Suprema Corte: "O fato de o Congresso Nacional, na apreciação de medida provisória, glosar certos dispositivos não a prejudica, no campo da eficácia temporal, quanto aos que subsistiram" (*RTJ* 156/714, *RTJ* 152/331). Isso representa a aplicação, às medidas provisórias, do princípio da salvabilidade dos atos jurídicos. De modo que, nas MPs com alteração de texto, salva-se a parte inalterada.

Como já vimos, o STF considerou admissível a reedição de medida provisória apenas dentro do prazo de trinta dias. De modo que, com relação àquelas MPs remanescentes: a) devemos considerar como inválidas as reedições efetuadas após o prazo de trinta dias; ou b) para salvá-las, desconsideramos a orientação do STF, ou admitimos como válidas as reedições efetuadas dentro dos trinta dias correspondentes à MP anterior, que é inválida.

Se adotarmos a alternativa ortodoxa (item "a"), do conjunto primitivo de cinqüenta e três medidas provisórias, terá restado como válida, e eficaz durante o prazo de trinta dias de sua vigência, apenas a MP 327, de 25.6.93, que deu nova redação aos arts. 5º e 19 da Lei 8.031/90.[50]

Vemos assim que na prática do governo brasileiro, a Lei 8.031/90 jamais esteve em vigor: ele sempre a alterou, quando e como quis, via medida provisória. É exemplar, a respeito a MP 299, de 2.10.91, editada tendo em vista a realização do leilão da Usiminas, de cuja ementa consta: "interpreta a Lei 8.031, de 12.4.90".[51]

A perfeita anamnese da medida provisória exigiria a realização de outros estudos de caso: eles podem revelar a largura, altura e profundidade do papel que nela desempenham a imoralidade, a ilegalidade e a inconstitucionalidade.

10. Poder Executivo e medidas provisórias

10.1 No período compreendido entre 5.10.88 (quando entrou em vigor a Constituição) e o término do ***governo José Sarney*** (em 14.3.90; ao todo 526 dias corridos) foram editadas ***137 MPs*** (média de 0,26 por dia, incluídos fins de semana e feriados); essas MP, das quais 115 (83%) eram originais e 22 (16,1%) reedições, assim se distribuíam:

a) medidas provisórias originais, que tiveram edição única, e foram transformadas em lei no prazo constitucional de trinta dias — 89 (64,9%)

b) MP transformadas em lei somente depois de reeditadas (todas transformadas em lei após uma única reedição) — 18 (13,1%)

c) MPo que tiveram edição única e não foram transformadas em lei — 12 (9,4%)

d) MPo (primeira edição), que viriam a ser reeditadas — 14 (10,2%)

e) reedições que não se transformaram em lei no período — 4 (2,9%)

Dentre as reedições, 8 foram feitas dias após o termo final do prazo constitucional de trinta dias, e duas ainda na vigência da MP reeditada. Ao se encerrar o período, havia um estoque de 2 medidas editadas há menos de trinta dias, e não convertidas em lei.[52]

No período compreendido entre 15.3.90 e 30.9.92, ao todo 930 dias corridos (***governo Fernando Collor***), foram editadas ***160 MPs*** (média de 0,16 por dia, incluídos fins de semana e feriados); essas MPs, das quais 85 (53,7%) eram originais e 75 (46,3%) reedições, assim se distribuíam:

a) MP originais, que tiveram edição única, transformadas em lei no prazo constitucional de trinta dias — 43 (26,8%)

b) MP transformadas em lei somente depois de reeditadas — 23 (14,3%)

50. Mesmo a MP 327 não se salva, se considerarmos que ela foi editada às vésperas do recesso congressual, sem que se tenha convocado o Parlamento.

51. Veja-se a propósito o acórdão com que o STF repeliu a ação direta de inconstitucionalidade movida, pelo Partido Democrático Trabalhista, contra essa medida provisória (ADIn 605, medida cautelar, *RTJ* 145/463).

52. As reedições que não se transformaram em lei no período foram estas: MP 13, de 4.11.88 (dispõe sobre a aplicação do Decreto-lei 2.280/85 aos servidores do Tribunal Federal de Recursos e dá outras providências); MP 17, de 4.11.88 (dispõe sobre a redução de impostos incidentes sobre importação e dá outras providências); MP 18, de 4.11.88 (dá nova redação ao art. 1º do Decreto-lei 2.242/88); MP 73, de 22.6.89 (dispõe sobre o reajuste de vencimentos, salários, soldos, proventos, pensões e demais remunerações dos servidores civis e militares da União, dos extintos Territórios, das autarquias e das fundações públicas, e dá outras providências).

b') após uma única reedição — 8 (5,0%)

b") após mais de uma reedição — 15 (9,3%)

c) MPo que tiveram edição única e não foram transformadas em lei — 11 (7,5%)

d) MPo (primeira edição), que viriam a ser reeditadas — 31 (19,3%)

e) reedições que não se transformaram em lei no período — 52 (32,5%)

Ao se encerrar o período, havia um estoque de 3 MPs editadas há menos de trinta dias e não convertidas em lei, sendo 2 MPo e 1 reedição.

No período compreendido entre 1.10.92 e 31.12.94, ao todo 822 dias corridos (***governo Itamar Franco***), foram editadas ***506 MPs*** (média de 0,61 por dia, incluídos fins de semana e feriados); essas MPs das quais 147 (29%) eram originais e 359 (71%) reedições, assim se distribuíam:

a) MPo que tiveram edição única e foram transformadas em lei no prazo constitucional de trinta dias — 27 (5,3%)

b) MP transformadas em lei somente depois de reeditadas — 45 (8,8%)

b') após uma única reedição — 12 (2,3%)

b") após mais de uma reedição — 33 (6,5%)

c) MPo que tiveram edição única e não foram transformadas em lei — 9 (1,7%)

d) MPo (primeira edição), que vinham a ser reeditadas — 105 (20,7%)

e) reedições que não se transformaram em lei no período — 320 (79,3%)

Ao se encerrar o período havia um estoque de 79 MPs editadas há menos de trinta dias e não convertidas em lei, sendo 21 MPo e 58 reedições.

No período compreendido entre 1.1.95 e 31.12.98, ao todo 1.460 dias corridos (***governo Fernando Henrique Cardoso***) foram editadas ***2.608 MPs*** (média de 1,78 por dia, incluindo fins de semana e feriados), essas MPs, das quais 157 (5,2%) eram originais e 2.451 (94,8%) reedições, assim se distribuíam:

a) MPo que tiveram edição única e foram transformadas em lei no prazo constitucional de trinta dias — 24 (0,9%)

b) MP transformadas em lei somente depois de reeditadas — 107 (4,1%)

b') após uma única reedição — 5 (0,19%)

b") após mais de uma reedição — 102 (3,8%)

c) MP que tiveram edição única e não foram transformadas em lei — 4 (0,15%)

d) MP originais (primeira edição), que viriam a ser reeditadas — 129 (4,9%)

e) reedições que não se transformaram em lei no período — 2.344 (95,1%)

Ao se encerrar esse período havia um estoque de 75 MPs editadas há menos de trinta dias e não convertidas em lei, sendo 13 MPo e 62 reedições, contando-se, entre estas, quatro que foram editadas originalmente no período Itamar Franco. Avolumou-se um ***estoque de, em média, 70 MPs***, que vai sendo rolado automaticamente mês a mês. Entre os dias 29.10.98 e 28.11.98, p. ex., foram editadas 90 MPs, das quais 8 eram originais e 82 reedições; no mês anterior (entre 29.9.98 e 27.10.98) foram editadas 68 MPs, sendo 2 originais e 66 reedições; a MP 1.692-28, de 27.9.98, será reeditada em 29.10.98 como MP 1.692-29, como 1.692-30 em 28.11.98, e assim por diante; e a MP 1.709-2, de 2.10.98, será reeditada como MP 1.709-3 em 30.10.98, como MP 1.709-4 em 28.11.98, e assim por diante.

Esses quatro períodos de governo podem ser sintetizados no seguinte quadro:

	José Sarney	F. Collor	Itamar Franco	F. H. Cardoso
número de MPs	137	160	506	2.608
MP/dia	0,26	0,16	0,61	1,78
MPo	115 = 83,0%	85 = 53,7%	147 = 29,0%	157 = 5,2%
reedições	22 = 16,1%	75 = 46,3%	359 = 71,0%	2.451 = 94,8%
a)	89 = 64,9%	43 = 26,8%	27 = 5,3%	24 = 0,9%
b)	18 = 13,1%	23 = 14,3%	45 = 8,8%	107 = 4,1%
b')	18 = 13,1%	8 = 5,0%	12 = 2,3%	5 = 0,19%
b'')	nada	15 = 9,3%	33 = 6,5%	102 = 3,8%
c)	12 = 9,4%	11 = 7,5%	9 = 1,7%	4 = 0,15%
d)	14 = 10,2%	31 = 19,3%	105 = 20,7%	129 = 4,9%
e)	4 = 2,9%	52 = 32,5%	320 = 79,3%	2.344 = 95,1%

10.2 Essas medidas provisórias dispõem, por todos os modos, a respeito de tudo.

Na sua edição e aplicação o Executivo tem desprezado todas as normas concernentes a pressupostos, requisitos e objeto da medida provisória. Poucas, das 3.411 MPs editadas, atendem aos pressupostos de relevância e urgência. Muitas foram editadas, sem sua convocação, durante o recesso do Congresso; inúmeras são editadas, em lotes, às vésperas do recesso do Congresso, sem que o mesmo seja convocado extraordinariamente. O Presidente da República prorroga impunemente a eficácia de medidas provisórias, reedita medidas provisórias peremptas — inclusive medidas provisórias já rejeitadas pelo Congresso[53] —, emenda medidas provisórias, revoga medidas provisórias, por medidas provisórias revoga leis, por medida provisória declara nula e de nenhuma eficácia MP que editara anteriormente,[54] convalida atos praticados sob a égide de medidas provisórias ineficazes, prorroga por decreto prazo estabelecido em medida provisória,[55] interpreta lei com medida provisória, edita MP com infração ao disposto no art. 246 da Constituição,[56] veta lei com medida provisória, utiliza-as para delegar poderes a si mesmo, permitindo-se intervir casuisticamente em todas as matérias de seu interesse. Concede-se, assim agindo, ampla discricionariedade em matérias tradicionalmente sujeitas a controles rígidos, tais como a criação, organização e instalação de órgãos públicos e programas, na realização de contratos e licitações, na outorga de concessões e permissões, na alienação de bens públicos, na realização de despesas, na criação de cargos públicos e contratação de servidores, no estabelecimento, por medida provisória, de fatos consumados, insuscetíveis de reversão pelo Poder Legislativo.

Esse é espetáculo insólito de incultura jurídica, que nos envergonha e entristece.

53. *V.g.*, a reedição maquiada da MP 185, rejeitada pelo Congresso, através da MP 190.

54. *V.g.*, a MP 175, de 27.3.90.

55. O Decreto 2.789, de 29.9.98, prorrogou o prazo previsto na MP 1.675-41, de 27.8.98.

56. Vejam-se, p. ex. as MPs 1.704, de 1.7.98 (estende vantagem remuneratória aos servidores públicos civis do Poder Executivo federal), cuja seqüência passa pela MP 1.812, de 27.2.99; 1.807, de 29.1.99 (altera a legislação das contribuições para a seguridade social); 1.705, de 1.7.98, (dá nova redação a artigo de lei que dispõe sobre o regime jurídico peculiar a funcionários da União e do Distrito Federal), cuja seqüência passa pela MP 1.776-8, de 12.2.99; 1.720, de 29.10.98 (dispõe sobre a contribuição para o custeio da Previdência Social dos Servidores Públicos).

São exemplos colhidos aleatoriamente:

MP 1.737-27, de 4.6.99 (dispõe sobre o salário mínimo para o período de 1.5.97 a 30.4.98); o conjunto iniciou-se com a MP 1.572, de 30.4.97, passou pela MP 1.609-8, de 12.12.97, e pela MP 1.737-2l, de 15.12.98.

MP 1.731-35, de 12.2.99 (dispõe sobre o salário mínimo para o período de 1.5.96 a 30.4.97); o conjunto iniciou-se com a MP 1.415, de 30.4.96, prosseguiu com a MP 1.463, de 30.5.96, e passou pela MP 1.731-33, de 15.12.98.

MP 1.778-10, de 9.4.99 (estabelece prazo de prescrição para o exercício de ação punitiva pela Administração Pública Federal, e dá outras providências); o conjunto iniciou-se com a MP 1.708, de 1.7.98, e passa pela MP 1.778-6, de 15.12.98.

MP 1.767-45, de 12.2.99 (dispõe sobre o número de cargos de Natureza Especial, de cargos do Grupo-Direção e Assessoramento Superiores e de Funções de Confiança existentes nos órgãos da Administração Pública Federal direta, autárquica e fundacional, e dá outras providências); o conjunto iniciou-se com a MP 1.111, de 31.8.95, passou pelas MPs 1.491, de 10.6.96; 1.543, de 19.12.96; 1.622-30, de 15.12.97; 1.695-37, de 1.7.98; e 1.767-43, de 15.12.98.

MP 1.748-41, de 6.5.99 (altera artigos da Lei 8.745, de 9.12.93 — que dispõe sobre a contratação por tempo determinado para atender a necessidade temporária de excepcional interesse público — e dá outras providências); o conjunto se inicia com a MP 1.368, de 22.3.96.

MP 1.634, de *15.12.97* (dá nova redação ao art. 1º da Lei 9.530, de *10.12.97*, que dispõe sobre a utilização dos dividendos e do *superavit* financeiro de fundos e de entidades da Administração Pública Federal indireta); o conjunto se estende até a MP 1.694-12, de 28.11.98, e pula para MP 1.766-13, de 15.12.98.

Medidas Provisórias 1.768-29, de 15.12.98 (dispõe sobre a novação de dívidas e responsabilidades do Fundo de Compensação de Valores Salariais); 1.806-6, de 23.4.99 (dispõe sobre as operações com recursos dos Fundos Constitucionais de Financiamento do Norte, do Nordeste e do Centro-Oeste, de que trata a Lei 7.827, de 27.9.89, e dá outras providências); 1.789-3, de 26.3.99 (dispõe sobre as relações financeiras entre a União e o Banco Central do Brasil, e dá outras providências); 1.615-35, de 20.11.98 (dispõe sobre a emissão de Notas do Tesouro Nacional destinadas a aumento de capital do Banco do Brasil S/A, e dá outras providências).

MP 1.817, de 22.3.99 (altera a lei de diretrizes para o orçamento de 1999); MP 1.643, de 18.3.98 (altera a Lei de Diretrizes para o Orçamento de 1998), que passa pelas MPs 1.661-3, de 29.5.98; e 1.745-12, de 12.2.99; MP 1.643, de 18.3.98 (altera a lei que dispõe sobre diretrizes para o orçamento de 1998), que passa pela MP 1.661-3, de 29.5.98; MP 1.511, de *26.7.96* (altera as Leis 9.082, de 25.7.95, e 9.293, de *15.7.96*, que dispõem, respectivamente, sobre as diretrizes para a elaboração da lei orçamentária para os exercícios de 1996 e 1997), que passa pelas MPs 1.558, de 19.12.96; 1.579-10, de 24.7.97; e 1.735-28, de 15.12.98.

As seguintes medidas provisórias, entre outras, autorizam o Executivo a abrir créditos extraordinários: 1.752-36, de 7.5.99 (até o limite de R$ 106.000.000,00, em favor do Ministério dos Transportes); 1.747-9, de 7.5.99 (no valor de R$ 7.556.000,00, em favor do Ministério do Planejamento e Orçamento); 1.813, de 23.4.99 (R$ 183.000.000,00, em favor do Ministério do Planejamento e Orçamento); 1.804-8, de 23.4.99 (valor de R$ 68.383.840.000,00, em favor do Ministério da Fazenda, para reforço de dotações consignadas no orçamento); 1.785-3 de 26.3.99 (valor de R$ 2.932.395.868,00, em favor do Ministério da Previdência e Assistência Social); 1.810-1, de 12.3.99 (valor de R$ 300.000.000,00, em favor do Ministério da Fazenda); 1.758, de 14.1.99 (valor de R$ 824.000.000,00, em favor dos Ministérios do Planejamento e Orçamento, da Agricultura e do Abastecimento, e do Meio Ambiente, dos Recursos Hídricos e da Amazônia Legal); 1.747-6, de 12.2.99 (valor de R$ 7.556.000,00, em favor do Ministério do Planejamento e Orçamento).

11. Poder Legislativo e medidas provisórias

11.1 A velocidade e outras características da sociedade moderna, gostam de dizer alguns autores, reclamam uma faixa de normatividade exercida pelo Poder Executivo. É verdade que, quanto a facilidade de edição da norma, o Executivo tem a vantagem da direção unitária, da vasta estrutura administrativa e dos meios que ela propicia. Entretanto, a desvantagem do Legislativo decorre também de que se tenha mantido anacrônico e dependente em suas relações com o Executivo.[57]

11.2 Em maio de 1989, pouco tempo depois de promulgada a Constituição de 1988, o Congresso editou resolução disciplinando a apreciação, em seu âmbito, de medidas provisórias.

Salvo no que diz respeito à adoção do decurso de prazo in *peius*, na fase de admissibilidade de medida provisória (art. 5º, § 5º), as normas dessa resolução pareciam adequadas. Ela criou procedimento especial, prioritário e célere, segundo o qual: a) nas 48 horas que se seguirem à publicação de medida provisória, será designada Comissão Mista para seu estudo e apresentação de parecer dentro de cinco dias a contar daquela mesma data; b) esgotado o prazo sem a apresentação de parecer, o Presidente do Congresso designará relator para proferi-lo em plenário, no prazo máximo de 24 horas; c) faltando cinco dias para o término do prazo de trinta dias referido no art. 62 da Constituição, a matéria será apreciada em regime de urgência, sendo a sessão prorrogada, automaticamente, até decisão final; e d) esgotado o prazo de 30 dias sem que haja deliberação, a Comissão Mista elaborará projeto de decreto legislativo, disciplinando as relações jurídicas dela decorrentes.

Acontece que, quanto ao cumprimento de seus prazos, é como se não existisse a Resolução 1/89.

O Congresso vem descumprindo sistematicamente essas normas, assim como a constante do art. 62, parágrafo único, da Constituição, que o obriga a editar decreto legislativo em caso de rejeição (expressa ou tácita) de medida provisória.

Até 31.12.98, apenas por três vezes o Congresso deu cumprimento a essa determinação constitucional, ao editar, a saber: a) o Decreto Legislativo 166, de 28.6.91 (disciplinando as relações jurídicas decorrentes da rejeição da MP 296, de 29.5.91); b) o Decreto Legislativo 17, de 20.4.94 (disciplinando as relações jurídicas decorrentes da MP 434, de 27.2.94); e c) o Decreto Legislativo 27, de 22.6.94 (disciplinando os atos praticados na vigência das Medidas Provisórias 381, de 6.12.93; 408, de 6.1.94; 425, de 4.2.94; e 446, de 9.3.94). Ao editar esses decretos legislativos, porém, o Congresso Nacional agiu de modo particularmente infeliz. Os dois primeiros fizeram-se para manter efeitos financeiros da medida provisória rejeitada, o que notoriamente escapava à sua competência: se a MP foi rejeitada, ineficacizando-se *ex tunc*, o decreto legislativo não poderia manter seus efeitos. E o terceiro foi para convalidar os atos praticados pelo Executivo durante a vigência das medidas provisórias rejeitadas, o que também escapava à sua competência (v. acima o item 8.5, a propósito de "convalidação").[58]

57. Sobre a função legislativa no Estado moderno, vejam-se as interessantes considerações de Celso F. Campilongo ("A representação política e o Direito moderno", *Revista da OAB* 49/98) e de John M. Carey e Matthew Shugart ("Poder de decreto", *Revista Brasileira de Ciências Sociais* 37/149).

58. Outro equívoco desses decretos legislativos foi designar as medidas provisórias pelo seu número e data de assinatura (que é o que costuma

11.3 Como poder competente para a elaboração de normas jurídicas primariamente obrigatórias, cabe ao Congresso: a) aprovar ou rejeitar medidas provisórias (CF, art. 62); b) sustar atos normativos do Executivo que exorbitem do poder regulamentar ou dos limites de delegação legislativa (CF, art. 49, V); c) zelar pela preservação de sua competência legislativa em face da atribuição normativa dos outros poderes (CF, art. 49, XI).

Entretanto, o dever de exame e controle de medidas provisórias, por parte do Congresso, acaba reduzido a um registro burocrático e fictício, atualizado dia-a-dia pelas respectivas seções técnicas. P. ex., o "quadro das medidas provisórias vigentes" elaborado pelo Serviço de Apoio às Comissões Mistas" no dia 2.7.99, às 11:14 hs (*sic*) anota a existência de 97 medidas provisórias pendentes de apreciação, das quais uma original e as demais reedições. Esse quadro, feito presumivelmente para controle do procedimento estabelecido na Resolução 1/89, anota, com relação a cada uma, o prazo para apresentação de emendas, o prazo de que dispõe a comissão mista e o prazo de que dispõe o Congresso. Sucede que, todos eles, com termo final no mês de julho, ou seja, durante o ***recesso*** parlamentar.

11.4 Dado que a MP reeditada considera-se formalmente como medida autônoma, é mister constituir nova comissão mista especial para o exame de cada uma. Isso significa que foram constituídas no Congresso tantas comissões mistas quantas medidas provisórias: p. ex., para a MPo 1.110, de 31.8.95, primeira da série que em 12.2.99 se reproduzia na MP 1.770-45, foram criadas 46 comissões mistas, reabrindo-se, em cada uma delas, os prazos para a apresentação de emendas. Somente em maio de 1999 modificou-se essa prática, encaminhando-se a MP reeditada à mesma comissão já existente.[59]

O abuso da medida provisória resultou no desuso dos expedientes especiais do processo legislativo, previstos nos arts. 64 e 68 da Constituição. Apenas uma vez foi este último acionado (v. a Resolução 1/92, concedendo ao Executivo os poderes de que resultaram as Leis delegadas 12, de 7.8.992, e 13, de 27.8.92). Em discurso pronunciado na sessão de 27.1.99, o deputado Almino Afonso conclui que a função legislativa vai-se "transformando num ato homologatório. (...) com freqüência, a Comissão Mista sequer se reúne e o Relator, emitindo o parecer que convém ao Poder Executivo, manda colher as assinaturas dos demais membros em seus respectivos Gabinetes (...) É a Câmara dos Deputados, sem mugir nem tugir, indo feliz para o matadouro".

11.5 Por tudo que se viu, é necessário aperfeiçoar a Resolução 1/89, buscando-se um controle mais eficiente do cumprimento dos seus prazos. Entretanto, isso não seria bastante para assegurar-se o uso equilibrado das medidas provisórias. Na verdade, existe incompatibilidade entre medida provisória e parlamento.

Costuma-se explicar a entrega, ao Executivo, da faculdade de editar medidas provisórias, pela presteza e maior agilidade com que pode acudir às situações urgentes de vácuo normativo. À base dessa concepção, porém, ou está uma impossibilidade lógica, ou um impasse institucional.

Como a medida provisória só pode integrar-se definitivamente ao ordenamento mediante aprovação do Congresso, sua edição passa a exigir deste uma agilidade tão grande quanto a do próprio Executivo: de fato, para cada medida provisória deverá corresponder, necessariamente, uma lei ou

constar, erroneamente, em sua epígrafe), e não pelo seu número e data de publicação.

59. Pelo Ofício 103/99, de 5.5.99, o Presidente do Senado Federal comunica ao Presidente da Câmara dos Deputados que a partir dessa data, "para efeito de distribuição, será considerada em pleno funcionamento a Comissão Mista incumbida de emitir parecer sobre a medida provisória anterior" e que "serão automaticamente convalidadas as emendas apresentadas às edições anteriores de medida provisória".

um decreto legislativo, em caso de sua rejeição. Um órgão suficientemente ágil para, em prazos curtos, apreciar medida provisória, aprová-la simplesmente, emendá-la convertendo-a em lei, ou rejeitá-la editando o correspondente decreto legislativo, deveria ser igualmente ágil para editar a norma urgente. Na verdade, a medida provisória ou é indissociável da fraude legislativa correspondente a suas múltiplas reedições e seu uso casuístico, ou implica a idéia de dispensabilidade do parlamento.

12. Poder Judiciário e medidas provisórias

12.1 O fato de achar-se a medida provisória sujeita à apreciação do Poder Legislativo não constitui óbice ao exame de sua constitucionalidade pelo Judiciário. Note-se que: a) trata-se de uma norma que já está produzindo efeitos; b) em caso de evidente inconstitucionalidade, é imperioso sustarem-se esses efeitos, o que o Judiciário tem condições de fazer prontamente; c) o controle judicial de constitucionalidade das normas editadas pelo Poder Público antepõe-se, por definição, ao controle do Legislativo; e d) pela mesma razão o juízo do Legislativo sobre a constitucionalidade da MP não afeta o juízo do Judiciário.

12.2 Quanto à apreciação dos ***pressupostos da medida provisória***, observa-se paulatina evolução do STF, a partir da posição que adotara, durante a ditadura, com relação ao decreto-lei.

No julgamento da ADIn 1.417, relativa à MP 1.325, a Corte negou-se a ajuizar sobre esses pressupostos em pedido de medida cautelar: "No tocante à alegação de ausência do pressuposto de urgência, e sem antecipação de juízo definitivo de mérito, considero inadequada a oportunidade do exame, em fase de requerimento liminar, dessa questão que envolve, em última análise, a delicada afirmação de abuso de poder discricionário na edição de medida provisória" (voto do relator Min. Octávio Gallotti, em 9.2.96, *RTJ* 162/502). Na ADIn 526, porém, o voto do relator, Ministro Sepúlveda Pertence, embora afirmando o caráter discricionário do juízo político sobre a ocorrência ou não dos pressupostos, admitiu a verificação, em cada caso, da existência de abuso manifesto por parte do Executivo (*RTJ* 145/109). O acórdão correspondente ao julgamento da ADIn 1.397 (pedido de cautelar 28.4.97, *RTJ* 165/174, relator Min. Carlos Velloso) afirma em sua ementa que a apreciação dos pressupostos fica em princípio por conta dos Poderes Executivo e Legislativo, "a menos que a relevância ou a urgência evidenciar-se improcedente".[60] Ao suspender, em abril de 1999, a vigência de artigos da MP 1.703/98, em ação direta de inconstitucionalidade ajuizada pela OAB (ADIn 1.910), a Corte entendeu que essa MP, ao acrescentar inciso ao art. 485 do Código de Processo Civil, não preencheu o pressuposto constitucional da urgência.

Tem-se destacado no Tribunal a posição reiteradamente sustentada pelo Ministro Celso de Mello, e assim manifestada no julgamento da ADIn 221: "O chefe do Executivo da União concretiza, na emanação das medidas provisórias, um direito potestativo, cujo exercício — presentes razões de urgência e relevância — só a ele compete decidir. Sem prejuízo, obviamente, de igual competência, *a posteriori*, do Poder Legislativo e, quando tal se impuser dos próprios Tribunais e juízes (...) A mera possibilidade de avaliação arbitrária daqueles pressupostos, pelo Chefe do Poder Executivo, constitui razão bastante para justificar o controle jurisdicional" (*RTJ* 151/346).[61]

60. No mesmo sentido: RE 222.719, 2ª T., j. 14.12.98, relator Min. Carlos Velloso (*RTJ* 168/674) e ADIn 1.647, Pleno, j. 2.12.98, relator Min. Carlos Velloso (*RTJ* 168/774).

61. Depois de passar em revista a jurisprudência da Corte Constitucional espanhola quanto ao controle da existência dos pressupostos do decreto-lei, diz Ana M. C. Contreras: "maior resistência em reconhecer tal atribuição foi apresentada pela

12.3 Quanto à ***reedição*** de medida provisória, o Supremo entendeu, no julgamento da ADIn 293 que, "terminado o prazo de 30 dias sem que seja convertida em lei a medida provisória, não pode o Presidente da República editar outra com o mesmo teor. Se fizer, estará violando duplamente a Constituição" (voto do relator Min. Celso de Mello, 11.3.93, *RTJ* 146/719). A ementa do acórdão proferido no julgamento da ADIn 1.610, medida cautelar, relator o Min. Sydney Sanches (*DJ* 5.12.97, p. 63.949) registra que o Tribunal tem "admitido como válidas e eficazes as reedições de medidas provisórias, ainda que não votadas pelo Congresso Nacional, quando tais edições hajam ocorrido dentro do prazo de trinta dias de sua vigência. A perda retroativa de eficácia jurídica da medida provisória ocorre tanto na hipótese de explícita rejeição do projeto de sua conversão em lei quanto no caso de ausência de deliberação parlamentar no prazo constitucional de trinta dias" (*RTJ* 151/12).

A questão das reedições sucessivas, que a Suprema Corte vem admitindo,[62] assim tem sido posta pelo Ministro Celso de Mello: "As medidas provisórias não podem transformar-se em instrumento de imposição normativa da vontade unipessoal do Presidente da República, exacerbando-se, desse modo, o componente autoritário de que se acham inquestionavelmente impregnados esses atos com força de lei" (ADIn 1.558-3, *DJ* 4.2.97, pp. 965-967). E: "Há um evidente ensaio de expansão de poderes do Executivo. Não é possível que se crie, num regime democrático, uma instância hegemônica de poder. A harmonia é uma necessidade básica para o funcionamento das instituições. Um exemplo claro dessa expansão é o avanço do governo sobre as funções legislativas do Congresso Nacional, por meio do abusivo uso das medidas provisórias. (...) O que eu questiono é a transformação desse excepcional poder numa prática habitual e ordinária de legislar, que pertence ao Parlamento. Como cidadão, preocupa-me essa crescente apropriação institucional pelo Presidente da República do mais expressivo poder que a Constituição garante ao Congresso. Não se pode negar que a medida provisória tem um componente autoritário indiscutível. Ela traduz a manifestação unilateral do governante. É a vontade unipessoal do príncipe que se impõe sobre toda a coletividade sem prévio debate parlamentar. (...) Nem mesmo a Constituição outorgada pela ditadura militar conferiu em matéria de decreto-lei tantos poderes ao Presidente" (entrevista à revista *Veja*, 5.3.97).

12.4 São inúmeras as decisões em que a Corte Suprema afirma a perda de eficácia da MP não aprovada em trinta dias. Tais enunciados, contudo, se produziram para considerar prejudicada, por perda de objeto, a respectiva argüição de inconstitucionalidade (*RTJ* 146/704, 151/10, 152/339, 153/13, 155/103, 156/29, 164/907, 168/790); assim, longe de se criar, a partir daí, uma limitação ao abuso do governo, o que se fez foi estabelecer uma espécie de bloqueio contra o controle de constitucionalidade das medidas provisórias, dado que a Corte admite a revivescência daquela mesma MP (inclusive, implicitamente, a exis-

Corte Constitucional italiana, órgão que apenas muito recentemente, e dando razão a uma generalizada opinião doutrinária, afirmou de modo claro e contundente sua faculdade fiscalizadora sobre a constitucionalidade da valoração política levada a cabo pelo governo e pelo parlamento em relação a situações de extraordinária e urgente necessidade". Cita a sentença 29/1995: "A preexistência de uma situação de fato que implica a necessidade de prover a partir da utilização de um instrumento excepcional, como é o decreto-lei, constitui um requisito de validade constitucional para a adoção desse ato. (...) Não existe proibição alguma para que a Corte Constitucional proceda ao exame do decreto-lei e/ou da lei de conversão sob o perfil do respeito aos requisitos de validade constitucional relativos à preexistência dos pressupostos de necessidade e urgência" (ob. cit., pp. 63-64).

62. "Até porque o poder de editar MP subsiste, enquanto não rejeitada" (voto do relator Min. Carlos Velloso, na ADIn 1.786, *RTJ* 167/86). V. também *RTJ* 168/674 e 168/774.

tência de um nexo de continuidade normativa entre a reedição e a MP reeditada).

Nesses dez anos de experiência, não se conseguiu estabelecer um padrão jurisprudencial consistente quanto às medidas provisórias, a não ser que se entenda como posição doutrinária o apoio prestado ao Executivo. O ápice paradigmático desse apoio está no julgamento da ADIn 605 (medida cautelar), em que se admitiu a edição de medida provisória interpretativa de lei ordinária (*RTJ* 145/463).

No dizer do Ministro Maurício Corrêa, o Supremo sente "a necessidade de encontrar um mecanismo para suavizar essa pletora de atos que saem do Legislativo através de medidas provisórias". Entretanto, "essa não é uma questão da Corte, e sim do Congresso Nacional" (*RTJ* 165/859).

13. Medida provisória e Estado de Direito

Por diversas que sejam as concepções sobre o Estado de Direito, todas concordam em apontar, como sua característica fundamental, a obediência ao princípio da legalidade. No Estado de Direito o governo está subordinado ao princípio da legalidade, e a divisão de poderes é instrumento dessa subordinação.

O princípio da legalidade representa a sujeição do poder público, nas várias esferas e estratos da Administração, às normas que ele mesmo editou. Sem ele inexistiriam a responsabilidade estatal e a responsabilidade pessoal do governante ou do exercente de função pública. O princípio da legalidade está à base, portanto, do princípio da irretroatividade, na medida em que protege o pretérito contra incursões do poder. Ele também se projeta, na medida em que preserva a inteireza do ordenamento e o princípio da responsabilidade estatal, contra as alterações casuísticas da lei, segundo os interesses do governo. Mesmo o princípio da divisão dos poderes, que se considera como fundamental à república, radica-se no princípio da legalidade. São as ditaduras que fogem à incidência das normas por elas mesmas editadas; que depois do ato institucional único fazem o Ato Institucional 2, 3, 5, ou as Medidas Provisórias 2, 3, 5, 5-2, 53-2.

A Nova República foi mais inventiva do que a ditadura militar e concebeu a MP *multiflex*: a medida provisória múltipla — que se espraia indefinidamente pelo tempo — e flexível, porque vai-se adaptando casuisticamente às várias circunstâncias, ao gosto do Executivo. A lei perde sua característica de norma prévia, genérica e abstrata, e passa a ser elaborada para cada caso concreto, segundo os interesses do grupo governante. Recuamos a 1937. Se a medida provisória pode subverter expectativas legítimas, alterar a natureza e os efeitos das obrigações governamentais, suprimir direitos adquiridos, abalar situações definitivamente constituídas, é porque foi abolido o princípio da legalidade, juntamente com o da divisão dos poderes. Aquele princípio não diz respeito apenas à estabilidade e certeza do ordenamento, mas, principalmente, à sua legitimidade. A medida provisória matou o Estado de Direito no Brasil.

14. Conclusão

Esse é caso de falência múltipla de órgãos. Esta é uma história espantosa de abusos praticados pelos órgãos constituídos para a representação do povo e o controle da atividade do governo.

Enquanto não se extirpa da Constituição o vírus ditatorial, ao Judiciário, quando provocado, cabe negar aplicação às medidas provisórias inconstitucionais; à Procuradoria-Geral da República, instalar um serviço de acompanhamento da edição de medidas provisórias, para denunciar-lhes prontamente os vícios formais e materiais; ao Legislativo: a) aplicar o art. 49, V da Constituição, jogando ao lixo, de uma penada, o estoque rolante de medidas provisórias; b) rever a Resolução 1/89; e c) substituir as comissões mistas singulares por uma Comissão Permanente para apreciação das medidas provisórias.

Não é preciso mencionar as medidas clássicas de defesa da cidadania contra governos ilegítimos e suas práticas. O descumprimento da norma ilegal é dever de todo cidadão, sua inaplicação, dever de todo juiz. A alternativa, aqui, é entre obedecer-se ao Executivo ou aplicar-se a Constituição. Enganou-se, em seu relatório, o constituinte Egídio Ferreira Lima; não há na história fórmula democrática de decreto-lei, nem aqui, nem no exterior; e qualquer eventual vantagem decorrente de sua disponibilidade é largamente superada pelas inúmeras desvantagens de seu uso, principalmente em países de tradição autoritária.

Santos, agosto de 1999

CONCEITO DE INTERESSE PÚBLICO E A "PERSONALIZAÇÃO" DO DIREITO ADMINISTRATIVO

Marçal Justen Filho

Doutor em Direito

1. Regime de Direito Público e interesse público

Antes da afirmação do constitucionalismo, o núcleo da atividade administrativa do Estado se reputava pouco permeável ao Direito e ao controle jurisdicional. Os atos do governante não comportavam controle, sob o postulado de que o rei não podia errar ou que o conteúdo do Direito se identificava com a vontade do príncipe.

Essa situação não se alterou radicalmente mesmo após a consagração do conceito de Estado de Direito. Ao longo deste século XX, temas fundamentais do Direito Administrativo foram o poder de *imperium* estatal, a discricionariedade (elevada à noção de *Poder*) e os *atos políticos*. Havia uma defasagem entre garantias e limites constitucionais ao exercício do poder político e o desempenho da atividade administrativa do Estado. Em suma, os postulados do Direito Administrativo, nos temas de maior relevância, conduziam à impossibilidade de controle da atuação do governante. Essa situação apenas se modificou nas últimas décadas, com a permanente ampliação dos instrumentos de controle da atividade administrativa.

Pode afirmar-se que o percurso do Direito Administrativo tem testemunhado a lenta c inevitável transição do autoritarismo para a democracia. Atualmente, não mais se admite a idéia de *"ato discricionário"*, reconhecendo-se que apenas alguns aspectos do ato administrativo envolvem margem de liberdade de escolha para o agente público. Os controles à atividade administrativa do Estado são cada vez mais intensos. Reconheceu-se que toda liberdade atribuída ao agente estatal tem de ser exercitada de modo compatível com os princípios jurídicos fundamentais. Isso não elimina uma espécie de força inercial dos postulados do passado, afetando a compreensão e aplicação do Direito Administrativo do presente.[1]

Nesse contexto, o conceito de *interesse público* tem desempenhado função relevante. Afirmar sua supremacia corresponde a reconhecer natureza instrumental aos poderes titularizados pelo Estado e agentes públicos. O exercício das competências públicas se orienta necessariamente à realização do referido interesse público.[2] Isso signifi-

1. Esse fenômeno foi apontado, com muito maior autoridade, por Agustín Gordillo (*Tratado de Derecho Administrativo*, Buenos Aires, Fund. de Derecho Administrativo, 1997, 4ª ed., t. I, pp. II-1/30).

2. Acerca da relevância dos princípios da indisponibilidade e da supremacia do interesse pú-

ca que a interpretação de todas as normas atributivas de poder funda-se em diretriz hermenêutica fundamental, afetando todas as relações jurídicas contidas no âmbito do Direito Administrativo. A construção doutrinária que privilegia o interesse público representa uma evolução marcante em direção à democratização do poder político.

Existe, no entanto, forte cunho de indeterminação no conceito de *interesse público*, o que dá margem ao risco de sua aplicação desnaturada. No passado, invocava-se o poder de império, o poder discricionário, o poder de polícia ou a natureza política do ato. Hoje, ninguém ousaria respaldar ato abusivo em tais argumentos. Mas são comuns os casos em que o exercente do poder político refugia-se no princípio da supremacia do interesse público. É necessário prosseguir na tentativa de determinar o conceito de *interesse público*, em face do risco da aplicação equivocada do referido princípio.

2. O conceito de "interesse público"[3]

Toda obra de Direito Administrativo alude a *interesse público*, mas sem definir a expressão nem apresentar um conceito mais preciso. O discurso restringe-se a afirmar a relevância do *interesse público* para a construção dos institutos do Direito Administrativo. Bem por isso, Tercio Sampaio Ferraz Júnior observou que *interesse público* é um *lugar comum* e que, justamente por isso, dispensa definição precisa, o que permite utilização mais eficiente.[4]

Tem de reconhecer-se que não é simples definir *interesse público*, inclusive por sua natureza de conceito jurídico indeterminado. Lembre-se que a função desempenhada pelos conceitos indeterminados exige uma abertura permanente em face da realidade. A indeterminação não é um *defeito* do conceito, mas um atributo destinado a permitir sua aplicação mais adequada caso a caso. A indeterminação dos limites do conceito propicia a aproximação do sistema normativo à riqueza do mundo real.[5]

Isso não impede aprofundar o núcleo do conceito indeterminado, o que propicia maior precisão (e utilidade) em sua aplicação. Aliás, um exame mais minucioso do tema evidencia que o conceito de *interesse público* vem sendo alterado ao longo do tempo, em face da evolução histórico-cultural dos regimes democráticos.

2.1 Interesse público e interesse do Estado

A tradição jurídica costuma identificar *interesse público* e *interesse do Estado*. Há uma espécie de circularidade: o interesse é público porque atribuído ao Estado e é atribuído ao Estado porque público. Na época do surgimento do Estado moderno, em torno do séc. XVI, não seria exagerado afirmar que a totalidade dos interesses públicos estava na titularidade do Estado. Aliás, confundia-se interesse público e interesse

blico e do regime de Direito Administrativo, confira-se Celso Antônio Bandeira de Mello, *Curso de Direito Administrativo*, Malheiros Editores, 1999, 11ª ed., pp. 29 e ss. Nunca se olvide, ademais, o papel precursor do ilustre administrativista também nesse setor, ao submeter a abordagem do instituto da autarquia ao modelo de análise fundado na idéia de *regime de Direito Público*. Quanto a isso, confira-se a excepcional obra *Natureza e Regime Jurídico das Autarquias* (Ed. RT, 1968), especialmente às pp. 168-170 e 236-247.

3. Algumas considerações sobre o tema já foram expostas em trabalho anterior, publicado sob o título "O princípio da moralidade pública e o Direito Tributário", *RDT* 67/65-79, Malheiros Editores, s/d.

4. "Interesse público", *Revista do Ministério Público do Trabalho* da 2ª Região 1/10, São Paulo, Centro de Estudos, 1995.

5. Sobre o tema, consultem-se Fernando Sainz Moreno, *Conceptos Jurídicos, Interpretación y Discricionalidad Administrativa*, Madri, Civitas, 1976, e José Manuel Sérvulo Correia, *Legalidade e Autonomia Contratual nos Contratos Administrativos*, Almedina, Coimbra, 1987.

do soberano. Nesse cenário, era inviável distinguir um núcleo conceitual que desse identidade a *interesse público.*

Com o desenvolvimento político e social, há tendência a reconhecer a possibilidade de interesses públicos não estatais, especialmente no segmento das atividades de organizações não governamentais (ONGs). No entanto, permaneceu a concepção de que todos os interesses titularizados pelo Estado são públicos. Essa asserção exige exame crítico.

O conceito de *interesse público* não se constrói a partir da identidade do seu titular, sob pena de inversão lógica e axiológica insuperável e frustração da sua função. Definir o interesse como público porque titularizado pelo Estado significa assumir uma certa escala de valores. Deixa de indagar-se acerca do conteúdo do interesse para dar-se destaque à titularidade estatal. Isso corresponde à concepção de que o Estado é mais importante do que a comunidade e que detém interesses peculiares. O tratamento jurídico do interesse público não seria conseqüência de alguma peculiaridade verificável quanto ao próprio interesse, mas da supremacia estatal. Como o Estado é instrumento de realização dos interesses públicos, tem de reconhecer-se que o conceito de interesse público é anterior ao conceito de interesse do Estado.

Por outro lado, não teria maior utilidade reconhecer o princípio da supremacia do interesse público quando adotada a concepção da qualidade do titular do interesse. Em última análise, poderia aludir-se a um princípio da supremacia do Estado — o que conduziria à impossibilidade de utilizar o princípio como instrumento de controle do exercício do poder político.

Logo, o interesse é público não porque atribuído ao Estado, mas é atribuído ao Estado por ser público.

Isso significa admitir a existência de interesses privados de titularidade do Estado? A pergunta está mal formulada. Parte do pressuposto de que um interesse qualquer, de natureza privada, poderia ser atribuído ao Estado, dando origem à dúvida: o interesse privado atribuído ao Estado continuaria a ser privado ou passaria a ser público? A pergunta é despropositada porque nenhum interesse exclusivamente privado pode ser atribuído ao Estado. Em um Estado Democrático de Direito, o Estado somente está legitimado a ser sujeito de interesse público. Atribuir ao Estado a titularidade de interesse privado seria infringir o princípio da República. Justamente por isso, deve reconhecer-se que o conceito de interesse público é anterior (lógica e axiologicamente) ao conceito de Estado.

Isso não elimina a possibilidade de que, concretamente, o Estado se invista na titularidade de interesses privados. Tal ocorreu na história recente do Brasil. Por exemplo, durante o período não democrático, houve confisco de bens privados e foram integrados ao patrimônio da União bens e empreendimentos particulares. O Estado passou a ser titular de empresas que não envolviam qualquer espécie de interesse público, mantendo-as em seu poder e dando continuidade à atividade empresarial. Observe-se que tal situação poderia, em tese, verificar-se mesmo no âmbito de um regime democrático. A idêntico resultado poderia chegar-se através do instituto da herança vacante (Código Civil brasileiro, arts. 1.593 e 1.594) ou de alguma liberalidade de particular (doação etc.). A única solução jurídica em situações dessa ordem reside em o Estado imediatamente promover a reintegração dos bens e direitos no âmbito privado. Verificando que se tornou, circunstancialmente, titular de interesse privado, o Estado não tem outra alternativa. Deverá transferir os bens para a esfera dos particulares, gratuita ou onerosamente. Será teratológico e infringente à ordem constitucional que o Estado dê seguimento, por si mesmo, à realização dos interesses privados.

Observe-se que a natureza do interesse não determina o regime jurídico a ser adotado. Tanto é verdade que se admite atividade estatal sujeita ao Direito Privado. Isso se passa com freqüência no âmbito da Administração indireta não autárquica. Até a própria Administração direta está subordinada ao regime privado, em determinadas situações. Por exemplo, aplicar-se-ão as regras privadas acerca do contrato de seguro quando o segurado for pessoa de Direito Público.[6] Em todas as hipóteses, no entanto, a Administração Pública estará perseguindo a realização do interesse público.

Em síntese, a titularidade pelo Estado representa, quando muito, um indício de ser público o interesse, mas esse indício conduz, como não poderia deixar de ser, a uma presunção relativa.

2.2 Interesse público e interesse do aparato administrativo

O interesse público não consiste no *interesse do aparato estatal*. O Estado, como sujeito de direito, pode adquirir certas *conveniências*, em termos equivalentes ao que se passa com qualquer sujeito privado. Não significa, porém, que tais circunstâncias se caracterizem como *interesses públicos*, para os fins da aplicação dos princípios ora examinados. Configura-se a distinção apontada por Renato Alessi entre *interesse público primário* e *interesse secundário*, difundida no Brasil por Celso Antônio Bandeira de Mello.[7] Enfim, como afirmou Gordillo, "o interesse público não é o interesse da Administração Pública".[8] É imperioso ter em vista que nenhum *interesse público* se configura como *conveniência egoística da Administração Pública*. O chamado *interesse secundário* (Alessi) ou *interesse da Administração Pública* não é público. Ousa-se afirmar que nem ao menos são *interesses*, na acepção jurídica do termo. São meras conveniências circunstanciais, alheias ao Direito. O Estado não possui *interesses* qualitativamente similares aos *interesses* dos particulares, pois não foi instituído para buscar satisfações similares às que norteiam a vida dos particulares. A tentativa de obter a maior vantagem possível é válida e lícita, observados os limites do Direito, apenas para os sujeitos privados. Não é admissível para o Estado, que somente está legitimado a atuar para realizar o bem comum e a satisfação geral. O Estado não pode ludibriar, espoliar ou prevalecer-se da fraqueza ou da ignorância alheia. Aliás, nem um particular poderia atuar desse modo, muito menos o Estado. O interesse público não reside em obter lucro, se tal se fizer através de atividades especulativas, de duvidosa valia ética.

Poderiam ser lembradas certas hipóteses peculiares, em que o Estado toma a si o desenvolvimento de empresas moralmente reprováveis. Assim se passa com atividade de loterias, no Brasil. Em outros países, é usual o monopólio da exploração do fumo. Conhecem-se hipóteses em que o próprio Estado fornece drogas a viciados, visando a minorar certas situações maléficas. Deve ter-se em vista que, ao assumir tais tarefas, o Estado não atua de modo similar aos particulares. Não se trata de obter lucros ou incentivar a realização de valores negativos.

6. Isso não significa, porém, que a atividade específica do ente estatal seja disciplinada pelo Direito Privado. Assim, a prática do ato jurídico será subordinada às regras de Direito Administrativo.

7. Como ensina C. A. Bandeira de Mello, o Estado "Poderia, portanto, ter o interesse secundário de resistir ao pagamento de indenizações, ainda que procedentes, ou de denegar pretensões bem fundadas que os administrados lhe fizessem, ou de cobrar tributos ou tarifas por valores exagerados. Estaria, por tal modo, defendendo interesses apenas 'seus', enquanto pessoa, enquanto entidade animada do propósito de despender o mínimo de recursos e abarrotar-se deles ao máximo. Não estaria, entretanto, atendendo ao interesse público, ao interesse primário, isto é, àquele que a lei aponta como sendo o interesse da coletividade: o da observância da ordem jurídica estabelecida a título de bem curar o interesse de todos" (*Curso de Direito Administrativo*, cit., p. 30).

8. *Tratado de Derecho Administrativo*, cit., t. 2, p. XIII-17.

A iniciativa estatal, em tais campos, deriva da constatação de que a solução mais adequada é liberar a prática de certas atividades (ainda que moralmente inaceitáveis), diante da impossibilidade de obter sua eliminação no âmbito social. Em outros casos, o Estado assume seu desempenho para evitar males ainda maiores e tentar impedir a disseminação da criminalidade ou de doenças. Supõe-se, em última análise, que o Estado poderá manter sob controle o desenvolvimento de empreendimentos reprováveis. Esse controle derivará precisamente da correção ética a que se sujeita a atuação estatal. Outra questão a discutir é se tais propósitos têm sido bem sucedidos, tema que extrapola os limites deste trabalho.

2.3 Interesse público e interesse privado da pessoa física do agente público

É imprescindível distinguir e afastar, também, o interesse privado do sujeito que exerce função pública. O exercício da função pública não pode ser afetado pelos interesses privados e egoísticos do agente público. Eles continuam a ser interesses privados, submetidos às regras comuns, que disciplinam a generalidade dos integrantes da comunidade. Assim, por exemplo, os direitos de propriedade privada de que um sujeito seja titular não se subordinam, de regra, a uma alteração de regime jurídico se dito sujeito passar à condição de agente público. Logo, não se poderia cogitar de um regime especial e diverso, por exemplo, para tributação sobre bens de agentes públicos.

O tema relaciona-se com a questão do interesse privado do sujeito como exercente da função pública. Por exemplo, o governante pode ter interesse em evitar divulgação de notícias que possam prejudicar sua manutenção no cargo eletivo. Mas esse é um interesse privado e particular dele, inconfundível com o interesse público. Somente se poderia cogitar da aplicação do regime de Direito público na medida em que estivesse em jogo o interesse público, tal como se daria quando houvesse risco à dignidade de cargo ou função.

2.4 Interesse público propriamente dito

O processo histórico-evolutivo conduziu à superação de qualquer identificação entre interesse público e as meras conveniências do Estado ou dos agentes públicos. O conceito ganhou autonomia, o que não significa que o pensamento jurídico tenha atingido concepções unânimes. Existem, pelo menos, quatro vertentes de abordagem da questão.

2.4.1 Interesse público como somatório dos interesses privados

A primeira proposta para definir interesse público é relacionada a uma espécie de generalização indutiva dos interesses privados. Em face dessa teoria, o interesse público se configuraria a partir do interesse privado. Consideram-se os interesses dos particulares e se produz uma modalidade de *avaliação aritmética*. Nesse enfoque, o interesse público corresponde ao interesse comum e homogêneo da totalidade ou da maior parte do povo. Segundo essa abordagem, não há diferença ***qualitativa*** entre interesse privado e público. A diferença é de natureza ***quantitativa***. Afinal, todo e qualquer interesse privado poderá configurar-se como público desde que configurada uniformidade dos interesses da maioria.[9]

2.4.2 Interesse público como somatório de determinados interesses privados

Outra concepção, próxima à anterior, reconhece que nem todo interesse privado

9. Em certa medida, esse é o posicionamento de Héctor Jorge Escola, ao afirmar que "El interés público, entendido con el carácter y el sentido que lhe hemos asignado, no tiene una entidade ontoló-

poderia transformar-se em público. Haveria, quando menos, duas categorias de interesses privados. Existiriam interesses privados pertinentes à existência individual egoística, cuja conjugação nunca conduziria à configuração de um interesse público. Seriam interesses essencialmente individuais, nunca passíveis de transformar-se em públicos. Ao lado deles, haveria interesses privados transcendentes à individualidade e que poderiam dar origem a um interesse público, na medida em que ocorresse homogeneidade coletiva.

Essa teoria comporta duas variantes. Uma delas defende o pressuposto da maioria: somente há interesse público quando o interesse particular especial é de titularidade da maioria. Há outra concepção que entende possível que alguns interesses privados especiais sejam relevantes o suficiente para dispensar o requisito da maioria. Bastaria que parcelas significativas da sociedade apresentassem interesses comuns dessa ordem para o reconhecimento da publicidade do interesse.

2.4.3 Interesse público como interesse da sociedade

Entendimento diverso se caracteriza quando se afirma que público é o interesse da sociedade, entendida como algo inconfundível com o mero somatório dos indivíduos. Considera-se que o todo (conjunto de indivíduos) é mais do que o produto da soma das unidades. De fato, em termos sociológicos, é inquestionável que a sociedade é um *sujeito* distinto, inconfundível com os indivíduos que nela se integram. Sob determinado ângulo, o interesse público seria o interesse da *instituição*[10] social. A sociedade supera e transcende, no tempo e espaço, os indivíduos que a integram, inclusive na acepção de que a modificação individual não afeta a identidade do grupo. Os valores do passado, integrados como patrimônio cultural, permeiam a comunidade, moldando cada indivíduo. Os interesses individuais não são produzidos autonomamente por cada ser humano, mas são o resultado da conjugação da individualidade com o ambiente (social, inclusive) circundante.[11] Portanto, o interesse público pode desvincular-se dos interesses que, de modo concreto, algum particular detenha.

2.4.4 Considerações críticas às concepções tradicionais de interesse público

As construções acima sumariadas comportam inúmeras críticas. A primeira e mais relevante dirige-se contra um pressuposto adotado na abordagem. Qualquer que seja a teoria adotada acerca de *interesse público*, é impossível afirmar a configuração de uma situações simples e homogêneas. Uma das características do Estado contemporâneo é a fragmentação dos interesses, a afirmação conjunta de posições subjetivas contrapostas e a variação dos arranjos entre diferentes grupos. A temática relaciona-se com o fenômeno do acesso de uma pluralidade de "classes" ao poder e que produziu o surgimento do *Estado pluriclasse*. A cons-

gica, sustancial, diferente a la que presenta el interés individual: ambos son, en este aspecto, similares". E continua: "La única diferencia entre ellos radica en que mientras que el interés público es el resultado dela sumatoria de un número mayoritario de intereses individuales coincidentes, el interés individual pertenece a la persona (...)" (*El Interés Público como Fundamento del Derecho Administrativo*, Buenos Aires, Depalma, 1989, p. 242).

10. Acerca do conceito de instituição, confiram-se as observações (inclusive com referência bibliográfica) constantes de minha obra *Desconsideração da Personalidade Societária no Direito Brasileiro*, Ed. RT, 1986, pp. 30 e ss.

11. Não seria fora de propósito lembrar Ortega y Gasset, quando afirmava o célebre "Eu sou eu e minha circunstância" (*Meditações do Quixote*, Livro Ibero-Americano, 1967, trad. da 2ª ed. espanhola, p. 52).

trução, de autoria de M. S. Giannini,[12] permite compreender as inovações produzidas no âmbito do Estado ao longo do séc. XX.

O Estado pluriclasse resultou da difusão do direito de voto para todas as classes sociais, processo social ocorrido a partir do final do séc. XIX. Até então, prevalecia um Estado *censitário*, em que o direito de voto não era reconhecido a toda a população. Apenas certos grupos ou classes, usualmente titulares do poder econômico, dispunham da condição da cidadania política. O controle do poder político concentrava-se em mãos de algumas classes, o que se retratava no direito produzido e produzia homogeneidade dos interesses dos detentores do poder estatal, em contraposição aos interesses de largas fatias da população.

A universalização do sufrágio alterou radicalmente esse panorama e inviabilizou o reconhecimento de uma única *classe dominante*. Todos os extratos sociais, mesmo os mais desprovidos de recursos econômicos, podem influenciar a escolha dos governantes e fazem-se representar nos parlamentos. O exercício do poder político retrata a pluralidade de interesses sociais e a segmentação dos diferentes grupos. Existem agrupamentos com interesses comuns, dentro de limites estreitos e com extensão temporal precária. Cada *classe* comporta interesses contrapostos. A democracia contemporânea externa-se numa espécie de interminável reorganização dos interesses individuais e coletivos. As composições entre os diferentes grupos de interesses assemelha-se a um processo caleidoscópico, em que cada arranjo é distinto do existente em momentos anteriores e posteriores.

Isso tudo conduz à impossibilidade de aludir à *maioria* senão como força de expressão, indicando composições temporárias e limitadas entre os diferentes segmentos da sociedade.

O próprio Giannini destaca a heterogeneidade dos interesses públicos em um panorama sócio-político dessa ordem.[13] Antes do surgimento do Estado pluriclasse, era possível afirmar a contraposição entre interesse privado e interesse público. Após, tornou-se impossível reconhecer situação assim tão simples.

Nesse contexto, a utilização do conceito de interesse público tem de fazer-se com cautela, diante da pluralidade e contraditoriedade entre os interesses dos diferentes integrantes da sociedade.

Daí deriva, em primeiro lugar, a imprestabilidade da concepção que identifica *interesse público* com *interesse da maioria*. Não há como localizar uma maioria propriamente dita, com cunho de permanência. Nem existe um conjunto suficientemente homogêneo de interesses privados ao qual se pudesse atribuir a condição de *interesse da maioria*. Sempre haveria uma pluralidade de sujeitos, com interesses contrapostos e distintos. Portanto e como disse Casesse, "não existe o interesse público, mas os interesses públicos, no plural".[14]

Nem seria o caso de considerar a maioria como titular de dois interesses simultaneamente. Um seria aquele contraposto ao da minoria. Mas, ao mesmo tempo, a maioria teria interesse em que a minoria fosse prestigiada. Logo, seria interesse público tanto o do maioria quanto o da minoria. Nesse caso, o interesse da minoria seria público não por alguma característica própria, mas por ser de titularidade da maioria. A construção é obviamente artificiosa e impossível de ser sustentada. Basta lembrar que, adotada tal concepção, desaparecerão os interesses privados: todos serão públicos.

12. Confira-se *Diritto Amministrativo*, Milão, Giuffrè, 1970, I, pp. 45-50. Consulte-se, ainda, a ampla retrospectiva elaborada por Sabino Cassese, "Lo *stato pluriclasse* in Massimo Severo Giannini", em *L'Unità del Diritto — Massimo Severo Giannini e la Teoria Giuridica*, Bolonha, Il Mulino, 1994, pp. 11-50.

13. *Diritto Amministrativo*, cit., p. 106.

14. *Le Basi del Diritto Amministrativo*, Torino, Einaudi, 1991, p. 238.

Na verdade, um Estado Democrático caracteriza-se não pela prevalência do interesse da maioria, considerada apenas em termos quantitativos. Consiste na supremacia da vontade da maioria eventual e ***também*** na garantia aos interesses da minoria, tudo segundo parâmetros constitucionalmente fixados.[15] A idéia de interesse público não se prende a questões apenas quantitativas. Assim, por exemplo, existe interesse público em tutelar minorias raciais, ainda que os interesses delas possam eventualmente conflitar com os da maioria do povo.[16]

Enfim, não há dúvidas acerca da existência de interesses *coletivos* e *difusos* que, não obstante sua pertinência a uma pluralidade de sujeitos privados, continuam a ter natureza privada.[17]

Mas permanece um problema notável, que evidencia o equívoco da concepção aritmética de interesse público. Trata-se do reconhecimento do interesse da minoria como público. Adotar um critério quantitativo se revela insuficiente e inadequado, eis que interesse público não é sinônimo de interesse da maioria. Muitas vezes, as maiorias são titulares do interesse público. Outras vezes, porém, o interesse público coincide com o da minoria. Ou seja, o interesse é qualificado como público não por razões meramente quantitativas. Existem interesses que não são gerais e continuam a ser públicos.

Isso não significa aceitar, sem maiores objeções, a concepção do *interesse da sociedade*. Essa construção produz duas dificuldades fundamentais. A primeira reside no risco de surgir um *interesse social* desvinculado de qualquer interesse individual concreto. Haveria uma espécie de cristalização social, em que a tradição superaria a dimensão da realidade concreta. A desvinculação entre a dimensão individual e o interesse público contém o germe do autoritarismo. É o primeiro passo para o reconhecimento de interesses supra-individuais, de configuração totalitária e cuja lamentável afirmação se verificou nos regimes do nacional-socialismo alemão e do estalinismo. A segunda refere-se à identificação do conteúdo do interesse. Já que não há compromisso com os interesses individuais concretos, surge o problema de determinar o interesse social. Seria necessário atribuir a algum sujeito o *poder* de diagnosticar a existência e determinar o conteúdo do *interesse público*. Enfim, essa concepção de interesse público propicia construções políticas não democráticas, com elevado potencial de nocividade.

2.4.5 A natureza "técnica" das concepções tradicionais de interesse público

Por outro lado, essas abordagens acima enfrentadas podem ser qualificadas como *concepções técnicas de interesse público*. Partem do pressuposto de que alguns interesses privados não podem ser satisfeitos através da atuação isolada dos próprios particulares. A insuficiência dos esforços individuais exige a intervenção do Estado. Aliás, a própria existência do Estado seria justificada por essa via. A associação entre os seres humanos, produzindo a sociedade e o Estado, destina-se a propiciar a superação de dificuldades de maior dimensão. Assim,

15. Acerca da dinâmica entre interesse público e interesse privado, consulte-se o estudo de Juan Pablo Cajarville Peluffo, "Garantías constitucionales del procedimiento administrativo en los países del Mercosur. Principios del procedimiento administrativo de los órganos del Mercosur", revista *Actualidad en el Derecho Público*, Buenos Aires, Ad-Hoc, v. 8, 1998, pp. 32 e ss.

16. Contra essa concepção de interesse público como interesse da maioria dos indivíduos, confira-se, ainda, o texto de René Mario Goane, "Estado, bien común e interés público", transcrito em *El Derecho Admninistrativo Argentino, Hoy*, Buenos Aires, Editorial Ciencias de la Administración, 1996, pp. 36-48.

17. Sobre o tema, confiram-se os ensinamentos de Carlos Manuel Grecco em "Ensayo preliminar sobre los denomiandos intereses 'difusos' o 'colectivos' y su protección judicial", em *Fragmentos y Testimonios del Derecho Administrativo*, Buenos Aires, Ad-Hoc, 1999, pp. 687-709.

o interesse público seria resultado da conjugação de dois elementos. Um seria a existência de interesses gerais e comuns e o outro, a insuficiência dos esforços individuais para sua satisfação.[18] Qualificam-se essas teorias como *técnicas* porque a consistência do interesse público reside na mera impossibilidade de sua satisfação através da atividade individual e isolada. A técnica para satisfação do interesse é a reunião dos seres humanos. Em última análise, a forma de atendimento ao interesse privado é sua transformação em público, o que permite que a sociedade, como organização de pessoas e recursos, enfrente e supere dificuldades supra-individuais.

Ocorre que a concepção técnica de interesse público vinculou-se a circunstâncias muito específicas, peculiares a determinado momento histórico. Até as últimas décadas do séc. XX, a riqueza privada era insuficiente (na maioria dos países) para produzir a satisfação dos interesses coletivos. Era imprescindível a intervenção estatal e a utilização dos recursos públicos como instrumento para tanto. Mas a evolução sócio-econômica, verificada ao longo do séc. XX, tornou problemática a manutenção de concepções dessa ordem. Os processos econômicos de geração e acumulação de riqueza alteraram radicalmente esse panorama. A chamada *sociedade civil* tornou-se titular de meios materiais e de conhecimento técnico suficiente para produzir a satisfação dessas necessidades. Os recursos econômicos privados são suficientes para os investimentos em infra-estrutura indispensáveis ao atendimento dos interesses individuais. A tecnologia desenvolvida no âmbito da iniciativa privada é, em grande parte dos casos, mais eficiente e adequada do que a titularizada pelo Estado. Por outro lado, o Estado não dispõe de recursos disponíveis para realização de todas as tarefas de atendimento aos interesses coletivos.

Apesar de o ser humano isolado continuar incapacitado de enfrentar todas as necessidades privadas, isso não significa que a única via de satisfação dessas necessidades seja a estatal.[19]

Em suma, a solução *técnica* para satisfação dos interesses coletivos não é mais justificativa adequada para fundamentar o conceito de interesse público. Surgiram novas técnicas de satisfação de interesses gerais, mais eficientes do que aquelas tradicionalmente conhecidas. É possível manter os interesses como privados e, não obstante isso, produzir sua satisfação. Aliás, produzir-se-á sua satisfação com muito maior eficiência do que pelo caminho da *publicização* do interesse. Ao invés de considerar o interesse como público e afetá-lo ao Estado, aplicando-lhe regime jurídico distinto e peculiar, é perfeitamente viável dar solução às necessidades na órbita privada. Assim, os recursos privados podem ser aplicados para obras de grande envergadura, destinadas a atender os interesses gerais. Os *serviços públicos tradicionais* admitem exploração similar à prestação de qualquer utilidade privada.[20]

2.4.6 Síntese: a natureza "ética" da questão

Nesse ponto, é necessária uma radical modificação no panorama jurídico. O conceito de interesse público não comporta en-

18. Nessa linha, confira-se o entendimento de Jean Rivero e Jean Waline, *Droit Administratif*, Paris, Dalloz, 1998, 17ª ed., pp. 12-13.

19. Tem de destacar-se que esse panorama foi influenciado diretamente pela experiência norte-americana, em que a maioria dos interesses individuais sempre foram atendidos segundo modelo de mercado. Com a expansão econômica e o fenômeno da globalização, todos os países passaram a ser confrontados com essa alternativa.

20. Sobre o tratamento do tema na Comunidade Européia, confiram-se as lições de Sabino Cassese em "De la vieja a la nueva disciplina en los servicios públicos", revista *Actualidad en el Derecho Público*, Buenos Aires, Ad-Hoc, v. 8, 1998, pp. 19-24.

foque meramente técnico. A transmutação do interesse de privado em público não deriva de um imperativo meramente técnico, mas de imposições éticas. É verdade que existem necessidades privadas que não podem ser satisfeitas pelo esforço individual e isolado de cada qual. Também procede o raciocínio de que a sociedade civil e as organizações econômicas privadas dispõem de recursos satisfatórios para atendimento a essas necessidades. Ocorre que tais demandas são diretamente relacionadas à realização de princípios e valores fundamentais, especialmente a dignidade da pessoa humana. O interesse deixa de ser privado porque sua satisfação não pode ser objeto de alguma transigência. É impossível admitir que se apliquem à satisfação dessas necessidades as regras jurídicas que disciplinam o atendimento aos demais interesses individuais, sob pena de admitir possibilidade de sua não realização. Ora, a ausência de satisfação a eles significaria infringir os valores fundamentais consagrados pelo ordenamento jurídico.

Considere-se uma situação prática, envolvendo o interesse em obter energia elétrica. Supõe-se inviável que as necessidades individuais de consumo de energia elétrica sejam satisfeitas através do esforço de cada ser humano, isoladamente. Em um primeiro momento histórico, poderia imaginar-se que apenas o Estado disporia de recursos para produzir a satisfação a esses interesses. Logo, estaria em jogo um interesse público. Mas, nos dias atuais, é inquestionável que inúmeras empresas privadas disporiam de condições de assumir a satisfação desse interesse. Por isso, é necessário definir se a atividade de fornecimento de energia elétrica corresponde à satisfação de interesse público ou de interesse privado. Optar pelo interesse privado significa subordinar o fornecimento da energia elétrica às regras de mercado. Nesse caso, deverá admitir-se que a necessidade de algumas pessoas não será atendida. Aqueles que não dispuserem de recursos suficientes para adquirir os produtos e serviços estarão alijados do mercado. A energia elétrica passará a ser um produto no mercado, do mesmo modo que outros bens de consumo. Há pessoas que dispõem de recursos para adquirir televisores; outras, não. Tal como alguns não têm televisores, outros não terão energia elétrica. Ora, a necessidade individual de obtenção de energia elétrica não se assemelha àquela pertinente a outros bens de consumo. A energia elétrica é indispensável à obtenção de certas utilidades indissociáveis da realização plena da personalidade humana. A penúria econômica não legitima o impedimento à satisfação do interesse individual relacionado à satisfação da dignidade da pessoa humana.

Modernamente, o conceito de interesse público não se constrói a partir da impossibilidade técnica de os particulares satisfazerem determinados interesses individuais, mas pela afirmação da impossibilidade ética de deixar de atendê-los. Até se pode admitir que o Estado restrinja sua atuação na satisfação do interesse público. Mas a desestatização não significa a despublicização. A utilização de técnicas mais eficientes não autoriza a transformação do público em privado. O conceito de interesse público é permeado por caracteres éticos dessa ordem.

As considerações acima demonstram a ausência de natureza unitária do conceito de interesse público. Não é apenas um interesse social, mas necessariamente também um interesse individual concretamente compartilhado por segmentos significativos da sociedade. Somente se evidencia um interesse público quando há compatibilidade entre o interesse social e o interesse titularizado por uma pluralidade de sujeitos integrantes da comunidade, em um dado momento. Não é necessário, por isso, que o interesse público seja o interesse da maioria eventual, em certa situação. O que se exige é a compatibilidade entre o interesse grupal e o interesse de uma parcela da população. Sob esse ângulo, poderia utilizar-se a expressão *interesse coletivo*.

Ainda assim, essa fórmula não se afigura suficiente para determinar o que é interesse público. É extremamente precária e pouco operacional, como se evidencia facilmente. Basta uma pergunta concreta para comprovar a insuficiência do conceito. Suponha-se a seguinte indagação: a pena de morte atende ao interesse público? É impossível responder a essa pergunta utilizando-se apenas os dados conceituais acima delineados. A expressão *interesse público*, considerada sob um ângulo puramente técnico, é tão imprecisa que pode conduzir a decisões opostas e antagônicas.

3. O princípio da dignidade da pessoa humana

Em um Estado de Direito, caracterizado pelo princípio da República, vigoram pressupostos e limites inafastáveis para o exercício do poder político, atingindo a atuação das pessoas investidas formalmente na condição de órgãos estatais. O princípio da República reconhece à comunidade a titularidade de todo poder, que é exercido pelo povo, diretamente ou através de seus representantes (CF/88, art. 1º, parágrafo único). Afigura-se, porém, que o regime de Direito Administrativo e o exercício do poder político apenas adquirem sentido completo e perfeito quando relacionados ao princípio máximo da supremacia da dignidade da pessoa humana (CF/88, art. 1º, III).

A dignidade da pessoa humana é o princípio fundamental, de que todos os demais princípios derivam e que norteia todas as regras jurídicas.[21] Mesmo a supremacia e indisponibilidade do interesse público são subordinados a ele. Mais precisamente, supremacia e indisponibilidade do interesse público são a via insubstituível para realização da dignidade da pessoa humana, que consiste na concepção de que o ser humano não é instrumento, em qualquer das acepções que a palavra apresente. O ser humano não pode ser tratado como objeto. É o sujeito de toda a relação social e nunca pode ser sacrificado em homenagem a alguma necessidade circunstancial ou, mesmo, a propósito da realização de *fins últimos* de outros seres humanos ou de uma *coletividade* indeterminada. O fim primeiro e último do poder político é o ser humano, ente supremo sobre todas as circunstâncias. Não há valor que possa equiparar-se ou sobrepor-se à pessoa humana, que é reconhecida como integridade, abrangendo quer os aspectos físicos como também seus aspectos imateriais. A dignidade relaciona-se com a *integridade* do ser humano, na acepção de um todo insuscetível de redução, em qualquer de seus aspectos fundamentais.

A supremacia da dignidade da pessoa humana acarreta a equiparação de todos os seres humanos. Cada um e todos merecem idêntico respeito. Não se admite que alguns tenham "dignidade" maior do que outros. A isonomia inviabiliza diferenciações transcendentais: todos os seres humanos, em origem, são iguais. Por isso, ninguém pode ter sua dignidade sacrificada em benefício alheio.

Mas a dignidade da pessoa humana não poderia realizar-se plenamente se as relações intersubjetivas fossem deixadas ao sabor dos esforços individuais, desorganizados. Independentemente de enfrentar a discussão acerca da natureza política do ser humano, assume-se a existência de organizações intersubjetivas como via relevante de sobrevivência. Essas organizações consistem em meio de conjugar os esforços individuais e disciplinar o exercício da força. Abrangem o Estado e as instituições jurídicas. Sua estruturação e funcionamento têm de ser disciplinadas pelo princípio da dignidade da pessoa humana.[22] A existência do

21. Não é possível olvidar a importância que, nesse tema, apresenta a Lei Fundamental da Alemanha de 1949, cujo art. 1º, n. 1, estabeleceu: "A dignidade da pessoa humana é sagrada. Todos os agentes da autoridade pública têm o dever absoluto de a respeitar e proteger".

22. Como afirma Benda, "(...) o postulado do Estado social (...) veda uma interpretação pura-

Estado apenas se justifica em face do aludido princípio.

3.1 Transcendentalidade do princípio da dignidade da pessoa humana

O princípio da dignidade da pessoa humana desempenha em relação ao Direito e ao Estado uma função que se poderia dizer *transcendental*. Não equivale, apenas, a afirmar que ocupa posição de superioridade quanto aos demais princípios e valores — o que significaria sua transcendência em relação aos demais. Não é apenas transcendente; ele é transcendental.[23] Sua transcendentalidade significa condição apriorística de possibilidade de existência e compreensão do sistema jurídico. Ou seja, todo o sistema jurídico desenvolve-se a partir do princípio da dignidade da pessoa humana e somente adquire sentido e se torna compreensível em virtude dele. Ele não apenas está acima dos demais princípios, mas está *antes* deles. A antecedência é referida não no sentido cronológico, mas lógico.[24]

3.2 Princípio da dignidade da pessoa humana e jusnaturalismo

Essas construções poderiam ser tomadas como uma profissão de fé jusnaturalista. De fato, há alguma comunhão com o pensamento jusnaturalista, mas as diferenças são notáveis.

As concepções jusnaturalistas tendem a ser não-históricas. O jusnaturalismo relaciona-se usualmente com o reconhecimento de postulados superiores ou alheios à existência humana. Isso conduz a uma espécie de duplicação do Direito, distinguindo-se aquele produzido pela sociedade histórica e um modelo abstrato ou ideal, válido independentemente de considerações temporais ou espaciais.[25]

A concepção ora defendida é diversa. Afirma-se que a dignidade da pessoa humana é um valor *construído* ao longo da história humana. A vivência dos seres humanos, desde momentos primitivos até o atual estágio, produziu a consagração do valor da dignidade da pessoa humana como princípio fundamental. Essa é uma concepção histórico-evolutiva dos valores.[26] Portanto, aceita que a dignidade da pessoa humana não foi o valor fundamental desde os primórdios da história do ser humano. Como valor transcendental, foi uma conquista do séc. XX,

mente individualista das normas fundamentais e evita o equívoco consistente em abandonar sua referência e vinculação à comunidade em aras da dignidade do indivíduo (...) O Direito Constitucional não pode eximir o legislador da tarefa de alcançar uma solução justa que dissipe a tensão entre a liberdade do indivíduo e os pressupostos do Estado social" (Benda, Maihofer, Vogel, Heyde, *Manual de Derecho Constitucional*, Madri, Instituto Vasco de Administración Pública, Marcial Pons, 1996, p. 120, orig. em castelhano).

23. A diferença entre *transcendência* e *transcendentalidade* é bastante simples, em termos filosóficos, especialmente após Kant. Transcendência significa uma espécie de superioridade; transcendentalidade indica precedência lógica ou exame das condições para que algo possa existir. Na palavra de Kant, "Chamo *transcendental* a todo o conhecimento que em geral se ocupa menos dos objectos, que do nosso modo de os conhecer, na medida em que este deve ser possível *a priori*" (*Crítica da Razão Pura*, Lisboa, Calouste Gulbenkian, 1994, 3ª ed., p. 53).

24. Sob um certo ângulo, poder-se-ia estabelecer algum paralelo entre o princípio da dignidade da pessoa humana e a norma fundamental referida por Kelsen. Mas a distinção entre os conceitos é clara. A norma fundamental de Kelsen não tem propriamente um conteúdo material, devendo ser tomada como um pressuposto lógico de possibilidade. Já o princípio da dignidade da pessoa humana apresenta um conteúdo material e axiológico, que dá "sentido", antes do que fundamento lógico, ao ordenamento.

25. Sobre o tema, consulte-se Juan Carlos Cassagne, *De Nuevo sobre los Principios Generales del Derecho en el Derecho Administrativo*, texto transcrito em *El Derecho Administrativo Argentino, Hoy*, cit., pp. 24 e ss.

26. Sobre o tema, consulte-se Miguel Reale, *Filosofia do Direito*, Saraiva, 1983, 10ª ed., pp. 208 e ss.

no âmbito da civilização ocidental. Foi produzida pela rejeição uniforme, no âmbito de uma pluralidade de povos ocidentais, aos descalabros dos inúmeros genocídios e em virtude da *banalização do mal*[27] experimentada durante o séc. XX.

O ponto fundamental de uma concepção histórico-evolutiva é reconhecer que a experiência não pode ser generalizada para além dos limites em que foi produzida e vivenciada. Ou seja, as considerações acerca da relevância do princípio da dignidade da pessoa humana não poderiam ser estendidas a outras realidades passadas nem a sistemas jurídicos distintos. Não se reconhece, portanto, algum *direito ideal*, prévio ao ser humano ou independente da experiência humana. A dignidade da pessoa humana e suas derivações são um produto da evolução histórica da civilização ocidental. Sua validade acima de qualquer regra produzida legislativamente decorre de sua integração como direito positivo de determinadas Nações.

Admite-se, é bem verdade, a distinção entre Direito Positivo e Direito legislado. O Direito Positivo é produzido pela atividade legiferante do Estado, mas sua positivação não resulta de uma espécie de *vontade do governante*. O Direito é Positivo porque se integra ao patrimônio cultural do povo,[28] assim adquirindo força obrigatória. Veja-se que o povo atribuiu ao Estado competência legiferante. Pode presumir-se que todas as regras produzidas em virtude do exercício dessa atividade integram-se no direito positivo. Essa espécie de presunção se aplica se e enquanto a regra não infringir limites e princípios fundamentais, consagrados através da experiência daquela comunidade como insuscetíveis de modificação ou infração. Esses princípios fundamentais estão indicados na Constituição, ainda que seu conteúdo possa ser determinado em função das variações dinâmicas da vida social. Logo e ainda que se consagre uma constituição *aberta*, isso não significa que o intérprete esteja autorizado a recorrer à sua própria consciência individual como critério de reconhecimento do Direito Positivo.[29]

3.3 Dignidade da pessoa humana e Direito Público

O exercício das funções estatais apenas pode legitimar-se como instrumento de realização e tutela da dignidade da pessoa humana. Nessa linha, a fórmula da *supremacia do interesse público* tem de ser compreendida em sua inteireza e pensada com cautela. Até mesmo pela força do tempo e da tradição, há o risco de ser interpretada como "prevalência do *imperium* estatal".

Não se pode admitir que a *supremacia do interesse público* seja aplicada como algo bastante em si mesmo. Afirmar que a realização do interesse público é o princípio supremo do ordenamento jurídico é extremamente perigoso. Esse postulado pode conduzir à instauração de regimes totalitários, à destruição da democracia e ao sacrifício de valores inerentes à integridade do indivíduo. Abre-se oportunidade para o sacrifício dos demais valores, resolvendo-se o conflito entre *interesse público* e *interesse privado* pela destruição do último. Essa não é uma concepção admissível em face do Direito, eis que o interesse público não é o valor de mais alta hierarquia. Na escala dos valores, o de maior dimensão é o da dignidade da pessoa humana.[30] Como afirma Canotilho, "a Repú-

27. A expressão foi cunhada por Hannah Arendt, *The Origins of Totalitarianism*, San Diego-Nova York-Londres, Harcourt Brace Company, nova edição, s/d, pp. 460 e ss.

28. *Povo* não se confunde com *Nação*. Confira-se a obra de Friedrich Müller, *Quem é o Povo?*, Max Limonad, 1998, especialmente às pp. 52-53.

29. Sobre o tema, consulte-se Canotilho, *Direito Constitucional e Teoria da Constituição*, Coimbra, Almedina, 1998, pp. 81 e ss.

30. Em sentido similar e com abordagens inovadoras, Juarez Feitas já se havia manifestado com precedência. Afirmava, então, ser necessário respeitar "as considerações acerca do transcendental prin-

blica é uma organização política que serve o homem, não é o homem que serve os aparelhos político-organizatórios".[31]

Apenas pode atribuir-se relevância ao *interesse público* quando imediatamente submisso ao princípio da dignidade da pessoa humana. Em nenhum momento, pode sacrificar-se a dignidade de um único particular a pretexto de realizá-lo,[32] pois não há interesse público que autorize o desmerecimento da dignidade de um sujeito privado.

4. "Personalização" do Direito Administrativo

É oportuno produzir uma revisão de pressupostos e formas de abordagem do Direito Administrativo. Atingiu-se a patamar de consciência jurídica que permite adoção de novos programas e propostas para a atividade administrativa do Estado. Não seria equivocado aludir à necessidade de *personalização do Direito Administrativo*.

4.1 Os movimentos no âmbito do Direito Civil

A expressão *personalização* se reporta a posicionamentos emergentes no âmbito do Direito Civil contemporâneo. Inúmeros doutrinadores têm defendido uma revisão dos seus pressupostos axiológicos, ideológicos e temáticos. Refutam a concepção que privilegia o *patrimônio* como núcleo de organização do Direito Civil. Afirmam que o ser humano é ponto nuclear em torno do qual surgem relações jurídicas privadas. O valor da dignidade da pessoa humana antecede a todas as concepções patrimonialistas. A tutela ao patrimônio é uma das vias de afirmação da dignidade da pessoa humana, mas não a única (nem, talvez, a mais relevante).[33] Pretendem, por isso, a *repersonalização* do Direito Civil, para restabelecer a preponderância dos valores relacionados ao ser humano e a suas virtudes essenciais.

Algo similar deve ponderar-se a propósito do Direito Administrativo. Os institutos fundamentais desse ramo do Direito têm merecido uma espécie de autonomia axiológica. Os poderes e competências estatais não são considerados como instrumentos e assumem a condição de fins em si mesmos. Para ser mais preciso, tais poderes e competências são tratados como instrumentos de realização do *interesse público*. No entanto, esquece-se ser o *interesse público* uma manifestação da dignidade da pessoa humana. Somente se compreende interesse público como um valor acessório. *Interesse público* não é um valor compreensível ou bastante em si mesmo. Aí reside o ponto de ruptura, eis que o único fim em si mesmo é a pessoa humana.

4.2 A "personalização" do Direito Administrativo

Não é possível aludir a *repersonalização* do Direito Administrativo, que *nunca* assumiu como valor fundamental o ser hu-

cípio da universalização do interesse público e da correlata subordinação das ações estatais à dignidade da pessoa humana" (*O Controle dos Atos Administrativos e os Princípios Fundamentais*, Malheiros Editores, 1997, p. 52).

31. *Direito Constitucional e Teoria da Constituição*, cit., p. 219.

32. Pode-se dizer que, ao fazer isso, desvirtua-se o interesse público, confundindo-o com o interesse estatal. Sobre esse assunto, confira-se o ponto 4.2, adiante.

33. "Esta despatrimonialização do direito civil não significa a exclusão do conteúdo patrimonial no direito, mas a funcionalização do próprio sistema econômico, diversificando sua valoração qualitativa, no sentido de direcioná-lo para produzir respeitando a dignidade da pessoa humana (e o meio ambiente) e distribuir as riquezas com maior justiça" (Carmem Lucia Silveira Ramos, "A constitucionalização do direito privado e a sociedade sem fronteiras", na obra conjunta *Repensando os Fundamentos do Direito Civil Brasileiro Contemporâneo*, Renovar, 1998, p. 17). Entre os arautos das novas idéias, devem destacar-se Luiz Édson Fachin e Gustavo Tepedino.

mano, o indivíduo ou a dignidade da pessoa humana. Ao menos, concepções nesse sentido jamais foram acompanhadas de algum efeito concreto ou prático. O Direito Administrativo sempre foi considerado um conjunto de regras *contra* o particular, *a favor* do Estado e *sobre* os agentes públicos. Afinal e como já visto, o próprio conceito de interesse público foi construído no âmbito do autoritarismo político, o que produziu seqüelas marcantes.

A personalização do Direito Administrativo propicia reconhecer que a Administração Pública não apresenta valores intrínsecos. Também aqui a diretriz primeira é a dignidade da pessoa humana. A atividade administrativa do Estado tem de nortear-se pela realização desse valor, inclusive (e especialmente) quando se trata de interesses de minorias e dos destituídos de poder. Não se admite que os titulares do poder político legitimem decisões invocando a *conveniência* do interesse público e produzam, concretamente, o sacrifício do valor fundamental. O núcleo do Direito Administrativo não é o *poder* (e suas conveniências), mas a realização do interesse público — entendido como afirmação da supremacia da dignidade da pessoa humana.

Essa postura não retrata alguma proposta individualista. Ao menos, não se trata de defender a supremacia do indivíduo em face da coletividade. Reconhece-se a integridade individual, mas de *todos* os indivíduos. O interesse da maioria é digno de maior proteção do que o interesse de uma quantidade menor de particulares. O que não se admite é a diluição da dignidade de um único indivíduo em virtude da existência de um incerto e indefinido *interesse público*.

A personalização do Direito Administrativo retrata a rejeição à supremacia da burocracia sobre a sociedade civil. Volta-se contra fenômeno usual: a propósito de identificar o *interesse público*, o agente público acaba por escolher a realização de fins mais convenientes ao aparato administrativo. Desvincula-se do compromisso com a realização dos interesses da comunidade. Isso é inadmissível, eis que a atividade administrativa tem de legitimar-se como via de realização dos interesses privados — na acepção de que o interesse público é produto da sua conjugação.

Mas também há uma perspectiva de rejeição da subordinação dos organismos estatais aos interesses de determinados grupos. Nenhuma minoria pode ser oprimida, mas também não pode transformar-se em opressora. Quando se alude a minoria, tomam-se em vista os diferentes critérios de organização, inclusive o econômico. O Direito é instrumento compensatório das desigualdades entre as pessoas e os grupos. Assegura-se a dignidade da pessoa humana na medida em que se cumpre essa função. Vale dizer, o poder econômico de certos grupos ou particulares tem de ser limitado através do Direito, inclusive através da atividade da Administração Pública e da regulação produzida pelas normas administrativas.

Como se verá adiante, a personalização do Direito Administrativo envolve a superação de concepções meramente técnicas para assumir a prevalência de enfoque ético, em que se assume a supremacia de certos valores e princípios.

4.3 Interesse público e satisfação dos valores fundamentais

É necessário adicionar aos dados fornecidos outro aspecto do conceito de interesse público. Trata-se da realização dos valores jurídicos fundamentais. O interesse público se perfaz com a satisfação de necessidades de segmentos da população, em um momento concreto, para realizar os valores fundamentais. O interesse público é o interesse da sociedade e da população, mas voltado à realização dos valores de mais elevada hierarquia.

Nesse ponto, torna-se extremamente útil a tese da *personalização do Direito Administrativo*. Se o valor fundamental é a dignidade da pessoa humana, então interesse público não pode ser compreendido senão como a demanda de realização desse valor. Os poderes atribuídos ao Estado, no âmbito da função administrativa, não são voltados a produzir um *interesse público* abstrato, difuso ou apenas cognoscível por parte do governante. A atividade administrativa do Estado se orienta a atender as necessidades individuais e coletivas pertinentes ao valor da dignidade da pessoa humana.

Atribui-se ao Estado (preponderantemente) a função de realizar o interesse público precisamente pela relevância da dignidade da pessoa humana. Não poderia deixar-se a satisfação desse valor fundamental ao sabor da iniciativa particular e individual. Dota-se o Estado de um arsenal de poderes jurídicos cuja dimensão é compatível com a relevância do valor a realizar.

Essa concepção de interesse público permite responder às perguntas concretas. Assim e por exemplo, deve-se afirmar que, como a pena de morte não realiza o princípio da dignidade da pessoa humana, sua adoção é incompatível com o interesse público. A personalização do Direito Administrativo dá conteúdo próprio ao princípio da supremacia do interesse público e torna-o operacional do ponto de vista da concretização dos valores jurídicos fundamentais. Ainda que a expressão *interesse público* permaneça como um *topos*, um conceito jurídico indeterminado, a personalização produz circunscrição semântica de fundamental relevância.

Nenhum governante pode legitimar suas decisões através da pura e simples invocação ao *interesse público*. Será necessário, sempre, demonstrar como os efeitos concretos da decisão conduzirão à realização do princípio da dignidade da pessoa humana, segundo o espírito do ordenamento jurídico.

Até se poderia reconduzir a essa concepção um enfoque de Ronald Dworkin, acerca de democracia. Diante do problema de identificar o conceito de *governo da maioria*, Dworkin reconhece que a finalidade da democracia não consiste em adotar decisões coletiva coincidentes com a vontade da maioria dos cidadãos. O fim buscado pela democracia é outro: "que as decisões coletivas sejam adotadas por instituições políticas cuja estrutura, composição e práticas tratem todos os membros da comunidade, enquanto indivíduos, com idêntica preocupação e respeito".[34] Adaptando essas considerações ao enfoque ora defendido, pode dizer-se que o texto acima orienta-se na mesma linha. A dignidade da pessoa humana impõe o tratamento eqüitativo de todos em sociedade, exigindo estruturas políticas que assegurem e realizem essa igualdade.

4.4 Interesse público e harmonização entre interesses distintos

O postulado da supremacia da dignidade da pessoa humana propicia superação de inúmeros *obstáculos aritméticos* relacionados com a identificação do interesse público. Pode afirmar-se, em termos gerais, que o interesse público envolve a prevalência dos valores relacionados ao ser humano como sujeito central de todos os processos intersubjetivos. Mas isso não basta para eliminar o problema da heterogeneidade dos interesses.

Existe questão complexa, relativa à existência de inúmeros centros de interesses contrapostos. Poderia afirmar-se, em termos preliminares, que não se configuraria como interesse público qualquer necessidade ou demanda social incompatível ou contraditória com a realização dos valores da pessoa humana. Ainda que realizada essa primeira depuração, as dúvidas não estariam afastadas. Em alguns casos, existiriam inúmeros interesses igualmente relacionados ao princípio da dignidade da pessoa humana, todos eles contraditórios entre si. Em ou-

34. *Freedom's Law*, Cambrigde, Harvard University Press, 1996, p. 17, orig. em inglês.

tras situações, não seria possível determinar a pertinência de algum interesse em face do aludido princípio. Alguns exemplos, ainda que não imediatamente relacionados com o Direito Administrativo, facilitam a compreensão do problema.

Suponha-se o problema da fixação da carga tributária. Há o interesse de elevação da arrecadação estatal, o que propiciará recursos para melhor pagamento dos funcionários públicos e prestação mais adequada de serviços estatais. Mas também há o interesse na preservação do patrimônio particular, visando à ampliação das atividades econômicas privadas. Em ambos os casos, poderia afirmar-se um *interesse público*. É tanto do interesse público ampliar a carga fiscal como reduzi-la.

Por outro lado, imagine-se a determinação da via de direção do tráfego em uma via pública. Estabelecer se os veículos trafegarão em direção ao norte ou ao sul depende da apuração do interesse público. Mas é problemático vincular alguma das alternativas à realização imediata e concreta da supremacia da dignidade da pessoa humana.

Essas dificuldades não importam obstáculos invencíveis nem devem conduzir ao ceticismo acerca da prevalência dos princípios fundamentais.

4.4.1 Dignidade da pessoa humana e soluções fundadas na técnica

Afigura-se mais simples o problema da impossibilidade de identificar vínculo entre o princípio da prevalência dos interesses humanos e os diferentes interesses em jogo.

Afirmar a natureza ética do interesse público não significa afastar considerações técnicas. Ambos os temas se relacionam, eis que a ética não exclui a adoção da melhor solução do ponto de vista técnico. O que a ética exclui é que as decisões sejam adotadas segundo critérios exclusivamente técnicos, desvinculados a realização dos valores relacionados com a dignidade. Ou seja, o enfoque ora defendido não envolve alguma modalidade de obscurantismo anti-científico.

A supremacia da dignidade da pessoa humana significa que nenhum interesse poderá ser considerado como *público* se produzir o sacrifício dos valores fundamentais. Mas, respeitados esses valores, é evidente que a solução terá de respeitar a técnica, a ciência e o conhecimento. Quando for impossível determinar qualquer infração à supremacia da pessoa humana, estar-se-á no campo próprio da decisão técnico-científica. Mais precisamente, a preponderância daquele princípio exige que todos os recursos públicos sejam utilizados com a maior eficiência possível. Desse modo, será mais provável a satisfação dos diferentes interesses privados e públicos. Portanto, a supremacia da pessoa humana exige não apenas o respeito direto ao ser humano e a seus valores, mas também a utilização mais racional e eficiente de todos os recursos públicos.

Sob esse ângulo, o tema se relaciona com o próprio conceito de discricionariedade. O Direito reconhece margens de liberdade de decisão aos agentes públicos, precisamente para propiciar a adoção da melhor escolha no caso concreto. Em grande parte dos casos, a melhor escolha não é produzida por juízos subjetivos mas deriva de informações e critérios formulados segundo as leis científicas e o conhecimento técnico.

Por isso, pode afirmar-se que o interesse público coincide com a adoção de certa orientação para o trânsito quando houver critério técnico para fundar uma escolha. Lembre-se, por exemplo, que certas vias de trânsito são modificadas conforme o horário do dia, para fazer frente às demandas quantitativas de veículos. A alternância das regras de trânsito corresponde ao interesse público se tal for imposto pela técnica.

Se nenhuma solução for a mais aconselhável em face do conhecimento técnico-científico, estar-se-á diante do campo mais próprio da discricionariedade. Não será possível afirmar previamente que a solução adotada corresponderá à satisfação do interesse público. Mais precisamente, todas as soluções comportadas em face da ética e da técnica serão equivalentes e realizarão, de modo equivalente, o interesse público. Esse conceito funcionará muito mais como critério negativo do que positivo: serão inválidas as decisões que contrariarem o interesse público, entendido no caso como as soluções comportadas em face do conhecimento técnico-cientifíco e dos princípios jurídicos fundamentais. Incumbirá ao agente público realizar a escolha dentro do universo das soluções possíveis.

4.4.2 Superação dos conflitos entre interesses contrapostos

Mais difícil é determinar a solução quando presentes interesses diferentes e contrapostos, todos os quais relacionáveis à supremacia da dignidade da pessoa humana. Não se afigura cabível afirmar que essa situação legitimaria a escolha de qualquer um dos interesses, impondo-se o sacrifício aleatório de algum deles.

A problemática pode ser relacionada com uma conhecida construção de Dworkin acerca da pluralidade de soluções para os litígios, *vexata quaestio* para a Filosofia do Direito. O autor americano sustentou a possibilidade de sempre encontrar-se uma única solução para o caso concreto. Em última análise, a temática de Dworkin é a mesma ora considerada a propósito do interesse público. Defendendo a concepção do Direito como integridade, afirma que a tarefa de aplicar a lei envolve a verificação da solução mais coerente com os princípios jurídicos consagrados.[35] O aplicador do Direito deve inserir-se no processo mais amplo de produção jurídica, segundo uma perspectiva de continuidade que não se confunde com o puro tradicionalismo. Sempre será possível reconhecer uma certa decisão como sendo a *mais* compatível com os princípios jurídicos fundamentais então vigentes.

O tema evidencia-se diretamente relacionado ao princípio da razoabilidade, na vertente da proporcionalidade.[36] Há necessidade de *ponderação* dos interesses e dos valores a que se relacionam. Quando os diferentes interesses em atrito comportam equivalente tutela e proteção, a solução mais adequada é propiciar a realização conjunta — ainda que limitada — de todos eles. A solução mais adequada em face do Ordenamento é produzir a *homogeneização* dos diferentes interesses. Introduzem-se limitações e reduções nos diferentes interesses, de molde a compatibilizá-los. Ainda que um interesse seja evidentemente mais relevante do que os demais, não se autoriza sua realização absoluta, se tal acarretar o sacrifício integral de interesses que comportam proteção do Direito. Tem de buscar-se, sempre, a solução que realize mais intensamente todos os interesse, inclusive na acepção de não produzir a destruição de valores de menor hierarquia.

Essa atividade de uniformização dos interesses envolve exercício do poder político, inclusive com manifestações de discricionariedade. Subordina-se à observância dos princípios jurídicos fundamentais mas também à observância do *devido processo legal*. A autoridade estatal não pode impor certa solução, afirmando ser a que traduz o interesse público, sem observar os princípios procedimentais e processuais cabíveis. Especialmente quando se considerar um Estado pluriclasse, é imprescindível dar oportunidade de manifestação a todos os grupos

35. Confira-se *Taking Rights Seriously*, Cambridge, Harvard University Press, 1977, pp. 81 e ss., e *Law's Empire*, Cambridge, The Belknap Press of Harvard University Press, 1995, 9ª ed., *passim*.

36. A bibliografia acerca do tema é bastante rica. No Brasil, há duas obras específicas acerca da questão. Trata-se dos livros de Raquel Denize Stumm, *Princípio da Proporcionalidade no Direito Constitucional Brasileiro*, Porto Alegre, Livraria do Advogado, 1995, e Suzana de Toledo Barros, *O Princípio da Proporcionalidade e o Controle de Constitucionalidade das Leis Restritivas de Direitos Fundamentais*, Brasília Jurídica, 1996.

e centros de interesse. A adequação da decisão final resulta da observância das etapas procedimentais, com garantia de contraditório e segundo uma atuação imparcial.

4.5 Impossibilidade da definição "a priori" do interesse público

A determinação do conteúdo do interesse público produz-se ao longo do processo de produção e aplicação do Direito. Não há interesse público prévio ao Direito, senão como manifestação abstrata insuficiente para determinar uma solução definida. O processo de concretização do Direito produz a seleção dos interesses, com a identificação do que se reputará como interesse público em face das circunstâncias. Não há qualquer caráter predeterminado (como, por exemplo, a qualidade do titular) apto a qualificar o interesse como público. Essa peculiaridade não pode ser reputada como negativa. Aliás, muito ao contrário, representa a superação de soluções formalistas, inadequadas a propiciar a realização dos valores fundamentais acatados pela comunidade. O processo de democratização conduz à necessidade de verificar, em cada oportunidade, como se configura o interesse público. Sempre e em todos os casos, tal se dá através da intangibilidade dos valores relacionados à dignidade do ser humano.

5. A "filosofia" do sistema e os princípios e regras

Deve referir-se, enfim, a uma *filosofia* do sistema político-jurídico, consistente na consagração da supremacia da dignidade da pessoa humana.

A expressão *filosofia* indica não apenas a prevalência dos princípios fundamentais, mas a consagração de uma organização acerca deles. Sob um certo ângulo, indica-se uma manifestação ideológica acerca do que se poderia denominar de *arquitetura dos princípios*. Ou seja, não basta afirmar a preponderância de determinados princípios, pois é relevante também o modo como são eles organizados, a ênfase que se atribui a cada qual e os fins últimos que se buscam realizar.

Ao defender a personalização do Direito Administrativo, pretende-se consagrar a natureza instrumental de todos os demais princípios em face da dignidade da pessoa humana. Assume-se uma *filosofia* para o Direito com profundas implicações. Todos os princípios e regras devem ser interpretados e aplicados como meio para realização daquele princípio supremo. Pode-se (e deve-se) sacrificar um princípio menor quando tal se faça necessário para evitar ofensa à *filosofia* do sistema.

Nesse contexto, não se pode admitir que a *filosofia* ou *espírito* do Direito Administrativo consista em afirmar a superioridade da Administração Pública em face do administrado. A Administração Pública não "vale" mais do que um particular. Aliás, até se poderia reconhecer que "vale" menos, pois apenas se legitima como instrumento de realização dos interesses públicos. Já o particular se legitima como fim em si mesmo. Nem se pode asseverar, pura e simplesmente, que o interesse público é superior e prepondera sobre o interesse privado.

Adotar uma *filosofia* para o sistema permite superar certas dificuldades, especialmente quando se enfrentam conflitos entre princípios juridicamente tutelados. Supor uma *harmonia* interna e automática entre os diferentes interesses não corresponde a qualquer verdade. Os conflitos são permanentes e continuados. É possível obter a superação das contradições por inúmeras vias jurídicas, as quais produzem um sacrifício mais ou menos limitado de todos os interesses contrapostos. Ou seja, afirma-se que a compreensão do ordenamento jurídico não envolve apenas a ponderação dos valores e princípios. A organização faz-se segundo um vetor fundamental, o que permite identificar a *filosofia* ou *espírito* do sistema.

Não se trata de afirmar que essa construção se identifique com algum *fundamento último*, nos moldes do pensamento kelseniano. É claro que, diferentemente das concepções de feição kelseniana, a presente formulação se relaciona com uma questão axiológica. Ainda que todos os valores se entrelacem e se impliquem mútua e reciprocamente, há um critério de organização dos valores. O que se defende é que os valores jurídicos se organizam e adquirem sentido a partir da supremacia do princípio da dignidade da pessoa humana, que norteia todo o processo hermenêutico.

A distinção fica muito clara quando se comparam sistemas jurídicos com *filosofias* distintas. Suponha-se um sistema em que a filosofia seja a preponderância do princípio da eficiência e compare-se-o com outro, em que o espírito seja construído a partir do princípio da dignidade da pessoa humana. Imagine-se que os dois sistemas jurídicos se materializem em cartas constitucionais quase idênticas — nada impede que tal ocorra. Textos constitucionais equivalentes e princípios jurídicos similares serão compreendidos de modo totalmente distinto. Em um caso, o exercício do poder e a regulação da conduta intersubjetiva nortear-se-á pelo postulado da eficiência pragmática. Já no outro, o fim a ser atingido é permeado por valorações éticas, em que a técnica desempenha meras funções instrumentais.

6. Relevância da distinção entre interesse público e interesse privado

Há o risco de que exame dessa ordem conduza à negativa da distinção entre interesse público e privado. Até mesmo na esteira da proposta de superação da dicotomia "Direito Público/Direito Privado", poder-se-ia supor que o conceito de interesse público seria secundário. Afinal, se a compreensão do conceito de interesse público apenas pode fazer-se à luz do princípio da dignidade da pessoa humana, alguém diria que bastaria este último para a existência do ordenamento jurídico. Essa, porém, é uma posição equivocada.

É verdade que a compreensão do conceito de interesse público faz-se à luz do valor da dignidade da pessoa humana. Isso não significa esvaziar o conceito de interesse público. Aliás, dá-se precisamente o contrário.

Reconhece-se a existência de interesses (individuais ou coletivos) de relevância tamanha que sua proteção não pode ser atribuída exclusivamente ao indivíduo. São interesses cuja realização é imperiosa. É tão inafastável a realização desses interesses que se afasta o postulado da liberdade. Não é possível admitir que o interesse seja ou não realizado, segundo a vontade dos particulares, que podem escolher entre satisfazer ou não certos interesses. Essa liberdade apenas vigora quando esses interesses não sejam relacionados diretamente com o princípio da dignidade da pessoa humana.

Com isso, não se afirma que dignidade da pessoa humana seja um valor incompatível com os interesses privados. Pode-se afirmar que os interesses privados têm de ser exercitados em função do referido princípio, mas a eventual ausência de satisfação do interesse não importa sua necessária frustração. O interesse passa a ser público quando sua frustração acarreta inevitável ofensa ao princípio da dignidade da pessoa humana. Portanto, os interesses privados podem deixar de ser realizados e satisfeitos se isso não produzir desmerecimento à dignidade da pessoa humana.

Poder-se-ia dizer que todo interesse, uma vez relacionado à dignidade da pessoa humana, qualifica-se como *público*? Sob um certo ângulo, a resposta é positiva. Não é por outro motivo que características típicas do interesse público aplicam-se aos direitos personalíssimos. O que se pode afirmar é que a vinculação entre o interesse e a realização do princípio da dignidade da pessoa humana impede a aplicação das regras peculiares do Direito Privado. São esses os fundamentos pelos quais se nega natureza privatística a grande quantidade de regras de Direito do Trabalho e de Direito do Consumidor.

Isso não quer dizer que se defenda que o interesse público seria sempre de titularidade direta e exclusiva dos particulares e não do Estado. Reconhece-se que o Estado não é o único titular dos interesses públicos. Além disso e tal como exposto acima, não se confundem interesse público e interesse estatal. Também se admite a existência de interesses públicos não estatais, que podem ser de titularidade dos particulares, individualmente ou como coletividade. Podem ser perseguidos pelos próprios indivíduos ou por organizações não governamentais. Nesse caso, ainda que sejam defendidos por particulares, continuam a ser interesses públicos. No entanto, isso não conduz a negar-se a titularidade pelo Estado de inúmeros interesses públicos. Defender o vínculo indissociável entre interesse público e dignidade da pessoa humana não significa afirmar a ausência de interesses titularizados privativamente pelo Estado, especialmente no tocante às situações políticas.

7. *Interesse público e valores políticos*

Nessa linha, poder-se-ia questionar se o princípio da dignidade da pessoa humana estaria presente também no âmbito da política, que envolve questões atinentes à existência do Estado e ao funcionamento das instituições públicas. Afinal, a própria CF/88 alude a *soberania* e *cidadania*, nos incs. I e II do art. 1º.

Deve-se considerar que todos esses valores fundamentais se entrelaçam e conjugam. No entanto, a compreensão de todos os valores *políticos* faz-se em função do princípio da supremacia da dignidade da pessoa humana. A soberania é atributo de autonomia política do Estado-Nação, cuja afirmação é instrumento de assegurar a plena realização da dignidade do ser humano. A supressão da soberania impede a realização daquele princípio, na medida em que subordina a condução da vida social e individual a decisões adotadas por outros povos, pessoas ou grupos.

O mesmo se diga quanto à democracia, a república, a livre iniciativa, a garantia de trabalho, valores cuja realização somente adquire sentido em face do princípio da dignidade da pessoa humana. Não se compreende a relevância inafastável da democracia enquanto se a considera *apenas* como uma técnica de organização do exercício do poder, caracterizada pela livre participação de todos e cada um na vida política. Essa participação conjunta é meio indispensável para realizar um governo orientado à dignidade da pessoa humana. A excelência da democracia não reside em virtudes técnicas organizacionais. Aliás, alguém poderia sustentar que, sob o ponto de vista da ciência das organizações, a democracia não seria a solução dotada de maior eficiência. Mas a questão não pode ser resolvida por critérios meramente de técnica ou eficiência organizacional. Seja ou não a democracia a fórmula mais adequada de gestão dos interesses públicos, sua afirmação e consagração decorre de outros postulados. A virtude da democracia reside em assegurar a impossibilidade da prevalência permanente de interesses uniformes de determinados setores ou classes sociais na vida política. A organização política pluriclasse propicia a afirmação concomitante (ainda que irracional) dos interesses de diferentes classes e grupos. Isso é essencial para tutelar a dignidade de todos os indivíduos, seja porque impede a ditadura de certos grupos, seja porque o interesse de cada segmento realiza-se ao menos parcialmente.

Essas ponderações podem ser realizadas em face dos demais princípios e valores políticos.

Em última análise, rejeita-se a possibilidade de invocação a qualquer fórmula relacionada ao *espírito do povo*, à *salvação nacional* e outras similares, em que a dignidade da pessoa humana é sacrificada para realizar o pretenso interesse do grupo.

8. Conclusão

Essas considerações produzem efeitos significativos na análise dos diferentes institutos do Direito Administrativo, todos permeados pela idéia de um regime jurídico próprio. Poderia fazer-se referência aos conceitos de discricionariedade e às limitações produzidas por via do dito *poder de polícia*. Mas parece que especial relevo merece o exame das competências estatais quanto a atendimento a necessidades individuais. A discussão sobre *serviço público* e a adoção de modelos de livre competição deve orientar-se pela superioridade do princípio da dignidade da pessoa humana.

O tema central da chamada *reforma do Estado* refere-se aos encargos reservados ao Estado e a submissão de certas atividades de interesse coletivo ao regime de Direito Público. Alguns defendem a redução radical da dimensão do Estado, invocando a necessidade de alocação racional de recursos públicos. Outros defendem posição oposta. Todos os diferentes segmentos de opinião pretendem afirmar a supremacia do interesse público, o que deriva da ausência de definição do que se entende por *interesse público* no caso concreto.

Nesse contexto, é imprescindível adotar enfoque compatível com a *personalização* do Direito.É necessário evitar que a prevalência do chamado *princípio da eficiência* faça-se às custas do aviltamento do indivíduo. Equivale a dizer que a solução da crise fiscal do Estado não pode fazer-se pela *patrimonialização* do Direito Público. É necessário evitar a prevalência do chamado *princípio da eficiência* às custas do aviltamento da dignidade da pessoa humana. A configuração de um Estado Democrático de Direito depende de que a atividade da Administração Pública seja norteada pela concepção de que todos os seres humanos merecem idêntico respeito. Alguns têm de receber especial atenção por parte do Estado. São precisamente aqueles cuja dignidade não pode ser protegida ou realizada por seus próprios esforços e com seus recursos individuais isolados. Mas seria um enorme equívoco e um trágico erro político imaginar que a extinção do Estado poderia ocorrer simultaneamente à preservação da dignidade individual da minoria governante. A supremacia da dignidade da pessoa humana constitui-se não apenas em um imperativo sob o ponto de vista filosófico. Trata-se de um ensinamento adquirido à custa de enormes sacrifícios e sofrimentos infindáveis ao longo da História.

REEDIÇÃO DE MEDIDA PROVISÓRIA (Visão Comparativa das Jurisprudências da Corte Constitucional Italiana e do STF)

EDILSON PEREIRA NOBRE JÚNIOR

Juiz Federal — Professor do Curso de Direito da UFRN
e da ESMARN — Mestre pela UFPE

No escopo de examinar-se a possibilidade ou não de reedição da medida provisória, tema dos mais caros a aguçar as meditações dos juristas, merecem atenção especial dois pontos. O primeiro deles se situa em eventual óbice no art. 67 da CF, ao dispor que a matéria constante de projeto de lei rejeitado somente poderá ser alvo de nova proposição, na mesma sessão legislativa,[1] mediante proposta da maioria absoluta dos membros de qualquer das casas do Congresso Nacional.

Na doutrina proliferam controvérsias. Raul Machado Horta[2] vislumbra não existir óbice sob a ótica do art. 67 da Lei Máxima, cuja vedação se dirige unicamente aos projetos de lei rejeitados. Contudo, afirma que dois fundamentos desaconselham a renovação da medida provisória quando expressamente recusada, ora por projetar a aparência de conflito político entre o Presidente da República e o Parlamento, ora em virtude da própria Constituição haver ofertado a solução a ser adotada, impondo ao Congresso Nacional a obrigação de disciplinar as relações jurídicas decorrentes das medidas não convertidas em lei. Quanto ao transcurso do trintídio sem deliberação congressual conclusiva, pende pela admissibilidade da reapresentação contanto que o Legislativo, em juízo de prelibação, conclua pelo atendimento dos pressupostos constitucionais de relevância e urgência.

A esse pensamento não fora infenso Saulo Ramos[3] que, a par de suster a impossibilidade de incidência do art. 67 da Lei Maior, somente concebe a reedição mediante duas condições: a) não tenha ocorrido a rejeição expressa da medida anterior; b) ainda subsistam as razões justificadoras de sua emanação (relevância e urgência).

Sem aludir se a espécie se encaixa ou não no art. 67 da CF, Manoel Gonçalves

1. Não esquecer que o limite temporal, relativo à mesma sessão legislativa, não equivale ao ano civil, mas ao intervalo de 15 de fevereiro a 15 de dezembro, descrito no art. 57, *caput*, da CF, tendo ocorrido, a esse respeito, pronunciamento do STF na ADIn 1.441-DF (Pleno, rel. Min. Octávio Gallotti, *Informativo STF* 38).

2. "Medidas provisórias", *Revista de Informação Legislativa* 27(107):5-18, Brasília, jul.-set. 1990, p. 15.

3. Consultoria-Geral da República, Parecer SR 92, 21.6.89, *DOU* de 23.6.89, p. 10.185.

Ferreira Filho,[4] Alexandre de Moraes[5] e Caio Tácito[6] afirmam ser possível a reedição apenas quando não houver pronunciamento negativo do Congresso. O último autor inclusive chega a dizer ser da própria essência do instituto analisado, que se funda na necessidade e urgência do provimento, a pilastra de sustentação da sua renovação, sendo incabível que se interprete como recusa a inércia parlamentar, ainda que intencional. Ajunta, ainda, o mencionado autor a possibilidade de, na rejeição expressa, vir a lume nova medida, desde que disciplinando assunto de maneira distinta daquela rejeitada.

Esse pensamento mereceu acolhida no Poder Legislativo através do Parecer 01/89, da lavra do então Deputado Federal Nelson Jobim.

Outra corrente se posiciona contra a renovação, quer tenha ocorrido manifestação expressa em contrário do Legislativo, quer este não tenha apreciado a medida em tempo hábil. Equipara a falta de exame parlamentar ao não consentimento com a medida. Assim pensam Celso Antônio Bandeira de Mello,[7] Clélio Chiesa[8] e Eros Grau,[9] este último referenciando que o art. 67 é aplicável tanto à recusa da medida como à sua não apreciação em tempo hábil.

Telmo Candiota[10] nos apresenta quadro diverso. Parte da consideração de que, no prazo de 30 dias, três situações podem ser assumidas pelo Congresso Nacional: a) não elaboração do projeto de lei de conversão; b) elaboração do projeto de lei de conversão e sua não tempestiva transformação em lei; c) recusa expressa do projeto de lei. Quanto às duas primeiras posturas, as quais se igualam pelo transcurso do prazo sem deliberação parlamentar, não há dúvidas quanto à possibilidade de reedição. No particular da recusa expressa, advoga deve ser analisado o caso concreto. Oferece-nos o exemplo seguinte: se a medida teve como motivação uma inundação, reputada de proporções insuficientes pelo Parlamento, nada impedirá a sua renovação se, após trinta dias, advierem chuvas torrenciais, tornando insuportável a situação.

Ivo Dantas[11] nos apresenta posição bem singular. Procedendo a um cotejo com a sistemática do anterior decreto-lei, conclui que, enquanto neste o texto magno era expresso em que o silêncio parlamentar favorecia o Executivo, atualmente opera contrariamente, implicando na perda de eficácia da medida. Em complemento, diz que no silêncio ou omissão do Parlamento houve um pronunciamento de natureza política.

O Supremo Tribunal Federal, por mais de uma vez, apreciou a questão. O *leading case* ocorreu, em sede de liminar, na ADIn 293-7,[12] ajuizada para impugnar o art. 1º, e seu parágrafo único, da Medida Provisória 190, de 31.5.90, substancialmente idêntica aos arts. 2º e 4º da Medida Provisória 185, de 4.5.90, integralmente rejeitada pelo Congresso Nacional. A posição fincada majoritariamente rematou por apenas fulminar a reedição de medida provisória rejeitada ex-

4. "As medidas provisórias com força de lei", *Repertório IOB de Jurisprudência, Tributário e Constitucional* (5):89-86, São Paulo, mar. 1989, p. 86.

5. *Direito Constitucional*, 5ª ed., São Paulo, Atlas, 1999, pp. 504-505.

6. "Medidas provisórias na Constituição de 1988", *Revista de Direito Administrativo* (176):1-28, Rio de Janeiro, abr.-jun. 1989, p. 7.

7. "Perfil constitucional das medidas provisórias", *Revista de Direito Público* (95):28-32, São Paulo.

8. *O Regime Jurídico-Constitucional das Medidas Provisórias*, Curitiba, Juruá Editora, 1996, p. 63.

9. "Medidas provisórias na Constituição de 1988", *Revista dos Tribunais* 79(658):240-242, São Paulo, ago. 1990.

10. "Medida provisória e plano econômico", *Revista de Direito Público* (94):165-172, São Paulo.

11. *Aspectos Jurídicos das Medidas Provisórias*, 3ª ed., Brasília, Brasília Jurídica, 1997, p. 98.

12. Pleno, m.v., rel. Min. Celso de Mello, *DJU* de 16.4.93.

plicitamente pelo Legislativo, tratamento equiparado à hipótese em que o Congresso Nacional, ao transformar a medida em lei, altere sensivelmente os seus pontos essenciais, porquanto a expedição de nova medida, ratificando os termos da anterior, também enfrentaria, só que por via oblíqua, a vontade soberanamente manifestada pelo legislador.[13]

Quanto à caducidade da medida provisória, por sua não apreciação no trintídio magno, a Excelsa Corte entendeu, na referida oportunidade, que tal não configura modalidade de rejeição tácita, a impedir a sua renovação, malgrado o voto discordante do Ministro Paulo Brossard. Preponderaram, além do relator, os pontos de vista expendidos pelos Ministros Sepúlveda Pertence, Carlos Mário Velloso e Moreira Alves, ao defenderem que a impossibilidade de reencetar medida provisória não apreciada pelo Poder Legislativo conduziria a erigir a obstrução como forma de manifestação majoritária do Parlamento, situação não condizente com a regra democrática.

Ratificando esse posicionamento, o Supremo Tribunal Federal, em decisões posteriores, a despeito de asseverar a ilegitimidade da reedição de medida provisória explicitamente rejeitada pelo Congresso Nacional, reafirmou não haver qualquer incompatibilidade com o Texto Magno na atitude do Presidente da República em renová-la quando não sobrevir, no tempo próprio, pronunciamento do Legislativo. Exemplificativo dessa tendência é o aresto da ADIn, (Medida Cautelar) 1.610-5,[14] cujo voto do relator, Ministro Sydney Sanches, faz menção a vários precedentes.

O outro argumento esgrimido contra a reiteração está direcionado na possível desnaturação do requisito da urgência, que se esvairia caso tal prática permaneça por longo espaço de tempo.

Gustavo Zagrebelsky,[15] examinando o problema, que por primeiro afetara o constitucionalismo itálico, reconhece que, nas hipóteses onde não se vislumbre rejeição expressa da medida pelas Câmaras, a maioria dos comentadores se inclinam à admissibilidade da reiteração, motivada pela circunstância de atribuir-se a inação parlamentar à atitude obstrucionista das minorias, embora, na sua íntima convicção, tenha a praxe adotada como ilegítima. O entendimento permissivo da reedição, à míngua de manifestação contrária das casas legislativas, ganha corpo também com o fato do art. 15, letra *c*, da Lei 400, de 23.8.88, ser expresso em coibi-la quando houver recusa parlamentar do *decreto-legge*, nada mencionando quanto à inércia do Poder Legislativo.

Ainda na Itália, as mais recentes observações do fenômeno induzem verificar, através desse expediente, a obtenção, por alguns anos até, da disciplina de alguns setores importantes da vida coletiva, de sorte que os provimentos provisórios, muitas vezes, têm produzido a estabilidade normativa em substituição à lei.

Ante o problema, ponderável preocupação é exposta por Alfonso Celotto:[16] "Tal praxe, conseqüentemente, lesa *de maneira gravíssima o princípio da certeza do direito*, enquanto — alongando de fato a provisoriedade — comporta que a maior parte da atividade jurídica reste disciplinada precariamente, e muitas vezes de maneira não homogênea, por meses e meses. De tal modo, o decreto-lei vem a ser profunda e radicalmente desnaturado, enquanto a reiteração sistemática e insistida — que dá vida a um verdadeiro e próprio procedimento alter-

13. Cf. despacho proferido, nos autos da ADIn 427-1, pelo Min. Sepúlveda Pertence, publicado no *DJU* de 1.2.91, S. I, p. 351.

14. Plenário m.v., *DJU* de 5.12.97, p. 63.948.

15. *Manuale di Diritto Costituzionale*, Torino, Unione Tipografico-Editrice Torinese-UTET, 1993, p. 185.

16. *L'"Abuso" del Decreto-legge*, Padova, Casa Editrice Dott. Antonio Milani-CEDAM, 1997, mais precisamente às pp. 480-510.

nativo de produção normativa — faz-lhe perder a sua intrínseca e natural provisoriedade. O decreto-lei repetidamente reiterado cria efeitos sempre mais irreversíveis, importando na opinião pública uma *confiança* sobre a sua estabilidade — como nitidamente emerge de alguns pronunciamentos jurisprudenciais — e, sobretudo, não *coartando* o Parlamento à conversão em lei, que, todavia, permanece sempre livre, mas, antes, a pronunciar-se sobre o ato e, depois, especificamente à sanatória dos efeitos, de qualquer maneira, produzidos pelos decretos-leis não convertidos: somente a intervenção parlamentar pode dar firmeza ao "castelo de papéis" que veio a se formar mediante a cadeia dos decretos-leis, cuja decadência *ex tunc* produziria efeitos desastrosos".[17]

Linhas adiante, increpa a tal prática o estigma de que se cuida de *fenômeno do terceiro mundo do direito*, mostrando inclusive que, no Brasil, não constitui somente uma forma de abuso de poder legislativo, mas que melhor ressai como um "escândalo", uma "prática cancerosa", que frauda a Constituição. Sobre o caso brasileiro, chega ainda, em nota de rodapé, a exibir quadro sinóptico, relativo aos anos de 1988 a 1996. Tomando-se, à guisa de ilustração, o ano de 1989, posto que no último trimestre de 1988 não houve qualquer reiteração, nota-se que, das 103 medidas provisórias expedidas, somente ocorreram dez renovações, o que equivale a um percentual de 9,7% sobre o total. Assinalando uma tendência cada vez mais crescente, tem-se, no ano de 1996, 648 edições de medidas provisórias, com 15 conversões em lei, e 609 reiterações. Isso significa dizer que, comparadas ao número total de medidas provisórias, as renovações alcançaram o elevado percentual de 93,9%, representando quase uma lídima apropriação da função de legislar do seu titular originário.

Em menor escala, a Itália, malgrado situar-se no chamado primeiro mundo, não ficou indene a tais posturas. Vale citar o *d.l.* 1, de 2.1.92, reiterado vinte vezes, e o *d.l.* 455, de 15.11.93, renovado 18 vezes. Considerando-se que, pelo art. 77 da Constituição italiana, o prazo para conversão em lei dos *decreti-legge* é de 60 dias, importando dizer que, adaptado o exemplo ao Brasil, ter-se-ia a reiteração pelo dobro de vezes.

Não se pode, entretanto, olvidar o relevante papel desempenhado, no particular, pela Corte Constitucional, o qual vem passando por notável evolução. Com a *Sentenza* 302, de 10.2.88, aquele órgão principiou por tentar pôr um freio à reiteração, reputando inconstitucional, por violar a competência constitucionalmente garantida às regiões, a insistente repetição do art. 12, incs. 1º, 2º e 3º, do *decreto-legge* 2, de 12.1.88. A deliberação, porém, não surtira o objetivo desejado, porquanto a Câmara dos Deputados, ao instante da audiência pública da Corte Constitucional, já havia modificado radicalmente o teor do diploma, inclusive o dispositi-

17. "Tale prassi, conseguentemente, lede *in maniera gravissima il principio della certezza del diritto*, in quanto — allungando di fatto la provvisorietà — comporta che la maggior parte dell'attività giuridica resti disciplinata precariamente, e spesso in maniera disomogenea, per mesi e mesi. In tal modo il decreto-legge viene ad essere profondamente e radicalmente snaturato, in quanto la reiterazione sistematica ed insistita — che dà vita ad un vero e proprio procedimento alternativo di produzione normativa — gli fa perdere la sua intrinseca e naturale provvisorietà. Il decreto-legge ripetutamente reiterato crea effetti sempre più irreversibili, importando nell'opinione pubblica un *affidamento* sulla sua stablità — come emerge nitidamente da alcune pronunce giurisprudenziali — e, soprattutto, *coartando* il Parlamento non tanto alla conversione in legge che resta pur sempre libera ma, prima, a pronunciarsi sull'atto e, poi, specificamente, alla sanatoria degli effetti comunque prodotti dai decreti non convertiti: solo l'intervento parlamentare può dare *saldezza* al 'castello di carte' che si è venuto a formare mediante la 'catena' dei decreti-legge, la cui decadenza *ex tunc* produrrebbe effetti disastrosi" (ibid., pp. 488-492). Também se opõe a reiteração, Stefano Maria Cicconetti ("La reiterazione dei decreti legge", in Baudrez, Maryse *et alli*, *I Decreti-legge non Convertiti*, Milão, Dott. A. Giuffrè Editore, 1996, p. 64).

vo posteriormente tido por anulado. Aproximadamente um ano após, considerou desconforme à Constituição a faculdade de se introduzir, em *decreto-legge* posterior, a cláusula de salvaguarda das situações maturadas sobre a vigência dos decretos precedentes (*Sentenza* 544/89).

Posteriormente, notou-se certa perplexidade nas Decisões 263/94, 366/96 e 328/95, onde se assinalou que a Corte parecia haver consentido com as reiterações, ao negar que a reprodução de disposições, por parte do Governo, pudesse ser considerada como restrição da vontade das Câmaras. O mesmo aconteceu quando, por reflexo, afirmou, na *Sentenza* 84/96, a possibilidade do controle sobre eventuais vícios do *decreto-legge* ser transferido, em sede jurisdicional, aos decretos reprodutivos de disposições do impugnado.

Mais recentemente, com a *Sentenza* 360, de 24.10.96, perfilhou uma posição inequívoca sobre o assunto. Afirmando que o art. 77 da Constituição põe uma alternativa límpida, estreme de dúvida, entre a conversão e a perda de eficácia retroativa do *decreto-legge*, sem que o Governo tenha a faculdade de invocar prorrogação, ou o Legislativo possa proceder a uma conversão serôdia, tornando, assim, insuperável, o prazo de sessenta dias. Em certo modo, encontra-se a afirmação de que a reprodução do *decreto-legge* "sem introduzir variações substanciais lesa a previsão constitucional sob dois perfis: porque altera a natureza provisória da decretação de urgência, procrastinando, de fato, o termo invariável previsto pela Constituição para a conversão em lei; porque tolhe valor ao caráter 'extraordinário' dos requisitos da necessidade e da urgência".[18] Igualmente, timbrou em asseverar: a) a insistente reiteração importa em alteração no equilíbrio posto pela Constituição nas relações entre Governo e Parlamento, assumindo aquele o papel de legislador a este conferido; b) também resulta ofendida a certeza do direito, pois não é possível prever-se a duração no tempo das normas reproduzidas, bem como o êxito final do procedimento de conversão.

Em conclusão, a reiteração, quer em face de rejeição expressa do *decreto-legge,* quer pela sua não conversão em lei em sessenta dias, não é mais tolerada. Abre-se, apenas e tão-só, exceção quando o Governo explicitar motivos autônomos de necessidade e urgência (*autonomi motivi di necessità e urgenza*) ou conteúdos normativos substancialmente diversos (*contenuti normativi sostanzialmente diversi*).

Diferentemente, o Supremo Tribunal Federal não tem apreciado o fenômeno com a percuciência merecida. Prova disso se acha estampada na citada ADIn 1.397-1-DF (medida liminar), voltada a contestar a Lei 9.131/95, resultante da conversão da Medida Provisória 661, de 18.10.94, renovada várias vezes, recaindo a última na Medida Provisória 1.159, de 26.10.95. Consta do voto do relator, Ministro Carlos Velloso, a seguinte passagem: "A reedição da medida provisória não rejeitada pelo Congresso Nacional, ao contrário do alegado, não é dado configurador da inocorrência dos requisitos de urgência e relevância. Ao contrário, a reedição demonstra, de certa forma, a necessidade da medida e a sua urgência".[19] Exige-se apenas, como ficou consignado nas mencionadas ADIn 1.610-5 (medida cautelar) e 1.660-SE, haver a reedição acontecido dentro do prazo de trinta dias de vigência da medida antecedente.

18. "Senza introdurre variazioni sostanziali lede la previsione costituzionale sotto due profili: perché altera la natura provvisoria della decretazione d'urgenza, procrastinando, di fatto, il termine invalicabile previsto dalla costituzione per la conversione in legge; perché toglie valore al carattere "straordinario" dei requisiti della necessità e della urgenza" (*apud* Giuseppe de Vergottini, *Diritto Costituzionale*, Padova, CEDAM, 1997, pp. 209-210).

19. In "Serviço de Jurisprudência do SJF", *DJ* 27.6.97, ementário 1.875-02, p. 326.

Com a devida licença, esse pensar, adotado sem referência a qualquer parâmetro temporal, excetuado o de que a renovação advenha antes de esgotado o trintídio do art. 62 da CF, traduz-se num desvirtuamento do instituto, não mais justificável pelo não denso argumento da obstrução parlamentar. A veiculação normativa, que tinha sua vocação direcionada para o provisório, passa a albergar forças para, por longo tempo, reger determinadas condutas, criando efeitos cuja irreversibilidade, para ser obstada, poderá provocar conseqüências desastrosas. O ideal de segurança jurídica, a que não se encontra alheia a *Lex Mater*, periclita com o protraimento às calendas gregas da disciplina definitiva da matéria. A urgência perde os seus contornos, esvaindo-se por completo. Isso tudo, sem embargo dos enormes embaraços — quiçá impossibilidade fática — gerados na ativação do controle judicial de constitucionalidade.[20]

Solução mais escorreita apresenta a nova postura tomada pela jurisprudência italiana, após maturada exegese. Hão, é claro, de ser feitas as cabíveis adequações, guardadas as diferenças notadas entre ambos os ordenamentos. Retenha-se, como visto, que o Constituinte de 1988, em repulsa traumática à prática institucionalmente imposta aos malsinados decretos-leis, encurtou o prazo de conversão para o apertado lapso temporal de trinta dias. Esqueceu-se que a medida provisória vicejaria num cenário de abertura democrática, distinto daquele que inspirara a Constituição de 1969.

Saliente-se, ademais, que a Constituição italiana, ao contrário da vigente nestas plagas, não contempla, em seu texto, uma definição de urgência legislativa, remetendo-a aos regulamentos parlamentares (art. 72, n. 2). O art. 64, §§ 1º a 4º da nossa Constituição Federal, é preciso em assinalar o ritual imposto ao procedimento de urgência, dispondo, para a movimentação do Legislativo, o prazo máximo de cem dias, computados aí um decêndio para apreciação de emendas. Daí se depreende, em linha de máxima, que somente haverá urgência, a fim de possibilitar a expedição de medida provisória, durante período que não extravase noventa dias, a abarcar, na melhor hipótese, três edições.

Poder-se-á aduzir que, mesmo além de tal período, ainda caberá falar-se na subsistência da urgência, como, p. ex., a existência de crise econômica que perdure no tempo, ou se agrave por não terem sido tomadas certas medidas. Mas, em tal caso, surgirá necessária, como ressalvado na *Sentenza* 360, de 24.10.96, a explicitação de tais circunstâncias. Ora, o exercício de função legislativa pelo Executivo, embora admitido no constitucionalismo hodierno, não deixa de ser excepcional. Com mais razão, redobra-se a excepcionalidade quanto às renovações de tal prática e, de conseguinte, a necessidade de maior controle.

Ainda em compasso com a diretriz assentada pela Corte Constitucional da Itália, deve-se também deixar a salvo as hipóteses em que se verifica a renovação da medida

20. A defrontação com o fenômeno da renovação das medidas provisórias, de ocorrência cada vez mais crescente, ocasionou reviravoltas na atuação do STF no contencioso de constitucionalidade, conforme sumariado no voto do Min. Sepúlveda Pertence na ADIn 1.753-2-DF (Pleno, ac. un., *DJU* de 23.10.98), sede onde foi indeferido aditamento da peça vestibular e, em conseqüência, tida por prejudicada ação direta, em face da nova edição ostentar disciplina materialmente diversa da norma impugnada. Num primeiro momento, o Excelso Tribunal reputou prejudicada ação direta movida contra edição anterior de medida provisória, não obstante a identidade substancial de ambas (ADIn (QO) 1.078, rel. Min. Néri da Silveira, *DJU* de 12.5.95). Tempos após, passou-se a conceber que a reedição fosse atacada mediante simples aditamento à inicial, referente à primitiva medida (ADIn (QO) 1.129, rel. Min. Francisco Rezek), autorizando-se os relatores, nas hipóteses em que concedida a suspensão cautelar, a declará-la monocraticamente (ADIn (QO) 1.117, rel. Min. Francisco Rezek). Não se procedendo ao aditamento (Agr ADIn 1.387, rel. Min. Carlos Velloso, *DJU* de 29.3.96), ou voltando-se este à nova medida, com conteúdo substancialmente diverso, a solução é o reconhecimento de que a demanda está prejudicada.

sobre o mesmo assunto, mas com conteúdo substancialmente diverso.

Em suma, a reiterada e insistente reedição de medida provisória, sem observância do limite temporal constitucional demarcado à urgência legislativa, desprovida de motivação e com o mesmo conteúdo, configurará situação de exceção, na qual é admitida a descaracterização, inclusive judicialmente, daquele pressuposto de habilitação da atividade normativa do Poder Executivo.

A Proposta de Emenda Constitucional 472/97, aglutinativa das demais existentes na Câmara dos Deputados, bem como da 01/95, aprovada esta pelo Senado Federal, visando conjurar o mau vezo, talvez o ponto mais saliente do desvirtuamento da legislação pelo Executivo entre nós, plasmou o § 3º, a ser acrescido ao art. 62 da CF, dispondo que a medida provisória terá um prazo de validade de 60 dias, prorrogável apenas por uma vez. Em que pese ao mérito da proposta, resta o lamento de que tal tentativa seria dispensável se o STF, na condição de cústode-mor da Constituição, lançasse mão da via interpretativa para solver o problema.

PORTO — ARRENDAMENTO — CESSÃO E PRORROGAÇÃO DO CONTRATO

TÉRCIO SAMPAIO FERRAZ JÚNIOR

Titular da Faculdade de Direito da Universidade de São Paulo

Consulta

Consulta-me a Intermarítima Terminais Ltda., por intermédio de seu advogado, Dr. Sérgio Novais Dias, sobre as condições de pleno vigor de Contrato de Arrendamento celebrado com a Codeba em 9.3.90 (n. 13/90) por três empresas petroquímicas e cedido à consulente em 27 de janeiro de 1994 com anuência da arrendante.

"A Intermarítima Terminais Ltda. é arrendatária de área do Porto de Salvador, decorrente de cessão contratual de Contrato de Arrendamento firmado em 9.3.90 (n. 13/90) entre a Codeba e três empresas Petroquímicas.

"O contrato 13/90 foi originalmente firmado, mediante aprovação da Diretoria da Codeba, pelo prazo de 10 (dez) anos, com prorrogação por mais 10 (dez) anos expressamente nele prevista. Além disso, previu-se a possibilidade de cessão do contrato.

"A cessão ocorreu em 27.1.94, com aprovação da Diretoria da Codeba.

"Em 18.2.94 foi prorrogado, por mais 10 (dez) anos, o prazo do Contrato de Arrendamento, mediante autorização da Diretoria da Codeba, firmando-se um termo aditivo que previu como termo final do *contrato 13/90* o dia 9.3.2010 e não mais 9.3.2000.

"Assegurado esse prazo contratual, a Intermarítima realizou vultosos investimentos na área, dotando-se de todas as obras e equipamentos necessários à realização das atividades.

"Em 9.5.97 a Codeba publicou os extratos do Contrato de Arrendamento original n. 13/90 e do instrumento de cessão contratual, deixando de publicar o extrato do termo-aditivo de prorrogação do prazo. A publicação desse extrato foi, por cautela, requerida recentemente, mas até agora a Codeba não se manifestou.

"A Receita Federal alfandegou essa área publicando o Ato Declaratório 43 em favor de minha cliente, no *DOU* de 18.7.97, pelo prazo até 21.5.98.

"Esse exíguo prazo deveu-se, ao que parece, à equivocada interpretação que a Receita Federal estava conferindo aos arts. 42 e 43 da Lei 8.937, de 3.2.95, c/c o art. 3º do Decreto 1.912, de 21.5.96.

"Vale observar que o Ministério dos Transportes fez publicar na Portaria 8, de 30.1.97, na relação dos contratos de arrendamento celebrados antes da Lei 8.630, de 25.2.93, tanto o Contrato de Arrendamento original, como o termo aditivo de prorrogação para 9.3.2010, este último em nome da minha cliente.

"Contudo, no dia 20.5.98 o *DOU* publicou o Ato Declaratório 49, de 18.5.98, prorrogando o alfandegamento para *até 9.3.2010* (mesmo prazo do Contrato de Arrendamento cedido e prorrogado) (cópia anexa). Essa prorrogação do alfandegamento teve fundamento em pareceres da Consultoria Jurídica do Ministério dos Transportes e da Procuradoria-Geral da Fazenda Nacional, ambos do V. conhecimento.

"A despeito dessa análise de validade e eficácia dos contratos realizada pelo Ministério dos Transportes e pela Receita Federal, a Codeba havia encomendado um parecer posicionando-se contra a validade da prorrogação do prazo do contrato constante do termo-aditivo assinado pela Codeba, aconselhando essa sociedade de economia mista a simplesmente anulá-lo.

"Consideramos que o Ato Declaratório 49/98 está correto porque válido o Contrato de Arrendamento cedido pelo prazo prorrogado até 9.3.2010.

"Em face disto solicitamos um parecer jurídico que demonstre a correção do ato de prorrogação do alfandegamento, bem como a validade e eficácia do Contrato de Arrendamento 13/90, sua cessão para a Intermarítima e a prorrogação do prazo pelo termo-aditivo até 9.3.2010, este último apesar de não publicado o extrato do contrato, assim como a inviabilidade de a Codeba "anular" o termo-aditivo."

É nesse sentido que fazemos os quesitos seguintes:

1. É valido e eficaz o Contrato de Arrendamento 13/90 firmado entre a Codeba e as petroquímicas CPC, Polialden e Politeno, bem como sua cessão para a Intermarítima?

2. É válido e eficaz o primeiro termo-aditivo que prorrogou o prazo do Contrato de Arrendamento 13/90, mesmo tendo sido assinado muito antes do final do primeiro prazo de 10 (dez) anos e de não ter sido publicado um extrato do contrato?

3. É possível a diretoria da Codeba "anular", revogar ou rescindir, unilateralmente, o Contrato de Arrendamento, bem como a sua cessão à Intermarítima ou mesmo o termo-aditivo que prorrogou o prazo para 9.3.2010?

4. É perfeito o Ato Declaratório 49, de 18.5.98, do senhor Secretário da Receita Federal, que prorrogou o alfandegamento até 9.3.2010?

5. Pode a Codeba abrir uma licitação para o arrendamento da área em questão antes de encerrado o prazo do Contrato de Arrendamento, assim considerado até 9.3.2010?

Parecer

Dispõe o art. 175 da CF que "incumbe ao Poder Público, na forma da lei, diretamente ou sob regime de concessão ou permissão, sempre através de licitação, a prestação de serviços públicos". E seu parágrafo único determina que a lei disporá sobre o regime das empresas concessionárias ou permissionárias, os direitos dos usuários, a política tarifária e a obrigação de manter serviço adequado.

Este texto fala obviamente de serviços públicos como aqueles que, por natureza jurídica, são estatais. No contraste com os serviços sujeitos à livre iniciativa e objeto dos arts. 173 e 174 da CF, são serviços que não obstante seu conteúdo econômico estão submetidos ao regime público. Dentre estes mencionem-se os de exploração de portos marítimos, fluviais e lacustres (art. 21, XII, *f* da CF). Para bem entender-se este regime e natureza, diga-se que o Estado presta tais serviços diretamente ou por delegação a empresa estatal de serviços em termos de descentralização por personalização da entidade prestadora ou mediante autorização, concessão ou permissão que pode ser feita a uma entidade privada por meio de instrumentos de direito público. Neste sentido, ao rigor da CF, a Administração escolhe discricionariamente se presta o serviço diretamente, se o delega a empresa estatal (pública ou de economia mista) ou se o concede (permite ou autoriza) a empresa privada. A exigência constitucional de licitação ocorre neste último caso (para a distinção entre delegação e concessão de serviço público é de meridiana clareza a explicação de Celso Antônio Bandeira de Mello, *Prestação de serviços públicos e Administração indireta*, Ed. RT, 1987).

Conquanto semelhantes entre si a estatal à qual se delega o serviço público e a concessionária de serviço público, uma importante diferença entre ambas está em que àquela não se aplicam inteiramente os ditames do art. 175 da CF, como as regras de reversão, a encampação, já que os serviços não lhe são outorgados por concessão mas por lei instituidora que lhe fixa o objeto (José Afonso da Silva, *Curso de Direito Constitucional Positivo*, São Paulo, 1993, p. 682). Por outro lado as regras para as concessionárias, determinadas em lei, referem-se, no caso da exploração dos portos, aos chamados portos organizados, construídos e aparelhados para atender às necessidades de navegação e de movimentação e armazenagem de mercadorias. Concedido é o *porto* (art. 21, XII, *f* da CF), enquanto uma unidade organizada. Diferente da concessão (e da delegação) do porto, isto é, da sua exploração como um todo, é a exploração de instalação portuária de uso público ou privativo, que é exploração de parte do objeto da concessão (e da delegação) e que pressupõe a prévia concessão (ou delegação). Havendo já a concessão (ou delegação) do todo organizado, a relação de exploração de parte deste todo não se faz mais por concessão (ou delegação) que, por pressuposto, já abrangeu a totalidade. A relação que tem por objeto a exploração da parte do todo ocorre entre quem tem a concessão (ou delegação) do todo e o interessado em explorar-lhe parte. Esta relação não exige mais concessão, nos termos do art. 175 da CF, pois concessão já houve, do todo, e sendo a concessão *intuitu personae*, a relação entre o concessionário e o interessado em parte do objeto concedido não pode ser de novo concessão. Neste sentido Pontes de Miranda (*Comentários à Constituição de 1967*, t. 2, pp. 132 e ss.) falava em exploração dos portos nacionais organizados pela União, quer diretamente quer a cargo de concessionárias ou por arrendatários sob fiscalização destas. Entende-se neste sentido que a Lei 8.630, de 25.2.93, que dispõe sobre o regime jurídico da exploração dos portos organizados e das instalações portuárias, tenha distinguido entre a exploração de porto organizado, pela União, diretamente ou mediante concessão (art. 1º), do arrendamento de instalações portuárias quando dentro dos limites do porto organizado (art. 4º, I).

Conquanto na legislação anterior (Decreto-lei 5/66) se falasse em arrendamento de instalações portuárias, a doutrina manifestava dúvidas sobre sua natureza em face das concessões.

Houve quem julgasse tratar-se, no caso de arrendamento de natureza pública, de uma forma de concessão, da chamada concessão de uso de bem público. Hely Lopes Meirelles (*Direito Administrativo Brasileiro*, São Paulo, 1976, p. 238) salientava que as Administrações faziam erroneamente o uso de locação de bens públicos em lugar de concessão remunerada de uso (nota 60) que, na verdade, seriam "locações" impróprias. Independentemente da questão de admitir-se a própria concessão como contrato ou como ato administrativo, mais correto parece-me distinguir entre o arrendamento do uso do domínio público patrimonial em termos de concessão de uso, de um lado, e exploração de frutos ou prestação de serviços inerentes ao bem público, caso em que se deve falar propriamente de arrendamento mediante condições especiais e sob fiscalização da autoridade (Maria Helena Diniz,

Tratado Teórico e Prático dos Contratos, São Paulo, 1993, v. V, pp. 351 e ss.; no mesmo sentido Maria Sylvia Zanella Di Pietro, *Direito Administrativo*, São Paulo, 1994, p. 452). O uso do instituto do arrendamento para a exploração de instalações portuárias, destarte, é perfeitamente legítimo, ainda que se reconhecesse a existência de bens patrimoniais públicos indisponíveis, bens da entidade pública destinados ao serviço público, que não são *extra commercium*, mas apenas inalienáveis, sendo passíveis, assim, de ser objeto de *todos* os direitos reais que não sejam incompatíveis com o seu destino (Diez, *Dominio Público*, Buenos Aires, 1940, p. 113, citando D'Alessio).

A utilização de institutos de direito privado pela Administração, como é o caso do arrendamento, é não só perfeitamente possível como também uma exigência da realidade econômica. O Poder Público não é uma entidade fora do universo econômico nem nele atua necessariamente como um ser extraterreno. Por isso a CF trata do mercado num único artigo (art. 173), disciplinando, ao mesmo tempo, a atuação da empresa pública e da privada, bem como da concorrência e de seus abusos pelo poder econômico. A exploração de bens e serviços que não se incluem entre os serviços públicos *stricto sensu* (art. 175) exige uma equiparação básica entre a empresa pública e a privada no que tange ao regime legal. O art. 173 da CF é expresso neste sentido. A exploração do porto organizado — serviço público — exige, pois, concessão. Mas a exploração de instalações portuárias por agentes econômicos privados já é negócio jurídico entre esses e o concessionário. Ora, quando uma empresa concessionária, como a Codeba, se dispõe a valer-se do instituto do arrendamento para viabilizar uma operação de compra de um terreno para a qual não tinha os recursos necessários, é de um instituto privado que se vale, sob o regime privado que o rege. O arrendatário recebe assim um consentimento para ocupar e explorar a coisa pública, o que depende de consensualização, diferentemente do concessionário que atua como se Estado fosse na prestação do serviço público.

Isto não exclui que, no arrendamento público, haja a necessidade de *desvios* que visam a adaptar o direito privado às peculiaridades da Administração, o que deve ocorrer por determinação legal e não por via de interpretações doutrinárias extensivistas e analogizantes. Não obstante, o foco fundamental é privado e não público (cf. Lucia Valle Figueiredo, *Extinção dos Contratos Administrativos*, São Paulo, 1986, p. 15). Pensar doutro modo, mormente quando estamos no terreno do mercado de que fala o art. 173 da CF, é reverter o preceito constitucional não só pelo desequilíbrio nas relações de mercado, mas no cerceamento que se imporia à empresa pública em termos de sua viabilização econômica. Parece de absoluto bom senso, neste sentido, a distinção proposta por Manuel Maria Diez (*Derecho Administrativo*, Buenos Aires, 1969, II, p. 456) entre contratos administrativos e contratos civis da Administração com base no procedimento de gestão. Contrato administrativo consistiria então em uma declaração de vontade comum do órgão da Administração pública que atua pelo procedimento de gestão pública e de um particular, para regular relações jurídicas patrimoniais. Já o contrato civil da Administração consistiria naquela declaração comum de vontade de um órgão, atuando por um procedimento de gestão privada, e de um particular, também para regular relações patrimoniais. Neste sentido entende-se que uma concessão (de uso) tenha nitidamente a natureza pública posto que envolve procedimentos de gestão pública, como a precariedade ou revogabilidade, ainda que fundada em razões de interesse público e só referente à ocupação da propriedade pública, a prevalência do interesse do concessionário contra um terceiro que não pode invocar aquela precariedade em seu favor, pela conferência ao concessionário de alguns poderes públicos etc. Já um arrendamento envolve obrigação do arrendante de proporcionar gozo da propriedade arrendada, de entregá-lo em condições a servir à finalidade a que se destina, de não embaraçar o seu uso, de assegurá-lo contra embaraços e turbações de terceiros etc. (cf. Galvão Telles, *Arrendamento*, Lisboa, 1944/45, p. 306), podendo-se dizer que, para a caracterização de um procedimento de gestão privada, o arrendamento confere ao arrendatário um direito de gozo que é exercido sem a mediação do senhorio (Antonio dos Santos Lessa, *Usufruto e Arrendamento*, Coimbra, 1984, p. 48). Ou, como se pode ler, em suma, em Maria Sylvia Zanella Di Pietro (*Direito Administrativo*, São Paulo, 1994, p. 452), no arrendamento, como modalidade de locação, "o poder público transfere apenas o uso e gozo da coisa, enquanto na concessão pode haver transferência de poderes públicos ao concessionário, em especial nos casos em que a concessão de uso se apresenta como instrumento acessório da concessão de serviço público".

De arrendamento nestes termos falava seguramente o art. 27 do Decreto-lei 5/66, quando dispunha: "Poderão ser locados ou arrendados a seus usuários ou a outrem os terrenos, armazéns e outras instalações portuárias, tendo preferência na locação ou arrendamento a longo prazo, os que se dispuserem a investir para completar, expandir ou aparelhar as instalações, ressalvados os interesses da segurança nacional". Já a Lei 8.630/93, em seus arts. 4º, 5º e 6º, introduziu importantes modificações no regime de arrendamento de instalações portuárias, revogando expressamente o Decreto-lei 5/66. Ao fazê-lo, aproxima o arrendamento da concessão de uso, mormente pela previsão expressa da reversão (art. 4º, § 6º). Mantém, contudo, a distinção fundamental em face da concessão, prevista esta para o porto organizado, como um todo, conforme a exigência constitucional. Pela importância das modificações introduzidas que, contudo, não desnaturam o arrendamento, o legislador cuida expressamente dos arrendamentos celebrados conforme a legislação anterior. O art. 48 da referida Lei legitima, ao reconhecer-lhes a validade, "os atuais contratos de exploração de terminais ou embarcadores de uso privativo", quando determina que sejam adaptados, em prazo de até 180 dias, às novas disposições, conferindo inclusive o direito aos seus titulares de optar entre qualquer das formas previstas em seu art. 4º, § 2º, II. As duas determinações legais (adaptar e garantir direitos) só fazem sentido se os contratos anteriores, não importa se celebrados após processo licitatório, fossem considerados plenamente válidos e eficazes. O mesmo se deve dizer para o disposto no art. 56, parágrafo único, que determina a manutenção para "as atuais instalações portuárias de uso privativo" a atual proporção entre trabalhadores com vínculo empregatício e avulsos, em caráter permanente. Esta determinação pressupõe a validade e eficácia dos contratos a que se refere, obviamente pelo prazo e condições de prorrogação assinalados em suas cláusulas.

A adaptação, a opção por uma das formas e a manutenção referida são as únicas exigências do legislador. De resto e *a contrario sensu*, os contratos anteriores devem ser respeitados integralmente. A adaptação, ressalvada a cláusula de reversão que decorre direta e textualmente da lei, assim passando a vigorar, deve ser procedida por meio de aditivos apenas quando e no que for necessário, nada obstando que antigas cláusulas contratuais sejam recebidas no sentido da lei nova, que passa a governar a sua interpretação. Ou seja, se os contratos antigos possuem cláusulas adequadas às novas exigências nada impede que, pelo prazo contratual, passem a beneficiar-se de todos os direitos e obrigações conferidos aos novos arrendamentos. Inclusive no que se refere ao alfandegamento, para o que a Lei 8.630/93 remete apenas ao cumprimento dos requisitos exigidos por sua legislação específica (art. 36, § 1º).

Esta posição do legislador não é isolada. A maioria senão todos os contratos de arrendamento de instalações portuárias celebrados antes da Lei 8.630/93 não foram precedidos de licitação. Antes mesmo de lhes serem reconhecida a validade por essa lei, há de se observar que o Decreto-lei 5/66, no seu art. 27, era omisso a respeito. E o Decreto 59.832/66, que o regulamentou, previu que, nos casos de arrendamento "por entidades públicas" fossem obedecidas "as normas legais e regulamentares referentes à concorrência, contratação e demais formalidades inerentes às obrigações daquelas entidades" (art. 113). À época, porém, em que se celebrou o Contrato de Arrendamento 13/90, a "Norma de Contratação" da Codeba não previa licitação, entre outros, para arrendamento de bem imóvel da empresa. E o Decreto-lei 2.300/86, no seu art. 1º, exigia licitação para contratos administrativos, mas nada falava de arrendamentos. Uma suposta assimilação do arrendamento a uma concessão de uso era uma posição doutrinária, mas contra ela havia e há autores de peso a sustentar o contrário. Por esta razão e entendendo que havia uma *conveniência* em se estender a todos os contratos públicos o regime licitatório, o Tribunal de Contas da União *recomendou* à Codeba, em 12.6.90, a competente adaptação dos procedimentos, o que ocorreu em 20.8.90, após, portanto, a celebração do referido contrato. Esta situação, que era comum, fez, aliás, com que o TCU viesse a relevar a exigência de licitação para casos de arrendamentos ou locações ocorridos *antes* de sua *recomendação* (TC-575.398/89-2), como aconteceu em caso específico da Companhia Docas do Ceará (Processo TC-275.184/91-9). Aliás, com muita coerência, o TCU, no Processo TC-374.047/91-0, alertava a Companhia Docas do Maranhão sobre a obrigatoriedade de licitação e sua formalização mas apenas para *novos* contratos de arrendamento ou para contratos originais *que não previssem prorrogações*, garantindo-se, destarte, para estes o direito de serem prorrogados nas condições contratuais. Não é de se estranhar, pois, que a prática empresarial, até por força da omissão das normas de contratação das empresas da área, entendesse a disposição do Decreto 59.832/66 como não aplicável, e que a Lei 8.630/93, de alguma forma e ao encontro da posição do TCU, viesse a legitimar os contratos de arrendamento celebrados antes de sua entrada em vigor, ao reconhecer-lhes a validade.

O Contrato 13/90, celebrado entre a Codeba e três empresas petroquímicas e cedido, com base em previsão contratual, à consulente, é Contrato de Arrendamento, firmado sob o Decreto-lei 5/66 e sob o Decreto 59.832/66, conforme a Norma de Contratação da Codeba. Não foi, assim, precedido de licitação, aliás como *todos* os contratos deste gênero celebrados por concessionárias de portos antes do advento da Lei 8.630/93. E, por tratar-se de arrendamento, e não de concessão, não se submetia à exigência do art. 175 da CF. Totalmente equivocada, neste sentido, a sua submissão ao preceituado pelos arts. 42 e 43 da Lei 8.987/95, que se referem a *concessões*, entre elas as com prazo indeterminado e as em caráter precário, disciplinando-lhes o prazo de validade em face da exigência constitucional do art. 175 da CF. Destarte, o Decreto 1.912/96, que se refere ao alfandegamento de portos organizados, instalações portuárias de uso público, de uso privativo localizadas dentro e fora do porto organizado (Lei 8.630/93), é totalmente ilegal e inconstitucional. Este Decreto estabeleceu (art. 3º), para os contratos de arrendamento de instalações portuárias de uso público, firmados antes da vigência da Lei 8.630/93, um prazo de validade de 24 meses, a contar de sua publicação, para que se procedesse a licitação prevista por aquela lei, prorrogável por mais três anos caso a licitação, justificadamente, não pudesse ter sido realizada. Pois esta exigência faz retroagir o dispositivo legal da Lei 8.630/93 referente a arrendamento celebrado sob a égide de lei anterior, ato jurídico perfeito e acabado, que não se confunde com a exigência constitucional prevista no art. 175 da CF, referente a concessões. Ademais regulamenta equivocadamente o dispositivo legal, fazendo-o contra a previsão da própria Lei 8.630/93, que reconhece a validade, em seu art. 48, dos contratos de arrendamento então em vigor, sem nenhuma ressalva quanto a prazos e prorrogações, até garantindo aos titulares um direito de opção.

Ato jurídico perfeito e acabado é proteção constitucional da incidência de normas de conduta. Normas incidem sobre a realidade, doam-lhe sentido e atuam sobre ela no tempo e no espaço. Incidência significa a configuração atual de situações subjetivas e produção de efeitos em sucessão. A incidência – configuração atual – de uma norma de competência configura atualmente a titularidade de uma situação jurídica subjetiva, direito adquirido. O exercício do direito conforme normas de conduta significa a incidência destas. A incidência de norma de conduta configura o ato jurídico perfeito e acabado, que não se confunde com ato consumado, pois é apenas ato conformado de acordo com a lei vigente à época (cf. nosso *Introdução ao Estudo do Direito*, São Paulo, 1994, pp. 249 e ss.).

O respeito a prazo contratualmente estabelecido faz parte da proteção do ato jurídico perfeito e acabado. O princípio do *pacta sunt servanda* vale também para os contratos administrativos; a Administração não só deve levar a cabo o cumprimento de suas obrigações, mas deve também abster-se, de maneira geral, de adotar medidas que estejam em contradição com este fim; as prestações devem ser executadas dentro dos prazos acordados (Héctor Jorge Escola, *Tratado Integral de los Contratos Administrativos*, Buenos Aires, 1977, v. I, pp. 442 e ss.) Dentro deste quadro jurídico tem especial importância o direito do concessionário como do arrendatário de instalações de uso público de levar a cabo a exploração do serviço dentro do que disponha o contrato e no prazo fixado (Bielsa, *Derecho Administrativo*, Buenos Aires, 1947, t. I, p. 406; Waline, *Droit Administratif*, Paris, 1963, pp. 715 e ss.). O essencial é que o serviço se cumpra, salvo quando razões de interesse público exijam o contrário, isto é, exijam que o serviço não se cumpra. A discricionariedade da alteração contratual por parte da Administração tem, pois, limites (Escola, ob. cit., v. II, pp. 112, 154). Ora, o Contrato de Arrendamento firmado no contexto da legislação vigente em 1990 nada tinha de ilegal, consumando-se pela vontade expressa das partes. Ainda que se admitisse que arrendamento e concessão de uso se confundissem e que se aplicasse ao arrendamento de instalações portuárias de uso público a dupla estrutura de que se fala no caso das concessões, submetidas a normas regulamentares e normas propriamente contratuais, dentre estas as referentes à duração, ter-se-ia que se admitir igualmente, como diz Miguel Reale, referindo-se às concessões, que as regras contratuais "não podem ser alteradas ao talante do órgão concedente" (*Direito Administrativo*, Rio de Janeiro-São Paulo, 1966, p. 51).

Ora, no caso em tela, o próprio Ministério dos Transportes fez publicar na Portaria 8/97 uma relação de contratos celebrados antes da Lei 8.630/93, da qual consta o Contrato de Arrendamento 13/90, cedido à consulente, bem como o termo aditivo de prorrogação para 9.3.2010, o que pode ser tomado como manifestação inequívoca do interesse da Administração. Faz pleno sentido jurídico, portanto, que a Receita Federal viesse a prorrogar o alfandegamento da área, posto que a Lei 8.630/93 respeitou o disposto contratualmente nos arrendamentos anteriores à sua vigência, reconhecendo como inaplicável uma disposição que considerava aqueles contratos como tendo seu prazo alterado por um Decreto (1.912/96) e muito menos com base num artigo de lei (art. 43 da Lei 8.937/95) que fala de concessão e não de arrendamento, não lhe dando esta norma legal nenhum suporte, muito menos a CF, art. 175, que apenas se aplica a concessões.

Tratando-se de contrato válido, como tal reconhecido pela lei, ele o é nos termos e condições em que foi celebrado, isto é, como Contrato de Arrendamento não precedido de licitação nem a ela sujeito. Inaplicável a ele, destarte, o § 1º do art. 61 da Lei 8.666/93, que exige a publicação resumida do seu instrumento ou de seus aditamentos, como sua condição de eficácia, mas que se refere a contratos firmados em decorrência de processo licitatório. Da forma como foram celebrados, contratos daquele gênero são válidos e eficazes a partir da data de sua assinatura e sua publicidade diz respeito apenas à eficácia contra terceiros, não entre as partes. Perfeita, neste sentido, a Portaria 08 de 30.1.97, da Secretaria de Transportes Aquaviários, que relacionou o Contrato 13/90 dentre os celebrados antes da entrada em vigor da Lei 8.630/93, inclusive com menção à cessão ocorrida e à prorrogação até 2010. Afinal, o contrato era plenamente válido e eficaz quando foi cedido e a prorrogação ao prazo em nada contrariava as exigências de adaptação da Lei 8.630/93. A cláusula segunda, no seu parágrafo primeiro, autorizava a prorrogação e no prazo em que foi prorrogado, apenas exigindo que a proposta do arrendatário ocorresse 60 dias antes do prazo contratual. Pode-se entender que, tendo ocorrido a cessão e avaliada a necessidade de prazo para a execução de obras por parte do cessionário, a Codeba tivesse levado em conta o seu interesse em garantir o tempo adequado para o perfeito cumprimento dos objetivos do arrendamento, tendo em vista as condições de fato no momento em que ocorria a cessão. Esta avaliação, que só poderia ser feita no momento em que se decidiu pela cessão, olhando-se prospectivamente o prazo ainda restante e a necessidade de mais prazo para o cessionário, cumpria a exigência contratual de que fosse feita pela Codeba (e não por uma certa diretoria da Codeba, o que confundiria a pessoa jurídica com as pessoas físicas à testa de sua direção em determinado momento).

Em face do exposto passo a responder os quesitos formulados.

Primeiro quesito

Entendo que o referido contrato está em pleno vigor, sendo válido e eficaz pelos motivos apresentados. Assim o reconhece a Lei 8.460/93, no seu art. 48 e assim já se posicionara anteriormente o TCU a respeito de arrendamento deste gênero. Estando em pleno vigor e sendo válido e eficaz, as condições pactuadas devem ser respeitadas em nome do princípio do ato jurídico perfeito, constituindo os direitos daí decorrentes direitos adquiridos. Neste precípuo sentido é válida e eficaz a cessão ocorrida para a consulente.

Segundo quesito

Pelo prazo acordado, prorrogado por força de dispositivo contratual, o contrato tem vigência até o ano 2010. Entendo que a prorrogação, ocorrida por ocasião da cessão do contrato, teve o sentido de produzir o seu efeito quando da ocorrência do fim do prazo de dez anos, isto é, embora acordada em 1994, só produz seus efeitos a partir de 9.3.2000, por mais dez anos. O expediente não contraria, assim, a vontade das partes de que o contrato poderia ter prorrogado seu prazo findo o prazo antes estipulado (cláusula segunda), mormente porque previsto no parágrafo segundo da cláusula uma antecedência *mínima* de 60 dias do término do prazo estipulado. Nada obsta que a Codeba tivesse avaliado, no momento em que anuiu a cessão, o interesse da empresa em conceder prazo suficiente ao cessionário para a consecução das obras previstas e, computando o prazo ainda restante, tivesse entendido ser adequada uma prorrogação, a contar do final do prazo original. Em termos de gestão empresarial e nos quadros de possibilidade contratual e legal, a prorrogação obedece a lógica de uma boa administração. A ausência de publicação de um extrato, pelas condições de validade e eficácia deste Contrato de Arrendamento não sujeito a licitação, em nada afeta a produção dos efeitos desejados. Volte-se a lembrar a propósito a decisão do TCU que, com prudência e acerto, exigia o respeito aos contratos em vigor, inclusive quanto ao dispositivo contratual que autorizasse sua prorrogação.

Terceiro quesito

A anulação do contrato bem como de sua cessão e prorrogação não faz nenhum sentido, posto que se trata de ato juridicamente perfeito. A possibilidade de sua rescisão unilateral estaria limitada à demonstração de que a execução do arrendamento, das obras e serviços objetivados, contraria o interesse público. Ou, como diria Miguel Reale, não pode a Administração alterar ou rescindir, a seu talante, aquilo que pactuou em nome do interesse público.

Quarto quesito

Sim, consoante até os pareceres do Ministério dos Transportes e da Procuradoria-Geral da Fazenda Nacional que tão adequadamente analisam a questão, é perfeito o Ato Declaratório 49, de 18.5.98, do senhor Secretário da Receita Federal. Pelo exposto anteriormente, a Lei 8.630/93 reconhece a validade dos contratos celebrados antes de sua vigência e confere a eles a possibilidade de alfandegamento respeitadas as condições específicas por lei exigidas para ele. O Decreto 1.912/96 é, como demonstrei, ilegal e inconstitucional, devendo ser desprezado.

Quinto quesito

Não, a Codeba tem de respeitar o ato jurídico perfeito e acabado, não podendo licitar o arrendamento senão findo o prazo acordado e prorrogado até o ano 2010.

É este o meu parecer, s.m.j.

São Paulo, 31 de maio de 1998

AÇÕES DE IMPROBIDADE ADMINISTRATIVA

Fábio Konder Comparato

Professor Titular da Faculdade de Direito da Universidade de São Paulo
— Doutor em Direito da Universidade de Paris

Consulta

A Associação Nacional dos Procuradores da República honrou-me com a consulta, cujos termos passo a transcrever.

"Uma das mais relevantes funções do Ministério Público, sob a atual ordem jurídico-constitucional e, particularmente, desde a entrada em vigor da Lei 8.492/92, tem sido a propositura de ações por improbidade administrativa contra maus gestores de recursos públicos.

"Nesse sentido, tramitam grande número de ações, todas aforadas em primeira instância, inclusive em face de autoridades diversas: Prefeitos, Governadores, Parlamentares, Secretários e Ministros de Estado, Presidentes de Tribunais e até mesmo Presidente da República.

"As ações de improbidade administrativa têm se revelado, pois, um importante instrumento de defesa da moralidade e patrimônio das entidades públicas.

"Todavia, em face de algumas ações ora em curso contra autoridades que na esfera criminal gozam de foro por prerrogativas de função, tem sido argüida a incompetência da Justiça de primeira instância. No mesmo sentido, assinale-se que tramita no Congresso Nacional Projeto de Lei (PL 2.961/97), objetivando, dentre outras alterações, o acréscimo ao art. 17 da Lei 8.429/92 de parágrafo com a seguinte redação: 'A ação de improbidade será proposta perante o tribunal competente para processar e julgar criminalmente o funcionário ou a autoridade, na hipótese de foro em razão do exercício de função pública'. Esse projeto, é certo, no tocante ao ponto em tela, foi tido por inconstitucional pelo relator, deputado Jarbas Lima.

"Diante do exposto, no interesse do melhor exercício pelo Ministério Público Federal de suas funções constitucionais, considerando que, nos termos do Estatuto da ANPR, constitui finalidade da Associação, dentre outras, 'colaborar com o Estado no estudo e na solução das questões relativas ao exercício das funções atribuídas aos Procuradores da República' (art. 2º, III do Estatuto), dirigimo-nos a Vossa Excelência para submeter à sua elevada apreciação as seguintes questões, respeitantes à matéria referida."

Formula, em seguida, a Associação Nacional dos Procuradores da República três quesitos, que vão expressos e respondidos no parecer anexo.

Parecer

1. Um dos traços salientes da teoria jurídica moderna, particularmente no campo do direito constitucional, é a importância atribuída aos princípios fundamentais.[1]

Anteriormente, a dogmática utilizava a noção de "princípios gerais de direito", acolhida de resto em diferentes legislações, como a brasileira (Lei de Introdução ao Código Civil, art. 4º). Tratava-se, porém, de regras gerais e comuns a vários sistemas jurídicos, ou a vários ramos de um mesmo sistema, as quais serviam como fontes suplementares do direito, na hipótese de lacuna da lei.

O princípio jurídico, tal como concebido e aplicado hoje, tem outra significação e um alcance bem diverso.

Em primeiro lugar, não se trata de uma fonte secundária ou suplementar do direito, utilizável para o preenchimento de lacunas legais, como a antiga noção de "princípios gerais de direito", mas de uma fonte primária, à qual deve o intérprete recorrer antes de qualquer outra.

Em segundo lugar, os princípios situam-se no ápice do ordenamento jurídico. Não somente eles sobrepujam as demais normas, como ainda representam, por assim dizer, o travejamento de todo o sistema normativo. São os princípios que lhe dão coerência e que exprimem os grandes valores éticos, em função dos quais deve ser feita a interpretação funcional das leis.

É daí que decorre a sua função genética, no conjunto do sistema jurídico. Em razão da maior generalidade dos princípios, relativamente às demais normas, a solução de litígios pode e deve ser buscada diretamente junto aos princípios, quando não existe norma específica sobre o assunto. Repita-se: não se trata de uma fonte suplementar do direito; um princípio jurídico não atua como norma aproximada para casos análogos, na hipótese de lacuna. Bem ao contrário, a norma específica subordina-se, necessariamente, a um princípio e nada mais faz do que aplicá-lo a um trecho da realidade. Portanto, assim como a norma contrária a um princípio não tem validade jurídica, da mesma forma a ausência de uma norma específica sobre um caso determinado não pode impedir que o princípio correspondente seja aplicado. Na Constituição brasileira, aliás, o mandado de injunção foi criado justamente para permitir essa aplicação direta dos princípios, na hipótese de ausência de norma regulamentar (art. 5º, LXXI).

2. Tomemos, para ilustração do que acaba de ser dito, o princípio da isonomia ou igualdade formal perante a lei. Ele se aplica a todos os ramos do direito, sem exceção alguma. A Constituição da República contém, ela própria, várias aplicações desse princípio, inscrito no *caput* do art. 5º: a igualdade entre homens e mulheres perante a lei em geral (art. 5º, I) e no que diz respeito ao exercício dos direitos e deveres dentro da sociedade conjugal (art. 226, § 5º); proibição de diferença de salários, de exercício de funções e de critério de admissão por motivo de sexo, idade, cor ou estado civil (art. 7º, XXX); proibição de qualquer discriminação no tocante a salário e critérios de admissão do trabalhador portador de deficiência (art. 7º, XXXI); proibição de distinção entre trabalho manual, técnico e intelectual ou entre os profissionais respectivos

1. Cf., na teoria jurídica geral: Ronald Dworkin, *Taking Rights Seriously*, Harvard University Press, 1978, pp. 22-28, 70-81; Friedrich Müller, *Strukturierende Rechtslehre*, 2ª ed., Berlim (Duncker & Humblot), 1994, pp. 66 e ss.; Karl Larenz, *Methodenlehre der Rechtswissenschaft*, 5ª ed., Springer Verlag, 1983, pp. 133 e ss. Na teoria constitucional: Paulo Bonavides, *Curso de Direito Constitucional*, 7ª ed., São Paulo (Malheiros Editores), 1998, capítulo 8º; José Afonso da Silva, *Curso de Direito Constitucional Positivo*, 11ª ed., São Paulo (Malheiros Editores), 1996, pp. 93-94; Cármen Lúcia Antunes Rocha, *Princípios Constitucionais da Administração Pública*, Belo Horizonte (Del Rey), 1994; J. J. Gomes Canotilho e Vital Moreira, *Fundamentos da Constituição*, Coimbra Editora, 1991, capítulo II; Domenico Farias, *Idealità e Indeterminatezza dei Principi Costituzionali*, Milão (Giuffrè), 1981. No direito privado, Josef Esser, *Grundsatz und Norm*, 4ª ed., Tübingen (J. C. B. Mohr), 1990.

(art. 7º, XXXII); igualdade de direitos entre o trabalhador com vínculo empregatício permanente e o trabalhador avulso (art. 7º, XXXIV); proibição de se estabelecerem distinções legais entre brasileiros natos e naturalizados, salvo nos casos previstos especificamente na Constituição (art. 12, § 2º); a vedação de se instituir tratamento desigual entre contribuintes que se encontrem em situação equivalente, proibida qualquer distinção em razão de ocupação profissional ou função por eles exercida, independentemente da denominação jurídica dos rendimentos, títulos ou direitos (art. 150, II); igualdade de condições para o acesso e a permanência na escola (art. 206, I).

Ora, ainda que nenhuma dessas disposições especiais de aplicação do princípio da isonomia constasse do texto constitucional — o que sucede, de resto, com a generalidade das Constituições estrangeiras — mesmo assim, como é evidente, os tribunais não poderiam deixar de aplicá-las, uma vez que elas representam uma estrita decorrência do princípio.

3. As considerações que acabam de ser feitas nos permitem enfrentar de modo esclarecido a questão da ausência, na vigente Constituição, da proibição explícita de foro privilegiado, a qual constou de todas as nossas anteriores Cartas Políticas.[2] Estaríamos agora diante de uma total liberdade para se criarem prerrogativas de foro em razão de pessoas, ou de cargos e funções públicas?

É óbvio que não.

Se existe decorrência mais direta e imediata do princípio da igualdade de todos perante a lei, ela se encontra, sem sombra de dúvida, na proibição de se estabelecerem foros privilegiados ou juízos *ad hoc*. "O princípio da igualdade na administração da Justiça", escreveu João Barbalho, "impõe que a mesma proteção legal, os mesmos juízes, as mesmas fórmulas tutelares, alçadas e instâncias, os mesmos procedimentos judiciais se apliquem sem restrições, sem acepção de pessoas, a todos indistintamente a quem o Estado, por órgão de sua magistratura, tenha de fazer justiça".[3]

Neste sentido, é à luz do princípio da isonomia que deve ser interpretada a disposição constante do art. 5º, LIII, da Constituição de 1988: "Ninguém será processado nem sentenciado senão pela autoridade competente"; vale dizer, pela autoridade cuja competência tenha sido determinada de acordo com o sistema constitucional.

4. Vejamos, agora, em que consistem os privilégios de foro vedados.

Antes de mais nada, é preciso entender que o *privilegium* era também assimilado, no direito romano, a *ius singulare*. Na definição de Paulo, este último devia ser entendido como "quod contra tenorem rationis propter aliquam utilitatem auctoritate constituentium introductum est" (D. 1, 3, 16); ou seja, o que foi introduzido em virtude de alguma utilidade, contra o teor racional do princípio. O termo *privilegium*, aliás, é uma contração de *lex in privos lata*; vale dizer, uma norma para casos particulares.

De modo geral, há duas sortes de privilégios: os negativos, que privam alguém do gozo de um direito comum, e os positivos, que os romanos designavam pelo termo, de resto ambíguo, *beneficium*.[4] O privilégio de

2. Constituição de 1824, art. 179: "À exceção das causas que por sua natureza pertencem a juízos particulares, na conformidade das leis, não haverá foro privilegiado, nem comissões especiais nas causas cíveis ou crimes". Constituição de 1891, art. 72, § 23: "À exceção das causas que, por sua natureza, pertencem a juízos especiais, não haverá foro privilegiado". Constituição de 1934, art. 113, 25: "Não haverá foro privilegiado, nem tribunais de exceção; admitem-se, porém, juízos especiais em razão da natureza das causas". Constituição de 1946, art. 141, § 26: "Não haverá foro privilegiado nem juízes e tribunais de exceção". Constituição de 1967/69, art. 153, § 15, *in fine*: "Não haverá foro privilegiado nem tribunais de exceção".

3. *Constituição Federal Brasileira — Commentarios*, 2ª ed., Rio de Janeiro (F. Briguiet e Cia., Editores), 1924, p. 444.

4. Cf. Vincenzo Arangio-Ruiz, *Istituzioni di Diritto Romano*, 14ª ed., Nápoles (Eugenio Jovene), 1976, pp. 32-33.

foro do direito moderno é, tipicamente, de caráter positivo ou benéfico para o seu titular, e se estabelece, como acima ficou dito, quer em razão da pessoa, quer em razão da função ou do cargo público exercido.

A vedação do privilégio pessoal não decorre apenas do princípio da isonomia, mas também da natureza republicana do regime político adotado. Na República, como ninguém ignora, nenhum particular é dono do poder, mas todos os que o exercem devem ser considerados meros funcionários ou servidores do bem comum (*res publica*). Mesmo durante o Império, em que a pessoa do Imperador era "inviolável e sagrada", não estando ele "sujeito a responsabilidade alguma", como rezava a Constituição de 1824 (art. 99), o maior de nossos publicistas entendia que não havia privilégios pessoais de foro. "Felizmente", escreveu ele, "não temos mais o privilégio de foro pessoal propriamente dito, e só sim alguns privilégios reais, isto é, ligados aos cargos e serviço público, ou alto interesse social (...)".[5]

No tocante aos privilégios de função, que o Marquês de São Vicente, como se viu, denominava "privilégios reais", todos eles aparecem, claramente, como exceções ao princípio da isonomia, em razão de alguma utilidade pública. Ora, nesse particular, os sistemas constitucionais se diferenciam entre si, conforme as exceções sejam, exclusivamente, as indicadas na própria Constituição, ou então aquelas aí assinaladas, além das que forem criadas por lei, mediante expressa autorização constitucional.

Em suma, a criação de foros privilegiados, em razão da função ou cargo público exercido por alguém, é sempre submetida ao princípio da *reserva*, de *natureza constitucional ou legal*. Em nenhum país do mundo, que se pretenda Estado de Direito, ou, mais ainda, Estado Democrático de Direito, nunca se ouviu dizer nem sequer sugerir que o Poder Executivo, ou o Poder Judiciário, tenham competência para criar prerrogativas de foro; pior ainda — o que seria inominável abuso — ninguém jamais admitiu a constitucionalidade de sistemas jurídicos onde houvesse *prerrogativas de foro para os próprios membros do Poder que as criava.*

5. Ora, no regime constitucional brasileiro em vigor, seguindo a linha diretriz de todas as nossas Constituições republicanas, mas diversamente do que dispunha a Carta Imperial,[6] o sistema é de *reserva exclusivamente constitucional* para a criação de privilégios de foro. "Não haverá outros foros privilegiados que os instituídos pela própria Constituição", anotou Pontes de Miranda em comentário à Carta de 1967/69.[7] O legislador não tem competência para tanto. E se o Poder Legislativo carece de legitimidade para tanto, com maioria de razão o Executivo e o Judiciário.

No regime democrático — escusa lembrá-lo — a vontade do povo soberano só se manifesta legitimamente, ou de modo direto, por meio do referendo, do plebiscito e da iniciativa popular; ou de modo indireto, por meio da representação parlamentar (Constituição, art. 1º, parágrafo único).

O Poder Executivo não representa o povo, pela boa razão de que ele é investido de poderes coativos sobre o povo, como o poder de polícia, o poder tributário ou o poder de expropriação. Não faz o menor sentido lógico afirmar que alguém conferiu poderes de representação a outrem contra o próprio representado. E é justamente ao órgão legislativo, como representante do povo, que a Constituição atribui o poder de defendê-lo perante o Executivo.[8]

5. Dr. José Antonio Pimenta Bueno, *Direito Público Brasileiro e Análise da Constituição do Império*, Ministério da Justiça e Negócios Interiores, 1958, p. 417.

6. Veja-se a nota 2 *supra.*

7. *Comentários à Constituição de 1967 com a Emenda n. 1 de 1969*, t. V, 2ª ed., São Paulo (Ed. RT), 1971, p. 239.

8. Sobre tudo isto, discorreu com proficiência Karl Loewenstein, em *Verfassungslehre*, 3ª ed., Tübingen (J. C. B. Mohr), 1975, pp. 34 e ss.

Quanto ao Poder Judiciário, cujos membros não são eleitos pelo povo, ele exorbitaria claramente de suas funções, se, sob pretexto de interpretar a Constituição e as leis, decidisse criar *sponte propria* direito novo. Não é mister grande esforço de raciocínio para perceber que, se o Poder Judiciário se arrogasse competência para dizer como e por intermédio de que órgão iria decidir um litígio sobre a aplicação da Constituição e das leis, os jurisdicionados já não estariam submetidos a elas, mas sim aos próprios tribunais. Por conseguinte, nesse aleijão de democracia, todo poder emanaria não do povo, mas dos juízes que o povo não escolheu.

Na República Federal alemã, aliás, a Corte Constitucional Federal já teve ocasião de decidir e sustentar essa visão ampla e sistemática da igualdade de todos perante o Judiciário. Lembrou ela que, historicamente, o princípio do juiz natural ou legal (*gesetzlicher Richter*) constitui uma garantia de competência, que visa a afastar o perigo de a Justiça, por meio de manipulações ao regramento legal de competências, vir a exercer uma influência espúria sobre os julgamentos.[9] Por conseguinte, a fim de se evitar que, pela escolha do juiz para certos casos individuais, o resultado do julgamento sofra influências indevidas, deve sempre atuar como juiz, em todos os casos, aquele que assim foi designado segundo lei previamente promulgada. Enquanto elemento clássico do Estado de Direito, a proibição de foro privilegiado foi originalmente entendida como dirigida para fora do Judiciário, mas exatamente contra o Legislativo e o Executivo. Interpretando, porém, largamente o art. 101 da Lei Fundamental de Bonn, segundo o qual "tribunais para determinadas matérias somente por lei podem ser criados", o *Bundesverfassungsgericht* reconheceu que essa garantia constitucional deve ser estendida *contra o próprio Judiciário*. Juízes e tribunais estão, portanto, funcionalmente obrigados a se aterem, de modo estrito, ao teor das regras gerais em vigor, zelando para que, na mais larga medida possível, seja excluído o perigo de manipulações de julgamentos.[10]

6. É preciso salientar, ademais, que a vedação de prerrogativa de foro costuma, com muito boa razão, vir expressa juntamente com a proibição de se criarem tribunais de exceção. E a razão é intuitiva. A livre instituição de privilégios jurisdicionais, se levada às suas últimas e naturais conseqüências, acabaria por revogar todo o ordenamento da competência judiciária e, por eliminar, em conseqüência, juntamente com a submissão de todos, sem discriminações, aos mesmos juízes e tribunais, a regra de que os órgãos do Poder Judiciário devem ser, pela sua própria natureza, permanentes e não circunstanciais.

Resposta à consulta

Isto posto, passo a responder aos quesitos formulados pela consulente.

1. A ação de improbidade administrativa tem natureza cível ou criminal? Particularmente, a possibilidade de que o juiz monocrático decrete a perda da função pública e a interdição dos direitos políticos dos réus transmuda a natureza dessa ação, de modo a poder-se considerá-lo de natureza penal?

A resposta a este quesito encontra-se, claríssima, na norma constante do art. 37, § 4º da Constituição Federal. Aí, com efeito, dispõe-se que "os atos de improbidade administrativa importarão a suspensão dos direitos políticos, a perda da função pública, a

9. Estas expressões fortes encontram-se no acórdão *BVerfGE* 17, 294, 299: "Seiner historischen Entwicklung nach ist das Richterentziehungsverbot eine *Zuständigkeitsgarantie*, die der Gefahr verbeugen soll, dass die Justiz durch eine Verletzung oder Manipulierung der Zuständigkeitsordnung sachfremdem Einflüssen ausgesetzt wird".

10. Acórdãos citados em *Kommentar zum Grundgesetz für die Bundesrepublic Deutschland*, sob a direção de Rudolf Wassermann, v. 2, Luchterland, 1989, p. 1.182.

indisponibilidade dos bens e o ressarcimento ao erário, na forma e gradação previstas em lei, *sem prejuízo da ação penal cabível*".

Se, por conseguinte, a própria Constituição distingue e separa a ação condenatória do responsável por atos de improbidade administrativa às sanções por ela expressas, da ação penal cabível, é, obviamente, porque aquela demanda não tem natureza penal.

Na Lei 8.429, de 1992, de resto, distinguem-se claramente as penas de perda da função pública, de perda dos bens ou valores ilicitamente acrescidos ao patrimônio do responsável e de ressarcimento do dano, cominadas no art. 12, das "*sanções penais*, civis e administrativas, previstas na legislação específica".

A ação penal ou processo-crime, como ninguém ignora, tem por objeto o conhecimento da prática de um crime e a aplicação da pena correspondente, tudo nos estritos termos de lei anteriormente promulgada. Ora, a mesma Lei 8.429, a par das disposições que têm por objeto a definição dos atos de improbidade administrativa e a fixação das penas correspondentes, contém uma só definição de crime: é a constante do art. 19.

Por conseguinte, pode-se, em teoria, discutir sobre se a ação de improbidade administrativa tem natureza cível, ou se ela é *sui generis*. O que parece, contudo, indisputável é que essa ação judicial *não tem natureza penal*.

2. Considerada a ausência de previsão constitucional, é possível, mediante emprego de analogia com o processo criminal, afirmar-se a existência de foro por prerrogativa de função nas ações de improbidade administrativa?

Certamente não.

As disposições excepcionais, como afirma a mais longeva tradição, não comportam interpretação ampliativa ou analógica. Essa regra hermenêutica é tanto mais rigorosa, quando nos deparamos com exceções a princípios fundamentais, inscritos na Constituição.

Os privilégios de foro, como se procurou mostrar no corpo deste parecer, representam uma exceção ao princípio constitucional da igualdade de todos perante a lei. Em conseqüência, tais prerrogativas devem ser entendidas à justa, sem a mais mínima ampliação do sentido literal da norma. Se o constituinte não se achou autorizado a conceder a alguém mais do que a consideração da utilidade pública lhe pareceu justificar, na hipótese, seria intolerável usurpação do intérprete pretender ampliar esse benefício excepcional.

3. Juízes de Tribunais Regionais do Trabalho, por fatos praticados durante o exercício da presidência desses tribunais, possuem foro por prerrogativa de função junto ao Superior Tribunal de Justiça, em ação de improbidade administrativa?

Parece-me evidente que não possuem esse privilégio.

O art. 105 I, alínea *a* da Constituição Federal atribui ao Superior Tribunal de Justiça competência para "processar e julgar, originariamente, nos crimes comuns, (...) e nos de responsabilidade, (...) os membros (...) dos Tribunais Regionais Eleitorais e do Trabalho (...)". Como foi visto, os atos de improbidade administrativa não constituem, em si mesmos, crimes, nem comuns nem de responsabilidade. Representaria, pois, grave usurpação de competência a decisão do Superior Tribunal de Justiça que afastasse do julgamento dos atos de improbidade administrativa, em tais processos, os juízes declarados competentes pela lei processual comum.

Como foi salientado neste parecer, com apoio na jurisprudência da Corte Constitucional alemã, a vedação do privilégio de foro é uma regra constitucional que se aplica não só contra o Executivo e o Legislativo, mas também contra o próprio Judiciário. A excelsa função política deste é de zelar pelo estrito respeito aos princípios constitucionais, sem procurar adaptá-los aos valores e necessidades que os próprios juízes entendam relevantes e dignos de consideração.

Num Estado de Direito, todos os titulares de poder hão de submeter-se à Constituição e às leis. Com maioria de razão, aqueles cuja missão única consiste em guardá-las e em obrigar todos os demais a fazer o mesmo.

É o que me parece.

São Paulo, 7 de janeiro de 1999

COMERCIALIZAÇÃO DE CIGARROS. INCONSTITUCIONALIDADE DA RESTRIÇÃO AO NÚMERO DE UNIDADES — INTERPRETAÇÃO DA CONSTITUIÇÃO, LIVRE INICIATIVA E PRINCÍPIO DA PROPORCIONALIDADE

Eros Roberto Grau

Professor Titular da Faculdade de Direito da Universidade de São Paulo

Philip Morris Brasil S/A, por seu ilustre advogado Dr. José Roberto Prado de Almeida, encaminhou-me a seguinte

Consulta

"A Consulente está comercializando cigarros em embalagens com 14 (quatorze) unidades. O Secretário da Receita Federal, louvando-se no Decreto-lei 1.593/77, na Lei 9.532/97, na Instrução Normativa SRF 21, de 18.2.98, no art. 195 do antigo Regulamento do IPI, e agora no art. 272 do novo Regulamento do IPI, aprovado pelo Decreto 2.637/98, pretende só possam, os cigarros nacionais, ser vendidos em embalagens continentes de uma vintena.

"Alega-se que a circunstância de a Consulente comercializar cigarros em embalagens com 14 (quatorze) unidades dificulta a fiscalização do IPI, comprometendo o controle do número de cigarros comercializados e propiciando a sonegação.

"Parecer exarado pelo Professor Osiris de Azevedo Lopes Filho esclarece, no entanto, que o fato de o maço ou carteira conter quatorze unidades não dificulta, nem inviabiliza o controle a ser realizado pela Secretaria da Receita Federal em relação à produção e venda de cigarros pela Consulente, desde que feita a segregação, na escrituração dos livros e documentário fiscal, em relação aos maços ou carteiras contendo vintena ou quatorze unidades. Em si mesma, diz o parecer, a utilização dos maços ou carteiras portando quatorze unidades é neutra com referência à indução ou facilitação de prática de crimes contra a ordem tributária. No que tange ao selo especial de controle aplicado aos cigarros, é instrumento eficaz para o controle da comercialização do produto, não da sua produção. Aqui também, no entanto, a segregação, na escrituração dos livros e dos documentos de venda, de maços ou carteiras contendo quatorze ou vinte unidades impede que o fato de o maço ou carteira conter quatorze unidades dificulte ou inviabilize o controle a ser realizado pela Secretaria da Receita Federal em relação à comercialização de cigarros.

"Indaga-se:

"1. São compatíveis com a Constituição de 1988 disposições normativas das quais decorra proibição a que a Consulente comercialize cigarros em embalagens contendo número inferior a uma vintena?

"2. O art. 44 da Lei 9.532/97 tem o condão de validar, dentro da atual ordem constitucional, a restrição ao número de cigarros por embalagem?

"3. A norma do art. 195 do antigo Regulamento do IPI, que tinha a finalidade de regulamentar a norma do art. 44 da Lei 9.532/97, ou a Instrução Normativa SRF 021/98, que 'Dispõe sobre a comercialização de cigarros no País', cumpriria validamente — sob o ponto de vista constitucional e legal — esse papel?

"4. A norma do art. 272 do novo Regulamento do IPI, aprovado pelo Decreto 2.637, de 25.6.98, cumpriria validamente — sob o ponto de vista constitucional e legal — esse papel?

"5. O § 1º do art. 1º da Instrução Normativa SRF 21/98, que prevê apreensão dos cigarros acondicionados em embalagens contendo quantidade diferente de vinte unidades, reveste-se dos pressupostos de constitucionalidade e legalidade?"

Parecer

1. Afirmei preliminarmente, ao empreender a análise da ordem econômica na Constituição de 1988, a necessidade de prontamente estabelecermos duas premissas.

É que — dizia[1] — de um lado não se pode visualizar a ordem econômica constitucional como produto de imposições circunstanciais ou meros caprichos dos constituintes, porém como resultado do confronto de posturas e texturas ideológicas e de interesses que, de uma ou de outra forma, foram compostos, para como peculiar estrutura ideológica aninhar-se no texto constitucional.[2]

De outro lado — prossegui — sendo a Constituição um sistema dotado de coerência, não se presume contradição entre suas normas. A admitir-se a ocorrência de contradições entre elas, por força hão de ser elas eliminadas, seja para afirmar-se que umas não são válidas (ou não se aplicam a determinados casos), seja as interpretando de modo adequado e suficiente à superação da contradição ou contradições. Apenas a segunda alternativa é, todavia, praticável, até porque a primeira nos conduziria ao absurdo de supormos que há, na Constituição de 1988, duas ordens econômicas, uma neoliberal, outra intervencionista e dirigista.

Além disso, na mesma ocasião em que averbei as observações acima reproduzidas afirmei[3] — e isso venho reiteradamente repetindo — que não se interpreta a Constituição em tiras, aos pedaços.

A interpretação de qualquer norma da Constituição impõe ao intérprete, sempre, em qualquer circunstância, o caminhar pelo percurso que se projeta a partir dela — da norma — até a Constituição.

2. Mais ainda: procurei demonstrar ser, a de 1988, uma *Constituição diretiva* ou *programática* (doutrinal), entendidas como tais as que não se bastam em conceber-se como mero "instrumentos de governo", mas, além disso, enunciam diretrizes, programas e fins a serem pelo Estado e pela sociedade realizados. Elas, pois, as que se transformam em um *plano normativo-material global, que determina tarefas, estabelece programas e define fins*; não compreendem tão somente um *estatuto jurídico do político*, mas sim um *plano global normativo* do Estado e da sociedade. A Constituição Econômica que nelas se encerra compreende a enunciação

1. *A Ordem Econômica na Constituição de 1988*, 3ª ed., Malheiros Editores, São Paulo, 1997, pp. 214-215.

2. Em sentido análogo, Washington Peluso Albino de Souza, "A experiência brasileira de Constituição econômica", in *Revista de Informação Legislativa* 102/47.

3. Ob. cit., p. 176.

dos fins da política econômica, postulando, na sua conformação, a implantação de uma *nova* ordem econômica.

Daí referirmos uma *Constituição Econômica diretiva* (ou *programática*), que define o quadro de diretrizes das políticas públicas, coerentes com determinados objetivos também por ela enunciados.[4]

3. Rememoro esses trechos de minha anterior exposição para deixar bem vincada — além dos fatos de a ordem econômica constitucional vigente entre nós ser expressão de uma peculiar estrutura ideológica, porém dotada de coerência interna, e de não a podermos compreender senão quando a tenhamos apreendido em sua totalidade — a circunstância de a ordem econômica na Constituição de 1988 definir opção pelo sistema capitalista, sob a égide do mercado, impondo contudo ao Estado o dever de atuar nele e sobre ele tendo em vista a realização dos *objetivos fundamentais da República Federativa do Brasil* (vale dizer, *do Brasil*) e dos *fundamentos* e *fim* dela própria, ordem econômica.

4. Devo, de toda sorte, insistir ainda na afirmação de que não se interpreta a Constituição em tiras, aos pedaços.

Tratando do tema em outra ocasião[5] — e cogitando dos princípios da *soberania nacional* e da *livre concorrência* — insisti em que a interpretação dos textos normativos[6] exclusivamente, mediante a desconsideração do *direito*, conduz a descaminhos inconcebíveis. Por isso observei que tanto pode negar a *soberania nacional* quem apenas leia a *livre concorrência* quanto pode negar a *livre concorrência* quem apenas leia a *soberania nacional.*[7]

E assim prossegui: é necessário que *o* jurista — aquele que cogita do direito; não das normas, umas destacadas das outras — tome consciência de que o *direito*, enquanto sistema, é uma ordem axiológica ou teleológica de princípios.[8]

Mas como os princípios não valem sem exceção, podem entrar em *oposição* ou em *contradição* entre si. Assim (tomado um determinado direito como e enquanto nível de determinada realidade social, produto histórico-cultural, pleno de contradições e incompletudes) cumpre distinguirmos situações de *oposição* e de *contradição* entre princípios, situações das quais, segundo se afirma, decorreriam quebras no sistema.

O primeiro tipo de conflito (*oposição*) resolve-se na medida em que, a princípios que apontem em direções opostas, âmbitos distintos de aplicação sejam designados, de modo que se estabeleça um compromisso entre ambos — "Kompromiss zwischen verschiedenen Grundegedanken", diz Engisch.[9] As *oposições* de princípios não são estranhas a um determinado direito, mas antes, pelo contrário, a ele conferem sentido. Delas não decorre, efetivamente, nenhuma quebra no sistema.

Já a *contradição* entre princípios, diz Canaris,[10] é sempre algo que não deveria existir — uma desarmonia[11] — e que, por isso mesmo, deve, se possível, ser eliminada.

Não se verifica, na Constituição de 1988, *contradição* entre os princípios da *livre iniciativa* e da *livre concorrência*, de um lado, e da *soberania* (econômica) *nacional*,

4. Ob. cit., pp. 58-59.

5. "Contrato de obrigações — Falsa 'reserva' de mercado; livre iniciativa, livre concorrência e soberania nacional; o princípio da igualdade", in *RTDP* 6/104 e ss.

6. À época, ignorando a distinção entre *texto* e *norma*, mencionei, equivocadamente, "interpretação de normas".

7. Ob. cit., p. 110.

8. Vide Canaris, *Pensamento Sistemático e Conceito de Sistema na Ciência do Direito*, trad. de A. Menezes Cordeiro, Fundação Calouste Gulbenkian, Lisboa, 1989, p. 77.

9. *Einführung in das juristische Denken*, 8ª ed., Kohlhammer, Stuttgart, 1983, p. 166. Aqui, aliás ao contrário do que entende Engisch, não há *contradição*, porém mera *oposição* de princípios (cf. Canaris, ob. cit., p. 205).

10. Ob. cit., pp. 205-206.

11. Cf. Engisch, ob. cit., p. 165.

de outro. A Constituição brasileira os harmoniza *no* sistema, do compromisso estabelecido entre eles e os demais princípios que informam e conformam a ordem constitucional econômica emergindo determinado sentido.

Constituição dirigente, não se a pode conceber apenas como "instrumento de governo"; compreende um "plano global normativo" do Estado e da sociedade brasileira; postula a implantação, entre nós, de uma *nova* ordem econômica — este, aquele sentido.

5. O retorno a esse trecho de parecer ainda de abril de 1991 justifica-se na medida em que não apenas me parece sucintamente introduzir o tema da harmonia entre os princípios contemplados pela Constituição, mas também porque tem sido citado em algumas sentenças judiciais e ainda porque dele se extrai a verificação de que a circunstância de a Constituição de 1988 definir opção pelo sistema capitalista, em regime de mercado, não significa a predominância dos princípios próprios a ele — *livre iniciativa e livre concorrência* — sobre os demais nela contemplados.

Por isso a atuação estatal sobre o mercado deve ser função da harmônica composição de todos aqueles princípios, em cada caso, tendo em vista, sempre, a realização dos *objetivos fundamentais da República Federativa do Brasil* (vale dizer, *do Brasil*) e dos *fundamentos* e *fim* dela própria, ordem econômica.

6. Ao atuar sobre o mercado, o Estado dispõe normas de *controle* ou de *polícia econômica*, segundo a tipologia proposta por Fernando Aguillar.[12]

As primeiras, que formatam a atividade econômica, estabelecem demarcações e requisitos para certas práticas ou acrescentam variáveis estranhas ao mercado, visando a reformatá-lo segundo determinados interesses. As de *polícia econômica* reprimem práticas abusivas de mercado ou sancionam comportamentos não intolerados.[13]

Para que possam ser tidas como material ou substancialmente constitucionais é necessário que umas e outras não sejam incompatíveis com a Constituição — digo-o assim para, deliberadamente, dizer mais do que simplesmente diria mencionando ausência de incompatibilidade com preceito ou com o disposto em norma constitucional.

Evidentemente não pretendo, dizendo-o, sustentar seja dispensável o conflito da norma infraconstitucional com uma norma constitucional — o que é bem diferente de conflito com um preceito (*texto normativo*) determinado da Constituição — para que se verifique a inconstitucionalidade.[14] O que desejo é afirmar a necessidade dessas normas, sobretudo as chamadas *de controle*, guardarem plena adequação à ordem constitucional para que possam ser tidas como constitucionais.

Tomando, para exemplificar, dos princípios mencionados no item 4, acima, teremos que determinada norma infraconstitucional que pretenda dar concreção ao princípio da *soberania nacional* apenas poderá confrontar manifestações da *livre iniciati-*

12. *Controle Social de Serviços Públicos*, tese, xerografado, São Paulo, 1998, p. 94.

13. Idem, ibidem.

14. A norma resulta, inúmeras vezes, da interpretação conjunta de mais de um preceito ou texto normativo. Para a distinção entre *texto* e *norma*, vide meus *La Doble Desestructuración y la Interpretación del Derecho*, trad. de Barbara Rosenberg, M. J. Bosch, Barcelona, 1998, pp. 68 e ss.; *La Doppia Destrutturazione del Diritto*, Edizioni Unicopli, Milão, 1996, pp. 58 e ss.; "Sobre a produção legislativa e sobre a produção normativa do direito oficial o chamado 'efeito vinculante'", in *RTDP* 16-33. Veja-se ainda Ricardo Guastini, "Interprétation et description de normes", in *Interprétation et Droit*, publicado sob a direção de Paul Amselek, Bruylant, Bruxelas, 1995, p. 325 e *Le Fonti del Diritto e l'Interpretazione*, Giuffrè, Milão, 1993, p. 18; tb. Neil MacCormick, "La texture ouverte des règles juridiques", in *Controverses Autour de l'Ontologie du Droit*, publicado sob a direção de Paul Amselek e de Christophe Grzegorczyk, Presses Universitaires de France, Paris, 1989, pp. 93-96.

va e da *livre concorrência* na medida em que o faça com observância do critério da *proporcionalidade* e na implementação de política pública voltada à realização dos *objetivos fundamentais do Brasil* e dos *fundamentos* e do *fim* da ordem econômica. O inverso é também verdadeiro: determinada norma infraconstitucional que pretenda dar concreção aos princípios da *livre iniciativa* e da *livre concorrência* apenas poderá confrontar manifestações da *soberania nacional* na medida em que o faça com observância do critério da *proporcionalidade* e na implementação de política pública voltada à realização dos *objetivos fundamentais do Brasil* e dos *fundamentos* e do *fim* da ordem econômica.

7. A alusão ao critério da *proporcionalidade* reclama a introdução de breve consideração propedêutica.

O *princípio da proporcionalidade* (*Verhältnismässigkeit*) desdobra-se em três subprincípios: o de *adequação* (*Geeignetheit*), o de *necessidade* (mandamento de uso do meio mais brando) (*Erforderlichkeit – Gebot des mildestem Mittels*) e o de *proporcionalidade em sentido estrito* (mandamento de ponderação específica) (*Verhältnismässigkeit im engeren Sinne – eigentliches Abwägungsgebot*).[15]

O princípio (*da proporcionalidade*) encontra sua origem mais imediata na obra do último von Jhering (*Der Zweck im Recht* e *Der Kampf ums Rech*)[16] e opera primordialmente no campo dos *juízos de legalidade*, informando a *interpretação do direito*. Não obstante, porque também abrange a atividade da Administração, também a informa.

Importando a *proibição de excesso* (*Übermassverbot*), o princípio, na dicção de Pierre Muller,[17] compele os órgãos do Estado a adaptar, em todas as suas atividades, os meios de que dispõem aos fins que buscam e aos efeitos de seus atos; a proporção adequada torna-se, assim, *condição da legalidade*. Essa adequação encontra-se na conformidade dos meios com o objetivo (*Zielkonformitüt*) e na sua prestabilidade para atingir o fim (*Zwecktalglichkeit*) do ato.[18] O *razoável* é o veículo da idéia de *proporcionalidade*.[19]

O *princípio da proporcionalidade* é princípio do direito brasileiro, consubstanciando um dos *princípios correlatos* da licitação, a que refere o art. 3º da Lei 8.666/93. Além disso, nosso direito — e a própria Constituição, aliás — contempla inúmeras *regras* que lhe conferem concreção e ela penetra o direito brasileiro através da cláusula inscrita no § 2º do art. 5º da Constituição de 1988. Na medida em que *condição da legalidade*, a *proporcionalidade* a completa, de sorte que, sem a sua integração a ela, esta (a *legalidade*) não estaria plenamente contemplada no direito brasileiro.

8. Cuida-se, no caso, de comprometimento do exercício da *livre iniciativa* da consulente, que pretende comercializar cigarros em embalagens com quatorze unidades.

O Secretário da Receita Federal, em aplicando a legislação tributária, pretende compelir a consulente a comercializá-los exclusivamente em embalagens com vinte unidades. Isso sob a alegação de que a comercialização de cigarros em embalagens com quatorze unidades dificulta a fiscalização do IPI, comprometendo o controle do número de cigarros comercializados e propiciando a sonegação.

A produção e comercialização de cigarros é atividade *lícita*. Assim, é evidente

15. Cf. Robert Alexy, *Theorie der Grundrechte*, Suhrkamp, Frankfurt, 1986, p. 100.

16. Vide Paulo Bonavides, *Curso de Direito Constitucional*, 4ª ed., Malheiros Editores, São Paulo, 1993, p. 315 e Willis Santiago Guerra Filho, *Ensaios de Teoria Constitucional*, edição do autor, Fortaleza, 1989, p. 70.

17. *Apud* Paulo Bonavides, cit., p. 319.

18. Cf. Willis Santiago Guerra Filho, cit., p. 75.

19. Cf. Xavier Philippe, *Le Contrôle de la Proportionnalité dans les Jurisprudences Constitutionelle et Administrative Françaises*, Economica, Paris, 1990, p. 21.

que o sacrifício da *livre iniciativa* da consulente, no impedimento a que lance mão do expediente mercadológico consistente na venda de carteiras com quatorze cigarros tendo em vista seu melhor posicionamento no mercado, apenas se justificaria se adequado, esse sacrifício, à ordem constitucional, com observância do critério da *proporcionalidade*.

E isso porque, se injustificada ou desproporcional a exigência de que a consulente comercialize exclusivamente carteiras de cigarros contendo vinte unidades, isso conduzirá ao comprometimento também da necessária *neutralidade do Estado diante do fenômeno concorrencial, em igualdade de condições dos concorrentes.*[20]

9. Sucede que, como observa Osiris de Azevedo Lopes Filho no parecer referido na consulta, o fato de o maço ou carteira conter quatorze unidades não dificulta nem inviabiliza o controle a ser realizado pela Secretaria da Receita Federal em relação à produção e venda de cigarros pela consulente, desde que feita a segregação, na escrituração dos livros e documentário fiscal, em relação aos maços ou carteiras contendo vintena ou quatorze unidades; a utilização dos maços ou carteiras em si mesma é neutra com referência à indução ou facilitação de prática de crimes contra a ordem tributária. E no que tange ao selo especial de controle aplicado aos cigarros, é instrumento eficaz para o controle da comercialização do produto, não da sua produção; aqui também, no entanto — prossegue Osiris de Azevedo Lopes Filho — a segregação, na escrituração dos livros e dos documentos de venda, de maços ou carteiras contendo quatorze ou vinte unidades impede que o fato de o maço ou carteira conter quatorze unidades dificulte ou inviabilize o controle a ser realizado pela Secretaria da Receita Federal em relação à comercialização de cigarros.

20. Vide meu *A Ordem Econômica na Constituição de 1988*, cit., p. 226.

Tomei conhecimento do inteiro teor do parecer do Professor da Faculdade de Direito da Universidade de Brasília e verifiquei, mais, que a unidade-padrão para o registro quantitativo da produção de cigarros era, até o recentíssimo novo Regulamento do IPI, aprovado pelo Decreto 2.673, de 25 de junho próximo passado, o milheiro. Esse novo regulamento não fixa desde logo essa unidade-padrão, atribuindo ao Secretário da Receita Federal tal fixação.

De toda sorte, o montante de IPI a ser recolhido aos cofres públicos é definido, a cada período de dez dias, mediante o lançamento dos créditos decorrentes de entradas de insumos já tributados no estabelecimento industrial da consulente e dos débitos correspondentes a saídas dos produtos (cigarros) desse mesmo estabelecimento. O valor a recolher no período corresponderá ao saldo devedor, se houver. Todos esses cálculos, contudo, são efetuados mediante a consideração de milheiros do produto.

Para exemplificar, a consulente exibiu-me a Planilha de Apuração do IPI, o DVI-Demonstrativo de Valores de Impostos e o Livro de Apuração do IPI, que me permitiram verificar que, no período compreendido entre 1º e 10.6.98, saíram de um dos estabelecimentos da consulente 107.556,918 (cento e sete mil, quinhentos e cinqüenta e seis vírgula nove um oito) milheiros de cigarros tributados. O controle desse número, relativo a *quantidade de cigarros* — milheiro ou outra unidade que, na vigência do novíssimo regulamento do IPI, venha a ser definida pelo Secretário da Receita Federal, mas sempre relativo a *quantidade de cigarros* — é que importa. É a partir da *quantidade de cigarros* — e não de *carteiras ou maços* de cigarros — que se apura o montante de tributo devido a título de IPI.

Daí porque isso me parece inquestionável: muito ao contrário do que alega a Administração Fazendária, a circunstância de a consulente comercializar maços de cigarros contendo quatorze unidades seguramente não dificulta a fiscalização do IPI, nem compromete o controle do número de cigarros comercializados, de sorte a propiciar sonegação.

De mais a mais, é a consulente quem deve adotar práticas específicas, distinguindo, na escrituração dos seus livros e documentário fiscal, os maços ou carteiras de cigarros que contêm vinte e aqueles continentes de quatorze unidades. Ou seja: a comercialização das carteiras com quatorze cigarros não acarretará a necessidade de a Administração Fazendária alterar qualquer rotina ou procedimento de controle fiscal.

Por isso a exigência de que a consulente comercialize exclusivamente maços contendo vinte unidades de cigarros sacrifica a *liberdade de iniciativa* da consulente de modo inadequado à ordem constitucional.

10. Não há lugar portanto, no caso, para aplicação da *proporcionalidade*, dado que a circunstância de a consulente comercializar maços de cigarros contendo quatorze unidades não dificulta a fiscalização do IPI, nem compromete o controle do número de cigarros comercializados, de sorte a propiciar sonegação.

Apenas se poderia cuidar da *proporcionalidade* da exigência se ela coubesse, o que, contudo, não se dá. Não é possível questionarmos a proporcionalidade — ou razoabilidade — de exigência incompatível com a ordem constitucional.

Aliás, se a atividade empreendida pela consulente — produção de cigarros para serem comercializados em maços de quatorze unidades — tornasse mais complexo o desempenho, pela Administração, de suas funções (= *dever-poder*) de controle e fiscalização tributária, ela, Administração, é que deveria aprimorar-se para esse desempenho, sem tolher o exercício da atividade econômica *lícita* empreendida pelo agente econômico.

É verdadeiramente absurda, porque expressiva de delirante autoritarismo e desprezo pela Constituição, a pretensão de que o exercício da atividade econômica *lícita* se adapte à conveniência da Administração, em especial quando essa "conveniência" não encontra justificativa plausível e compromete a neutralidade do Estado diante do fenômeno concorrencial.

11. Ademais, aqui não cabe alusão à circunstância, autêntica, de a Constituição de 1988 afirmar não a *livre iniciativa* singelamente, como expressão individualista, porém *no quanto expressa de socialmente valioso*[21] mesmo porque a exigência da comercialização exclusivamente de maços de cigarros contendo vinte unidades não aprimora ou prestigia os *valores sociais* da *livre iniciativa*, antes se prestando a comprometer a necessária neutralidade do Estado diante do fenômeno concorrencial.

A exigência de que se cuida não instrumenta e não se insere no quadro de nenhuma política que instrumente a realização dos *objetivos fundamentais do Brasil* e dos *fundamentos* e do *fim* da ordem econômica.

Ao contrário, agride o princípio da *livre iniciativa*, contemplado no art. 170, *caput* da Constituição e afronta aquele outro, da *livre concorrência*, no inc. IV desse mesmo art. 170. Permito-me neste ponto insistir em que a atividade econômica empreendida pela consulente é *lícita*, não podendo pois, sob pena de injustificado agravo à ordem jurídica, ser discriminada.

Por isso entendo serem incompatíveis com a Constituição de 1988 disposições normativas das quais decorra proibição a que a Consulente comercialize cigarros em embalagens contendo número inferior a uma vintena; disposições normativas como tais são inconstitucionais.

12. Indaga-me ainda a consulente se o art. 44 da Lei 9.532/97 tem o condão de validar, dentro da atual ordem constitucional, a restrição ao número de cigarros por embalagem.

Diz o preceito: "A comercialização de cigarros no País observará o disposto em

21. A expressão encontra-se em meu *A Ordem Econômica na Constituição de 1988*, cit., p. 222.

regulamento, especialmente quanto a embalagem, apresentação e outras formas de controle".

Ora, sendo inconstitucionais, como acima demonstrei, as disposições normativas das quais decorra proibição a que a consulente comercialize cigarros em embalagens contendo número inferior a uma vintena, esse art. 44 por certo não se presta a validar qualquer restrição ao número de cigarros por embalagem.

O preceito presta-se apenas a autorizar ao Poder Executivo a disposição, em regulamento, de preceitos atinentes àquela comercialização, mas desde que plenamente adequados à ordem constitucional e à legalidade. Daí porque dou resposta negativa à indagação proposta no quesito.

13. Da mesma forma, nem o preceito inscrito no art. 195 do antigo Regulamento do IPI, nem a Instrução Normativa SRF 21/98, nem mesmo o art. 272 do novo Regulamento do IPI, aprovado pelo Decreto 2.637/98 prestam-se a validar qualquer restrição ao número de cigarros por embalagem.

Cumpre notar, aliás, que o art. 44 da Lei .9.532/97 era tomado como fundamento para a imposição da exigência, que a Instrução Normativa SRF 21/98 e o recente art. 272 do novo Regulamento do IPI explicitaram.

Essa instrução e o art. 272 deste último — "A comercialização de cigarros no País, inclusive a sua exposição à venda, será feita exclusivamente em maços, carteiras ou outro recipiente, (*sic*) que contenham vinte unidades (Lei 9.532, de 1997, art. 44)" — são flagrantemente inconstitucionais, o que já não ocorre com o art. 44 da Lei 9.532/97, como acima anotei.

14. Por fim, indaga a consulente se o § 1º do art. 1º da Instrução Normativa SRF 21/98, que prevê apreensão dos cigarros acondicionados em embalagens contendo quantidade diferente de vinte unidades, reveste-se dos pressupostos de constitucionalidade e legalidade.

Por certo que não, até em decorrência da inconstitucionalidade do art. 1º dessa mesma instrução, que impõe a indevida exigência de que cuidamos.

15. Em face de todo o exposto dou as seguintes respostas aos quesitos propostos na consulta:

1. não; não são compatíveis com a Constituição de 1988 disposições normativas das quais decorra proibição a que a Consulente comercialize cigarros em embalagens contendo número inferior a uma vintena;

2. não; o art. 44 da Lei 9.532/97 *não* tem o condão de validar, dentro da atual ordem constitucional, a restrição ao número de cigarros por embalagem;

3. não; nem a norma do art. 195 do antigo Regulamento do IPI, que tinha a finalidade de regulamentar a norma do art. 44 da Lei 9.532/97, nem a Instrução Normativa SRF 21/98, que "Dispõe sobre a comercialização de cigarros no País", cumprem validamente — sob o ponto de vista constitucional e legal — esse papel;

4. não; a norma do art. 272 do novo Regulamento do IPI, aprovado pelo Decreto 2.637, de 25.6.98, *não* cumpre validamente — sob o ponto de vista constitucional e legal — esse papel;

5. não; o § 1º do art. 1º da Instrução Normativa SRF 21/98, que prevê apreensão dos cigarros acondicionados em embalagens contendo quantidade diferente de vinte unidades, também *não* se reveste dos pressupostos de constitucionalidade e legalidade.

É o que me parece

São Paulo, 2 de julho de 1998

PREVIDÊNCIA SOCIAL DO SERVIDOR PÚBLICO ESTADUAL

Maria Sylvia Zanella Di Pietro

Professora Titular de Direito Administrativo da Faculdade de Direito da Universidade de São Paulo

1. Da consulta

A Comissão de Negociação de Servidores Públicos, integrada por entidades representativas de servidores públicos, solicita, por intermédio da Associação dos Procuradores do Estado de São Paulo — APESP, parecer jurídico sobre o anteprojeto de lei complementar que institui o Sistema de Previdência do Estado de São Paulo.

Conforme esclarecido pelo Senhor Presidente da APESP, o anteprojeto, encaminhado informalmente aos líderes da Assembléia Legislativa, não contém a parte econômica, sabendo-se, no entanto, que a intenção do Governo do Estado é aplicar o sistema de alíquota progressiva (de 6% a 25%) e a proporção de 2x1, ou seja, uma parte do servidor e duas do Governo.

Conteúdo do Anteprojeto

A minuta oferecida à apreciação do Legislativo estadual contempla as seguintes medidas:

a) fixa as regras fundamentais do novo Sistema de Previdência, que compreende o Regime Básico de Previdência, de caráter contributivo e obrigatório, e o Regime de Previdência Complementar, também de caráter contributivo, mas facultativo, ficando a disciplina deste último dependendo da edição da lei específica prevista no art. 40, § 15, da Constituição (art. 2º);

b) inclui no Regime Básico de Previdência os titulares de cargo efetivo, os militares do Estado e os servidores extranumerários bem como os admitidos sob a égide da Lei 500, de 13.11.1974, que gozem de estabilidade;

c) prevê, como benefícios a serem atendidos por esse Regime, a aposentadora, a reforma, a pensão aos dependentes e o 13º salário;

d) considera como beneficiários os segurados-ativos, os segurados-inativos e seus dependentes (art. 4º);

e) define os segurados obrigatórios do Regime Básico (art. 5º), os dependentes (art. 7º), a retribuição-base (art. 9º), o salário-de-contribuição (art. 10), o salário-de-benefício (art. 11) e os benefícios (arts. 12 a 32);

f) define as fontes de custeio, incluindo, entre as mesmas, contribuições mensais do Estado, contribuições mensais dos segurados-ativos, dos segurados-inativos e dos pensionistas (art. 33), inclusive as contribuições anuais incidentes sobre o 13º salário e a gratificação natalina; o valor da contribuição será calculado mediante a aplicação, sobre o salário-de-contribuição ou a pensão, de alíquotas previstas nos Anexos da lei, "fixadas com observância dos princípios atuariais e da capacidade contributiva dos beneficiários", Anexos esses referidos no art. 34, porém não constando ainda do projeto;

g) atribui a gestão do Regime Básico ao Instituto de Previdência do Estado de São Paulo — IPESP;

h) estabelece as regras de transição, repetindo normas da Emenda Constitucional 20, de 15.12.1998 (arts. 42 a 50);

i) estabelece regras sobre o IPESP (arts. 51 a 66);

j) prevê a transferência de administração das Carteiras de Aposentadoria dos Economistas e dos Advogados para entidades a serem indicadas, respectivamente, pela Ordem dos Economistas e pela Ordem dos Advogados do Brasil.

2. *Análise do Anteprojeto em face das inovações constitucionais no regime previdenciário do servidor público*

2.1 O regime atual

Em tese, a aposentadoria do servidor público pode apresentar-se como direito de *natureza previdenciária*, de caráter contributivo, ou como *direito vinculado ao exercício do cargo público*, financiado inteiramente pelo poder público, sem contribuição do servidor.

Tradicionalmente, a primeira hipótese era reservada apenas aos servidores contratados pelo regime da CLT, ficando os demais livres de qualquer contribuição. A Emenda Constitucional 3, de 1993, introduziu o § 6º ao art. 40 da Constituição, para prever que "as aposentadorias e pensões dos servidores públicos federais serão custeadas com recursos provenientes da União e das contribuições dos servidores, na forma da lei".

Com relação aos servidores estaduais e municipais, o art. 149, parágrafo único, da Constituição, estabelece que "os Estados, o Distrito Federal e os Municípios poderão instituir contribuição, cobrada de seus servidores, para o custeio, em benefício destes, de sistemas de previdência e assistência social".

Note-se que a instituição de contribuição para os servidores estaduais e municipais, ao contrário do que ocorreu em relação aos federais, foi prevista em caráter facultativo, tendo em vista que o dispositivo apenas *facultou* a adoção dessa medida.

No Estado de São Paulo, continuou a aplicar-se o sistema anterior, apenas adotando-se o regime contributivo para a pensão assegurada aos dependentes, nos termos da Lei Complementar 180, de 12.5.1978, que estabelecia, para o custeio desse benefício, contribuição correspondente a 6% da retribuição-base percebida mensalmente pelo segurado.

Cabe assinalar que os servidores estaduais contribuem também para o Hospital do Servidor, na base de 2% ao mês sobre a remuneração.

Outros benefícios que, para o trabalhador, são assegurados também pelo regime previdenciário, constituem, para o servidor público, do mesmo modo que a aposentadoria, encargos do Estado, previstos no Estatuto do Servidor Público, como é o caso da licença-saúde, licença-maternidade, auxílio funeral.

2.2 Introdução do Regime Previdenciário Contributivo

A Emenda Constitucional 20 veio prever e disciplinar o regime previdenciário de natureza contributiva para o servidor público. Ela não manteve o § 3º do art. 40, que impunha o regime contributivo para o servidor federal, e manteve, com a mesma redação, o art. 149, de modo que se pode afirmar não ser obrigatória a instituição desse regime para o servidor. Trata-se de *faculdade*, a critério do legislador de cada nível de Governo.

A análise das inovações propostas no anteprojeto elaborado pelo Governo do Estado será feita concomitantemente à análise das inovações introduzidas pela Emenda Constitucional 20, de 15.12.1998 (conhecida como a Emenda da Reforma Previdenciária) e da Lei federal 9.717, de 27.11.1998, que *dispõe sobre regras gerais para a organização e o funcionamento dos regimes próprios de previdência social dos servidores públicos da União, dos Estados, do Distrito Federal e dos Municípios, dos militares dos Estados e do Distrito Federal e dá outras providências.*

O regime previdenciário de caráter contributivo é assegurado a todas as categorias de servidores, porém com duas modalidades diversas: alguns estão sujeitos ao *regime geral da previdência social*, estabelecido nos arts. 201 e ss. da Constituição, em tudo igual ao do trabalhador privado, enquanto outros estão sujeitos ao *regime previdenciário próprio do servidor*, previsto no art. 40.

Nos dois regimes está presente a idéia de *previdência social* (como encargo do poder público, em oposição à previdência privada), que funciona à semelhança do contrato de *seguro*, em que o segurado paga determinada *contribuição*, com vistas à cobertura de *riscos prováveis e futuros*. Os segurados contribuem compulsoriamente mas nem todos usufruem dos benefícios, porque nem sempre se concretiza a situação de risco coberta pela previdência social.

No caso do servidor vinculado ao regime geral de previdência social, o art. 195 da Constituição, com a redação dada pela Emenda Constitucional 20, de 15.12.1998, estabelece a respectiva fonte de custeio; porém, quanto ao regime previdenciário do servidor público, previsto no art. 40, a Constituição não estabelece a sua fonte de custeio; apenas fala em *regime de previdência de caráter contributivo*, observados critérios que preservem o *equilíbrio financeiro e atuarial*, não deixando dúvidas quanto à contribuição do servidor. A Lei 9.717 prevê a contribuição do Poder Público, do servidor, do inativo e do pensionista (art. 1º).

Portanto, na Emenda estão presentes duas idéias básicas:

a) a de *previdência social*; e

b) a *da natureza contributiva* do regime.

Falando a propósito da previdência social como uma das formas possíveis de reparação de riscos sociais (ou contingências sociais), Nair Lemos Gonçalves, no livro *Novo Benefício da Previdência Social* (São Paulo, Ibrasa, 1976, p. 18), ressalta as suas características: "o evidente propósito de, *antecipadamente*, reunir recursos dos interessados e organizar mecanismos que pudessem e possam atender a contingências sociais *prováveis e futuras*". A seguir, ela acrescenta: "Para Almansa Pastor alcança-se a idéia da previdência social mediante a decomposição de seus traços característicos, de um lado, a *previdência*, que significa a captação intelectiva da possibilidade de acontecimentos futuros geradores de necessidades sociais e a ordenação de meios suficientes para fazer frente às conseqüências desses eventos e, de outro, o qualificativo *social*, que visa a afastar do conceito, em virtude do seu fundamento solidarista, as demais formas de previdência de natureza privada: poupança, previdência coletiva, mutualidades e seguro privado".

O mesmo Almansa Pastor, citado pela jurista (p. 19 da ob. cit.), indica os pontos fundamentais da previdência social, quando comparada com o seguro privado: "a) A *gestão desinteressada* por órgãos públicos sem objetivo de lucro, para atender à repulsa moral que o seguro privado produzia pelo tráfico lucrativo com necessidades sociais; b) A *obrigatoriedade*, em contraposição ao reconhecimento da autonomia da vontade das pessoas protegidas, para maior diluição das necessidades sociais; c) A abertura de *duas vias* para o Estado, tendo em vista a *incapacidade contributiva* das pessoas protegidas, ou, em outras palavras, dizemos nós, a reconhecida debilidade econômica da maioria das pessoas protegidas. A primeira via levava o Estado a impor o custo sobre toda a coletividade, através de *impostos ge-*

rais, caminho que a solidariedade real dos indivíduos, então incipiente, tornava inviável, segundo o mencionado autor. A outra via, fazendo recair, em parte, o ônus financeiro sobre outras pessoas além das protegidas, como os empregadores, aos quais os sujeitos protegidos deviam estar unidos mediante relação de trabalho, e instaurando assim a *solidariedade profissional*. Foi a solução escolhida".

Vale dizer que as idéias fundamentais inerentes ao próprio conceito de *previdência social* são:

a) de um lado, o levantamento antecipado de recursos pelo poder público;

b) de outro, o objetivo de proteger as pessoas em contingências sociais prováveis e futuras.

Outro aspecto ligado ao sistema de *previdência social* é o que concerne à idéia de *seguro social*, sendo muitas vezes as duas expressões utilizadas como sinônimas, embora a primeira designe mais "o propósito que se tem em vista, isto é, o atendimento de necessidades futuras por meios criados antecipadamente", ao passo que o seguro social designa "o mais importante dos instrumentos hábeis à realização de tal propósito" (cf. Nair Lemos Gonçalves, ob. cit., pp. 19-20).

No seguro social, indicam-se como características: a) *obrigatoriedade*, pois protege as pessoas independentemente de sua concordância, assegurando benefícios irrenunciáveis; b) *pluralidade das fontes de receita*, tendo em vista a impossibilidade dos segurados manterem, por si, o sistema e cobrirem todos os benefícios; daí a participação do Estado no custeio do sistema; c) *desproporção entre a contribuição e o risco*, exatamente como decorrência da pluralidade das fontes de receita; d) *ausência de lucro*, já que é organizado pelo próprio Estado (cf. João Antônio G. Pereira Leite, *Curso Elementar de Direito Previdenciário*, São Paulo, LTr, 1977, p. 24).

Por essas características é que se pode falar em seguro *social*, em oposição a seguro privado.

No entanto, seja seguro social ou seguro privado, está presente a idéia de proteger o grupo de pessoas seguradas em situações de risco previamente determinadas: idade, doença, falecimento e outras.

Em todo seguro existem os *contribuintes* que entram com sua parcela de contribuição para capitalizar recursos indispensáveis à manutenção do sistema; os *beneficiários*, que são as pessoas protegidas ou asseguradas pelo regime; e os *riscos* contra os quais se protegem os segurados.

No regime geral de previdência, os riscos cobertos são: doença, invalidez, morte, idade avançada, maternidade, desemprego involuntário, reclusão e morte (art. 195 da Constituição), sem prejuízo de outros previstos em lei.

Para o servidor público vinculado ao regime próprio de previdência, o art. 40 não especifica os riscos cobertos, o que significa ter sido essa definição deixada para a legislação infraconstitucional. Por sua vez, a Lei federal 9.717/98 também não indicou os riscos a serem cobertos pelo regime previdenciário.

No anteprojeto de lei do Governo do Estado, está expresso que "o Regime Básico de Previdência tem por objetivo assegurar aposentadoria aos servidores públicos e reforma aos militares, bem como pensão aos respectivos dependentes" (art. 3º). Vale dizer, que os benefícios seriam apenas a *aposentadoria*, a *reforma* e a ***pensão***. O art. 12 inclui também a *gratificação natalina*.

2.3 Diversidade de regimes previdenciários para os servidores públicos

De acordo com a Emenda Constitucional 20, a vinculação dos servidores públicos ao regime previdenciário será feita da seguinte maneira:

a) os ocupantes de *cargos efetivos* da União, Estados, Distrito Federal e Municípios, bem como suas autarquias e fundações, submetem-se ao art. 40, ou seja, ao regime previdenciário próprio do servidor público e não ao regime geral de previdência previsto nos arts. 201 e ss., embora o § 12 do mesmo art. 40 determine que aos servidores se aplicam "no que couber, os requisitos e critérios fixados para o regime geral de previdência social";

b) para o *servidor ocupante exclusivamente de cargo em comissão*, bem como de outro *cargo temporário* ou de *emprego público*, aplica-se o regime geral de previdência social (§ 13 do art. 40); a referência ao *servidor ocupante exclusivamente de cargo em comissão* tem por objetivo distinguir essa situação daquela em que o servidor ocupa cargo em comissão, mas é titular de cargo efetivo nos quadros da Administração Pública; este se enquadra no regime previdenciário próprio do servidor.

Verifica-se que não houve qualquer referência ao regime previdenciário dos servidores que exercem *função*. Isto tem uma justificativa. A Constituição faz referência, em vários dispositivos, a *cargo*, *emprego* e *função*; esta última abrange pelo menos duas modalidades com fundamento constitucional: a função exercida por servidores contratados temporariamente com base no art. 37, IX, e as funções de confiança referidas no art. 37, V.

Para as *funções de confiança*, é justificável a omissão quanto ao seu regime previdenciário, porque, pelo inc. V do art. 37, com a redação dada pela Emenda 19, as mesmas só podem ser exercidas por servidor ocupante de cargo efetivo e este, como visto, está necessariamente inserido no regime previdenciário previsto no art. 40.

Quanto aos servidores contratados temporariamente com base no art. 37, IX, tem-se que incluí-lo, por analogia, no regime geral da previdência, já que o art. 40, § 13, faz referência a "*outro cargo temporário*". Trata-se de aplicação do princípio geral de direito, segundo o qual *ubi eadem est ratio, eadem est jus dispositio* (onde existe a mesma razão deve aplicar-se o mesmo dispositivo), que justifica a aplicação da lei por analogia.

Como se verá além, uma parte dos servidores estaduais que exercem *função* não foi cogitada na Emenda 20.

2.4 Fonte de custeio

Como visto, o funcionamento da previdência social depende do levantamento antecipado de recursos financeiros para atender às contingências sociais protegidas. A Emenda Constitucional 20 optou pelo regime de previdência de caráter contributivo. É o que consta do art. 40, *caput*, da Constituição, nos seguintes termos: "Art. 40. Aos servidores titulares de cargos efetivos da União, dos Estados, do Distrito Federal e dos Municípios, incluídas suas autarquias e fundações, é assegurado regime de previdência de caráter contributivo, observados critérios que preservem o equilíbrio financeiro e atuarial e o disposto neste artigo".

Vale dizer que os recursos financeiros serão levantados mediante contribuição. A Emenda não diz quem são os contribuintes, porém, em se tratando de *previdência social*, portanto, organizada e administrada pelo Estado, terá que contar, forçosamente, com contribuição dos próprios servidores, já que os mesmos é que têm a posição de segurados, e do Estado. Sem a pluridade de fontes de custeio não se fala em previdência social ou em seguro social.

A Lei federal 9.717/98, no art. 1º, III, prevê "financiamento mediante recursos provenientes da União, dos Estados, do Distrito Federal e dos Municípios e das contribuições do pessoal civil e militar, ativo, inativo e dos pensionistas, para os seus respectivos regimes".

No anteprojeto do Governo do Estado, o art. 33 assim estabelece: "Art. 33. O custeio do Regime Básico de Previdência será atendido por Fundo Ativos constituído pelas seguintes fontes de receita: I — contribuições mensais do Estado; II — contribuições mensais dos segurados-ativos; III — contribuições mensais dos segurados-inativos; IV — contribuições mensais dos pensionistas; V — doações, subvenções e legados; VI — receitas decorrentes de investimentos e aplicações patrimoniais; VII — outros recursos consignados no orçamento do Estado; § 1º. Constituem também fonte de receita para o custeio do Regime Básico de Previdência as contribuições anuais, incidentes sobre o décimo-terceiro salário e a gratificação natalina, efetuadas pelos contribuintes referidos nos incs. I a IV deste artigo. § 2º. As contribuições de que trata este artigo somente poderão ser utilizadas para pagamento de benefícios previdenciários do Regime Básico de Previdência".

A crítica que se faz ao dispositivo, sob o ponto de vista constitucional, diz respeito à inclusão de contribuições dos segurados-inativos e dos pensionistas; aliás, nesse aspecto, o anteprojeto observa a Lei 9.717, a que se dirige também a mesma crítica.

A primeira observação é no sentido de que nenhuma norma constitucional existe permitindo a contribuição dos inativos e pensionistas; nem poderia existir, já que o seguro social, como qualquer outro seguro, protege o segurado em relação a contingências *futuras* e não passadas. O servidor aposentado já conquistou os benefícios previdenciários. Seja pelos proventos custeados inteiramente pelo Estado, seja pelos proventos custeados pelo regime contributivo, a concessão de aposentadoria significa que uma determinada contingência social (invalidez ou idade) já foi atendida; os respectivos requisitos constitucionais já foram completados. Não existe previdência social para atender a contingências pretéritas.

Se possível fosse a instituição de contribuição para os inativos, ela não poderia ser igual à contribuição dos ativos, pois estes contribuem para se proteger de diferentes riscos (invalidez, idade avançada e morte), enquanto os aposentados, quando muito, poderiam contribuir para garantir pensão a seus dependentes. Um dos princípios da seguridade social, previsto no art. 194, parágrafo único, da Constituição é o da "*eqüidade na forma de participação no custeio*". Para cobrir menos contingências, menor há de ser a contribuição. Se as contingências sociais protegidas pelo seguro social são menores para o aposentado, não pode ele ser onerado com contribuição igual à dos ativos. Trata-se de pura e simplesmente aplicar o princípio da isonomia, que impede sejam tratadas da mesma forma situações que se diferenciam.

Além disso, com relação ao servidor já aposentado quando da entrada em vigor da nova lei, há ainda outro argumento: ele adquiriu os seus direitos previdenciários segundo as normas vigentes à época de sua aposentadoria. Ele não pode ser alcançado pelo novo regime previdenciário.

Mais grave ainda é a situação do pensionista. Ele não tem e não pode ter a condição de *contribuinte*, porque ele é apenas *beneficiário*; contribuinte é o servidor que contribui durante todo o tempo de atividade para assegurar a si próprio (na velhice ou na doença) e aos seus dependentes (em caso de morte). Além disso, o pensionista recebe um benefício conquistado ou adquirido pelo servidor falecido; ele, pensionista, é que foi protegido; ele não tem que contribuir para outros riscos futuros, porque ele está sendo protegido por uma contingência passada — a morte do servidor contribuinte. A exigência de contribuição do pensionista chega às raias do absurdo, porque constitui um contra-senso em relação ao próprio conceito de previdência social ou de seguro social ou a qualquer outro tipo de seguro. Ninguém paga por uma contingência passada.

Há que se lembrar, também, que no regime geral de previdência é expressamente *vedada a incidência de contribuição sobre aposentadoria e pensão*, pelo art. 195, II. Embora ele esteja se referindo à aposentadoria e pensão "concedidas pelo regime geral de previdência social de que trata o art. 201", podendo dar a impressão de que quis excluir de seu alcance o regime previdenciário do servidor público, na realidade, esse entendimento é inaceitável; em primeiro lugar, porque o art. 195 está inserido em capítulo que cuida exclusivamente do regime geral de previdência social, nenhuma referência fazendo mesmo ao regime do servidor; em segundo lugar, porque a norma é coerente, como visto, com o próprio conceito de previdência social; em terceiro lugar, porque o § 12 do art. 40, introduzido pela Emenda 20, estabelece que: "§ 12. Além do disposto neste artigo, o regime de previdência dos servidores públicos titulares de cargo efetivo observará, no que couber, os requisitos e critérios fixados para o regime geral de previdência social".

O sentido da norma é evidente: já existia todo um ordenamento constitucional disciplinando a previdência social dos trabalhadores, na qual não estava inserido o servidor público, ressalva feita aos celetistas. Esse ordenamento constitucional repousa em princípios próprios da seguridade social, tal como expressos nos arts. 194 e ss. A Emenda Constitucional 20 permite a inclusão dos servidores públicos efetivos em regime previdenciário, estabelecendo algumas normas específicas e compatíveis com o seu regime jurídico estatutário e com o fato de seu empregador ser o próprio Estado. No entanto, ao invés de repetir normas e princípios já constantes do capítulo da seguridade social, limitou-se a mandar observar, *no que couber* (vale dizer, no que não contrariar as normas expressas do art. 40), os requisitos e critérios fixados para o regime geral de previdência social. E a norma que impede a incidência de contribuição sobre os proventos de aposentadoria e sobre a pensão não contraria qualquer norma expressa do art. 40; ela é, portanto, inteiramente cabível em relação ao regime previdenciário do servidor.

Se no sistema da seguridade social não é possível instituir contribuição para os inativos e pensionistas, pela mesma razão não pode ser instituída para os inativos e pensionistas do regime previdenciário do servidor público. Merece ser citado, mais uma vez, o princípio de hermenêutica segundo o qual onde existe a mesma razão, deve haver a mesma norma. Se repugna ao legislador constituinte instituir contribuição para os inativos e pensionistas do regime geral de previdência, a mesma repugnância e pelos mesmos fundamentos há de existir em relação aos inativos e pensionistas do novo regime previdenciário previsto no art. 40.

Não se pode olvidar também que o Governo Federal não consegue esconder o seu intuito de reduzir proventos e pensões por formas disfarçadas que dêem aparência de validade a essa redução. Na realidade, não consegue esconder o *desvio de poder* presente na elaboração legislativa. Lembre-se que a primeira tentativa foi no sentido de introduzir um *redutor* aplicável aos proventos. Não logrando aprovação no Congresso, partiu o Governo para a instituição de contribuição por parte dos inativos e pensionistas. Por caminho diverso, chegou ao mesmo resultado, que é a redução de proventos e pensão. Só que o fez por lei e não por Emenda à Constituição. Essa lei é, evidentemente, inconstitucional, não só por ofensa ao art. 195, II c/c art. 40, § 12, como também por contemplar contribuição que não se enquadra no próprio conceito de previdência social.

2.5 Equilíbrio financeiro e atuarial do regime contributivo

Já foi visto que a Emenda Constitucional 20 previu o regime previdenciário de caráter contributivo para o servidor público, determinando expressamente que devem ser "*observados critérios que preservem o equilíbrio financeiro e atuarial*" (art. 40, *caput*).

Para bem entender o significado da expressão *equilíbrio atuarial*, é oportuno recorrer, mais uma vez, à lição de João Antônio Pereira Leite, na obra citada, p. 22: "A economia coletiva ou *seguro* desenvolve-se quando, através da matemática atuarial, se logram estabelecer 'leis' para o acaso, isto é, fixar com relativa precisão as necessidades globais de um grupo determinado, no que respeita a certo risco e em uma dada unidade de tempo. Calcula-se a probabilidade da ocorrência de fatos danosos, relacionando, para usar linguagem técnica, os 'casos favoráveis' e os 'casos possíveis'. A fração daí resultante permite fixar a quota ou a contribuição de cada componente do grupo, repartindo entre todos a reparação do dano que atingirá apenas alguns deles. Esta constatação, quase evidente, de que cada um dos membros do grupo pode sofrer um prejuízo de *X*, insuportável ou seriamente nocivo, o qual repartido entre todos resulta no dispêndio de quantia módica ou pelo menos suportável e prevista, igual a *X* dividido pelo número de possíveis prejudicados — aliada ao tratamento científico das necessidades globais, responde pela pujança do seguro em todo mundo, visando aos mais diversos riscos, principalmente aos que ameaçam a integridade física da pessoa humana ou sua própria inexistência, e seu patrimônio".

Como salienta o autor (p. 25), "o seguro privado exige contribuição proporcional à gravidade do risco e não tem êxito quanto a contingências de realização freqüente e larga incidência". Isto é evidente, tendo em vista que, no seguro privado, são os próprios segurados que mantêm, sozinhos, o sistema. Quando se trata de seguro social, entra forçosamente a contribuição do Estado, tendo em vista o caráter obrigatório do seguro: os segurados são compulsoriamente inseridos no sistema, mas não têm condições de mantê-lo apenas com suas contribuições, razão pela qual se torna indispensável a contribuição do Estado. Em conseqüência, deixa de haver proporção entre a contribuição e o risco, ao contrário do que ocorre no seguro privado.

A primeira dúvida que suscita o anteprojeto é quanto à existência de um cálculo atuarial a justificar a fixação das alíquotas fixadas para o servidor e a demonstrar o referido *equilíbrio atuarial*. Note-se que a própria Lei federal 9.717 exige, no art. 1º, I, a "*realização de avaliação atuarial inicial e em cada balanço*". Não se tem conhecimento da realização dessa avaliação atuarial inicial; sem ela, o anteprojeto não tem fundamento jurídico. Aliás, se a idéia do Governo do Estado é a de copiar o modelo federal, contido na Lei 9.783/99, fica a indagação: o governo federal, ao apresentar o projeto de lei que se converteu nessa lei, baseou-se em alguma avaliação atuarial, conforme ele mesmo exigiu, para todos os níveis de governo, inclusive para a União, na Lei 9.717 (art. 1º, I)? Será que o cálculo atuarial feito para a esfera federal aplica-se igualmente no âmbito estadual? Será que o número de servidores, de riscos a serem cobertos, de benefícios, justifica a adoção de igual critério? Só uma avaliação atuarial permitiria resposta adequada a essa última questão. O que é inadmissível, em face da Constituição, é a fixação aleatória do índice de contribuição e parece ser exatamente o que fez o legislador federal, que descumpriu, na Lei 9.783 a norma que ele mesmo impôs, em consonância com a Constituição, na Lei 9.717.

Quanto ao montante das contribuições, o anteprojeto do Governo do Estado, a nós encaminhado, não está acompanhado dos respectivos Anexos, referidos no art. 34. Porém, esse dispositivo deixa entrever o objetivo de instituir contribuições com alíquotas diferenciadas, à semelhança do que foi feito na esfera federal, pela Lei 9.783, de 28.1.1999, que dispõe sobre a contribuição para o custeio da previdência social dos servidores públicos, ativos e inativos, e dos pensionistas dos três Poderes da União.

A Lei 9.717 não estabelece o valor da alíquota; apenas veda que a alíquota fixada para os inativos e pensionistas seja superior à aplicada aos servidores ativos (art. 3º) e que a contribuição da União, Estados, Distrito Federal e Municípios aos respectivos regimes próprios de previdência social dos servidores públicos e dos militares exceda, a qualquer título, o dobro da contribuição do segurado (art. 2º).

O art. 34 do anteprojeto estabelece que "as contribuições mensais de que tratam os incs. I a IV do artigo anterior serão calculadas mediante a aplicação, sobre o salário-de-contribuição ou a pensão, de alíquotas previstas nos Anexos I e II desta lei complementar, fixadas com observância dos princípios atuariais e da capacidade contributiva dos beneficiários".

A simples referência a "*alíquotas previstas nos Anexos I e II*" permite concluir, sem qualquer dúvida, que as alíquotas não serão uniformes para todos os contribuintes.

A esse respeito, quer-nos parecer que o projeto também apresenta vício de inconstitucionalidade. Não há qualquer fundamento para o estabelecimento de alíquotas diferenciadas, em função do valor de seus vencimentos, proventos ou pensão.

Ainda que se defenda que a contribuição social deve levar em conta a *capacidade econômica do contribuinte*, isto não significa que a progressividade seja lícita. O princípio da capacidade econômica já é atendido, no caso, pela própria variação da base de cálculo ou salário de contribuição (vencimentos, proventos ou pensão) sobre a qual incide a alíquota. O salário de contribuição é que é variável; a alíquota deve ser uniforme. Se alguma dúvida havia antes da Emenda 20, ela teria se dissipado com sua entrada em vigor, em decorrência do acréscimo do § 9º ao art. 195 da Constituição, estabelecendo o seguinte: "§ 9º. As contribuições sociais previstas no inc. I deste artigo poderão ter alíquotas ou bases de cálculo diferenciadas, em razão da atividade econômica ou da utilização intensiva de mão-de-obra".

Vale dizer que a Emenda veio permitir alíquotas diferenciadas apenas para as contribuições previstas no inc. I do art. 195, ou seja, apenas com relação à contribuição do empregador, da empresa e da entidade a ele equiparada. *A contrario sensu*, a mesma permissão ficou afastada para a contribuição do trabalhador, referida no inc. II do mesmo dispositivo.

Se assim é com relação ao regime geral de previdência (e sempre foi, como se verifica pela legislação infraconstitucional), assim também deve ser para o regime previdenciário do servidor, senão por outras razões, pela norma do art. 40, § 12, já referida, que manda aplicar, no que couber, os requisitos e critérios fixados para o regime geral de previdência social.

Além disso, quer-me parecer que a *progressividade*, para aqueles que a admitem, é possível em relação aos tributos que admitem fins extrafiscais, ou seja, finalidades não arrecadatórias, voltadas para outros fins consagrados pela Constituição.

Como diz Regina Helena Costa, na tributação extrafiscal, a incidência do princípio da capacidade contributiva "é atenuada pela perseguição de outros objetivos. O princípio da capacidade contributiva cede ante a presença de interesse público de natureza social ou econômica, que possa ser alcançado mais facilmente se se prescindir da graduação dos impostos consoante a capacidade econômica do sujeito" (in *Princípio da Capacidade Contributiva*, São Paulo, Malheiros Editores, 1993, p. 69).

Mais além (p. 70), a autora acrescenta, com base em sólida doutrina, que, "em razão da extrafiscalidade, autorizada está a prescindibilidade de graduação dos impostos consoante a capacidade econômica do contribuinte, para que se atinjam finalidades outras que não a mera obtenção de recursos, homenageadas pela ordem constitucional, como, por exemplo, a função social da propriedade, a proteção ao meio ambiente, o incentivo à cultura etc. Vale dizer, *o Poder Público pode instituir tributos progressivos ou regressivos sem ater-se à pertinência que os mesmos deveriam guardar com a riqueza do sujeito passivo*" (g.n.).

Não é por outra razão que o Supremo Tribunal Federal somente aceita, por exemplo, a progressividade do IPTU, quando o objetivo seja resguardar a função da propriedade; mas não a aceita fora dessa hipótese. No primeiro caso, a extrafiscalidade é evidente, pois tem caráter nitidamente sancionatório ou estimulador de determinada conduta.

Ora, no caso das contribuições sociais instituídas para custeio da previdência social, a extrafiscalidade fica afastada pela própria norma constitucional, ao falar em *equilíbrio atuarial*. A alíquota tem que resultar de cálculo atuarial, matemático, e não de critérios outros subjetivamente colocados pelo legislador. A capacidade contributiva restará respeitada pela fixação de uma alíquota única para todos, tendo em vista que incidirá sobre base de cálculo (o salário de contribuição) variável conforme a categoria do servidor. A Constituição não contempla qualquer outro valor a ser protegido ou fim a ser alcançado com a contribuição previdenciária; esta há de ser fixada única e exclusivamente mediante cálculos atuariais e matemáticos, com o objetivo único de levantar, antecipadamente, meios financeiros para assegurar os benefícios garantidos pelo sistema.

Na Lei federal 9.783/99, somente aplicável aos servidores, inativos e pensionistas da esfera federal, o art. 1º fixa a alíquota em 11% incidente sobre a totalidade da remuneração de contribuição, do provento ou da pensão. Porém, o art. 2º prevê adicionais a vigorarem até 31.12.2002, no montante de 9% para a parcela de remuneração, provento ou pensão que exceder a R$ 1.200,00, até o limite de R$ 2.500,00, e 14% para a parcela que exceder ao montante de R$ 2.500,00.

Esse dispositivo que prevê o adicional, com alíquotas progressivas, atende, obviamente, a fins extrafiscais incompatíveis com a contribuição previdenciária. Essa finalidade extrafiscal é de conhecimento público e dispensa qualquer comprovação, porque reiteradamente anunciada pelo Governo e trazida a público pelos meios de comunicação; o objetivo é o de realizar o ajuste fiscal, acertar as contas da previdência social, sanear o sistema previdenciário, atender a exigências de organismos externos.

Se o objetivo deve ser alcançado pelo Governo brasileiro, não será às custas do servidor público, que não é o responsável pela situação deficitária da previdência social, sistema ao qual nem mesmo estava vinculado. O ônus, se tem que ser assumido pela sociedade (que sempre acaba sofrendo as conseqüências pela má administração do patrimônio público) não pode incidir sobre uma parcela apenas da população, sob pena de infringência ao princípio da isonomia e ao princípio da igualdade perante os ônus e encargos sociais.

Nos âmbitos estadual e municipal os servidores correm os mesmos riscos de serem tributados de forma opressiva e insuportável, para permitir a capitalização necessária para dar o impulso inicial ao regime previdenciário, quando, na realidade, o que a Constituição prevê é o *equilíbrio financeiro e atuarial*; a capitalização inicial tem que constituir encargo do Poder Público e não do servidor, que só está obrigado a contribuir com observância da proporcionalidade em relação aos benefícios que irá auferir.

Ao invés de basear-se em avaliação atuarial, o legislador federal (que parece estar sendo seguido pelo estadual), age de forma arbitrária, atabalhoada, precipitada, atirando em todas as direções, alcançando de forma igual os ativos, inativos, militares, pensionistas, como se todos estivessem em igualdade de condições perante o sistema previdenciário; sem considerar a diferença entre as situações anteriores e as posteriores à Emenda; sem levar em conta que a mudança de um regime para outro exige medidas de natureza transitória e exige bom senso e razoabilidade em relação aos fins a atingir; sem considerar que os benefícios previdenciários se inserem entre os direitos fundamentais do homem, na categoria de direitos sociais, não podendo converter-se em dever, ônus, opressão, para o servidor; sem levar em consideração que a Reforma Previdenciária, como a Reforma de qualquer outro setor de atuação do Estado, tem que se harmonizar com o ordenamento jurídico constitucional e com os valores e princípios nela consagrados se se pretende manter e respeitar o Estado de Direito.

A extrafiscalidade emprestada à contribuição social mediante alíquotas progressivas constitui *desvio de poder* e infringe o *princípio do devido processo legal em seu aspecto substantivo*, duas maneiras diferentes de qualificar o mesmo vício de inconstitucionalidade. Para mencionar uma terceira maneira, para chegar ao reconhecimento do mesmo vício, ainda se pode dizer que a medida não resiste a uma *interpretação conforme* à Constituição.

Com efeito, o desvio de poder decorre, no caso, da instituição de contribuição social com finalidade que não lhe é própria, em face da Constituição.

Certo é que o desvio de poder costuma ser invocado mais como vício do ato administrativo, sendo definido pelo art. 2º, parágrafo único, alínea *e*, da Lei 4.717, de 29.6.1965 (Lei da Ação Popular), como aquele que se verifica "quando o agente pratica o ato visando a fim diverso daquele previsto, explícita ou implicitamente, na regra de competência".

No entanto, hoje ninguém mais nega que o mesmo vício pode ocorrer na elaboração legislativa e na função jurisdicional. A respeito do desvio de poder no Legislativo, merece ser transcrita a lição sempre autorizada e respeitada de Caio Tácito, em trabalho sobre "O desvio de poder no controle dos atos administrativos, legislativos e jurisdicionais", publicado in *Temas de Direito Público (Estudos e Pareceres)*, Rio de Janeiro, Renovar, 1997, pp. 181-198:

"O princípio geral de direito de que toda e qualquer competência discricionária tem como limite a observância da finalidade que lhe é própria, embora historicamente vinculado à atividade administrativa, também se compadece, a nosso ver, com a legitimidade da ação do legislador.

"Tivemos oportunidade de sustentar, perante o STF, em duas oportunidades, a nulidade de leis estaduais em que, ao término de governos vencidos nas urnas, eram criados cargos públicos em número excessivo, não reclamados pela necessidade pública e comprometendo gravemente as finanças do Estado, tão-somente para o aproveitamento de correligionários ou de seus familiares".

Dando notícia de que, nas duas oportunidades, a sua tese foi acolhida pelo STF, acrescenta o autor: "A competência legislativa para criar cargos públicos visa ao interesse coletivo de eficiência e continuidade da administração. Sendo, em sua essência, uma *faculdade discricionária, está, no entanto, vinculada à finalidade*, que lhe é própria, não podendo ser exercida contra a conveniência geral da coletividade, com o propósito manifesto de favorecer determinado grupo político, ou tornar ingovernável o Estado, cuja administração passa, pelo voto popular, às mãos adversárias.

"Tal abandono ostensivo do fim a que se destina a atribuição constitucional configura autêntico desvio de poder (*détournement de pouvoir*), colocando-se a competência legislativa a serviço de interesses partidários, em detrimento do legítimo interesse público."

O autor cita vários acórdãos em que o Supremo Tribunal Federal reafirma a tese da inconstitucionalidade de leis por desvio de poder. E menciona comentário de Seabra Fagundes a respeito do assunto, em que ele registra, entre as fecundas criações pretorianas, "a extensão da teoria do desvio de poder originária e essencialmente dirigida aos procedimentos dos órgãos executivos, aos atos do poder legiferante, de maior importância num sistema de Constituição rígida, em que se comete ao Congresso a complementação do pensamento constitucional nos mais variados setores da vida social, econômica e financeira".

Pelo princípio do *devido processo legal, em sua formulação substantiva*, de elaboração da Suprema Corte dos Estados Unidos da América do Norte, também se pode chegar à proclamação do mesmo vício de inconstitucionalidade.

O tema foi longamente desenvolvido por Carlos Roberto de Siqueira Castro no livro *O Devido Processo Legal e a Razoabilidade das Leis na Nova Constituição do Brasil* (Rio de Janeiro, Forense, 1989), e por nós resumido na monografia *Discricionariedade Administrativa na Constituição de 1988* (São Paulo, Atlas, 1991, pp. 134-139). Demonstramos que o princípio do devido processo legal, inicialmente aplicado em matéria processual, adquiriu um sentido substantivo quando os tribunais passaram a examinar a razoabilidade dos regulamentos em face da vontade do Legislativo expressa na lei, bem como a razoabilidade das leis em face da vontade do Constituinte, expressa na Constituição. Na p. 137, afirmamos que "para avaliar a razoabilidade dos atos normativos é que se utilizou, como instrumento de controle, o princípio do devido processo legal, dando-se-lhe um caráter nitidamente substantivo, que permite ao Judiciário apreciar o próprio mérito dos atos normativos. A idéia é a de que o princípio do devido processo legal exige que a lei e seus regulamentos estejam conformes, não com a letra pura e simples da Constituição, mas sim com os princípios superiores que formam a base do ordenamento jurídico positivo, na proteção dos direitos individuais".

A progressividade adotada com relação à contribuição social destoa do caráter atuarial que a Constituição imprimiu ao regime previdenciário, destoa do caráter alimentar dos benefícios previdenciários e destoa da própria natureza dos benefícios que ela visa garantir, inseridos entre os *direitos sociais* do trabalhador (art. 6º da Constituição), portanto, como direito fundamental do homem. Não há dúvida de que essa progressividade fere o princípio do devido processo legal substantivo e permite afirmar a irrazoabilidade da norma que a instituir em face de princípios maiores contidos na Constituição.

Não será outra a conclusão se o intérprete fizer a *interpretação conforme à Constituição*, referida nos termos a seguir transcritos, por Jorge Miranda, em seu *Manual de Direito Constitucional* (Coimbra Ed., 1988, t. II, p. 233): "A interpretação conforme à Constituição não consiste tanto em escolher, entre vários sentidos possíveis e normais de qualquer preceito, o que seja mais conforme com a Constituição quanto em discernir *no limite* — na fronteira da inconstitucionalidade - um sentido que, conquanto não aparente ou não decorrente de outros elementos de interpretação, é o sentido *necessário* e o que se torna *possível* por virtude da força conformadora da Lei Fundamental. E são diversas as vias que, para tanto, se seguem e diversos os resultados a que se chega: desde a interpretação extensiva ou restritiva à redução (eliminando os elementos inconstitucionais do preceito ou do acto) e, porventura, à conversão (configurando o acto sob a veste de outro tipo constitucional)".

Mais adiante, o autor acrescenta: "A interpretação conforme à Constituição implica naturalmente uma posição muito activa e quase criadora do controlo constitucional e de verdadeira autonomia das entidades que a promovem em face dos órgãos legislativos. Não pode, no entanto, deixar de estar sujeita a um requisito de razoabilidade: ela terá de se deter aí onde o preceito legal, interpretado conforme à Constituição, fique privado de função útil ou onde, segundo o entendimento comum, seja incontestável que o legislador ordinário acolheu critérios e soluções opostos aos critérios e soluções do legislador constituinte".

Foi demonstrado que a fixação de alíquota progressiva, ainda que temporariamente, atende, sem sombra de dúvida, a finalidade extrafiscal, incompatível com a contribuição previdenciária, tal como prevista na Constituição. O caráter temporário da progressividade, previsto na lei federal, ainda mais reforça o seu caráter extrafiscal, incompatível com a natureza contributiva e atuarial com que está disciplinada a previdência social na Constituição. A dissonância com o sistema previdenciário ainda mais se reforça quando se considera que a progressividade da contribuição atende, sim, a *fins de interesse público*; porém, esses fins devem ser atendidos pelo Estado *e não pelo servidor público*.

Aliás, o desvio de poder, a irrazoabilidade das leis e dos atos normativos em geral em face da Constituição, têm sido uma constante nas várias medidas adotadas sob inspiração da proclamada necessidade de Reforma do Estado. Mas até mesmo em face dos objetivos da Reforma as medidas que vêm sendo impostas apresentam o apontado vício de desvio de poder, já que por detrás de falsas ideologias, sempre se esconde o objetivo puramente financeiro, que levou o Conselho da Ordem dos Advogados do Brasil, Secção de São Paulo, em reunião extraordinária realizada no dia 5.5.1999, a manifestar, entre outros propósitos, o de "*Combater* a filosofia essenciamente monetarista-argentária, que inspira a burocracia do Governo Federal, regrada exclusivamente pela lógica do mercado, e *defender* o resgate do Humanismo e sua preocupação com os ideais do Homem, princípio, meio e fim do desenvolvimento".

Essa preocupação "monetarista-argentária" está presente na instituição da progressividade da contribuição social do servidor público, afastando-se do próprio *sentido social*, inerente ao conceito de previdência social. É o que permite falar em inconstitucionalidade da medida.

Essa inconstitucionalidade que atinge a Lei Federal 9.783 e que certamente será proclamada pelo Supremo Tribunal Federal inquinará do mesmo vício a lei estadual que venha a adotar a mesma sistemática, adotando a progressividade da contribuição.

Outro aspecto a analisar, também para proclamar a existência do vício de inconstitucionalidade, é o que diz respeito ao *confisco*.

As contribuições sociais instituídas para custeio da previdência social têm, incontestavelmente, a natureza tributária, uma vez que a sua previsão constitucional consta do art. 149, inserido no Título VI da Constituição (pertinente à tributação e orçamento), dentro do Capítulo I, que trata do Sistema Tributário Nacional. Estão as mesmas, em conseqüência, sujeitas às normas do art. 150, que estabelecem limitações ao poder de tributar, dentre elas a de "*utilizar tributo com efeito de confisco*" (inc. IV).

Veja-se o que diz Regina Helena Costa a respeito do confisco, na ob. cit., p. 75: "O confisco, em definição singela, é a absorção total ou substancial da propriedade privada, pelo Poder Público, sem a correspondente indenização.

"Como se depreende de tal definição, em nosso sistema jurídico, o confisco é medida de caráter sancionatório, sendo admitida apenas excepcionalmente. Se o tributo, na própria dicção legal, é prestação pecuniária compulsória 'que não constitua sanção de ato ilícito' (art. 3º do CTN), lógica a conclusão segundo a qual não pode ele ser utilizado com efeito confiscatório.

"Desse modo, o tributo será confiscatório quando exceder a capacidade contributiva relativa ou subjetiva visada.

"Nem sempre é fácil, contudo, aquilatar até que ponto um tributo não é confiscatório e a partir de quando passa a sê-lo. Certo é que a resposta variará conforme o caso concreto e deverá apoiar-se na eqüidade e na *razoabilidade*" (g.n.).

Volta-se, novamente, ao princípio da razoabilidade e, em conseqüência, ao princípio do devido processo legal substantivo. Os vencimentos, proventos e pensão existem, como direitos assegurados, respectivamente, aos servidores ativos, aos aposentados e aos pensionistas, como meio de assegurar a sua subsistência, as suas necessidades essenciais; daí o caráter alimentar de tais valores, unanimemente proclamado e reconhecido. Não há como considerar compatível com a finalidade a que se destinam esses valores uma tributação que pode atingir mais de 50% dos rendimentos.

O princípio da razoabilidade tem sido com freqüência aplicado pelo Supremo Tribunal Federal, como se verifica pela ampla jurisprudência citada por Suzana de Toledo Barros, em seu livro sobre *O Princípio da Proporcionalidade e o Controle de Constitucionalidade das Leis Restritivas de Direitos Fundamentais* (Brasília Jurídica, 1996, pp. 98 a 125).

Dos vários votos mencionados e transcritos parcialmente pela autora, basta citar um trecho, bastante elucidativo, de um voto do Ministro José Celso de Mello, na ADIn 1.158-8, em que ratificou a aplicação do princípio da razoabilidade, tantas vezes aplicado em casos precedentes: "Todos sabemos que a cláusula do devido processo legal — objeto de expressa proclamação pelo art. 5º, LIV, da Constituição — deve ser entendida, na *abrangência de sua noção conceitual*, não só no aspecto meramente formal, que impõe restrições de caráter ritual à atuação do Poder Público, mas, sobretudo, em sua *dimensão material*, que atua como decisivo obstáculo à edição de atos legislativos de conteúdo arbitrário ou *irrazoável*.

"A essência do *substantive due process of law* reside na necessidade de proteger os direitos e as liberdades das pessoas contra *qualquer* modalidade de legislação que se revele opressiva ou, *como no caso, destituída do necessário coeficiente de razoabilidade.*

"Isso significa, *dentro da perspectiva da extensão da teoria do desvio de poder ao plano das atividades legislativas do Estado*, que este *não dispõe* de competências para legislar *ilimitadamente*, de forma imoderada e irresponsável, gerando, com o seu comportamento institucional, situações normativas de absoluta distorção e, até mesmo, de subversão dos fins que regem o desempenho da função estatal."

Esse posicionamento, que foi adotado a respeito de assunto inteiramente diverso, aplica-se, no entanto, com precisão, à carga tributária imposta ao servidor público.

Com efeito, pelos montantes fixados pela Lei Federal 9.783, dificilmente se poderá negar o caráter confiscatório da contribuição social prevista para os servidores, na parte em que prevê uma contribuição adicional temporária, porque o montante global poderá chegar a 25% do salário de contribuição, provento ou pensão. Se for considerado o caráter alimentar das importâncias sobre as quais incide a contribuição e se for levado em conta que o imposto de renda pode chegar a 27,5% (que, somado aos 25% de contribuição social, dará um montante de 52,5%), não há como negar o caráter confiscatório desse novo tributo. No Estado de São Paulo, ainda há a contribuição compulsória para o Hospital do Servidor, na base de 2% sobre os vencimentos.

Há que se lembrar, a propósito, a lição de Hugo de Brito Machado, em seu *Curso de Direito Tributário* (São Paulo, Malheiros Editores, 1993, p. 33), quando afirma que "o caráter confiscatório do tributo há de ser avaliado em função do sistema, vale dizer, em face da carga tributária resultante dos tributos em conjunto".

Essa carga tributária é excessiva, opressiva, insuportável, para o servidor público, para o aposentado, para o pensionista; ela é incompatível com o caráter contributivo e atuarial da contribuição previdenciária; ela é irrazoável, ainda, porque estabelecida arbitrariamente, sem qualquer avaliação atuarial.

2.6 Possibilidade de instituição de fundos

Para atender ao objetivo de assegurar recursos para o pagamento de proventos de aposentadoria e pensões, a Emenda Constitucional 20 permite, nos arts. 249 e 250, acrescidos à Constituição, a instituição de *fundos* a serem constituídos por lei com recursos provenientes de contribuições e por bens, direitos e ativos de qualquer natureza. O primeiro dispositivo trata do regime previdenciário dos servidores e, portanto, a lei instituindo o fundo terá que ser da competência de cada ente da federação (União, Estados, Distrito Federal e Municípios). O segundo trata do regime geral de previdência social, hipótese em que a instituição do fundo é de competência exclusiva da União, conforme está expresso no dispositivo. Note-se que os dispositivos não obrigam a instituição dos fundos, deixando a sua instituição à decisão discricionária de cada nível de governo.

Os fundos não têm personalidade jurídica própria e caracterizam-se por serem constituídos por receitas vinculadas a determinados fins. A Lei federal 4.320, de 17.3.1964, que estabelece normas gerais de direito financeiro, define os fundos como "o produto de receitas especificadas que por lei se vinculam à realização de determinados objetivos ou serviços, facultada a adoção de normas peculiares de aplicação" (art. 71). Como os fundos não têm personalidade jurídica própria, normalmente ficam vinculados a determinado órgão, encarregado de sua administração. No caso específico de que se trata, a receita será a decorrente da própria contribuição previdenciária, além de bens, direitos e ativos de qualquer natureza. A forma de sua administração será definida na lei instituidora.

No anteprojeto em análise é previsto um Fundo de Ativos (art. 33) que contará com dotação inicial a ser conferida pelo Estado e terá como fontes de receita contribuições do Estado e dos beneficiários, além de doações, subvenções, legados, receitas decorrentes de investimentos e aplicações patrimoniais e outros recursos consignados no orçamento do Estado. Tais recursos serão administrados pelo IPESP.

2.7 *Vinculação dos recursos da previdência social*

É notório o fato de que o poder público sempre se utilizou de recursos da previdência social para outras finalidades que não o financiamento do próprio sistema. E todos sabem que essa é uma das razões da atual crise financeira da previdência social. Na realidade, não haveria necessidade de norma expressa proibindo esse desvio de receita, pois a vinculação é inerente ao próprio regime previdenciário; se os recursos decorrem de contribuição do empregador e do empregado e se têm por objetivo proteger o ser humano contra riscos futuros, é inconcebível que esses recursos sejam utilizados para outros fins, ainda que de interesse público. No entanto, essa vinculação nunca foi observada.

Agora existe norma expressa na Emenda, quanto à aplicação dos recursos provenientes das contribuições sociais; com efeito o art. 167, XI (inserido na seção pertinente aos *orçamentos*), foi alterado para vedar, expressamente, "a utilização dos recursos provenientes das contribuições sociais de que trata o art. 195, I, *a*, e II, para a realização de despesas distintas do pagamento de benefícios do regime geral de previdência social de que trata o art. 201".

O dispositivo somente se refere ao regime geral de previdência social e só abrange a parte dos recursos provenientes da contribuição da empresa e do trabalhador, deixando de fora a receita proveniente de concursos de prognósticos. Não estabeleceu norma expressa com relação à previdência social do servidor público, o que não permite a conclusão de que os respectivos recursos financeiros possam ser desviados para outros fins. Para essa conclusão, podem ser apresentadas pelo menos duas razões: em primeiro lugar, o motivo já invocado, de decorrerem os recursos de contribuições que somente se justificam em função do fim estabelecido na própria Constituição, qual seja, o de assegurar o regime de previdência do servidor; em segundo lugar, porque o § 12, acrescentado ao art. 40 da Constituição pela referida Emenda, estabelece que "além do disposto neste artigo, o regime de previdência dos servidores públicos titulares de cargo efetivo observará, no que couber, os requisitos e critérios fixados para o regime geral de previdência social".

A Lei federal 9.717/98, que, conforme dito, estabelece normas gerais aplicáveis em todos os níveis de governo, estabelece o seguinte no art. 1º, III: "Art. 1º. Os regimes próprios de previdência social dos servidores públicos da União, dos Estados, do Distrito Federal e dos Municípios, dos militares dos Estados e do Distrito Federal deverão ser organizados, baseados em normas gerais de contabilidade e atuária, de modo a garantir o seu equilíbrio financeiro e atuarial, observados os seguintes critérios: (...) III — as contribuições da União, dos Estados, do Distrito Federal e dos Municípios e as contribuições do pessoal civil e militar, ativo, inativo e dos pensionistas, somente poderão ser utilizadas para pagamento de benefícios previdenciários dos respectivos regimes".

No anteprojeto estadual, a própria opção pelo sistema de *fundo* implicitamente impõe a vinculação das respectivas receitas ao fim específico a que se destinam.

2.8 Servidores não contemplados pela Emenda da Previdência

Há que se lembrar que, no Estado de São Paulo, não foi implantado o regime jurídico único previsto no art. 39 da Constituição, em sua redação original. Em decorrência, até hoje existem servidores que exercem a chamada *função-atividade*, com base na Lei 500, de 13.11.1974, que corresponde a funções de caráter permanente, para as quais o ingresso se fazia mediante processo seletivo. Isto significa que, para tais servidores, não existe qualquer norma na Emenda Constitucional 20, o que não significa possam os mesmos ficar fora de qualquer regime previdenciário. Isto porque o art. 6º da Constituição, inserido no título pertinente aos direitos e garantias fundamentais, inclui nessa categoria os *direitos sociais*, abrangendo, dentre outros, a previdência social.

Além disso, ainda existem, no Estado de São Paulo, alguns servidores da antiga categoria dos extranumerários, também ocupantes de *funções* e não de cargos.

Dentre os ocupantes de funções, muitos adquiriram estabilidade por força do art. 19 do Ato das Disposições Constitucionais Transitórias. Quanto a estes, não há dúvida de que têm que ficar inseridos no regime previdenciário do servidor público, pela semelhança de situação com servidores ocupantes de cargos efetivos; uns e outros gozam de estabilidade no serviço público. Os que não adquiriram estabilidade, por não terem preenchido os respectivos requisitos, continuam ocupando funções sem estabilidade. Embora não tenham adquirido estabilidade, quer-me parecer que também devem ser incluídos no regime previdenciário do servidor, por várias razões:

a) eles nem ocupam cargo público efetivo a que se refere o *caput* do art. 40, nem ocupam cargo em comissão, cargo temporário ou emprego público, referidos no § 13 dispositivo; vale dizer, simplesmente não foram contemplados pelo dispositivo constitucional, pelo fato de não ter sido instituído, no Estado de São Paulo, o regime jurídico único previsto no art. 39 da Constituição, em sua redação original; a Emenda somente se preocupou com as categorias existentes na esfera federal;

b) eles têm uma situação muito semelhante a dos servidores efetivos, na medida em que foram admitidos por processo seletivo que obedece praticamente às mesmas regras do concurso público;

c) embora não tenham adquirido estabilidade, o caráter de temporariedade e de precariedade da forma de provimento e exoneração, presente nos casos previstos no § 13, não existe com relação a esses servidores, já que eles exercem funções de natureza permanente;

d) esses servidores compõem um *quadro de funções* paralelo ao *quadro de cargos*, com denominação, remuneração e atribuições praticamente idênticas, com a única diferença de não adquirirem estabilidade;

e) os servidores admitidos, a qualquer título, antes da Emenda Constitucional 20 (ressalvados os celetistas, que já eram vinculados ao regime previdenciário geral) tinham a sua aposentadoria regida pelos dispositivos constitucionais relativos aos servidores públicos. O art. 40 da Constituição não fazia qualquer distinção quanto ao tipo de servidor, fosse ele ocupante de cargo ou função; apenas remetia para a legislação a disciplina legal sobre a aposentadoria em cargos ou empregos temporários; fora dessas duas hipóteses, todos os demais servidores faziam jus às modalidades de aposentadoria previstas no art. 40 e continuam sujeitos a esse dispositivo, já que tiveram os seus direitos preservados pela regra do art. 3º, § 3º, da Emenda 20; esse dispositivo manteve, expressamente, "todos os direitos e garantias assegurados nas disposições constitucionais vigentes à data de publicação desta Emenda aos servidores e militares, inativos e pensionistas, aos anistiados e aos ex-combatentes, assim como àqueles que já cumpriram, até aquela data os requisitos para usufruírem tais direitos, observado o disposto no art. 37, XI, da Constituição Federal"; é indiscutível que a permanência no mesmo regime de aposentadoria e pensão a que se vinculava antes da Emenda 20 constitui um direito assegurado pelo referido dispositivo (art. 3º, § 3º); note-se que o dispositivo não está preservando apenas os direitos já adquiridos antes da Emenda; se assim fosse, bastaria a frase final do dispositivo; ele está mandando respeitar também as *garantias* asseguradas anteriormente; e não há dúvida de que a submissão ao regime previdenciário anterior constitui uma garantia, talvez a maior das garantias do servidor público estatutário;

f) os servidores vinculados ao regime geral de previdência sempre fizeram jus aos direitos sociais previstos no art. 7º da Constituição, especialmente a proteção contra despedida injusta e fundo de garantia do tempo de serviço, o que nunca se aplicou as ocupantes de *funções* no Estado de São Paulo; a sua inclusão no regime geral da previdência significará a perda dos benefícios que o regime atual lhes proporciona, sem aquisição dos direitos sociais que protegem o trabalhador vinculado ao regime geral da previdência.

3. Conclusões

Em face de todo o exposto, podem ser apresentadas as seguintes conclusões:

1. a instituição de regime previdenciário de caráter contributivo não é obrigatória, sendo prevista como faculdade de cada nível de Governo;

2. o anteprojeto está se baseando em legislação federal impugnada judicialmente sob o ponto de vista de sua constitucionalidade; se o Supremo Tribunal Federal reconhecer a existência de inconstitucionalidade, igual vício atingirá a lei estadual;

3. a instituição do novo regime não pode ser feita sem a avaliação atuarial exigida pela Constituição (art. 40, *caput*) e pela Lei 9.717 (art. 1º, I);

4. o anteprojeto somente assegura como benefícios a serem cobertos pelo regime previdenciário a aposentadoria, a reforma, a pensão e a gratificação natalina; os demais benefícios dos servidores, como licença-saúde, licença-maternidade, auxílio funeral e outros atualmente existentes continuam a ser garantidos, como encargo do Estado, nos termos da legislação estatutária em vigor;

5. não tem fundamento constitucional a instituição de contribuição social sobre os proventos dos inativos e a pensão devida aos dependentes do servidor falecido, prevista na Lei federal 9.717 e repetida no anteprojeto do Governo do Estado;

6. o caráter de progressividade da contribuição adotado na Lei federal 9.783 não é compatível com a norma constitucional que atribui ao regime previdenciário do servidor público (art. 40, *caput*) natureza contributiva e atuarial, afastada a possibilidade de extrafiscalidade do tributo;

7. a extrafiscalidade presente na instituição de alíquotas progressivas caracteriza desvio de poder na elaboração da lei, ofensa ao princípio do devido processo legal substantivo, sendo inaceitável em uma interpretação conforme à Constituição;

8. a contribuição previdenciária tem natureza tributária, estando, portanto, sujeita à regra do art. 150, IV, da Constituição, que veda a utilização de tributo com caráter confiscatório.

9. a contribuição adicional prevista na Lei federal 9.783, somada ao imposto de renda, atinge montante irrazoável e, portanto, de nítido caráter confiscatório;

10. os servidores que exercem função com base na Lei 500/74 têm o direito de permanecer no regime previdenciário do servidor.

É o parecer.

São Paulo, junho de 1999

UTILIZAÇÃO DE SUBSOLO PARA PASSAGEM DE EQUIPAMENTOS PÚBLICOS — ASPECTOS GERAIS E DESAFIOS DO USO COMPARTILHADO — RESENHA DOUTRINÁRIA E JURISPRUDENCIAL

Marcelo Figueiredo

Doutor em Direito Constitucional
pela Pontifícia Universidade Católica de São Paulo

Consulta

Consulta-nos a Companhia de Gás de XXX, solicitando a elaboração de parecer jurídico sobre a seguinte questão.

Afirma a consulente que nos seus "Y" anos de atuação na distribuição de gás canalizado, sempre utilizou *faixas de domínio público*: faixas de rodovias, logradouros públicos municipais, faixas de oleoduto, faixas de ferrovias, faixas de linhas de transmissão de energia elétrica e outras, já tendo assentado aproximadamente 2.500 km de gasodutos.

Recentemente, os pedidos de assentamento de gasoduto nas faixas das rodovias *não estão sendo aprovados* pelos órgãos (autarquias federais e estaduais), que vêm orientando a consulente a assentar seu gasoduto nas áreas *non aedificandi* dessas rodovias, o que acarreta dificuldade em face da ausência de regulamentação do Estado (das Municipalidades) no setor e sobretudo diante da árdua negociação na obtenção de permissão de passagem diante da diversidade de proprietários envolvidos.

Relata a consulente que a distribuição de gás natural, nas faixas das rodovias, são realizadas por tubulações de aço carbono de pequenos diâmetros na grande maioria de 2 a 10 polegadas (5 a 25 centímetros) e em alguns casos 14 e 20 polegadas (35 e 50 centímetros), a uma profundidade mínima de 100 centímetros e o mais distante possível do acostamento da rodovia existente, portanto ocasionando o mínimo de transtorno para operacionalidade e expansão da rodovia.

Diz que o problema tem se agravado, sobretudo após a *privatização* da operação das rodovias as quais (as novas empresas administradoras) têm pleiteado da consulente o pagamento de um preço sobre a aludida passagem da tubulação.

Em face do exposto, *indaga* qual a natureza jurídica da utilização das faixas de domínio das rodovias (federais, estaduais e municipais) e se há direito à pretendida cobrança por parte das administradoras de rodovias (serviço concedido).

À questão central respondo da seguinte forma.

Parecer

Cuida-se de pretensão, de autarquias federais e estaduais, bem como de suas concessionárias, de cobrarem um preço em razão da utilização de faixa de domínio das rodovias.

O tema envolve, essencialmente, discutir o regime jurídico da propriedade no sistema jurídico nacional, com suas notas principais. É preciso demonstrar, em síntese, como o Direito convive com as diversas formas de "propriedades" na Constituição e quais as possibilidades jurídicas entre o Estado e o particular e entre esse último e as formas de atuar estatal.

Inicialmente cumpre enunciar o direito de propriedade (gênero) e sua possibilidade de extinção e utilização pelo Estado, para ao depois verificarmos outras figuras e finalmente encontrarmos o tema da consulta e suas possibilidades.

A Constituição da República protege e prestigia o *direito de propriedade*, assegurando a afetação dos bens dele objeto aos interesses de seus titulares.

O art. 5º, *caput* e inc. XXII, diz ser garantido o direito de propriedade. De outra parte, o art. 170, II, situa a propriedade privada como um dos princípios da ordem econômica.

Não obstante, reconhece também a possibilidade de interferência estatal, para mudar compulsoriamente a destinação do bem, ajustando-a aos interesses públicos ou sociais definidos pela ordem normativa.

A intervenção estatal pode ter dois fundamentos diferentes:

1. O interesse público, entendido como o titularizado pelo Estado, por força de norma constitucional ou legal. A prestação de serviços e a construção de obras públicas são definidos pelo sistema como atribuições estatais, sendo o Estado o titular do interesse na sua realização.

2. O interesse social, compreendido como o interesse da sociedade, para cuja realização o Estado atua, sem assumir o papel do titular. O cumprimento, pelas propriedades, de sua função social (CF, arts. 5º, XXII; 170, III), é do interesse social, mas não implica fazer do Estado "proprietário" de todos os bens. A concretização do interesse social provém das manifestações dos particulares, não diretamente do Estado. No entanto, reconhece-se a este último a função de guardião do interesse social, cabendo-lhe intervir nas atividades privadas para orientá-las e corrigi-las.

No Estado Democrático de Direito, a Administração só dispõe de competências para tutelar os interesses públicos; a realização dos interesses sociais ou decorre da conjugação espontânea das atividades privadas ou não ocorre. O Estado moderno acumula também a função de curador de interesses sociais.

A desapropriação surgiu como o meio mais radical de, coativamente, afetar propriedades privadas ao interesse público, é dizer, de transferir bens do domínio privado para o público. São as hipóteses da desapropriação para construção de vias públicas, instalação de repartições etc. Trata-se portanto da extinção compulsória do direito de propriedade titularizado por alguém em particular, mediante a justa indenização.

Para que a extinção da propriedade se efetive é preciso respeitar algumas garantias constitucionais. A primeira (art. 5º, LIV da CF, ninguém será privado de seus bens sem o devido processo legal, isto é, sem um processo judicial, onde se possa exercer o direito ao contraditório e à ampla defesa). A segunda se subdivide em duas. A primeira está em submeter o poder expropriatório a hipóteses restritas. A segunda consiste em atribuir, sempre e necessariamente, ao atingido pela desapropriação, uma indenização equivalente ao valor do bem expropriado; com isto, a desapropriação adquire um cunho de *substituição compulsória do direito de propriedade* por seu equivalente econômico, evitando-se assim um mero confisco de bens.

Esse é, em grandes linhas, o espaço possível do movimento do direito de propriedade(s) no Brasil. Assegura-se o *direito* de propriedade, atribui-se-lhe uma *função social*, para conformar-lhe o conteúdo.

Ressalte-se, ainda, que a idéia da *função social* como vínculo que atribui à propriedade conteúdo específico, de sorte a moldar-lhe um novo conceito, só tem sentido e razão de ser quando referida à *propriedade privada*. A alusão à função social da *propriedade estatal* qualitativamente nada inova, visto ser ela dinamizada no exercício de uma função pública.[1]

Oferecida a visão geral e os primeiros fundamentos para nosso raciocínio, cumpre verificarmos quais os modos possíveis de intervenção do Estado na propriedade.

A matéria é extensa. Há, ainda, divergências doutrinárias no que tange aos institutos analisados. Procurando sintetizá-la, veremos que os administrativistas, em geral, distinguem entre limitações administrativas à propriedade e servidão administrativa.

Rafael Bielsa assim conceitua a servidão administrativa: "Um direito público real constituído por uma entidade pública sobre um bem privado, com o objeto de que é servir ao uso público, como uma extensão ou dependência do domínio privado" (*Restriciones y Servidumbres Administrativas*, Buenos Aires, Depalma 1923, p. 108).

Celso Antônio Bandeira de Mello ensina: "As limitações à liberdade e propriedade em que se expressa o poder de polícia de modo algum se confundem com os sacrifícios de direitos. Enquanto pelas primeiras o Poder Público 'condiciona' o exercício dos direitos citados, nos sacrifícios há, como a própria palavra está a indicar, verdadeiro sacrifício do direito de um indivíduo em proveito da coletividade. É o caso das desapropriações e servidões. Nestas hipóteses, o interesse particular cede ao interesse social, sendo verdadeiramente atingida a substância de seu direito.

"Se teoricamente é fácil conceber uma distinção entre as duas categorias (limitações e sacrifícios), o reconhecimento concreto das fronteiras entre ambas é extremamente tormentoso quando se deseja apartar as limitações ao direito de propriedade e as servidões administrativas.

"Em síntese:

"Se a propriedade é atingida por um ato específico, imposto pela Administração, embora calcada em lei, a hipótese é de servidão, porque as limitações administrativas à propriedade são sempre genéricas.

"Se a propriedade é afetada por uma disposição genérica e abstrata, pode ou não ser caso de servidão. Será limitação, e não servidão, se impuser apenas um dever de abstenção: um *non facere*. Será servidão se impuser um *pati*: obrigação de suportar.

"São exemplos de servidão administrativa: a passagem de fios elétricos sobre imóveis particulares, a passagem de aquedutos, a instalação de placas sinalizadoras de ruas nos imóveis particulares, o trânsito sobre bens privados, o tombamento de bens em favor do Patrimônio Histórico etc." (*Curso de Direito Administrativo*, 11ª ed., Malheiros Editores, 1999, pp. 569-571).

Lucia Valle Figueiredo doutrina: "As servidões, via de regra, são indenizáveis, a não ser que não ocorra gravame, como, por exemplo, a fixação de placas de denominação de ruas. A indenização deverá estar em relação de proporcionalidade ao gravame.

"Algumas questões interessantes podem ser colocadas, como, por exemplo, o dever de indenizar ou não área *non aedificandi* à beira das estradas.

"A jurisprudência tem entendido que, se a área for rural, a indenização não ocorrerá; e, se instituída em área urbana, deve haver indenização.

"Conceituamos servidão administrativa como ônus real imposto à propriedade,

1. Esse o entendimento de Eros Roberto Grau, in *A Ordem Econômica na Constituição de 1988*, 3ª ed., Malheiros Editores, 1997.

consistente no dever de suportar pelo proprietário, tendo em vista interesse público a ser implementado.

"Em conclusão, tratando-se de restrição administrativa, deve haver indenização, exceto se, embora havendo o gravame, não foi produzido ônus ao proprietário" (*Curso de Direito Administrativo*, 3ª ed., Malheiros Editores, 1998, p. 268).

O saudoso Hely Lopes Meirelles, a respeito do tema doutrinava: "A limitação administrativa que não se confunde com as restrições reguladas pelo direito civil, de caráter privado, consiste na 'imposição geral, gratuita, unilateral e de ordem pública, condicionadora do exercício de direitos ou de atividades particulares às exigências do bem-estar social'" (*Direito Administrativo Brasileiro*, Ed. RT, 2ª ed., São Paulo, p. 93).

Maria Sylvia Zanella Di Pietro anota que alguns doutrinadores costumam *distinguir* a limitação administrativa da servidão dizendo que a primeira impõe obrigação de não fazer e, a segunda, obrigação de deixar fazer. No entanto, ressalta a ilustre autora que o critério de distinção não é absoluto. Ouçamos suas palavras. "Existem servidões administrativas que, do mesmo modo que as limitações, impõem obrigações negativas, como no caso da servidão de não edificar acima de determinada altura, ao redor de aeroportos, ou de *não construir propriedades nas proximidades das estradas de rodagem.*

"A diferença está em que, na limitação administrativa, a obrigação de não fazer é imposta em benefício do interesse público genérico, abstratamente considerado, enquanto na servidão ela é imposta em proveito de determinado bem afetado a fim de utilidade pública. A coisa dominante, inexistente na limitação administrativa, distingue os dois institutos.

"Distinguem-se ainda as limitações das servidões administrativas pelo fato destas implicarem a constituição de direito real de uso e gozo, em favor do poder público ou da coletividade, paralelo ao direito do proprietário, que perde, por essa forma, a exclusividade de poderes que exercia sobre o imóvel de sua propriedade. Nas limitações administrativas, o proprietário conserva em suas mãos a totalidade de direitos inerentes ao domínio, ficando apenas sujeitos às normas regulamentadoras do exercício desses direitos, para conformá-lo ao bem-estar social; a propriedade não é afetada na sua exclusividade, mas no seu caráter de direito absoluto, pois o proprietário não reparte, com terceiros, os seus poderes sobre a coisa, mas, ao contrário, pode desfrutar de todos eles, da maneira que lhe convenha, até onde não esbarre com óbices opostos pelo poder público em prol do interesse coletivo" (*Direito Administrativo*, 8ª ed., Atlas, 1997, p. 109).

Analisada a jurisprudência do Superior Tribunal de Justiça nos últimos dez anos, Corte que oferece a última interpretação a respeito do tema em foco,[2] verificamos que, em grandes linhas, têm seguido as orientações da doutrina. As ementas abaixo oferecem um panorama do entendimento daquele Tribunal.

"Direito Administrativo. Área *non aedificandi*. Situações administrativas. Estradas de rodagem.

"A segurança pública e o tráfego interestadual se sobrepõem ao interesse expansionista urbano de um só Município.

"Não há ilegalidade na norma que proíbe a construção de imóvel a menos de 15,00 metros dos limites das estradas de rodagem.

"Compatibilidade do art. 7º, do Decreto-lei estadual 13.626, de 1943, de São Paulo, com o art. 572 do Código Civil. Recurso provido" (REsp 11.181-SP, 1ª T., unânime, j. 5.8.96, Ministro José Delgado, *DJU* 26.8.96, p. 29.637).

2. Já o antigo, e hoje extinto, Tribunal Federal de Recursos editou a Súmula 142 com o seguinte enunciado: "A limitação administrativa *non aedificandi* imposta aos terrenos marginais das estradas de rodagem, em zona rural, não afeta o domínio do proprietário, nem obriga a qualquer indenização".

"Administrativo. Desapropriação indireta. Implantação do Parque Marumbi. Imóvel adquirido após a vigência do Código Florestal. *Direito à indenização. Servidão administrativa, e não limitação administrativa.* Recurso conhecido e provido" (REsp 25.497, 2ª T., maioria, j. 6.8.98, *DJU* 19.4.99, Ministro Peçanha Martins, p. 105).

"Servidão perpétua de Eletroduto. Indenização. Juros compensatórios são devidos na ocorrência da servidão. Embora não haja desapossamento da área servienda, *reduz-se o proveito econômico, justificando-se a compensação por essa restrição ao uso pleno da propriedade*. Precedentes do STJ. Recurso desprovido" (REsp 5.922-RS, 2ª T., unanimidade, j. 3.6.91, *DJU* 18.11.91, rel. Ministro Hélio Mosimann).

"Administrativo. Criação de Estação Ecológica. *Mutilação da propriedade dos imóveis nela situados. Direito à indenização.*

"A criação da Estação Ecológica da Juréia-Itatins, impedindo a exploração de recursos naturais existentes nas áreas por ela abrangida (Lei 6.902, de 1981, art. 7º, § 1º, *b*), implica a indenização das respectivas propriedades, tenha ou não o Estado de São Paulo se apossado fisicamente dos imóveis; situação jurídica que, por si só, mutila a propriedade. Recurso especial não conhecido" (REsp 70.412-SP, rel. Ministro Ari Pargendler, j. 5.5.98, *DJU* 24.8.88, p. 45).

"Direito Civil e Processo Civil. Usucapião. Terreno confrontante com linhas férreas. Possibilidade. Área *non aedificandi.* Art. 4º, III, da Lei 6.766/79. Irrelevância. Simples limitação administrativa.

"1. *A impossibilidade de se edificar na faixa de quinze metros do leito das ferrovias constitui limitação administrativa*, não impedindo usucapião" (REsp 86.115-SP, rel. Ministro Sálvio de Figueiredo Teixeira, j. 25.3.98, *DJU* 8.6.98, p. 112).

"Desapropriação. Indenização. Área *non aedificandi. Situada à margem de rodovias públicas.* Área urbana e área rural.

"*A regra é que a área 'non aedificandi', situada às margens das rodovias públicas, não é indenizável, porquanto decorre de limitação administrativa ao direito de propriedade, estabelecida por lei ou regulamento administrativo (CC, art. 572).* Esse entendimento tem sido adotado especialmente em se tratando de área rural. No caso de área urbana, é necessário verificar-se se a restrição administrativa já existia antes da inclusão da área no perímetro urbano e se implica interdição do uso do imóvel. *Em caso afirmativo, a indenização é devida.* Recurso especial conhecido e provido" (REsp 38.861-SP, rel. Ministro Antônio de Pádua Ribeiro, j. 24.10.96, *DJU* 18.11.96, p. 44.861).

"Desapropriação. Área *non aedificandi*. Indenização.

"Não se tratando, no caso, de simples *limitação administrativa*, mas indenizado o seu proprietário.

"Ofensa ao art. 572 do Código Civil não configurada. Dissídio Pretoriano não caracterizado. Recurso especial não conhecido" (REsp 31.148-SP, rel. Ministro Antônio de Pádua Ribeiro, j. 26.10.94, *DJU* 21.11.94, p. 31.745).

"Desapropriação. Benfeitoria. Calçada cimentada. *Indenização devida.* O recuo, ou espaço destinado à calçada, não aniquilando o direito dominial e nem desvalorizando economicamente o bem, traduz *mera limitação administrativa*, inindenizável. Já as despesas feitas com a concretagem do espaço da calçada, pelo proprietário do imóvel expropriado, não podem deixar de ser indenizáveis. Só assim a indenização será justa e atenderá ao preceito constitucional" (REsp 17.137-SP, rel. Ministro Hélio Mosimann, j. 6.2.95, *DJU* 20.2.95, p. 3.169).

"Agravo regimental. Imóvel situado no Parque Estadual de Serra do Mar. *Limitação ao direito de propriedade.* Sub-rogação.

"Os adquirentes do imóvel têm o direito de provar — em instrução regular (obstaculizada pelo decreto de carência de ação) — que se sub-rogaram nos direitos e ações dos seus antecessores, inclusive para postularem possível indenização decorrente de *limitação administrativa do direito de propriedade.*

"Agravo regimental acolhido para, reformando a decisão agravada, prover o agravo de instrumento e determinar seja processado o recurso especial" (Agr 49.171-SP, rel. Ministro Peçanha Martins, j. 21.6.95, *DJU* 1.4.96, p. 9.894).

"Desapropriação indireta. Parque Estadual da Serra do Mar/SP (Decretos estaduais 10.251/77 e 19.448/82). *Limitação administrativa* (Lei 4.771/65). Ação real. Prescrição qüinqüenal afastada. Decreto 20.910/32 (arts. 1º e 2º). Súmulas 7 e 114/STJ.

"Não transcorrido, no caso, o prazo vintenário, observada a causa de pedir, persiste o direito de agir. *Se o Poder Público retira do bem particular o seu valor econômico, deve indenizar o prejuízo causado ao proprietário, de modo amplo, com justa indenização, no caso, incluindo-se as 'matas de preservação permanente', impedida que foi, pelo decreto expropriatório por utilidade pública, a sua destinação natural pelo proprietário.*

"Incidência dos juros compensatórios a contar da data estabelecida pelo julgado com base em critérios de índole probatória.

"Provido parcialmente o recurso da parte autora da ação e improvido o manifestado pela Fazenda Estadual" (REsp 77.541-SP, rel. Ministro Milton Luiz Pereira, j. 8.2.96, *DJU* 22.4.96, p. 12.543).

"*Desapropriação. Indenização.* Área *non aedificandi.* Indenização da referida área diante do notório gravame que suportam os autores, já que, situado o imóvel no perímetro urbano, não poderão erguer qualquer construção nessa área submetida a restrição legal" (REsp 16.860-SP, rel. Ministro Américo Luz, j. 11.5.94, *DJU* 6.6.94, p. 14.264).

"Desapropriação. Restrição ao direito de propriedade, decorrente da lei de zoneamento do Município de Curitiba. Código Civil, art. 524.

"*É dever do Poder Público indenizar restrição que aniquila o direito de propriedade e retira o valor econômico do bem. Precedentes do STJ.* Recurso especial conhecido e provido" (REsp 16.151-PR, rel. Ministro Antônio de Pádua Ribeiro, j. 7.2.93, *DJU* 28.2.94, p. 2.879).

"Administrativo. Desapropriação. Restrição do direito de uso. Art. 524 do CC.

"*É possível ao Estado utilizar-se da propriedade particular, com restrição do direito de uso, em razão de projeto de benefício público, mediante a prévia e justa indenização.* Entretanto, se o fizer, que o faça respeitando as disposições legais que autorizam a indenização ao expropriado. Recurso provido" (REsp 10.731-PR, rel. Ministro Pedro Acioli, j. 5.2.92, *DJU* 9.3.92, p. 2.533).

No Supremo Tribunal Federal, nos raros casos que lá chegaram, a matéria recebeu tratamento praticamente idêntico à doutrina já exposta no corpo do presente parecer. As ementas abaixo são ilustrativas.

"Concessão de serviço público. Servidão administrativa constituída pelo Município sobre postes de iluminação pública para passagem de fios telefônicos. Não ocorrente a transferência de domínio, característica fundamental da desapropriação, mas simples *restrição do uso da coisa.* Recurso extraordinário conhecido e provido" (RE 68.126-MG, *DJ* 5.12.69, rel. Ministro Adaucto Cardoso).

"Desapropriação. Áreas reservadas. Margens de rio navegável. Decisões das instâncias ordinárias no sentido da indenizabilidade das áreas reservadas. *Servidão administrativa.* Contrariedade a Súmula 479. As decisões das instâncias ordinárias não definiram, no imóvel expropriado, a área que se deve considerar como terreno reservado, ambas mandando indenizar a gleba total. Discordância entre as partes e o laudo trazido aos autos, no que concerne a área de terreno reservado. Recurso extraordinário conhecido e, parcialmente provido, para cassar as decisões das instâncias ordinárias, no que concerne a fixação da indenização, devendo ser excluído, em liquidação de sentença, o valor relativo a área de terreno reservado, que se fixar" (RE 97.222-SP, rel. Ministro Neri da Silveira, *DJ* 11.9.87).

"Servidão para *passagem de linha de transmissão* de eletricidade. *Devem ser indenizados os prejuízos sofridos pelos proprietários, causados pelo uso público e pelas restrições estabelecidas ao uso da propriedade*, não porém o domínio, que continua com os proprietários" (RE 97.188-MA, rel. Ministro Cordeiro Guerra, *DJ* 17.12.92).

"Direito de propriedade. Proteção constitucional. Instituição de servidão de passagem de linhas de transmissão de energia elétrica. *Garantia de indenização plena.* Jazidas minerais existentes no imóvel afetado pela servidão de passagem. Ressarcibilidade dos direitos inerentes à concessão de lavra. A questão constitucional da propriedade do solo e da propriedade mineral. Recurso improvido" (AgRe 140.254-SP, rel. Ministro Celso de Mello, *DJU* 6.6.97).

Registre-se que juridicamente, *áreas non aedificandi*, ou seja, não edificáveis, são aquelas que, em decorrência de determinação contida em lei, por razões de interesse público, não podem ser objeto de edificação, já que estão destinadas ao cumprimento de outras funções urbanísticas de cunho geral. Tais áreas tornam-se inedificáveis por imposição legal.

Temos como exemplo de áreas não edificáveis: as vias de circulação, os recuos das construções, dentro dos lotes; novo alinhamento das vias públicas, por motivo de seu alargamento; os terrenos marginais de rios e lagos públicos, numa faixa de quinze metros de largura; as margens *das rodovias*, estradas de ferro e dutos, numa faixa de quinze metros de largura (art. 4º, III, da Lei 6.766/87).

Bem examinadas a doutrina e a jurisprudência que incidem diretamente no tema da consulta, cumpre agora verificarmos o contrato de concessão de serviço público que acompanha a consulta.

É que segundo informa a consulente, no período que antecedeu as privatizações das rodovias, o problema não existia. De fato, as rodovias até a bem pouco tempo eram de domínio público federal, estadual e municipal, não havendo maiores dificuldades em negociar e conseguir diretamente com o Poder Público e seus próprios órgãos ou empresas estatais envolvidas, autorizações de uso, sem qualquer ônus para a consulente.

Recentemente, com o denominado processo de *privatização* dos serviços públicos, a consulente tem requerido permissão para assentamento de gasoduto nas faixas das rodovias, notadamente ao DER, DERSA, DNER e, em alguns casos aos consórcios de empresas que exploram os serviços das rodovias, os *concessionários* vencedores das concorrências, que, na maioria dos casos, vêm pleiteando e exigindo que aludido uso somente seja *concedido mediante caráter oneroso*.

Preliminarmente creio importante *afastar* da discussão as concessionárias de serviço público que, em nosso entender, não têm competência (poder) para exigir qualquer preço ou remuneração pelo aludido uso do subsolo. E isto porque é do Estado a responsabilidade pelo funcionamento e organização do serviço público de gás.

Na concessão a Administração transfere a *prestação* do serviço (art. 2º, II, da Lei 8.987/95), não sua titularidade.

Benedicto Pereira Porto Neto, a respeito doutrina: "A transferência, pela Administração Pública, da titularidade sobre os serviços não é comportada pelo ordenamento jurídico; a uma porque se trata de competência constitucional — portanto, indelegável; a duas porque representaria ato de disposição do interesse público, do próprio serviço, com violação do regime de direito público.

"A Administração, na concessão, continua retendo em suas mãos a responsabilidade pelo funcionamento e organização do serviço" (*Concessão de Serviço Público no Regime da Lei 8.987/95 — Conceito e Princípios*, Malheiros Editores, 1998, p. 61).

E não fosse essa uma prejudicial que, por si só afastaria da discussão as concessionárias, dos termos do Contrato de Concessão de Serviço Público Precedido de Obra Pública entre a União, Por Intermédio do Departamento XXX e da Concessionária da Rodovia "H" oferecido pela consulente, não encontramos qualquer elemento de convicção que leve à conclusão de qualquer direito da concessionária oponível ao poder concedente a esse título — preço pelo uso de faixa de rodovia.

Do mesmo modo, nos parece equivocada a associação da pretendida cobrança ao entendimento de que o pleito seria "um projeto comercial associado" (item "i" da cláusula 81), ou mesmo "projeto associado", conceito empregado várias vezes no contrato que daria ensejo a rendas e receitas adicionais.

Parece evidente que não se pode emprestar tal elasticidade ao conceito de "projeto associado", a ponto de incluir nele o uso limitado do subsolo de uma margem estreita de uma faixa marginal da rodovia. Basta uma leitura atenta aos temos do contrato para verificarmos que o conceito de projeto associado está ligado a construção de empreendimentos ao longo da rodovia.

Ademais, o item 13 do contrato da concessão diz o óbvio ao prever: "A RODOVIA, compreendendo suas faixas marginais, edificações e terrenos destinados às atividades à ela vinculadas, integra a concessão e, portanto, pertence à UNIÃO, na qualidade de bem público de uso comum".

Finalmente parece claro, para o direito administrativo, que incumbe ao poder concedente, e não ao concessionário, ser o guardião do interesse público, regulamentando tudo quanto se refira à utilização do serviço concedido. No centro da relação de concessão está exatamente a defesa intransigente, pelo poder concedente da exigência da melhor organização do serviço e de sua adaptação ao interesse público, tendo a concessionária que suportar tais exigências de cunho geral.

Resta apenas agora, retornando ao tema central, responder ao quesito original, se estamos diante de uma servidão ou de uma limitação administrativa à propriedade e se o uso da faixa marginal das rodovias *deve ter caráter oneroso ou gratuito*. É dizer, se estamos diante de uma limitação administrativa à propriedade ou diante de uma servidão. E de que modo deve ser concretizada a operação de assentamento da tubulação.

Uma primeira alternativa imaginada, foi exatamente assentar os gasodutos na denominada faixa *non aedificandi*. Entretanto, a mesma se mostrou, até o momento, inviável, não somente por razões de ordem técnica, como também em função de difícil aplicabilidade, uma vez que não há regulamentação da matéria pelo Poder Público Municipal, o que acarreta dificuldade de negociação e de obtenção de permissão de passagem, pois são muitos os proprietários envolvidos e alguns exigem indenizações financeiras, o que pode inviabilizar a instalação da tubulação.

Considerando o conjunto de elementos colhidos no parecer, já é possível concluir ao menos a primeira parte, para responder à consulente no seguintes termos:

1. Se desejar utilizar a faixa *non aedificandi* das rodovias, poderá fazê-lo com ampla liberdade para instalar sua tubulação de gás, e considerando o fato de se tratar de limitação administrativa, não afetando, em princípio o domínio do proprietário, não enseja, de regra, indenização.[3] Nesse sentido, aliás, o enunciado da Súmula 142 do antigo Tribunal Federal de Recursos.

2. Na hipótese de a consulente necessitar assentar sua tubulação, à margem da rodovia, *além* dos limites da faixa *non aedificandi*, terá que remunerar o proprietário(s) do terreno a ser utilizado da forma que me-

3. A jurisprudência tem entendido que, se a área for rural, a indenização não ocorrerá; e, se instituída em área urbana, deve haver indenização.

lhor lhe convenha financeiramente e economicamente, esforçando-se em negociá-la.

3. Não há uma fórmula jurídica legalmente *preestabelecida* que determine um critério a ser tomado para remunerar a utilização da faixa (além da área *non* edificando) do subsolo. As sugestões que acompanham a presente consulta, tais como ("custos de fiscalização e manutenção", "aluguel da terra"), são teórica e juridicamente possíveis.

4. O valor do pedágio *não pode* ser tomado como critério para remunerar a utilização da faixa de assentamento de tubulação pelas razões já expendidas acima, sobretudo diante da ausência de relação jurídica dantes discutida.

5. Analogicamente, com estamos diante de um serviço público de notável importância para a população, recorde-se o critério do *justo preço*, da negociação tomando-se a *razoabilidade* como padrão de negociação. Ambos são figuras conhecidas nas relações de direito público e mesmo nas relações de direito administrativo, como é o caso da consulta.

6. É sempre possível, ainda que pareça economicamente indesejável, a desapropriação da faixa, ou mesmo a instituição de servidão por parte do Estado-membro[4] com o intuito de assentar o equipamento desejado.

7. É aconselhável à consulente verificar as experiências e dificuldades encontradas elas outras áreas, tais como a das telecomunicações, petróleo etc. Assim, ilustrativo é previsão do art. 73 da Lei 9.472 (que dispõe sobre a organização dos serviços de telecomunicações), de 16.7.97: "Art. 73. As prestadoras de serviço de telecomunicação de interesse coletivo terão direito à utilização de postes, dutos, condutos e servidões pertencentes ou controlados por prestadora de serviços de telecomunicações ou de outros serviços de interesse público, de forma não discriminatória e a preços e condições justos e razoáveis. Parágrafo único. Caberá ao órgão regulador do cessionário dos meios a serem utilizados definir as condições para adequado atendimento do disposto no *caput*".

8. Conferindo implementação a regra acima, a Anatel editou o "Regulamento Conjunto para Compartilhamento de Infra-estrutura dos Setores de Energia Elétrica, Telecomunicações e Petróleo" (*anexo*), que comporta inclusive a hipótese da consulta relativa ao "gás".

9. Referido ato administrativo, consoante é possível verificar de seu texto, estabelece as diretrizes para o uso compartilhado da infra-estrutura dos serviços de interesse público, dentre eles o gás natural.

10. Dentre os princípios que orientam o uso compartilhado, ressaltamos a igualdade, a não discriminação e a função social na utilização dos equipamentos.

11. Cremos que o documento anexo dá plenas condições para uma ação negociada estabelecendo um processo amplo de ajustes visando à satisfação do interesse público envolvido.

12. Não é admitido o uso objetivando vantagens na competição, condições abusivas ou obstrução intencional das negociações.

Cremos que os elementos essenciais para o encaminhamento da consulta foram deduzidos.

É o parecer,

S. M. J.

São Paulo, 24 de junho de 1999

4. A jurisprudência do extinto Tribunal Federal de Recursos deixou clara a possibilidade da existência de desapropriação de bens de autarquias federais pelo Estado-membro não afetados a uma atividade administrativa em nome do interesse público. Nesse sentido, ap. 40.526-SP, 6ª T., j. 4.5.88, rel. Ministro Carlos Mário Velloso.

ESTUDOS E COMENTÁRIOS

RESPONSABILIDADE DA ADMINISTRAÇÃO PÚBLICA POR DÉBITOS PREVIDENCIÁRIOS DOS SEUS CONTRATADOS

EDUARDO ROCHA DIAS

Mestre pela Faculdade de Direito da Universidade Federal do Ceará — Professor de Direito Previdenciário da Universidade de Fortaleza — Advogado

1. Introdução

Os contratos administrativos, regidos pela Lei 8.666/93, sujeitam-se a um regime jurídico específico, decorrente das peculiaridades dos entes que neles intervêm. Voltadas à consecução do interesse público, por definição indisponível, tais avenças se sujeitam a regras disciplinadoras de cláusulas conhecidas como exorbitantes, que as afastam dos contratos regidos pelo direito privado.[1]

Entre tais cláusulas, apontam-se as seguintes, indicadas por Maria Sylvia Zanella Di Pietro:[2] possibilidade de exigência de garantia (art. 56 da Lei 8.666/93), faculdade de a administração alterar unilateralmente os termos do contrato, em determinadas circunstâncias, mantendo-se, porém, seu equilíbrio econômico-financeiro (arts. 58, I; e 65, I, da Lei de Licitações), possibilidade de rescisão unilateral (arts. 58, II; 78, I a XII e XVII; e 79, I), faculdade de a administração fiscalizar a execução da avença e aplicar penalidades[3] (arts. 58, III e IV; 67 e 87), possibilidade de anulação de atos eivados de ilegalidade, de retomada do objeto para assegurar a continuidade da execução do contrato (art. 80 da Lei de Licitações) e restrições ao uso da *exceptio non adimpleti contractus*.

Merece ser ressaltada, ainda, a limitação da responsabilidade do Poder Público por débitos do contratado. Como se depreende do art. 71 da Lei 8.666/93, o contratado é responsável pelos encargos trabalhistas, previdenciários, fiscais e comerciais resultantes da execução do contrato. Referido dispositivo, porém, alude à circunstância de o Poder Público responder solidariamente

1. Celso Antônio Bandeira de Mello (*Curso de Direito Administrativo*, São Paulo, Malheiros Editores, 1994, p. 325) leciona que estas cláusulas são havidas como necessárias "para garantir a regular satisfação do interesse público substanciado no contrato".

2. *Direito Administrativo*, São Paulo, Atlas, 1998, pp. 222-228.

3. A respeito da aplicação de sanções, veja-se o nosso *Sanções Administrativas Aplicáveis a Licitantes e Contratados* (São Paulo, Dialética, 1997).

com o contratado por débitos previdenciários. O teor do art. referido é o seguinte: "Art. 71. O contratado é responsável pelos encargos trabalhistas, previdenciários, fiscais e comerciais resultantes da execução do contrato. § 1º. A inadimplência do contratado com referência aos encargos trabalhistas, fiscais e comerciais não transfere à Administração Pública a responsabilidade por seu pagamento, nem poderá onerar o objeto do contrato ou restringir a regularização e o uso das obras e edificações, inclusive perante o Registro de Imóveis. § 2º. A Administração Pública responde solidariamente com o contratado pelos encargos previdenciários resultantes da execução do contrato, nos termos do art. 31 da Lei 8.212, de 24 de julho de 1991".

A redação do § 2º do art. 71 decorre da Lei 9.032, de 28.4.1995, e consagrou a responsabilidade solidária da administração por débitos previdenciários do contratado resultantes da execução do contrato. Não são, portanto, todos os débitos do contratado que se sujeitam a tal solidariedade:[4] apenas os decorrentes da execução do contrato, como, por exemplo, as contribuições devidas em razão do pagamento de remuneração aos empregados do contratado que prestam serviços ao contratante. O § 2º do art. 71 limita ainda tal responsabilidade aos termos fixados pelo art. 31 da Lei 8.212/91.

Ora, referido art. 31 da Lei 8.212/91 teve sua redação modificada pela Lei 9.711, de 20.11.1998. Como se examinará logo em seguida, o art. 31 da Lei 8.212/91 deixou de consagrar hipótese de responsabilidade solidária, passando a fixar que o contratante de serviços executados mediante cessão de mão-de-obra se tornou obrigado a reter e recolher ao INSS, em nome do contratado, o percentual de 11% do valor da fatura de prestação do serviço, o que caracteriza substituição tributária.[5]

O advento da Lei 9.711/98 impõe questionamentos acerca da sujeição ou não do Poder Público às suas disposições: teria se operado a revogação do § 2º do art. 71 da Lei 8.666/93? A administração passou a se sujeitar à retenção disciplinada pelo art. 31 da Lei 8.212/91, em sua nova redação, ou ainda é responsável solidária perante a Previdência por débitos do contratado? Estes são os problemas que se pretende enfrentar no presente estudo.

2. *Breve histórico da responsabilidade do Poder Público por débitos previdenciários do contratado*

A solidariedade não se presume: nos termos do art. 896 do Código Civil, decorre

4. Nesse sentido, veja-se Marçal Justen Filho, *Comentários à Lei de Licitações e Contratos Administrativos* (São Paulo, Dialética, 1998, pp. 531-532).

5. A atual redação do art. 31 da Lei 8.212/91 é a seguinte: "Art. 31. A empresa contratante de serviços executados mediante cessão de mão-de-obra, inclusive em regime de trabalho temporário, deverá reter onze por cento do valor bruto da nota fiscal ou fatura de prestação de serviços e recolher a importância retida até o dia dois do mês subsequente ao da emissão da respectiva nota fiscal ou fatura, em nome da empresa cedente da mão-de-obra, observado o disposto no § 5º do art. 33. § 1º. O valor retido de que trata o *caput*, que deverá ser destacado na nota fiscal ou fatura de prestação de serviços, será compensado pelo respectivo estabelecimento da empresa cedente da mão-de-obra, quando do recolhimento das contribuições destinadas à Seguridade Social devidas sobre a folha de pagamento dos segurados a seu serviço. § 2º. Na impossibilidade de haver compensação integral na forma do parágrafo anterior, o saldo remanescente será objeto de restituição. § 3º. Para os fins desta Lei, entende-se como cessão de mão-de-obra a colocação à disposição do contratante, em suas dependências ou nas de terceiros, de segurados que realizem serviços contínuos, relacionados ou não com a atividade-fim da empresa, quaisquer que sejam a natureza e a forma de contratação. § 4º. Enquadram-se na situação prevista no parágrafo anterior, além de outros estabelecidos em regulamento, os seguintes serviços: I — limpeza, conser-

da lei ou da vontade das partes.[6] Em se tratando, porém, de instituição de responsabilidade solidária da administração pública por débitos previdenciários, somente a lei, em sentido formal e material, pode instituí-la. E isso em virtude não apenas do art. 37 da Constituição, mas também em decorrência do princípio da legalidade em matéria tributária (arts. 146 e 150, I, da Carta Magna), aplicável às contribuições sociais por terem sido estas incluídas no Sistema Tributário Nacional pela Lei Maior (art. 149).

Tal responsabilidade solidária, no tocante à execução de obras de construção civil, era expressa nos arts. 139, § 2º, e 154 do Decreto 89.312, de 23.1.1984 (Consolidação das Leis da Previdência Social). O advento, porém, do Decreto-lei 2.300, de 21.11.1986, que passou a dispor sobre licitações e contratos da Administração Federal, a afastou, conforme se depreende de seu art. 61, § 1º: "Art. 61. O contratado é responsável pelos encargos trabalhistas, previdenciários, fiscais e comerciais, resultantes da execução do contrato. § 1º. A inadimplência do contratado, com referência aos encargos referidos neste artigo, não transfere à Administração Pública a responsabilidade de seu pagamento, nem poderá onerar o objeto do contrato ou restringir a regularização e o uso das obras e edificações, inclusive perante o Registro de Imóveis".

Com o advento da Lei 8.212/91, seu art. 31 voltou a consagrar a responsabilidade solidária do contratante de qualquer serviço executado mediante cessão de mão-de-obra, inclusive em regime de trabalho temporário.[7] O Decreto 612, de 21.7.1992, que na época veiculou o Regulamento da aludida Lei 8.212/91, dispôs sobre tal responsabilidade solidária a partir de seu art. 42, esclarecendo, nos §§ 3º e 4º de seu art. 46, que: "Art. 46. (...) § 3º. Entende-se como cessão de mão-de-obra a colocação, à disposição do contratante, em suas dependências ou nas de terceiros, de segurados que realizem serviços contínuos cujas características impossibilitem plena identificação dos fatos geradores das contribuições, independentemente da natureza e da forma de contratação. § 4º. Enquadram-se na situação prevista no § 3º as seguintes atividades: a) construção civil; b) limpeza e conservação; c) manutenção; d) vigilância; e) segurança e transporte de valores; f) transporte de cargas e passageiros; g) outras atividades definidas pelo MTA".

Com a posterior edição da Lei de Licitações (Lei 8.666/93), a redação original de seu art. 71, semelhante ao art. 61 do revogado Decreto-lei 2.300/86, fez desaparecer a responsabilidade solidária da administração pública por débitos de seus contratados com a Previdência Social. Somente com a Lei 9.032, de 28.4.1995 é que tal responsabilidade solidária foi restabelecida.

Referido diploma modificou o art. 31 da Lei 8.212/91 e o § 2º do art. 71 da Lei

vação e zeladoria; II – vigilância e segurança; III — empreitada de mão-de-obra; IV — contratação de trabalho temporário na forma da Lei 6.019, de 3 de janeiro de 1974. § 5º. O cedente da mão-de-obra deverá elaborar folhas de pagamento distintas para cada contratante".

6. O parágrafo único do art. 896 do CC esclarece que há solidariedade quando, na mesma obrigação, concorre mais de um devedor ou mais de um credor, cada um obrigado ou com direito à dívida toda. Na solidariedade tributária comparecem dois ou mais devedores, os quais podem ser cobrados pelo credor comum pela totalidade do débito. Trata-se de solidariedade passiva na qual inexiste benefício de ordem, conforme dispõe o parágrafo único do art. 124 do CTN.

7. Assim dispunha o art. 31 da Lei 8.212/91 em sua redação original: "Art. 31. O contratante de quaisquer serviços executados mediante cessão de mão-de-obra, inclusive em regime de trabalho temporário, responde solidariamente com o executor pelas obrigações decorrentes desta Lei, em relação aos serviços a ele prestados, exceto quanto ao disposto no art. 23, § 1º. Fica ressalvado o direito regressivo do contratante contra o executor e admitida a retenção de importâncias a este devidas para garantia do cumprimento das obrigações desta Lei, na forma estabelecida em regulamento".

8.666/93, prevendo que os contratantes de quaisquer serviços executados mediante cessão de mão-de-obra, inclusive em regime de trabalho temporário, respondiam solidariamente com o executor pelas obrigações decorrentes da Lei 8.212/91, em relação aos serviços a ele prestados, exceto quanto ao disposto no seu art. 23. Isto é, o contratante de tais serviços, inclusive a Administração Pública, respondia solidariamente com o contratado pelos débitos previdenciários referentes a contribuições incidentes sobre a remuneração dos obreiros do contratado designados para a prestação do serviço. Posteriormente, a Lei 9.528, de 10.12.1997, esclareceu que tal solidariedade não comportava, em qualquer hipótese, benefício de ordem. A mesma não abrangia as contribuições incidentes sobre o faturamento e o lucro, mas somente as incidentes sobre a remuneração paga a segurados que prestam serviço ao contratante.

Ressalvava-se, ainda, o direito regressivo do contratante contra o executor (contratado) e admitia-se a retenção de importâncias a este devidas para garantia do cumprimento das obrigações da Lei 8.212/91. Tal responsabilidade solidária somente se afastava na hipótese de o executor do serviço (contratado) provar o recolhimento prévio das contribuições incidentes sobre a remuneração dos segurados incluídos em nota fiscal ou fatura correspondente aos serviços executados, quando da quitação da referida nota fiscal ou fatura. O cedente da mão-de-obra (contratado) deveria elaborar folhas de pagamento e guias de recolhimento distintas para cada contratante. Este deveria exigir do contratado, antes da quitação da nota fiscal ou fatura relativa aos serviços prestados, cópia da guia de recolhimento quitada e respectiva folha de pagamento. Esta era a forma do contratante elidir tal responsabilidade solidária.

Objetivava tal dispositivo tornar os contratantes de serviços executados mediante cessão de mão-de-obra, aí incluída a administração pública, verdadeiros auxiliares da Previdência, já que, caso não tomassem as cautelas indicadas acima, poderiam vir a ser responsabilizados solidariamente. Na prática, porém, mostrou-se difícil operacionalizar tal responsabilidade solidária. Necessário era, em primeiro lugar, se constituir o crédito a partir de elementos constantes na contabilidade do prestador do serviço em consonância com o fato gerador da obrigação. Somente após tal constituição é que se poderia cobrar o débito, quer seja do devedor "principal" (contratado), quer seja do devedor solidário (contratante). O INSS, porém, adotando medida que revela grande comodismo, fixou, através de simples Ordem de Serviço (de n. 176, de 5.12.1997), que o valor relativo à contribuição devida poderia ser calculada mediante a aplicação de um percentual sobre o valor constante em nota fiscal ou fatura de prestação de serviços, grandeza que não guarda nenhuma relação com o fato gerador do tributo: o crédito de remuneração devida aos obreiros da empresa contratada.[8] Tal critério era ilegal e motivou a irresignação de diversos contribuintes.

De qualquer forma, o entendimento da Consultoria Jurídica do Ministério da Previdência e da Assistência Social, no tocante à responsabilidade solidária dos órgão e integrantes da Administração Pública, expressa no Parecer 717/96, é a seguinte: a) até 24.11.1986 (publicação do Decreto-lei 2.300/86), de 25.7.1991 (publicação da Lei 8.212/91) a 21.6.1993 (publicação da Lei 8.666/93) e de 29.4.1995 (publicação da Lei 9.032/95) em diante, os órgãos públicos são responsáveis solidariamente com seus contratados e devem recolher as contribuições previdenciárias, caso aqueles não o fizerem; b) de 25.11.1986 a 24.7.1991 e de 22.6.1993 a

8. Enio Zaha, no artigo "Contribuição previdenciária – Imposição de solidariedade à beneficiária dos serviços", in *Revista Dialética de Direito Tributário* 33/34-39, jun. 1998, aborda os problemas decorrentes da aplicação da Ordem de Serviço INSS 176/97, concluindo ser a mesma ilegal, já que não poderia ter fixado como critério de cálculo da contribuição devida o valor da fatura ou nota fiscal.

28.4.1995, a administração pública está exonerada deste encargo.

Finalmente, com a Lei 9.711/98, foi modificada a redação do art. 31 da Lei 8.212/91, desaparecendo a responsabilidade solidária anteriormente prevista e sendo instituída, a partir de fevereiro de 1999, a obrigação de o contratante de serviços executados mediante cessão de mão-de-obra reter onze por cento do valor bruto da fatura ou da nota fiscal, recolhendo o valor respectivo ao INSS em nome do contratado.

Tal retenção foi regulamentada pelo art. 219 do Decreto 3.048, de 6.5. 1999, e pela Ordem de Serviço 209, de 20.5.1999, da Diretoria de Arrecadação e Fiscalização do INSS. Justifica-se, no entanto, examinar sua aplicabilidade aos órgãos e entidades da administração pública, já que não houve revogação expressa do art. 71, § 2º, da Lei 8.666/93.

3. Regime jurídico da retenção determinada pela Lei 9.711/98

Antes de examinar tal aplicabilidade, cumpre definir o regime jurídico da retenção.

Subjaz à argumentação desenvolvida neste estudo a compreensão de que as contribuições de Seguridade Social revestem natureza tributária. Com efeito, o gênero tributo não tem como espécies apenas os impostos, as taxas e a contribuição de melhoria, que podem ser instituídos pela União, pelos Estados, pelo Distrito Federal e pelos Municípios, referidas pelos incs. I, II e III do art. 145 da Carta Magna. Inserida no mesmo Capítulo da Constituição, dedicado ao Sistema Tributário Nacional, tem-se a previsão da possibilidade de a União instituir empréstimos compulsórios (art. 148) e contribuições sociais, de intervenção no domínio econômico e de interesse das categorias profissionais ou econômicas (art. 149), além da possibilidade dos Estados, do Distrito Federal e dos Municípios criarem contribuição, cobrada de seus servidores, para o custeio, em benefício destes, de sistemas de previdência e assistência social (art. 149, parágrafo único).

No magistério de Hugo de Brito Machado,[9] as contribuições sociais caracterizam-se "pela correspondente finalidade. Não pela destinação do produto da respectiva cobrança, mas pela finalidade da instituição, que induz a idéia de vinculação de órgãos específicos do Poder Público à relação jurídica com o respectivo contribuinte. (...) Diante da vigente Constituição, portanto, pode-se conceituar a contribuição social como espécie de tributo com finalidade constitucionalmente definida, a saber, intervenção no domínio econômico, interesse de categorias profissionais ou econômicas e seguridade social. É induvidosa, hoje, a natureza tributária dessas contribuições".

Nesse sentido, lembre-se já ter sido expresso pelo Supremo Tribunal Federal, no RE 148.754-2, relatado pelo Ministro Carlos Velloso, o entendimento de integrarem as contribuições de Seguridade Social as espécies tributárias. Vinculam-se as mesmas a um orçamento próprio, previsto pelo art. 165, § 5º, inc. III, da Constituição, sujeitando-se a regras específicas, veiculadas pelo art. 195 da Carta Magna, mas também a regras gerais de direito tributário, tal como determina o art. 149 da Lei Maior.

Entre tais regras gerais, tem-se a sujeição aos limites traçados pelo art. 146, inc. III, da Carta Magna, que determina caber à lei complementar o estabelecimento de normas gerais em matéria de legislação tributária, especialmente sobre: a) definição de tributos e de suas espécies, bem como, em relação aos impostos discriminados pela Constituição, a dos respectivos fatos geradores, bases de cálculo e contribuintes; b) obrigação, lançamento, crédito, prescrição e decadência tributários; c) adequado tratamento tributário ao ato cooperativo praticado pelas sociedades cooperativas.[10]

9. *Curso de Direito Tributário*, São Paulo, Malheiros Editores, 1998, pp. 305-306.

10. A sujeição das contribuições de Seguridade Social aos limites definidos pelo art. 146, III, da Carta Magna ocorre ainda que as mesmas sejam consideradas impostos ou taxas, como entendem

A retenção prevista pelo art. 31 da Lei 8.212/91, com a redação da Lei 9.711/98, sujeita-se, portanto, às normas gerais fixadas pela lei complementar a que alude o art. 146, inc. III, da Constituição, isto é, pelo Código Tributário Nacional. Ao dispor sobre a responsabilidade pelo pagamento de um tributo, sobre base de cálculo e alíquota, bem como sobre crédito e obrigação tributária, no que pertine às empresas que prestam serviços mediante cessão de mão-de-obra, deve guardar estrita consonância com as disposições do Código Tributário Nacional. Cumpre, destarte, examinar o delineamento normativo de tal retenção, bem como qual é o regime jurídico que se lhe deve aplicar.

A retenção, com posterior recolhimento ao INSS, a cargo do contratante, de 11% do valor bruto da nota fiscal ou fatura, constitui antecipação do pagamento da contribuição devida pelo contratado, cedente da mão-de-obra, incidente sobre a remuneração dos segurados a seu serviço colocados à disposição do contratante, nas suas dependências ou nas de terceiros. Nesse sentido, o item 10 da Ordem de Serviço 209, de 20.5.1999, da Diretoria de Arrecadação e Fiscalização do INSS, conceitua retenção como "o valor referente à *antecipação* compensável relativo à parcela de 11% (onze por cento) descontada, pela empresa contratante, do valor bruto dos serviços realizados e constantes da nota fiscal, fatura ou recibo" (grifou-se).

O contribuinte é o prestador do serviço, cedente da mão-de-obra, que remunera os segurados colocados à disposição do contratante. O fato gerador da contribuição é o crédito, confirmado pelo posterior pagamento, de tal remuneração, no caso salários, caso aqueles segurados sejam empregados, como se depreende do art. 22 da Lei 8.212/91. Podem ainda ser autônomos associados a uma cooperativa de trabalho, a qual se sujeita ao art. 31 da Lei 8.212/91 por força do item 21 da Ordem de Serviço 209/99. Nesse caso, a cooperativa deve recolher a contribuição prevista pela Lei Complementar 84/96, incidente sobre a remuneração paga aos seus associados por serviços prestados a pessoas jurídicas. Podem, ainda, ser os próprios sócios ou titulares da pessoa jurídica, como se depreende do item 26 do referido ato normativo, hipótese em que a contratante estará dispensada de efetuar a retenção, desde que a contratada não tenha empregados e o seu faturamento no mês imediatamente anterior for igual ou inferior a duas vezes o limite máximo do salário de contribuição.

A referida Ordem de Serviço, em seus itens 20.1, 27.2, 35 e 36, estabelece obrigações acessórias a cargo da empresa cedente, tais como destacar o valor da retenção na fatura, nota fiscal ou recibo, elaborar demonstrativo mensal com o nome das empresas contratantes com a data da emissão da nota fiscal, fatura ou recibo, bem como elaborar folhas de pagamento distintas para cada empresa contratante. O descumprimento de tais obrigações acessórias sujeita a contratada a multa.

Já a empresa contratante deverá efetuar o recolhimento do valor retido, sob pena de se configurar o crime previsto no art. 95, alínea *d*, da Lei 8.212/91, conforme dispõem os itens 32 e 46 da Ordem de Serviço 209/99, sem prejuízo de ser constituído o crédito respectivo contra a mesma. Na ausência de destaque da retenção na nota fiscal, fatura ou recibo, a contratada não poderá efetuar a compensação ou requerer a restituição, salvo se comprovar o efetivo recolhimento da contribuição retida por parte da contratante.

A atribuição de responsabilidade à empresa contratante, tal como se depreende das normas referidas acima, permite caracterizar o instituto previsto pelo art. 31 da Lei 8.212/91 como substituição tributária.[11] O

alguns doutrinadores, a exemplo de Sacha Calmon Navarro Coelho (*Comentários à Constituição de 1988 — Sistema Tributário*, Rio de Janeiro, Forense, 1996, p. 164).

11. Há opiniões respeitáveis no sentido de que a retenção configura, na verdade, empréstimo

art. 121 do CTN, a propósito, ao aludir ao sujeito passivo da obrigação tributária principal, distingue o contribuinte do responsável. O primeiro tem uma relação pessoal e direta com a situação que constitua o fato gerador da obrigação; o segundo, não, decorrendo sua obrigação de disposição expressa de lei.

A empresa tomadora do serviço, ou contratante, não tem relação pessoal e direta com o fato gerador da obrigação tributária de pagar contribuição sobre a remuneração de segurado a serviço da empresa contratada. Aliás, não tem qualquer relação com o fato gerador da respectiva obrigação. Daí, porque, não pode ser considerada contribuinte. Mas poderá ser caracterizada como responsável?

O art. 128 do CTN, a propósito, determina que: "Art. 128. Sem prejuízo do disposto neste Capítulo, a lei pode atribuir de modo expresso a responsabilidade pelo crédito tributário a terceira pessoa, vinculada ao fato gerador da respectiva obrigação, excluindo a responsabilidade do contribuinte ou atribuindo-a a este em caráter supletivo do cumprimento total ou parcial da referida obrigação".

A respeito de referido dispositivo, Hugo de Brito Machado[12] leciona que a responsabilidade de quem não é contribuinte "há de ser atribuída a quem tenha relação com o fato gerador, isto é, a pessoa vinculada ao fato gerador da respectiva obrigação (CTN, art. 128). Não uma vinculação pessoal e direta, pois em assim sendo configurada está a condição de contribuinte. Mas é indispensável uma relação, uma vinculação, com o fato gerador para que alguém seja considerado responsável, vale dizer, sujeito passivo indireto".

A sujeição passiva indireta, por sua vez, pode ser por transferência e por substituição. A respeito de tal distinção, leciona Hugo de Brito Machado:[13] "Diz-se que há transferência quando existe legalmente o sujeito passivo direto (contribuinte) e mesmo assim o legislador, sem ignorá-lo, atribui também a outrem o dever de pagar o tributo, tendo em vista eventos posteriores ao surgimento da obrigação tributária. Diz-se que há substituição quando o legislador, ao definir a hipótese de incidência tributária, coloca desde logo como sujeito passivo da relação tributária que surgirá de sua ocorrência alguém que está a ela diretamente relacionado, embora o fato seja indicador de capacidade contributiva de outros, aos quais, em princípio, poderia ser atribuído o dever de pagar, e que, por suportarem, em princípio, o ônus financeiro do tributo, são geralmente denominados contribuintes de fato".

O art. 31 da Lei 8.212/91 pretende instituir hipótese de substituição tributária, atribuindo ao contratante de empresa que executa serviço mediante cessão de mão-de-obra a responsabilidade pela retenção de valores que antecipam a contribuição devida pela empresa contratada. Sendo a substituição mecanismo peculiar aos tributos não cumulativos e plurifásicos, como o IPI e o ICMS, nos quais, diferentemente das contribuições para a Seguridade Social, há a translação do ônus financeiro do tributo ao longo de uma cadeia de relações, a nova redação do art. 31 da Lei 8.212/91 passou a prever um mecanismo de compensação, através do qual o contribuinte, no caso a empresa contratada, poderá deduzir de suas contribuições devidas ao INSS o montante retido e recolhido antecipadamente pela contratante ou, na hipótese de tal dedução ser impossível, obter a restituição do mesmo. A compensação ou restituição é obtida junto ao INSS, uma vez que o ônus do tributo é suportado pelo contribuinte, diferentemente da substituição tributária que ocorre no âmbito do IR e de outros tributos, em que tal ônus é atribuído ao substituto e a compensa-

compulsório disfarçado, ou ainda nova contribuição incidente sobre o faturamento.

12. *Curso de Direito Tributário*, São Paulo, Malheiros Editores, 1998, p. 106.

13. *Curso de Direito Tributário*, São Paulo, Malheiros Editores, 1998, p. 99.

ção é obtida junto ao contribuinte mediante retenção. O contratado, contribuinte do INSS, recebe o valor devido em razão de um serviço prestado ao contratante já com a dedução do valor retido. Este constitui antecipação do pagamento devido, pelo contratado, ao INSS, a título de contribuição incidente sobre futuro pagamento de remuneração aos segurados a seu serviço.

Apesar de incomum, não há, a princípio, inconstitucionalidade na instituição de um responsável, distinto do contribuinte, ao qual incumbe o recolhimento de contribuição para a Seguridade Social. A Emenda Constitucional 3, de 17.3.1993, a propósito, acrescentou um § 7º ao art. 150 da Carta Magna dispondo que "a lei poderá atribuir a sujeito passivo da obrigação tributária a condição de responsável pelo pagamento de imposto ou *contribuição*, cujo fato gerador deva ocorrer posteriormente, assegurada a imediata e preferencial restituição da quantia paga, caso não se realize o fato gerador presumido"[14] (grifou-se).

O item 34.6 da Ordem de Serviço 209/99, por sua vez, dispõe que na impossibilidade de haver compensação total pelo estabelecimento da empresa cedente, o saldo, necessariamente, será objeto de pedido de restituição, ao qual se deve dar tratamento prioritário, nos termos do item 43 do mesmo ato normativo.

Impende indagar, porém, se o art. 31 da Lei 8.212/91, com a redação da Lei 9.711/98, ao definir o responsável pelo recolhimento da contribuição incidente sobre a remuneração dos segurados da empresa que presta serviços mediante cessão de mão-de-obra, observou os limites traçados pelo art. 128 do CTN e pela CF.

4. Inexistência de vinculação entre o responsável — empresa contratante — e o fato gerador da obrigação. Lesão ao princípio da capacidade contributiva

Como visto acima, o sujeito ao qual foi imputada responsabilidade pelo recolhimento da contribuição ora analisada não tem qualquer relação com o fato gerador da obrigação.

O fato gerador vem a ser a situação definida em lei como necessária e suficiente à sua ocorrência (art. 114, CTN). Constitui a descrição hipotética veiculada pela norma de uma situação que, uma vez ocorrida, faz surgir a obrigação de pagar o tributo. Não se confunde com a base de cálculo, a qual vem a ser o aspecto da realidade a partir do qual, em conjunto com outros elementos (alíquotas, adições e subtrações previstas em lei), se quantifica o tributo devido. Pode até deixar de existir base da cálculo, como na hipótese de tributo cujo valor seja previamente fixado, mas não pode deixar de existir o fato gerador.

A Lei 8.212/91, em seu art. 22, I, alude à base de cálculo da contribuição da empresa, no caso o total das remunerações pagas, devidas ou creditadas, a qualquer título, durante o mês, aos segurados empregados que lhe prestem serviço, destinados a

14. É controvertida a constitucionalidade de referido dispositivo, acrescido pela Emenda Constitucional 3/93. A retenção atribuída ao contratante, com efeito de antecipação do pagamento devido pelo contratado a título de contribuição para o INSS, antes da ocorrência do fato gerador desta última, que é o pagamento de remuneração aos segurados a serviço do segundo, viola o princípio de que o contribuinte somente deve se sujeitar ao tributo após a ocorrência do respectivo fato gerador. Tal ocorrência é que permite a adequada mensuração da base de cálculo do tributo e sua quantificação, oferecendo maior segurança ao contribuinte, além de possibilitar a aferição da capacidade econômica deste último. Daí porque Misabel Derzi (atualizadora de *Direito Tributário Brasileiro*, de Aliomar Baleeiro, Rio de Janeiro, Forense, 1999, p. 739) e Hugo de Brito Machado (*Aspectos Fundamentais do ICMS*, São Paulo, Dialética, 1997, pp. 116-117) consideram tal norma, acrescida pela Emenda Constitucional 3/93, inconstitucional. O último autor citado, porém, noticia que o Superior Tribunal de Justiça tem reconhecido a validade do § 7º do art. 150 da Carta Magna.

retribuir o trabalho, qualquer que seja a sua forma. A base de cálculo da contribuição da empresa incidente sobre a remuneração paga a autônomos, trabalhadores avulsos e demais pessoas físicas que lhe prestam serviços sem vínculo empregatício é tratada pelo art. 1º, I, da Lei Complementar 84/96. Mas qual vem a ser o fato gerador de ditas contribuições, a fim de se determinar se o contratante de serviços executados mediante cessão de mão-de-obra está ou não ao mesmo vinculado?

Tal fato gerador vem a ser o crédito, agregado ao patrimônio de trabalhador considerado segurado obrigatório, decorrente da prestação de serviços, seja no âmbito de uma relação de emprego, seja no âmbito de uma relação de trabalho não subordinado. O fato gerador não é propriamente o pagamento da remuneração, mas o surgimento do crédito ao referido pagamento.[15] Essencial, portanto, para o nascimento do fato gerador, é assegurar o ordenamento jurídico o direito à remuneração como decorrência do trabalho de um segurado obrigatório. Inexistindo tal direito, como na hipótese de serviços executados gratuitamente por diretores de uma fundação sem fins lucrativos, não surge o fato gerador.

Ora, o direito ao pagamento de remuneração surge no âmbito de uma relação existente entre o trabalhador, de um lado, e o empregador ou a entidade para a qual presta serviços sem vínculo de emprego, no outro lado. O empregado ou autônomo colocado à disposição do contratante de serviços executados mediante cessão de mão-de-obra aufere sua remuneração não do tomador do serviço, mas sim da empresa contratada. Em regra, é indiferente para o contratante a pessoa dos obreiros que o contratado coloca à sua disposição. A relação existente entre contratante e contratado não se confunde com o vínculo existente entre este e os empregados ou autônomos que disponibiliza para o primeiro. Daí porque é evidente a lesão ao art. 128 do CTN decorrente da nova sistemática instituída pela Lei 9.711/98.

Tal fato gerador, pagamento de remuneração a empregado e a autônomo, não tem qualquer nexo jurídico com a relação existente entre o contratante e o contratado. Esta relação é de índole contratual, regendo-se pelo direito privado, com exceção dos contratos firmados com o Poder Público, regidos pela Lei de Licitações. Dentre as cláusulas de referida avença encontra-se a que prevê a remuneração do contratado em razão dos serviços prestados. Essa remuneração, nos contratos em que há cessão de mão-de-obra, abrange a paga devida aos obreiros colocados nas dependências do contratante ou de terceiros. Mas o pagamento dos segurados a serviço do cedente de mão-de-obra ocorre em um momento posterior, no âmbito de outra relação jurídica, geralmente de cunho trabalhista, sem qualquer vínculo com a relação existente entre contratante e contratado.

O art. 128 já mencionado impõe a necessária vinculação, que é indireta, entre o responsável e o fato gerador da obrigação tributária. Misabel Derzi[16] justifica tal exigência da seguinte forma: "A exigência de vinculação do responsável se faz em obediência ao princípio da capacidade econômica, a fim de que, por meio de retenção — como ocorre no Imposto de Renda recolhido pela fonte pagadora — ou reembolso, possa o responsável se ressarcir do tributo pago. É que o sujeito passivo natural, que tirou proveito econômico do fato jurídico, como ensinou Rubens Gomes de Sousa, é o contribuinte, a pessoa que tem relação pessoal direta com a situação jurídica em que se constitui o fato gerador da obrigação tributária, conforme art. 121 do CTN. Por razões de pratici-

15. Wladimir Novaes Martinez, *Curso de Direito Previdenciário*, t. II, São Paulo, LTr, 1998, pp. 234-235.

16. Nota atualizadora aos comentários de Aliomar Baleeiro ao art. 128 do Código Tributário Nacional, in *Direito Tributário Brasileiro*, Rio de Janeiro, Forense, 1999, p. 737.

dade, comodidade na arrecadação, garantia do crédito e proteção contra a evasão, o legislador pode eleger pessoa diversa, o chamado responsável. Por isso mesmo, o art. 128, garantindo o princípio da capacidade econômica, determina que o responsável tributário seja vinculado indiretamente com o fato descrito na hipótese de incidência da norma básica".

A ilustre professora mineira distingue, na hipótese de instituição de responsabilidade tributária, a existência de duas normas distintas: a norma básica, que descreve o fato gerador da obrigação tributária, e a norma secundária, que prevê o fato que enseja a responsabilização do sujeito passivo não-contribuinte. O fato descrito na norma secundária deve estar relacionado com o fato descrito na norma básica, dele dependendo. Ora, na hipótese prevista pelo art. 31 da Lei 8.212/91, com a redação da Lei 9.711/98, o fato descrito na norma básica (ser devida remuneração a segurados empregados ou autônomos) não tem qualquer conexão com o fato descrito pela norma secundária (pagar a uma empresa o valor referente a serviço prestado mediante cessão de mão-de-obra, valor esse incluído em nota fiscal, fatura ou recibo).

Tem-se, por conseqüência, que a nova redação do art. 31 da Lei 8.212/91 impacta o que determina o art. 128 do CTN. Não poderia ser prevista a hipótese de responsabilidade por substituição ora analisada, a não ser que houvesse relação indireta entre o responsável e o fato gerador da respectiva obrigação. Em tributos como o IPI e o ICMS, a cadeia de relações existente desde o comerciante e o industrial até o consumidor assegura a possibilidade do substituto obter uma compensação ou um ressarcimento pelo tributo pago, vez que se vincula, ainda que indiretamente, ao fato gerador da obrigação.

No caso ora examinado, isso não ocorre. Quem sofre o ônus da retenção efetuada pelo contratante é o contribuinte (contratado), que tem diminuída a receita decorrente da prestação do serviço. Com efeito, na substituição tributária o comum é o terceiro responsável suportar o ônus da exação, devendo ser-lhe assegurada a possibilidade de ressarcimento, normalmente por retenção junto ao contribuinte, conforme ensina Geraldo Ataliba.[17] A substituição consagrada pelo art. 31 da Lei 8.212/91, com a redação da Lei 9.711/98, inverte tal perspectiva: o ônus é do contribuinte, que presta um serviço ao substituto, e é pago por este com a dedução de um valor retido que antecipa a contribuição devida ao INSS. O contribuinte (contratado) é quem terá que buscar a compensação ou a restituição do valor retido pelo contratante que supere o montante da contribuição devida ao INSS. A retenção e o recolhimento, relembre-se, ocorreram antes do fato gerador da obrigação. É previsto que o contratado efetue compensação ou peça restituição junto ao INSS, e não junto ao "retentor" (contratante), justamente por inexistir vinculação entre este e o fato gerador da obrigação.

A jurisprudência do Supremo Tribunal Federal e, mais recentemente, a do Superior Tribunal de Justiça, porém, exige tal vinculação: "ICM. Atribuição a terceiro da condição de responsável pelo crédito tributário. O art. 128 do CTN, ainda vigente, só a permite se houver vinculação do terceiro ao fato gerador, pelo que já não é possível, em conseqüência da revogação do art. 58, § 2º, II, do mesmo Código, pelo Decreto-lei n. 406/68, atribuir ao industrial ou comerciante atacadista a responsabilidade pelo tributo devido pelo comerciante varejista (...)" (STF, RE 77462/MG, rel. Min. Bilac Pinto, *DJU* de 11.4.1975).

"(...) O substituto tributário, em face do CTN, deverá ser sempre alguém vinculado ao fato gerador, sendo de todo incabível que algum terceiro (estranho em relação ao fato imponível) substitua pretenso devedor que ainda não seja contribuinte relativamente à operação considerada (...)" (STJ, REsp

17. *Hipótese de Incidência Tributária*, São Paulo, Malheiros Editores, 1993, p. 82.

77067/SP, rel. Min. Demócrito Reinaldo, *DJU* de 18.12.1995, p. 44.533).

Além disso, o princípio da capacidade econômica resta violado, vez que o fato eleito pela norma secundária, entendida como a que atribui responsabilidade por substituição ao contratante, não guarda qualquer conexão com o fato gerador da obrigação, nem serve para aferir a condição econômica do contratado. O pagamento feito pelo contratante ao contratado, por serviços prestados por este, não serve como signo indicativo da capacidade econômica para recolher contribuição do cedente da mão-de-obra.

Deve ser lembrado que a capacidade econômica somente poderá ser definida quando da ocorrência do fato gerador da obrigação, o surgimento do crédito ao pagamento de remuneração aos segurados a serviço do contribuinte. A respeito da circunstância da "antecipação" do recolhimento, no âmbito da substituição tributária, não permitir a aferição da capacidade econômica, leciona Misabel Derzi[18] que esta "somente se pode medir no momento da ocorrência do fato jurídico, que é fato signo presuntivo de riqueza (nem antes, nem depois)".

Por óbvio, tal entendimento deve ser cotejado com a redação do § 7º do art. 150 da Constituição, acrescido pela Emenda 3/93, o qual admite a "substituição tributária para a frente", com a cobrança antecipada do tributo. Mas mesmo que tal norma oriunda do Poder Constituinte Derivado seja considerado válida, deverá o substituto tributário ter uma vinculação ao fato gerador da obrigação, bem como o fato que enseja sua responsabilização deverá estar relacionado com o fato gerador da obrigação tributária, indicativo da capacidade econômica do contribuinte, o que não ocorre *in casu*.

Nem se diga que o princípio ora examinado não se aplica às contribuições. Estas se sujeitam ao regime jurídico tributário, do qual constitui elemento nuclear o princípio da capacidade econômica. Nesse sentido, manifesta-se José Marques Domingues de Oliveira,[19] aludindo inclusive a decisões do Supremo Tribunal Federal que afirmaram a natureza tributária das contribuições parafiscais.

Por outro lado, não pode haver dúvidas quanto à submissão das contribuições de Seguridade Social ao princípio da equidade na forma de participação no custeio, previsto pelo art. 194, V, da Carta Magna. Tal princípio estrutural da Seguridade,[20] decorrente do princípio da igualdade, predica que o legislador deve atentar para as condições financeiras dos contribuintes ao criar contribuições. Como leciona Sérgio Pinto Martins,[21] "apenas aqueles que estiverem em iguais condições contributivas é que terão que contribuir da mesma forma".

É inegável, portanto, que o princípio da equidade na forma de participação no custeio aproxima-se do princípio da capacidade contributiva, impondo ao legislador, na eleição do fato gerador da contribuição, a observância da condição econômica do contribuinte.

5. A Administração Pública e a retenção determinada pela Lei 9.711/98

Os itens 29.1.1 e 53 da Ordem de Serviço 209/99 não deixam margem a dúvidas no tocante ao intuito de se pretender sujeitar a administração pública direta e indireta à retenção regulada pelo aludido ato normativo.

18. Nota atualizadora aos comentários de Aliomar Baleeiro ao art. 128 do Código Tributário Nacional, in *Direito Tributário Brasileiro*, Rio de Janeiro, Forense, 1999, p. 740.

19. *Direito Tributário — Capacidade Contributiva*, Rio de Janeiro, Renovar, 1998, pp. 111-112.

20. Wladimir Novaes Martinez, *Comentários à Lei Básica da Previdência Social*, t. I, Plano de Custeio, São Paulo, LTr, 1994, pp. 12-13.

21. *Direito da Seguridade Social*, São Paulo, Atlas, 1999, p. 71.

Ocorre, porém, que o art. 31 da Lei 8.212/98, em sua nova redação, não foi explícito quanto à revogação ou não, para o Poder Público, da sistemática da solidariedade pelo recolhimento de contribuições sociais, introduzida pela Lei 9.032/95, que modificou a redação do art. 71 da Lei 8.666/93.

Com efeito, o § 2º deste último dispositivo, com a redação da Lei 9.032/95, prevê a responsabilidade solidária da administração pública com o contratado pelos encargos previdenciários resultantes da execução do contrato. Referida norma não foi expressamente revogada pela Lei 9.711/98, que não dispõe acerca de contratos administrativos. O entendimento do INSS, no entanto, é que as disposições deste último diploma também se aplicam às contratações firmadas pela administração. A Lei 9.711/98 prevaleceria diante do que determina o art. 71, § 2º, da Lei 8.666/93.

A Lei de Introdução ao Código Civil, a propósito, em seu art. 2º, § 1º, determina que a lei posterior revoga a anterior quando expressamente o declare, quando seja com ela incompatível ou quando regule inteiramente a matéria de que tratava a anterior. Ora, a Lei 9.711/98 não é expressa no tocante à revogação da Lei 9.032/95 e do § 2º do art. 71 da Lei 8.666/93, nem regula inteiramente a matéria objeto das mesmas. Será, portanto, com elas incompatível? A rigor é perfeitamente defensável o entendimento de que a administração pública pode ter regras próprias, diversas das aplicáveis aos contratantes privados, no tocante aos débitos previdenciários de seus contratados. Já foi assim antes do advento da Lei 9.032/95, quando havia um regime jurídico diferenciado no tocante aos débitos previdenciários dos contratados pela administração pública e por empresas privadas: para a Administração não havia a solidariedade prevista para os contratantes privados. Foi com a Lei 9.032/95 que a administração voltou a ser responsável solidária, como visto no item 2 *supra*.

Afinal, não se pode tratar da mesma forma um contratante privado e uma entidade ou órgão integrante da administração. Presumivelmente solvente, o Poder Público tem condições de responder perante o INSS de forma bem mais efetiva e expedita do que uma empresa privada, sujeitando-se, por exemplo, à possibilidade de bloqueio de parcelas do Fundo de Participação dos Estados ou do Fundo de Participação dos Municípios.

A omissão da Lei 9.711/98 e a impossibilidade de ordem de serviço dispor sobre o assunto levam à conclusão de que, para a administração, remanesce o regime traçado pela Lei 9.032/95, isto é, a solidariedade, enquanto que para os contratantes privados passou a vigorar a substituição regulada pelo art. 31 da Lei 8.212/91.

Nesse sentido, tem-se que a Lei Complementar 95, de 26.2.1998, que dispõe sobre normas gerais relativas aos padrões de elaboração, redação, alteração e consolidação da legislação federal, em seu art. 9º, exige que seja efetuada a menção expressa das normas revogadas por lei nova: "Art. 9º. Quando necessária a cláusula de revogação, esta deverá indicar expressamente as leis ou disposições legais revogadas".

O objetivo de tal comando é evitar a grave insegurança jurídica decorrente da indeterminação da fórmula "revogam-se as disposições em contrário", geralmente adotada pelo legislador brasileiro quando da elaboração de novas leis. Pretende-se assegurar clareza e propiciar o efetivo cumprimento da norma, explicitando-se o que não mais se encontra em vigor. Observe-se que a Lei 9.711/98, editada após a Lei Complementar 95/98, seguiu o que determina o art. 9º desta última, dispondo, em seu art. 32 que: "Art. 32. Revogam-se a alínea *c* do § 8º do art. 28 e os arts. 75 e 79 da Lei 8.212, de 24 de julho de 1991, o art. 127 da Lei 8.213, de 24 de julho de 1991, e o art. 29 da Lei 8.880, de 27 de maio de 1994".

Nenhum dos dispositivos referidos pelo art. 32 acima transcrito se refere à responsabilidade solidária da administração pública pelos débitos previdenciários de seus contratados, estabelecida pelo art. 71, § 2º, da Lei 8.666/93, o qual, a exemplo da Lei 9.032/95, não foi expressamente revogado pela Lei 9.711/98, pelo que se conclui ser inaplicável à administração pública, enquanto contratante, a substituição regulada pela mesma.

Ives Gandra da Silva Martins Filho,[22] ao analisar o art. 14 do Decreto 2.954, de 29.1.1999, que regulamentou a citada Lei Complementar 95/98, afirmou o seguinte, a respeito da necessidade de previsão expressa de cláusula de revogação: "A tradicional cláusula revogatória geral, inclusa no final das leis brasileiras, expressa sob a fórmula 'revogam-se as disposições em contrário', tem-se mostrado elemento de confusão para o ordenamento jurídico, na medida em que gera volumosas controvérsias sobre se determinadas normas conflitam ou não com a nova lei (art. 14). Daí a necessidade de que sejam expressamente elencadas as normas a serem revogadas, evitando-se, dessarte, as discussões sobre a vigência, ou não, de muitos comandos legais".

No tocante à responsabilidade da administração pública por débitos previdenciários de seus contratados, tem-se que a Lei 9.711/98 não observou esse cuidado, deixando de revogar expressamente a solidariedade prevista pelo art. 71 da Lei 8.666/93, autorizando concluir que é impossível estender-se ao Poder Público a sistemática de retenção agora prevista pelo art. 31 da Lei 8.212/91.

Nem se diga que a remissão do § 2º do art. 71 da Lei 8.666/93 ao art. 31 da Lei 8.212/91 supriria tal vício, tornando válida, para a administração pública, a nova sistemática instaurada pela Lei 9.711/98. É que o art. 71 é expresso ao mencionar solidariedade, e não retenção ou substituição tributária. Esta última há de ser expressamente instituída por lei para ser validamente aplicada ao Poder Público. Simples ordem de serviço jamais poderia se substituir à lei, estabelecendo hipótese de substituição tributária, sob pena de lesão ao art. 128 do CTN e à própria Constituição Federal (arts. 37, *caput*, 146, III, e 150, I).

A solidariedade prevista pelo § 2º do art. 71 da Lei 8.666/93 foi, portanto, mantida, descabendo-se exigir dos órgãos e entidades da administração pública o cumprimento das disposições do art. 31 da Lei 8.212/91, com a redação da Lei 9.711/98, bem como do art. 219 do Decreto 3.048/99 e da Ordem de Serviço 209/99, da Diretoria de Arrecadação e Fiscalização do INSS.

22. "Consolidação e redação das Leis — Lei Complementar 95 e Decreto 2.954/99 — Aplicação à Lei 9.756/98 sobre processamento de recursos nos tribunais", in *Revista Jurídica Virtual da Subchefia para Assuntos Jurídicos da Casa Civil da Presidência da República* 1 (www.planalto.gov.br), mai. 1999.

ESTUDOS E COMENTÁRIOS

A DISTINÇÃO ENTRE COGNIÇÃO E INTERPRETAÇÃO NA TEORIA DA INTERPRETAÇÃO KELSENIANA

MAURÍCIO MOURA PORTUGAL RIBEIRO

Mestrando em Direito pela Pontifícia Universidade Católica de São Paulo

1. Introdução. 2. Natureza da interpretação do Direito na Teoria Pura. 3. O problema da indeterminação do sentido das normas. 4. A onipresença do problema da interpretação. 5. A ambigüidade do termo interpretação do Direito na Teoria Pura do Direito. 6. Os métodos de interpretação do Direito como regras de transformação. 7. Entre interpretação e cognição. 8. Cognição jurídica e não jurídica. 9. A interpretação do Direito: vontade e cognição. 10. A interpretação autêntica. 11. À guisa de conclusão. 12. Bibliografia.

1. Introdução

A preocupação com a cientificidade do conhecimento do direito foi um verdadeiro fio de Ariadne que presidiu a construção e as sucessivas modificações da teoria kelseniana do direito. É possível, portanto, encontrar, algumas vezes de forma explícita, outras vezes, subjacente ao discurso kelseniano, a definição dos requisitos de cientificidade do conhecimento. A noção de "pureza" da *Teoria Pura do Direito* desempenha, neste contexto, a função de estipular as condições mínimas de possibilidade do conhecimento científico do direito, permitindo a realização do corte metodológico de maneira a delinear, em termos kantianos,[1] o objeto formal da ciência do direito e escandi-lo do objeto formal das ciências afins. Kelsen, no entanto, parece utilizar na primeira (1934) e na segunda (1960) versão da Teoria Pura condições de cientificidade não explícitas que influenciam, por exemplo, a sua visão da interpretação como ato de política do direito. Tais condições podem ser patenteadas através do estudo dos critérios entre interpretação e cognição do direito que se manifestam na teoria kelseniana da interpretação.

Este trabalho é uma glosa da teoria da interpretação do direito lavrada por Kelsen na primeira e na segunda versões da Reine Rechtlehre e tem por objetivo demarcar o campo para um posterior tratamento mais sistemático das condições implícitas de objetividade do conhecimento utilizadas por Kelsen entre os anos 30 e o princípio da década de 60. Almejamos, através deste texto, iniciar o trabalho de embasamento de observações realizadas durante curso que ministramos na SBDP-Sociedade Brasileira de

1. Para a discussão a respeito do kantismo ou do suposto kantismo da Teoria Pura do Direito ver Wilson (1986:37-65); Steiner (1996:65-78): Azpúrua (1974:29-54); e Bobbio (1977:191-192).

Direito Público no ano letivo de 1999,[2] no qual analisamos as relações entre direito e política na teoria da interpretação de Kelsen, ocasião em que evidenciou-se a necessidade de começar a formular um pano de fundo que possibilitasse a organização das opiniões que emitimos a respeito da teoria da interpretação kelseniana.

2. A natureza da interpretação do Direito na Teoria Pura

No capítulo final da segunda versão da *Teoria Pura do Direito*, Kelsen esboça de maneira bastante perfunctória uma teoria da interpretação do direito. Kelsen define a interpretação do direito como "*uma operação mental* que acompanha o processo de aplicação do Direito no seu progredir de um escalão superior para um escalão inferior"[3] (grifou-se).

A interpretação do direito é, portanto, para Kelsen, um processo subjetivo que permite a progressão no sentido da concretização e individualização das normas. A interpretação é, neste sentido, o mecanismo pelo qual se deduz, de uma norma superior, uma norma inferior "(...) na hipótese da interpretação da lei, deve responder-se à questão de saber qual o conteúdo que se há de dar à norma individual de uma sentença judicial ou de uma resolução administrativa, norma essa a deduzir da norma geral da lei na sua aplicação a um caso concreto".[4]

A idéia que a interpretação é um meio pelo qual se deduz da norma geral as normas individuais, evoca, do ponto de vista de uma estática normativa, o problema da definição das regras da dedução, problema este que a doutrina tradicional tenta resolver através da proposta de métodos de interpretação. A objetividade da dedução normativa, deste ponto de vista, dependeria por um lado da possibilidade das regras de transformação do sistema jurídico (métodos ou regras de interpretação) permitir migrar o valor verdade (da proposição normativa) ou o valor validade (da norma jurídica) da norma ou proposição aplicanda à norma a partir dela deduzida. A objetividade, portanto, dependeria da possibilidade dos métodos de interpretação do direito funcionarem como critério que permite determinar a correção ou incorreção de uma dedução normativa.

3. O problema da indeterminação do sentido das normas

A interpretação como processo mental necessário à aplicação das normas jurídicas é na Teoria Pura apanágio da indeterminação semântica das normas. A norma de escalão superior vincula de algum modo tanto o processo pelo qual as normas do escalão inferior são produzidas quanto o seu conteúdo. Tal vinculação, entretanto, nunca é absoluta, eis que, na visão kelseniana, o sentido das normas é *sempre* em alguma medida indeterminado. "Esta determinação (a das normas superiores em relação ao conteúdo e ao procedimento necessário para produção das normas inferiores) *nunca* é, porém, completa. A norma do escalão superior não pode vincular em todas as direções (sob todos os aspectos) o ato através do qual é aplicada"[5] (grifou-se).

Kelsen, no entanto, como bem observa Buligyn,[6] não fornece qualquer explicação para tal assertiva. Afirma apenas que a indeterminação do significado é uma característica necessária do enunciado normativo. Todas as normas dariam sempre margem a mais de uma possibilidade de interpretação. As normas seriam, portanto, sempre, no que diz respeito ao seu sentido, em alguma medida, indeterminadas.

2. Sou grato a Carlos Ari Sundfeld e Oscar Vilhena Vieira pela oportunidade de ministrar este curso.

3. Kelsen (1960:363).

4. Idem, ibidem.

5. Kelsen (1960:364).

6. Buligyn (1995:11-15).

Todavia, malgrado a impossibilidade de encerrarem um único significado, as normas demarcam sempre as suas possibilidades de interpretação. Daí por que Kelsen afirma que cada norma estabelece uma moldura na qual estão contidas diversas possibilidades de interpretação, qualquer delas igualmente corretas do ponto de vista da ciência do direito. O sentido das normas é, pois, do ponto de vista cognitivo da ciência do direito, parcialmente determinado e parcialmente indeterminado. A porção determinável corresponde às fronteiras da moldura normativa e exerce apenas um papel negativo, ou seja, estabelece quais interpretações a norma *não* comporta. Já a porção indeterminável corresponde ao espaço interno à moldura normativa. Neste campo, a cognição do ponto de vista da ciência do direito não pode prestar qualquer auxílio ao aplicador do direito na escolha da interpretação correta.

Kelsen aponta algumas causas para a indeterminação do sentido das normas, distinguindo, ademais, as situações em que ocorre intencionalmente das circunstâncias em que é involuntária. A indeterminação intencional ocorreria quando o órgão emissor das normas supusesse que o sentido preciso da hipótese ou da conseqüência prevista na norma fosse realizada pelas normas inferiores que dessem segmento ao processo de sucessiva determinação. Já a indeterminação involuntária resultaria ou da ambigüidade da expressão normativa, realizando uma discrepância entre o conteúdo da norma e a vontade da autoridade que a estabeleceu, ou em decorrência da contradição parcial ou total entre duas normas.

4. A onipresença do problema da interpretação

Kelsen estabelece paralelo entre a tarefa do legislador que, produzindo leis, interpreta a Constituição e o mister do juiz que interpreta leis para criar as sentenças. Assevera, então, que: "A tarefa que consiste em obter, a partir da lei, a única sentença justa (certa) ou o único ato administrativo correto é, no essencial, idêntica à tarefa de quem se propõe, nos quadros da Constituição, criar as únicas leis justas (certas). Assim como da Constituição através da interpretação, não podemos extrair as únicas leis corretas, tampouco podemos, a partir da lei, por interpretação, obter as únicas sentenças corretas".[7]

A diferença, para Kelsen, entre os dois casos é uma diferença apenas quantitativa e não qualitativa. A escolha, por conseguinte, de uma entre as possibilidades de interpretação seria sempre uma função voluntária. A diferença estaria no grau de liberdade experimentado pelo órgão criador da norma que seria maior na medida em que se elevasse a sua posição na hierarquia entre as fontes normativas.[8]

5. A ambigüidade do termo interpretação do Direito na Teoria Pura do Direito

Como bem assinalou Letizia Gianformaggio,[9] a expressão "interpretação do direito" na Teoria Pura do Direito padece de ambigüidade, pois designa duas atividades distintas. A primeira tem a ver com a determinabilidade do sentido das normas jurídicas. A interpretação do direito seria, nesta acepção, a atividade que estabelece a moldura na qual figura os diversos sentidos possíveis da norma a ser aplicada. Tal atividade seria meramente cognitiva. A ciência do direito poderia, portanto, objetivamente determinar a moldura dentro da qual diversas interpretações são possíveis. "Se por interpretação se entende a fixação por via cognoscitiva do sentido do ato a interpretar, o resultado de uma interpretação jurídica somente pode ser a fixação de uma moldura que representa o direito a interpretar e, con-

7. Idem, ibidem.

8. Idem, ibidem.

9. Gianformaggio (1987:87-108).

seqüentemente, o conhecimento das várias possibilidades que dentro desta moldura existem".[10]

Kelsen parece deixar claro que a ciência jurídica estabeleceria esta moldura na medida em que definisse denotativamente (ou seja, através de exemplos) as interpretações possíveis da norma jurídica. As fronteiras do campo semântico ao qual a interpretação das normas dá origem não seriam, destarte, jamais contínuas. Os seus limites constituir-se-iam à medida que o intérprete ou os intérpretes aventassem significados possíveis para uma norma. Razão porque, mais adequado (do que a metáfora da norma como moldura) seria pensá-la como um pontilhado, formado através da enumeração casuística das interpretações possíveis.[11]

O segundo sentido da expressão "interpretação do direito" na Teoria Pura do Direito remete a indeterminabilidade necessária das normas jurídicas. Neste sentido, a interpretação seria a escolha de um entre os diversos significados possíveis contidos no pontilhado normativo. Kelsen defende que não há critérios científicos (objetivos) para a escolha de uma entre tais possibilidades.[12] A eleição, portanto, de uma das interpretações possíveis da norma jurídica seria, do ponto de vista da ciência do direito, um ato aleatório. Daí por que Kelsen afirma que a interpretação, neste sentido, é um ato de vontade. O entendimento (a razão) não desempenharia aqui qualquer função.

Recapitulando rapidamente o exposto neste título, haveriam dois sentidos de interpretação do direito para Kelsen: o primeiro seria a determinação do pontilhado normativo, momento este em que a ciência do direito poderia formular enunciados objetivos, pois o cientista (o sujeito do conhecimento) poderia utilizar a razão (o entendimento, a intelecção);[13] e, o segundo seria a escolha de uma das opções constantes do pontilhado normativo. Tal escolha seria um ato volitivo (irracional).

Utilizaremos, para maior clareza, doravante a expressão "interpretação cognitiva" para nos referirmos ao primeiro sentido; "interpretação volitiva" para aludir ao segundo; e o termo "interpretação" para apontar o processo completo de determinação do significado da norma a ser aplicada.

6. Os métodos de interpretação do direito como regras de transformação

A interpretação do direito é o modo pelo qual se procede a dedução normativa em processo sucessivo de determinação do sentido das normas que inicia nos escalões superiores do ordenamento e atinge o seu fim nas normas inferiores.[14] Os métodos de interpretação deveriam, neste contexto, fazendo uma analogia com os sistemas axiomáticos, funcionar como regras de dedução (ou de transformação), que permitem a transformação dos axiomas (enunciados fundamentais) do sistema em teoremas (enunciados que são deduzidos dos axiomas).

Kelsen, no entanto, constata que a estruturação da estática jurídica por referência ao *more geometrico*, caro às chamadas ciências ideais (como a matemática e a logística), encontra limites na impossibilidade dos métodos de interpretação cumprirem, no direito, a função que as regras de dedução desempenham naquelas ciências.[15]

10. Kelsen (1960:366).

11. A imagem kelseniana da moldura normativa seria adequada na medida em que fosse possível a estipulação de definições mínimas e máximas (conotativas) do sentido do enunciado normativo, hipótese esta que não é aventada por Kelsen.

12. Cf. item 6, *infra*.

13. Kelsen não deixa claro, no entanto, qual seria o critério para determinar: a) quais interpretações estão dentro da moldura normativa; b) quais estão fora; e c) quais servem para delineá-la. Parece supor que a expressão da norma estabeleceria tais limites.

14. Cf. itens 2 e 3, *supra*.

15. Cf. item 2, *supra*.

"Não há absolutamente qualquer método — capaz de ser classificado como de Direito positivo — segundo o qual, das várias significações verbais de uma norma, apenas uma possa ser destacada como 'correta' – desde que, naturalmente, se trate de várias significações possíveis: possíveis no confronto de todas as outras normas."[16]

Por outro lado, Kelsen acha que os métodos de interpretação funcionam no sistema jurídico para estipular as possíveis interpretações das normas jurídicas. "Todos os métodos de interpretação até agora elaborados conduzem sempre a um resultado apenas possível, nunca a um resultado que seja único e correto".[17]

Os métodos de interpretação cumprem, portanto, apenas parcialmente as funções descritas no item 2 *supra*, funções estas que lhe seriam assinaladas nos sistemas axiomáticos, que servem de modelo ao kelseniano. Ou seja, os métodos de interpretação são aptos para a formulação dos sentidos possíveis de uma determinada norma, mas não fornecem critérios objetivos para a escolha de uma entre as diversas possibilidades contidas na moldura normativa. Em outras palavras, a utilização dos métodos de interpretação evidencia diversos enunciados para os quais migra o valor verdade (se o aludido enunciado for uma proposição normativa) ou o valor validade (se o enunciado referido for uma norma jurídica) do objeto da interpretação. Os métodos de interpretação, no entanto, não servem como critério para escolher qual das possibilidades de interpretação deve prevalecer.

O problema neste ponto é que o direito positivo não estabelece critérios para se escolher uma entre as interpretações possíveis. Este problema seria facilmente resolvido, da perspectiva kelseniana, se o direito positivo apontasse qual dos métodos de interpretação deveria prevalecer. Neste sentido é interessante citar com ênfase especial trecho já referido acima "Não há absolutamente qualquer método — *capaz de ser classificado como de Direito positivo* — segundo o qual, das várias significações verbais de uma norma, apenas uma possa ser destacada como 'correta'(...)"[18] (grifou-se).

Uma hierarquização dos métodos de interpretação pelo direito positivo traria como conseqüência, nos quadrantes da teoria kelseniana, a solução do problema aludido.[19]

7. Entre interpretação e cognição

Kelsen defende que a interpretação volitiva das normas só é necessária porque é impossível a cognição. É a impossibilidade de realização de um conhecimento objetivo (uso da faculdade do entendimento para realizar a cognição, uso da razão, da intelecção) que levaria à utilização de um procedimento subjetivo (que tem a ver com a vontade). A interpretação volitiva seria, neste sentido, um supedâneo da cognição. Kelsen propugna, pois, ser completamente contraditória a posição da doutrina tradicional que vê na interpretação um ato de conhecimento do direito.[20] O jurista vienense parece, neste ponto, estar disposto a concordar pelo menos parcialmente com o antigo aforismo sobre a interpretação do direito *in claris cessat interpretatio*, vez que a possibilidade de cognição elidiria a necessidade da interpretação volitiva. No entanto, ao mesmo tempo que concordasse, Kelsen certamente faria uma ressalva irônica: jamais ocorreria a clareza necessária para supressão, pelo menos, da interpretação cognitiva, pois isto só

16. Kelsen (1960:367).

17. Idem, ibidem.

18. Idem, ibidem.

19. Se isto ocorresse poder-se-ia indagar em que medida pode o legislador determinar os meios a serem utilizados pelos juízes na sua tarefa de individualização das normas jurídicas. Ou, em termos caros à dogmática do direito público contemporâneo em que medida haveria alguma sorte de desvio de poder legislativo a configurar invasão de funções exclusivas do poder judiciário.

20. Kelsen (1960:368).

se realizaria se a norma fosse absolutamente unívoca, dando cabida a apenas uma possibilidade de interpretação, hipótese esta que é descartada por Kelsen quando trata do problema da determinabilidade do sentido da norma jurídica.[21]

8. Cognição jurídica e não jurídica

Interessante é notar que, se, por um lado, Kelsen acredita ser a interpretação volitiva um ato não racional, não intelectivo, por outro lado, admite a possibilidade de ser o aludido ato um ato de cognição fundado em regras não jurídicas. "Na medida em que, na aplicação da lei, para além da necessária fixação da moldura dentro da qual se tem de manter o ato a pôr, possa ter ainda lugar uma atividade cognoscitiva do órgão aplicador do direito, não se tratará de um conhecimento do Direito positivo, mas de outras normas que, aqui, no processo da criação jurídica, podem ter a sua incidência: normas de Moral, normas de Justiça, juízos sociais de valor que costumamos designar por expressões correntes como bem comum, interesse do Estado, progresso etc."[22]

A contradição parece evidente mas pode ser explicada se conseguirmos visualizar alguns traços do kantismo que funcionam, como pano de fundo de trechos da *Teoria Pura do Direito*. Kelsen não restringe o conhecimento objetivo (cognição) a respeito do objeto material "direito" à ciência do direito. Kelsen preocupa-se apenas em determinar as condições de possibilidade de um conhecimento objetivo, sob a perspectiva de uma ciência pura[23] do direito.[24] As opções metodológicas kelsenianas determinam o objeto formal desta ciência pura do direito e os critérios internos de objetividade do conhecimento deste objeto formal.

Contudo, o fato de um determinado conhecimento não ser objetivo nos quadrantes de uma ciência pura do direito não quer dizer que ele não possa ser objetivável da perspectiva de um outro sistema de enunciados. A negação da objetividade, do ponto de vista da ciência do direito, não implica, portanto, necessariamente na afirmação da sua subjetividade. Kelsen afirma apenas a impossibilidade de verificar a sua validade ou verdade de ponto de vista de uma ciência pura do direito. "Do ponto de vista do Direito positivo, nada se pode dizer sobre a sua validade e verificabilidade (do ato de escolha entre diversas possibilidades na moldura normativa). Deste ponto de vista, todas as determinações desta espécie apenas podem ser caracterizadas negativamente: são determinações que não resultam do próprio Direito positivo".[25]

Kelsen não supõe, portanto, a impossibilidade de conhecer-se objetivamente qual a conduta devida do ponto de vista de um sistema moral. Ao contrário. É, para Kelsen, perfeitamente possível o conhecimento do que é prescrito por um dado sistema Moral. Não é por outra razão que Kelsen chega a aventar, inclusive, a possibilidade de um Direito positivo remeter a um sistema de Moral a determinação do significado jurídico de uma dada conduta.[26] O que leva Kelsen a separar o objeto da Moral do objeto da Ciência do Direito — inadimitindo, portanto, a influência dos juízos morais no conhecimento do direito — é a impossibilidade de escolher-se objetivamente um entre os diversos sistemas morais passíveis de serem utilizados para o julgamento da conduta.[27] A subjetividade, portanto, não estaria propriamente no uso de um sistema Moral para aferição da conduta devida. Mas em um nível mais abstrato: na escolha do sistema Moral que deveria nortear tal aferição.

21. Cf. item 3, *supra*.

22. Kelsen (1960:368-369).

23. Pureza esta que é garantida por opções metodológicas.

24. E — frise-se — não de uma ciência de um direito puro.

25. Kelsen (1960:369).

26. Kelsen (1960:369).

27. Cf. Kelsen (1993:1-16, 63-76).

Kelsen, defende, portanto, não a subjetividade dos sistemas morais, pois eles podem, ademais, ser objetivados, por meio da sistematização de um conjunto de enunciados (categóricos) — por exemplo, um sistema de enunciados que descrevessem, de forma sistemática, o conjunto de enunciados da moral cristã constantes do Evangelho de São Mateus. Kelsen vai asseverar, portanto, apenas que inexiste sistema Moral absoluto.[28] Todo sistema moral é um sistema relativo. Ou seja, o seu valor depende de estimativas do sujeito. Nenhum sistema moral, portanto, goza de um valor intrínseco tal que justifique a substituição de um valor capitulado por uma norma jurídica por um valor moral. O valor maior ou menor de sistema depende das estimativas do sujeito que o adota. São estas estimativas, que são, para Kelsen, subjetivas.[29]

9. A interpretação do Direito: vontade e cognição

A distinção entre uma zona de indeterminação do sentido da norma e um campo em que este sentido seria perfeitamente determinado[30] preside a separação entre a esfera onde a cognição se realiza e o espaço reservado à vontade. A cognição (uso da razão) seria o meio pelo qual se estabelece a moldura normativa. Já a vontade seria o modo pelo qual se realizaria a escolha de uma das possibilidades contidas na moldura. Neste sentido, a ambigüidade da expressão "interpretação do direito" na Teoria Pura[31] é manifestação da dualidade da natureza do ato interpretativo. "Se queremos caracterizar (...) de um modo inteiramente geral, a interpretação jurídica realizada pelos órgãos aplicadores do Direito, devemos dizer: na aplicação do Direito por um órgão jurídico, a interpretação cognoscitiva (obtida por uma operação de conhecimento) do Direito a aplicar combina-se com um ato de vontade em que o órgão aplicador do Direito efetua uma escolha entre as possibilidades reveladas através daquela mesma interpretação cognoscitiva".[32]

A impossibilidade, pois, dos métodos de interpretação do direito funcionarem per-

28. Idem, ibidem.

29. Infere-se do exposto que, para tratar a diferença entre interpretação e cognição na Ciência do Direito a partir da oposição entre objetividade e subjetividade do conhecimento, e à luz da Teoria Pura do Direito, é preciso distinguir entre objetividade de um ponto de vista externo e objetividade de um ponto de vista interno da Ciência do Direito. Tal distinção permite aclarar o paradoxo que está subjacente a teoria kelseniana: de um ponto de vista interno, seriam subjetivos (e, portanto, remetidos à esfera da volição) todos os enunciados que não atendessem aos critérios de objetividade estipulados nos limites da Ciência do Direito; seriam, no entanto, objetivos (e, portanto, remetidos a esfera do entendimento, da razão) todos os enunciados que obedecessem aos critérios estipulados na Ciência do Direito.

Já de um ponto de vista externo, subjetivos seriam os enunciados que não atendessem aos critérios de objetividade de qualquer sistema; e objetivos seriam os enunciados que atendessem ao critério de objetividade de qualquer sistema. Em outras palavras, objetivo é o enunciado formulado de acordo com as regras de um dado sistema. A objetividade de um enunciado depende, pois, de um ponto de vista externo, apenas de sua vinculação a um sistema de referência.

Novos problemas emergiriam nesta conjuntura se interrogássemos o que garante a objetividade de um dado sistema. Seríamos forçados, para responder a esta pergunta, a formular um sistema mais complexo, que funcionasse como metalinguagem em relação ao primeiro, controlando a formulação dos seus enunciados e conferindo-lhe, assim, objetividade. Poderíamos perpetuar o nosso problema *ad infinitum* se continuássemos indagando sucessivamente o que confere objetividade aos sistemas que conferem objetividade. Perceberíamos, então, uma cadeia interminável de sistemas conferindo objetividade uns aos outros... e a solução Kelseniana talvez seja a mais didática e a mais simples, apesar de deixar o problema irresolvido. Cria-se uma ficção ou uma pressuposição lógico-transcedental: a norma fundamental que subitamente elide a progressão em direção aos sistemas mais complexos.

30. Cf. item 3, *supra*.

31. Cf. item 2, *supra*.

32. Kelsen (1960:369).

feitamente como regras de dedução leva Kelsen a ver a interpretação do direito como um ato de natureza mista: parcialmente cognitiva; parcialmente volitiva. Necessário é assinalar que esta distinção utiliza como parâmetro os critérios internos à ciência do direito para determinação do que é cognição e do que é imputado a vontade. Cognição será apenas o conhecimento realizado de acordo com as regras admitidas por uma ciência pura. Volição ou não cognição (Kelsen trata como iguais o contrário e o contraditório) seriam os atos que não seguissem os critérios de validade ou de verificabilidade do sistema.[33]

Kelsen, no entanto, aventa a possibilidade de o Direito positivo vincular a escolha (volitiva) de uma entre as diversas possibilidades internas à moldura normativa aos critérios de um outro sistema, por exemplo a moral. "Relativamente a este (o Direito positivo) a produção do ato jurídico dentro da moldura da norma jurídica aplicanda é livre, isto é, realiza-se segundo a livre apreciação do órgão chamado a produzir o ato. Só não seria assim se o próprio Direito positivo delegasse certas normas metajurídicas como a Moral, a Justiça etc. Mas neste caso, elas se tornariam normas de Direito positivo".[34]

O problema aqui é que tornando-se estas normas morais, normas de Direito positivo, além dos problemas inerentes à interpretação das normas jurídicas (como conseqüência da indeterminação necessária do seu sentido), estas normas suscitariam problemas adicionais pelas dificuldades de definição dos limites do sistema moral ao qual a norma jurídica remeteria.

10. A interpretação autêntica

Apesar de vislumbrar a interpretação jurídica como um ato de natureza mista, em que combinam-se vontade e cognição, Kelsen determina um critério para distinguir a interpretação correta da incorreta do ponto de vista de uma ciência do direito. A impossibilidade de determinar, da perspectiva de uma estática normativa, critérios para julgar a correção ou incorreção de uma interpretação do direito leva Kelsen a deslocar o tratamento do problema para um ponto de vista dinâmico. Kelsen propõe, então, a distinção entre interpretação autêntica e interpretação inautêntica. "... autêntica, isto é, criadora de Direito, é a interpretação feita através de um órgão aplicador do Direito ainda quando cria Direito apenas para um caso concreto, quer dizer, quando esse órgão apenas crie uma norma individual ou executa uma sanção".[35]

A interpretação autêntica é, portanto, aquela que é realizada pelo órgão competente para aplicar a norma aos casos concretos. Esta posição kelseniana marca a prevalência do modelo dinâmico sobre o estático. A impossibilidade de estipular critérios que permitissem a determinação cognitiva do sentido da norma leva ao estabelecimento da competência, ou seja, do poder juridicamente conferido como critério de autenticidade da interpretação.

Interessante é notar que o critério de autenticidade funciona na teoria pura do direito não apenas na fase volitiva da interpretação mas também na fase cognitiva. Em outras palavras, o critério de autenticidade não é apenas um instrumento para determinar qual entre as decisões constantes do pontilhado normativo é a correta. E, mesmo, meio idôneo para determinar, por exemplo, que uma interpretação alheia à moldura normativa torne-se a interpretação correta do ponto de vista jurídico. "A propósito é importante notar que, pela via da interpretação autêntica, quer dizer, da interpretação de uma norma pelo órgão jurídico que a tem de aplicar, não somente se realiza uma das possibilidades reveladas pela interpretação cognoscitiva da mesma norma, como também se

33. Kelsen (1960:369).

34. Kelsen (1960:369).

35. Kelsen (1960:369).

pode produzir uma norma que se situe completamente fora da moldura que a norma a aplicar representa".[36]

11. À guisa de conclusão

Ao cabo destas glosas a Teoria da Interpretação kelseniana é possível anotar que:

a) a inadequação da imagem da moldura, que poderia ser substituída com vantagens pela do pontilhado, eis que os confins do campo semântico ao qual a norma dá origem são determinados por meio da formulação de hipóteses de interpretação;

b) a eleição e a hierarquização pelo direito positivo dos métodos de interpretação levaria, nos quadros da teoria kelseniana, à eliminação do aspecto volitivo do ato interpretativo, pois existiria, então, um critério objetivo para escolha de um entre os diversos sentidos possíveis de uma dada norma jurídica;

c) na eleição de um entre os sentidos possíveis de uma norma jurídica é possível, para Kelsen, utilizar-se a cognição, a razão, o entendimento, orientado, no entanto, por regras não jurídicas, ocasião em que a escolha do sentido da norma será vista como volitiva do ponto de vista da ciência do direito e cognitiva do ponto de vista do sistema em que se basear, o que de certa forma abre caminho para formulação de uma teoria da interpretação complementar à kelseniana, por meio da qual adentrem na atividade interpretativa considerações de diversas ordens (morais, sociológicas, finalísticas etc.).

12. Bibliografia

AZPÚRUA, Ricardo (1974). "Kelsen y su posición frente al positivismo y la dirección neokantiana", in *Revista de Ciencias Sociales*, Valparaiso, Universidade do Chile.

BOBBIO, Norberto (1977). "Struttura e funzione nella teoria del diritto di Kelsen", in *Della Struttura alla Funzione — Nuovi Studi di Teoria del Diritto*, Edizioni di Comunità.

BULYGIN, Eugenio (1995). "Cognition and interpretation of law", in Gianformaggio, Letizia e Paulson, Stanley 1 (editores), *Cognition and Interpretation of Law*, Giappichelli.

GIANFORMAGGIO, Letizia (1987). "Lógica y argumentación en la interpretación jurídica o tomar a los juristas interpretes en serio", in *Doxa* 4.

KELSEN, Hans (1960). *Teoria Pura do Direito*, trad. João Batista Machado, São Paulo, Martins Fontes.

STEINER, Hillel (1986). "Kant's kelsenianism", in *Essays on Kelsen*, Oxford, Clarendon Press.

WILSON, Alida (1986). "Is Kelsen really a kantian?", in *Essays on Kelsen*, Oxford, Clarendon Press.

CONCESSÃO DE SERVIÇOS DE LIMPEZA URBANA: PONTOS POLÊMICOS[1]

CESAR A. GUIMARÃES PEREIRA

Mestre e Doutorando em Direito do Estado (Direito Tributário)
na Pontifícia Universidade Católica de São Paulo

I — Definição do tema. II — A configuração atual da concessão de serviços de limpeza urbana no Brasil. III — Competência administrativa no caso de serviços transmunicipais. IV — Possibilidade de identificação do usuário como requisito da concessão. V — Natureza das cobranças do concessionário. VI — O problema do inadimplemento dos usuários. VII — Conclusão. VIII — Bibliografia.

I — Definição do tema

1. O presente estudo pretende investigar algumas das dificuldades concretas na outorga de concessões de serviços de limpeza urbana no Brasil.

A generalidade dos municípios brasileiros realiza serviços de limpeza pública através de órgãos da administração direta (departamentos ou secretarias) ou entidades da administração indireta (autarquias, empresas públicas ou sociedades de economia mista). Tais órgãos ou entidades valem-se de estruturas materiais (equipamentos e pessoal, por exemplo) próprias ou contratam a execução desses serviços junto ao setor privado. A primeira forma de participação do setor privado nos serviços de limpeza urbana consiste na execução de serviços mediante remuneração paga pelo município interessado.

Em número menor de municípios, a participação do setor privado é mais ampla e se desenvolve sob o regime de concessão do serviço público de limpeza urbana. Por definição, o setor privado assume os riscos econômicos da exploração do serviço. A remuneração do concessionário deriva da cobrança de taxas ou tarifas junto aos usuários do serviço, além de receitas complementares (venda de produtos de reciclagem, publicidade ou outras).

Há, ainda, casos de contratos impropriamente qualificados como de concessão em que a remuneração do contratado é assegurada pelo próprio município contratante. A qualificação é imprópria porque a conces-

1. O presente estudo corresponde a parte do material de exposição na Mesa Redonda "Desafios para a viabilização de concessões no setor de limpeza urbana", realizada por IBC — International Business Communications e ABRELPE — Associação Brasileira das Empresas de Limpeza Pública e Resíduos Especiais, em 19.5.99, em São Paulo/SP.

são deve ser caracterizada pela assunção de risco pelo concessionário. Contrato de concessão com remuneração assegurada pelo município contratante configura mero contrato de prestação de serviços de operação, que não se confunde com a concessão do serviço. A distinção apresenta uma variedade de conseqüências administrativas e tributárias.

A outorga da exploração de serviços de limpeza urbana sob regime de concessão envolve intensa polêmica.

Há disputa jurisprudencial acerca da constitucionalidade da instituição de taxas de limpeza urbana, tanto em relação à base de cálculo usualmente adotada quanto em relação aos requisitos de especificidade e divisibilidade dos serviços que ensejam a taxa. A concessão de qualquer serviço público é caracterizada pela possibilidade de identificação de um usuário do serviço, responsável pelo pagamento da tarifa que corresponde à receita principal da concessão. Devem-se definir os limites dentro dos quais a discussão acerca da especificidade e da divisibilidade dos serviços de limpeza urbana pode afetar a viabilidade de sua concessão.

De outro lado, a qualificação dos valores cobrados dos usuários como taxa ou tarifa importa em regimes jurídicos absolutamente distintos, o que pode refletir-se na viabilidade (ou não) de financiamento dos serviços pelo setor privado.

A própria natureza dos serviços envolvidos na limpeza urbana —diretamente relacionados com alguns dos valores mais intensamente protegidos pela Constituição Federal — acarreta dificuldades na outorga de sua exploração ao setor privado. Há grandes restrições à possibilidade de interrupção dos serviços em face do inadimplemento dos usuários.

Por fim, a multiplicidade e a dispersão dos usuários cria dificuldades de cobrança da remuneração e torna imprescindível o desenvolvimento de mecanismos de cobrança dotados de praticabilidade.

II — A configuração atual da concessão de serviços de limpeza urbana no Brasil

2. A Lei 9.074/95 estabeleceu a necessidade de lei para autorizar a outorga, pela Administração, de concessão ou permissão de serviços públicos, "dispensada a lei autorizativa nos casos de saneamento básico e limpeza urbana" (art. 2º, *caput*).

Desde logo, deve-se examinar a viabilidade (ou não) de dispensa, por lei federal, de lei autorizativa nos dois casos citados (que envolvem competência legislativa e administrativa tipicamente municipal, derivada do art. 30, V, da Constituição Federal).

Esse tema foi objeto de análise abrangente por Marçal Justen Filho, para quem o art. 175 da Constituição Federal exige prévia autorização legal para a outorga de qualquer concessão de serviço público.[2]

Essa conclusão deriva tanto de uma interpretação literal como sistemática do dispositivo constitucional.[3] Além disso, é coerente com o entendimento do doutrinador acerca da qualificação das cobranças do concessionário como tarifa e não como taxa: para Marçal Justen Filho, a lei autorizativa faz com que o regime tributário possa ser legitimamente excepcionado no caso da concessão de serviço público.[4]

No ponto em que pretende dispensar a autorização legislativa no caso dos serviços de limpeza urbana, portanto, o art. 2º da Lei 9.074/95 é inconstitucional. A concessão de tais serviços outorgada sem prévia lei autorizativa é inválida e passível de anulação na forma do art. 59 da Lei 8.666/93 (mediante a indenização do concessionário por danos emergentes e lucros cessantes).[5]

2. Ob. cit., p. 391.

3. *Concessões...*, pp. 389-390.

4. *Concessões...*, p. 144.

5. Segundo Marçal Justen Filho, é inconstitucional a restrição pelo art. 59 da Lei 8.666/93 do montante da indenização apenas aos valores do que

As legislações municipais (inclusive de natureza tributária) consagram a natureza pública dos serviços de limpeza urbana, normalmente atribuindo aos órgãos responsáveis pela realização dos serviços competência para atuação plena na área de limpeza urbana.[6]

E notório, porém, que nas atividades relacionadas com as áreas menos sensíveis para a saúde pública os serviços públicos vêm assumindo um caráter subsidiário, atuando apenas na ausência de prestadores privados. Já existe, de modo não ordenado, uma dissociação prática entre atividades públicas e atividades privadas de limpeza urbana — embora a generalidade dos municípios assuma subsidiariamente a responsabilidade pela remoção e destinação de todas as espécies de resíduos encontráveis em seu território.

A atuação organizada do setor privado na área de limpeza urbana fora do regime de concessão de serviços públicos pressupõe a disciplina legal da segregação entre atividades competitivas e não competitivas de limpeza urbana (de modo similar à distinção entre serviços de telecomunicações prestados em regime público e em regime privado, consagrada na Lei 9.472/97).

Não há, porém, notícia de qualquer iniciativa legal nesse sentido até o momento. A concessão de serviços de limpeza urbana no Brasil tem sido configurada sob a premissa de que todas as atividades de limpeza urbana têm caráter público e são de titularidade do município — que as pode realizar diretamente ou conceder total ou parcialmente (ainda que de modo subsidiário em relação a parte dessas atividades).

3. Desse modo, o presente estudo pretende enfrentar algumas das questões concretamente levantadas em relação à concessão de serviços de limpeza urbana, tal como configurada atualmente no Brasil.

Os problemas a ser examinados são os seguintes:

a) competência para a outorga da concessão no caso de serviços transmunicipais;

b) especificidade e divisibilidade dos serviços de limpeza urbana;

c) natureza jurídica (taxa ou tarifa) dos valores cobrados pela concessionária dos usuários dos serviços;

d) problemas derivados do inadimplemento dos usuários.

III — Competência administrativa no caso de serviços transmunicipais

4. Os serviços de limpeza urbana podem assumir, por razões técnicas ou econômicas, configuração que ultrapassa os limites do território de um município.

É o caso, por exemplo, da construção de aterro sanitário, incinerador, esterilizador ou de usina de compostagem ou separação de material reciclado em um município, com a previsão de processamento de resíduos captados em diversos outros. É também o que ocorre na hipótese de ser economicamente inviável a atuação do setor privado em um município, tornando-se viável a atuação na medida em que os serviços se estendam a população mais numerosa de municípios vizinhos.

Nesses casos, os serviços de limpeza urbana passam a assumir caráter transmunicipal. Pressupõem uma conjugação de interesses de vários municípios, seja para a sua prestação direta, seja para a outorga do seu exercício a entidade privada.

Marçal Justen Filho examinou o tema a respeito dos serviços de abastecimento de água que afetassem mais de um município, apontando que a solução tradicional (concessão outorgada a entidade da administração indireta estadual) configurava conces-

tiver sido executado e dos prejuízos comprovados, devendo abranger também os lucros esperados pelo particular (*Comentários à Lei de Licitações e Contratos Administrativos*, pp. 499-500).

6. Sobre o tema, confira-se o estudo de J. H. Penido Monteiro (nota 3 acima).

são imprópria, que ocultava verdadeiro *convênio* entre os entes públicos.[7] A conclusão partia de premissa aplicável ao presente estudo, segundo a qual "respeitados os princípios fundamentais norteadores do sistema jurídico, a existência dos convênios decorre do postulado de que a competência é outorgada a diversos sujeitos políticos autônomos, mas para a realização de um único interesse público. Na sua pluralidade, esses entes podem (devem) atuar conjugada e harmonicamente para multiplicação de esforços e realização mais eficiente dos interesses comuns".[8] Também em relação a municípios envolvidos em serviços de limpeza urbana, a atuação mediante convênio pode ser a única via adequada para o atendimento dos interesses coletivos envolvidos nesses serviços.

Em estudo de 1997, Floriano Azevedo Marques Neto concluiu ser viável a um conjunto de municípios, reunidos em consórcio, promover licitação e outorga de contrato de concessão de serviço de limpeza urbana, desde que mediante autorização legislativa e observados os trâmites normais do procedimento licitatório para a concessão (inclusive quanto à sua fase interna).[9]

5. Embora possam afetar, por razões técnicas ou econômicas, mais de um município, os serviços de limpeza urbana referem-se fundamentalmente a interesses peculiares de cada município. Não estão excluídos, portanto, da competência do art. 30, V, da Constituição Federal. Cada município detém competência exclusiva para dispor acerca da limpeza urbana no âmbito de seu território.

Essa outorga de competência abrange a competência para, em acordo com outros municípios, disciplinar os reflexos de tais serviços que possam ultrapassar os limites do território. Não haveria sentido, por exemplo, em que cada município fosse constrangido a construir e manter a infra-estrutura necessária para a prestação dos serviços de limpeza urbana — na medida em que pudesse compartilhar a infra-estrutura construída mediante convênio com os municípios vizinhos.

Nessa situação, o convênio (celebrado mediante autorização legislativa) deverá disciplinar relacionamento complexo. Ainda que a execução do serviço não se faça mediante concessão, haverá dificuldades a superar quanto ao exercício das funções de autoridade no controle da execução dos serviços ou quanto ao domínio das obras de infra-estrutura, por exemplo.

Na hipótese de exploração do serviço através de concessão, as dificuldades serão ainda mais intensas. O compartilhamento das funções de poder concedente dificilmente poderá ser disciplinado de forma adequada no convênio. A reversão dos bens ao término da concessão consistirá em outro problema de difícil solução.

A Emenda Constitucional 19, de 4.6.98, produziu alteração relevante para o tema aqui examinado. A nova redação do art. 241 da Constituição Federal define que "A União, os Estados, o Distrito Federal e os Municípios disciplinarão por meio de lei os consórcios públicos e os convênios de cooperação entre os entes federados, autorizando a gestão associada de serviços públicos, bem como a transferência total ou parcial de encargos, serviços, pessoal e bens essenciais à continuidade dos serviços transferidos".

Ao aludir a consórcios públicos e convênios de cooperação, a Constituição previu instrumentos para a conjugação de esforços na realização de serviços públicos. Não há nenhuma indicação de que a regra seja inaplicável a concessões. As regras acerca da autonomia municipal devem ser interpretadas de modo a possibilitar que, autorizado por lei, o município integre consórcios ou celebre convênios para o exercício compartilhado do poder concedente.

7. Ob. cit., p. 76.

8. Ob. cit., p. 75.

9. "Outorga de concessão de serviços de limpeza urbana por consórcio intermunicipal", em *Boletim de Direito Administrativo*, pp. 681-687.

Pode-se cogitar, ainda, de solução destinada a reduzir as dificuldades políticas na obtenção de um consórcio ou um convênio em termos aceitáveis para o conjunto de municípios. Seria o caso da celebração de convênio com a previsão de que cada um dos municípios envolvidos devesse conceder serviços relacionados com determinada fase do processo de remoção e destinação de lixo. Assim, um dos municípios concederia os serviços de coleta e processamento do lixo em aterro sanitário e usina de compostagem e os demais concederiam apenas o serviço de coleta, com a previsão de entrega dos resíduos para processamento no aterro e na usina situados no município vizinho (mediante pagamento de tarifa ao operador desses equipamentos de infra-estrutura).

Não seria desarrazoado que, diante dos elevados investimentos de infra-estrutura necessários à adoção de técnicas mais modernas de processamento de lixo, essa matéria fosse disciplinada através de agência reguladora no âmbito de cada estado federado. À agência caberia a organização dos serviços de limpeza urbana, definindo a localização de equipamentos de infra-estrutura necessários ao atendimento dos vários municípios.

Outra possibilidade de solução do problema consistiria na definição dos conjuntos de municípios como região metropolitana, aglomeração urbana ou microrregião. Nesse caso, a competência para a concessão dos serviços poderia ser estabelecida na forma do art. 25, § 3º, da Constituição Federal, através de lei complementar estadual. Seria cogitável que a lei complementar estadual definisse as regiões e disciplinasse o desempenho conjunto pelos municípios de certos serviços relativos à limpeza urbana (inclusive, também neste caso, através de uma agência reguladora estadual).

IV — Possibilidade de identificação do usuário como requisito da concessão

6. Maria Sylvia Zanella Di Pietro aponta que somente pode haver concessão ou permissão de serviços públicos "(...) quando se tratar de serviço prestado a terceiros (usuários) e que admita uma exploração comercial, ou seja, a possibilidade de renda em favor do concessionário".[10] Em sentido similar, Marçal Justen Filho anota que a concessão é caracterizada por o concessionário "não receber remuneração direta da Administração Pública": o concessionário "remunera-se através da cobrança de tarifas dos usuários"[11] — além da percepção de outras receitas acessórias que se integram no equilíbrio econômico-financeiro do contrato.[12]

O montante cobrado pelo concessionários dos usuários do serviço não se confunde com taxa pela prestação de serviço público (art. 145, II, da Constituição Federal). Esse ponto será objeto de discussão em tópico seguinte.

Os requisitos de especificidade e de divisibilidade previstos no art. 145, II, da Constituição em relação às taxas não se aplicam às tarifas com o rigor do direito tributário. Há a necessidade de se identificar um *usuário* para os serviços concedidos, de forma a evitar cobranças arbitrárias. Até certo ponto, são aplicáveis os raciocínios construídos pelo direito tributário sobre a especificidade e a divisibilidade dos serviços (mesmo porque, no próprio direito tributário, a definição do critério de repartição dos custos dos serviços baseia-se em presunções e aproximações). Porém, a ausência de especificidade ou de divisibilidade, segundo parâmetros de direito tributário, pode não ser impedimento à concessão dos serviços nem à fixação de tarifas para sua remuneração.

É relevante, assim, examinar a atual concepção de tais requisitos em relação aos serviços de limpeza urbana. Como é peculiar da concessão que a remuneração do con-

10. *Parcerias na Administração Pública*, p. 45.

11. *Concessões...*, p. 67.

12. Marçal Justen Filho, *Concessões...*, pp. 158 e ss.

cessionário se faça através de pagamentos realizados pelos usuários, é necessário determinar *quem* são os usuários e *em que medida* cada usuário recebe os serviços prestados pelo concessionário — ainda que sem o rigor de que essa determinação se reveste no direito tributário.

Esses dados correspondem, em linhas gerais, aos conceitos de especificidade e divisibilidade consagrados no art. 145, II, da Constituição Federal. Não se trata, porém, dos mesmos conceitos. O regime de direito tributário é mais rigoroso que o aplicável à concessão de serviços públicos. Como já se apontou, a eventual ausência de especificidade ou divisibilidade, segundo os critérios de direito tributário, pode não ser determinante da impossibilidade de concessão dos serviços.

Somente podem ser objeto de concessão serviços públicos passíveis de utilização por pessoas determinadas. Não haveria sentido (nem validade) na concessão de serviço público de serviço prestado indistintamente a toda a coletividade, sem que se pudesse identificar seus usuários e as medidas aproximadas do uso. O defeito estaria em que, nessa situação, ou não poderia haver a cobrança de remuneração junto a usuários ou a cobrança seria arbitrária. Em qualquer dos casos, a concessão seria inválida.

7. Ao examinar a taxa de limpeza urbana, a jurisprudência do Superior Tribunal de Justiça vinha afirmando, até 1997, a presença dos requisitos de especificidade e divisibilidade.

Em muitos casos, era destacada a distinção entre a taxa de iluminação pública e a taxa de limpeza urbana. Nesse passo, a 1ª Turma do Superior Tribunal de Justiça assentou que "Conforme orientação desta Colenda Turma, nos serviços públicos referentes à conservação e limpeza de vias públicas encontram-se presentes os requisitos de especificidade e da divisibilidade, previstos no CTN (arts. 77 e 79), o que não ocorre com o serviço de iluminação pública, que tem caráter genérico e não divisível, sendo prestado à coletividade como um todo".[13]

Em dezembro de 1996, o Tribunal Pleno do Supremo Tribunal Federal examinou o recurso extraordinário 204.827, relativo às Leis 6.989/66 e 11.152/91 do Município de São Paulo, inclusive quanto às taxas de limpeza pública e de conservação de vias e logradouros públicos. A ementa do acórdão foi a seguinte: "Tributário. Lei 11.152, de 30.12.91, que deu nova redação aos arts. 70, incs. I e II; e 94, da Lei 6.989/66, do Município de São Paulo. Imposto sobre a propriedade predial e territorial urbana. Taxas de limpeza pública e de conservação de vias e logradouros públicos.

"Inconstitucionalidade dos dispositivos sob enfoque. O primeiro, por instituir alíquotas progressivas alusivas ao IPTU, em razão do valor do imóvel, com ofensa ao art. 182, § 4º, II, da Constituição Federal, que limita a faculdade contida no art. 156, § 1º, à observância do disposto em lei federal e à utilização do fator tempo para a graduação do tributo.

"Os demais, por haverem violado a norma do art. 145, § 2º, ao tomarem para base de cálculo das taxas de limpeza e conservação de ruas elemento que o STF tem por fator componente da base de cálculo do IPTU, qual seja, a área do imóvel e a extensão deste no seu limite com o logradouro público.

"Taxas que, de qualquer modo, no entendimento deste Relator, têm por fato gerador prestação de serviço inespecífico, não mensurável, indivisível e insuscetível de ser referido a determinado contribuinte, não sendo de ser custeado senão por meio do produto da arrecadação dos impostos gerais.

"Não conhecimento do recurso da Municipalidade.

13. REsp 87.851/RJ, 1ª T., rel. Min. José de Jesus Filho, j. 13.12.96, *DJU* 17.3.97, p. 7.434. No mesmo sentido, REsp 113.757-RJ, 1ª T., rel. Min. José Delgado, j. 7.4.97, *DJU* 19.5.97, p. 20.593.

"Conhecimento e provimento do recurso do contribuinte."[14]

O precedente do Supremo Tribunal Federal provocou a alteração do entendimento do Superior Tribunal de Justiça sobre o tema. Ambas as Turmas competentes do Superior Tribunal de Justiça adotavam orientação predominante acerca da validade da taxa de limpeza pública. Após o julgamento do Supremo Tribunal Federal, o entendimento foi alterado no âmbito das Turmas e, em dezembro de 1997, a 1ª Seção do Superior Tribunal de Justiça uniformizou o seu entendimento de modo consistente com a orientação do Supremo Tribunal Federal (alterando o entendimento firmado pela própria 1ª Seção em fevereiro de 1997), em acórdão assim ementado:

"Tributário. Taxa de limpeza urbana, Município de São Paulo.

"1. Lei 6.989/1966, modificada pela Lei 10.921/1990, arts. 7º, 87, incs. I e II, e art. 94. Inconstitucionalidade reconhecida, por maioria, pelo Colendo Supremo Tribunal Federal ao julgar, pelo Pleno, em data de 17.12.97, o recurso extraordinário 204.827-SP, acórdão publicado no *DJU* de 25.4.97, relatado pelo Eminente Ministro Ilmar Galvão, onde a referida taxa foi examinada, cuja ementa do acórdão está assim expressa: 'Tributário. Lei 11.152, de 30.12.91, que deu nova redação aos arts. 70, incs. I e II, 87, incs. I e II, e 94, da Lei 6.989/66, do Município de São Paulo. Imposto sobre a propriedade predial e territorial urbana. Taxas de limpeza pública e de conservação de vias e logradouros públicos. Inconstitucionalidade dos dispositivos sob enfoque. O primeiro, por instituir alíquotas progressivas alusivas ao IPTU, em razão do valor do imóvel, com ofensa ao art. 182, § 4º, II, da Constituição Federal, que limita a faculdade contida no art. 156, § 1º, à observância do disposto em lei federal e à utilização do fator tempo para a graduação do tributo. Os demais, por haverem violado a norma do art. 145, § 2º, ao tomarem para base de cálculo das taxas de limpeza e conservação de ruas elemento que o STF tem por fator componente da base de cálculo do IPTU, qual seja, a área do imóvel e a extensão deste no seu limite com o logradouro público. Taxas que, de qualquer modo, no entendimento deste Relator, têm por fato gerador prestação de serviço inespecífico, não mensurável, indivisível e insuscetível de ser referido a determinado contribuinte, não sendo de ser custeado senão por meio do produto da arrecadação dos impostos gerais. Não conhecimento do recurso da Municipalidade. Conhecimento e provimento do recurso do contribuinte'.

"2. A declaração de inconstitucionalidade, embora *incidenter tantum*, dos referidos dispositivos legais, afeta o exame da legalidade ou da ilegalidade dos dispositivos supra em sede de recurso especial.

"3. Face essa orientação firmada pelo C. Supremo Tribunal Federal, não prevalece entendimento fixado pela 1ª Seção do Superior Tribunal de Justiça, em data de 26.2.97, ao apreciar os embargos de divergência no recurso especial 35.158, de São Paulo, da relatoria do Eminente Ministro Demócrito Reinaldo, acórdão publicado no *DJU* de 24.3.97, p. 8.966, por unanimidade, cujos termos são revelados na ementa seguinte: 'Processual civil e tributário. Embargos de divergência. Taxas de limpeza urbana e de conservação de vias e logradouros públicos. I — Nos serviços públicos relativos a limpeza urbana e conservação de vias e logradouros públicos, encontram-se presentes os requisitos de especificidade e de divisibilidade (arts. 77 e 79 do CTN). II — As taxas de consumação desses serviços têm como fato gerador 'o exercício do poder de polícia, a utilização efetiva ou potencial do serviço público específico e divisível, prestado ao contribuinte ou posto à sua disposi-

14. RE 204.827-SP, Pleno, rel. Min. Ilmar Galvão, j. 12.12.96, maioria, *DJU* 25.4.97, p. 15.213. No mesmo sentido, RE 199.969-SP, Pleno, rel. Min. Ilmar Galvão, j. 27.11.97, maioria, *DJU* 6.2.98, p. 38.

ção. III — Embargos de divergência recebidos, sem discrepância'.

"4. Diante desse quadro jurisprudencial, não há de se acolher os embargos de divergência apresentados pelo Estado de São Paulo, para fazer prevalecer o entendimento e conclusão desenvolvidos no acórdão embargado (REsp 35.158-0-SP, rel. Min. Ari Pargendler, 2ª T., unânime, *DJ* 12.8.96), por se apresentarem em harmonia com a posição do C. Supremo Tribunal Federal.

"5. Embargos rejeitados para os fins acima determinados."[15]

O entendimento do Superior Tribunal de Justiça sobre a matéria foi traduzido em outro julgamento realizado na mesma data pela 1ª Seção e é retratado na ementa adiante transcrita:

"Tributário. Taxa de limpeza urbana. Lei 6.989, de 1966, na redação dada pela Lei 11.152, de 1991, do Município de São Paulo. A taxa de limpeza urbana, no modo como disciplinada no Município de São Paulo, remunera — além dos serviços de 'remoção de lixo domiciliar' — outros que não aproveitam especificamente ao contribuinte ('varrição, lavagem e capinação'; 'desentupimento de boeiros e bocas-de-lobo'); ademais, a respectiva base de cálculo não está vinculada à atuação estatal, valorizando fatos incapazes de mensurar-lhe o custo (localização, utilização e metragem do imóvel) tudo com afronta aos arts. 77, *caput*, e 79, inc. II, do CTN.

"Embargos de divergência acolhidos."[16]

8. A orientação do Supremo Tribunal Federal acerca da especificidade e divisibilidade dos serviços de limpeza urbana (para o fim de instituição de taxas, já que o tema não foi examinado quanto a tarifas por serviços concedidos de limpeza urbana) ainda não é clara. O tema foi ventilado no precedente acima transcrito apenas como opinião pessoal do Min. Ilmar Galvão — embora o único voto contrário no julgamento do Pleno tenha sido o do Min. Carlos Mário Velloso. O fundamento central para o reconhecimento, por maioria, da invalidade da taxa consistiu na suposta adoção de base de cálculo típica de imposto (IPTU).[17]

É mais nítida a orientação do Superior Tribunal de Justiça. A lei municipal de São Paulo foi reprovada por incluir, como serviços ensejadores da taxa de limpeza pública, atividades não diretamente relacionadas com os usuários. A ausência de especificidade não estava necessariamente no serviço de recolhimento de lixo (ou mesmo nos serviços relacionados com a destinação do lixo), mas na varrição e remoção de resíduos dos logradouros públicos e na limpeza de bueiros e bocas-de-lobo.

Parece-nos que o mesmo problema poderia ocorrer com o serviço de remoção de resíduos produzidos por estabelecimentos de saúde, caso a tarifa não fosse paga pelo próprio estabelecimento de saúde mas pela generalidade dos cidadãos (sob o pressuposto de que o serviço de remoção de tais resíduos atenderia a uma necessidade de interesse coletivo). A concessão de tais serviços

15. STJ, 1ª Seção, ERESP 94.314-SP, rel. Min. José Delgado, j. 16.12.97, unânime, *DJU* 6.4.98, p. 8.

16. STJ, 1ª Seção, ERESP 102.404-SP, rel. Min. Ari Pargendler, j. 16.12.97, unânime, *DJU* 2.2.98, p. 36.

17. O julgamento do STF foi reiterado no recurso extraordinário 199.969-1-SP, também relatado pelo Min. Ilmar Galvão. Desse julgamento participaram, acompanhando o relator sem declaração de voto, os Mins. Moreira Alves, Néri da Silveira, Sydney Sanches, Octávio Gallotti, Sepúlveda Pertence, Marco Aurélio e Maurício Corrêa. O único voto divergente foi o do Min. Carlos Mário Velloso. Do voto do Min. Ilmar Galvão, colhe-se que "trata-se de atividade estatal de caráter *uti universi*, destinada ao benefício da população em geral, não podendo tais prestações de serviço ser destacadas em unidades autônomas, nem permitindo a individualização sua área de intervenção, além de não se apresentarem suscetíveis de utilização separada, por parte de cada um de seus usuários" (*Revista Dialética de Direito Tributário* 31/181).

deve prever a sua remuneração através de tarifas específicas para os estabelecimentos geradores dos resíduos.

Tal como quase unanimemente reconhecido pela jurisprudência,[18] os serviços de iluminação pública não apresentam especificidade nem divisibilidade. A orientação jurisprudencial quanto aos serviços de remoção e destinação de resíduos encontrados nos logradouros públicos tende a ser a mesma — o que já se retrata na orientação predominante do Supremo Tribunal Federal e do Superior Tribunal de Justiça. Trata-se, não se discute, de serviços de interesse coletivo. Isso os qualifica (desde que mediante previsão normativa) como serviços públicos mas não os torna necessariamente específicos nem divisíveis. Não é possível estabelecer uma presunção de que todos os cidadãos são igualmente beneficiados pelos serviços que atendam à coletividade, porque esse raciocínio esvazia o conceito de serviço específico e divisível adotado de modo expresso na Constituição Federal. Tais serviços não seriam especificamente dirigidos a usuários identificáveis.

É relevante perceber, porém, que essa orientação jurisprudencial (posterior a 1997, como se apontou) baseia-se em precedente relacionado com lei municipal que elegera como critério de repartição do custo do serviço a área ou a testada de cada imóvel existente no território do município. Assim, o fundamento para a decretação da invalidade da lei municipal que instituiu a taxa de limpeza urbana pode ter sido antes a *escolha inadequada* de um critério de identificação do usuário e de medição do serviço utilizado que a *impossibilidade técnica* de existir critério apropriado para esses fins.

Isso pode significar que poderia ser outra a definição do problema na medida em que os critérios para a medição da quantidade de serviço utilizada pelos vários indivíduos fossem mais adequados e complexos.

Os avanços tecnológicos permitem o processamento rápido de um grande número de informações. Possibilitam ao Poder Público aproximar-se, através de dados estatísticos, da realidade individual de cada cidadão. É possível a apuração de dados estatísticos que permitam definir, com razoável aproximação, critérios de medição da utilização de serviços de limpeza pública (tanto os de coleta individual quanto os de remoção e destinação de resíduos de logradouros públicos).

A definição do montante individual da tarifa (o que pressupõe a viabilidade de identificação de um usuário individual) é informada por um princípio de praticabilidade. Deve haver composição equilibrada entre a *certeza* quanto à identificação do usuário e a medição da quantidade de serviço utilizada e a *necessidade* da cobrança da tarifa. Esses fatores devem ser combinados de forma que nem a certeza nem a necessidade sejam integralmente sacrificadas. Devem-se adotar presunções construídas sobre indícios relevantes, de forma a simplificar e tornar mais razoável a instituição da tarifa.

Note-se que a cobrança de tarifa (ou da taxa) como contrapartida pela prestação de serviço público realiza o princípio da isonomia, já que exige de quem utiliza certo serviço que remunere o seu prestador. Ou seja, paga apenas quem utiliza o serviço. Considerar impossível a cobrança de taxa ou tarifa impede a adoção dessa forma de remuneração e faz com que os serviços que beneficiam mais intensamente certas pessoas sejam custeados pela coletividade.

É possível, portanto, a concepção de critério tecnicamente adequado para a identificação dos usuários do serviço e para a medição do grau de utilização de cada usuário. Esse critério pode ser aproximativo e baseado em presunções, de modo a preservar a praticabilidade na outorga da concessão dos serviços e na fixação das tarifas correspondentes.

18. Uma exceção, já vencida, era o acórdão proferido pela 1ª T. do STJ no REsp 76.278-SP, rel. Min. Cesar Asfor Rocha, j. 15.12.95, unânime, *DJU* 18.3.96, p. 7.539.

V — Natureza das cobranças do concessionário

9. Já se apontou ser do *núcleo* da concessão a ausência de remuneração pelo Poder Público (com raras e específicas exceções) e a percepção, pelo concessionário, de remuneração paga pelo próprio usuário do serviço.

A garantia de remuneração mínima pelo Poder Público (através, por exemplo, de pagamentos que eliminassem ou reduzissem os riscos do concessionário) é proibida diante do veto presidencial ao art. 24 da Lei 8.987/95.

Segundo Marçal Justen Filho, "o art. 24 facultava fixar-se receita bruta mínima em favor do concessionário, reduzindo radicalmente o risco do empreendimento. O dispositivo foi vetado, inclusive sob o fundamento de incentivar-se a ineficiência operacional e risco de dispêndios para o poder concedente".[19] O concessionário deve assumir os riscos do empreendimento relacionado com a concessão.

Não é vedada a percepção de receitas acessórias (aliás, previstas expressamente no art. 11 da Lei 8.987/95). No caso das concessões de serviços de limpeza urbana, são cogitáveis receitas acessórias derivadas de publicidade (nos veículos e nas latas de lixo) e da venda de compostos orgânicos ou de produtos para reciclagem, por exemplo.

A receita principal do concessionário, porém, será usualmente (mas não necessariamente) o recebimento da remuneração paga pelo usuário — que poderá ser o cidadão particular, no caso de remoção de resíduos domiciliares, ou outros eventuais operadores do serviço de coleta e destinação dos resíduos (no caso de concessão específica para a exploração de aterros sanitários, incineradores ou de usinas de compostagem).

10. Deve-se determinar se a cobrança realizada pelo concessionário ao usuário dos serviços consiste em taxa (submetida ao regime de direito tributário) ou tarifa (submetida ao regime de direito administrativo).

Já se expôs que, no caso das atividades competitivas envolvidas nos serviços de limpeza urbana, a cobrança não deve ser nem taxa nem tarifa, mas mero preço de direito privado, fixado com liberdade pelo prestador do serviço. O tratamento dos serviços de limpeza pública no Brasil deve evoluir para que se atinja esse grau de liberdade nas atividades não necessariamente submetidas ao regime público. Essa situação já ocorre em diversos dos serviços relacionados com a limpeza urbana, prestados atualmente por empresas privadas sem prévia concessão de serviço público.

Na situação atual, com a definição, pelas legislações municipais, do serviço de limpeza urbana como de natureza pública em termos amplos e genéricos, a definição da natureza da cobrança deve ser examinada a partir da distinção entre taxa e tarifa.

11. As diferenças de regime jurídico são relevantes

11.1 *As taxas são figuras de direito tributário*. Submetem-se ao regime tributário, especialmente ao princípio da legalidade e da anterioridade. Desse modo, somente podem ser instituídas ou majoradas mediante lei publicada no exercício financeiro anterior àquele em que deva incidir.

As conseqüências do regime tributário, porém, não são apenas essas. Com base no art. 145, II, da Constituição Federal, é possível a instituição de taxa vinculada a serviço público *fruível*, não efetivamente *fruído* mas posto à disposição do usuário — desde que o serviço seja de utilização compulsória. É o caso do serviço de coleta, tratamento e destinação final dos resíduos domésticos. A ninguém é dado recusar-se a receber o serviço de remoção e destinação de lixo — mantendo-o, por exemplo, armazenado em depósito particular. O interesse protegido pelo serviço transcende o do particular;

19. *Concessões...*, p. 110.

protege-se o interesse coletivo traduzido na saúde pública. O particular é legalmente obrigado a utilizar os serviços de coleta e destinação de lixo, assim como o Poder Público municipal é obrigado a prestá-lo (diretamente ou mediante concessão ou permissão).

Além disso, as taxas inserem-se no quadro mais amplo da tributação como manifestação de solidariedade social. O art. 3º, I, da Constituição Federal consagra o objetivo fundamental de construção de uma sociedade livre, justa e solidária. A solidariedade se traduz no direito tributário através da entrega ao Estado de parte do próprio patrimônio sem a expectativa de contrapartida. Em relação às taxas de serviço, o princípio da isonomia conduziria a uma aplicação rigorosa da noção de retribuição — de forma que cada particular beneficiado pela atuação do Estado pagasse taxa no valor correspondente a essa atuação. O princípio da solidariedade tempera essa aplicação rigorosa da isonomia, dando fundamento às isenções e reduções reservadas aos usuários de menor capacidade econômica (distribuindo-se os encargos correspondentes à coletividade, através de seu custeio com a receita de impostos).

Sob o ângulo da cobrança, as taxas submetem-se às regras de direito administrati- ɔ tributário. São passíveis de inscrição em dívida ativa e ensejam a cobrança judicial mediante execução fiscal.

A situação não se alteraria em face de a cobrança ser promovida por ente particular (o concessionário dos serviços que ensejam a taxa). Tratar-se-ia de mera situação de parafiscalidade, em que se atribui ao particular a capacidade tributária ativa sem se modificar a natureza jurídica da cobrança. Ou seja: é possível à lei atribuir ao ente particular (concessionário dos serviços) a capacidade para exigir o pagamento da taxa e para administrar o produto de sua arrecadação.

11.2 *As tarifas, de outro lado, não são tributos*. São fixadas mediante atos administrativos (portanto infralegais) e se relacionam especificamente com a remuneração de serviços públicos prestados por entes não integrantes da Administração direta. Não são livremente estipuladas, mas seguem os princípios e parâmetros comuns da atuação administrativa (inclusive quanto à sua subordinação à lei). Não se submetem, porém, ao princípio da anterioridade, de conteúdo estritamente tributário.

Não há a previsão constitucional de cobrança de tarifas por serviços não efetivamente fruídos (ou seja, apenas postos à disposição dos usuários). A cobrança de valores mínimos pela mera disponibilização dos serviços depende da previsão legal dos critérios para a verificação do que significam os serviços mínimos postos à disposição de todos e da compulsoriedade de utilização dos serviços.

O princípio da solidariedade social é princípio constitucional geral. Não é aplicável apenas ao direito tributário. Porém, sua aplicação em relação às tarifas produz conseqüências diversas das que se verificam quanto às taxas. Havendo a consagração de isenções, tarifas reduzidas ou tarifas sociais, o custo correspondente à redução ou é suportado pelo próprio concessionário ou é repartido entre os demais usuários (mediante uma elevação da tarifa) — uma vez que o concessionário não dispõe, ao contrário do Poder Público no caso das taxas, da receita de impostos para enfrentar esses custos. A segunda situação é ofensiva ao princípio da isonomia, já que o custo da solidariedade deve ser imputado à toda a coletividade, não apenas aos demais usuários do serviço. Resta a primeira situação, que é válida na medida em que consagrada claramente nas condições da concessão. Caso contrário, caberá ao Poder Público ressarcir o concessionário do custo da subvenção das tarifas reduzidas ou sociais.[20]

20. No mesmo sentido, Marçal Justen Filho afirma que, diante das várias dificuldades envolvidas nesse tema, a solução "é o Estado custear essas tarifas sociais" (*Concessões...*, p. 164).

Note-se que, no caso específico das tarifas de limpeza urbana, pode haver uma coincidência entre os destinatários da cobrança das tarifas (habitantes de certa cidade) e os integrantes da coletividade afetada pelo dever de solidariedade. Nesse caso, é possível que a solidariedade social que conduz à adoção de tarifas sociais traduza-se na elevação da tarifa dos demais usuários do serviço (entre os quais seria distribuído o custo da subvenção das tarifas sociais).

A cobrança das tarifas se faz segundo as regras aplicáveis aos créditos em geral, sem os privilégios das cobranças tributárias. Em geral, a tarifa não virá instrumentalizada em título executivo. Sua cobrança dependerá de condenação em processo de conhecimento.

12. A discriminação entre taxa e tarifa gerou, no âmbito do Supremo Tribunal Federal, a edição da Súmula 545, com o seguinte teor: "Preços de serviços públicos e taxas não se confundem, porque estas, diferentemente daquelas, são compulsórias e têm sua cobrança condicionada à prévia autorização orçamentária, em relação à lei que as instituiu".

A referência à compulsoriedade não se vincula ao dever de pagar, já que ambas (tarifa e taxa) são objeto de um dever jurídico. Relaciona-se com a utilização do serviço. Os serviços de utilização compulsória seriam sempre objeto de taxa; os serviços de utilização não compulsória poderiam ser objeto de tarifa (quando prestados por entes não integrantes da Administração direta) ou taxa (quando prestados diretamente pelo Estado).

O critério não vem sendo aplicado com rigor. Segundo Marçal Justen Filho, "A jurisprudência não segue orientação definida no campo da diferenciação entre taxa e tarifa. Muitos julgados continuam aplicando o entendimento constante da Súmula 545 do STF. As dúvidas ficaram muito evidentes nas disputas acerca da natureza jurídica do Adicional de Tarifa Portuária (ATP), tema que foi objeto de inúmeras decisões contraditórias entre si. Há forte tendência a continuar a aplicar o instituto da taxa para serviços públicos específicos e divisíveis, cujo consumo seja compulsório para o usuário".[21]

O doutrinador menciona importante precedente do Supremo Tribunal Federal, proferido em 4.9.80 no recurso extraordinário 89.876-RJ, atinente a tarifa de limpeza urbana cobrada pela companhia de limpeza urbana do Rio de Janeiro. Da ementa do acórdão colhe-se o seguinte: "Tarifa básica de limpeza urbana. Em face das restrições constitucionais a que se sujeita a instituição de taxa, não pode o Poder Público estabelecer, a seu arbítrio, que à prestação de serviço público específico e divisível corresponde contrapartida sob a forma, indiferentemente, de taxa ou de preço público. Sendo compulsória a utilização do serviço público de remoção de lixo — o que resulta, inclusive, de sua disciplina como serviço essencial à saúde pública — a tarifa de lixo instituída pelo Decreto 196, de 12.11.75, do Poder Executivo do Município do Rio de Janeiro, é, em verdade, taxa".[22]

A orientação do Supremo Tribunal Federal baseava-se em dispositivo correspondente ao atual art. 145, II, da Constituição Federal. Na medida em que a regra constitucional vinculava a prestação de serviços públicos específicos e divisíveis à cobrança de taxa, não se reputou possível que se vinculasse a essa mesma categoria de serviços cobrança de outra natureza.

Porém, o raciocínio exige temperamentos a partir da consagração, pela Constituição Federal, da regra constante do art. 175 (que já constava, na essência, da Constitui-

21. *Concessões...*, p. 145.

22. Pleno, rel. Min. Moreira Alves, j. 4.9.80, *DJU* 10.10.80, em *RTJ* 98/230. No mesmo sentido, as duas Turmas do STF proferiram decisões unânimes no RE 89.049-RJ (2ª T., rel. Min. Leitão de Abreu, j. 10.10.80, *DJU* 5.12.80, p. 10.356) e no RE 106.083 (1ª T., rel. Min. Oscar Corrêa, j. 28.6.85, *DJ* 4.10.85, p. 17.210).

ção Federal anterior). O dispositivo prevê a possibilidade de a prestação de serviços públicos ser feita mediante a participação de particulares na condição de concessionários ou permissionários do serviço público. Segundo Marçal Justen Filho, "A concessão do serviço público produz, portanto, inovações no regime jurídico aplicável. Passa-se a considerar cabível o dado da lucratividade, o que é inconcebível na atividade administrativa desempenhada pelo Estado. O particular tem assegurado o direito à manutenção do equilíbrio econômico-financeiro inicial. Enfim, o insucesso será arcado pelo particular".[23]

De acordo com o doutrinador, esse regime pressupõe a possibilidade de alteração de tarifa a qualquer tempo, como instrumento para a manutenção do equilíbrio econômico-financeiro. Por isso, conclui que "o regime tributário é incompatível com o regime jurídico da remuneração do concessionário (permissionário). Quando o Estado outorga concessão, não se altera o regime jurídico da prestação do serviço público, mas se modifica o regime jurídico de sua remuneração. A Constituição Federal, ao tutelar a intangibilidade da equação econômico-financeira do contrato administrativo, produz uma espécie de redução da amplitude eficacial do sistema tributário. Retira do seu âmbito a remuneração atinente aos serviços públicos outorgados aos particulares por via de concessão ou permissão".[24]

O art. 175 da Constituição (ao consagrar a concessão de serviços públicos) e o art. 37, XXI, da Constituição (ao proteger a equação econômico-financeira dos contratos de concessão) excepcionam o art. 145, II, da Constituição quanto ao regime jurídico da remuneração do concessionário do serviço público. A remuneração passa a ter a natureza de *tarifa* (não tributária), ao contrário da *taxa* aplicável no caso de prestação de serviços públicos por regime diverso dos de concessão ou permissão.

Esse raciocínio independe da natureza compulsória ou não da utilização dos serviços. Trata-se de deveres absolutamente dissociados, o de utilizar compulsoriamente o serviço e o de pagar a tarifa correspondente. A qualificação jurídica da cobrança como tarifa tem em vista, como se apontou, a tutela de interesses diversos, relacionados com a intangibilidade da equação econômico-financeira do contrato de concessão.

Nesse passo, note-se que o art. 7º, III, da Lei 8.987/95 não estabeleceu liberdade plena de escolha por parte do usuário dos serviços concedidos. Não se presta como argumento acerca da impossibilidade de a lei tornar obrigatória a utilização do serviço concedido.

Em primeiro lugar, a redação do art. 7º, III, da Lei 8.987 foi modificada pela Lei 9.648/98, passando a definir como direito do usuário "obter e utilizar o serviço, com liberdade de escolha entre vários prestadores de serviço, quando for o caso, observadas as normas do poder concedente". O próprio texto da lei restringiu a noção de liberdade de escolha para pretender aplicá-la apenas quando houver vários prestadores (podendo o usuário optar por qualquer deles). O art. 9º, § 1º, da Lei 8.987/95, em sua nova redação, também confirma que a concessão do serviço não depende da existência de via alternativa gratuita exceto se especificamente determinado por lei. Esse dispositivo confirma a viabilidade da imposição jurídica ou material (por ausência de alternativa) da compulsoriedade na utilização do serviço concedido.

Além disso, a compulsoriedade da utilização do serviço público é apenas um reflexo da compulsoriedade de prestação do serviço pelo Poder Público. A adoção do regime de concessão não altera o dever do Poder Público de prestar o serviço. Não é impedimento, portanto, à adoção de critério de compulsoriedade dos serviços (des-

23. *Concessões...*, p. 144.
24. *Concessões...*, p. 144.

de que, evidentemente, haja fundamentos para a instituição desse dever). No mesmo passo, a compulsoriedade não modifica o regime de cobrança de tarifa para taxa.

Note-se que, mesmo antes da alteração legislativa produzida pela Lei 9.648/98, Marçal Justen Filho já apontava que "existem serviços públicos compulsórios, na acepção de que o particular tem o dever de valer-se deles, em vista do interesse da coletividade. As hipóteses são excepcionais, em face dos princípios que estruturam um Estado Democrático de Direito. Assim, a ligação das residências à rede de água e esgoto não retrata uma livre escolha para os particulares".[25]

É relevante perceber, porém, que a orientação do Supremo Tribunal Federal acima referida permanece em vigor. A Súmula 545 do STF adota precisamente a noção de compulsoriedade como critério discriminador de taxas e tarifas. Pressupõe que a imposição de utilização de um serviço, acompanhada da previsão de que o serviço deve ser pago, corresponde à instituição (indevida) de um *tributo* (taxa) correspondente ao preço do serviço.[26]

Parece-nos que o critério da compulsoriedade para a distinção entre taxas e tarifas não é compatível com o art. 175 da Constituição Federal, que prevê amplamente a realização de serviços públicos sob regime de concessão sem excepcionar os serviços de limpeza urbana. Também não é compatível com os objetivos e valores constitucionais, que, em certos casos, pressupõem a obrigatoriedade de utilização do serviço. O serviço de limpeza pública engloba uma variedade de atividades de fruição obrigatória pelos particulares.

25. *Concessões...*, pp. 134-135.

26. Sobre a inadequação do critério da compulsoriedade para discriminar impostos e taxas, confira-se Flávio Bauer Novelli, "Taxa — Apontamentos sobre o seu regime jurídico", em *Revista de Direito Tributário* 59/95 e ss.

VI — O problema do inadimplemento dos usuários

13. A cobrança do valor das tarifas dos usuários envolve dificuldades práticas, em vista da dispersão dos destinatários da cobrança. Especialmente em relação aos serviços relacionados com a remoção e tratamento de resíduos domiciliares, há uma multiplicidade de usuários obrigados ao pagamento de tarifas de valores unitários reduzidos.

O art. 6º, § 1º, da Lei 8.987/95 define que o serviço adequado pressupõe a sua continuidade. O § 3º do mesmo dispositivo ressalva que não se caracteriza a descontinuidade com a sua interrupção em face do inadimplemento do usuário. A regra, porém, contém uma exceção: a interrupção por inadimplemento é possível desde que "considerado o interesse da coletividade".

Não é possível, mesmo diante da ausência de pagamento da tarifa correspondente, a interrupção da prestação de serviço público cuja ausência possa oferecer risco à coletividade. É o caso de, quando menos, algumas das atividades envolvidas nos serviços de limpeza urbana. O inadimplemento do usuário não autorizará o concessionário a interromper o serviço mínimo indispensável para a manutenção da segurança e da saúde públicas.

Note-se que o limite mínimo aqui referido não corresponde ao mínimo caracterizador do serviço universal, referido no início deste trabalho. Trata-se de conceitos diversos. O serviço universal vai além do mínimo necessário à proteção da coletividade, buscando assegurar a realização de certos objetivos constitucionais em relação ao próprio usuário. O inadimplemento do usuário pode permitir a redução do serviço até limites inferiores aos que caracterizam o serviço universal, preservando-se o interesse coletivo na realização de certas tarefas de limpeza urbana.

Sobre tema análogo, Marçal Justen Filho apontou que "a hipótese do inc. II não autoriza, porém, a suspensão de serviços obrigatórios, cuja prestação se faz no interesse público ou é essencial à dignidade da pessoa humana. Essa é a situação específica do fornecimento de água tratada e de coleta de esgotos. A instalação de rede de distribuição de água tratada e de coleta de esgotos não se faz como meio de satisfação do interesse individual dos usuários. Trata-se de instrumento de saúde pública (...) Em suma, quando a Constituição Federal assegurou a dignidade da pessoa humana e reconheceu o direito de todos à seguridade, introduziu obstáculo invencível à suspensão de serviços públicos essenciais".[27]

O doutrinador aponta que o inadimplemento pode conduzir apenas à cobrança compulsória (administrativa e judicial) do montante da tarifa ou, verificando-se a impossibilidade de pagamento, a supressão da cobrança de certos usuários e a elevação das tarifas dos demais. Parece-nos que essa solução poderia ser ofensiva ao princípio da isonomia, na medida em que o universo dos particulares atendidos pelo serviço não coincidisse com o universo dos cidadãos ligados por um vínculo de solidariedade social (art. 3º, I, da Constituição Federal) aos que são incapacitados do pagamento. No caso do serviço de limpeza urbana, de natureza municipal, o vínculo de solidariedade social está presente em todos os atingidos pela cobrança da tarifa. A recomposição dos custos não cobertos em face da inadimplência de pessoas incapacitadas do pagamento pode ser realizada, em princípio, através da elevação das tarifas dos demais usuários.

14. Um mecanismo usual para a efetivação da cobrança das tarifas de limpeza urbana consiste em sua exigência de forma combinada com a cobrança de outros valores. Na prática das concessões de serviços de limpeza urbana, há a cobrança conjunta com o lançamento de impostos municipais (IPTU) ou com as faturas de água ou de energia elétrica.

A cobrança conjunta apresenta nítidas vantagens em termos de estímulo ao pagamento. Porém, produz dificuldade jurídica derivada da aplicação da Lei 8.078/90 (Código de Defesa do Consumidor) segundo a orientação da Portaria 3, de 19.3.99, da Secretaria de Direito Econômico. No item 3, a referida Portaria estabelece que se enquadram no art. 51 da Lei 8.078/90 as cláusulas que "permitam ao fornecedor de serviço essencial (água, energia elétrica, telefonia) incluir na conta, sem autorização expressa do consumidor, a cobrança de outros serviços. Excetuam-se os casos em que a prestadora de serviço essencial informe e disponibilize gratuitamente ao consumidor a opção de bloqueio prévio da cobrança ou utilização dos serviços de valor adicionado".

Desse modo, a cobrança conjunta pressupõe a autorização expressa do usuário ou a indicação clara no instrumento de cobrança da possibilidade de o usuário não efetuar o pagamento da tarifa de limpeza pública em conjunto com a relativa a outro serviço. Caso contrário, a cobrança pode ser reputada abusiva para o fim do art. 51 da Lei 8.078/90. Ainda que a Portaria SDE 3/99 não tenha caráter vinculante (e não seja apta a gerar direitos nem deveres para os particulares), pode-se supor que servirá de orientação para a interpretação administrativa e judicial do dispositivo legal.

VII — Conclusão

15. O presente estudo buscou enfrentar alguns dos problemas concretos da concessão de serviços de limpeza urbana tal como atualmente configurada no Brasil, com especial referência ao entendimento dos Tribunais Superiores acerca de tais problemas como parâmetro concreto para orientação de decisões privadas neste setor da atividade econômica.

Pretendeu identificar as dificuldades existentes na atribuição da exploração des-

27. *Concessões...*, p. 130.

ses serviços aos particulares e apontar para algumas das possíveis soluções.

VIII — Bibliografia

DI PIETRO, Maria Sylvia Zanella, *Parcerias na Administração Pública*, Atlas, 1996.

JUSTEN FILHO, Marçal, *Concessões de Serviços Públicos*, Dialética, 1997.

____. *Comentários à Lei de Licitações e Contratos Administrativos*, Dialética, 5ª ed., 1998.

MARQUES NETO, Floriano Azevedo, "Outorga de concessão de serviços de limpeza urbana por consórcio intermunicipal", *Boletim de Direito Administrativo*, v. 13, n. 10, out. 1997, pp. 681-687.

NOVELLI, Flávio Bauer, "Taxa — Apontamentos sobre o seu regime jurídico", *Revista de Direito Tributário* 59/95.

ESTUDOS E COMENTÁRIOS

DA RESOLUÇÃO SUSPENSIVA DE LEIS DECLARADAS INCONSTITUCIONAIS PELO SENADO FEDERAL

LUIZ ALBERTO G. S. ROCHA

Mestrando em Direito do Estado da Universidade de São Paulo — USP

1. Introdução: Surgimento do Senado; Natureza do papel do Senado Federal na Constituição de 1934. 2. Natureza da suspensão em si: Procedimento da suspensão; Vinculação ou discricionariedade da ação senatorial; "Suspender, no todo ou em parte". 3. Efeitos da declaração: Eficácia "ex tunc" ou "ex nunc"?; Da possibilidade de revogação da resolução suspensiva. 4. A expressão "lei" é entendida "lato sensu" ou "scricto sensu"? 5. Outras questões: Julgamento político pelo STF?; Harmonia e separação de poderes. 6. Sugestões sobre o tema: I — O porquê da mudança; Senado "vs." Supremo Tribunal: controle de constitucionalidade; Outro argumento; Outro mais; II — Com a concentração do controle de constitucionalidade haveria governo de juízes?; III — Problemas técnico-jurídicos sobre o controle concentrado no Judiciário: Quando o Judiciário assinalaria efeito "erga omnes" à declaração de inconstitucionalidade?; Transferindo-se a competência do Senado para o STF, qual o alcance dessa decisão? 7. Bibliografia.

1. Introdução

Surgimento do Senado

Para melhor introduzir efetivamente o tema do trabalho é oportuno se verificar o surgimento e a natureza do Senado Federal no Brasil. O nascimento do órgão nos remete aos primórdios da independência do Brasil e ao imperador D. Pedro I quando convoca a Assembléia Geral Constituinte e Legislativa, em 3 de junho de 1822, reunindo os Deputados das Províncias para elaborar o texto do Projeto da Primeira Constituição Política do Império, sendo relator Antonio Carlos Ribeiro de Andrada Machado e Silva.

A Assembléia foi, no entanto, dissolvida por Decreto Real de 12 de novembro de 1823 por ter havido "perjurado ao tão solene juramento que prestou à Nação de defender a Integridade do Império, sua Independência e a Minha Dinastia"; na realidade, o que aconteceu foram conflitos entre brasileiros e portugueses "adotivos". Já no dia seguinte novo Decreto Real criou o Conselho de Estado para elaborar o Novo Projeto de Constituição que deveria ser apresentado à nova Assembléia Constituinte que, por novas discórdias entre as alas "liberais" e "conservadoras", foi outorgado ao Brasil por Sua Majestade Imperial em 25 de março de 1824.

A nova Constituição organizou o Brasil segundo uma monarquia centralista e hereditária com quatro Poderes constituídos: Executivo (Imperador e seus ministros), Judicial (juízes e jurados), Moderador (Imperador) e Legislativo (Câmara dos Deputados e Senado). A Assembléia-Geral era assim bicameral tendo-se a Câmara como representação do povo e o Senado com das Províncias.

O Senado brasileiro surgia assim com inspiração inglesa e francesa, tendo sua primeira sessão ordinária sido realizada em maio de 1826 realizando-se a eleição da primeira Mesa Diretora. O Senado era composto por cinqüenta senadores, com cargo "vitalício e privativo de brasileiros natos ou naturalizados, (exigida) idade mínima de 40 anos e rendimento anual mínimo de oitocentos mil réis".[1]

Cabe frisar como derradeira informação dessa parte que o Senado com a designação de Federal, tal como hoje lho atribuímos, surge somente na primeira Constituição da República, 1891, art. 1º: "a nação brasileira adota como forma de governo, sob o regime representativo, a República Federativa proclamada a 15 de novembro de 1889, (...)".

Natureza do papel do Senado Federal na Constituição de 1934

A terceira década do século XX encontrou um Brasil em efervescência política. Em 3.10.1930 irrompeu Brasil afora a revolução, depondo-se o Presidente Washington Luís e transferindo-se o poder para as mãos do Governo Provisório assumido por Getúlio Vargas pelo Decreto 19.398 de 11 de novembro daquele ano. Logo no início de 1933, o Decreto 22.621 determinou a criação da Assembléia Constituinte para elaborar nova Constituição para o país, sendo promulgada a terceira Constituição do Brasil e a segunda da República em 16 de agosto de 1934.

A constituinte trabalhou sob a ideologia da teoria clássica da Separação dos Poderes (Legislativo, Executivo e Judiciário) e um sistema tendente ao unicameralismo adotando um Conselho Federal[2] inserido em um especial Capítulo intitulado "Da Coordenação dos Poderes". O título demonstra exatamente a intenção do constituinte em criar um órgão superior com o objetivo de "promover a coordenação dos poderes federais entre si, manter a continuidade administrativa, velar pela Constituição, colaborar na feitura de leis e praticar os demais atos da sua competência" (art. 88 Constituição Republicana de 1934). Era a reinstituição das atribuições do Poder Moderador com uma organização de Conselho de Estado, ambas instituições do Império.

Essa "ressurreição" trouxe divergências. As opiniões quanto à criação do órgão de tais características, apesar de ter enfim prevalecido, não foram de modo algum unânimes, tendo a voz do Deputado Levi Carneiro, "braço forte da assessoria legislativa da ditadura, na primeira fase da Revolução de 1930", sido das mais expressivas nos debates: "não se compreende que um órgão, que não participa da elaboração legislativa em todos os casos, seja o órgão incumbido de verificar a observância das leis, dos regulamentos e, mais que isso, de aconselhar, na hipótese das leis declaradas inconstitucionais, (que) sejam elas revogadas. Essa é a criação das emendas (criadoras do Conselho Federal)".[3]

Realmente a nova Carta promovia uma organização em que "o Poder Legislativo era exercido pela Câmara dos Deputados, com a colaboração do Senado. O Senado não tomava parte na votação de todas as leis, mas exercia certas funções de grande relevância, incumbindo-lhe prover à coordenação dos Poderes federais entre si, man-

1. Texto extraído da Internet: http://www.senado.gov.br

2. O nome Senado Federal foi restabelecido de última hora por uma emenda final de redação. Cf. Paulo Bonavides e Paes de Andrade, *História Constitucional do Brasil*, p. 310.

3. Paulo Bonavides e Paes de Andrade, ob. cit., p. 311.

ter a continuidade administrativa e velar pela Constituição".[4]

E é sob essa natureza que o art. 91 inciso IV determina competir ao Senado Federal "suspender a execução, no todo ou em parte, de qualquer lei ou ato, deliberação ou regulamento, quando hajam sido declarados inconstitucionais pelo Poder Judiciário". Várias foram as conseqüências desse inciso na separação entre poderes, uma vez que se criava um contrapeso importante para as funções do Judiciário, devido à necessidade de submissão de suas decisões àquela Casa.

Sobre essa nova atribuição muito bem colocadas as palavras de Paulo Napoleão Nogueira da Silva: "registre-se, ademais, que a sua competência privativa para suspender a execução dos textos legais declarados inconstitucionais pelo Judiciário estava em perfeita coerência com a sua posição de órgão de coordenação entre os Poderes; e por isso não colidia com o sistema de controle judicial, nem com o princípio da separação entre os Poderes. Com o restabelecimento da sua situação de Casa integrante do Poder Legislativo, sob a Constituição de 1946 e as que se lhe seguiram, sua competência privativa para suspender a execução da lei ou ato declarado inconstitucional — mantida por estas — tornou discutível a conciliação do sistema com o de controle *judicial*, numa estrutura que consagra o princípio da separação entre os Poderes"[5] (grifo do original).

É justamente o diagnóstico feito acima sobre as mazelas dessa competência privativa do Senado que impulsionarão as linhas abaixo. Pretendo mostrar que, não só é discutível, mas também é incompatível esse tipo de atribuição com o texto de 88. O Senado Federal tem hoje outras atribuições podendo ser resumidas basicamente em dois aspectos: (i) o de câmara moderadora e revisora dos projetos aprovados na Câmara dos Deputados,[6] e (ii) o de representativa dos Estados, no âmbito da Federação. Atribuir outras missões que não legislativas ao Senado, e ao Legislativo mesmo, é não preservar a separação dos poderes; é lição já dada por John Stuart Mill: "hay cosas que sólo por Asambleas pueden ser bien hechas: las hay que las Asambleas no pueden hacer. (...) Lo que una Asamblea puede hacer mejor que un individuo (o autor se refere ao Executivo) es deliberar".[7]

Não nos parece mais caber esse estado de coisas. Porém, o contraponto que se quer fazer à competência privativa do Senado Federal de suspender lei declarada inconstitucional pelo Supremo Tribunal Federal deve ainda enfrentar muitas questões para só então basear as "sugestões sobre o tema". É esse, enfim, o objetivo do trabalho.

2. *Natureza da suspensão em si*

Procedimento da suspensão

O Brasil adota um sistema misto de controle de constitucionalidade dos atos nor-

4. José Cretella Júnior, *Elementos* de *Direito Constitucional*, p. 39.

5. Paulo Napoleão Nogueira da Silva, *A Evolução do Controle de Constitucionalidade e a Competência do Senado Federal*, pp. 72-73.

6. Manoel Gonçalves Ferreira Filho, Michel Temer e Celso Ribeiro Bastos (só para ficar com três nomes) explicam essa concepção da Câmara Alta como controladora dos ímpetos da Câmara Baixa. Essa é a razão inclusive de se estabelecer uma idade mínima mais elevada para ser Senador, presumindo-se conferir à Casa pessoas de maior prestígio e experiência política. Interessante ainda é a transcrição de um diálogo entre Thomas Jefferson e George Washington: "Por que duas Câmaras?", perguntava Jefferson a Washington, em tom de censura. Enquanto falava, Jefferson passava o café da xícara para o pires. Por que fez isso?, pergunta Washington. É para esfriar a bebida, replica Jefferson. Washington arremata triunfante: pois nós despejamos a legislação nos pires senatorial, exatamente para que ela esfrie" (in José Cretella Júnior, ob. cit., p. 130).

7. John Stuart Mill, *Del Gobierno Representativo*, pp. 56-57.

mativos, tem-se ao mesmo tempo na Constituição brasileira o controle concentrado, de inspiração austríaca, e o controle difuso, de origem norte-americana. Nessa estrutura, o Supremo Tribunal Federal é por excelência o guardião da Constituição e, portanto, nele é resolvida, em última ou única instância, as questões de constitucionalidade.

São medidas de processo constitucional de controle concentrado a Ação Direta de Inconstitucionalidade, a Ação Declaratória de Constitucionalidade e a Ação Direita de Inconstitucionalidade por Omissão, todas sendo julgadas originariamente pelo STF (art. 102, I, *a* e 103, § 2º, CF/88) tendo efeitos *ex tunc* e *erga omnes*. Assim, declarada a inconstitucionalidade de lei "não mais pode o Supremo Tribunal Federal, ou qualquer tribunal, ou juízo, aplicá-la: não é eficaz; portanto, não incide";[8] sendo, no entanto, declarada a constitucionalidade ter-se-á também efeito vinculante, porém ao inverso, é o que está explicitamente inscrito no § 2º do art. 102.

O controle difuso é realizado, segundo inspiração de Marshall, perante qualquer juízo em que for argüida a conformidade da norma frente à Constituição, doutrina resultante de uma obediência irrestrita à maior hierarquia do texto constitucional. Esse tipo de argüição, devido a sua utilização como preliminar de mérito, é também chamada de controle por via de exceção ou via de defesa e refere-se tão-somente ao caso concreto, ao conflito entre os pólos opostos da relação processual concreta. Daí a lógica dos efeitos da sentença constitutiva:[9] eficácia *ex tunc* e *inter partes*.

O constituinte de 1934 tentando amenizar o trauma que o julgamento de inconstitucionalidade com eficácia *inter partes* tem[10] para o sistema judiciário brasileiro, já que cada cidadão não incluído na sentença ingressa com nova ação para ver reconhecida situação símile levando à mora na prestação jurisdicional, emprestou ao Senado Federal competência para dar efeito suspensivo geral — *erga omnes* — para a declaração de inconstitucionalidade julgada pelo Poder Judiciário.[11] Assim as Constituições seguintes, exceto a de 1937, mantiveram essa

8. Francisco Cavalcanti Pontes de Miranda, *Comentários à Constituição de 1946*, Rio de Janeiro, Henrique Cahen, 1947, p. 463, *apud* Celso Ribeiro Bastos e Ives Gandra Martins, *Comentários à Constituição do Brasil — Promulgada em 5 de Outubro de 1988*, p. 179.

9. A natureza constitutiva da sentença refere-se a adoção da teoria kelseniana da nulidade como o grau mais alto da anulabilidade (sobre o assunto Hans Kelsen, *Teoria Pura do Direito*, 6ª ed., Armênio Amado, Coimbra, 1984, p. 374), em oposição a teoria clássica do Direito norte-americano do ato inconstitucional como nulo e írrito (na defesa dessa posição, por todos, Ruy Barbosa, *A Constituição e os Atos Inconstitucionais do Congresso e do Executivo*, 2ª ed., Atântida, Rio de Janeiro, 1893).

10. "Vale dizer que esta (a inconstitucionalidade) continua a obrigar. De modo e maneira que o Executivo pode utilizar-se dela e às vezes tem mesmo o dever de se utilizar dela. Nem só o Executivo, senão o próprio Legislativo. Continua, também, a reger nos casos futuros as relações de direito que lhe derem origem. Não estanca a fonte de atos inconstitucionais e, conseqüentemente, de novos ônus para a Fazenda Pública. Ora, não parece que devemos manter essa situação" (cf. Deputado Godofredo Vianna, "Justificação da Emenda n. 273", in *Anais da Assembléia Nacional Constituinte*, v. III, Imprensa Nacional, Rio de Janeiro, 1936, pp. 443-445, *apud* Ana Valderez Ayres Neves de Alencar, "A competência do Senado Federal para suspender a execução dos atos declarados inconstitucionais", in *Revista de Informação Legislativa* 57/236.

11. "A substituição processual em razão do falecimento de um dos autores não merece acolhida à base de mera notícia, sem comprovação. Por outro lado, desde que a matéria constitucional não foi ventilada na instância ordinária, sendo suscitada em grau de embargos declaratórios, descabe a sua apreciação, no recurso extraordinário. Outrossim, *o acórdão entendeu com exatidão que a declaração incidental de inconstitucionalidade só tem efeito entre as partes, antes de suspensa a execução da lei. Recurso extraordinário não conhecido*" (STF RE 108.873-RJ, rel. Min. Djaci Falcão, 8.9.1987) (grifo nosso).

prerrogativa suspensiva. O objetivo era justamente de evitar os problemas do controle difuso, entretanto a inovação encontra problemas de "enquadramento dogmático", no dizer de Gilmar Ferreira Mendes,[12] que hoje requerem soluções, principalmente quanto à real necessidade do pronunciamento legislativo no âmbito do controle de constitucionalidade, assunto a ser tratado alhures.

As matérias argüidas de inconstitucionalidade que chegarem ao STF para serem julgadas serão submetidas à sessão plenária, assim disciplinam os arts. 5º e 6º do RISTF. O Plenário apreciará os argumentos com *quorum* mínimo de oito Ministros (art. 143, parágrafo único, RISTF) declarando a constitucionalidade ou não com o voto de no mínimo seis Ministros.[13] Em caso de não haver *quorum* mínimo, por impedimento ou licenciamento dos Ministros, para as decisões do Plenário podem ser convocados Ministros do Superior Tribunal de Justiça para tomarem assento na casa e participarem das decisões relativas às competências do Plenário, exclusive as do arts. 7º, I e II e 151, I (art. 40, RISTF).

Uma vez declarada a inconstitucionalidade a Carta Magna determina: "Art. 52. Compete privativamente ao Senado Federal: X — suspender a execução, no todo ou em parte, de lei declarada inconstitucional por decisão definitiva do Supremo Tribunal Federal".

A ação do Senado Federal requer decisão definitiva, "isto é, decisão da qual nenhum recurso mais seja possível",[14] do Pretório Excelso que originariamente comunicava àquela Casa da inconstitucionalidade de lei enviando cópias das notas taquigráficas e do acórdão proferido. Hoje o Regimento Interno do Senado Federal determina que o conhecimento da declaração de inconstitucionalidade possa ser feito tanto por comunicação do Presidente do STF como por representação do Procurador-Geral da República ou de *moto proprio* por projeto de resolução de iniciativa da Comissão de Constituição, Justiça e Cidadania do Senado (art. 386, RISTF). Uma vez recebida a comunicação ou a representação, ela é lida em Plenário e encaminhada à Comissão, distribuída a um dos pares para confeccionar parecer a respeito da decisão da Suprema Corte e elaborar projeto de resolução opinando pela suspensão, se for o caso, da execução da lei. Aliás, Clèmerson Merlin Clève é quem chama a atenção para a utilização desse instrumento normativo como o único possível, haja visto ser a suspensão de competência exclusiva do Senado Federal e não se tratar de elaboração de lei.[15] Entendimento que acompanha a boa lição de Pontes de Miranda: "em direito constitucional, 'resolução' é a deliberação que uma das Câmaras do Poder Legislativo, ou o próprio Congresso Nacional, toma, fora do processo de elaboração das leis sem ser lei".[16]

Uma questão importante surgida dessa competência atribuída ao Senado Federal foi saber se ela seria exercida tanto para as declarações de inconstitucionalidade *in abstrato* quanto para as *in casu*. Apesar de poder haver doutrinadores que entendam o contrário, a questão já está pacificada desde abril de 1977 quando o Supremo Tribunal Federal em decisão do Presidente Min. Carlos Thompson Flores acatou, no Processo Administrativo 4.477/72, o parecer do Min. Moreira Alves que assim o concluía: "em conclusão, e circunscrevendo-me ape-

12. Gilmar Ferreira Mendes, *Controle de Constitucionalidade — Aspectos Jurídicos e Políticos*, p. 207.

13. "Art. 146. O Presidente do Plenário não proferirá voto, salvo: I — em matéria constitucional" (RISTF).

14. José Cretella Júnior, *Comentários à Constituição Brasileira de 1988*, p. 2.062.

15. Clèmerson Merlin Clève, *A Fiscalização Abstrata de Constitucionalidade no Direito Brasileiro*, p. 90.

16. *Apud* Manoel Gonçalves Ferreira Filho, *Curso de Direito Constitucional*, p. 212.

nas ao objeto da consulta (sou dos que entendem que a comunicação ao Senado só se faz em se tratando de declaração de inconstitucionalidade *incidente*, e, não, quando decorrente de ação direta, caso em que, se relativa a intervenção federal, a suspensão do ato é da competência do Presidente da República, e, se referente a declaração de inconstitucionalidade em tese, não há que se falar em suspensão, pois, passando em julgado o acórdão desta Corte, tem ele eficácia *erga omnes* e não há que se suspender lei ou ato normativo nulo com relação a todos), em conclusão — repito — e circunscrevendo-me apenas ao objeto da consulta, sou de parecer de que só se deverá fazer a comunicação, a que alude a parte final do art. 180 do Regimento Interno, quando se tratar de declaração de inconstitucionalidade de lei (que abrange o elenco das figuras compreendidas no art. 46 da Emenda Constitucional 1/69 ou de decreto, e, não, de quaisquer outros atos normativos"[17] (grifos do original).

Outra não é a conclusão que o eminente José Afonso da Silva chega quando faz a interpretação sistemática desse inciso: "de fato, se esse dispositivo fala em 'lei declarada inconstitucional por decisão *definitiva* do Supremo Tribunal Federal', parece, pelo 'definitiva', que se trata de conclusão de uma série de decisões, o que é característica de decisão num processo concreto, não compreendidas as decisões definitivas prolatadas em processos de competência originária do próprio Pretório Excelso".[18]

Resta, portanto, claro que o procedimento atual somente admite serem passíveis de suspensão por decreto legislativo do Senado Federal a declaração de inconstitucionalidade em tese; aliás assim determina o art. 178 do RISTF.

17. In Ana Valderez Ayres Neves de Alencar, ob. cit., pp. 303-304.

18. José Afonso da Silva, *Curso de Direito Constitucional Positivo*, p. 56.

Vinculação ou discricionariedade da ação senatorial

A par do já exposto, a grande *quaestio juris* da suspensão legislativa está justamente na elaboração dessa resolução suspensiva. Seria o ato do Legislativo vinculado à decisão definitiva do STF[19] ou o Senado Federal teria a discricionariedade necessária para adotar a suspensão segundo seu próprio julgamento político?[20] As duas cor-

19. "O ato do Senado, porém, não é optativo, mas deve ser baixado sempre que se verificar a hipótese prevista na Constituição" (cf. C. A. Lúcio Bittencourt, *O Controle Jurisdicional da Constitucionalidade das Leis*, p. 145). "Concorrendo os requisitos legais, não pode o Senado recusar a suspensão, ainda sob a alegação de que a lei deve ser mantida por necessária ao bem-estar do povo, ou a defesa do interesse nacional" (cf. Alfredo Buzaid, "Da ação direta de declaração de inconstitucionalidade no Direito brasileiro", São Paulo, Saraiva, 1958, p. 89, *apud* Zeno Veloso, *Controle Jurisdicional de Constitucionalidade*, p. 61).

20. "Os tribunais podem modificar sua jurisprudência, e freqüentemente a modificam. Por esta consideração, ao Conselho Federal (designação do Senado Federal à época) não se cometeu a obrigação — e apenas se conferiu a faculdade — de cassar os atos e leis julgados inconstitucionais, o que lhe deixa a liberdade de tomar, ou não, tão grave medida, segundo o mérito e firmeza da jurisprudência seguida pelo outro poder" (in *Diário da Assembléia Nacional*, ano II, n. 142, 28.6.34, p. 4.647, *apud* Ana Valderez Ayres Neves de Alencar, ob. cit., p. 262). No mesmo sentido, Accioly Filho, "Declaração de inconstitucionalidade de lei ou decreto. Suspensão de execução do ato inconstitucional pelo Senado Federal. Extensão da competência efeitos", in *Revista de Informação Legislativa*, v. 12, out.-dez. 1975; Josaphat Marinho. "A função de controle do Congresso Nacional", in *Revista de Informação Legislativa*, v. 14, n. 53, jan.-mar. 1977; Oswaldo Aranha Bandeira de Mello, *A Theoria das Constituições Rígidas*, São Paulo, Ed. RT, 1934; Themistocles Brandão Cavalcanti, *Do Controle de Constitucionalidade*, Rio de Janeiro, Forense, 1966; Paulo Napoleão Nogueira da Silva, ob. cit.; por todos, Paulo Brossard, "O Senado e as leis inconstitucionais", in *Revista de Informação Legislativa*, v. 13, n. 50, abr.-jun. 1976.

rentes que se defrontam têm argumentos bastante consistentes, mesmo porque seus emitentes são lúcidos constitucionalistas. Lúcio Bittencourt, *verbi gratia*, propõe a vinculação da suspensão legislativa sempre que o STF tomar decisão definitiva, porque do contrário seria ilógico manter lei inconstitucional em vigor causando outras mais inconstitucionalidades. A não suspensão da lei impugnada acarretaria um enfraquecimento da eficácia do acórdão e uma interferência indevida nas atribuições do Judiciário, logo o Senado não pode se furtar a suspender a lei.

Outros, no entanto, pensam de modo oposto entendendo que o constituinte de 1934 concebia o Senado Federal como um Conselho Federal, órgão próprio para estabelecer um controle, uma coordenação entre a estrutura tripartida do Estado. Esta é a razão inclusive de não ter sido deixado ao Judiciário o completo arbítrio sobre a constitucionalidade das leis. Bandeira de Mello é quem explica: "essa fórma adoptada, faria o poder judiciario entrar no terreno político pela sua transformação em uma verdadeira assembléa de revisão das ordenanças governamentaes. Seria implantar, legalmente, a discordia entre os três órgãos do governo constituido".[21] Logo, vincular a ação do Senado seria subjugar o órgão e fazê-lo menos do que a Constituição desejava. O constituinte de 34 Odilon Braga é quem expõe precisamente a idéia da suspensividade legislativa: "quando a fundamentação da inconstitucionalidade desde logo convence o Conselho, este, para evitar aos cidadãos o incômodo de repetir apelos ao Judiciário, antecipa-se na prática da atribuição que lhe conferimos, e suspende a lei ou ato inconstitucional. Quando, porém, os fundamentos não são suficientes: quando o próprio Conselho não reconhece a liquidez dessa inconstitucionalidade, aguarda que outros cidadãos renovem a argüição perante o Poder Judiciário, para que se firme a jurisprudência".[22]

Esse foi inclusive o entendimento do próprio STF pela pena de Aliomar Baleeiro: "*o Senado é senhor da deliberação de suspender ou não suspender lei declarada inconstitucional.* Seria supérflua a disposição que o convertesse em porteiro dos auditórios para solenizar a decisão do Supremo Tribunal Federal. Era mais simples, nesse caso, declarar que ficariam de nenhum efeito as leis julgadas inconstitucionais pelo Supremo Tribunal Federal. Além disso, não há qualquer sanção, para o Senado, se recusar à suspensão ou não tomar providências regimentais para votá-la. Em verdade, ao Senado deve reconhecer-se a discrição no apreciar a conveniência nacional de suspender ou não os atos dados como inconstitucionais (...) Pode haver erro material do Supremo Tribunal e o Senado pretende que já houve (...) Mais ainda. Se admitir-se que o Senado tem competência vinculada à decisão do Supremo Tribunal Federal, basta um só julgado deste com o mínimo de vozes do art. 111 da Constituição, para que venha a suspensão, podendo acontecer mudança de orientação da alta Corte nesse interregno, sobretudo se a morte, a aposentadoria ou o licenciamento de um ou mais juízes trouxer substituições, que lhe alterem a orientação"[23] (grifo nosso).

Com a mesma veemência escreve Paulo Brossard: "repugna a tudo quanto se possa conceber como apropriado a uma assembléia e a uma assembléia das características do Senado, ver nele mero órgão executor do Supremo Tribunal. (...) Evidentemente, não foi para essa função de amanuense que a

21. Oswaldo Aranha Bandeira de Mello, ob. cit., pp. 97-98.

22. In *Anais da Assembléia Nacional Constituinte*, v. XXI, pp. 241-247-249, *apud* Ana Valderez Ayres Neves de Alencar, ob. cit., p. 261.

23. Aliomar Baleeiro, "O Supremo Tribunal Federal, esse outro desconhecido", Rio de Janeiro, Forense, 1968, pp. 97-98, *apud* Paulo Brossard, ob. cit., pp. 58-59.

Constituição de 34 reservou essa competência ao Senado, em caráter privativo".[24]

Como acima tinha escrito, a defesa das duas posições fazem-nos pender ora em uma ora em outra direção, no entanto afigura-nos que o meio termo é novamente a solução mais sábia. Se por um lado o STF tem que ter legitimidade para agir, também não pode ficar o Senado Federal adstrito às decisões do Pretório Excelso. E, seguindo o ensinamento hermenêutico de que não há letra sem sentido ou norma sem valor dentro da Constituição a melhor interpretação parece ser a adotada pelos professores Manoel Gonçalves Ferreira Filho, Celso Ribeiro Bastos e Zeno Veloso que atribuem ao Senado o dever de fiscalizar a atuação do STF, mas tão-somente no campo da formalização da decisão de inconstitucionalidade, "do contrário, o Senado teria o poder de convalidar ato inconstitucional, mantendo-o eficaz, o que repugna ao nosso sistema jurídico".[25] Realmente, não há como entender a inação do Senado em suspender a execução de lei, ou pior, a manutenção de norma inconstitucional, pelo que a ação legislativa é vinculada, ou seja, não entra no mérito da decisão. Por outro lado, o Senado, como representante do Legislativo, poder que por função primordial elabora a norma, tem que dar a última palavra na exclusão daquele ato inconstitucional do mundo jurídico e, para tanto, deve verificar se a ação do Supremo se deu segundo o devido processo legal. Logo se o Senado não está estritamente vinculado, ele também não tem a discricionariedade da decisão, essa situação desconfortável para os dois poderes, e para a Democracia em última instância, é uma amostra da inadequação do sistema.

"Suspender, no todo ou em parte"

Para finalizar essa parte cabe discutir o sentido *legis* da suspensão no todo ou em parte do texto constitucional. Clèmerson Merlin Clève defende que o Senado tem a discricionariedade para determinar o alcance de sua resolução, isto é, aquele órgão pode suspender em parte lei declarada inconstitucional no todo.

O autor paranaense utiliza para sustentar sua tese a lição do Prof. Michel Temer quanto ao veto presidencial, na qual o Presidente da República tem a discrição para dimensionar seu veto se no todo ou se na parte. Ocorre, entretanto, que não pode se dar essa dimensão à suspensão legislativa. Primeiramente, o argumento do veto presidencial não cabe no caso em questão porque o art. 66, § 1º, determina expressamente — vetá-lo-á total ou parcialmente — a competência presidencial, fato que não acontece no inc. X do art. 52.

Ademais, melhor razão tem nosso conterrâneo Prof. Zeno Veloso quando afirma: "ele (o Senado) suspenderá a execução em parte ou na totalidade, conforme tenha sido a decisão do Supremo Tribunal Federal. A atuação do Senado, portanto, é balizada pela extensão da sentença proferida pelo Pretório Excelso. Não pode ampliar nem restringir".[26] Outro não pode ser o entendimento, uma vez que o Senado deve verificar a declaração quanto a sua formalidade, não se pode atribuir-lhe poderes para afastar-se da decisão do STF, seria aceitar um novo julgamento de mérito, incabível na espécie. O Senado não tem "competência para examinar o mérito da decisão (...) para interpretá-la, para ampliá-la ou restringi-la".[27] Oportuno ainda

24. Paulo Brossard, ob. cit., p. 62.

25. Manoel Gonçalves Ferreira Filho, ob. cit., p. 41.

26. Zeno Veloso, ob. cit., p. 65. No mesmo sentido, Pontes de Miranda "(...) incumbe ao Senado Federal suspender-lhes a execução no todo ou em parte. Mas, suspender no todo ou suspender ele a parte não fica ao arbítrio do Senado Federal, suspende ele a parte que foi apontada como inconstitucional, ou o todo que o foi; e nunca o todo porque uma parte o foi" (in Ana Valderez Ayres Neves de Alencar, ob. cit., p. 276).

27. Voto do Min. Pedro Chaves, MS 16.512, *RTJ* 38(1):12, *apud* Gilmar Ferreira Mendes, ob. cit., p. 215.

acrescer-se as palavras de Cretella Júnior: "incide a *suspensão* apenas sobre *a parte argüida de inconstitucional*, mas a suspensão *de parte do todo* não atinge *o todo*, prevalecendo a regra: *utile per mutile non vitiatur*"[28] (itálicos do original).

3. *Efeitos da declaração*

Eficácia "ex tunc" ou "ex nunc"?

Mais uma vez sobre a matéria pendem entendimentos antagônicos sobre os efeitos da suspensão da lei inconstitucional pelo Senado Federal, afinal seriam eles retroativos, atingindo o ato desde seu nascimento, ou a lei teria eficácia até a suspensão legislativa, só a perdendo a partir de então? Ambas colocações encontram guarita na doutrina com alguns entendendo pela eficácia *ex tunc*,[29] outros pela *ex nunc*.[30] As conclusões acompanham, como o leitor mais atento perceberá, o entendimento de cada qual quanto à natureza do papel exercido pela Câmara Alta.

Àqueles que advogam a tese dos efeitos retroativos ganha relevância o argumento de que entender-se o contrário levaria a um conflito sistemático entre o efeito suspensivo parlamentar e "as premissas basilares da declaração de inconstitucionalidade no Direito brasileiro".[31] O ato inconstitucional é um natimorto, é um não direito, portanto ele não existe no organismo jurídico desde sua promulgação, do contrário se estaria admitindo uma grave perturbação na estrutura hierárquica da pirâmide normativa. Admitindo-se a Constituição como norma superior e fundamental, de onde advém todo e qualquer ato normativo, não há como não atribuir efeito *ex tunc* à declaração de inconstitucionalidade, e, conseqüentemente, à suspensão legislativa. O Prof. Zeno Veloso é enfático na defesa desse posicionamento no seguinte trecho de sua obra: "a declaração de inconstitucionalidade não fere de morte a norma; proclama que ela é natimorta. Entendemos, pois, que o que se convencionou chamar de suspensão da execução de lei declarada inconstitucional, é a retirada da lei do ordenamento jurídico, pelo mais grave dos vícios, não podendo esta providência deixar de ter efeito retroativo. Aliás, este é o posicionamento do *STF* (RMS 17.976, rel. Min. Amaral Santos, *RDA* 105/111)"[32] (grifo do original).

Outros mais autores têm o mesmo entendimento da retroatividade da declaração de inconstitucionalidade, sempre se fundamentando no privilégio que se deve dar a norma constitucional frente a qualquer outra realidade normativa. Para enfatizar um pouco mais essa corrente, e pela excelência de sua voz, cabe lembrar o texto de Cármen Lúcia Antunes Rocha: "considerando-se esta (a inconstitucionalidade) uma falha que fulmina a lei ou o ato normativo em sua existência, tem-se, então, uma não-lei ou um não-ato normativo. (...) Por isso mesmo, os seus efeitos jamais podem ser considerados jurídicos, pois a sua fonte é ato contrário ao Direito".[33] A declaração de inconstitucionalida-

28. José Cretella Júnior, ob. cit., p. 2.601.

29. Entre outros: Gilmar Ferreira Mendes, ob. cit., pp. 208 e ss.; Zeno Veloso, ob. cit., pp. 59 e 66; cita importante jurisprudência do STF: Representação 1.012-SP e RMS 17.976. Accioly Filho, ob. cit., p. 267; Clèmerson Merlin Clève, ob. cit., pp. 96 e 97; Marcelo Caetano, *Direito Constitucional*, p. 275.

30. Entre outros: Anna Cândida da Cunha Ferraz, "Apontamentos sobre o controle de constitucionalidade", in *Revista da Procuradoria-Geral do Estado de São Paulo* 34/35-36; José Afonso da Silva, ob. cit., p. 56 e *Aplicabilidade das Normas Constitucionais*, 1998; Themistocles Brandão Cavalcanti, *Do Controle da Constitucionalidade*, p. 164; Oswaldo Aranha Bandeira de Mello, ob. cit.; Paulo Napoleão Nogueira da Silva, ob. cit., p. 109; Oswaldo Luiz Palu, *Controle de Constitucionalidade — Conceitos, Sistemas e Efeitos*, p. 130.

31. Gilmar Ferreira Mendes, ob. cit., p. 209.

32. Zeno Veloso, ob. cit., p. 66.

33. Cármen Lúcia Antunes Rocha, "Constituição e constitucionalidade", Belo Horizonte, Lê,

de, portanto, considera o ato nulo *ab initio* e confere efeito retroativo aos atos praticados sob sua égide.[34]

Um juízo diverso se coloca frente a gama de autores acima citados entendendo pela eficácia dos atos regulados pela lei declarada inconstitucional até a resolução suspensiva do Senado Federal. Essa posição afirma ter a lei eficácia mesmo depois da declaração do STF para os agentes que não estejam envolvidos no caso concreto. O STF ao entender pela inconstitucionalidade de lei *in thesi* atribuiria efeito *ex tunc* para, e tão-somente, as partes envolvidas na demanda. A resolução ao estender efeitos para os demais nacionais somente os produziria a partir de sua publicação, portanto, com efeito *ex nunc*, *a partir de agora* ou *do presente momento*.

Esse braço doutrinário se abeberou, o que se pode generalizar sem risco de maiores erros, nos ensinamentos kelsenianos de atos inconstitucionais não nulos. Hans Kelsen em suas várias obras defende um Direito puro e constituído sobre seus próprios códigos éticos e axiológicos dentro de uma estrutura lógica que se baseia em uma norma fundamental — *grundnorm*. Essa norma fundamental é dada como uma "norma pensada ao fundamentar a validade do Direito positivo, é apenas a condição lógico-transcedental desta interpretação normativa, ela não exerce qualquer função ético-política mas tão-só uma função teorético-gnoseológica".[35]

Nessa concepção a Constituição é uma norma primeira que determina, regula a criação do próprio direito positivo ao determinar de que modo se erguerá todo o arcabouço lógico-normativo do Estado. Nela se encontrarão os princípios gerais determinadores dos fins de uma sociedade e sob que procedimento eles pretendem ser atingidos, traçando limites do conteúdo das normas a

1991, *apud* José Afonso da Silva, ob. cit., p. 162, n. 95.

34. "Ação direta de inconstitucionalidade. Controle normativo abstrato. Natureza do ato inconstitucional. Declaração de inconstitucionalidade. Eficácia retroativa. O Supremo Tribunal Federal como legislador negativo. Revogação superveniente do ato normativo impugnado. Prerrogativa institucional do Poder Público. Ausência de efeitos residuais concretos. Prejudicialidade.

"O repúdio ao ato inconstitucional decorre, em essência, do princípio que, fundado na necessidade de preservar a unidade da ordem jurídica nacional, consagra a supremacia da Constituição. Esse postulado fundamental de nosso ordenamento normativo impõe que preceitos revestidos de menor grau de positividade jurídica guardem, necessariamente, relação de conformidade vertical com as regras inscritas na Carta Política, sob pena de ineficácia e de conseqüente inaplicabilidade.

"Atos inconstitucionais são, por isso mesmo, nulos e destituídos, em conseqüência, de qualquer carga de eficácia jurídica.

"A declaração de inconstitucionalidade de uma lei alcança, inclusive, os atos pretéritos com base nela praticados, eis que o reconhecimento desse supremo vício jurídico, que inquina de total nulidade os atos emanados do Poder Público, desampara as situações constituídas sob sua égide e inibe — ante a sua inaptidão para produzir efeitos jurídicos válidos — a possibilidade de inovação de qualquer direito.

"A declaração de inconstitucionalidade em tese encerra um juízo de exclusão, que, fundado numa competência de rejeição deferida ao Supremo Tribunal Federal, consiste em remover do ordenamento positivo a manifestação estatal inválida e desconforme ao modelo plasmado na Carta Política, com todas as conseqüências daí decorrentes, inclusive a plena restauração de eficácia das leis e das normas afetadas pelo ato declarado inconstitucional. Esse poder excepcional — que extrai a sua autoridade da própria Carta Política — converte o Supremo Tribunal Federal em verdadeiro legislador negativo.

"A mera instauração do processo de fiscalização normativa abstrata não impede o exercício, pelo órgão estatal competente, da prerrogativa de praticar os atos que se inserem na esfera de suas atribuições institucionais: o de criar leis e o de revogá-las" (STF, ADIn 652-MA, rel. Min. Sydney Sanches, 2.4.1992).

35. Hans Kelsen, *Teoria Pura do Direito*, 6ª ed., Coimbra, Armênio Amado, 1984, p. 305.

produzir. É esse mesmo texto que cria uma relação de superioridade hierárquica, de supra e subordenação, pelo simples fato mesmo de nela se regular a produção de qualquer outra norma jurídica.[36] Portanto, falar-se em lei inconstitucional é, na palavras de Kelsen, um "*contradictio in adjecto*, pois uma lei somente pode ser válida com fundamento na Constituição".[37] Não pode se dizer que uma lei é inconstitucional a partir do momento em que ela entra em vigor e, principalmente, é-lhe atribuído valor eficacial. Se por qualquer instante aquela determinada lei foi assumida como lei constitucional e produziu seus efeitos, tendo o mínimo que seja de eficácia, a partir de então, não mais se pode atribuir o adjetivo, "inconstitucionalidade", para essa lei. Se ela é inconstitucional, ela, em realidade, nunca existiu e nunca poderia ter tido qualquer eficácia, ainda que formal.[38]

Assim quando um tribunal decide pela inconstitucionalidade da norma ele está, efetivamente, constituindo uma nova realidade jurídica. A natureza constitutiva da criação de uma norma é a mesma da exclusão da norma do mundo jurídico, somente com força inversa; de constituição negativa. É de se argumentar que enquanto a norma não for declarada nula pelo órgão competente ela continua tendo eficácia, e o indivíduo que não obedecer seus mandamentos estará assumindo um risco, pois nem mesmo se saberá se a norma virá a ser invalidada pelo tribunal. A confirmação da nulidade da norma não pode ser juridicamente afirmada até que essa verificação aconteça, sendo ela considerada válida até esse momento. A nulidade é apenas o grau mais alto da anulabilidade.[39]

É sobre esses parâmetros que a defesa de José Afonso da Silva se faz, em seu *Aplicabilidade das Normas Constitucionais*, quando considera o problema da suspensão legislativa sob dois aspectos. Quanto ao caso concreto o efeito é *ex tunc*, retroagindo, portanto, ao princípio da relação jurídica entre as partes, e isso é importante, pois somente entre elas é que a retroação terá efeito. A lei continua produzindo todos os seus efeitos para a coletividade, aliás aí está, no entender do autor, a natureza da ação senatorial: ampliar a nulidade da norma para todos. Em resumo, "essa manifestação do Senado, que não revoga nem anula a lei, mas simplesmente lhe retira a eficácia, só tem efeitos daí por diante, *ex nunc*. (...) Se existiu (a norma e), foi aplicada, revelou eficácia (e) produziu validamente seus efeitos".[40]

Essa é, a nosso entender, a melhor doutrina, pela qual se encontram três dimensões eficaciais na declaração de inconstitucionalidade de lei:

i. Quanto à declaração em sede de ação direta de inconstitucionalidade, a eficácia é *erga omnes* e *ex tunc*; e

ii. Quanto à declaração no controle difuso de constitucionalidade, a eficácia é *inter partes* e *ex tunc*, e;

36. "A estrutura hierárquica da ordem jurídica de um Estado é, *grosso modo*, a seguinte: pressupondo-se a norma fundamental, a constituição é o nível mais alto dentro do Direito nacional. A Constituição é aqui compreendida não num sentido formal, mas material" (Hans Kelsen, *Teoria Geral do Direito e do Estado*, 3ª ed., São Paulo, Martins Fontes, 1998, p. 182).

37. Hans Kelsen, *Teoria Pura do Direito*, 6ª ed., Coimbra, Armênio Amado, 1984, p. 367.

38. "De uma lei inválida não se pode, porém, afirmar que ela é contrária à Constituição, pois uma lei inválida não é sequer uma lei, porque não é juridicamente existente e, portanto, não é possível acerca dela qualquer afirmação jurídica" (Hans Kelsen, ob. cit., p. 367).

39. Hans Kelsen, ob. cit., p. 376.

40. José Afonso da Silva, ob. cit., p. 162. No mesmo sentido: "a declaração de inconstitucionalidade só surte efeitos *in concreto* entre as partes, não revoga a lei, assim a lei inconstitucional continuará vigente e eficaz até que o Senado Federal suspenda sua executoriedade (CF, art. 52, X), retirando-lhe a eficácia, que terá, então, efeito *ex nunc*" (Maria Helena Diniz, *Norma Constitucional e* seus *Efeitos*, p. 151 e Anna Cândida Cunha Ferraz, ob. cit., pp. 35-36).

iii. Quanto à suspensão legislativa da lei declarada inconstitucional pelo Supremo Tribunal Federal, a eficácia é *erga omnes* e *ex nunc*.

Da possibilidade de revogação da resolução suspensiva

A importância da discussão do subtítulo acima é a verificação da hipótese de que em se revogando a resolução suspensiva poderia haver repristinação da norma revogada, ou seja, a norma julgada inconstitucional e suspensa por resolução do Senado poderia voltar a viger e ter eficácia se essa resolução for anulada?

Pinto Ferreira é um dos poucos[41] que apresenta como factível a situação acima. Diz ele que o Judiciário pode mudar de orientação quanto à constitucionalidade de lei e inverter o entendimento de compatibilidade com a norma fundamental. Assim, verificando que a mudança de orientação do Judiciário foi real, e não apenas acidental, teria o Senado legitimidade, e mais, o dever de anular a resolução suspensiva, voltando, portanto, para o mundo jurídico, com todos os seus efeitos, a norma revogada.[42]

Acho que a primeira questão a ser enfrentada é uma constatação de uma certa imprecisão técnica na utilização do termo 'revogação' e 'suspensão' da execução.[43] O constituinte de 34 quando determinou a suspensão, já dava a entender que o que se queria era resolver o problema do não alcance da decisão do controle difuso a todos os nacionais, mas a declaração de inconstitucionalidade, ou melhor, de nulidade frente a Constituição era do Judiciário. O Senado tem a competência de atribuir à decisão do STF efeito *erga omnes*. Logo, não cabe aqui falar-se de revogação, pois essa se trata de retirar do mundo jurídico determinada norma que não mais seja legal ou conveniente. A utilização da expressão 'suspensão da execução' é acertada, já que a norma está coimada de nulidade, mas continua tendo eficácia e, portanto, validade social para todos aqueles que não são partes do litígio. O Senado não revoga, uma vez que não se pode revogar o que já não existe; ele suspende os efeitos continuados na sociedade.

Nessa perspectiva o melhor entendimento é que "o Senado exaure a sua competência constitucional no momento em que promulga e edita a resolução suspensiva. Não pode, ao depois, a pretexto de melhor interpretar a decisão judicial proferida pelo STF, modificar-lhe o sentido ou restringir-lhe os efeitos".[44]

4. A expressão "lei" é entendida "lato sensu" ou "scricto sensu"?

Outro ponto controverso na suspensão legislativa de lei declarada inconstitucional por decisão definitiva do Supremo Tribunal Federal está justamente em se entender o alcance da competência do Senado quanto ao tipo de norma a ser suspensa. A Constituição Federal de outubro de 1988 se refere a "lei" tão-somente; seria possível, então, fazer uma interpretação extensiva da letra constitucional incluindo nesse termo também todos os tipos de atos normativos? O que se quer precisar é justamente a necessidade de intervenção do Senado Federal na suspensão por inconstitucionalidade de um regulamento, instrução normativa ou mesmo uma resolução de órgãos da administração direta ou indireta, por exemplo.

41. Rosah Russomano também adota essa posição, "ao menos em situações restritas e especiais", in *O Poder Legislativo na República*, p. 278, *apud* Themistocles Brandão Cavalcanti, ob. cit., p. 165.

42. Luiz Pinto Ferreira, *Curso* de *Direito Constitucional*, 5ª ed. amp. e atual., São Paulo, Saraiva, 1991, p. 617.

43. É o que parece ocorrer, *v.g.*, com C. A. Lúcio Bittencourt, ob. cit., p. 147.

44. José Celso de Mello Filho, *Constituição Federal Anotada*, 2ª ed., São Paulo, Saraiva, 1986, p. 183, *apud* Clèmerson Merlin Clève, ob. cit., p. 94.

Uma grande parte de autores tende a entender o inc. X do art. 52 da CF/88 como uma impropriedade técnica do legislador constituinte, que, ao bem da verdade, não quer atribuir outro "sentido" da expressão senão "de ato normativo de qualquer categoria (lei formal e em sentido material)".[45] Entendimento acompanhado por José Cretella Júnior: "*lei* é aqui tomada, na acepção lata, abrangendo o texto geral e abstrato, como também, o ato administrativo, que enquadre situação subjetiva, o decreto, a portaria, a instrução, a circular, a deliberação, o despacho: é toda medida editada por qualquer dos Poderes, a medida legislativa e a judiciária, em matéria regimental, inclusive a medida executiva, sempre quando ocorre conflito no todo ou em parte com a Constituição".[46]

Entendimento acompanhado por Cláudio Pacheco à época da Constituição de 1946: "a Constituição aponta as leis e decretos como atos passíveis de suspensão e usando os termos mais gerais, claramente abrange todos os atos legislativos e executivos, desde que não sejam individualizados em seus efeitos, porque, então, não haveria necessidade de suspender a execução do mesmo ato. É que a decisão judiciária removeria completamente esta incidência concreta ou individual".[47] Outros autores também pensam da mesma forma como Zeno Veloso,[48] Pontes de Miranda[49] e, com destaque, o Senador Accioly Filho em Parecer 471/73 da Comissão de Constituição e Justiça: "assim, é de entender-se que, quando o texto constitucional fala em *decreto* (refere-se ao texto da Emenda 1, de 69) quer referir-se a atos administrativos com força mandamental e executiva, quer sejam do Poder Executivo, quer do Legislativo e Judiciário. Aquilo de que se necessita, para a intervenção do Senado no procedimento de declaração de inconstitucionalidade, é que o ato tenha também caráter normativo e se corporifique num documento emitido por autoridade"[50] (grifo do original).

Importante perceber que a fundamentação do Senador reflete a necessidade da lei, além de ser formal, ser também material, lembrado anteriormente por Clèmerson Clève. Tem efetivo sentido assim se entender o dispositivo de, pelo menos, tratar de atos normativos com características de lei. No entanto, não se afigura o melhor juízo do inc. X, razão assiste à Profa. Anna Cândida da Cunha Ferraz quando anota o seguinte: "observe-se que, na Constituição de 1988 somente decisão de inconstitucionalidade de *lei* é encaminhada ao Senado Federal (art. 52, X); nas Constituições anteriores encaminhava-se ao Senado Federal decisão declaratória de lei ou decreto ou ato normativo (cf. art. 42, VII)".[51]

Realmente, um estudo comparativo das Constituições anteriores desde 1934 não confere essa amplitude que se quer dar à Constituição atual. Ora, o art. 91, IV, da Carta de 34, que instituiu a participação do Senado no controle de constitucionalidade, não trazia sombra de dúvida ao determinar, expressamente, a suspensão "de qualquer lei ou ato, deliberação ou regulamento". A amplitude de ação do Senado estava claramente determinada não se tendo qualquer dificuldade em perceber os limites de competência, aliás limites quase inexistentes.

A Constituição de 1946, exclua-se a Carta de 1937 que foi omissa nesse assunto, prescrevia no art. 64 que a suspensão ocorreria sobre "lei ou decreto declarados

45. Clèmerson Merlin Clève, ob. cit., pp. 93-94.

46. José Cretella Júnior, ob. cit., p. 2.601.

47. Cláudio Pacheco. *Tratado das Constituições Brasileiras*, v. 5, Rio de Janeiro, Freitas Bastos, 1965, p. 417, *apud* Ana Valderez Ayres Neves de Alencar, ob. cit., p. 276.

48. Zeno Veloso, ob. cit., pp. 63-64.

49. Francisco Cavalcanti Pontes de Miranda, ob. cit., pp. 462-463.

50. Sen. Accioly Filho, ob. cit., p. 285.

51. Anna Cândida da Cunha Ferraz, ob. cit., p. 35, n. 28.

inconstitucionais"; os mesmos termos foram usados na Constituição de 1967 (art. 45, IV) e na Emenda Constitucional 1/69 (art. 42, VII). Essa nova redação foi o estopim das dúvidas doutrinárias entre os autores sobre o alcance além de leis e decretos, ou somente a estes. "Nesse sentido, aliás, era o entendimento de Afonso Arinos, ao dizer que somente em se tratando de lei, ou de decreto propriamente dito, é que ao Senado caberia participar do sistema de controle, 'porque, nos outros casos, a decisão judicial não somente declarará a inconstitucionalidade do ato, mas também o anulará'".[52]

Mesmo que se possa travar grande batalha intelectual para absorver o entendimento das Constituições anteriores, não tem acolhida a ampliação da letra da Constituição no caso da Carta atual. Quando o constituinte de 88 referiu-se a lei, ele quis dizer lei tão-somente, se quisesse se referir a decreto ou mesmo a outros atos normativos, teria mantido a tradição constitucional desde 46. Não foi o ocorrido. Incongruente a manutenção do entendimento amplo do texto constitucional, já que houve uma mudança específica e límpida na intenção do poder constituinte. Sustentar a manutenção da leitura lata do dispositivo, é não atribuir qualquer importância à modificação realizada. O estudo comparativo da Constituição atual com as anteriores não pode levar o leitor a outro entendimento.

Ademais, parece mesmo acertada essa limitação, seria descabido obrigar o Senado a descer amiúde para suspender a eficácia de uma legislação bem mais simplória. Esse inclusive era o entendimento do Deputado Mário Masagão, constituinte de 46, nos debates travados na Comissão de Constituição que, aceitando a manutenção da suspensão legislativa, queria retirar a necessidade de suspensão de regulamentos pelo Senado como se tinha no inciso IV do art. 91 da Constituição de 1934, *ipsis litteris*:

"Senhor Presidente, concordarei com a emenda do ilustre Sr. Soares Filho se dela se eliminar a referência aos regulamentos. Eles podem ser inquinados, não só do vício da inconstitucionalidade como do da ilegalidade, que é a hipótese mais freqüente. Parece excessivo ocupar-se o Senado com o exame de regulamentos, os quais, como é sabido, não podem criar nem extinguir direitos".[53]

Realmente, admitir tal entendimento ampliativo traria um desperdício de esforço legislativo e uma sobrecarga desnecessária ao sistema de controle de constitucionalidade. Aliás, interessante lembrarmos também que a maioria dessa legislação de hierarquia inferior sofre muito mais um controle de legalidade do que um controle de constitucionalidade. Elas se referem tão mais ao princípio da legalidade que a maioria dessas normas nem deveriam chegar ao STF, apesar de hoje, infelizmente, muitos assuntos chegarem até a Suprema Corte sem necessitar da tutela jurisdicional especializada.

5. Outras questões

Julgamento político pelo STF?

Antes de entrar especificamente nas "sugestões sobre o tema" pretendo basear as idéias a serem apresentadas com o desenvolvimento da questão, ainda que brevemente, da "*região política* e o *poder* judiciário", pedindo *venia* pela utilização do título do capítulo VIII do livro do saudoso Oswaldo Aranha Bandeira de Mello (*A Theoria das Constituições Rigidas*) já largamente utilizado em linhas anteriores, pela precisão das palavras na definição do que tratarei abaixo.

Os limites do Judiciário na interpretação constitucional estão estritamente vincu-

52. Paulo Napoleão Nogueira da Silva, ob. cit., pp. 97-98.

53. In *Anais da Comissão de Constituição*, Redação de Anais e Documentos Parlamentares, v. II, Rio de Janeiro, Câmara dos Deputados, 1948, pp. 159 e ss., *apud* Ana Valderez Ayres Neves de Alencar, ob. cit., p. 266.

lados ao quanto de julgamento político possa se atribuir a este Poder através do STF, corte constitucional por excelência. Ao que se vê, límpido foi o entendimento do constituinte de 34, ao diminuir sua incursão nesse terreno, uma vez que atribuiu ao Senado Federal, àquele tempo com características de órgão coordenador dos três poderes, de um Conselho Federal (vide a "Natureza do papel do Senado Federal"), a competência para estender *erga omnes* a declaração de inconstitucionalidade feita por via de exceção. Assim se construiu um sistema de controle de constitucionalidade compartilhando responsabilidades entre Supremo Tribunal Federal e Senado Federal.

O mesmo Bandeira de Mello, que emprestou suas palavras no parágrafo inicial, é defensor e contemporâneo desse entendimento. "O Poder Judiciário sendo o órgão encarregado de declarar o direito entre partes contendores deve lhe ser, e nada mais razoável, vedada a entrada na região política, embora lhe esteja conferida a alta missão de declarar inconstitucionaes os actos e as leis dos poderes legislativo e executivo".[54] Não há outra qualquer solução, segundo Bandeira de Mello, senão deixar ao STF exclusivamente o julgamento técnico-jurídico da questão, não indo além da declaração de inconstitucionalidade *inter partes* e com efeitos restritos tão-somente a elas (a ação direta de inconstitucionalidade só surge em 1965 com a Emenda Constitucional 16 à Constituição de 1946).

E continua a defesa de sua posição imaginando que "se a elle (poder judiciário) fôr conferido o poder de anullar as deliberações dos outros poderes, tornando-os sem effeito na sua maior amplitude, ficaria assim, em último termo, o único poder com autoridade na Constituição", e conclui enfaticamente, "reduzindo os outros a nada, pela absorpção completa".[55]

Em que pese a solidez doutrinária e a altitude de sua competência acredito não ser mais válido tal entendimento que não concebe a integração de características políticas ao julgamento técnico-jurídico do Pretório Excelso. Essa mudança de perspectiva se deve a algumas razões arroladas alhures. Antes de tudo, no entanto, se deve determinar o paradigma inicial sobre o qual se baseia toda a discussão; afinal, qual a fronteira conceitual de "região política"?

Ruy Barbosa aprecia a questão afirmando serem puramente os poderes políticos aqueles sinônimos de poderes discricionários. O objeto principal da política está justamente na medida de se ter a plena liberdade para se avaliar a conveniência de determinada ação para a sociedade. As considerações a serem levantadas são justamente o interesse comum, a utilidade pública, a necessidade ou vantagem para aqueles subordinados às decisões políticas.[56]

Acredito que se pode ir mais além na explicação do conceito com Carl Schmitt e seu entendimento de constituição em sentido político. O autor apreende da palavra constituição quatro sentidos: a) sentido absoluto, no qual Constituição se confunde com o próprio Estado, é uma regulação legal fundamental, um sistema de normas supremas supra e subordinadas; b) sentido relativo, sendo a Constituição uma pluralidade de leis particulares se formalizando em um documento formal, escrito e rígido; c) sentido ideal, é o conteúdo político e social, corresponde à intenção ideal da organização política adotada por princípios ideológicos; e d) sentido positivo, entendido como decisão política fundamental, decisão concreta de conjunto sobre o modo e forma de existência da unidade política.[57]

54. Oswaldo Aranha Bandeira de Mello, ob. cit., p. 96.

55. Idem, ibidem, p. 99.

56. Ruy Barbosa, *O Direito do Amazonas ao Acre Septentrional*, v. I (1910), pp. 164-165, *apud* Oswaldo Aranha Bandeira de Mello, ob. cit., p. 115.

57. Carl Schmitt, "Teoría de la Constitución", Madri, *Revista de Derecho Privado*, s/d, *apud* José Afonso da Silva, ob. cit., pp. 26-29.

A compreensão schmittiana é sem dúvida um aspecto do sociologismo jurídico-constitucional. A Constituição não se dá a si mesma, ela é dada por uma decisão inicial e fundamental da sociedade que a abarca. O fim que se deseja conquistar é aproximar o sentido positivo de Constituição, essa decisão política fundamental, ao sentido ideal buscado pelo Estado brasileiro. A Constituição da República Federativa do Brasil de 1988 é justamente essa decisão política do poder soberano e constituinte do povo para determinar um horizonte ideal libertário e democrático (art. 3º). Sob essa concepção, e na tentativa de alcançar esse objetivo, foi dada função a cada um dos poderes constituídos, entregando ao Judiciário a tutela jurisdicional e ao STF, órgão máximo daquele Poder, a defesa da Constituição.

Entendido os limites do conceito, passemos à argumentação sobre a conexão entre a política e o tecnicismo jurídico das decisões do Supremo.

A função do Senado Federal de 1934 era de um coordenador da harmonia entre os três poderes.[58] A idéia era colocá-lo acima dos três poderes como órgão independente, um verdadeiro Conselho Federal que mantivesse cada qual segundo suas atribuições originais. Por isso mesmo, a suspensão da execução de lei declarada inconstitucional era compreensível e harmonizava-se na organização política pretendida. Ocorre que na vigência do atual texto constitucional não se dá ao Senado mais esse tipo de atribuição, hoje ele está integrado na estrutura bicameral do Legislativo. O Senado Federal do final da década de 80, e pode se dizer mesmo o de décadas anteriores, é uma Câmara de Estados federados que pretende compensar, no âmbito legislativo, a diversidade econômica, social e política de cada qual.

O Judiciário retomou quase que completamente, o quase se deve a casos como a suspensão legislativa em questão, o controle de constitucionalidade de leis. "Compete ao Supremo Tribunal Federal, precipuamente, a guarda da Constituição", é o que diz o art. 102, *caput*, o Tribunal passou a fundir em si o controle de compatibilidade dos atos normativos frente a Constituição. É nele que se defende a hierarquia superior da Carta Política.

Portanto, deduz-se logicamente, do fato de ser a Constituição uma decisão política fundamental, que o controle de constitucionalidade exercido pelo Judiciário é um julgamento de aspectos de técnico-jurídicos e políticos, vez que se julga se a norma jurídica se harmoniza com a intenção fundamental, de sentido positivo do poder constituinte. Não conferir esse aspecto político aos acórdãos do STF dá ares de, s.m.j., distanciamento da realidade e do sistema constitucional vigente.

Harmonia e separação de poderes

Outra argüição que nos surge no esteio da competência suspensiva do Senado Federal é a possibilidade de mantê-la, no sistema atual, sem trazer repercussões negativas na harmonia da tripartição de poderes do Estado. É mesmo complicado trabalhar-se com uma fórmula de controle de constitucionalidade em que um decreto presidencial, *v.g.*, possa ser levado ao Judiciário e declarada sua inconstitucionalidade, em seguida ser levado ao Senado para suspender sua eficácia *erga omnes*. Realmente esse tipo de julgamento levaria a uma comunicação do STF tanto à Presidência quanto ao Senado (art. 178, RISTF), mas sem a ação de qualquer desses órgãos a manutenção do decreto inconstitucional continuará a regular os casos concretos, "ou todos os interessados promovem ação regular, perante juiz competente, para se subtraírem aos efeitos do ato inconstitucional, ou esse ato é, ao mesmo tempo, eficaz e ineficaz, válido e nulo, conforme as pessoas a que se desti-

58. No entanto, a intenção não vingou completamente nem naquela Constituição e foi completamente olvidada na de 1946 e seguintes.

na, enquanto não o revoga, para fins gerais e indistintos, o mesmo poder que infringiu a Constituição ao decretá-lo".[59] Parece que atribuições desse tipo causam um excesso de formalismo e morosidade incompatível com as necessidades democráticas do Estado brasileiro.

A posição do Supremo fica bastante enfraquecida frente os outros dois poderes, uma vez que o seu acórdão não terá efetividade, ou seja, eficácia social até que outro poder decida estender a suspensão. Enquanto o Senado não emitir a resolução suspensiva, à decisão do Supremo Tribunal falta executoriedade. Logo, prescrever ser o Senado Federal órgão mais adequado que o próprio Tribunal para fiscalizar o procedimento constitucional desses atos e a estabilidade de sua jurisprudência, não harmoniza a convivência dos poderes, antes mesmo cria conflitos institucionais.

Ademais, a ação legislativa não é regulada, em se tratando de prazo para a sua manifestação, por nenhum tipo de norma, seja por lei seja pelo regimento interno. Em realidade, complicado seria atribuir prazo sem ferir a individualidade do órgão e não se mostraria mais do que indicativo, já que não há forma de coagir os Senadores a praticarem suas atribuições. Zeno Veloso traz à colação em seu livro importantes dados quanto a essa inércia senatorial: "fizemos um levantamento no banco de dados da Consultoria Legislativa do Senado Federal, e verificamos que, até o dia 28 de outubro de 1997, estavam pendentes 69 processos remetidos pelo *STF*, para efeito de suspensão de normas declaradas inconstitucionais, alguns da década de 70, outros da década de 80, os restantes, mais recentes. O campeão de longevidade, aguardando pronunciamento há *mais de 25 anos*, é o referente ao Recurso Extraordinário n. 60.302, que tem por objeto a Lei n. 8.478/64, de São Paulo, comunicado ao Senado em 26 de maio de 1970"[60] (grifo nosso).

Pelo que se vê os acórdãos do STF ficam prejudicados pela necessidade de ação senatorial. Neste ponto parece não ter colhida as palavras de Gilmar Ferreira Mendes quando afirma não "cobra(r) relevo ressaltar que a inércia do Senado não afeta a relação entre os poderes, não se podendo vislumbrar qualquer violação constitucional na eventual recusa à pretendida extensão de efeitos. Evidentemente, se pretendesse outorgar efeito genérico à decisão do Supremo Tribunal, não precisaria o constituinte valer-se dessa fórmula complexa".[61]

Realmente o constituinte valeu-se de fórmula por demais complexa, sem aparente razão para tanto, mas não convém dizer que a relação entre os poderes não reste afetada pela situação de inércia do Senado. A tutela jurisdicional é direito adquirido pelo brasileiro na Constituição de 1988 (art. 5º, XXXV) e requer ação positiva do Estado para preservá-lo contra a lesão ou ameaça de lesão de leis inconstitucionais. Quando o Senado não confere efeito *erga omnes* ao acórdão constitutivo negativo do STF, ele está, na realidade, mantendo situação atentatória ao texto constitucional.

Acrescente-se também que a competência suspensiva do Senado Federal tal como está inscrita no texto constitucional pode levar a ilimitado grau de discricionariedade do Presidente da Casa para efetivar essa suspensão. Isto porque o seu Regimento Interno ao incluir, no rol das proposições, as resoluções sobre matéria de competência privada do Senado, como subespécie dos projetos,[62] deixa a "juízo do Presidente, segundo antigüidade e importância" e a seqüência determinada do corpo do artigo,[63]

59. Ana Valderez Ayres Neves de Alencar, ob. cit., p. 254.

60. Zeno Veloso, ob. cit., p. 64.

61. Gilmar Ferreira Mendes, ob. cit., p. 215.

62. Arts. 211, II e 213, *c* do RISF.

63. "Art. 163. As matérias serão incluídas em Ordem do Dia, a juízo do Presidente, segundo

a inclusão do projeto de resolução na Ordem do Dia. O que se constata da leitura, da organização da seqüência de deliberações legislativas sobre as matérias pendentes, é que não é difícil que o projeto de resolução possa demandar longos meses, ou até nunca vir a ser apreciado.[64]

Em resumo: a prestação jurisdicional deve ser levada ao cidadão com a maior celeridade possível, a mora em pôr termo ao ato lesivo pode, e normalmente acontece de, trazer efetivos danos ao destinatário, os quais a decisão final e definitiva, por vezes, não é capaz de recuperar. A mora de um quatro de século, como o excerto acima mostrou, causa mácula à democracia; causa sim dano à harmonia entre os poderes. Ao que nos ajuíza, submeter a decisão suspensiva ao Senado, além de enfraquecer a posição do Judiciário frente os Poderes constituídos, ainda emperra todo o sistema jurisdicional pela avalanche de ações ajuizadas para garantir algo já dantes decidido e pacificado.

6. Sugestões sobre o tema

I — O porquê da mudança

Senado "vs." Supremo Tribunal: controle de constitucionalidade

É por demais deduzível para o leitor que adoto posição que a competência privativa do Senado Federal para "suspender a execução, no todo ou em parte, de lei declarada inconstitucional por decisão definitiva do Supremo Tribunal" (art. 52, X), não mais deva merecer acolhida na sistemática do controle de constitucionalidade que hoje temos no Brasil frente as mudanças do papel do Senado Federal de 34 para o dos anos 90, o rearranjo da teoria da separação dos poderes e a necessidade de se estabelecerem processos jurídicos seguros, mas que respondam à demanda social por uma tutela jurisprudencial efetiva e célere. Várias, portanto, são as razões que nos levam a acreditar na proposta de concentrar no Judiciário o controle de constitucionalidade de leis, sem maiores problemas à estrutura do Estado Democrático de Direito brasileiro.

Oswaldo Luiz Palu argumenta, tal como determina o texto constitucional, que o Pretório Excelso é reconhecido com um órgão de vital importância para a manutenção da coerência constitucional do processo de feitura de atos normativos, seja próprio, elaborado pelo Legislativo, seja impróprio, elaborado por outro Poder. Assim o tratando "permanece como um verdadeiro *apêndice constitucional* a atribuição do Senado Federal de suspender a lei declarada inconstitucional pelo Supremo Tribunal", e continua a sustentação, afirmando que, ainda que se admita ser essa competência discricionária ou vinculada, reconhecer ao Senado a atribuição para determinar a estabilidade ou instabilidade da jurisprudência do STF[65] e para decidir se a declaração trará conseqüências politicamente danosas é esvaziar completamente a competência do Judiciário e negar os méritos intelectuais dos Ministros daquele tribunal.[66]

Realmente crer nesse tipo de colocação é primeiro conferir a outro órgão, fora até mesmo do âmbito do Poder Judiciário, competência para dizer sobre questão *interna corporis*. Não há outro órgão mais capaz e legítimo para afirmar se suas decisões são pacíficas, e que já foram superadas todas as polêmicas a respeito dos menores detalhes sobre a constitucionalidade de lei. O argumento de que os Ministros podem mudar

sua antigüidade e importância, observada a seguinte seqüência:" (RISTF).

64. Cf. Paulo Napoleão Nogueira da Silva, ob. cit., pp. 87-88.

65. A colocação do autor contradiz a argumentação corriqueira de que o Senado tem legitimidade para agir porque as decisões do STF podem mudar de orientação e, portanto, deveria se verificar a pacificação da jurisprudência para só depois suspender a execução. Vide nota 20.

66. Oswaldo Luiz Palu, ob. cit., p. 125.

sua orientação também não nos parece impeditivo para transformar o controle de constitucionalidade brasileiro em um sistema puramente judicial.

Admitamos, *ad argumentandum*, a retidão do pensamento inicial, sobre a necessidade de verificação senatorial da estabilidade jurisprudencial, ainda assim restaria imperfeito o sistema. Isto porque imaginando-se um quadro em que o Senado julgue haver sido estabilizado o entendimento ministerial e, conseqüentemente, promulgue a resolução suspensiva, seria dizer, para os exegetas dessa tese, que o entendimento do STF pela inconstitucionalidade é definitivo? Assim, não se crê. O pensamento humano é dinâmico e se baseia na eterna dialética do conhecimento, portanto, nunca se poderá afirmar que há pacificação dos entendimentos dos Ministros. O convencimento sobre a constitucionalidade de lei leva em conta muitos fatores, além dos da razão, que são incontroláveis, os quais podem fazer o Supremo mudar diametralmente o entendimento, tal como a substituição de um Ministro por morte, licenciamento ou aposentadoria por uma nova pessoa que represente o sexto voto do total do art. 173 do RISTF.

Não somos ingênuos ao ponto de afirmar que o STF não possa errar na determinação da pacificidade do assunto, mas não nos parece haver qualquer vantagem em atribuir tal decisão ao Senado. Se a solução não está no Supremo, muito menos acertos terão as conclusões senatoriais, e não porque esse é menos que aquele, mas simplesmente porque a matéria sendo intestina confere mais subsídios para uma resolução mais sensata.

Quase sob as mesmas argumentações podemos afastar o fato de se querer atribuir mais correto julgamento de oportunidade política pelo Senado que pelo STF. Novamente não há razões para convir que o STF não possa ter visão política para trabalhar as questões de constitucionalidade. Ademais, a escolha dos Ministros determinada no art. 101, *caput*, da Constituição requer notável saber jurídico e reputação ilibada, além do parágrafo único determinar a escolha de nomes pelo Presidente da República, que somente os nomeia após aprovação da maioria absoluta do Senado Federal. Ora, se a pessoa designada para o cargo amoldar-se nesses todos requisitos, então não se poderá dizer que não tenha vasto conhecimento político, uma vez que a ciência jurídica está tão próxima da ciência política que ao jurista é, por vezes, difícil determinar a fronteira entre as duas formas de conhecimento. Além do que, a história daquele Tribunal comprova que grande número de brasileiros que lá têm, ou já tiveram, assento não vêm unicamente da carreira jurídica, muitos são estadistas com formação diversa do bacharelado em direito.

Outra razão há, e ainda mais enfática, para nos afastar de tal supremacia política do Senado. A Constituição é suprema, fundamental; é nela que se encontrará o vértice de todo o sistema jurídico. Ela é que distribui os poderes de cada órgão do Estado que só são legítimos na medida em que nela estejam reconhecidos e com ela sejam compatíveis. Afirmar, portanto, que o Senado possa determinar a conveniência da suspensão da execução de lei declarada inconstitucional nos termos de seus próprios julgamentos é admitir-se a subversão da criatura sobre o criador. Nesses termos, no entanto, foi o Parecer do Senador Amir Lando recusando conferir eficácia *erga omnes* à decisão do Supremo Tribunal Federal no RE 150.764-1-PE, *in verbis*: "é incontestável, pois, que a suspensão da eficácia desses artigos de leis pelo Senado Federal, operando *erga omnes*, trará profunda repercussão na vida econômica do país, notadamente em momento de acentuada crise do Tesouro Nacional e de conjugação de esforços no sentido da recuperação da economia nacional". O Senador continua a tentativa de sustentar o insustentável: "ademais, a decisão declaratória de inconstitucionalidade do Supremo Tribunal Federal, no presente caso, embora configurada em maioria absoluta nos precisos termos do art. 97 da Lei maior, ocorreu pelo voto de seis de seus membros contra cinco, demonstrando, com isso, que o entendimento sobre a questão não é pacífico".[67]

O julgamento do STF determina a configuração da norma na sistemática constitucional brasileira. Se julgar não haver compatibilidade não pode ser oportuno, conveniente, a continuidade da lei declarada inconstitucional no complexo de normas jurídicas, porque se assim se considerar estar-se-á modificando na surdina os preceitos constitucionais. Inaceitável também, a argumentação do Senador de que "embora configurada em maioria absoluta nos precisos termos do art. 97 da Lei maior" se possa encaminhar o parecer em sentido oposto, é reconhecer o respeito à Constituição e ao mesmo tempo negá-la aplicabilidade, isso sem adentrar na questão da revisão pelo Senado da decisão do STF.

Outro argumento

Já o Senador Paulo Brossard em meados de 76 expunha sobre o sistema brasileiro de controle de constitucionalidade difuso: "o acórdão do Supremo Tribunal, embora unânime e definitivo, não revoga a lei, ainda que virtualmente a esterilize; valerá apenas como precedente a quantos estiverem em situação idêntica à do litigante que no Supremo Tribunal Federal viu reconhecido o seu direito em face de norma inconstitucional, mas que terão de ingressar em juízo reclamando igual prestação jurisdicional. Pode ocorrer que sejam milhares as pessoas que se encontrem em igual situação — os contribuintes do imposto de renda, por exemplo; todos eles, porém, para livrarem-se da hipotética exigência ilegal, teriam de ajuizar as suas ações, milhares de ações, atulhando os pretórios; dir-se-á que o Fisco, em face das decisões reiteradas do mais alto tribunal da Nação, deixaria de instituir na cobrança indevida; a experiência revela, contudo, que isto não ocorre, até porque, a reflexão é de *Rui Barbosa*, 'decididamente o Fisco brasileiro não se digna de raciocinar como nós outros simples mortais' (*Obras Completas*, v. XXV, 1898, t. IV, p. 57)"[68] (grifo do original).

Recorde o leitor que o Senador, como próprio integrante do Senado, era um dos defensores da discricionariedade daquela Casa, mas reconhece, diferentemente do Fisco (!), que o sistema de controle difuso é falho, pois remete ao Judiciário a mesma *quaestio juris* já tantas vezes decididas que acabam por retardar a solução de outras mais. Indo um pouco além do pensamento retromencionado, poderemos dizer que o Senado não melhora muito a sistemática brasileira. Isto porque ele também é moroso na adoção das resoluções suspensivas (vide o levantamento feito pelo Prof. Zeno Veloso). Quero dizer, para que fique bem claro, que se deve salvaguardar a independência democrática do Senado em qualquer instância, mas que também não se pode deixar sem resguardo a declaração de inconstitucionalidade do Supremo. É a "fórmula complexa" que alude Gilmar Ferreira Mendes. Ora, se não se pode escolher pela discricionariedade e nem pela vinculação sem ferir a separação dos Poderes, melhor seria manter no âmbito do Judiciário apenas a possibilidade para estender o efeito *erga omnes* aos demais casos por decisão de uma maioria especialmente qualificada, algo como três quintos ou dois terços.

Essa também é a posição do paraense Zeno Veloso: "devemos convir, entretanto, que não há razão para manter em nosso Direito Constitucional legislado a norma do art. 52, X, da Constituição Federal, originária da Carta de 1934, quando só havia o controle incidental, e o princípio da separação dos poderes se baseava em critérios e valores absolutamente ultrapassados, ancorados numa velha e rígida concepção oitocentista. Uma reforma é necessária, para que se esta-

67. In Celso Ribeiro Bastos e Ives Gandra Martins, ob. cit., p. 179, n. 1.

68. Paulo Brossard, ob. cit., p. 61.

beleça, de uma vez por todas, que as decisões do Supremo Tribunal Federal, no controle de constitucionalidade, por qualquer de suas vias, sejam finais e definitivas, tenham eficácia *erga omnes* e efeito vinculante".[69] Não se figura, em realidade, outra conclusão, se se entende que o Senado não pode mais que verificar os aspectos formais da decisão, que manter o formalismo é desarrazoado, não mais contém subsídios para restar ativa. Deixar o Senado com a competência resolutiva suspensiva é pecar pelo anacronismo.

Outro mais

A imprecisão da resolução suspensiva abarca ainda outra incompatibilidade lógica com a organização do mundo jurídico. Porque dar exclusivamente ao Senado Federal o poder de decidir pela suspensão executiva em detrimento da Câmara dos Deputados, já que vivemos em um sistema bicameral? "O Poder Legislativo é exercido pelo Congresso Nacional, que se compõe da Câmara dos Deputados e do Senado Federal" (art. 44, *caput*), se assim é determinado pela Constituição Federal como entregar ao Senado Federal unicamente a representação legislativa no contato com outro Poder?

Pode-se argumentar inicialmente que cada Casa Legislativa, e o próprio Congresso Nacional, tem competências privativas inscritas nas seções II, III e IV do mesmo capítulo do art. 44. Realmente, há essa determinação, sendo distribuída a cada órgão competências conformes a sua função dentro do Poder Legislativo: a Câmara dos Deputados como "representante do povo", o Senado Federal como "representante dos Estados e do Distrito Federal" e o Congresso Nacional como representante do Poder Legislativo. Portanto, permitir a distribuição de tão importante competência para o Senado Federal seria a usurpação de competência do Congresso Nacional, este sim representativo do Poder inteiro.

É exatamente o que diz Rosah Russomano, "a suspensão da execução, por uma fração do Poder Legislativo, não pode eqüivaler à revogação integral. (...) Caso contrário, um único ramo do Congresso Nacional seria, pelo texto da Constituição, competente para suprimir, praticamente, a lei do campo da legislação em vigor. A situação seria, de modo evidente, esdrúxula".[70] A situação se torna ainda mais estranha quando se trata, por exemplo, de medida provisória ou lei delegada ao Presidente da República pelo Congresso Nacional (art. 68, *caput*), ou seja, normas que, a par de poderem ser apreciadas pelo Legislativo, não advêm efetivamente dele. Nesse passo não é mau recordar a discussão que tomou lugar na constituinte de 46 nas palavras de Gustavo Capanema, "Sr. Presidente, sou contrário ao preceito proposto. As decisões do Poder Judiciário só envolvem a espécie. Se o Poder Judiciário decide que uma lei ou regulamento é inconstitucional, sua decisão não importa inexistência da lei ou regulamento. Se esta inexistência deve ser declarada, não é ao Senado que compete fazê-lo. Deverá declará-la o próprio órgão constitucional, o Congresso ou o Presidente — que haja decretado a lei ou o regulamento inconstitucional".[71]

Não confere a legitimidade necessária a audição única e exclusiva do Senado Federal sobre a resolução suspensiva, antes é mais conveniente se atribuir essa função ao Congresso Nacional. Ocorre que justamente por conveniência, essa transmutação traria maiores problemas que soluções, uma vez que a demora legislativa para se ter uma solução sobre o assunto seria multiplicada, em franco prejuízo da unidade constitucional.

69. Zeno Veloso, ob. cit., p. 63.

70. *Apud* Themistocles Cavalcanti, ob. cit., p. 165.

71. *Diário da Assembléia*, 25.4.1946, p. 1.199, *apud* Ana Valderez Ayres Neves de Alencar, ob. cit., p. 268.

II — Com a concentração do controle de constitucionalidade haveria governo de juízes?

Essa é a principal argumentação contra a transferência da competência suspensiva do Legislativo para o Judiciário. Os constituintes de 34 já travavam esse tipo de discussão, com a palavra Nilo de Alvarenga: a quem confiar, senhores, essa faculdade (de declarar a inconstitucionalidade de leis com efeito *erga omnes*)? Ao Poder Judiciário? Mas aí se levanta um grave, um gravíssimo perigo. Iríamos criar a ditadura jurídica no País, dando ao Poder Judiciário a atribuição de julgar nulas, *erga omnes*, as leis e atos emanados dos outros poderes"[72] (grifo do original).

À primeira vista devo reconhecer que o Judiciário sairia bastante fortalecido "se a elle fôr conferido o poder de anullar as deliberações dos outros poderes, tornando-os sem effeito na sua maior amplitude, ficaria assim, em ultimo termo, o único poder com autoridade na Constituição, reduzindo os outros a nada, pela absorpção completa". O saudoso Oswaldo Aranha ainda completava um quadro assustador, "e se se não conformarem com essa posição de grande inferioridade, teremos então os dois poderes, executivo e legislativo — que de facto são mais fortes que o judiciário, pela situação, principalmente, de possuirem a disposição do dinheiro público e das forças armadas —, em luta franca com este, desmoralizando-o".[73] Compreende Bandeira de Mello que não se conformaria com a separação dos poderes ter o judiciário nas mãos o completo controle de constitucionalidade. "O poder judiciário jamais deve interferir em assumpto estrictamente politico, cujo exercício e final decisão devem ficar entregue aos poderes legislativo e executivo".

Que a *venia* me seja concedida, mas não enxergo tamanho risco para a democracia, ou mesmo para a teoria de Montesquieu, a possibilidade de ser dada ao Judiciário a gerência do controle de constitucionalidade das leis. A Constituição de 1988 confere, ao menos, um exemplo que brinda nosso pensamento.

O art. 60 referente às Emendas à Constituição atribui competência exclusiva do Poder Legislativo, aqui representante do poder constituinte secundário, de deliberar e promulgar a modificação do texto constitucional (§ 3º), obedecendo os limites materiais do § 4º e circunstanciais dos §§ 1º e 5º, ainda que a iniciativa de proposta possa vir da Presidência da República ou Assembléias Legislativas dos Estados. Se o fim da interferência do Senado causaria um governo de juízes, o que dizer da Emenda Constitucional? Há clara supremacia do Legislativo frente os outros poderes da Federação, e isso para não falar do Judiciário que não pode ele próprio apresentar Proposta de Emenda Constitucional sobre reformas internas, o que diga-se de passagem seria desvio da função clássica de julgar.

Argumente-se que somente o Legislativo é que tem legitimidade para modificar a Constituição, haja visto sua forma de investidura democrática. Porém, não menos democrática, em tese, é a escolha do Presidente da República e isso também não explica a quebra da sistemática constitucional de sempre fazer o *checks and balances* das decisões mais importantes passando pelas mãos de, pelo menos, dois Poderes, como, por exemplo, a apresentação dos Projetos de Lei pelo Presidente da República, a nomeação de Ministros das Cortes Superiores e do Procurador-Geral da República, a decretação de Intervenção Federal e a formação do Conselho da República e de Defesa Nacional. Apesar do desequilíbrio entre poderes que o art. 60 traz, nunca se deixou de conferir legitimidade ao processamento das já vinte e oito Emendas Constitucionais até o momento aprovadas. Dar ao Judiciário a

72. *Anais da Assembléia Nacional Constituinte*, v. II, Rio de Janeiro, Imprensa Nacional, 1936, pp. 545-57, *apud* idem, ibidem, p. 241.

73. Oswaldo Aranha Bandeira de Mello, ob. cit., pp. 99-100.

exclusividade do controle de constitucionalidade não traz mácula à separação de poderes, antes faz dele mais preciso e eficaz.

III — Problemas técnico-jurídicos sobre o controle concentrado no Judiciário

Entendendo-se que melhor caberia ao Judiciário decidir exclusivamente as questões de inconstitucionalidade podem surgir algumas dúvidas de como se trabalhar certos questionamentos técnico-jurídicos. Adiantando-me a alguns deles apresento o que me apraz ser a melhor solução.

Quando o Judiciário assinalaria efeito "erga omnes" à declaração de inconstitucionalidade?

Oswaldo Luiz Palu propõe seja resolvida a questão de determinação da "decisão definitiva do Supremo Tribunal Federal" através da feitura de Súmulas de Jurisprudência Constitucional que representassem a estabilidade de orientação do Tribunal pelo expressivo número de jurados ou pelo *quorum* elevado de dois terços.[74] E Pedro Vergara na declaração de voto contra a Emenda 1.949 ao Projeto Constitucional 1-A de 1934 propõe que só se tenha jurisprudência pacífica quando nos tribunais existam, "pelo menos, três decisões uniformes, do mesmo tribunal, sobre a mesma matéria", e advertia que nos termos, porém, da emenda, basta uma simples decisão, sobre uma única espécie, para que o Conselho suspenda a lei e a considere inconstitucional, embora o mesmo tribunal, julgando casos anteriores a essa suspensão possa voltar atrás, sobre o critério, que deu margem à deliberação do Conselho (Federal)".[75]

74. Oswaldo Luiz Palu, ob. cit., p. 130.

75. In *Anais da Assembléia Nacional Constituinte*, v. XXI, Rio de Janeiro, Imprensa Nacional, 1936, p. 339, *apud* Ana Valderez Ayres Neves de Alencar, ob. cit., p. 257.

O final da declaração de voto é importante para repudiarmos que uma única decisão simples possa determinar a extensão dos efeitos constitutivos negativos da declaração a todos. Melhor instituir uma forma mais rígida para se considerar uma decisão definitiva do Supremo Tribunal Federal ou por uma decisão com um *quorum* especialmente qualificado para tanto sem a possibilidade de substituição de Ministros por licenciamento (art. 40, RISTF) ou por uma repetição "expressiva" de julgados sobre a mesma matéria.

A solução parece mesmo estar em deixar que o próprio STF determine quando há decisão definitiva por *quorum* especialmente qualificado, uma vez que a determinação de um número de decisões repetidas acarreta, no mínimo, dois problemas. Dizer que a jurisprudência está pacificada com três julgados iguais parece tão bom quanto dizer-se o mesmo de dois, cinco ou qualquer outro número. Ademais, afirmar que um segundo ou terceiro julgamentos são necessários parece identificar falhas nas decisões anteriores e não soluciona os problemas do controle difuso. O número de julgados não é o melhor parâmetro para determinar a estabilidade jurisprudencial. Se o STF não puder decidir definitivamente sobre uma questão esperando sempre que ele possa mudar de posição, então nunca se terá uma verdadeira decisão.

E se o STF depois de sumular a *quaestio juris* e, portanto, suspender a excussão da lei, mudar de posição sobre um ponto; poderia o mesmo tribunal revogar a Súmula? A Súmula pode até vir a ser revogada pela mudança de orientação constitucional, mas a lei inconstitucional não retorna ao mundo jurídico. O sistema ficaria nesse ponto igual ao que se tem hoje, uma vez sumulada e suspensa a execução da lei esgota-se decadencialmente a competência para represtinar a norma. O que pode acontecer, e de fato acontecerá, é que uma vez mudado o entendimento constitucional se promulgue novamente a legislação agora compatível com a nova configuração constitucional.

Transferindo-se a competência do Senado para o STF, qual o alcance dessa decisão?

Também não traz maiores problemas a resposta a essa questão. O atual sistema de controle concentrado via Ação Direta de Inconstitucionalidade confere efeitos *ex tunc* e *erga omnes* para a norma declarada inconstitucional, o controle difuso por via de exceção atribui efeitos *ex tunc* e *inter partes*, ou seja, a desconstituição dos atos jurídicos *ab initio* somente se refere aos particulares. A suspensão sugerida não muda em nada o dito anteriormente sobre a natureza da resolução suspensiva, apenas confere competência a outro órgão (o Supremo Tribunal Federal) para determiná-la por outro meio (a Súmula de Jurisprudência Constitucional).

A Súmula emitida pelo STF terá o mesmo efeito constitutivo negativo. Isto porque é ilógico atribuir-se o condão da inconstitucionalidade de uma norma desde seu início de vigência e eficácia, uma vez que justamente por ter existido e produzido algum dia seus efeitos no mundo jurídico, por menores que sejam, ela foi e é. Dizer que a norma inconstitucional é inconstitucional desde seu início e que, portanto, é uma não-norma, algo que nunca existiu, é negar realidade aos fatos pretéritos.

À guisa de conclusão, entendemos melhor para a coerência do sistema de controle de constitucionalidade brasileiro que o Judiciário, através do Supremo Tribunal Federal, venha a concentrar as declarações de inconstitucionalidade, hoje compartilhada com o Senado Federal nos processos concretos, pela emissão de uma Súmula de Jurisprudência Constitucional com força suspensiva da executoriedade da lei declarada inconstitucional com efeitos *ex nunc* e *erga omnes*, sendo aprovada por um *quorum* especialmente qualificado de três quintos ou dois terços pelo Plenário daquele tribunal sem a possibilidade, nessa votação, de eventual substituição dos Ministros licenciados.

7. Bibliografia

ACCIOLY FILHO, "Declaração de inconstitucionalidade de lei ou decreto. Suspensão de execução do ato inconstitucional pelo Senado Federal. Extensão da competência. Efeitos", in *Revista de Informação Legislativa*, v. 12, out.-dez., 1975.

ALENCAR, Ana Valderez Ayres Neves de, "A competência do Senado Federal para suspender a execução dos atos declarados inconstitucionais", in *Revista de Informação Legislativa*, v. 15, n. 57, jan.-mar. 1978.

ARAÚJO, Luiz Alberto David e NUNES JÚNIOR, Vidal Serrano, *Curso de Direito Constitucional*, São Paulo, Saraiva, 1998.

BANDEIRA DE MELLO, Oswaldo Aranha, *A Theoria das Constituições Rígidas*, São Paulo, Ed. RT, 1934.

BASTOS, Celso Ribeiro e MARTINS, Ives Gandra, *Comentários à Constituição do Brasil — Promulgada em 5 de Outubro de 1988*, v. 4, t. I, São Paulo, Saraiva, 1995.

BITTENCOURT, C. A. Lúcio, *O Controle Jurisdicional da Constitucionalidade das Leis*, 2ª ed., Rio de Janeiro, Forense, 1968.

BROSSARD, Paulo, "O Senado e as leis inconstitucionais", in *Revista de Informação Legislativa*, v. 13, n. 50, abr.-jun. 1976.

BONAVIDES, Paulo e ANDRADE, Paes de, *História Constitucional do Brasil*, Brasília, Paz e Terra, 1988.

CAVALCANTI, Themistocles Brandão, *Do Controle de Constitucionalidade*, Rio de Janeiro, Forense, 1966.

CLÈVE, Clèmerson Merlin, *A Fiscalização Abstrata de Constitucionalidade no Direito Brasileiro*, São Paulo, Ed. RT, 1995.

CRETELLA JÚNIOR, José, *Elementos de Direito Constitucional*, 2ª ed. rev., São Paulo, Ed. RT, 1998.

———. *Comentários à Constituição Brasileira de 1988*, v. 5, 2ª ed., Rio de Janeiro, Forense, 1992.

DINIZ, Maria Helena, *Norma Constitucional e seus Efeitos*, 3ª ed. atual., São Paulo, Saraiva, 1997.

FERRAZ, Anna Cândida da Cunha, "Apontamentos sobre o controle de constitucionalidade", in *Revista da Procuradoria-Geral do Estado de São Paulo*, n. 34, dez. 1990.

FERREIRA FILHO, Manoel Gonçalves, *Curso de Direito Constitucional*, 24ª ed. rev., São Paulo, Saraiva, 1997.

———. *Comentários à Constituição Brasileira de 1988*, v. 2. São Paulo, Saraiva, 1992.

MARINHO, Josaphat, "A função de controle do Congresso Nacional", in *Revista de Informação Legislativa*, v. 14, n. 53, jan.-mar. 1977.

MENDES, Gilmar Ferreira, *Controle de Constitucionalidade — Aspectos Jurídicos e Políticos*, São Paulo, Saraiva, 1990.

MILL, John Stuart, *Del Gobierno Representativo*, trad. Maria C. C. de Iturbe, Madri, Tecnos, s/d.

PALU, Oswaldo Luiz, *Controle de Constitucionalidade — Conceitos, Sistemas e Efeitos*, São Paulo, Ed. RT, 1999.

PINTO FERREIRA, Luiz, *Curso de Direito Constitucional*, 5ª ed. amp. e atual., São Paulo, Saraiva, 1991.

————. *Comentários à Constituição Brasileira*, v. 2. São Paulo, Saraiva, 1990.

SILVA, José Afonso da, *Curso de Direito Constitucional Positivo*, 15ª ed. rev. e atual., São Paulo, Malheiros Editores, 1998.

————. *Aplicabilidade das Normas Constitucionais*, 3ª ed. rev. amp. e atual., São Paulo, Malheiros Editores, 1998.

SILVA, Paulo Napoleão Nogueira da, *A Evolução do Controle da Constitucionalidade e a Competência do Senado Federal*, São Paulo, Ed. RT, 1992.

VELOSO, Zeno, *Controle Jurisdicional de Constitucionalidade*, Belém, CEJUP, 1999.

PRINCÍPIO DA PROPORCIONALIDADE CONSTITUCIONAL: NOTAS A RESPEITO DA TIPIFICAÇÃO MATERIAL E DO SANCIONAMENTO AOS ATOS DE IMPROBIDADE ADMINISTRATIVA REPRIMIDOS NA LEI 8.429/92

FÁBIO MEDINA OSÓRIO

Promotor de Justiça no Rio Grande do Sul — Mestre em Direito Público pela Faculdade de Direito da Universidade Federal do Rio Grande do Sul — Professor na Faculdade de Direito da Pontifícia Universidade Católica do Rio Grande do Sul

Introdução. Observações sobre o princípio da proporcionalidade. Da tipificação material do ato de improbidade administrativa. Da resposta do Estado ao ato de improbidade administrativa e o princípio da proporcionalidade. Considerações finais.

Introdução

Ganha importância ímpar, no ordenamento jurídico brasileiro, a necessidade de compreensão e aplicação concreta do chamado princípio da proporcionalidade, que tem raízes constitucionais, em todo e qualquer ramo do direito.

Notadamente no direito público, e muito especialmente no manejo de sanções que atingem direitos fundamentais, à luz da Lei 8.429/92, que tipificou e sancionou categorias de atos de improbidade administrativa, revela-se o princípio da proporcionalidade de fundamental importância, seja na adequação típica das condutas às descrições das normas, seja na atenuação dos rigores sancionatórios abstratos.

Nesse passo, não custa lembrar que os direitos fundamentais e a democracia estão implicados em relação de condicionamento mútuo: a democracia pressupõe liberdade individual protegida juridicamente para todos; a liberdade para todos pressupõe democracia. Se é separada a conexão entre liberdade e democracia, chega-se a uma interpretação dos direitos fundamentais capaz de acarretar perigo tanto à liberdade como à democracia. Porém, é de se salientar que a liberdade não significa apenas a delimitação da esfera privada pela comunidade. "Tener liberdad significa tener derecho dentro del marco del orden jurídico".[1] Daí a importância de se examinar os limites jurídicos aos tipos e às sanções da Lei 8.429/92, especialmente perante os direitos fundamentais atingidos, disso resultando a necessidade de análise do princípio da proporcionalidade.

1. Martin Kriele, *Introducción a la Teoría del Estado*, Depalma, trad. por Eugenio Bulygin, 1980, pp. 470 e 472.

A improbidade administrativa, sabe-se, está reprimida no art. 37, § 4º, da Carta de 1988, sendo que sua operacionalização está definida, fundamentalmente, na já mencionada Lei 8.429/92.

A tipicidade do ato ímprobo é, fora de dúvida, composta por conceitos jurídicos indeterminados, vazada em cláusulas gerais, que descrevem, abstratamente, as condutas proibidas.

Não se olvide, no contexto de repressão à improbidade administrativa, que as condutas proibidas não resultam, ontologicamente, de restrições à "liberdade" dos agentes públicos, na exata medida em que estes estão jungidos aos estreitos ditames legais. Não gozam de liberdade, mas estão sempre vinculados às leis. Daí que a conduta proibida traduz, por via de regra, um comportamento positivo ou negativo que não estava autorizado por lei. Há necessidade de uma tipicidade permissiva que, quando inobservada, acarreta incidência de sanções legais.

Deriva do princípio do Estado de Direito o submetimento da administração à lei, o que exige submetimento material e formal. Não bastam princípios jurídicos abstratos para definir os limites da atuação administrativa. As cláusulas gerais, nesse passo, não satisfazem no que diz respeito aos limites da atuação dos agentes públicos,[2] vale dizer, na construção da tipicidade permissiva.

Todavia, vale destacar que é possível proibir comportamentos através de cláusulas gerais,[3] especialmente no direito administrativo, ainda que deva existir, como se sabe, um mínimo de segurança e garantia na descrição normativa. Em outras palavras: admite-se tipificação de condutas através de cláusulas gerais, mas necessária uma razoável descrição do comportamento proibido, não sendo tolerável previsão tão ampla que signifique, na prática, inexistência de previsão normativa.

Não é possível e tampouco recomendável permitir ou ordenar comportamentos administrativos com suporte em normas de elevada indeterminação e grande generalidade, pois se assim fosse possível estar-se-ia burlando a exigência material de submissão do administrador público aos limites do legislador. De modo diverso, o sancionamento e a tipificação das condutas socialmente patológicas e atentatórias aos princípios que regem a administração pública são admissíveis através da utilização adequada das cláusulas gerais. No fundo, a tipicidade da proibição ocorre quando é inobservada a tipicidade da permissão. Daí que a legalidade administrativa, em tal medida, fornece substrato básico na compreensão da possibilidade de o Estado proibir e sancionar condutas por meio de cláusulas gerais, sem ofensa ao sistema constitucional pátrio.

Já as sanções previstas aos atos ímprobos, na Lei 8.429/92, também estão con-

2. Luís Afonso Heck, *O Tribunal Constitucional Federal e o Desenvolvimento dos Princípios Constitucionais — Contributo para uma Compreensão da Jurisdição Constitucional Federal Alemã*, Fabris editor, Porto Alegre, 1995, pp. 199-200. É certo que se admitem, consoante o autor assinala, cláusulas gerais e conceitos indeterminados no direito administrativo, o que ocorre, fundamentalmente, no campo de intervenção do Estado no domínio econômico, em que as situações são rapidamente cambiantes. "O legislador está obrigado, todavia, a redigir a sua regulação de modo tão determinado quanto possível, segundo a peculiaridade do contexto vital a ser ordenado, e com consideração à finalidade da norma" (pp. 207-208).

3. Sempre é bom lembrar que inclusive o direito penal utiliza, com crescente freqüência. normas gerais na proibição de comportamentos. De longa data que se punem delitos culposos. *V.g.*, arts. 121, §§ 3º e 6º; 180, § 1º; 312, § 2º, todos do Código Penal de 1940. Há uma inegável estrutura aberta desses tipos, eis que o próprio conceito de "culpa *stricto sensu*" pressupõe elementos extrajurídicos intensos em sua formulação, *v.g.*, as noções de negligência, imprudência e imperícia, o dever objetivo de cuidado, a previsibilidade objetiva e subjetiva, a evitabilidade do resultado, todas dotadas de conteúdo metajurídico, normas sociais, técnicas, administrativas, culturais compondo esse complexo quadro normativo.

templadas em normas abstratas e, paradoxalmente, pouco flexíveis, seja pela sua ligação com a tipicidade, seja pelos limites estreitos impostos aos julgadores, no art. 12, incs. I, II e III do referido diploma legal.

Se é certo que, no Estado de Direito, a atividade das autoridades administrativas nunca é completamente livre, e inclusive seus poderes discricionários sofrem cortes e limites implícitos e explícitos da ordem constitucional, com a chamada "proibição da arbitrariedade",[4] não menos certo que o preceito da proporcionalidade, juntamente com a proibição de excesso, estende-se, "como regra diretiva, a todas *as atuações estatais* e, com isso, também a liberdade de conformar do *legislador* é, por ambas, limitada",[5] sendo de se acrescentar que tampouco seriam imunes à obediência a tais preceitos os *juízes* e demais *operadores jurídicos*, dada sua inarredável vinculação ao sistema constitucional.

Daí que necessário examinar, ainda que em breves e modestas reflexões, algumas importantes tarefas do princípio da proporcionalidade na concretização da Lei 8.429/92: de um lado, na tipificação das condutas; de outro, na aplicação das sanções.

Com efeito, o princípio da proporcionalidade, de matriz constitucional, é de ser aplicado pelo Poder Judiciário na concretização da Lei 8.429/92, seja na própria tipificação do ato de improbidade administrativa, deixando de fora dos tipos legais comportamentos que não se mostrem materialmente lesivos aos valores tutelados pelo legislador e pelo constituinte de 1988, seja na adequação da resposta estatal, através das sanções, a ilícitos de menor gravidade.

Possui a proporcionalidade, pois, como se vê, de início, duas fundamentais funções em dimensões distintas no que diz respeito ao controle e combate à improbidade administrativa.

Vale ressaltar a importância da atuação do princípio da proporcionalidade, também, no sentido de que inviável proteger ilimitadamente a liberdade individual em detrimento dos direitos da coletividade. A liberdade individual, consoante já assinalou Martin Kriele, não é o único bem protegido pelos direitos fundamentais. Medidas adotadas em prol da ordem pública, ainda que restritivas de liberdades, podem reforçar a defesa de direitos fundamentais, desde que necessárias à democracia.[6]

Os caminhos da proporcionalidade podem fornecer substrato necessário ao equilíbrio entre os direitos individuais atingidos pela Lei 8.429/92 e os direitos da comunidade protegidos pelo mesmo legislador, na medida em que se teve por escopo resgatar a combalida probidade dos agentes públicos e particulares que lidam com a *res publica*, defendendo-se, por certo, o próprio regime democrático, que se assenta em inequívoca distinção entre o público e o privado.

Não se pretende, neste espaço, formular considerações exaustivas a respeito do princípio da proporcionalidade, mas apenas fornecer uma notícia doutrinária e um alerta para sua concreta incidência no plano jurisprudencial, notadamente no que se refere à tipicidade material do ato ímprobo e aplicação de suas sanções.

Observações sobre o princípio da proporcionalidade

Quer-se viver em um Estado de Direito. Tem sido esta a luta do ser humano em sociedade, vale dizer, a substituição do arbítrio pela sujeição a regras gerais e abstratas, valoradas em um sistema constitucional que, por seu turno, pressupõe uma racionalidade formal e material. O poder estatal cria o direito e o impõe, mas o direito

4. Luís Afonso Heck, *O Tribunal Constitucional...*, cit., p. 183.

5. Luís Afonso Heck, *O Tribunal Constitucional...*, cit., p. 181.

6. Martin Kriele, *Introducción...*, cit., p. 477.

fundamenta e legitima o poder estatal, em rica dialética.[7]

O Estado de Direito pressupõe a defesa de direitos humanos[8] e aí é possível dizer que o princípio da proporcionalidade está indissoluvelmente ligado à vigência formal e material de um Estado de Direito.

O princípio do Estado de Direito é de conteúdo indeterminado e, em grande medida, dirige-se ao legislador, em qualquer das esferas da federação. Em sua concretização, todavia, devem ser mantidos seus elementos fundamentais e sua propriedade, tarefa que também incumbe a órgãos judiciários. Do Estado de Direito derivam e se desenvolvem outros princípios jurídicos, *v.g.*, proibição de leis retroativas onerosas e o preceito da proporcionalidade, conjugado este com o preceito da proibição de excesso, no direito germânico.[9]

A proporcionalidade, juntamente com o preceito da proibição de excesso, é resultante da essência dos direitos fundamentais. Proíbem-se intervenções desnecessárias e excessivas. "Uma lei não deve onerar o cidadão mais intensamente do que o imprescindível para a proteção do interesse público. Assim, a intervenção deve ser apropriada e necessária para alcançar o fim desejado, nem deve gravar em excesso o afetado, i.e., deve poder ser dele exigível".[10]

É possível dizer que o teste da racionalidade pressupõe o argumento objetivo e lógico da relação meios-fins. "Es irracional algo que pretende ser un medio para alcanzar un fin y, en realidad, no tiene nada que ver con la consecución de dicho fin". Deve existir uma relação positiva entre meios e fins.[11]

O exame da proporcionalidade, no controle de atos praticados pelo Poder Público, é admitido também pelo Tribunal Constitucional espanhol, sendo que tem tal princípio permitido que se reconheça a inconstitucionalidade de medidas "excessivamente gravosas". Nesse passo, tem-se reconhecido, em conexão com a cláusula da igualdade, a importância da chamada "alternativa menos gravosa".[12]

Mais do que a mera relação lógica entre meios e fins, e além da adoção da "alternativa menos gravosa", o princípio da proporcionalidade tem sido o parâmetro para avaliar o cabimento de uma medida restritiva de direito. "No se trata de examinar si caben alternativas a esa medida que sean menos gravosas para el derecho, sino de si esa medida concretamente adoptada es o no excesivamente gravosa".[13]

O princípio da proporcionalidade exige o exame da natureza do ataque ao bem juridicamente protegido e a sanção prevista a esse ataque. A sanção deve estar relacionada ao bem jurídico protegido. Há, sempre, uma cláusula de necessidade embutida nas medidas que buscam salvaguardar a segurança, saúde, ou moral pública.[14]

7. Ver Martin Kriele, *Introducción...*, cit., p. 150.

8. Martin Kriele, *Introducción...*, cit., p. 150.

9. Luís Afonso Heck, *O Tribunal Constitucional...*, cit., p. 176.

10. Luís Afonso Heck, *O Tribunal Constitucional...*, cit., p. 177.

11. Enrique Alonso Garcia, *La Interpretación de la Constitución*, Centro de Estudios Constitucionales, Madrid, 1984, p. 207. O autor trata da razoabilidade como critério de interpretação, salientando sua conexão com o princípio da igualdade e com a teoria dos valores.

12. Enrique Alonso Garcia, *La Interpretación...*, cit., p. 226. Note-se que o autor não confunde a "alternativa menos gravosa" com o princípio da proporcionalidade ou com a mera relação meios e fins. A proporcionalidade é intermediária. A relação meios-fins pode ser aferida por critérios puramente lógicos, o que a tornaria insuficiente. Já a alternativa menos gravosa nunca prescinde da indagação: o meio utilizado é o mais idôneo e proporcional para alcançar o fim almejado? Nesse sentido, o autor alerta que o controle da "alternativa menos gravosa" poderia ingressar no âmbito do controle de oportunidade (pp. 227-228).

13. Enrique Alonso Garcia, *La Interpretación...*, cit., p. 230.

14. Enrique Alonso Garcia, *La Interpretación...*, cit., p. 248.

No sistema brasileiro, o princípio da proporcionalidade tem sido utilizado na interpretação e aplicação das normas constitucionais e infraconstitucionais.[15]

Entende-se que "a lei, como instrumento de regulação da vida em sociedade, deve propiciar uma existência ao indivíduo considerando o maior espaço possível para o desenvolvimento da sua personalidade e garantindo-lhe as mais amplas possibilidades de suprir suas necessidades, confirmando as palavras de Krueger, para quem 'já não são os direitos fundamentais que valem unicamente na moldura das leis, mas as leis na moldura dos direitos fundamentais'. A lei tem um claro significado material — não meramente formal — e, quando cuidar de restringir direitos fundamentais, para harmonizar os diversos interesses concorrentes, deve poder ter sua *ratio essendi* testada, ou seja, deve entrar no âmbito do seu controle o problema de se saber se é realmente adequada para conseguir o objetivo em questão. Sob este enfoque, é deveras claro que o *princípio da proporcionalidade* decorre do Estado de Direito, ou do Estado Democrático de Direito, ou da idéia mesma dos direitos fundamentais".[16]

15. Suzane de Toledo Barros, *O Princípio da Proporcionalidade e o Controle de Constitucionalidade das Leis Restritivas de Direitos Fundamentais*, Ed. Brasília Jurídica, 1996, pp. 37-45, 68-84, 85-93. Diz a autora: "A partir desse novo contexto, infere-se, com certa facilidade, que a *dignidade do homem*, objetivo máximo a ser alcançado pelo Estado e pela sociedade, exige possibilidade de abertura para o reconhecimento de novos direitos e traz ínsita a necessidade de certas garantias básicas a esses direitos. A Carta Brasileira de 1988 assimilou, de um modo geral, as tendências do novo arquétipo do Estado constitucional. A par de expressamente considerar a *dignidade humana* princípio fundamental do Estado Brasileiro (art. 1º) e de aumentar, em relação às Constituições anteriores, o rol dos direitos e garantias fundamentais, conferiu-lhes *aplicabilidade imediata* (art. 5º, § 1º) e tratou de assegurar-lhes expectativas de expansão, segundo a cláusula aberta assim redigida: 'Os direitos e garantias expressos nesta Constituição não excluem outros decorrentes do regime e dos princípios por ela adotados, ou dos tratados internacionais em que a República Federativa do Brasil seja parte' (art. 5º, § 2º). Ainda sinalizando mudanças substanciais para dar especial proteção aos direitos fundamentais, a Constituição de 1988, mantendo a garantia de eternidade (art. 60, § 4º, IV) e o princípio da reserva legal (art. 5º, II), ampliou o princípio da proteção judiciária (art. 5º, XXXV) com a criação de instrumentos processuais tendentes a coibir a omissão legislativa, como o mandado de injunção (art. 5º, LXXI) e a ação direta de inconstitucionalidade por omissão (art. 103, § 2º), e explicitou a garantia do devido processo legal para a restrição da liberdade ou da propriedade (art. 5º, LIV). *O princípio da proporcionalidade*, como uma das várias idéias jurídicas fundantes da Constituição, tem assento justamente aí, nesse contexto normativo no qual estão introduzidos os direitos fundamentais e os mecanismos de respectiva proteção. Sua aparição se dá a título de *garantia especial*, traduzida na exigência de que toda a intervenção estatal nessa esfera se dê por necessidade, de forma adequada e na justa medida, objetivando a máxima eficácia e otimização dos vários direitos fundamentais concorrentes (Hesse). Entre estas idéias principais, *o princípio da proporcionalidade* complementa o princípio da reserva legal (art. 5º, II), entendido este como submissão de uma determinada matéria — como a dos direitos fundamentais — exclusivamente à lei formal. E ao complementá-lo, a ele se incorpora, de modo a converter-se no princípio da *reserva legal proporcional* ou, ainda, no *devido processo legal substancial*. De fato, a reserva legal não é suficiente para evitar-se a edição de leis excessiva ou desnecessariamente restritivas. Não ficou ao livre critério do legislador ordinário estabelecer as restrições que entende cabíveis, quando autorizado a impor limites aos direitos fundamentais. Se assim fosse, as garantias formuladas em defesa desses direitos seriam todas ilusórias e despidas de qualquer sentido. O Ministro Rodrigues Alckmin, ao julgar a representação da inconstitucionalidade da Lei 4.116, de 27.8.62, que regulamentou o exercício da profissão de corretor de imóveis, considerou imprescindível que as restrições a direitos fossem dotadas de razoabilidade, após indagar: 'Que adiantaria afirmar *livre* o exercício de qualquer profissão, se a lei ordinária tivesse o poder de restringir tal exercício, a seu critério e alvitre, por meio de requisitos e condições que estipulasse aos casos e pessoas que entendesse?'" (pp. 88-90).

16. Suzane de Toledo Barros, *O Princípio...*, cit., pp. 93-94.

Note-se que aos julgadores é possível restringir a dureza da Lei 8.429/92, interpretando-a em conformidade com a ordem constitucional. Decorre tal possibilidade do princípio da unidade da ordem jurídica, sendo a Constituição o contexto superior. Daí que a interpretação conforme a Constituição configura uma subdivisão da interpretação sistemática. É um problema de conservação da ordem jurídica.[17] Nesse sentido, o princípio da proporcionalidade penetra as normas da Lei 8.429/92, seja na tipificação dos atos ímprobos, seja em seu sancionamento, inevitavelmente, pela superioridade hierárquica da Constituição.

Ao Tribunal é possível, dentre vários caminhos interpretativos de uma mesma norma jurídica, optar pela declaração da "compatibilidade da norma com uma determinada interpretação", sendo objeto da decisão suscetível de operar coisa julgada "a constatação de que a norma, naquela interpretação, é constitucional. Eventual referência aos fundamentos da decisão na parte dispositiva serve como advertência (*warnfunktion*) com vistas a evitar uma possível aplicação inconstitucional da lei".[18]

Tratar do princípio da proporcionalidade,[19] todavia, ainda que implique mergulho em universo bastante indeterminado de conceitos e até de valores, não pode traduzir arbítrio judicial.

Note-se, desde logo, no terreno hermenêutico, que o reconhecimento de valores constitucionais não implica adesão a uma idéia desenfreada de subjetivismo e relativismo axiológicos, os quais já foram corretamente criticados na filosofia,[20] mas uma inarredável postura estimativa diante da ordem jurídica e social vigente.

17. Gilmar Ferreira Mendes, *Jurisdição Constitucional*, Saraiva, 1996, p. 223.

18. Gilmar Ferreira Mendes, *Jurisdição...*, cit., pp. 228-229. Saliento que o autor não está tratando especificamente do controle difuso de constitucionalidade, eis que refere apenas uma importante modalidade de decisão do *Bujderverfassungsgericht*, pela qual o Tribunal declara qual das possíveis interpretações "se revela compatível com a Lei Fundamental" (p. 221). O autor alerta, todavia, que a constatação de que uma determinada lei é compatível com a Constituição, dentro de dado caminho interpretativo, "não significa que apenas naquela interpretação deva ela ser considerada constitucional, uma vez que a Corte constitucional não pode proferir decisão sobre todas as possíveis interpretações. A norma declarada constitucional continua, também depois da decisão do Tribunal, carecendo de interpretação em suas outras aplicações e os Tribunais ordinários, que também são competentes para aplicação do direito, podem desenvolver outras interpretações em conformidade com a Constituição" (p. 228).

19. Ver José Joaquim Gomes Canotilho, *Direito Constitucional*, Almedina, Coimbra, 1993, pp. 382-384. O autor refere que, no direito português, a proporcionalidade ou a proibição de excesso é princípio constitucional normativo e materialmente constitutivo de toda a administração pública. O cidadão tem o direito a menor desvantagem possível. "Meios e fim são colocados em equação mediante um juízo de ponderação, a fim de se avaliar se o meio utilizado é ou não desproporcionado em relação ao fim. Trata-se, pois, de uma questão de *medida* ou *desmedida* para se alcançar um fim: pesar as desvantagens dos meios em relação às vantagens do fim" (p. 384).

20. Luís Recasens Siches, *Tratado General de Filosofía del Derecho*, 11ª ed., 1995, Porrúa, pp. 59-60, 63 e 65. "Exponiendo algunas de las críticas que cabe dirigir contra la doctrina subjetivista, que reduce los valores a manifestación del agrado o a proyección del deseo, el eminente filósofo argentino Rizieri Frondizi escribe: 'Nuestro deber no puede identificarse con lo placentero; de lo contrario, todo el mundo cumpliría con su deber. El mérito de la honestidad radica en su capacidad de sobreponerse a los reclamos de nuestros placeres, apetitos y conveniencias. El placer se mueve en un plano bajo de nuestra personalidad, y no podemos sacrificar lo más alto — como son los valores morales — a lo más bajo. Pero aun en el plano del placer y del agrado hay que distinguir entre lo que nos agrada y lo que reconocemos como agradable. Distinguimos con frecuencia lo agradable de lo que nos agrada por razones personales o circunstancias. Aún me agrada escuchar un viejo vals que me emocionaba en la adolescencia, y, sin embargo, no admito que sea más agradable que la Sinfonia Inconclusa de Schubert, por ejemplo. Lo mismo sucede con el deseo, donde hay que separar también lo deseado y

Com efeito, se é certo que se admite uma hierarquia de valores constitucionais,[21] também é verdade que o Poder Judiciário não pode revogar a própria Lei Maior e tampouco ser "a corregedoria da Constituinte que fez a Carta de 1988", instaurando-se no País um "decisionismo judiciário sem freios", transformando-se a Constituição Federal em "mecanismo manipulado pelo arbítrio e subjetivismo de critérios extrajudiciais", figurando, ao mesmo tempo, como um "instrumento de poder impulsionado por paixões de cunho político, extremamente difíceis de aplacar", pois isto tornaria o Supremo Tribunal Federal uma "entidade constituinte".[22]

A Constituição, como disse Néstor Pedro Sagüès, citado por Paulo Bonavides, não pode ser convertida em uma espécie de cheque em branco a ser preenchido em cada caso particular por seu eventual portador: o juiz que houvesse de aplicá-la. Um juiz constitucional com tais poderes de interpretação substituiria a "tirania dos mortos", expressão esta, por seu turno, reveladora de versão extrema da "autoridade suprema do

lo deseable. El hecho de que la gente desee una cosa non la convierte en deseable' (...). En primer lugar, creo que debe señalarse el hecho de los que se sienten atados todavia a una concepción subjetivista, psicologista, de los valores, tienden a buscar ejemplos de anárquicas discrepancias de opinión, que induzcan a creer que se trata tan sólo de expresiones personales, en el campo del Arte y de las preferencias estéticas. Mas ocurre que en ese tipo de argumento se encierran varios equívocos. Uno de esos equívocos es olvidar que el conocimiento de los valores es un problema de conocimiento, ni más ni menos que el conocimiento de cualquier otro objeto, real o ideal. Y el conocimiento preciso y rigoroso no le es dado al hombre gratuitamente; antes bien, constituye las más de las veces el resultado de penosos esfuerzos. Que los valores sean ideas objetivas no quiere decir que todos los hombres, ni siquiera unos pocos, tengan sobre todos ellos un conocimiento enteramente logrado. También tienen el carácter de evidientes los conocimientos sobre las conexiones matemáticas y sin embargo, han hecho falta muchas vigilias para irlos logrando (...). Es conveniente que fijemos la atención en esto, porque nos servirá muy pronto para entender una peculiaridad de la vida humana y de las obras en ellas producidas, que consiste en algo análogo a lo que ocurre con los valores, a saber: que la vida humana y sus obras tienen un ser susceptible de gradaciones jerárquicas. Y esas gradaciones jerárquicas tienen dos fuentes o dimensiones, a saber: el rango de los diversos valores y el grado de mayor o menor realización de cada uno de los valores. Lo cual nos pondrá certeramente sobre la pista de las relaciones de la estructura de lo humano con la estructura de lo estimativo. Unas páginas más adelante desarrollaré este tema. Y posiblemente a la luz del mismo conseguiré unas directrices para orientar una cuestión que había sido olvidada por el pensamiento contemporáneo, y que es urgente abordar. La vida humana, y sus actos y obras, tiene, a diferencia del mundo de la naturaleza, perspectivas de rango y de jerarquía. Mientras que la naturaleza pura, como concatenación de fenómenos, desconoce toda jerarquía, las realidades humanas, en cambio, presentan una doble dimensíon jerarquica: de un lado, la que deriva de la jerarquía de los valores en ella cumplidos; de otro lado, la que, respecto de un mismo valor, deriva del grado de mayor o menor realización de él en la obra humana. Esto último trae consigo que haya grados de realización en las tareas humanas; arte que es más arte que otro, amores que son más amores que otros, filosofía que es más filosofía que otra etc. (...). Hay valores que sirven de fundamento a otros, es decir, que funcionan como condición para que otros valores puedan realizarse. No puede darse la realización del valor fundado sin que se dé la realización del valor fundante"'. Sobre jurisprudência de valores, consulte-se Enrique Alonso Garcia, *La Interpretación...*, cit., pp. 277 a 412.

21. Eduardo García de Enterría, "Hermeneutica e supremacia constitucional — Principio de la interpretación conforme a la Constitución de todo el Ordenamiento", in *Revista de Direito Público*, ano 77, jan.-mar. 1986, ano XIX, p. 56.

22. Paulo Bonavides, "Inconstitucionalidade de preceito constitucional — poder constituinte originário e derivado — Cláusula pétrea — Preceito imodificável por emenda", *RTDP* 7/63-65, Malheiros Editores, 1994. O autor menciona, a propósito da possibilidade de que o Supremo Tribunal Federal acolhesse ação direta de inconstitucionalidade promovida pelo Governador do Rio Grande do Sul contra o art. 45, §§ 1º e 2º, da própria Carta Constitucional, em parecer encomendado pelo Governo do Estado de Roraima, o que Abrahão Lincoln teria dito, mais de cem anos antes, a res-

constituinte histórico",[23] ou seja, em última análise, aquela concepção retrógrada da vontade do legislador!

Ademais, cabe lembrar as palavras de Stone, magistrado da Suprema Corte norte-americana, quando disse que "a única barreira ao exercício de nosso poder é nosso senso de autolimitação",[24] o que no fundo significa que as decisões finais do Poder Judiciário vinculam a comunidade e o próprio Poder, retirando este, no entanto, sua legitimidade da Constituição e das leis, as quais não podem, por isso mesmo, ser por ele destruídas.

Vale destacar que os juízes possuem uma força criadora. A atividade "judicante não se configura apenas no reconhecer e no expressar de decisões do Legislativo. A tarefa do Poder Judiciário pode particularmente exigir o trazer à luz e o realizar em decisões representações de valores, que são imanentes à ordem jurídica constitucional, mas que não, ou apenas incompletamente, chegaram à expressão nos textos das leis escritas, em um ato de reconhecimento valorizador, ao qual também não faltam elementos volitivos. Nisso, o juiz deve preservar-se da arbitrariedade; a sua decisão deve descansar sobre argumentação racional. Isso precisa poder ser feito com razoabilidade porque a lei escrita não preenche a sua função de resolver com justiça um problema jurídico".[25]

Forçoso alertar, sem dúvida, que descabe aos julgadores abusar no reconhecimento da suposta ausência de proporcionalidade entre um ato ilícito e sua tipificação formal proibitiva ou a resposta do Estado. Presume-se, por regra, que a formal proibição de uma conduta deva acarretar as conseqüências previstas pelo legislador (Lei 8.429/92) e pelo próprio constituinte de 1988 (art. 37, *caput*, e § 4º, da CF/88), seja pela presunção de constitucionalidade das leis, seja pelos riscos de instalação de decisões arbitrárias do Poder Judiciário na permissão de comportamentos nocivos à comunidade.

Da tipificação material do ato de improbidade administrativa

Um primeiro problema a ser enfrentado diz respeito à tipicidade formal de determinados atos de improbidade que, todavia, não se mostram materialmente lesivos a valores e princípios regentes da administração pública *lato sensu*, seja por adequação social, seja pela escassa ou nenhuma lesividade ao bem jurídico tutelado pelo legislador, não se justificando, nessas hipóteses, o desencadear de processo, ação criminal ou ação civil pública, permitindo-se acordos e enfatizando-se a importância, se for o caso, do ressarcimento ao erário.

Veja-se que, já na seara criminal, admite-se o chamado princípio da insignificância jurídica, na medida em que o resultado delituoso há de ser analisado segundo a antijuridicidade material, vale dizer, o impacto causado no bem jurídico protegido. Esse impacto deve ser relevante. A matéria comporta análise no campo da tipicidade penal.[26]

peito da decisão dada ao caso Dread Scott: "Quando as decisões de um Tribunal superior estabelecem inapelavelmente a política do governo acerca de questões vitais de todo o Povo, nessa ocasião cessa o Povo de ser senhor de seu próprio destino" (p. 65).

23. Paulo Bonavides, "Inconstitucionalidade...", cit., *RTDP* 7/66.

24. Paulo Bonavides, "Inconstitucionalidade...", cit., *RTDP* 7/71.

25. Ver a análise de Luís Afonso Heck, *O Tribunal Constitucional*..., cit., p. 210. O autor, no tópico em exame, mais adiante, traça os limites à atividade interpretativa, que não pode traduzir, sob hipótese alguma, arbítrio judiciário. Há de se levar em conta as valorizações da lei. Na dúvida, é de ser eleita a interpretação mais consentânea com proteção máxima aos direitos fundamentais.

26. Ver julgado do STJ, ocorrido em 23.6.92, voto do Min. Vicente Cernicchiaro, in *Revista Jurídica* 186/107-108, inquérito 57-0-DF, por maioria rejeitaram a denúncia por crime de lesões corporais. No mesmo sentido, consulte-se o recurso

A dogmática penal admite o chamado princípio da insignificância para excluir a tipicidade material de comportamentos formalmente previstos na norma proibitiva. Será que o desvio de um fósforo comprado com dinheiro público exigiria processo e julgamento por peculato, partindo-se do pressuposto de uma conduta dolosa? Será que a formal tipificação de uma conduta não deve levar em linha de conta o real e concreto impacto no bem jurídico? Será qualquer arranhão no patrimônio público, em circunstâncias especiais, digno de processo e julgamento?

Em verdade, a noção de "significância jurídico-penal" está subjacente no tipo incriminador, pressuposta na proibição da conduta, ainda que não expressamente referida. Trata-se de norma implícita que integra a ordem constitucional.

Note-se que a jurisprudência tem reconhecido, na esfera penalística, que o princípio da insignificância deve ser aplicado caso a caso, pois "somente a análise individualizada, atenta às circunstâncias que envolveram o fato, pode autorizar a tese da insignificância", o que pode ser rejeitado com suporte na natureza do evento e vida pregressa do agente, ou outras particularidades do caso concreto, *v.g.*, repercussão no contexto social.[27]

Já se disse que a lei penal "jamais pode ser invocada para atuar em casos menores, de pouca ou escassa gravidade. E o princípio da insignificância surge exatamente para evitar situações dessa espécie, atuando como instrumento de interpretação restritiva do tipo penal, com o significado sistemático e político-criminal da expressão da regra constitucional do *nullum crimen sine lege*, que nada mais faz do que revelar a natureza subsidiária e fragmentária do direito penal".[28]

em *habeas-corpus* 3.557-9-PE, 4ª T. do STJ, Min. José Dantas, j. 20.4.94. Quanto aos princípios que fundamentam o princípio da insignificância, consulte-se o excelente e imprescindível trabalho de Maurício Antonio Ribeiro Lopes, *O Princípio da Insignificância no Direito Penal Brasileiro*, Ed. RT, São Paulo, 1997, pp. 51/65. De todos, *v.g.*, igualdade, razoabilidade, liberdade e proporcionalidade, parece-me que esse último deveria ostentar prevalência, embora o necessário e natural intercâmbio entre todos seja inafastável. Note-se que a subsidiariedade e a fragmentariedade do direito penal — é dizer-se: intervenção mínima — decorrem da proporcionalidade, princípio que se desenvolve a partir do Estado de Direito e que, sem dúvida, teve seu berço e sua grande fonte inspiradora nos problemas resolvidos pelo direito penal.

27. Assim decidiu o STF, por sua 2ª T., em 7.12.93, rel. Min. Francisco Rezek, no *habeas-corpus* 70.747.5-RS, *Lex* 215/290 e ss. Note-se que os julgadores, no caso concreto, afastaram aludido princípio da insignificância, sob argumento de que o juiz não deve ater-se à análise da repercussão econômica do fato delituoso, mas sim deve atentar, também, aos interesses em jogo, interesses atingidos, e a importância da conduta dentro do contexto social, com cuidado, parcimônia e excepcionalidade. Veja-se, ainda, o recurso em *habeas-corpus* 2.919-6-DF, 6ª T. do STJ, j. 27.9.93, rel. Min. Pedro Acioli, noticiando a necessidade de o juiz valorar a prova, sob a égide do contraditório processual, antes de eventualmente aplicar o princípio da insignificância, o qual decorre da premissa de que o direito penal somente deve incidir onde seja necessária a proteção de bens jurídicos.

28. Ver julgado do TACrimSP, in *RT* 733/579, datado de 3.1.96, rel. Márcio Bartoli, excluindo tipicidade de crime de tentativa de furto de duas maçãs. Formalmente, a conduta do agente estava inserida na tipicidade do furto tentado, mas não substancialmente. Por essa última perspectiva, o Tribunal considerou que o direito penal somente poderia intervir na hipótese em que a conduta do agente fosse ofensiva a bens jurídicos essenciais à vida em comum ou à personalidade do homem de forma intensa e relevante, com danosidade que o lesione ou o coloque em perigo concreto. O princípio da insignificância é instrumento de interpretação restritiva de um tipo penal, fundado na concepção material de tipo penal. Está a teoria da insignificância conectada com o princípio da intervenção mínima (p. 81). Consulte-se outra decisão do TACrimSP, mesmo relator, na *RT* 738/652. Ver, do mesmo Tribunal, *RT* 725/613, tratando do delito de maus tratos. Para uma visão mais restritiva, consulte-se decisão do STJ, in *RT* 703/351, rel. Min. Adhemar Maciel, por maioria. Ver, também, decisão do TJRGS, in *Revista de Jurisprudência do TJRGS* 177/129. Consulte-se, ainda, com visão igualmente restritiva, em matéria de delito de por-

A verdade é que já se reconheceu incidência do princípio da insignificância em matéria de crime contra a administração pública,[29] o que, de fato, parece, em tese, possível, dado já noticiado até em terreno doutrinário,[30] sendo inegável a estreita correlação doutrinária entre o princípio penal da insignificância e o constitucional princípio da proporcionalidade, uma vez que também o direito repressor deve adequar-se à relação causa-efeito.[31]

De fato, o ato de improbidade administrativa objeto da tipificação da Lei 8.429/92 não se confunde, necessariamente, com o ilícito criminal, tornando-se, todavia, relevante sublinhar que o princípio da proporcionalidade, origem da tese da insignificância na seara penal, também se aplica a outras esferas jurídicas, notadamente na defesa dos direitos fundamentais da pessoa humana.

A tipificação do ato ímprobo passa por um dúplice estágio: formal e material.

A tipificação formal de um ato ímprobo exige, do intérprete, juízo de adequação en-

te de substância entorpecente para uso próprio, outra decisão do TJRGS, 3ª C.Crim., apelação-crime 695140509, rel. Des. Aristides Pedroso de Albuquerque Neto, de 26.10.95. Em matéria de receptação, acolhendo a insignificância, ver decisão do TRF da 2ª R., in *Revista Brasileira de Ciências Criminais* 17/358, conectando a insignificância com a proporcionalidade que deve haver entre o fato e a sanção.

29. Ver julgado do TRF da 5ª R., datado de 20.9.95, rel. José Delgado, in *RT* 725/681, salientando-se, desde logo, que os fundamentos reais da decisão ficaram distantes do princípio em exame, o qual é invocado, não obstante, pelo Tribunal.

30. Francisco de Assis Toledo, *Princípios Básicos de Direito Penal*, Saraiva, 3ª ed., 1987, p. 121. O autor refere sua experiência pessoal como Procurador da República — hoje é Ministro aposentado do Superior Tribunal de Justiça —, enunciando ter visto volumoso processo contra antigo servidor público, o qual era acusado de haver "cometido peculato consistente no desvio de algumas poucas amostras de amêndoas", dizendo, também, que o descaminho do art. 334, § 1º, *d*, do Código Penal, não será certamente a posse de pequena quantidade de produto estrangeiro, de valor reduzido, mas sim a de mercadoria cuja quantidade ou cujo valor indique lesão tributária, de certa expressão, para o fisco. Poder-se-ia falar, no caso, acrescento, em uma "improbidade de bagatela", mas, com todo o respeito, me parece inadequada a expressão, visto que se presume que a improbidade, rigorosamente, estaria configurada, quando, em verdade, o princípio da insignificância haveria de excluir, *ab ovo*, a tipicidade material da conduta. Não se trata, pois, de justificar um eventual arquivamento com suporte, apenas, em razões de política institucional ou judiciária, forte no reconhecimento da ausência do interesse de agir do Estado em face de pequenas infrações. A meu ver, o melhor caminho, em nosso sistema jurídico, que consagra o princípio da obrigatoriedade da ação penal e da ação civil pública apuratória de ato ímprobo, é, ainda, o reconhecimento de uma eventual ausência de tipicidade material de comportamentos com escassa ou nenhuma lesividade ao bem jurídico tutelado pela norma, com controle de constitucionalidade baseado no princípio da proporcionalidade, decretando-se a atipicidade do comportamento. Tal operação, longe de revelar mero distanciamento teórico da idéia da "improbidade de bagatela", permitiria aos operadores jurídicos questionamento da atuação judicial perante o Superior Tribunal de Justiça, quando houvesse equívocos valorativos, em face de alegação de ofensa à norma federal tipificadora — modo proibitivo — da conduta. Além disso, a matéria também poderia chegar ao Supremo Tribunal Federal, em razão do debate em torno do princípio constitucional da proporcionalidade. Aumentaria, nesse contexto, o controle do ato judiciário ou mesmo ministerial de arquivamento, este submetido ao órgão colegiado do Ministério Público, a saber, Conselho Superior da Instituição.

31. Ementa: "Recurso especial. Descaminho. Princípio da bagatela ou insignificância. A pequena quantidade e o pouco valor da mercadoria de procedência estrangeira apreendida em poder dos acusados autoriza a aplicação do princípio da insignificância descaracterizando o crime de descaminho. Uma condenação criminal *in casu*, seria, na verdade, pelas suas conseqüências, desproporcional ao dano decorrente da conduta praticada pelos recorridos, todos primários e de bons antecedentes" (Superior Tribunal de Justiça, REsp 0111010, 5ª T., *DJ* 26.5.97, p. 22.556, rel. Min. José Arnaldo da Fonseca).

tre a norma e o fato. Essa leitura, por evidente, não se esgota em um literalismo simplista, dado que, não raro, imperioso o enfrentamento de elementos normativos ou subjetivos do tipo, *v.g.*, "vantagem patrimonial indevida" (art. 9º, *caput*, Lei 8.429/92), "qualquer ação ou omissão, dolosa ou culposa" (art. 10, *caput*, Lei 8.429/92), ou, ainda, quando diz o legislador que constitui "ato de improbidade administrativa que atenta contra os princípios da administração pública qualquer ação ou omissão que viole os deveres de honestidade, imparcialidade, legalidade e lealdade às instituições" (art. 11, *caput*, Lei 8.429/92).

A interpretação de tipos bastante abertos, dotados de conceitos jurídicos indeterminados, nunca é, rigorosamente, completamente formal, pois pressupõe, não raro, o ingresso de valores sociais e meta-jurídicos no ato hermenêutico, configurando especial complexidade de elementos interpretativos.

De todo modo, é possível conceber condutas que, reunidos os elementos típicos, se encontrem formalmente enquadradas na Lei 8.429/92 (qualquer tipo de vantagem patrimonial indevida em razão do exercício do cargo — art. 9º, *caput*, da Lei 8.429/92) e, todavia, esse enquadramento se revele incompatível com exigências elementares de justiça, bom senso, racionalidade da ordem jurídica.

Do ponto de vista formal, note-se que determinado comportamento de agente público, que desvia, em proveito próprio, por exemplo, uma folha de papel timbrado do órgão onde exerce suas funções, poderia, em tese, configurar o tipo da improbidade do enriquecimento ilícito (art. 9º, *caput* e inc. IV, da Lei 8.429/92), especialmente se, pelo ângulo material, tal comportamento se apresente em determinadas circunstâncias desfavoráveis, *v.g.*, uso daquele papel para fins de escrever algo não relacionado ao desempenho das atribuições. Não haveria justificativa plausível para o ato, salvo o hábito de se usar o patrimônio público, por ínfimo que seja seu valor, em proveito próprio. Estará, rigorosamente, tipificada a conduta.

Ocorre que, em que pese até censurável o comportamento de desviar, em proveito próprio, um papel timbrado de um órgão público, não haveria — em tal conduta — ofensa material aos valores proporcionalmente tutelados pela Lei 8.429/92, em termos a exigir o desencadeamento de processos e sanções rigorosas, *v.g.*, perda da função, suspensão dos direitos políticos, multa civil, justificando, apenas, uma advertência da chefia ao servidor. Eis aí o princípio da insignificância a operar seus efeitos.

De resto, o contexto social também pode indicar que determinados agentes públicos, dada sua natureza funcional, usam algum patrimônio público em caráter privado, assim como também usam patrimônio privado em proveito da administração pública, *v.g.*, computadores que são adquiridos por funcionários públicos, com seu dinheiro, para o serviço público, notadamente nos casos em que os agentes políticos se identificam profundamente com suas funções. Não há, em casos de pequenas e reduzidas utilizações de bens públicos de ínfimo valor em proveito privado, em especiais circunstâncias, uma censurabilidade extra-administrativa, vale dizer, judicial a incidir na conduta do agente público.

Vale notar, ainda, que atividades lateralmente privadas podem, ao cabo, atender interesse público, *v.g.*, quando um servidor público atende interesses particulares da chefia, pagando uma conta bancária, comprando um lanche etc., em pequena dimensão, para propiciar a continuidade das funções administrativas.

No plano formal, há condutas que incorrem nas finas malhas da Lei 8.429/92, mas não no plano material, pois essa legislação se destina a coibir aqueles comportamentos que, independentemente da lesão ao erário e do enriquecimento ilícito, se apresentem altamente lesivos à comunidade e aos princípios regentes da administração pública. Trata-se de incorporar, no ato interpretativo, uma teoria de valores, hoje inafastável do ato hermenêutico.[32]

Vários e múltiplos fatores, que são inomináveis, dada sua amplitude, contribuem à atividade do intérprete na tipificação do ato de improbidade.

Um servidor que, no exercício das funções, se apropria, dolosamente, de dinheiro público, ainda que de pequena importância, já revela, por exemplo, comportamento incompatível com o mínimo ético que se exige de um agente público, revelando-se tal ato formal e materialmente típico pelo ângulo da improbidade.

Também as falsidades deliberadas, os atos constitutivos de delitos contra a administração pública — com tipicidade formal e material — denotam improbidade administrativa não afastável pela suposta incidência do princípio da proporcionalidade.

Eventual falta de proporcionalidade entre a tipificação formal do ato e sua efetiva ocorrência na vida de relações, diga-se de passagem, não se confunde com ausência de lesão material ao erário, pois o art. 11 da Lei 8.429/92 é expresso ao dispensar a ocorrência do dano patrimonial-material na concretização dos elementos típicos do ato ímprobo.

A proporcionalidade é de ser aferida a partir de análise global e contextualizada do comportamento, verificando-se, fundamentalmente, o grau de reprovabilidade incidente à conduta proibida.

O certo é que, ao cabo, a ausência de tipicidade material da conduta, seja por adequação social do comportamento, seja por insignificância da lesão, acarreta, no campo dogmático, exclusão do próprio tipo legal, o que pressupõe unidade inafastável de tipificação proibitiva nos planos material e formal.

Da resposta do estado ao ato de improbidade administrativa e o princípio da proporcionalidade

Tipificado o ato ímprobo, cabe ao julgador a imposição cumulativa das sanções de decretação da perda dos bens havidos ilicitamente, ressarcimento integral do dano, quando ocorrerem, perda da função pública, suspensão dos direitos políticos, pagamento de multa civil, proibição de contratar com o Poder Público ou receber benefícios ou incentivos fiscais ou creditícios, direta ou indiretamente, ainda que por intermédio de pessoa jurídica da qual o agente ímprobo seja sócio majoritário, nos termos do art. 12, incisos I, II ou III, da Lei 8.429/92. Essa imposição cumulativa das sanções é a regra geral, seja por força de comando constitucional (art. 37, § 4º, CF/88), seja pela inequívoca dicção do legislador, seja, finalmente, pelo sentido teleológico de combater, duramente, a improbidade administrativa.

É, todavia, possível, em tese, que determinados comportamentos, embora típicos à luz da Lei 8.429/92, não se apresentem merecedores de todas as sanções previstas no art. 12, incs. I, II ou III, do mesmo diploma repressivo, dada ausência de proporcionalidade entre o ato ilícito e a resposta estatal.

Aspecto de grande relevância, no âmbito da fixação das sanções decorrentes da improbidade administrativa, diz respeito aos casos em que a dimensão dos fatos atribuídos aos agentes não justifique imposição cumulativa e integral de todas as sanções legais.

No campo penal, e aqui parece-me possível estender a proporcionalidade a toda e qualquer atuação sancionatória do Estado,[33] o princípio em estudo expressa-se pelo

32. Ver Enrique Alonso Garcia, *La Interpretación...*, cit., pp. 220 e ss, especialmente p. 223. O autor examina a possibilidade de valores constitucionais contrapostos em concreto, situação que exige da Justiça constitucional posição de equilíbrio, ainda que optativa por alguns valores em detrimento de outros.

33. Destaco, aliás, a crescente tendência de visualizar o poder-dever de punir do Estado subme-

preceito da adequação da pena, vale dizer, "a pena deve manter uma relação justa com a gravidade do ato e a culpa do autor; a pena aplicada não deve exceder a culpa do autor. O princípio da culpa, em suas conseqüências limitantes à pena, corresponde, nessa medida, à proibição de excesso".[34]

Com efeito, pode ocorrer que determinado agente público cometa fato enquadrado como "improbidade administrativa" sem, no entanto, ocorrer repercussão social intensa.

Veja-se a hipótese em que a lesão ao erário é mínima ou até inexistente e, simultaneamente, a ilegalidade ou imoralidade administrativa não traduz ofensa grave aos valores sociais tutelados pela ordem jurídica, seja pelo *animus* do agente, seja, ainda, pela presença de determinadas circunstâncias ensejadoras de reduzida reprovabilidade social.

Perfectibiliza-se, em muitos casos, um grau de ilegalidade que, apesar de traduzir formal e materialmente a improbidade administrativa, não revela nocividade social merecedora de todos os rigores da legislação, sujeitando o infrator, tão-somente, ao pagamento da multa civil e ressarcimento ao erário.

Cogite-se da aplicação analógica, neste campo, da teoria da reduzida potencial consciência da ilicitude.

O erro pode autorizar uma redução das sanções, dependendo do caso concreto e das circunstâncias reconhecidas pelo julgador.

Além disso, em que pese o agente possuir potencial consciência da ilicitude de sua conduta, é possível que o erro inescusável, no caso concreto, objetivamente reconhecido pelo julgador, enseje uma redução das sanções, atentando-se à necessidade de uma resposta proporcional do Estado aos atos de improbidade administrativa.

Há casos em que um único ato de improbidade, isoladamente, não justifica a perda do cargo pelo agente político, eis que o dano maior, nesse caso, ficaria do lado da sociedade, a qual teria escolhido seu representante legal e veria sua vontade substituída pela vontade do julgador.

Há que se analisar o fato no contexto social e político, extraindo as conseqüências adequadas e proporcionais.

Inevitável que o julgador controle a constitucionalidade das sanções previstas na Lei 8.429/92, eis que eventualmente a resposta prevista abstratamente pelo Estado pode se revelar injusta, desigual, iníqua.

Pontes de Miranda já dizia: "A apreciação da constitucionalidade deve recair em todos e quaisquer atos (...). A legalidade da legislação, a juridicidade dos atos legislativos, realizada pelo controle judicial, aperfeiçoa o Estado de Direito, dizem uns; é coisa natural, adiantam outros. Em verdade, o Estado de Direito foi Estado, a que algo faltava, enquanto não se criou o expediente técnico da verificação da adaptabilidade das regras jurídicas aos textos constitucionais".[35]

De uma forma ou de outra, resulta evidente que o Poder Judiciário exerce o chamado controle implícito de constitucionalidade ou também denominado controle tácito[36]

tido, unitariamente, a princípios protetores de direitos fundamentais. No direito espanhol, sabe-se que inúmeras garantias penais foram estendidas, pelo Tribunal Constitucional, aos acusados em processos administrativos, situação merecedora de suporte, inclusive, da melhor doutrina, consoante se vê em Eduardo García de Enterría e Tomás-Ramón Fernández, *Curso de Derecho Administrativo*, 4ª ed., Civitas, Madri, 1993, t. II, os quais preconizam a incidência do princípio da proporcionalidade para interditar sanções desnecessárias ou excessivas em relação a atos ilícitos apurados e punidos pela Administração Pública. Seria um princípio comum a todo o ordenamento sancionador, embora com raízes penais (p. 179).

34. Luís Afonso Heck, *O Tribunal Constitucional...*, cit., pp. 177-178.

35. Pontes de Miranda, *Comentários à Constituição de 1967 com a Emenda n. 1, de 1969*, t. III (arts. 32-117), Forense, 3ª ed., 1987, pp. 629-632.

36. Eugenio Raúl Zaffaroni, *Poder Judiciário, Crises, Acertos e Desacertos*, Ed. RT, 1995, p.

pelo que possível pontuar o caráter essencialmente controlador da função judiciária.

A improbidade traduz conseqüências jurídicas diretamente previstas em norma constitucional (art. 37, § 4º, da Constituição Federal de 1988), donde a não incidência dessas sanções deve, rigorosamente, ser reconhecida apenas em casos excepcionais, considerando-se como uma cláusula implícita na própria norma do art. 37, § 4º, da Carta Constitucional de 1988.

Em que medida, limites e até que ponto pode ser feita a gradação das sanções legais, é indagação da maior relevância para a correta operacionalização do combate à improbidade.

Um aspecto que merece lembrança diz respeito ao silêncio da Lei 8.429/92 no tocante aos critérios de individualização das sanções, afora o proveito patrimonial do agente e o montante do prejuízo.

Ocorre que se mostra insuficiente ao julgador analisar apenas o montante do prejuízo e o proveito patrimonial do agente, diante da impossibilidade de atender corretamente as exigências do princípio da proporcionalidade, no ajustamento da resposta estatal ao ato de improbidade administrativa.

Veja-se que nem sempre o agente terá um proveito patrimonial com o ato ímprobo, assim como nem sempre, como se percebe por uma simples leitura da Lei 8.429/92, haverá prejuízo patrimonial ao erário.

56. O autor refere que mesmo os juízes franceses, ao tempo da conhecida Escola da Exegese, quando se preconizava uma atividade judicial praticamente nula, juízes que constituíam mera "boca das leis", necessitavam de uma interpretação contextual das leis, o que conduzia ao controle tácito de constitucionalidade, abraçando o magistrado a ideologia então dominante. Diz Zaffaroni: "Não é possível decidir conflitos conforme o direito sem uma prévia interpretação da lei (o que implica tomar em consideração as normas constitucionais que coroam o edifício no qual a lei se acha imersa), que inevitavelmente implica um âmbito de controle sobre o legislador ou uma correção constitucional do alcance de suas palavras" (p. 57).

Como se sancionaria um comportamento enquadrado no art. 11 da Lei 8.429/92? Ora, por evidente que apenas os critérios do proveito patrimonial e montante do prejuízo seriam inadequados e insuficientes para o sancionamento estatal ao ato ímprobo, devendo ser descobertos outros parâmetros.

O princípio da individualização da pena (art. 5º, XLVI, CF/88), materialmente, significa que a sanção deve corresponder às características do fato, do agente e da vítima,[37] sendo que, permito-me acrescentar, nada impede seja esta uma pessoa jurídica de direito público, a qual também pode revestir-se de peculiaridades, como escassez de recursos. A intensidade e a natureza do ânimo do agente são fatores que também devem ser levados em linha de conta na fixação da pena.[38] Além disso, veja-se que co-réus devem receber tratamento diferenciado, na fixação de suas sanções, "tendo em vista os antecedentes e a participação de cada um no crime", aplicando-se as regras de individualização da pena.[39] Note-se que a repercussão social do fato é outro elemento importante, até na operacionalização do princípio isonômico, na fixação da sanção, sob pena de equiparação de situações desiguais.[40]

O direito penal, neste campo, há de servir de importante referência ao intérprete, ainda que se mostre fundamental não confundir as distintas esferas de responsabilidade e de pretensão punitiva.

Quando da fixação das sanções, inúmeros fatores devem ser levados em linha de conta pelo Poder Judiciário. Destaco, des-

37. STJ, RIP 00030036, REsp 0068120, rel. Min. Vicente Cernicchiaro.

38. Ver ap. crim. 170.569-3, 1ª C. Extraordinária Criminal do TJSP, rel. Almeida Sampaio, j. 22.5.96.

39. STF, *RTJ* 150/815, rel. Min. Carlos Velloso, 22.6.93.

40. Ver TARGS, ap. crim. 296025786, 1ª C. Criminal, rel. Marco Antônio Ribeiro de Oliveira, j. 18.9.96.

de logo, a condição social dos envolvidos (quanto maior, mais intensa há de ser a reprovação do ato), graus sócio-econômico e cultural das partes, repercussão social do evento, culpabilidade, circunstâncias, antecedentes, personalidade, periculosidade, montante do dano, se houver, exemplaridade da pena, e outros.

A avaliação do conjunto de circunstâncias, ajustando-se a resposta estatal ao fato, é imperativo do princípio isonômico, pressuposto de distribuição correta de justiça.

Recomenda-se, no combate à improbidade administrativa, uma aplicação analógica do art. 59, *caput*, do Código Penal, ainda que desnecessário, sempre e invariavelmente, o exame de todos os vetores ali ventilados, dado o silêncio da Lei 8.429/92 quanto aos critérios que devem nortear os julgadores na fixação da pena.

Considerações finais

O sistemático e racional combate à improbidade administrativa passa, sem dúvida, pela seleção de comportamentos merecedores do rigor da legislação. Sem essa atividade de filtro, pode-se dizer, tudo é passível de cair na "vala-comum", desmoralizando-se a eficácia da Lei 8.429/92.

Até que se consolide a jurisprudência judicial, parece-me que o Ministério Público há, preferencialmente, de propor as demandas cabíveis perante o Poder Judiciário, suscitando pronunciamentos judiciais.

É de se reforçar, de qualquer sorte, a consolidação de uma espécie de "jurisprudência administrativa"[41] do Ministério Público, o qual poderia, assim, pautar racionalmente a atividade de seus membros, arquivando, desde logo, fatos insignificantes ou socialmente adequados, cujo sancionamento não deva ultrapassar a esfera administrativa.

A eleição de prioridades, para o Ministério Público, também se revela fundamental no concreto enfrentamento da improbidade administrativa, descongestionando-se a máquina pública, com direcionamento específico aos casos de real e intensa nocividade social, sempre levando em conta as peculiaridades de cada comunidade. Nesse sentido, a correta compreensão e aplicação do princípio da proporcionalidade poderia ensejar espaço para ajuizamento de ações civis públicas realmente relevantes.

Já o Poder Judiciário deve ficar atento em relação ao rigor que dele a sociedade organizada espera no controle da probidade administrativa. O princípio da proporcionalidade não pode ser invocado de forma dissociada do contexto constitucional ou como uma cláusula aberta e ilimitada autorizadora de "direito alternativo". Os precedentes devem ser devidamente trabalhados, assim como a doutrina e o sistema normativo como um todo. O raciocínio do julgador deve ser rastreável no sistema constitucional, fundamentado racionalmente nas leis, doutrina e jurisprudência. O princípio da motivação das sentenças é de ser visto em sua maior amplitude possível.

A Justiça, em verdade, deve dar respostas exemplares à sociedade agredida por atos ímprobos de agentes públicos e particulares. Essa postura rigorosa é exigência do regime democrático, que se assenta no pressuposto da responsabilidade daqueles que detêm parcela do poder estatal. Ao assumir esse papel essencialmente controlador, por certo que o Poder Judiciário estará fortalecendo sua própria posição constitucional perante os demais Poderes da República, atendendo, fundamentalmente, os anseios sociais de combate à impunidade, anseios indissociáveis do Estado de Direito.

41. Pode-se dizer, aqui, que se trata de decisões de caráter essencialmente administrativo, visto que não vinculam outras instituições co-legitimadas ao pólo ativo da ação civil pública regulada na Lei 8.429/92 ostentando apenas força *interna corporis*.

LICITAÇÃO PÚBLICA: (IN)EXEQÜIBILIDADE DAS PROPOSTAS E GARANTIA ADICIONAL

JOEL DE MENEZES NIEBUHR

Mestre em Direito pela Universidade Federal de Santa Catarina — Doutorando da Pontifícia Universidade Católica de São Paulo — Professor da UNISUL — Advogado em Florianópolis/SC

1. Introdução

1. A licitação pública e o respectivo contrato administrativo visam a amparar o interesse público, que reclama uma utilidade efetiva. Sob esta perspectiva, é imperativo que as propostas ofertadas à Administração sejam exeqüíveis, ou melhor, que possam ser perfeitamente cumpridas.

O tema propicia inúmeras indagações, pois é dificílimo distinguir as propostas inexeqüíveis daquelas excepcionalmente vantajosas e com condições de serem mantidas.

2. Vinculada a essa questão, encontra-se a da garantia adicional, novidade introduzida pela Lei 9.648, de 27.5.1998. Esta se destina às propostas que se presumem exeqüíveis, porém ainda de valor substancialmente reduzido, que enseja o reforço de garantia.

3. Ambas as matérias recebem maior ênfase com a apreensão dos princípios da licitação pública, buscando-se uma solução a eles adequada.

Destarte, pautado pelo enfoque principiológico, discorrer-se-á, no primeiro momento, acerca da (in)exeqüibilidade das propostas, comentando-se as regras pertinentes contidas na Lei 8.666, de 21.6.1993, com as devidas alterações. No segundo momento, tratar-se-á da garantia adicional, com a análise do § 2º do art. 48 da supracitada Lei.

Pretende-se, com amparo em pesquisa bibliográfica, contribuir para o esclarecimento de alguns pontos polêmicos sobre a (in)exeqüibilidade das propostas e a garantia adicional, assuntos que fazem parte do cotidiano da Administração Pública.

2. (In)exeqüibilidade das propostas

4. A licitação pública é o procedimento através do qual a Administração seleciona a melhor proposta para um futuro contrato administrativo, tratando todos os possíveis interessados com igualdade. Deste sucinto conceito defluem dois princípios nucleares do instituto, quais sejam a eficiência (vantagem) e a isonomia (igualdade), bem como outros tantos que lhe são correlatos, dentre os quais se destacam a competitividade, a legalidade, a moralidade, a razoabilidade, a publicidade, a economicidade, o julgamento objetivo e a vinculação ao instrumento convocatório.

O propósito da licitação *pública* é a satisfação do interesse *público*, mediante a aferição de uma proposta e a entabulação de um contrato administrativo. Para tanto, a Administração recebe todos os interessados com igualdade, aumentando a disputa e as chances de obter a melhor proposta.

5. Desta sorte, tanto a licitação, quanto o contrato que lhe é subseqüente, não passam da forma adotada para que se contemple o interesse público consubstanciado na construção de um obra, na prestação de serviços e na aquisição ou alienação de bens. Como corolário, não se trata de formas vazias, abstratas, sem conteúdo e objetivos. Tudo o que a elas se refere encontra-se estritamente relacionado à execução prática e *concreta* do interesse público.

O que importa para a Administração Pública é que a licitação e o contrato lhe propiciem um resultado *concreto*. Por isso, é imprescindível avaliar se as propostas lançadas pelos licitantes possuem condições *concretas* de serem cumpridas. Não basta selecionar a proposta com o menor preço ou com a melhor qualidade; é imperioso verificar se ela pode ser mantida, ou seja, se o licitante tem meios para adimplir a obrigação a ser assumida.

6. Nesse diapasão, ganha ressonância a assertiva de Marcelo Caetano, segundo a qual as propostas devem ser sérias, firmes e concretas.[1]

Como adverte Adílson Abreu Dallari, "ninguém pode pretender manter uma proposta cujo cumprimento seja impossível, nem deve a Administração aceitar proposta cujo cumprimento seja fortemente improvável, uma vez que o interesse público não pode servir nem ao aventureirismo nem a experiências de resultado duvidoso".[2]

7. Admitindo-se toda a sorte de propostas, mesmo aquelas de *cumprimento impossível ou fortemente improvável*, a Administração Pública expõe-se a risco desmedido. Em Direito Público, conforme pondera Cirne Lima, a palavra *Administração* designa a atividade de quem não é senhor absoluto.[3] O agente administrativo maneja bens e interesses da coletividade, que não lhe pertencem em particular; por isso deve agir com moderação e prudência (*princípio da indisponibilidade do interesse público*).

8. A eficiência que se espera da licitação pública e do contrato administrativo deve ser mensurada em razão da execução deles (*princípio da eficiência*). Se a proposta e os termos do contrato não forem cumpridos, a rigor, em vez de vantagem, o que se impõe é prejuízo, amarga desvantagem. As conseqüências que advêm da admissão de propostas inexeqüíveis são desastrosas para a Administração, variando desde serviços mal feitos, obras com problemas estruturais e objetos imprestáveis, que forçam a rescisão de contratos, reparações e novos procedimentos licitatórios.

9. A proposta inexeqüível frustra o caráter competitivo da licitação pública (*princípio da competitividade*). Aqueles que têm possibilidades de satisfazer os reclames da Administração, ante parâmetros razoáveis, são alijados da disputa.

Muitas vezes, grandes empresas, com o escopo de dominar o mercado, ofertam propostas cujos valores apresentam-se inferiores ao seu custo (*dumping*). Estas práticas são condenadas pela ordem jurídica, tolhendo a livre concorrência que serve de

1. Eis as palavras do ilustre administrativista lusitano: "As propostas devem ser sérias, isto é, feitas com o propósito de serem mantidas e cumpridas (...). As propostas devem ser firmes, sem cláusulas restritivas, resolutivas ou excepcionais, embora possam sugerir novas modalidades de execução ou de cláusulas apresentadas como facultativas no ato convocatório. As propostas devem ser concretas e não com oferta de preços indeterminados, como seria a de percentagem de redução sobre a proposta mais barata, ou em termos análogos" (Marcelo Caetano, *Princípios Fundamentais do Direito Administrativo*, Rio de Janeiro, Forense, 1977).

2. Adílson Abreu Dallari, *Aspectos Jurídicos da Licitação*, p. 130.

3. Cirne Lima professa que, "em direito público, designa, também, a palavra *administração* a atividade do que não é senhor absoluto" (*Princípios de Direito Administrativo*, p. 20).

arrimo à ordem econômica prevista na Constituição Federal (inc. IV do art. 170).

10. Nada obstante isso, não se impede que a Administração Pública, em determinados casos, obtenha uma oferta realmente excepcional que lhe acarrete grande vantagem em relação às demais que lhe foram apresentadas.

O que se proíbe é a proposta que não tem condições de ser cumprida ou aquela que maliciosamente frusta a competição, procurando inviabilizar a atividade de terceiros. Se uma proposta excepcional é ofertada, por imperativo constitucional (*caput* do art. 37 da Constituição Federal, princípio da eficiência), a Administração deve, antes de concluir pela inexeqüibilidade verificar quais os motivos que a impulsionaram e se, por razões especiais, há meios de ser adimplida.

Em hipótese alguma a ordem jurídica veda ou restringe que os particulares procurem novas tecnologias, invistam no aprimoramento de seus produtos e ofereçam à Administração propostas mais vantajosas.

Há uma linha muitíssimo tênue entre as propostas inexeqüíveis e as excepcionais, porém exeqüíveis. É necessário analisar caso a caso, porque as peculiaridades de determinada situação fática se constituem no fator preponderante para se precisar quais propostas podem e quais não podem ser cumpridas.

3. Dispositivos legais acerca da (in)exeqüibilidade das propostas

11. A Lei 8.666/93, denominada *Lei de Licitação Pública e Contratos Administrativos*, pretende operacionalizar os princípios jurídicos tocantes à (in)exeqüibilidade das propostas, prevendo regras que dizem respeito à adequação delas ao mercado.

12. O inc. X do art. 40 prescreve que o edital indicará: "o critério de aceitação dos preços unitário e global, conforme o caso, permitida a fixação de preços máximos e vedados a fixação de preços mínimos, critérios estatísticos ou faixas de variação em relação a preços de referência, ressalvado o disposto nos §§ 1º e 2º do art. 48".

Transparece que a supracitada norma concerne à aceitabilidade dos preços de forma geral, tanto para valores máximos, quanto para valores mínimos.

12.1 No que tange aos valores máximos, sua permissão decorre do necessário planejamento orçamentário, que é requisito de toda a contratação pública (art. 167 da Constituição Federal, incs. II e III do § 2º do art. 7º, *caput* do art. 38 e inc. II do § 2º do art. 40, todos da Lei 8.666/93). Ora, a Administração não pode contratar sem que haja a previsão de recursos para arcar com seus compromissos, facultando-se a ela fixar no edital o valor máximo que se pretende despender com a futura contratação.

12.2 O inc. X do art. 40 proibiu a fixação de valores mínimos, ou critérios estatísticos ou faixas de variação em relação a preços de referência. É que o preço mínimo dá azo ao empate e, anteriormente à vigência da Lei em tela, o critério de desempate era subjetivo, fomentando conluios. Referida vedação não impede a desclassificação de propostas inexeqüíveis, tão-só, insista-se, opõe-se a que o edital o estabeleça de maneira abstrata e de antemão.

13. A regra geral quanto à inexeqüibilidade das propostas é insculpida no § 3º do art. 44, que tem a seguinte dicção: "Não se admitirá proposta que apresente preços global ou unitários simbólicos, irrisórios ou de valor zero, incompatíveis com os preços dos insumos e salários de mercado, acrescidos dos respectivos encargos, ainda que o ato convocatório da licitação não tenha estabelecido limites mínimos, exceto quando se referirem a materiais e instalações de propriedade do próprio licitante, para os quais ele renuncie à parcela ou à totalidade da remuneração".

13.1 A primeira observação que se depreende é que o dispositivo se relaciona a toda e qualquer proposta, independentemente da modalidade de licitação, critério de julgamento, abrangendo obras, serviços, compras e alienações, como também àquelas propostas que envolvam preço global ou unitário.

13.2 Em segundo lugar, frise-se que o legislador remeteu o agente administrativo às condições de mercado, devendo, para identificar a proposta inexeqüível, verificar sua incompatibilidade com os preços dos insumos e salários, acrescendo-se os respectivos encargos. Assim, a proposta inaceitável provoca prejuízo ou reduz em muito os benefícios para o licitante. Bem se vê, por ilação lógica, que o particular de boa-fé não tem condições de arcar com prejuízos e daí adimplir suas obrigações. Se o fizer, evidencia-se que há a intenção de violar a competitividade, comprometendo a atividade de seus concorrentes.

13.3 Em terceiro lugar, há remissão à inclusão, no edital, de preços mínimos, o que é expressamente vedado pelo inc. X do art. 40. Esta proposição normativa é oriunda da péssima técnica legislativa, que alcança um de seus ápices na Lei ora sob comento.

13.4 Em quarto lugar, a norma admite a pertinência de preços aparentemente inexeqüíveis, que se explicam em razão de se referirem a materiais e instalações de propriedade do próprio licitante, para os quais ele renuncia à parcela ou à totalidade da remuneração. Constitui-se casos especiais e peculiares em que o licitante, sem pretender elidir a competição, por motivo de disponibilidade de equipamentos e instalação, tem meios para minimizar o preço apresentado em sua proposta e executá-la com perfeição.

Imagine-se o caso de empresa de engenharia que constrói um prédio público em pequeno e isolado município do interior de um Estado, implantando ali toda a estrutura suficiente e adequada. Em seguida, nova obra vem a ser licitada na mesmo cidade. Destarte, a empresa já possui instalado todo o equipamento para executar o objeto licitado, tendo condições de ofertar preço reduzido.

14. Sob a mesma égide do § 3º do art. 44, a Lei da Licitação Pública, agora no inc. II do art. 48, prescreve: "Art. 48. Serão desclassificadas: (...) II — propostas com valor global superior ao limite estabelecido ou com preços manifestamente inexeqüíveis, assim considerados aqueles que não venham a ter demonstrada sua viabilidade através de documentação que comprove que os custos dos insumos são coerentes com os de mercado e que os coeficientes de produtividade são compatíveis com a execução do objeto do contrato, condições estas necessariamente especifieadas no ato convocatório da licitação".

É palmar que o dispositivo repete boa parte do conteúdo do § 3º do art. 44, especialmente no trecho relativo à desclassificação de proposta com preço inexeqüível e ao parâmetro de identificá-la em cotejo com os custos dos insumos aplicáveis ao mercado.

Entretanto, algumas diferenças vêm a lume.

Com efeito:

14.1 Trata o dispositivo, com remissão ao inc. X do art. 40, das propostas cujo valor global seja superior ao limite estabelecido e, também, daquelas de preço manifestamente inexeqüíveis.

Não se conclua que a inexeqüibilidade dos preços atinge tão-somente as propostas de valor global. A previsão atinente ao valor global refere-se, às claras, às propostas superiores ao montante fixado e não às inexeqüíveis. Portanto, o preço, mesmo cotado por valor unitário, se for incoerente com o custo de mercado dos insumos, a proposta deve ser desclassificada.

14.2 O inciso ora colacionado pretende introduzir critério de prova restrito a documentos. Não é lícito vincular a demonstração da viabilidade do preço à comprovação documental. Este é um dos meios de prova, porém não o único. Se o licitante tem reais condições de suportar e executar sua proposta, ele pode prová-lo do modo como lhe convier, vedando-se apenas as provas ilícitas (inc. LVI do art. 5º da CF).

14.3 Obriga-se o agente administrativo a incluir, no instrumento convocatório da licitação, a exigência de que o preço deve ser viável, demonstrada por documento que comprove a coerência com os custos dos insumos e a compatibilidade dos coeficientes de produtividade com a execução do objeto licitado.

Essa exigência não passa de formalidade que entrava e complica a atividade administrativa, sem ter sentido ou utilidade alguma. Se ela está encartada na lei, não há motivo para que o agente administrativo a transplante ao instrumento convocatório. Deve-se observá-la em qualquer caso, esteja ou não na convocação.

Ademais, interpretar a proposição legal no sentido de que o agente administrativo é obrigado a *detalhar* e *explicitar* quais as condições de compatibilidade dos insumos e dos coeficientes de produtividade com o mercado e a execução do contrato é, também, negar-lhe qualquer efeito prático. Se, por vezes, nem o licitante, especialista na área, tem meios para fazê-lo, imagine-se o agente administrativo. Cada procedimento licitatório teria que ser precedido de estudos, que se estenderiam por meses e meses, para que o servidor pudesse conhecer com tanta profundidade o objeto licitado.

15. O § 3º do art. 44 e o inc. II do art. 48 são as normas angulares no que pertine à inexeqüibilidade das propostas. *A grosso modo* — apesar das críticas —, elas apreendem os princípios da licitação pública e as implicações deles decorrentes, preconizando critério de aferição maleável, sempre com vista ao mercado e aos pormenores de cada caso.

Contudo, os agentes administrativos viam-se inseguros para desclassificar uma proposta em virtude de inexeqüibilidade do preço, pois temiam, ante a ausência de um critério objetivo, ofender os princípios da licitação pública, o que afastaria indevidamente proposta apta a ser cumprida.

Com o intuito de solucionar essa questão, a Lei 9.648/98 introduziu o § 1º no art. 48 da Lei 8.666/93, que tem a seguinte expressão: "§ 1º. Para os efeitos do disposto no inciso II deste artigo, consideram-se manifestamente inexeqüíveis, no caso de licitações de menor preço para obras e serviços de engenharia, as propostas cujos valores sejam inferiores a 70% (setenta por cento) do menor dos seguintes valores: (a) média aritmética dos valores das propostas superiores a 50% (cinqüenta por cento) do valor orçado pela Administração, ou (b) valor orçado pela Administração".

15.1 Calha sublinhar, introdutoriamente, que o referido dispositivo não priva de eficácia o inc. X do art. 40, o § 3º do art. 44 ou o inc. II do art. 48. Todos eles se aplicam em sua inteireza, representando a regra geral sobre a matéria. Afora isso, a hipótese normativa do § 1º tem aplicação restrita aos casos de licitação de menor preço para obras e serviços de engenharia.

15.2 Antes de outras considerações, faz-se mister esclarecer o mecanismo erigido pelo legislador para objetivamente identificar uma proposta inexeqüível.

Confira-se o seguinte exemplo hipotético:

A Administração orça um serviço de engenharia em R$ 1.000.000,00 (um milhão de reais). São apresentadas cinco propostas, de acordo com a tabela em anexo:

PROPOSTAS	**VALOR**
Licitante A	R$ 830.000,00
Licitante B	R$ 640.000,00
Licitante C	R$ 570.000,00
Licitante D	R$ 480.000,00
Licitante E	R$ 475.000,00

Para aferir a proposta inexeqüível o agente administrativo deve calcular a média aritmética das propostas acima de 50% (cinqüenta por cento) do valor orçado pela Administração. Assim, ante tal desiderato, consideram-se as propostas dos *licitantes A*, *B* e *C*, cuja média é de R$ 680.000,00 (seiscentos e oitenta mil reais).

Desse modo, é inexeqüível a proposta inferior a 70% (setenta por cento) de R$ 680.000,00, portanto a inferior a R$ 476.000,00 (quatrocentos e setenta e seis mil reais).

No exemplo carreado, a proposta do *licitante E* é considerada inexeqüível e a do *licitante D* aquela que melhor satisfaz o interesse público, saindo-se ele vencedor do certame.

Ressalve-se que, se o valor orçado pela Administração fosse inferior à média aritmética acima descrita, os 70% (setenta por cento) deveriam ser calculados sobre ele (valor orçado). Então, seriam inexeqüíveis as propostas abaixo de R$ 700.000,00 (setecentos mil reais).

15.3 Valendo-se do resultado desse exemplo hipotético, cabe determinar qual a efetiva amplitude ou utilidade desse critério e se ele se afaz aos princípios que justificam a desclassificação de propostas inexeqüíveis.

15.4 É cediço que o mecanismo consagrado pelo dispositivo em tela não passa de uma presunção erigida pelo legislador. A inexeqüibilidade não se obtém por cálculos abstratos, mas com a análise concreta das propostas. O que resta aos cientistas jurídicos é determinar se se trata de *presunção absoluta* (*juris et de jure*) ou *relativa* (*juris tantum*). Em outras palavras, se, no exemplo acima, o *licitante E* poderia produzir prova da exeqüibilidade de sua proposta ou não.

15.5 Veja-se que o *licitante D*, com uma proposta de R$ 480.000,00 (quatrocentos e oitenta mil reais), foi o vencedor do certame e que a proposta do *licitante E*, perfazendo R$ 475.000,00 (quatrocentos e setenta e cinco mil reais), foi desclassificada, pois se concluiu que ela não tinha condições de ser cumprida. Ressalve-se que se esta fosse acrescida de R$ 1.000,00 (mil reais), ela não seria desclassificada e o *licitante E* seria o vencedor da disputa.

Nessa senda, percebe-se às escâncaras, não é procedente a afirmação de que a proposta do *licitante E* é *efetivamente* inexeqüível. Ela até pode sê-lo em tese; no entanto, não se trata de *presunção absoluta*. Desclassificá-la *a priori*, seria atirar às calendas o *princípio da razoabilidade*, que retrata o bom senso, a prudência, a adequação do agir à moralidade que deve marcar a atividade administrativa.

O raciocínio é linear: se uma proposta de R$ 476.000,00 (quatrocentos e setenta e seis mil reais) pode ser considerada a mais vantajosa para a Administração Pública, salta aos olhos que não é razoável considerar que a proposta de R$ 475.000,00 (quatrocentos e setenta e cinco mil reais) não pode ser cumprida. A diferença de 0,2% (dois décimos por cento) não é o divisor de águas entre a melhor proposta e aquela que não tem condições de ser honrada.

De mais a mais, o que dizer de uma diferença de 1% (um por cento), 3% (três por cento), 5% (cinco por cento) ou até mesmo, em alguns casos, de 10% (dez por cento)?

15.6 Convém lembrar que todos os interessados têm o direito de participar da licitação pública em igualdade de condições, o que pressupõe que suas propostas sejam avaliadas. Este direito é restringido tão-só à hipótese em que a proposta não é *efetivamente* exeqüível.

15.7 Repita-se, por oportuno, que o § 1º do art. 48 não exclui a normatividade do inc. X do art. 40, do § 3º do art. 44, nem tampouco do inc. II do art. 48. Destarte, mesmo para os casos específicos de licitações de menor preço para obras e serviços de engenharia, a proposição do § 1º do art. 48 ganha contorno de *presunção juris tantum* (*relativa*).

Essa é a opinião de Marçal Justen Filho, ao enfatizar que a questão é de fato e não de Direito, e que a prova pode ser realizada mediante diligência da Administração.[4]

4. Confiram-se as próprias palavras do autor: "Não se afigura defensável, porém, transformar em absoluta a presunção do § 1º. Se o particular puder comprovar que sua proposta é exeqüível, não se lhe poderá interditar o exercício do direito de apresentá-la. É inviável proibir o Estado de realizar contratação vantajosa. A questão é de fato,

Aliás, Adílson Abreu Dallari, durante Conferência proferida no XIII Encontro Brasileiro de Direito Administrativo, realizado em setembro de 1999, em Florianópolis, Santa Catarina, foi além, insistindo que, em tais casos, é *dever* da Administração efetuar a diligência.

A posição firmada pelos ilustres professores supracitados merece aplausos. A rigor, nos casos de pretensa inexeqüibilidade das propostas, dado que a Administração Pública deve celebrar o melhor contrato (*princípio da eficiência*), a *faculdade* de diligência prevista no § 3º do art. 43 torna-se um *dever*, implicando, inclusive, falta funcional a agentes omissos.

4. Garantia em licitação pública

16. Antes de adentrar especificamente na garantia adicional, atente-se que, consoante a redação do inc. III do art. 31 da Lei sob análise, a documentação relativa à qualificação econômico-financeira abrange a "garantia, nas mesmas modalidades e critérios previstos no *caput* e § 1º do art. 56 desta Lei, limitada a 1% (um por cento) do valor estimado do objeto da contratação".

Ainda, a alínea *e* do inc. XIV do art. 40 preconiza que o edital indicará, obrigatoriamente, "a exigência de seguro, quando for o caso", o qual nada mais é do que uma espécie de garantia.

Enfim, o art. 56 exprime que, sempre a critério da autoridade competente, tendo em vista a peculiaridade de cada caso, se poderá exigir a prestação de garantia (*básica*) nas contratações de obras, serviços e compras, cabendo ao contratado escolher qual a modalidade a ser ofertada, limitando-se a 5% (cinco por cento) do valor do contrato ou 10% (dez por cento), para aqueles considerados de grande vulto ou de alta complexidade técnica.[5]

16.1 A garantia em licitação pública e em contrato administrativo é tema que causa controvérsia. Se de um lado, através dela, a Administração Pública assegura as obrigações assumidas por terceiros, doutro onera as propostas apresentadas.

O agente administrativo maneja o *interesse* que é *público*, e, por conseqüência, *indisponível*. Deste modo, é seu dever evitar riscos e preservar o bem da coletividade sem recorrer a aventuras ou a apostas (*princípio da indisponibilidade do interesse público*).

Todavia, é certo que o licitante oferta de acordo com os custos que futuramente

não de direito. Incumbe o ônus da prova da exeqüibilidade ao particular. Essa comprovação poderá fazer-se em face da própria Administração, pleiteando-se a realização de diligência para tanto" (Marçal Justen Filho, *Comentários à Lei de Licitações e Contratos Administrativos*, p. 439).

5. Leia-se o próprio dispositivo:

"A critério da autoridade competente, em cada caso, e desde que prevista no instrumento convocatório, poderá ser exigida a prestação de garantia nas contratações de obras, serviços e compras.

"§ 1º. Caberá ao contratado optar por uma das seguintes modalidades de garantia:

"I — caução em dinheiro ou títulos da dívida pública;

"II — seguro-garantia;

"III — fiança-bancária.

"§ 2º. A garantia a que se refere o *caput* deste artigo não excederá a cinco por cento do valor do contrato e terá seu valor atualizado nas mesmas condições daquele, ressalvado o previsto no § 3º deste artigo.

"§ 3º. Para obras, serviços e fornecimentos de grande vulto envolvendo alta complexidade técnica e riscos financeiros consideráveis, demonstrados através de parecer tecnicamente aprovado pela autoridade competente, o limite de garantia previsto no parágrafo anterior poderá ser elevado para até dez por cento do valor do contrato.

"§ 4º. A garantia prestada pelo contratado será liberada ou restituída após a execução do contrato, e, quando em dinheiro, atualizada monetariamente.

"§ 5º. Nos casos de contratos que importem na entrega de bens pela Administração, dos quais o contratado ficará depositário, ao valor da garantia deverá ser acrescido o valor desses bens".

empregará para cumprir o contrato. Ao acrescer à proposta a exigência de garantia, também o montante total é acrescido. Mesmo de forma indireta, aumentam-se os custos da prestação a ser executada.[6] Neste sentido, a Administração Pública lesa o *princípio da eficiência*, porque deixa de perceber a proposta menos onerosa.

Demais disso, a garantia, em certa medida, não é compatível com o *princípio da competitividade*, que busca a participação do maior número de licitantes. É que, uma vez onerada a proposta, muitos dos possíveis interessados deixam de ingressar no certame, pois não conseguem manter o aparato econômico-financeiro adequado.[7]

6. Hely Lopes Meirelles firmou posição: "Sempre combatemos essa exigência, por desnecessária e onerosa para todos os licitantes, pois, para punir faltosos, o Poder Público dispõe de sanções administrativas mais justas e eficazes" (*Licitação e Contrato Administrativo*, p. 182).

7. Marçal Justen Filho pondera: "A prestação de garantia pelo particular envolve uma questão delicada. Sob um ângulo, a Administração deve cercar-se de todas as cautelas para evitar prejuízos ao patrimônio público. Isso significaria exigir do particular o fornecimento de garantias de indenização de eventuais danos. Portanto, a prestação da garantia é uma vantagem para a Administração.

Sob outro enfoque, porém, a prestação de garantias representa um encargo econômico-financeiro para o particular. Para obter a garantia, é obrigado a desembolsar recursos. Em alguns casos, as dimensões desse encargo podem atingir valores muito elevados. Isso poderia inviabilizar a contratação porque o particular, muito embora em condições de desempenhar suas prestações, não disporia de recursos para arcar com os custos da garantia. Assim, a exigência de garantias vultosas poderia ser instrumento de impedimento à livre participação dos interessados. Como se não bastasse, o particular engloba, na formação de seus custos, os encargos necessários à obtenção da garantia. Sob essa abordagem, a garantia produz efeitos maléficos. Tanto reduz o número de licitantes como acarreta elevação dos custos para a Administração" (Marçal Justen Filho, *Comentários à Lei de Licitações e Contratos Administrativos*, p. 479). E em nota de rodapé, o mesmo autor assevera: "Como o custo econômico da garantia é repassado para a proposta, quem paga pela garantia, na prática, é a própria Administração" (ibidem).

16.2 O desate dessa questão não se opera através de raciocínio de exclusão. Importa ponderar ou equilibrar as vantagens e desvantagens de cada um dos argumentos, visto que só por esta via se alcança uma solução razoável (*princípio da razoabilidade*). A Administração Pública não abdica da proposta mais vantajosa e da participação de todos os possíveis interessados (*princípios da eficiência e da competitividade*) nem, tampouco, da prudência e da moderação (*princípio da indisponibilidade do interesse público*).

16.3 Faz-se necessário verificar a conveniência de se exigir a garantia dos licitantes.

É certo que, para casos ordinários, em que não haja a possibilidade de solução de continuidade do serviço público ou para aqueles de valor reduzido, não é imperioso, nem razoável, que se onerem as propostas e se minimize a competição, compelindo os licitantes a apresentarem a garantia.

Contudo, noutro delta, há casos delicados que acarretam riscos para a Administração. Nestas hipóteses, não se vislumbra óbice algum em requisitar a garantia das propostas.

A discricionariedade do agente administrativo em exigir a garantia, em qualquer modalidade, é limitada pelos princípios da eficiência e da competitividade. Conquanto a lei confira a ele a prerrogativa de exigi-la ou não, tais princípios, ao imporem que a Administração obtenha a proposta mais vantajosa (menos onerosa) e que se fomente a participação do maior número de interessados, restringe a garantia às situações de risco, quer por se relacionarem a vultoso montante pecuniário, quer por comprometerem a continuidade do serviço público. Se não houver risco, não há justificativa para se onerar as propostas e tolher a competição.[8]

8. O moderno especialista Antônio Carlos Cintra do Amaral assinala: "A Lei 8.666/93, em seu art. 56, dispõe que a Administração *poderá* exigir a prestação de garantia de execução contratual. Essa discricionariedade (liberdade) atribuída

5. *Garantia adicional*

17. Além da *garantia para a habilitação* econômico-financeira e da denominada *garantia básica*, a Lei 9.648/98 acrescentou o § 2º ao art. 48 da Lei 8.666/93, segundo o qual, nas licitações de menor preço concernentes a obras e serviços de engenharia, para aquelas propostas consideradas exeqüíveis, porém que não ultrapassam a 80% (oitenta por cento) da média aritmética das propostas superiores a 50% (cinqüenta por cento) do valor orçado ou, se for o caso, do próprio valor orçado, exige-se a prestação de *garantia adicional.*

Confira-se o exato teor da norma: "Dos licitantes classificados na forma do parágrafo anterior cujo valor global da proposta for inferior a 80% (oitenta por cento) do menor valor a que se referem as alíneas *a* e *b*, será exigida, para a assinatura do contrato, prestação de garantia adicional, dentre as modalidades previstas no § 1º do art. 56, igual a diferença entre o valor resultante do parágrafo anterior e o valor da correspondente proposta".

pela lei à Administração não é porém, absoluta. Ela está condicionada à consideração sobre o grau de complexidade econômico-financeira de cada contrato específico. Deve existir uma relação de adequação entre as exigências de garantia de execução contratual e as características do caso concreto, em função de sua complexidade. Extrapola os limites legais: (a) o agente público que inclui no edital exigências que frustem o caráter competitivo da licitação, ferindo, assim, o disposto no art. 3º, § 1º, I, da Lei 8.666/93; mas também (b) o que — diante de casos concretos em que flagrantemente o interesse público imponha certas precauções relativas à execução do contrato, mediante a exigência da prestação de garantia em valor compatível com o risco envolvido — se abstenha de efetuar tal exigência" (*Ato Administrativo, Licitações e Contratos Administrativos*, p. 116). Também Marçal Justen Filho delineia limites à discricionariedade do agente administrativo: "A Lei remete à discricionariedade da Administração a exigência da garantia. Poderá (deverá) ser exigida apenas nas hipóteses onde se faça necessária. Quando não inexistirem riscos de lesão ao interesse público, a Administração não precisará impor a prestação de garantia" (ob. cit., p. 479).

17.1 Como visto, a garantia, conquanto acautele a Administração, onera as propostas e diminui a competição. Sob este prisma, ela só pode ser exigida em casos de risco, em que se faz necessário assegurar o cumprimento das propostas. Se assim o é, adicionar outra garantia, em tese, só pode ocorrer em casos realmente excepcionais, em que os riscos são crepitantes.

As propostas que variam entre 70% (setenta por cento) e 80% (oitenta por cento) da média aritmética das propostas superiores a 50% (cinqüenta por cento) do valor orçado, ou, conforme a situação, do próprio valor orçado, embora exeqüíveis, são concebidas, mediante *presunção legislativa*, como de altíssimo risco. Por este motivo é que, além da *garantia para a habilitação* (inc. III do art. 31) e *da básica* (art. 56), exsurge uma nova modalidade: trata-se da *garantia adicional.* Como o próprio nome indica, o licitante vê-se obrigado, para assinar o contrato, a adicionar outra garantia, além daquela ofertada na proposta.

18. A regra inserida no § 2º do art. 48 da Lei 8.666/93 fomenta dúvidas e controvérsias, tanto para apreender o significado de seu texto, quanto para concebê-la em consonância aos princípios da licitação pública e às emanações constitucionais.

19. A primeira questão a ser solucionada atine à determinação, de acordo com a exata descrição da norma, de qual o *valor resultante do parágrafo anterior*, que será adotado para se calcular a garantia adicional.

Pondera Antônio Carlos Cintra do Amaral: "O 'valor resultante do parágrafo anterior' pode, em tese, ser entendido como a média aritmética das propostas apresentadas, ou 70% (setenta por cento) dessa média, que corresponde ao limite mínimo de aceitabilidade das propostas".[9]

9. Armando Verri Jr. (org.) *et. al. Licitações e Contratos Administrativos. Temas Atuais e Controvertidos*, p. 84. Para Marçal Justen Filho, "a garantia deverá cobrir a diferença entre o valor da proposta e o limite mínimo de 80%" (ob. cit., p.

19.1 O § 1º do art. 48 formula critério para se determinar qual a proposta inexeqüível. Todavia, da operação expressa no dispositivo *resulta* somente um valor, que é o menor entre a média aritmética dos valores das propostas superiores a 50% (cinqüenta por cento) do valor orçado pela Administração e do próprio valor orçado pela Administração. O percentual de 70% (setenta por cento) sobre este montante não é resultado do § 1º, mas apenas o parâmetro a ser levado à comparação com ele.

19.2 Ressalte-se que se deve calcular *a diferença entre o valor resultante do parágrafo anterior e o valor da correspondente proposta.* Ora, a proposta, para ser considerada exeqüível, deve ser superior a 70% (setenta por cento) do valor resultante do § 1º. Desta feita, se o valor a ser tomado incide sobre 70% (setenta por cento), a diferença apurada seria negativa, inviabilizando ou invertendo a garantia.

Tome-se o seguinte exemplo: a média aritmética é R$ 100.000,00 (cem mil reais) e, por conseqüência, o valor correspondente a 70% (setenta por cento) desta média é R$ 70.000,00 (setenta mil reais). Imagine-se que a proposta vencedora tenha apresentado o preço de R$ 75.000,00 (setenta e cinco mil reais). Tendo em vista que o agente administrativo, como impõe o § 2º do art. 48, deve apurar *a diferença entre o valor resultante do parágrafo anterior e o valor da correspondente proposta*, caso o *valor resultante* fosse os 70% (setenta por cento), ter-se-ia que subtrair R$ 75.000,00 (setenta e cinco mil reais) de R$ 70.000,00 (setenta mil reais), obtendo resultado negativo de menos R$ 5.000,00 (cinco mil reais). A garantia de valor negativo é absolutamente irracional, não tem aplicação ou explicação.

A única solução plausível confirma que o *valor resultante do parágrafo anterior* é o menor daqueles previstos em suas alíneas *a* e *b*. No exemplo ofertado, apura-se a diferença entre R$ 100.000,00 (cem mil reais) e R$ 75.000,00 (setenta e cinco mil reais), restando R$ 25.000,00 (vinte e cinco mil reais).

19.3 Se, por meio de uma *quimera jurídica*, a garantia adicional fosse obtida da diferença entre R$ 75.000,00 (setenta e cinco mil reais) e R$ 70.000,00 (setenta mil reais), o valor dela seria de R$ 5.000,00 (cinco mil reais). Note-se que, para por uma pá de cal na questão, nesta hipótese, quanto menor o valor da proposta (mais próximo da inexeqüibilidade), menor o valor da garantia. Assim, inverter-se-ia, de uma vez por todas, qualquer propósito lógico. Se a proposta vencedora fosse de R$ 72.000,00 (setenta e dois mil reais), a garantia seria de apenas R$ 2.000,00 (dois mil reais), contra uma garantia de R$ 9.000,00 (nove mil reais), de um licitante com proposta de R$ 79.000,00 (setenta e nove mil reais).[10]

20. Outra dificuldade se ergue em face do agente administrativo, visto que o § 2º do art. 48 estabelece que a garantia adicional será *igual à diferença entre o valor resultante do parágrafo anterior e o valor da correspondente proposta.* Como questiona Antônio Carlos Cintra do Amaral, "'Igual à diferença' deve ser o *valor da garantia adicional* ou *o valor a ser adicionalmente garantido*?".[11]

440). No entanto, Antônio Carlos Cintra do Amaral, com acerto, refuta tal entendimento: "Não posso entender que 'o valor resultante do parágrafo anterior', ou seja, o valor resultante do § 1º do art. 48, seja 80% (oitenta por cento). Simplesmente porque esse valor de 80% (oitenta por cento) somente aparece, na lei, *no § 2º do art. 48.* No § 1º desse artigo, há menção a três valores, quais sejam o menor valor entre a média aritmética das propostas (a) e o valor orçado pela Administração (b), 70% (setenta por cento) desse menor valor e 50% do valor orçado, percentual este último acima do qual as propostas devem ser consideradas para formação da média. Não existe, nesse § 1º, qualquer menção, explícita ou implícita, aos 80% (oitenta por cento)" (*Licitações e Contratos Administrativos*, p. 84).

10. Este último argumento é explorado com muita propriedade por Antônio Carlos Cintra do Amaral, concluindo ele, também, que o *valor resultante do parágrafo anterior* é o menor entre os previstos em suas alínea *a* e *b* (ibidem).

11. (Idem, p. 86).

20.1 Na mesma linha dos ensinamentos do supracitado autor, valendo-se de interpretação sistemática e dos princípios da proporcionalidade e da razoabilidade, a conclusão é a de que a diferença se refere ao valor a ser garantido e não ao valor da garantia.

20.1.1 Quanto à interpretação sistemática, os §§ 1º e 2º do art. 56 limitam a garantia a 5% (cinco por cento) sobre o valor do contrato ou, em casos excepcionais, a 10% (dez por cento). É neste artigo que se encontram a regra e a exceção acerca da matéria, sem que se possa ultrapassar tais parâmetros. Daí que a garantia, mesmo que adicional, deve ser de 5% (cinco por cento) ou 10% (dez por cento) do valor apurado.

20.1.2 O entendimento contrário é desproporcional e irrazoável. No exemplo aventado no subitem anterior, a diferença obtida entre a proposta (R$ 75.000,00 — setenta e cinco mil reais) e o valor resultante do § 1º (R$ 100.000,00 — cem mil reais) é de R$ 25.000,00 (vinte e cinco mil reais). Se o proponente, além da garantia básica de 5% (cinco por cento), que remonta R$ 3.750,00 (três mil e setecentos e cinqüenta reais), tivesse que adicionar o valor desta diferença, o total da garantia seria de R$ 28.750,00 (vinte e oito mil e setecentos e cinqüenta reais), o que corresponde a mais de 38% (trinta e oito por cento) do montante da proposta. Veja-se a irrazoabilidade de se onerar a proposta em quase 40% (quarenta por cento) e, no mesmo plano, a desproporcionalidade entre a garantia básica de R$ 3.750,00 (três mil setecentos e cinqüenta reais) e a garantia adicional de R$ 25.000,00 (vinte e cinco mil reais).

Portanto, a diferença entre o *valor resultante do parágrafo anterior* e a proposta vencedora é a base sobre a qual vai incidir a garantia. Ela vai ser calculada sobre este valor. Prosseguindo no exemplo, a garantia adicional será de 5% (cinco por cento) de R$ 25.000,00 (vinte e cinco mil reais), o que atinge R$ 1.250,00 (mil duzentos e cinqüenta reais).

21. Afora as dificuldades de se apreender o sentido do dispositivo, o mesmo merece criticas por motivo de sua *in*conveniência e *in*adequação aos princípios que servem de pedestal à licitação pública e à Constituição Federal.

22. Perante essa nova modalidade de garantia contida na Lei da Licitação Pública, pode-se imaginar dois perfis de licitantes, com comportamentos distintos, porém com conseqüências parecidas.

22.1 O licitante *prudente* certamente agrega à sua proposta o valor aproximado da garantia adicional. Acentue-se que é dificílimo ou, em muitas vezes, impossível ter uma noção do *quanto* se irá exigir para tal desiderato. Desta forma, o licitante, a fim de evitar prejuízos ou riscos que comprometam sua atividade, vai onerar a proposta ofertada e, sem um parâmetro definido, é possível que esta vá bem acima do valor da pretensa garantia. Outrossim, não se afasta a hipótese de o licitante acrescer à sua proposta o montante aproximado da garantia adicional e ela não for exigida, causando, para a Administração, gasto sem contrapartida alguma, categoricamente *ineficiente.*

22.2 O licitante *imprudente*, no afã de celebrar o contrato, não se atenta à garantia adicional e deixa de inserir seu custo na proposta. Se a margem de lucro ofertada for reduzida, acrescendo-se a garantia adicional, corre-se o risco de se fulminar ou reduzir substancialmente o benefício a ser percebido por ele. Pode ocorrer, em casos extremos, que os custos se tornem superiores à contrapartida oferecida pela Administração, provocando, daí sim, a inexeqüibilidade da proposta. E, advirta-se, não por culpa exclusiva do licitante, mas, também, por imposição da Administração.

Não se esqueça que proposta inexeqüível é sinônimo de serviço mal feito, rescisão de contrato, perdas e danos, solução de continuidade e, sobretudo, de máxima *ineficiência.*

23. A par desses efeitos não desejáveis, note-se que, como ensina Hely Lopes

Meirelles, "a Administração e os licitantes ficam sempre adstritos aos termos do pedido ou do permitido no instrumento convocatório da licitação, quer quanto ao procedimento, quer quanto à documentação, às propostas, ao julgamento ou ao contrato".[12]

Já Adílson Abreu Dallari sustenta: "O edital há de ser completo, de molde a fornecer uma antivisão de tudo que possa vir a ocorrer no decurso das fases subseqüentes da licitação. Nenhum licitante pode vir a ser surpreendido com coisas, exigências, transigências, critérios ou atitudes da Administração que, caso conhecidas anteriormente, poderiam afetar a formulação de sua proposta".[13]

O instrumento convocatório vincula todo o procedimento: esclarece as condições do futuro contrato, para que todos os interessados saibam dos encargos que a Administração exige, avaliem suas condições de suportá-los e formulem suas propostas.

23.1 É exatamente por isso que o *caput* do art. 56 da Lei 8.666/93 determina que a garantia *básica* tem que estar prevista no instrumento convocatório.

23.2 Aliás, como se dessume do inc. XXI do art. 37 da Constituição Federal, "(...) as obras, serviços, compras e alienações serão contratadas mediante processo de licitação pública que assegure igualdade de condições a todos os concorrentes, *com cláusulas que estabeleçam obrigações de pagamento,* ***mantidas as condições efetivas da proposta*** (...)".[14]

23.3 Não se quer proibir variações contratuais em face do que foi posto no instrumento convocatório. O interesse público justifica alterações, podendo-se diminuir ou aumentar encargos, modificar especificações de projetos etc. O conteúdo da norma constitucional é no sentido de preservar a equação entre os custos e os benefícios da proposta. Em outras palavras, a relação entre os custos previstos no instrumento convocatório e os benefícios que o licitante se propõe auferir, deve ser mantida. O contrato pode impor encargos não previstos no certame, mas, *pari passu*, é imprescindível que se repactue o valor da contrapartida que incumbe à Administração.

23.4 Sucede que o licitante não tem como prever a necessidade ou não de oferecer a garantia e, por isso, não tem meios de incluir seu custo na proposta. A garantia adicional só é exigida para a assinatura do contrato, após ofertadas e classificadas as propostas, comparando uma a outra, de acordo com os critérios de cálculo já descritos.

Insiste-se que os interessados, para avaliarem suas condições de participar do certame, elaborar e oferecer suas propostas, precisam ter ciência do *quanto* se irá despender para se satisfazer o interesse público. É com base em tais esclarecimentos que se calculam os custos e os benefícios que podem ser obtidos com o contrato, determinando a participação do interessado, a qualidade do produto ou serviço ofertado e o respectivo preço.

A proposta é formulada de acordo com os dados que o licitante possui para elaborá-la. Se, com a análise do instrumento convocatório, o custo do licitante é de R$ 100.000,00 (cem mil reais), ele poderá oferecer proposta de R$ 110.000,00 (cento e dez mil reais) ou de R$ 120.000,00 (cento e vinte mil reais), o que comporta certa margem de lucro. Contudo, é inviável que, após a formulação da proposta, para celebrar o contrato, a Administração Pública, através da garantia adicional, eleve o custo do licitante sem contrapartida, aproximando ou equiparando à própria oferta e frustando a expectativa de lucro.

23.5 Nesse caso, ofendem-se o princípio da vinculação ao instrumento convocatório e a proposição constitucional segundo as quais deve-se *manter as condições efetivas da proposta*. O § 2º do art. 48 da Lei

12. Hely Lopes Meirelles, ob. cit., p. 31.
13. Adílson Abreu Dallari, ob. cit., p. 92.
14. Grifo acrescido.

8.666/93, que se refere à própria garantia adicional, por violar a norma expressa no inc. XXI do art. 37 da Carta Magna, é eivado de inconstitucionalidade.

6. Considerações finais

24. Reafirmando o propósito inicial deste ensaio de se analisar a questão das propostas inexeqüíveis e da garantia adicional em licitação pública sob às luzes dos princípios pertinentes, depreendem-se, objetivamente, as seguintes considerações:

24.1 A desclassificação de propostas inexeqüíveis encontra amparo nos princípios da indisponibilidade do interesse público, da eficiência e da competitividade. A licitação pública destina-se à satisfação *concreta* do interesse público, não bastando apenas propostas com preço reduzido ou com altíssima qualidade requerendo, porém, acima de tudo, condições *concretas* de serem cumpridas.

24.2 O inc. X do art. 40, o § 3º do art. 44 e o inc. II do art. 48, todos dispositivos da Lei 8.666/93, prevêem a desclassificação de propostas inexeqüíveis, devendo-se identificá-las mediante o cotejo da compatibilidade entre os custos e o preço praticado no mercado.

24.3 A Lei 9.648 introduziu o § 1º ao art. 48 da Lei 8.666/93 com o fito de estabelecer critério objetivo para avaliar a inexeqüibilidade das propostas. Segundo seus ditames, a proposta inexeqüível é aquela que não ultrapassa 70% (setenta por cento) do menor valor entre a média aritmética das propostas acima de 50% (cinqüenta por cento) do valor orçado pela Administração e o próprio valor orçado.

Esse mecanismo criado pelo legislador não passa de *presunção relativa*, uma vez que todos têm direito de participar da licitação e que a Administração Pública tem o dever de buscar a melhor proposta. Cabe ao licitante fazer a prova da exeqüibilidade de sua oferta, inclusive requerendo diligências (§ 3º do art. 43).

24.4 A garantia em licitação pública, por um lado, assegura a proposta e, por outro, a onera e restringe a competição. Desta relação de benefícios e malefícios, infere-se que a discricionariedade do agente administrativo em exigi-la é limitada pela ocorrência de situações de risco, quer por envolver elevado valor, quer por acarretar solução de continuidade do serviço público.

24.5 Além da *garantia para a habilitação* e da *garantia básica*, a Lei 9.648/98 acrescentou ao art. 48 da Lei 8.666/93 o § 2º, criando a *garantia adicional*. Esta incide sobre as propostas exeqüíveis que não forem superiores a 80% (oitenta por cento) do valor resultante do § 1º do mesmo artigo.

24.6 O dispositivo não é claro, sendo que duas dúvidas emergem à sua exata apreensão.

Em primeiro lugar, é necessário precisar qual o valor resultante do § 1º do art. 48, já que o mesmo faz remissão ao menor dos valores encartados nas alíneas *a* e *b* e, também, a 70% (setenta por cento) deste valor. Nesta linha de raciocínio, o único valor resultante é o menor entre as alíneas *a* e *b*, haja vista que o montante de 70% (setenta por cento) deles é tão-só parâmetro para verificar a proposta inexeqüível. Agrega-se que este valor tem que ser maior do que os 70% (setenta por cento), pois é dele que se subtrai o montante, sujeito à garantia adicional. Enfim, adotando-se entendimento oposto, quanto menor o valor da proposta, tanto menor é o valor da garantia, o que não responde ao princípio da razoabilidade.

Em segundo lugar, pela literalidade da regra, não se sabe se a garantia é o valor da diferença apurada, ou se sobre esse valor é que vai incidir a garantia. Valendo-se de interpretação sistemática, vê-se que o art. 56 da Lei em apreço limita o valor da garantia em 5% (cinco por cento) e 10% (dez por cento) do valor do contrato. Por isso, a diferença resultante é a base para se calcular a porcentagem da garantia, além do que seria irrazoável e desproporcional coagir o licitante a oferecê-la no valor total da diferença.

24.7 Afora os desencontros operacionais, saliente-se que o dispositivo viola o princípio da vinculação ao instrumento convocatório e a intangibilidade da equação econômico-financeira. Os licitantes não têm meios para prever o montante da garantia adicional, desequilibrando a relação entre os custos da proposta e a contrapartida que toca à Administração.

7. Referências bibliográficas

CAETANO, Marcelo. *Princípios Fundamentais do Direito Administrativo*. Rio de Janeiro, Forense, 1977.

CINTRA DO AMARAL, Antônio Carlos. *Ato Administrativo, Licitações e Contratos Administrativos*. São Paulo, Malheiros Editores, 1996.

DALLARI, Adílson Abreu. *Aspectos Jurídicos da Licitação*. 4ª ed., São Paulo, Saraiva, 1997.

JUSTEN FILHO, Marçal. *Comentários à Lei de Licitações e Contratos Administrativos*. 5ª ed., São Paulo, Dialética, 1998.

LIMA, Cirne. *Princípios de Direito Administrativo*. 5ª ed., São Paulo, Ed. RT, 1982.

MEIRELLES, Hely Lopes. *Licitação e Contrato Administrativo*. 11ª ed., atualizada por Eurico de Andrade Azevedo e Célia Marisa Prendes, São Paulo, Malheiros Editores, 1996.

VERRI JR., Armando (org). *Licitações e Contratos Administrativos. Temas Atuais e Controvertidos*. São Paulo, Ed. RT, 1999.

INDEPENDÊNCIA E AUTONOMIA DA AGÊNCIA NACIONAL DE TELECOMUNICAÇÕES: IMPERATIVO LEGAL E CONSTITUCIONAL

FLORIANO DE AZEVEDO MARQUES NETO

Professor da Faculdade de Direito da Pontifícia Universidade Católica de São Paulo — Advogado

1. Já é sabido dos estudiosos do Direito Público que a Lei 9.472, de 16.7.1997 (Lei Geral de Telecomunicações — LGT) contém várias inovações dentro do panorama jurídico brasileiro, despontando como documento legislativo exemplar para as transformações que se estão operando no modelo de Estado e mesmo na relação deste com os diversos atores econômicos e sociais.

2. Dentre estas inovações, destaca-se o modelo de órgão regulador contemplado na lei. A Emenda Constitucional 8, de 15.8.1995 (que, alterando o inc. XI do art. 21 da Carta, permitiu a abertura do setor de telecomunicações) determinou que a lei deveria dispor sobre a criação de um órgão regulador para o setor.

3. Pois a LGT veio a cumprir a determinação do constituinte reformador. E fê-lo criando um órgão regulador dotado de conformação jurídica bastante peculiar.

4. O art. 8º, que encabeça o Título I ("Da Criação do Órgão Regulador") do Livro II ("Do Órgão Regulador e das Políticas Setoriais") da LGT, vemos estabelecido que: "Art. 8º. Fica criada a Agência Nacional de Telecomunicações, entidade integrante da Administração Pública Federal indireta, *submetida ao regime autárquico especial* e vinculada ao Ministério das Comunicações, com função de órgão regulador das telecomunicações, com sede no Distrito Federal, podendo estabelecer unidades regionais. § 1º. A Agência terá como órgão máximo o Conselho Diretor, devendo contar, também, com um Conselho Consultivo, uma Procuradoria, uma Corregedoria, uma Biblioteca e uma Ouvidoria, além das unidades especializadas incumbidas de diferentes funções. § 2º. *A natureza de autarquia especial conferida à Agência é caracterizada por independência administrativa, ausência de subordinação hierárquica, mandato fixo e estabilidade de seus dirigentes e autonomia financeira.* Art. 9º. *A Agência atuará como autoridade administrativa independente*, assegurando-se-lhe, nos termos desta Lei, as prerrogativas necessárias ao exercício adequado de sua competência".

5. Resulta bastante claro que o legislador ordinário optou por instituir um órgão regulador que, para além da sua natureza autárquica (o que, por si só, já conferir-lhe-ia autonomia), foi dotado de independência administrativa ampla e plena.

6. Bem de ver que própria leitura do texto da LGT acima citado já bastaria para demonstrá-lo. Não obstante, os contornos e conseqüências desta autonomia carecem de ser melhor apresentados, mormente porque se tem percebido alguma resistência no âmbito da Administração Pública Federal (mormente no Ministério da Administração Federal e Reforma do Estado) para a efetivação da autonomia e da independência conferidas pela Lei à Agência.

7. Não há porque se duvidar que as autarquias, em gênero, possuem autonomia em relação aos órgãos e entidades da Administração Direta. Tal atributo é intrínseco à própria definição do ente autárquico. A. B. Cotrim Neto, em estudo clássico sobre o tema, já ensinava que "em sentido amplo, tomando inclusive as origens helênicas do vocábulo, autarquia significa governo autônomo: dessarte, tudo quanto corresponda a uma pessoa jurídica, de direito público ou de direito privado, criada pelo Estado para perseguição de fins públicos, poderá receber a classificação de autarquia, *latu sensu*" (in "Autarquias e empresas públicas", *RDP* 20/51).

É tão patente a natureza autônoma do ente autárquico que a própria definição legal de autarquia, presente no Decreto-lei 200, de 25.2.1967, já estabelece que: "Art. 5º. Para fins desta lei, considera-se: I — autarquia — o serviço *autônomo*, criado por lei, com personalidade jurídica, patrimônio e receita próprios, para executar atividades típicas da administração pública que requeiram, para seu melhor funcionamento, gestão administrativa e financeira descentralizada".

7.1 E esta concepção de autarquia não foi derrogada pelo texto da Carta de 1988. Afinal, o constituinte ao determinar (art. 37, XIX da CF) que somente por lei poderia ser criada autarquia, indiretamente reconheceu que tal criação importava em alguma transformação de relevo na estrutura institucional do Estado, num deslocamento do centro de poder afeto a uma determinada atividade típica do Estado.

7.2 Assim não fosse, teríamos a autarquia reduzida a um simples órgão do Executivo e, portanto, a sua criação traduziria mera providência da alçada exclusiva do titular do Poder Executivo federal (cf. art. 84, VI da Constituição).

7.3 Contudo, assim não é. A criação de uma autarquia importa na transferência de autonomia do núcleo central do Estado em favor da entidade descentralizada, que passa a exercer o poder decisório afeto a alguma área da atividade estatal de forma autônoma. Daí o porquê do constituinte exigir a aprovação do Poder Legislativo para tal criação.

8. A autonomia que, em regra, possuem as autarquias envolve — por óbvio e à luz da própria disposição legal que as define — uma maior liberdade de gestão administrativa e financeira. Esta liberdade, abrange, inclusive, a política de pessoal.

Neste sentido, precisas são as lições de Caio Tácito, em estudo também paradigmático. Diz o autor que "como expressão de autonomia administrativa, o regime jurídico do pessoal das entidades autárquicas deve regular-se, na conformidade da legislação própria a cada instituição, em atenção às suas peculiaridades. (...). A autarquia se distingue, no entanto, dos órgãos da administração direta, no tocante à criação e ao provimento de cargos e funções, aquela da alçada do Chefe do Poder Executivo, êste último da competência, salvo expressões expressas, dos respectivos administradores, embora subordinados 'de fato' ao poder hierárquico superior" (in "Conceito de autarquia", *RDP* 4/32, grafia da época).

Parece-nos indesviável, mormente após a Emenda Constitucional 19, promulgada em 5.6.1998 — que, entre outras alterações, erradicou a exigência de Regime Jurídico Único para cada esfera da Administração —, o fato de que a autonomia que reveste a atividade autárquica no tocante à gestão financeira e administrativa confere-lhe a capacidade para, dentro dos parâmetros constitucionais, gerir sua política de pessoal.

9. De outro turno, também deflui do regime autárquico e da autonomia que lhe é própria, o fato de inexistir subordinação hierárquica para a autarquia. Tal conclusão vem amparada nas sempre sábias lições de Celso Antônio Bandeira de Mello para quem "*A pessoa autárquica não é subordinada à Administração Central, pois a criação dela traduz, justamente, uma ruptura da linha hierárquica unificadora do aparelho administrativo.* Os dois institutos [hierarquia e tutela] se diferenciam em que a hierarquia, conforme já foi visto, é vínculo de autoridade que define um comando permanente, contínuo e sobre a totalidade da atividade dos órgãos e agentes situados no escalão inferior. Então, por ser meio normal estruturador da Administração, assecuratório de sua unidade, os poderes do hierarca se presumem. A existência do liamo de subordinação com suas inevitáveis decorrências é conatural ao esquema organizativo da Administração Central. *Já o controle ou tutela circunscreve-se aos atos previstos em lei e emerge nos casos e hipóteses nela prefigurados. Em conseqüência não é constante, nem contínuo, nem abarca a totalidade dos atos da autarquia*" (in *Prestação de Serviços Públicos e Administração Indireta*, Ed. RT, 1973, 2ª ed., p. 68).

Portanto, exsurge nítido que num regime autárquico não há subordinação hierárquica ou vínculo de submissão frente ao aparato da Administração Central (o que compreende os órgãos de competência administrativa geral, *v.g.*, MARE). Há sim, controle e tutela naquelas áreas de atividade que a lei assim determina (no caso da Anatel, a vinculação ao Ministério das Comunicações na definição da política para o setor e a sujeição aos órgãos de controle, *v.g.*, Tribunal de Contas da União).

10. Pois todos estes traços de autonomia e de independência que são característicos do regime autárquico foram na LGT não só contemplados como reforçados.

10.1 A LGT, vê-se dos seus artigos acima citados, reitera e explicita que a Anatel tem *regime autárquico especial*, possui *independência administrativa*, *não tem subordinação hierárquica* e é dotada de *autonomia financeira.*

O regime autárquico especial confere à autarquia características e margens de independência destacados, em conformidade com o que a lei instituidora estabelecer. "As notas características [destas autarquias especiais] vão decorrer da lei que instituir cada uma delas ou de uma lei que abranja um conjunto delas" (Odete Medauar, *Direito Administrativo Moderno*, p. 83).

No caso a lei determinou, desde logo, a ausência de subordinação hierárquica e a autonomia financeira. Se a Anatel não possui subordinação hierárquica nem mesmo em relação ao órgão da Administração federal com o qual mantém vinculação política (Ministério das Comunicações), muito menos a teria frente ao Ministério da Administração Federal e Reforma do Estado, que reúne mera competência para organizar a Administração Centralizada. De outro lado, se outros Ministérios não possuem competência para, p. ex., interferir na gestão de Empresas Públicas vinculadas ao Ministério das Comunicações (por exemplo a Empresa Brasileira de Correios e Telégrafos — ECT), muito menos pode pretender aferrar a gestão da Agência ou monitorar sua política de pessoal.

Rosoléa Miranda Folgosi, uma das autoras do projeto da LGT, comentando o projeto que a originou, aduz que "no que diz respeito a sua administração e atuação interna, o projeto atribuiu ao órgão regulador poderes efetivos e concretos, tanto no plano de pessoal (nomeação e dispensa de servidores, contratação de pessoal por prazo determinado) como no plano gerencial, cabendo a este órgão adquirir, administrar e alienar bens, aprovar seu regimento interno etc.)" (in "O órgão regulador das telecomunicações brasileiras", *Boletim ILC*, Suplemento Especial, abr. 1997, p. 27).

De outro lado, há a autonomia financeira. Decorre daí que a Anatel aplicará livremente seus recursos (recursos estes que lhe são vinculados e defluem diretamente do exercício do poder de polícia que se lhe é afeto). "Vê-se, por ai, no plano orçamentário, que houve bastante descentralização do poder do Ministério das Comunicações, o que por si só, já demonstra maior independência do órgão regulador" (Rosoléa M. Folgosi, ob. cit. *supra*).

10.2 Mas a LGT vai além. Diz ela que a Anatel caracteriza-se como uma *autoridade administrativa independente*. Se autoridade é, indesviável que a Agência se constitui como um núcleo de poder, autônomo, insubordinado e desvencilhado em relação à rede de controles e sujeições específicos da Administração Pública. Comentando esta característica, Márcio Cammarosano — com a autoridade de um dos autores do projeto que originou a lei em comento — consignava que "a peculiar feição proposta para o órgão regulador - autarquia especial — não o torna, é certo, imune à incidência de princípios e normas que condicionam a validade da atuação do Estado, mas também não compromete a desenvoltura maior de sua atuação. Trata-se mesmo de ente que atuará como autoridade administrativa independente, como estabelece o art. 8º do projeto" (in "O novo perfil das telecomunicações brasileiras e de seu órgão regulador", *Boletim ILC*, Suplemento Especial, abr. 1997, p. 22).

Afora portanto sua sujeição aos princípios gerais da Administração Pública (força do art. 37, *caput*, da Constituição), não há por que se pretender submeter a Anatel a qualquer outra regra de controle, subordinação, uniformização ou gerenciamento aplicáveis à administração centralizada da União. Carlos Ari Sundfeld, com poder de síntese só ombreado pelo seu brilho intelectual, resume a regra perfeitamente ao dizer o que seria a Anatel: "uma forma nova, concebida com características apropriadas especificamente aos órgãos reguladores, sem compromissos com as leis que orientam a Administração Federal e com a sua prática. Seus limites seriam, é claro, os impostos pela Constituição Federal" (in "Estudo para a Nova Lei Geral de Telecomunicações", *ILC*, cit., p. 14).

10.3 Fosse isso pouco, e há o imperativo legal (art. 9º, LGT) que esta autoridade independente reúna *todas as prerrogativas necessárias ao exercício adequado de sua competência*.

Ora, como pretender que um órgão regulador exerça com independência e eficácia seu mister se os meios, os instrumentos, necessários para tanto ficam adstritos a outro núcleo de decisão interno à Administração federal?

Como exercer a autoridade regulatória se cada passo gerencial (o que envolve a política de recursos humanos) tiver que ser negociado e aprovado por outro órgão que, inclusive, não possui a sua autonomia?

Como ser autônomo sendo aferrado aos padrões de carreira e remuneração encontradiços na Administração Federal?

Como sustentar a independência — imprescindível à atuação de órgão regulador forte — se exigida a sua subordinação a deliberações dos escalões gerenciais encarregados da gestão de meios da Administração Pública federal?

As respostas às indagações *supra*, porquanto óbvias, ilustram bem o quão indigitada é a tese de que a Agência deve se submeter às políticas gerenciais da Administração Pública federal ou que deva estar subordinada às decisões ou aprovações dos Ministérios encarregados da organização administrativa federal (*v.g.*, o MARE).

11. Vale lembrar que a independência e a autonomia conferidas pela Lei à Anatel foram questionadas pelos partidos de oposição em ADIn proposta no Supremo Tribunal Federal contra vários dispositivos da LGT, entre eles os arts. 8º e 9º ora enfocados.

Argumentavam os autores que a Agência fora criada com autonomia e independência demasiado amplas, o que afrontaria o texto constitucional. Alegavam os autores que a independência administrativa conferida à Anatel "constitui aspecto estranho à confirmação da administração pública brasileira e atenta contra a competência privativa do Presidente da República e do Ministro de Estado a que o órgão está vinculado" (*sic*, ADIn 1.668-5, *literis*). Irrefreável a conclusão de que, mesmo sob a óptica dos opositores à LGT, a Agência possui independência e autonomia ímpares frente à Administração central.

E neste tocante a ADIn não foi sequer conhecida pela Excelsa Corte. Dessarte, a decisão tomada pelo STF no tocante a este ponto da citada ADIn permite-nos concluir que *para o Supremo inexiste inconstitucionalidade no regime autárquico especial criado para a Anatel. Há portanto aval da Excelsa Corte no tocante à tese ora sustentada.*

12. Não poderia ser diferente. Bem analisando a LGT percebe-se que o regime especial conferido à Agência (com seu reforço de autonomia e independência) não é fruto de mero diletantismo do legislador. Constitui isto sim, na verdade, verdadeiro pressuposto para funcionamento efetivo de um órgão regulador, consoante o que foi determinado pelo constituinte reformador ao aprovar a EC 8.

Mais uma vez nos socorremos de Márcio Cammarosano, que bem afirma: "no que concerne especificamente a telecomunicações, o complexo normativo para o setor compreenderá também, por força da Emenda Constitucional 8/95 e como já anotado, regras gerais e abstratas a serem editadas pelo órgão regulador a que se refere o art. 21, XI, da Constituição. Com efeito, a expressão órgão regulador é plena de significado. O órgão em questão só pode ser regulador se tiver competência para estabelecer regras para o setor, e não apenas para expedir atos concretos, de aplicação das mesmas regras. O órgão regulador exercerá competência normativa porque a mesma lhe é conferida pela própria Constituição, razão pela qual não se pode questionar sua legitimidade" (in ob. cit., p. 23).

Arremate-se dizendo que houvesse — e não há — subordinação plena da Anatel ao MARE dentro da estrutura da Administração Pública federal, esta colidiria com as pautas constitucionais lembradas por Cammarosano (órgão regulador forte e independente).

Calha aqui trazer de empréstimo a lição do prof. Miguel Reale que, analisando a autonomia das autarquias corporativas de controle profissional (nada mais que uma espécie de autarquia especial) asseverava ser "manifestamente inconstitucionais todas as disposições regulamentares que pretendem subordinar ao Ministério do Trabalho a elaboração e execução de cada entidade autárquica, com subversão dos princípios instauradores, que a Carta Magna salvaguarda mediante os preceitos a seu tempo já examinados" (in "Autarquias corporativas — Autonomia Financeira", *RDP* 67/98). Substitua-se o nome do Ministério da lição do mestre Reale e teremos ainda assim igual inconstitucionalidade em se coatar o órgão regulador do setor de telecomunicações.

13. De outro turno, não pode deixar de causar certa estranheza a contrariedade do MARE no tocante ao regime especial da Anatel e em particular quanto à sua autonomia. Isto porque (i) tal conformação vai exatamente ao encontro das diretrizes que constam do Plano Diretor da Reforma do Estado; (ii) amparam-se em uma das pilastras básicas da reforma por ele encetada, *v.g.*, as Agências Executivas; e (iii) encontra pleno apoio em norma constitucional recentemente editada no bojo da EC 19. Vejamos.

13.1 Constitui pedra angular do Plano Diretor da Reforma do Aparelho do Estado a adoção de mecanismos capazes de dotar a Administração Pública de maior eficiência e eficácia. Neste Plano, encontramos um capítulo dedicado às Agências Autônomas. E nele vamos encontrar princípios gerais que nada mais são aqueles sobre os quais se arrima a estruturação jurídica da Anatel. Diz o MARE: "A responsabilização por resultados e a conseqüente autonomia de gestão inspiram a formação deste projeto, que tem por objetivo a transformação de autarquias e de fundações que exerçam atividades exclusivas do Estado, em agências autônomas, com foco na modernização de gestão".

Ora, *é incompreensível que os maiores promotores da idéia de Agências Autônomas se transformem em óbice para a sua autonomia.*

Afinal, fazê-lo importaria em negar as diretrizes do Plano Diretor da Reforma do Estado, verdadeira peça de resistência da atual gestão daquele Ministério. Veja-se, inclusive, que naquele documento tem-se traçada a estratégia para implementação das Agências Autônomas. Por ela, teríamos *dois momentos* de ação: primeiro, a *elaboração dos instrumentos legais* para tanto necessários; segundo, a *aplicação do modelo* para algumas autarquias selecionadas "que se transformarão em laboratórios de experimentação".

Ora, eis que o Congresso Nacional atalhou a missão do MARE neste particular. Criou instrumentos legais de qualidade jurídica invulgar e separou um ente autárquico com lastro constitucional para que nele se realize o paradigma de autonomia perseguido. Neste quadro chega a ser surpreendente que a reação à "modernização de gestão" venha justamente das forças da transformação. *Não deixa de ser contraditório que o Ministério responsável pelas vanguardeiras bandeiras incorporadas ao Plano Diretor da Reforma do Aparelho do Estado ofereça óbice à descentralização que propugna.*

13.2 De outra banda, tudo que aqui se advogou para a Anatel encontra albergue nas linhas gerais que têm sido desenvolvidas pelo MARE no tocante às agências executivas. Estas, como explica o *site* do Ministério na Internet, nada mais são que "apenas uma qualificação a ser concedida, por Decreto presidencial específico, a autarquias e fundações públicas responsáveis por atividades e serviços exclusivos do Estado, não se tratando, portanto, da instituição de uma nova figura jurídica na administração pública, nem de qualquer alteração nas relações de trabalho dos servidores das instituições que venham a ser qualificadas". Vê-se, portanto, que o figurino das Agências Executivas bem caberia na Anatel, embora o legislador não tenha optado por este instituto, preferindo constituir por lei um ente regulador específico.

Porém, fosse a Anatel uma Agência Executiva, e ser-lhe-ia dada toda a independência e autonomia que ora são empecidas pelo MARE. Com efeito, o Decreto 2.488, de 2.2.1998, estabelecer que: "Art. 1º. As autarquias e as fundações integrantes da Administração Pública Federal, qualificadas como Agências Executivas *serão objeto de medidas específicas de organização administrativa*, com a finalidade de ampliar a eficiência na utilização dos recursos públicos, melhorar o desempenho e a qualidade dos serviços prestados, *assegurar maior autonomia de gestão orçamentária, financeira, operacional e de recursos humanos e eliminar fatores restritivos à sua atuação institucional*" (grifamos).

E, se dúvida houvesse no tocante ao grau de autonomia na área de recursos humanos, viria o Decreto 2.487, de 2.2.1998, para dissipá-la. Prescreve este diploma: "Art. 1º. As autarquias e as fundações integrantes da Administração Pública Federal poderão, observadas as diretrizes do Plano Diretor da Reforma do Aparelho do Estado, ser qualificadas como Agências Executivas. Art. 2º. *O plano estratégico de reestruturação e de desenvolvimento institucional das entidades candidatas à qualificação como Agências Executivas contemplará*, sem prejuízo de outros, os seguintes conteúdos: (...) *VI — a adequação do quadro de servidores às necessidades da instituição, com vistas ao cumprimento de sua missão, compreendendo a definição dos perfis profissionais e respectivos quantitativos de cargos*".

Se o MARE defende um modelo de Administração Pública que admite a figura de Agências Executivas pela qual a uma autarquia poderá ser, por Decreto, atribuída autonomia *de gestão orçamentária, financeira, operacional e de recursos humanos e eliminar fatores restritivos à sua atuação insti-*

tucional, não se põe sustentável negar tal autonomia em face da autarquia especial para a qual o Poder Legislativo outorgou não só autonomia como também natureza de autoridade administrativa independente.

13.3 Por fim, convém analisar a autonomia conferida pelo legislador à Anatel à luz do novo texto constitucional surgido no bojo da EC 19/98. Como é sabido, pelo novo parágrafo oitavo acrescido ao art. 37 da Carta, pode-se agora *ampliar a autonomia* gerencial, orçamentária e financeira dos órgãos e entidades da Administração Pública, inclusive da administração direta, *mediante contrato. Esta ampliação poderá, na forma da lei, atingir inclusive a remuneração de pessoal.*

Ora, se o texto constitucional vigente admite a ampliação de autonomia por meio de simples contrato, não é lícito obstar a efetivação de autonomia e independência que tenham sido conferidos por lei a ente da Administração.

13.4 Portanto, além de írrita à legalidade e à constitucionalidade, a suposta oposição do MARE à autonomia e à independência atribuídas pela LGT à Anatel é contraditória com os princípios e diretrizes que vem sido defendidos pelo próprio Ministério.

14. Assim, dada a incontornabilidade da autonomia e da verdadeira independência da Agência frente à Administração Central, estabelecida por uma lei, uma análise extremada levaria a concluir que a resistência à efetivação das determinações da LGT caracterizaria até mesmo *ato de improbidade*, uma vez que se aproxima da conduta típica prevista no art. 11, *caput*, da Lei 8.429, de 2.9.1992.

15. Consignadas as razões do nosso entendimento, concluímos ser irrefutável a autonomia e a independência da Anatel, entidade autárquica especial dotada de natureza de autoridade administrativa independente e, como tal, possuidora de ampla liberdade de *gestão orçamentária, financeira, operacional e de recursos humanos e isenta de subordinação hierárquica*, além de outras prerrogativas expressamente prevista na LGT.

Além disso, registramos que tal autonomia e independência, além de não afrontar a Constituição, após as EC 6 e 19, encontram-se em absoluta sintonia com o texto da Carta maior.

16. Visto isso, cumpre enfocar, ainda, o caso específico da autonomia da Agência no tocante ao seu regime de pessoal.

A LGT determina (art. 11, *caput*) que o Poder Executivo encaminhará ao Congresso mensagem criando o quadro efetivo de pessoal da Agência. Segue daí que, ao nosso ver, poderá o legislador estabelecer um regime de cargos e de remuneração absolutamente próprio para a Agência.

16.1 E não se diga que a isto obstaria o disposto no art. 1º da Lei 8.112, de 11.12.1990 (que dispõe sobre o Regime Jurídico Único — RJU — da União). É infundada a alegação.

Tal dispositivo prescreve: "Art. 1º. Esta Lei institui o regime jurídico dos servidores públicos civis da União, *das autarquias, inclusive em regime especial*, e das fundações públicas federais".

E a Lei 9.527/97 que modificou vários dispositivos da Lei do RJU não alterou o artigo primeiro da retro citada norma federal.

16.2 Pois bem. A citada Lei instituidora o RJU, fora editada para dar cumprimento ao mandamento constitucional então presente no art. 39 da Carta maior que tinha a seguinte redação: "Art. 39. A União, Estados, o Distrito Federal e os Municípios instituirão, no âmbito de sua competência, regime jurídico único e planos de carreira para os servidores da Administração Pública Direta, das autarquias e das fundações públicas".

Era pois o regime jurídico único um imperativo constitucional concretizado pela Lei 8.112/90, na qual se estabelecera a subordinação também das autarquias especiais.

16.3 Contudo, *com o advento da Emenda Constitucional 19* (denominada

Reforma Administrativa) *restou suprimido do ordenamento constitucional* — como aguerridamente fora defendido pelos Ministério da Administração e Reforma do Estado — *o regime jurídico único.*

16.4 Portanto, ainda que vigente, *a Lei 8.112/90* restou ela *desguarnecida de mandamento constitucional a lhe dar suporte.* Dessarte, se o legislador ordinário assim dispuser, não haverá que se falar em regime único de pessoal, nem para a Administração Direta, muito menos para as autarquias, comuns ou especiais.

16.5 Muito ao contrário, o novo art. 39 da Constituição, com a redação que lhe foi dada pela EC 19 determina exatamente o contrário: "Art. 39. A União, Estados, o Distrito Federal e os Municípios instituirão conselho de política e administração e remuneração de pessoal, integrado por servidores designados pelos respectivos Poderes. *§ 1º. A fixação dos padrões de vencimentos e dos demais componentes do sistema remuneratório observará: I — A natureza, o grau de responsabilidade e a complexidade dos cargos componentes de cada carreira; II — os requisitos de investidura; III — as penalidades dos cargos*".

16.6 Temos portanto que o novo regime constitucional é absolutamente contrário ao anterior, que impunha o RJU. A Lei 8.112/90 encontra-se hoje, portanto, não apenas desguarnecida de lastro constitucional como também em oposição às novas pautas constitucionais ditadas pela EC 19.

16.7 Se parece exagero afirmar que a Lei do RJU não foi recepcionada pelo novo regime constitucional, vigente doravante para esta matéria específica, também não podemos dizer que suas disposições restaram intocadas. *O legislador ordinário não só está autorizado a instituir regimes de pessoal próprios a cada carreira, órgão ou cargo, como em não o fazendo estará incidindo em inconstitucionalidade por omissão frente ao novo art. 39, § 1º e seus incisos.*

16.8 Deste modo, parece claro que, se o Congresso Nacional aprovar Lei que cria cargos e estabelece remunerações próprias para a Anatel (aliás, observando os ditames da nova ordem constitucional), não será a Lei do RJU óbice legal para tanto. Até porque, consoante determina o art. 2º, § 1º da Lei de Introdução ao Código Civil, *a lei posterior revoga a anterior quando seja com ela incompatível.*

16.9 Em conclusão a este tópico específico, entendemos que a independência e a autonomia conferidas à Anatel pela LGT não encontram óbice na legislação instituidora do regime jurídico único do servidor pois:

(i) por força do art. 11 da LGT, esta autonomia se expressará através de Lei instituidora dos cargos e padrões remuneratórios da Agência, documento apto e suficiente para revogar parcialmente o RJU no tocante à Agência;

(ii) o RJU foi extirpado do ordenamento constitucional pátrio pela EC 19 que, ao revés, introduziu a especificidade no estabelecimento dos padrões de vencimento e de regime de pessoal consoante a natureza dos órgãos, cargos e funções.

Esse é o nosso entendimento, ressalvado melhor juízo, se houver.

São Paulo, 8 de julho de 1998

TRANSPORTE COLETIVO ALTERNATIVO — ASPECTOS JURÍDICOS

CLÓVIS BEZNOS

Professor da Pontifícia Universidade Católica de São Paulo

O tema proposto envolve, em primeiro lugar, fazer-se a distinção entre os termos: transporte e tráfego, vez que retratam os mesmos realidades distintas.

De fato o termo transporte, segundo o *Dicionário Aurélio* significa o ato ou efeito de transportar, enquanto o termo tráfego tem o seu significado ligado ao ato de transitar, no caso de veículos, ao seu fluxo.

Sentido diverso existe, pois, em expor sobre a ausência de tráfego e a ausência de transportes. De fato, quando não existe o tráfego, ou seja: quando o tráfego não é intenso, maior é a comodidade para quem pratica o ato de transitar, parecendo-nos evidente que a ausência de tráfego não é fator conducente à violência.

Coisa diversa se dá com o transporte, pois enquanto a ausência de tráfego significa conforto, a ausência de transporte certamente se constitui em fator de extremo desconforto.

Esse desconforto, que advém da falta de oferta de transporte se verifica de diversas maneiras: uma, quando as pessoas não conseguem se locomover, pela ausência de veículo transportador, outra, por exemplo, quando a oferta de transporte é insuficiente para a demanda de passageiros, fazendo com que a ocupação dos veículos transportadores seja maior do que uma situação de normalidade ensejaria.

Destarte, quando se pensa em pessoas tentando ocupar o mesmo lugar no espaço, na ânsia de se verem transportadas, em situação de extremo desconforto, facilmente se pode até intuir ser essa uma situação passível de gerar violência.

É claro que nessa primeira análise, não se tem em mira examinar-se a violência oriunda de acidentes veiculares, que podem ocorrer, seja em virtude do transporte seja em virtude, muitas vezes, da alta velocidade, que se atinge em razão da baixa incidência de tráfego.

De qualquer sorte, como o tema refere além da ausência a palavra ineficiência, cabe afirmar-se, em primeiro lugar, que somente incide a ineficiência quando incide o dever da eficiência.

O dever da eficiência é ligado à prestação de alguma atividade.

Ora, como o tráfego não se constitui numa atividade, ao tratarmos do dever da eficiência, nos lindes colocados, somente podemos estar a nos referir aos transportes, porque estes sim podem se constituir em uma atividade, pública ou privada.

A atividade privada de transportes tem a sua eficiência imbricada exclusivamente com o atendimento das normas de trânsito, o que compreende a habilitação para transportar, a segurança pessoal e de terceiros, os equipamentos obrigatórios, e o respeito aos terceiros, igualmente envolvidos no trânsito.

De outra parte, o transporte como atividade pública, ou seja: o transporte coletivo de passageiros tem a sua eficiência inserida na qualidade e quantidade, que deve atender à demanda de passageiros.

Quando isso não ocorre, se está diante da ineficiência de transportes coletivos de passageiros que pode ser, como serviço público, prestado diretamente pelo Poder Público, ou indiretamente, por via de delegação, pelos institutos da concessão ou permissão.

Em se tratando da delegação da execução dos transportes coletivos, evidenciam-se quatro interesses a considerar: o interesse público; o interesse dos passageiros; o interesse dos concessionários ou permissionários de serviços públicos; e o interesse dos empregados utilizados no desenvolvimento dessa atividade.

O interesse público, consistente na melhor execução possível dos serviços públicos: o interesse dos passageiros, sempre voltado a maior e mais cômoda oferta possível de transportes; o interesse dos concessionários e permissionários de serviços públicos, dirigido a uma maior lucratividade, e o interesse dos empregados das transportadoras, na manutenção de seus empregos.

De fato, ao tratar do instituto da concessão de serviços públicos, anota o preclaro Prof. Celso Antônio Bandeira de Mello, (*Curso de Direito Administrativo*, 12ª ed., Malheiros Editores, 2000, p. 610): "Para o concessionário, a prestação do serviço é um *meio* através do qual obtém o *fim* que almeja: o lucro. Reversamente, para o Estado, o lucro que propicia ao concessionário é *meio* por cuja via busca sua *finalidade*, que é a boa prestação do serviço".

Por seu lado, os usuários de serviços públicos ostentam um *direito* à sua utilização, do que decorre o *direito* à sua adequada prestação, como averba a mui ilustre Profa. Maria Sylvia Zanella Di Pietro (*Direito Administrativo*, 11ª ed., Atlas, 1999, p. 102): "Pelo *princípio da igualdade dos usuários* perante o serviço público, desde que a pessoa satisfaça às condições legais, ela faz jus à prestação do serviço, sem qualquer distinção de caráter pessoal".

Os empregados das empresas prestadoras de serviços públicos, por seu turno, na manutenção e oferta crescente de emprego, têm o seu interesse respaldado pelo relevante princípio inserto na Magna Carta (art. 170, VIII) como informador da Ordem Econômica e Financeira, que consiste no dever da "busca do pleno emprego".

Pois bem, em matéria do serviço de transporte coletivo de passageiros, como surge o eufemisticamente chamado "transporte alternativo" realizado com utilitários — peruas ou "vans"?

Surge esse transporte aparentemente efetuado por desempregados, em estado de desespero, que sem alternativa, utilizam seus veículos para sobreviver, transportando passageiros, nas horas do *rush*.

Tal atividade é então encarada com simpatia por todos, que vislumbram nesses desempregados até algo de heróico, no sentido de luta pela sobrevivência.

Os passageiros aderem à novidade, porque esse tipo de veículo é mais rápido que o ônibus, suas poltronas são estofadas, enquanto as dos ônibus são de material duro.

A aceitação pelos passageiros e a permissividade das autoridades fiscalizadoras, determina o crescimento dessa atividade, absolutamente clandestina.

Tal situação, em São Paulo, vem ao encontro do desinteresse das empresas transportadoras, em lutar pela repressão da atividade, em virtude da chamada municipalização dos transportes, efetuada pelo Governo Erundina, que instituiu um sistema pelo qual as empresas transportadoras constituíam-se em meras arrecadadoras do preço dos transportes para a Prefeitura, que as remunerava, pelos quilômetros rodados. Assim, o desvio de passageiros refletia nos cofres públicos e não no lucro das empresas transportadoras.

Com a inércia das autoridades, com o interesse de alguns políticos em prestigiar a clandestinidade, ao argumento da defesa de desempregados, a atividade clandestina toma corpo e se alastra por todo o Estado.

O crescimento da atividade clandestina de transporte de passageiros por utilitários provoca séria concorrência aos transportes regulares, que passam a sofrer com a diminuição de passageiros, o que começa a provocar uma retração do transporte regular, e a conseqüente diminuição da oferta de emprego nesse importante setor de atividade.

Essa situação é refletida pela "Resolução da CUT e da Confederação Nacional dos Trabalhadores em Transportes sobre o Transporte Informal e Clandestino", datada de 23.3.1998, onde tais entidades de classe se opõem frontalmente contra os transportes clandestinos, demonstrando que o mesmo conduz ao fim da regulamentação dos transportes, gerador do caos no setor, com o reflexo evidente da diminuição da oferta de emprego dos trabalhadores do setor.

Tal Resolução demonstra a situação caótica ocasionada pela informalidade nos transportes na América Latina, noticiando o ocorrido nas Cidades de Santiago, do Chile, Lima no Peru e Cidade do México, no México, elencando as conseqüências desse chamado "transporte alternativo", para os trabalhadores, nos seguintes termos: "Presença de trabalhadores assalariados sem carteira assinada; Desconhecimento da convenção coletiva da categoria; Total flexibilização das condições de trabalho (como longas jornadas de trabalho etc.); Desrespeito ao caráter de prestação de serviço público. Por exemplo não há compromisso de atender à população fora dos horários de pico, não se respeitando as "gratuidades" da terceira idade, deficiência física, estudantes etc., esses setores funcionam sem nenhuma garantia para os passageiros contra acidentes.

"Aumento do desemprego urbano no transporte público, pois para cada ônibus substituído cessam 7 empregos diretos, sem contar que sob a fachada de uma grande parte dos 'chamados transportes alternativos', se escondem proprietários de vários veículos que sem respeitar as condições legais exploram um grande contingente de desempregados.

"Utilização e exploração da mão-deobra infantil, onde crianças menores de 14 anos estão trabalhando como cobradores, em locais prejudiciais à sua formação e ao seu desenvolvimento físico, psíquico, moral e social.

Assim, aquilo que no princípio fora vislumbrado como solução alternativa para desempregados, em verdade se caracteriza como fonte de desemprego, vez que segundo informações que nos foram prestadas por representantes do setor, um veículo autoônibus, no serviço regular, é gerador de emprego para pelo menos seis pessoas, considerando-se motoristas, cobradores, fiscalização e pessoal da manutenção, enquanto um utilitário, no máximo, abre a possibilidade de emprego, sem as garantias devidas a, no máximo, duas pessoas.

Essa situação referente ao interesse dos trabalhadores, quanto aos passageiros, a situação também é negativa, quanto ao transporte em exame.

De fato, os veículos utilizados não são apropriados ao transporte profissional de passageiros, em caráter de continuidade, porque não ostentam condições de segurança, uma vez que segundo as normas técnicas da Resolução CONTRAN 811, de 8.4.1996, que "estabelece os requisitos de segurança para veículos de transporte coletivo de passageiros (ônibus e microônibus) de fabricação nacional e estrangeira", não podem esses utilitários ser classificados como veículos de transporte de passageiros.

Com efeito, tais veículos não se amoldam no conceito estabelecido por citada Resolução, na única categoria em que poderiam ser classificados, a de microônibus, uma vez que o parágrafo único de seu artigo 1º estabelece: "Para e efeito desta Resolução considera-se como microônibus o veículo de transporte coletivo de passageiros projetado e construído com finalidade exclusiva de transporte de pessoas, com lotação de no máximo 20 passageiros e dotados de corredor interno para circulação dos mesmos".

Esses veículos utilizados pelos "perueiros" não são dotados de corredor interno, e não se ajustam às demais normas técnicas de segurança fixadas na Resolução referida, como se pode conferir.

De outra parte, precária também é a situação das vítimas de acidentes de trânsito, que vêm aliás ocorrendo com esses veículos de forma constante, vez que não tem via de regra o "perueiro" patrimônio para honrar a cláusula da incolumidade, que se encontra ínsita no contrato de transporte.

Vejamos, ainda, e de outra parte, a análise dessa clandestinidade, sob o prisma jurídico: O serviço de transporte coletivo municipal de passageiros constitui-se, inexoravelmente, na atividade de *serviço público*, nos expressos termos do art. 30, inc. V, da Constituição Federal, que ao atribuir aos Municípios a competência para, entre outros, organizar e prestar esses serviços, diretamente ou sob o regime da concessão ou permissão, classificou-os como *serviços públicos de caráter essencial.*

Entretanto, esses "perueiros", sem qualquer delegação efetuada pelo Poder Público, que *ex vi* do art. 175, da Constituição Federal, somente poderia ser efetivada pelos institutos da Permissão ou da Concessão, precedidos de obrigatória *licitação*, realizam *serviço público*, configurando essa prática, inquestionavelmente, a *usurpação de serviço público.* Vejamos: a Constituição Federal, ao tratar da "Ordem Econômica e Financeira", nitidamente aparta duas atividades, *radicalmente diferenciadas*, seja quanto ao regime que se lhes é atribuído, seja quanto à titularidade das mesmas.

Assim é que o parágrafo único do art. 170, da Carta Magna estabelece textualmente que a *atividade econômica* é de livre exercício a todos, sem a dependência, salvo nos casos previstos em lei, de autorização de órgãos públicos, *verbis*: "É assegurado a todos o livre exercício de qualquer atividade econômica independentemente de autorização de órgãos públicos, salvo nos casos previstos em lei".

A Constituição Federal, com efeito, reservou o exercício da *atividade econômica* aos particulares, e quanto a isso não podem incidir dúvidas, porque o art. 173, da mesma Carta, estabelece: "Ressalvados os casos previstos nesta Constituição, a exploração direta de atividade econômica pelo Estado só será permitida quando necessária aos imperativos da segurança nacional ou a relevante interesse coletivo, conforme definidos em lei".

Entretanto, na mesma medida em que esse tipo de atividade — a atividade econômica — foi reservado aos particulares, por seu turno, o outro tipo de atividade — a atividade dos serviços públicos — inexoravelmente foi, conforme a Lei Magna, atribuído ao Poder Público, que detém a *titularidade* da mesma.

De fato, estabelece o art. 175, da Constituição Federal, *verbis*: "Incumbe ao Poder Público, na forma da lei, diretamente ou sob regime da concessão ou permissão, sempre através de licitação, a prestação de serviços públicos".

Por outro lado, é inquestionável que os serviços públicos têm um evidente significado econômico, tanto mais que a Lei 8.987, de 13.2.1995, "que dispõe sobre o regime da concessão e permissão da prestação de serviços públicos previstos no art. 175 da Constituição Federal, e dá outras providências", ao disciplinar a licitação para a outorga da concessão (regra aplicável igualmente à outorga da permissão, por força do art. 40 da Lei), fixa, em seu art. 15, inc. II, entre os critérios para o julgamento do certame, *verbis*: "a maior oferta, nos casos de pagamento ao poder concedente pela outorga da concessão", evidenciando-se que a delegação de serviços, via de concessão ou permissão, tem um *significado econômico*, a exclusivo juízo do Poder Público, titular do serviço, que para sua outorga pode fixar, como critério de julgamento, *a maior oferta de pagamento pela delegação dos serviços, via de concessão ou permissão.*

Significa isso que quando alguém passa a executar serviços públicos, sem qualquer outorga, provoca um dano potencial aos cofres públicos, porque tal outorga, como se viu, pode ter significado econômico, a exclusivo juízo de seu titular — o Poder Público, como no comum dos casos tem.

O exercício clandestino dessa *função pública*, a par de ser atividade causadora de danos ao Erário Público, por ter a delegação em questão um *significado econômico*, nos termos da própria lei que a disciplina, a par de subtrair dos eventualmente lesionados pela execução dos serviços, a garantia da responsabilidade objetiva, bem como a responsabilidade subsidiária do Estado, uma vez escoadas as forças do concessionário ou permissionário caracteriza indubitavelmente o crime de *usurpação de função pública*, nos termos do art. 328 do Código Penal, que prescreve esse delito, na conduta de, *verbis*: "Usurpar o exercício de função pública".

De fato, não cabe, nos dias que correm, a idéia de que o exercício de função pública se reduza tão-somente às atribuições funcionais de agentes públicos, vez que, sabidamente, se aninha no conceito de *função pública*, todo o plexo de atividades atribuíveis ao Poder Público, seja quando atua no exercício de seu poder de polícia administrativa, seja quando exerce a atividade primordial da prestação de serviços públicos, que por disposição constitucional — art. 175 — lhe cabe executar ou, diretamente, ou, por delegação, via de concessão ou permissão, necessariamente precedida de licitação.

De fato, breve incursão à lição do mui ilustre Magalhães Noronha, quanto ao bem jurídico tutelado, pela norma penal em testilha, evidencia inexoravelmente que nela se alberga a conduta descrita. De fato, quanto ao crime de usurpação do exercício de função pública, escreve o autor: "O bem jurídico tutelado é o interesse público relativo ao funcionamento e atuação da administração pública, sacrificados evidentemente pela conduta de quem exerce funções que não são suas. Além da lesão à eficiência da atividade administrativa, é óbvio que se ofende o direito exclusivo do Estado de escolher e nomear seus funcionários *ou as pessoas que, em seu nome e interesse, agem, para consecução de suas finalidades*. O fato, sobre ser danoso à dinâmica da administração, provoca-lhe indisfarçável descrédito" (nossos os destaques) (in *Direito Penal*, 3ª ed., Saraiva, 1968, 4º v., p. 357).

Celso Antônio Bandeira de Mello, em sua obra *Regime Constitucional dos Servidores da Administração Direta e Indireta*, edição Ed. RT, 1990, ao classificar os *agentes públicos*, elenca, entre as suas espécies, aquela que denomina de "particulares em atuação colaboradora com o Poder Público".

Ao discorrer sobre essa espécie, anota esse insigne mestre à p. 10 da obra referida: "Além das categorias mencionadas (agentes políticos e servidores públicos) há que se cogitar ainda de uma terceira classe de pessoas que prestam serviços ao Poder Público. São os *particulares que cumprem uma função pública*, por: a) requisição do Estado (como os convocados para prestar serviço militar, os jurados, os membros de mesa receptora ou apuradora de votos em época eleitoral etc.) sem caráter profissional, ou que; b) *sponte propria*, assumem a gestão da coisa pública em momentos de emergência (gestores de negócios), ou ainda, que; c) com a concordância do Poder Público, sem relação de dependência, desempenham por conta própria, embora em nome do Estado, *uma função pública*. É o caso dos contratados através de locação civil de serviços ou delegados de função, ofício ou serviço público (tabeliães e titulares de serventias públicas não oficializadas), bem como diretores de faculdade, *concessionários e permissionários de serviço ou obra pública e outras pessoas que praticam certos atos dotados de força jurídica oficial*" (nossos os grifos).

Nesse diapasão, averba o sempre lembrado Hely Lopes Meirelles (*Direito Administrativo Brasileiro*, 18ª ed. (póstuma), Malheiros Editores, 1993): "*Agentes delegados*: são particulares que recebem a incumbência da execução de determinada atividade, obra ou serviço público e o realizam em nome próprio, por sua conta e risco, mas segundo as normas do Estado e sob a permanente fiscalização do delegante. Nessa categoria encontram-se os concessionários e permissionários de obras e serviços públicos (...) esses agentes quando atuam no exercício da delegação ou a pretexto de exercê-la e lesam direitos alheios, devem responder civil e criminalmente sob as mesmas normas da Administração Pública de que são delegados, ou seja, com responsabilidade objetiva pelo dano (CF, art. 37, § 6º), e por crime funcional, se for o caso (CP, art. 327), pois não é justo e jurídico que a só transferência da *execução* de uma obra e de um serviço originariamente público a particular descaracterize sua intrínseca natureza estatal e libere o executor privado das responsabilidades que teria o Poder Público se o executasse diretamente. Por essa mesma razão é que a lei de mandado de segurança considera 'autoridade', para fins de impetração, 'as pessoas naturais ou jurídicas com funções delegadas do Poder Público, somente no que entende com essas funções' (Lei 1.533/51, art. 1º, § 1º)".

Finalmente, a violência que se vê nos noticiários da imprensa, ao nosso ver, é decorrente de uma reação indevida, ao fato de o Município de São Paulo ter adotado as medidas adequadas, em defesa de atividade de sua titularidade, e que lhe estava sendo usurpado — os serviços públicos de transporte coletivo de passageiros.

É mais que evidente que essa atividade clandestina e usurpadora daquilo que pertence a todos, por ser *res publica*, merece ser coibida, não devendo se intimidar as autoridades com os atos de vandalismo e selvageria, consistentes em atentados à propriedade pública e privada, com destruição de ônibus e veículos de fiscalização.

É evidente que tolerar-se atos como esses, e retrair-se a autoridade pública, significaria a falência da soberania e do próprio Estado, com o estabelecimento do caos e da desordem, que a ninguém interessa.

JURISPRUDÊNCIA

SUPREMO TRIBUNAL FEDERAL

Ação cível originária 533-9-PI

Rel.: Min. Marco Aurélio

Autor: Estado do Piauí

Adv.: PGE-PI — Manoel Lopes Veloso

Ré: União Federal

Adv.: Advogado-Geral da União

Decisão — Liminar

Demanda Cautelar — Liminar — Serviço Social do Estado — Inserção de Adolescentes no Trabalho Educativo — Fiscalização da Delegacia Regional do Trabalho — Princípios da Razoabilidade e da Proporcionalidade Liminar Deferida.

1. O Estado do Piauí ajuizou, na Seção Judiciária local, ação cautelar inominada com pedido de concessão de medida acauteladora, indicando como Ré a União Federal, considerado ato da Delegacia Regional do Trabalho-TRT/PI. De acordo com a inicial de fls. 3 a 10, o Estado vem atuando, mediante o Serviço Social respectivo — SERSE —, no âmbito de política de assistência social, objetivando a inserção de adolescentes no trabalho educativo, na forma prevista no art. 68 da Lei 8.069, de 13.7.90 — Estatuto da Criança e do Adolescente (ECA). Com base no citado programa, já se teria alcançado a assistência a trezentos e trinta adolescentes, integrando-os no citado trabalho com inquestionáveis benefícios para a sociedade como um todo, mais especificamente para a família. Assevera-se que o trabalho é realizado a partir do encaminhamento de adolescentes a empresas privadas, estatais e órgãos públicos, tomando-os como assistidos, a teor dos arts. 63 a 67 do referido Estatuto e 80 da Consolidação das Leis do Trabalho. A partir das previsões legais, fora firmado convênio de cooperação envolvendo a Fundação Padre Antônio Dante Civiero (jesuítas) e as Lojas Americanas S/A, para a assistência a vinte e cinco adolescentes. Não obstante, a Delegacia Regional do Trabalho do Piauí, apontando o programa como ilegal, opôs-lhe inúmeros obstáculos, dificultando-lhe as indispensáveis viabilização e consecução. Sustenta o Autor que o serviço tem mais de quatrocentos adolescentes cadastrados, que vivem em condições precárias, perambulando pelas ruas. Destarte, segundo a inicial, a posição assumida pela Delegacia conduziu ao desestímulo das empresas privadas à recepção do trabalho do adolescente assistido, receosas de serem autuadas e oneradas com multas. Neste ponto, alude-se a artigo publicado na *Folha de S. Paulo*, do jornalista Gilberto Dimenstein, sob o título "Tédio mata", no qual restou ressaltado que "(...) a falta de ocupação aliada à ausência de qualquer tipo de supervisão é um estímulo à criminalidade. É o perigo do tédio".

Também remete-se à nota "Alerta à consciência da Nação", da Conferência Nacional dos Bispos do Brasil (CNBB), defendendo que "a criança trabalhe para ajudar no seu próprio crescimento". Assim, o Autor pleiteou a concessão de liminar que pudesse vir a obstar a atuação fiscalizadora da Delegacia Regional do Trabalho, mormente no tocante à aplicação de multas, salientando a intenção de propor a ação principal, tendo em vista obrigação de fazer. A inicial veio articulada a partir do disposto no art. 68, *caput* e § 1º, do Estatuto da Criança e do Adolescente, no que previsto programa social que vise ao trabalho educativo sob a responsabilidade de entidade governamental ou não governamental sem fins lucrativos. Aludindo ao atendimento, na espécie, dos requisitos legais, consigna, à fl. 7, os parâmetros da assistência, a saber:

• observância na idade mínima de 14 (quatorze) anos para participação;

• exercício das atividades em turnos de 4h/dia;

• garantia de acesso a Escola com acompanhamento da freqüência e do aproveitamento escolar;

• realização de atividade ocupacional com técnicas específicas e perspectivas de campo de trabalho, tendo em vista as tendências atuais do mercado: o sistema oficial de treinamento de mão-de-obra especializada (SENAC) oferece cursos em diversas modalidades;

• oportunidade de qualificação profissional em agência de profissionalização do Estado (Centro Integrado de Formação Profissional) em virtude de que os adolescentes assistidos não são aceitos, em maioria no sistema SENAC/SENAI, devido à baixa escolaridade;

• garantias de remuneração a título de bolsa, no valor de 50% (cinqüenta por cento) do salário mínimo que se constitui renda fixa (às vezes a única que a família possui);

• auxílio para locomoção com fornecimento de vale transporte;

• complementação alimentar;

• prestação de atendimento médico, odontológico e psicomoral em Unidades próprias do SERSE, da Fundação Padre Dante Civiero e rede pública;

• garantia de seguro por acidente do trabalho;

• direito a suspensão no trabalho educativo por trinta dias, coincidentes com o período de férias escolares; e

• anotação da CTPS do adolescente, da sua inserção em regime de trabalho educativo (fl. 7).

Consoante argumenta o Estado, a Delegacia Regional do Trabalho não teria efetivamente examinado o termo de convênio e, com esteio em lição de Frederico Marques sobre os pressupostos básicos da liminar, requer, como já assinalado, a concessão respectiva.

À inicial foram juntados os documentos de fls. 11 a 61.

O Juiz Federal da 3ª Vara da Seção Judiciária do Piauí indeferiu a liminar, consignando, em si, a impossibilidade de afastar-se o exercício do poder de polícia pela Delegacia. Não se teria demonstrado, de modo individualizado, a lesão atribuída ao Agente Público. A alegação de desestímulo às empresas de participar do programa da criança assistida estaria a cair no vazio. Apontou-se nada impedir que o Estado do Piauí e as empresas prejudicadas, em litisconsórcio ativo, provoquem o Judiciário, impugnando autos de infração, inclusive mediante o uso de mandado de segurança, presente o princípio da legalidade (fls. 63 a 65). Prolatada a decisão indeferitória em 17 de novembro de 1997, três dias após veio o Juiz Rui Costa Gonçalves a declinar da competência, presente a regra da letra "f", do inc. I do art. 102 da Constituição Federal, segundo a qual compete ao Supremo Tribunal Federal julgar conflitos entre a União e os Estados, a União e o Distrito Federal, ou entre uns e outros, inclusive as respectivas entidades da administração indireta. Ao fazê-lo, revogou a decisão que proferira (fl. 66). Seguiu-se a interposição de agravo de instrumento, no qual requerida a concessão de efeito suspensivo pela União Federal. Em síntese, aludiu-se à ausência de envergadura suficiente, no conflito, para deslocar-se a competência (fls. 72 a 80). O Estado do Piauí peticionou mediante a peça de fls. 82 a 85, acompanhada de documentos, ressaltando a observância do Estatuto da Criança e do Adolescente.

À fl. 107, tem-se despacho do Juiz Cândido Ribeiro, do 1º Regional Federal, indeferindo o empréstimo, ao agravo, de efeito suspensivo e determinando a intimação do Agravado para, querendo, apresentar contraminuta.

Os autos chegaram a esta Corte e, na mesma data da conclusão que me foi feita, determinei viesse a União a ser citada (fl. 110). Na peça de impugnação de fls. 115 a 132, acompanhada de documentos, suscita-se preliminar visando ao indeferimento, desde logo, desta medida cautelar. Argúi-se a insuficiência da inicial, em face do teor do art. 801, inc. III e parágrafo único, do Código de Processo Civil, no que informada a intenção da propositura futura da ação principal sem, no entanto, demonstrar-se objeto e fundamento. Em passo seguinte, menciona-se a ausência de dano potencial objetivamente apurável para chegar-se à tutela cautelar, remetendo-se a informações prestadas pela Consultoria Jurídica do Ministério do Trabalho sobre a falta de atendimento ao disposto no art. 68 da Lei 8.069/90, considerado o convênio estabelecido. A tutela estaria sendo reclamada almejando impedir futura autuação por parte da Delegacia Regional do Trabalho, efeito que se tem como de impropriedade manifesta. Os adolescentes estariam a desenvolver atividades nas Lojas Americanas S/A, como empacotadores de mercadorias, sem a observância dos direitos trabalhistas e previdenciários. Citando-se a decisão do Juiz federal, no que implicou o indeferimento da liminar, diz-se inexistente a plausibilidade jurídica do pedido. Discorre-se a respeito, asseverando ocorrida denúncia e formalizado pedido de informações às Lojas Americanas, bem como a realização de reunião da qual participara o Núcleo de Combate ao Trabalho Infantil e Proteção ao Trabalho do Adolescente, o Serviço Social do Estado e técnicos da Fundação Padre Antônio Dante Civiero. Com a contestação, anexaram-se documentos.

À fl. 171, despachei:

Competência. Declinação. Agravo de instrumento. Informações.

1. Solicitem-se ao Tribunal Regional Federal da 1ª Região informações sobre o agravo de instrumento de fls. 72 a 80 e que foi autuado sob o 1998.01.00.000813-5/PI (fl. 102).

2. Com decisão em fita magnética.

BSB, 9.6.98.

2. Após o pequeno relato supra, passo ao exame cabível. Em primeiro lugar, registro a impossibilidade de esvaziar-se a norma definidora da competência do Supremo Tribunal Federal quando verificado conflito entre as pessoas jurídicas de direito público mencionadas na alínea "f" do inc. I do art. 102 da Constituição Federal. Assim, não fora a importância ímpar da matéria versada nestes autos, ter-se-ia que considerar o conflito entre o Estado do Piauí e a União Federal. Outra observação a ser feita diz respeito à pendência do agravo de instrumento contra a decisão declinatória verificada. Enquanto não julgado o citado agravo, e isso pode ficar um tanto quanto projetado no tempo, descabe paralisar esta demanda cautelar, sob pena da perda de objeto. Portanto, cumpre analisar o pleito de concessão de medida acauteladora.

O pano de fundo dos acontecimentos envergonha o Brasil. A situação do menor carente, do menor que faz das ruas o seu dia-a-dia é preocupante. Medidas hão de ser tomadas pelo Estado, pelos Poderes constituídos, pelos diversos segmentos da sociedade no sentido de corrigir essa desumana distorção. Os brasileiros, como um todo, têm insuplantável interesse na boa equação da problemática e, por isso mesmo, medidas visando a sanear o quadro hão de ser aplaudidas e de merecer a proteção cabível. De um lado, tem-se a iniciativa elogiosa do Estado do Piauí implementando a política de assistência social ao adolescente, o serviço de integração deste em empresas privadas para o trabalho educativo; de outro, a aguda preocupação da Delegacia Regional do Trabalho, tão assoberbada e cuja atuação no plano da fiscalização vem sendo declarada insuficiente, no que voltada à efetiva prevalência das normas trabalhistas, versando sobre aspectos formais e, talvez mesmo, materiais, concernentes ao referido trabalho. O poder de polícia é atribuição inerente, porque elemento orgânico da Carta da República, ao Estado. Todavia, vêm-nos desta dois princípios por vezes esquecidos: o da razoabilidade e o da proporcionalidade que, até mesmo, confundem-se. O poder de polícia não se sobrepõe a eles. Ao contrário, tendo em conta a exorbitância, há de fazer-se perfeitamente afinado com ditames que, em última análise, encerram o bom-senso. O Brasil é um país pródigo no campo legislativo, mas não o é no tocante a cidadãos que, realmente, estejam dispostos a desenvolver atividade a fim de, cumprindo a legislação vigente, colaborar para a paz social. Ora, até aqui o que se tem é a presunção de seriedade do serviço que vem sendo desenvolvido e a antepor-se a ele a glosa inflexível da Delegacia Regional do Trabalho, conducente à inibição da iniciativa privada, no que deve acolher a força jovem que se mostra carente na obtenção de uma atividade realmente educativa. Impõe-se, na espécie, sopesar o contexto, a realidade em que vivemos e, a partir desta, adotar postura reveladora do almejado equilíbrio. Entre o empolgado poder de polícia, ao que tudo indica exercido de maneira inflexível, e a continuidade do programa de inserção de adolescentes no trabalho educativo, há de ficar-se, ainda que se tenha, em relação a este último, alguns riscos quanto à irrestrita observância da legislação do trabalho, com o que melhor atende ao interesse da sociedade, ao bem comum. Por derradeiro, é de frisar, ainda uma vez, a valia do programa em tela, tendo em conta a delinqüência infantil e o ingresso do menor em caminho no qual dificilmente haverá recuo, ou seja, no da criminalidade. Portanto, neste exame preliminar, tenho como procedente a relevância da articulação e o risco de manter-se com plena eficácia a posição adotada pela Ré via Delegacia Regional do Trabalho do Piauí.

3. Defiro a liminar para que a Delegacia Regional do Trabalho do Piauí, até o julgamento final desta demanda cautelar, abstenha-se da prática de atos relativamente ao desenvolvimento do programa aludido e que está sob os auspícios de uma unidade federada da República, ou seja, do Estado do Piauí, pressupondo-se, por isso mesmo, o respeito à legalidade.

4. Dê-se ciência desta liminar ao Estado do Piauí e à União Federal. Manifeste-se o primeiro sobre os documentos anexados à contestação.

5. Publique-se.

Brasília, 9 de junho de 1998.

Ministro Marco Aurélio, Relator.

REVISTA
TRIMESTRAL DE
DIREITO PÚBLICO

DOUTRINA: DIREITOS HUMANOS DA CRIANÇA – José Afonso da Silva • ALGUNS ASPECTOS JURÍDICOS DA BIODIVERSIDADE – Newton De Lucca • PROCESSO ADMINISTRATIVO: PRAZOS; PRECLUSÕES – Sérgio Ferraz • DEMOCRACIA, CONSTITUIÇÃO E ADMINISTRAÇÃO PÚBLICA – Cármen Lúcia Antunes Rocha • OBRIGATORIEDADE DE REALIZAÇÃO DE INQUÉRITO CIVIL – Adílson Abreu Dallari • ANAMNESE DA MEDIDA PROVISÓRIA – Sérgio Sérvulo da Cunha • CONCEITO DE INTERESSE PÚBLICO E A "PERSONALIZAÇÃO" DO DIREITO ADMINISTRATIVO – Marçal Justen Filho • REEDIÇÃO DE MEDIDA PROVISÓRIA (VISÃO COMPARATIVA DAS JURISPRUDÊNCIAS DA CORTE CONSTITUCIONAL ITALIANA E DO STF) – Edilson Pereira Nobre Júnior • ***PARECERES:*** PORTO – ARRENDAMENTO – CESSÃO E PRORROGAÇÃO DO CONTRATO – Tércio Sampaio Ferraz Júnior • AÇÕES DE IMPROBIDADE ADMINISTRATIVA – Fábio Konder Comparato • COMERCIALIZAÇÃO DE CIGARROS; INCONSTITUCIONALIDADE DE RESTRIÇÃO AO NÚMERO DE UNIDADES – INTERPRETAÇÃO DA CONSTITUIÇÃO, LIVRE INICIATIVA E PRINCÍPIO DA PROPORCIONALIDADE – Eros Roberto Grau • PREVIDÊNCIA SOCIAL DO SERVIDOR PÚBLICO ESTADUAL – Maria Sylvia Zanella Di Pietro • UTILIZAÇÃO DE SUBSOLO PARA PASSAGEM DE EQUIPAMENTOS PÚBLICOS – ASPECTOS GERAIS E DESAFIOS DO USO COMPARTILHADO – RESENHA DOUTRINÁRIA E JURISPRUDENCIAL – Marcelo Figueiredo • ***ESTUDOS E COMENTÁRIOS:*** RESPONSABILIDADE DA ADMINISTRAÇÃO PÚBLICA POR DÉBITOS PREVIDENCIÁRIOS DOS SEUS CONTRATADOS – Eduardo Rocha Dias • A DISTINÇÃO ENTRE COGNIÇÃO E INTERPRETAÇÃO NA TEORIA DA INTERPRETAÇÃO KELSENIANA – Maurício Moura Portugal Ribeiro • CONCESSÃO DE SERVIÇOS DE LIMPEZA URBANA: PONTOS POLÊMICOS – Cesar A. Guimarães Pereira • DA RESOLUÇÃO SUSPENSIVA DE LEIS DECLARADAS INCONSTITUCIONAIS PELO SENADO FEDERAL – Luiz Alberto G. S. Rocha • PRINCÍPIO DA PROPORCIONALIDADE CONSTITUCIONAL: NOTAS A RESPEITO DA TIPIFICAÇÃO MATERIAL E DO SANCIONAMENTO AOS ATOS DE IMPROBIDADE ADMINISTRATIVA REPRIMIDOS NA LEI 8.429/92 – Fábio Medina Osório • LICITAÇÃO PÚBLICA: (IN)EXEQÜIBILIDADE DAS PROPOSTAS E GARANTIA ADICIONAL – Joel de Menezes Niebuhr • INDEPENDÊNCIA E AUTONOMIA DA AGÊNCIA NACIONAL DE TELECOMUNICAÇÕES: IMPERATIVO LEGAL E CONSTITUCIONAL – Floriano de Azevedo Marques Neto • TRANSPORTE COLETIVO ALTERNATIVO – ASPECTOS JURÍDICOS – Clóvis Beznos • ***JURISPRUDÊNCIA***

MALHEIROS
EDITORES

REVISTA TRIMESTRAL DE DIREITO PÚBLICO

25/1999

M